U0689673

中华经典名著

全本全注全译丛书

陈曦　周旻　等◎注
陈曦　王珏　王晓东　周旻◎译
韩兆琦◎审阅

史　记　六

世家

中華書局

史记卷三十九

晋世家第九

【释名】

《晋世家》主要取材于《左传》，记述了上自叔虞封唐、下至三家分晋的六百多年晋国史。全文可分为五个部分。第一部分写晋国自建国至曲沃武公弑君篡晋的经过，着重叙述的史事有周成王封叔虞于唐、师服论晋穆侯太子仇的命名、曲沃大于翼、曲沃武公为晋侯等。第二部分记述自晋献公始至晋文公终期间的历史，着重叙述的史事有晋献公尽杀诸公子、晋献公宠爱骊姬而有意废太子、里克为太子申生而进谏晋献公、太子申生遭骊姬谗害而自杀、重耳与夷吾二公子逃亡、宫之奇谏假道、里克杀奚齐与悼子、秦穆公发兵送夷吾、里克伏剑自杀、秦穆公输粟救晋灾、秦晋合战韩原、重耳流亡诸国、秦穆公发兵送重耳入晋、晋楚“城濮之战”、晋秦围郑等。第三部分写晋文公后的晋国霸业及逐渐衰落的情形，着重叙述的史事有秦晋“崤之战”、赵盾背所迎而立襄公太子夷皋、赵盾弑其君、晋楚“邲之战”、晋齐“鞌之战”、晋楚“鄢陵之战”、栾叔与中行偃袭捕晋厉公、晋悼公复霸等。第四部分简要记述了晋国公室逐渐衰落，最后被三家瓜分的情形。第五部分是“太史公曰”，司马迁结合晋国的君臣关系，说明了君主如何对待臣下，将在很大程度上决定国家的前途命运。

晋唐叔虞者，周武王子而成王弟[①]。初，武王与叔虞母会时[②]，梦天谓武王曰[③]："余命女生子[④]，名虞，余与之唐。"及生子，文在其手曰"虞"[⑤]，故遂因命之曰虞[⑥]。

武王崩，成王立，唐有乱[⑦]，周公诛灭唐[⑧]。成王与叔虞戏，削桐叶为珪以与叔虞[⑨]，曰："以此封若[⑩]。"史佚因请择日立叔虞[⑪]。成王曰："吾与之戏耳。"史佚曰："天子无戏言。言则史书之，礼成之，乐歌之。"于是遂封叔虞于唐[⑫]。唐在河、汾之东[⑬]，方百里，故曰唐叔虞。姓姬氏，字子于[⑭]。

【注释】

①晋唐叔虞者，周武王子而成王弟：晋唐叔虞，即周武王之子、周成王之弟姬虞，周成王时封于唐，晋国的始封君。唐，古国名。在今山西翼城西，相传为尧的后裔，后被周成王所灭。《索隐》曰："太叔以梦及手文而名曰虞，至成王诛唐之后，因戏削桐而封之。叔，字也，故曰唐叔虞。而唐有晋水，至子燮改其国号曰晋侯。然晋初封于唐，故晋称唐叔虞也。"周武王，名发，周文王之子，前1046—前1043年在位。成王，周成王，名诵，周武王之子，前1042—前1021年在位。

②叔虞母：即邑姜，周武王之正妻，姜尚之女。

③梦天谓武王曰：《左传·昭公元年》云"邑姜方震而梦"，梁玉绳曰："《世家》之异于《传》者，言虞母梦天谓武王，不言是武王之梦。"天，天帝，天神。

④女：通"汝"。

⑤文在其手曰"虞"：手上带着一个"虞"字。泷川曰："文，字也。……手即掌也。手理自然成'虞'字，有若天命，故以为名也。"

⑥命：取名，起名。

⑦唐：此唐即尧后裔之唐国。杨国勇《山西上古史新探》引李伯谦

说:“翼城、曲沃两县交界处的天马—曲村遗址,总面积九平方公里,包括翼城县的天马,曲沃县的曲村、北赵、毛张四个自然村,从遗址的文化内涵分析,有可能是晋国的一处都邑,而且更有可能是晋国始封的唐国所在地。”

⑧周公:名旦,又称“叔旦”,周文王之子,周武王之弟。其事详见《鲁周公世家》。

⑨珪(guī):玉器名。形状如笏板,上圆下方,古代多用以为礼器。

⑩若:你。

⑪史佚:史官,名佚。《吕氏春秋·重言》作“周公”。

⑫于是遂封叔虞于唐:按,桐叶封晋之说不可信。柳宗元有《桐叶封弟辨》论其妄。梁玉绳曰:“《晋语》叔向曰:‘唐叔射兕于徒林,殪,以为大甲,以封于晋。’则非剪桐之故。”杨伯峻认为,铭文“我皇祖(唐)公,膺受大命,左右武王”云云。与《逸周书·王会》篇所言“成都之会”,“唐叔、荀叔,周公在左,太公望在右”之意相适应,加以《晋语》引叔向之言,唐叔以武力封,足证《吕览·重言》《说苑·君道》所传桐叶封弟之不可信。李孟存等曰:“桐叶封晋的故事把周初政治生活中封藩建卫的一件大事,描写成一段儿童戏语,恐与史实不符。武庚与唐人先后作乱,给了周人一个深刻的教训,他们感到有必要在叛乱者盘踞的地方,建立一些军事据点,控制局面,拱卫王畿。叔虞封唐也像鲁、卫等国一样,是在这种特定形势下所采取的有计划、有目的的重大措施。”

⑬河、汾之东:河,黄河。汾,水名。源出山西宁武西南之管涔山,流经静乐、霍州、新绛、太原等地,至河津西入黄河。按,汾水在今山西河津西南入黄河,“河、汾之东”即指今山西侯马、曲沃、翼城一带。杨国勇《山西上古史新探》曰:“经考古发掘,太原晋祠所谓晋国始祖的叔虞墓中未见西周初器物,则此墓无疑是伪冢;晋南翼城、曲沃、侯马等地所发现之天马—曲村遗址的晋侯墓中虽然没

有唐叔虞墓，但这一墓群为晋国的前几代先祖之墓则确然无疑。”

⑭姓姬氏，字子于：王若虚曰：“《周纪》自有姓氏，既云武王子，何必更言姓？且鲁、卫、管、蔡等《世家》，类皆不著，而此独著，何哉？”王引之曰：“古人名、字相应，‘于’同‘迂’，广也；‘虞’同‘吴’，大也。”

【译文】

晋唐叔虞，是周武王的儿子，周成王的弟弟。当初，周武王与叔虞的母亲结合时，叔虞的母亲梦见天神对武王说：“我让你生个儿子，名叫虞，我送给他唐地。”等到生下儿子，他的手掌中有个“虞”字，所以就给他取名叫“虞”。

周武王去世，周成王即位，唐国发生内乱，周公诛灭了唐国。周成王与叔虞游戏，将一片桐叶削成珪形递给叔虞，说：“拿这个做凭信分封你。”史佚因此请求选择吉日封立叔虞。周成王曰：“我跟他游戏罢了。”史佚说：“天子无戏言。一旦说了就会记在史册上，就要以礼仪实现它，就要以乐章歌唱它。”于是周成王就把叔虞封在唐国。唐国在黄河与汾水的东边，纵横百里，所以称叔虞为唐叔虞。姓姬，字子于。

唐叔子燮，是为晋侯①。晋侯子宁族②，是为武侯。武侯之子服人，是为成侯。成侯子福③，是为厉侯。厉侯之子宜臼，是为靖侯。靖侯已来，年纪可推④。自唐叔至靖侯五世⑤，无其年数。

【注释】

①唐叔子燮，是为晋侯：燮，又称“燮父”。叔虞被封于“唐”，燮父之所以改国号曰“晋”，是因为其地有“晋水”。“唐地”与“晋水”究竟在何处，旧说不一。《括地志》所说的“晋阳县北”即指今山西太原西南之晋祠一带。此处已为近年考古发掘所否定。从考

古发掘的情况看，燮父改称“晋侯”之地仍是在曲沃、翼城一带。至于“晋水”，据杨国勇《山西上古史新探》分析，当是指流经平阳故城俗称为“晋水”的平水。平阳故城在曲沃、翼城稍北，相距不远。

②宁族：《索隐》曰：“《系本》作‘曼期’，谯周作‘曼旗’也。”

③福：《索隐》曰：“《系本》作‘辐’字。”

④靖侯已来，年纪可推：按，中国历史自前841年始有确切纪年，该年即靖侯十八年，因此晋国从靖侯开始，年代可以推算。已，同“以”。

⑤自唐叔至靖侯五世：泷川曰：“‘靖侯’当作‘厉侯’，故云五世。”世，代。

【译文】

唐叔的儿子燮，就是晋侯。晋侯的儿子宁族，就是武侯。武侯的儿子服人，就是成侯。成侯的儿子福，就是厉侯。厉侯的儿子宜臼，就是靖侯。从靖侯以来，年代就可以推算了。自唐叔到靖侯经历了五代，没有他们的在位年数。

靖侯十七年[①]，周厉王迷惑暴虐，国人作乱，厉王出奔于彘[②]，大臣行政，故曰“共和”[③]。

十八年[④]，靖侯卒，子釐侯司徒立。

釐侯十四年[⑤]，周宣王初立[⑥]。

十八年[⑦]，釐侯卒，子献侯籍立[⑧]。

献侯十一年卒[⑨]，子穆侯费王立[⑩]。

【注释】

①靖侯十七年：前842年。

②“周厉王迷惑暴虐”三句：周厉王，名胡，周夷王之子，前877—前841年在位。其在位时，昏戾暴虐，引起国人暴动，被驱赶至彘。其事详见《周本纪》。彘（zhì），古邑名。即今山西霍州东北。

③大臣行政，故曰“共和”：关于“共和”，有两说，一据《竹书纪年》《庄子·让王》及《吕氏春秋·让王》等，周厉王奔彘后，共伯和受诸侯拥戴，代行王政；一据《史记·周本纪》，周、召二公共同执政，号曰“共和”。从周厉王失政至周宣王即位执政，共十四年。

④十八年：当共和元年，前841年。

⑤釐（xī）侯十四年：当周宣王元年，前827年。

⑥周宣王：名静，一作“靖”，周厉王之子，前827—前782年在位。在位期间，效法文武、成康遗风，重整军政，国力得到恢复，史称“宣王中兴”。其事详见《周本纪》。

⑦十八年：当周宣王四年，前823年。

⑧籍：《索隐》曰：“《系本》及谯周皆作‘苏’。”

⑨献侯十一年：当周宣王十六年，前812年。

⑩费王：《索隐》曰：“邹诞本作‘弗生’，或作‘溃王’，并音秘。”

【译文】

靖侯十七年，周厉王迷惑昏乱，暴虐无道，国都里的人发动叛乱，周厉王出逃到彘地，大臣们主持朝政，所以称为“共和”。

靖侯十八年，去世，他的儿子釐侯司徒即位。

釐侯十四年，周宣王始即位。

釐侯十八年，去世，他的儿子献侯籍继位。

献侯十一年，去世，他的儿子穆侯费王继位。

穆侯四年①，取齐女姜氏为夫人②。

七年，伐条③。生太子仇。

十年④，伐千亩⑤，有功。生少子，名曰成师⑥。晋人师服曰[⑦]:“异哉,君之命子也!太子曰仇,仇者雠也。少子曰成师,成师大号,成之者也。名,自命也;物,自定也。今適庶名反逆[⑧],此后晋其能毋乱乎[⑨]?”

【注释】

①穆侯四年:当周宣王二十一年、齐文公八年,前808年。

②取齐女姜氏为夫人:泷川曰:“《左传》云‘晋之穆公之夫人姜氏’,但不记取之之年。”取,同“娶”。夫人,当时诸侯正妻称“夫人”。

③七年,伐条:即“条之役”。七年,当周宣王二十三年,前805年。关于“伐条之役”的年代,另有两说:《后汉书·西羌传》:“后五年,王伐条戎、奔戎,王师败绩。”将该役系于晋穆侯二十年(前792)。今本《竹书纪年》云:“三十八年,王师及晋穆侯伐条戎、奔戎,王师败逋。”则系于晋穆侯二十二年(前790)。条,即“条戎”,古部族名。活动于今山西运城中条山的鸣条冈一带。

④十年:当周宣王二十六年,前802年。

⑤千亩:晋地名。在今山西安泽北。一说在今山西介休。

⑥成师:《集解》引杜预曰:“意取能成其众也。”泷川引中井积德曰:“师有成功,故命以‘成师’也。”号“桓叔”。

⑦师服:《集解》引贾逵曰:“晋大夫。”

⑧適(dí)庶:嫡子、庶子。適,同“嫡”。反逆:相反。

⑨此后晋其能毋乱乎:泷川曰:“以上本于桓二年《左传》。《左传》云:‘名以制义,义以出礼;礼以体政,政以正民,是以政成而民听。易则生乱。嘉耦曰妃,怨耦曰仇,古之命也。’史公易之以‘仇者雠也’数语。愚按,《韩非子·主道》篇云:‘令名自命也,令事自定也。’《扬权》篇亦云:‘名正物定,名倚物徙,故圣人执一以静,使名自命,令事自定,名自命也,物自定也。’盖名自命也,物自定也,后世刑名之言,师服无此语也。”其,表诘问的副词,犹“岂”。

【译文】

穆侯四年，娶了齐国女子姜氏做夫人。

穆侯七年，攻打条戎。姜氏生下太子仇。

穆侯十年，攻打千亩，取得战绩。姜氏生下小儿子，取名叫成师。晋人师服说："国君给儿子取名字真是奇怪呀！太子叫仇，仇就是仇敌的意思。小儿子叫成师，成师是显赫的称号，是成就他的意思。名，是自己取的；事物，是自身决定的。如今嫡子与庶子的名号相反，这以后晋国能不出现祸乱吗？"

二十七年①，穆侯卒，弟殇叔自立，太子仇出奔。

殇叔三年②，周宣王崩。

四年③，穆侯太子仇率其徒袭殇叔而立，是为文侯。

文侯十年④，周幽王无道，犬戎杀幽王⑤，周东徙⑥，而秦襄公始列为诸侯⑦。

三十五年⑧，文侯仇卒⑨，子昭侯伯立。

【注释】

①二十七年：当周宣王四十三年，前785年。

②殇（shāng）叔三年：当周宣王四十六年，前782年。

③四年：当周幽王元年，前781年。

④文侯十年：当周幽王十一年，前771年。

⑤周幽王无道，犬戎杀幽王：周幽王宠幸褒姒而废申后及太子宜臼，申侯怒，联合缯国及犬戎攻周，将其杀于骊山之下，西周灭亡。其事详见《周本纪》。周幽王，名宫涅，一名宫湦，又作"涅"，周宣王之子，西周的末代君王，前781—前771年在位。犬戎，古部族名。西戎的一支，又称"畎夷""犬夷""昆夷""绲夷"等，殷周

时分布于泾渭流域即今陕西、甘肃一带。

⑥周东徙：指前770年周平王由镐京（在今陕西西安西南沣水东岸）向东迁都至雒邑（在今河南洛阳王城公园一带）事。雒邑原为西周东都。

⑦秦襄公始列为诸侯：在犬戎杀周幽王、灭西周之际，居于今陕西西部的秦襄公起兵救周，帮助周幽王的故太子东迁即位，是为周平王；周平王因功封秦襄公为诸侯，令其收复西周旧地自有之。其事详见《秦本纪》。秦襄公，名失传，前777—前766年在位。

⑧三十五年：当周平王二十五年，前746年。

⑨文侯仇卒：梁玉绳曰："文侯仇与卫武公同为平王功臣，《书》是以有《文侯之命》，《世家》无一言及之，何也？"按，据《新中国考古五十年》（1992—1993）在今山西曲沃之曲村与翼城之天马村一带发现了晋国诸侯之大墓八组十七座，出土文物极为丰富。根据出土文物及铜器铭文推定，"这些墓系自晋武侯至晋文侯八位前后相继的晋侯及其夫人墓"。又据《山西考古四十年》，在这些晋侯墓地出土的两件簋上有铭文曰："隹九月初吉庚午晋侯作铸簋用享于文祖考其万亿永宝用。"晋侯据考证即晋侯仇，如按《史记·晋世家》记载的晋侯排列顺序，晋侯仇是晋国第十一代国君文侯，他生前所处的时代在两周之际，他曾同秦襄公一道辅佐周平王东迁雒邑，是历史上一位很有作为的君主，《尚书》中还有《文侯之命》一章，记载了周天子对他的赏赐情况。在另一鼎内所铸的铭文内容则提到另一个晋侯的名字："晋侯苏作宝鼎其万年永宝用。"晋侯苏是晋国第七代君主晋献侯。关于晋献侯的活动史籍记载不多，而在这里却有了新的发现。

【译文】

穆侯二十七年，去世，他的弟弟殇叔自立为君，太子仇出奔。

殇叔三年，周宣王去世。

殇叔四年，穆侯的太子仇带领他的徒众袭击殇叔而自立为君，这就是文侯。

文侯十年，周幽王暴虐，不行君道，犬戎杀死了周幽王，周王室向东迁徙，秦襄公开始位列诸侯之中。

文侯三十五年，去世，他的儿子昭侯伯继位。

昭侯元年[①]，封文侯弟成师于曲沃[②]。曲沃邑大于翼。翼，晋君都邑也[③]。成师封曲沃，号为桓叔。靖侯庶孙栾宾相桓叔[④]。桓叔是时年五十八矣，好德，晋国之众皆附焉[⑤]。君子曰："晋之乱其在曲沃矣。末大于本[⑥]，而得民心，不乱何待！"

七年[⑦]，晋大臣潘父弑其君昭侯而迎曲沃桓叔[⑧]。桓叔欲入晋[⑨]，晋人发兵攻桓叔。桓叔败，还归曲沃。晋人共立昭侯子平为君，是为孝侯。诛潘父。

【注释】

①昭侯元年：前745年。

②曲沃：晋都邑名。又称"下都""新城"，在今山西闻喜东北。据《山西考古四十年》，从1973年起，数次对今山西闻喜东南上郭村进行调查与发掘。上郭村即坐落在古城遗址上，从上郭村到邱家庄一带，应为春秋早期的古曲沃城。按，晋国曾多次迁都，杨伯峻曰："成王灭唐而封叔虞，唐叔之子燮父改唐为晋，即今之太原（按，此说误，当在今临汾南平阳故城）；四世至成侯，南徙曲沃；又五世至穆侯，复迁于绛，绛即翼；鲁成公六年，晋景公迁都新田，此后命新田为绛。新田即今山西侯马市，而以旧都为故绛。"

③翼，晋君都邑也：翼，即"绛"，在今山西翼城东南。《索隐》曰："翼

本晋都也,自孝侯已下,一号翼侯,平阳绛邑县东翼城是也。”据《山西考古四十年》,“在翼城县城东南7.5公里的南梁村,有古城址。古城平面呈方形,面积约2万平方公里”。

④栾宾:《正义》曰:“《世本》云‘栾叔宾父’也。”为桓叔的叔祖。相:辅助。

⑤晋国之众皆附焉:泷川曰:“严粲曰:‘武公之事,国人所不与。《诗·无衣》序,言美之者,特武公大夫之意耳。《山有枢》《扬之水》《椒聊》《杕杜》诸诗,国人每以曲沃强为忧,拳拳愿忠于昭公。以《晋世家》考之,初,潘父弑昭侯而迎桓叔,将入晋,晋人发兵攻桓叔。桓叔败,还归曲沃。晋人共立昭侯子平,是为孝侯。此桓叔初举而国人不与也。其后曲沃庄伯弑孝公于翼,晋人又攻庄伯,庄伯复入曲沃。晋人复立孝侯子郄,是为鄂侯。此庄伯再举而国人又不与也。及鄂侯卒,庄伯伐晋,晋人共立鄂侯郄子光,是为哀侯,此庄伯三举而国人又不与也。至武公虏哀侯,晋人复立哀侯子小子,是为小子侯,此武公四举而国人又不与也。及武公诱小子侯杀之,晋人复立哀侯弟缗,此武公五举而国人终不与也。最后武公伐晋侯缗,灭之,尽以其宝器赂周僖王,王命武公为晋侯,然后晋人力不能讨,无如之何。然则武公之得国,晋人特迫于王命,不得已而从之耳,岂以武公为可美哉?’愚按,严说极是。‘晋国之众皆附焉’,不唯失事实,又与下文相乖。”

⑥末大于本:指“曲沃邑大于翼”,桓叔封邑曲沃的实力大于晋君的都城翼。

⑦七年:当周平王三十二年,前739年。

⑧潘父:晋国大臣。

⑨晋:指晋都城翼。

【译文】

昭侯元年,将文侯的弟弟成师封在曲沃。曲沃邑比翼城大。翼城,是晋君的都邑。成师封在曲沃，号称桓叔。靖侯的庶出之孙栾宾辅佐桓叔。桓叔这时年纪已经五十八岁了，喜好推行德政，晋国的民众都归附他。君子说："晋国的祸乱大概会从曲沃发生。末枝大于本干，还深得民心，不生乱子还能发生什么！"

昭侯七年，晋国的大臣潘父弑杀他的国君昭侯，去迎接曲沃的桓叔。桓叔想进入晋国都城，晋人发兵攻打桓叔。桓叔被打败，退回曲沃。晋人共同拥立昭侯的儿子平做国君，这就是孝侯。诛杀了潘父。

孝侯八年①，曲沃桓叔卒，子鱓代桓叔，是为曲沃庄伯。

孝侯十五年②，曲沃庄伯弑其君晋孝侯于翼。晋人攻曲沃庄伯，庄伯复入曲沃。晋人复立孝侯子郄为君③，是为鄂侯。

鄂侯二年，鲁隐公初立④。

鄂侯六年卒⑤。曲沃庄伯闻晋鄂侯卒，乃兴兵伐晋⑥。周平王使虢公将兵伐曲沃庄伯⑦，庄伯走保曲沃。晋人共立鄂侯子光，是为哀侯⑧。

【注释】

①孝侯八年：《十二诸侯年表》作"九年"，当周平王四十年，前731年。

②孝侯十五年：《十二诸侯年表》作"十六年"，当周平王四十七年，前724年。

③郄（xì）：晋鄂侯的名。他本亦有作"都"。一说孝侯是鄂侯之弟。

④鄂侯二年，鲁隐公初立：鄂侯二年，当周平王四十九年、鲁隐公元年，前722年。《春秋》从此年开始，历史进入春秋时期，故诸"世家"多着重写出。鲁隐公，名息姑，一作"息"，鲁桓公的庶兄，前722—前712年在位。其事详见《鲁周公世家》。

⑤鄂侯六年卒：孔颖达曰："按，《左传》隐五年曲沃庄伯伐翼，翼侯

奔随。秋，王命虢公伐曲沃，而立哀侯于翼。六年，翼九宗五正顷父之子嘉父逆晋侯于随，纳诸鄂，晋人谓之鄂侯。则哀侯之立鄂侯未卒。《世家》言卒，非也。”鄂侯六年，当周桓王二年，前718年。

⑥曲沃庄伯闻晋鄂侯卒，乃兴兵伐晋：据前注，庄伯伐晋并非因鄂侯之卒，此语误。

⑦周平王使虢（guó）公将兵伐曲沃庄伯：泷川曰：“枫山、三条本‘平王’作‘桓王’，与《年表》《左传》合。此本误。”周桓王，名林，周平王太子泄父之子，前719—前697年在位。其事见《周本纪》。虢公，名忌父，虢国国君。时为周王朝卿士。

⑧晋人共立鄂侯子光，是为哀侯：梁玉绳曰：“哀侯之立，据《左传》实出王命，此以为晋人立之，亦非。”按，以上诸事本《左传·隐公五年》。

【译文】

孝侯八年，曲沃桓叔去世，他的儿子鲜接替桓叔，这就是曲沃庄伯。

孝侯十五年，曲沃庄伯在翼城杀死他的国君孝侯。晋人攻打曲沃庄伯，庄伯又退回曲沃。晋人又拥立孝侯的儿子郄为君，这就是鄂侯。

鄂侯二年，鲁隐公始即位。

鄂侯六年，去世。曲沃庄伯听说鄂侯去世，就兴兵攻打晋国。周平王派虢公统兵讨伐曲沃庄伯，庄伯退守曲沃。晋人共同拥立鄂侯的儿子光，这就是哀侯。

哀侯二年[①]，曲沃庄伯卒，子称代庄伯立，是为曲沃武公。

哀侯六年，鲁弑其君隐公[②]。

哀侯八年[③]，晋侵陉廷[④]。陉廷与曲沃武公谋。

九年[⑤]，伐晋于汾旁[⑥]，虏哀侯。晋人乃立哀侯子小子为君，是为小子侯[⑦]。

【注释】

①哀侯二年：当周桓王四年，前716年。

②哀侯六年，鲁弑其君隐公：鲁公子翚（挥）挑唆鲁隐公杀公子允不成，恐泄密被公子允所杀，遂挑唆公子允杀鲁隐公。哀侯六年，当周桓王八年、鲁隐公十一年，前712年。

③哀侯八年：当周桓王十年，前710年。

④陉（xíng）廷：晋邑名。一作“陉庭”“陉城”，在今山西曲沃东北。

⑤九年：当周桓王十一年，前709年。按，《十二诸侯年表》以此年即为小子元年，实则下年才是小子元年。

⑥汾旁：《正义》曰：“汾水之旁。”《左传》作“汾隰”。

⑦晋人乃立哀侯子小子为君，是为小子侯：《集解》曰：“《礼记》曰：‘天子未除丧曰余小子，生名之，死亦名之。’郑玄曰：‘晋有小子侯，是取之天子也。’”泷川引中井积德曰：“小子不称名者，名不传也。”又曰：“幼弱而无谥，遂称‘小子侯’焉耳。不言‘哀公子小子’，盖原言‘哀公小子’，后人误增一‘子’字。”沈家本曰：“‘小子侯’犹言‘孺子王耳’。”小子侯，前709—前705年在位。《十二诸侯年表》作前709—前706年在位。

【译文】

哀侯二年，曲沃庄伯去世，他的儿子称接替庄伯即位，这就是曲沃武公。

哀侯六年，鲁人杀死了他们的国君鲁隐公。

哀侯八年，晋人侵犯陉廷。陉廷与曲沃武公合谋。

哀侯九年，在汾水旁攻打晋国，俘获了哀侯。晋人于是拥立哀侯的儿子小子为国君，这就是小子侯。

小子元年[①]，曲沃武公使韩万杀所虏晋哀侯[②]。曲沃益强[③]，晋无如之何。

晋小子之四年[4]，曲沃武公诱召晋小子杀之。周桓王使虢仲伐曲沃武公[5]，武公入于曲沃，乃立晋哀侯弟缗为晋侯[6]。

【注释】

①小子元年：《十二诸侯年表》是年当周桓王十一年，前709年；实则应是周桓王十二年，前708年。

②韩万：《集解》引贾逵曰："韩万，曲沃桓叔之子，庄伯弟。"曲沃桓叔之子，受封于韩（在今山西河津稍东），为战国韩国之祖。

③益：更加。

④晋小子之四年：《十二诸侯年表》是年当周桓王十四年，前706年；实则应是周桓王十五年，前705年。

⑤虢仲：《正义》引马融曰："周武王克商，封文王异母弟虢仲于夏阳。"按，此处所谓"虢仲"乃上文"虢公"之后，《正义》所谓"文王异母弟虢仲"之苗裔也，此时为桓王卿士。

⑥乃立晋哀侯弟缗为晋侯：泷川曰："周王使虢仲立晋侯，鲁桓八年事。使虢仲伐曲沃，九年事。并见《左传》，史公并叙。"按，《十二诸侯年表》以为周桓王十四年（前706）小子被杀，且当年即为侯缗元年，实则小子是周桓王十五年（前705）被杀，次年为侯缗元年，当周桓王十六年，前704年。缗，也作"湣"。

【译文】

晋小子侯元年，曲沃武公派韩万杀死所俘虏的哀侯。曲沃日益强大，晋国拿他毫无办法。

晋小子侯四年，曲沃武公将小子侯诱骗招来又杀死。周桓王派虢仲讨伐曲沃武公，武公退回曲沃，于是立晋哀侯的弟弟缗做晋侯。

晋侯缗四年，宋执郑祭仲而立突为郑君[1]。

晋侯十九年，齐人管至父弑其君襄公[2]。

晋侯二十八年，齐桓公始霸[③]。曲沃武公伐晋侯缗，灭之，尽以其宝器赂献于周釐王[④]。釐王命曲沃武公为晋君，列为诸侯，于是尽并晋地而有之[⑤]。

曲沃武公已即位三十七年矣[⑥]，更号曰晋武公[⑦]。晋武公始都晋国[⑧]，前即位曲沃，通年三十八年[⑨]。

【注释】

①晋侯缗四年，宋执郑祭（zhài）仲而立突为郑君：张照曰："执祭仲立突，《左传》在鲁桓十一年，于晋侯为五年，《年表》作'六年'，此又作'四年'。"按，晋侯缗元年实为周桓王十六年，则晋侯缗四年当周桓王十九年，正是鲁桓公十一年，前701年。祭仲，名仲，字仲足。一说名足，字仲。郑国卿士。突，即郑厉公，郑庄公之次子，前700—前697、前679—前673年在位。

②晋侯十九年，齐人管至父弑其君襄公：晋侯十九年，张照曰："齐人管至父弑其君襄公，《左传》及《齐世家》《年表》于鲁为庄之八年，于齐为襄之十二年，合之晋侯当是二十一年，此作'十九年'。"按，晋侯缗元年向前提了两年，故有此差。此年当周庄王十一年、鲁庄公八年、齐襄公十二年，即前686年。管至父，齐国大夫。襄公，即齐襄公，名诸兒，齐釐公之子，前698—前686年在位。管至父弑齐襄公事，详见《左传·庄公八年》及《齐太公世家》。

③晋侯二十八年，齐桓公始霸：齐桓公与宋公、陈侯、卫侯、郑伯会于鄄（今山东鄄城北），开始称霸。晋侯二十八年，梁玉绳曰："湣（缗）以鲁桓公八年立，庄十五灭，其在位二十六年，不得有'二十八年'。盖因此表于前误减哀侯一年、小子侯一年，遂增侯湣（缗）之年至'二十八'，其实二十六年也。"按，此年为周釐王三

年、齐桓公七年，前679年。齐桓公，名小白，齐釐公之子，齐襄公之弟，前685—前643年在位。其事详见《齐太公世家》。

④周釐王：名胡齐，周庄王之子，前681—前677年在位。其事见《周本纪》。

⑤于是尽并晋地而有之：泷川曰："庄十六年《左传》但云'王使虢公命曲沃庄伯以一军为晋侯'，不叙曲沃伐晋之详。"严粲曰："武公之初弑小子侯也，桓王犹能命虢仲立缗于晋，又命虢仲、芮伯、梁伯、荀侯、贾伯伐曲沃，是则周虽微，而名分犹存也。至僖王受武公之赂而命之为诸侯，则纪纲荡然矣。他日三家分晋，周王又移命武公者命三家矣。呜呼！王者代天爵人，而贿以行之，君子是以知周之不复振也。司马温公论三家之事，以为晋大夫暴蔑其君，剖分其地，天子既不能讨，又宠秩之，是区区之名分，复不能守，而并弃之也。君臣之礼既坏，将使生民之类糜灭几尽，遂特著以为《通鉴》之首。愚于武公亦云。"

⑥曲沃武公已即位三十七年矣：梁玉绳曰："'三十七'当作'三十八'，下文'通年三十八'当作'三十九'，'通年即位凡三十九年而卒'当作'四十'。"

⑦更号曰晋武公：泷川曰："枫山、三条本'曰'作'为'。中井积德曰：'生时称谥，史家之常，然至更号曰晋武公，则亦太甚。'"

⑧晋武公始都晋国：梁玉绳曰："《汉书·地理志》《诗·唐风》《郑谱》及孔《疏》，叔虞封唐，子燮父改晋，至曾孙成侯南徙曲沃，成侯曾孙之孙穆侯徙于绛，昭侯以下徙翼，及武公并晋又都绛，景公迁新田，《史》皆不书，而反谓武公始都晋，献公始都绛，何疏舛也。"都晋国，以晋国都城翼作为都城。

⑨前即位曲沃，通年三十八年：指晋武公从做曲沃武公至始为晋侯，总年数为三十八年。通年，总年数。按，晋武公三十八年，当周釐王四年，前678年。

【译文】

晋侯缗四年，宋国抓住郑国卿士祭仲，胁迫他立突为郑国国君。

晋侯缗十九年，齐人管至父杀死他的国君齐襄公。

晋侯缗二十八年，齐桓公开始称霸。曲沃武公讨伐晋侯缗，灭掉了他，把所得到的宝器财物全部进献给周釐王。周釐王命曲沃武公为晋君，将他列为诸侯，他于是兼并晋国的全部土地，据为己有。

曲沃武公即位三十七年之后，更改称号为晋武公。晋武公开始把晋国的都城作为都城，之前在曲沃即位，他在位年数总计为三十八年。

武公称者，先晋穆侯曾孙也[①]，曲沃桓叔孙也。桓叔者，始封曲沃。武公，庄伯子也。自桓叔初封曲沃以至武公灭晋也，凡六十七岁，而卒代晋为诸侯。武公代晋二岁，卒。与曲沃通年，即位凡三十九年而卒。子献公诡诸立[②]。

献公元年，周惠王弟穨攻惠王，惠王出奔，居郑之栎邑[③]。

五年，伐骊戎，得骊姬、骊姬弟[④]，俱爱幸之。

【注释】

①先晋穆侯：《索隐》曰："晋有两穆侯，言先，以别后也。"

②诡诸：一作"佹诸"。

③"献公元年"四句：梁玉绳曰："事在二年，非元年也。"按，晋献公二年，前675年。周惠王，名阆，一作"毋凉"，周釐王之子，前676—前652年在位。其事详见《周本纪》。献公元年，当周惠王元年、郑厉公后元四年，前676年。穨（tuí），又称"王穨""王子穨"。栎（lì）邑，郑邑名。即今河南禹州。

④"五年"三句：梁玉绳曰："伐戎得姬，《左传》附见于庄二十八年，即晋献十一年，不知的在何时，而《表》与《世家》俱书于五年，未

详所据。”五年，当周惠王五年，前672年。骊戎，古族名。戎族的一支，当时活动于今山西南部。有谓骊戎居于骊山者，非。顾颉刚曰：“当晋献之世，今之陕西华县已为秦之县矣，晋又安能劳师鄙远，越秦境而伐居于临潼县之戎耶？骊戎居于析城、王屋之间，故晋献得而伐之，晋文得而赂之。”弟，通“娣”，即妹。

【译文】

武公，名称，是先前晋穆侯的曾孙，曲沃桓叔的孙子。桓叔，始封于曲沃。武公，是庄伯的儿子。从桓叔最初被封在曲沃，直到武公灭亡晋国，总共六十七年，终于取代晋国成为诸侯。武公取代晋国两年后去世。算上他在曲沃统治的年数，在位总计为三十九年才去世。他的儿子献公诡诸即位。

献公元年，周惠王的弟弟穨攻打周惠王，周惠王逃奔，居住在郑国的栎邑。

献公五年，攻打骊戎，得到骊姬与骊姬的妹妹，二人都受到献公的宠幸。

八年①，士蔿说公曰②：“故晋之群公子多③，不诛，乱且起④。”乃使尽杀诸公子，而城聚都之，命曰绛，始都绛⑤。

九年⑥，晋群公子既亡奔虢，虢以其故再伐晋，弗克⑦。

十年，晋欲伐虢，士蔿曰：“且待其乱。”

【注释】

①八年：当周惠王八年，前669年。

②士蔿（wěi）：字子舆，故又称“士舆”，晋国大夫。说（shuì）：劝说。

③群公子：《左传·庄公二十三年》云：“晋桓、庄之族逼，献公患之。”指桓叔、庄伯支庶的后代。武公代晋后，他们的权势旺盛，威胁君权。

④乱且起：意即将会发生祸乱。且，将要。

⑤“而城聚都之”三句：据《山西考古四十年》，古城位于山西襄汾县城西南，跨赵康、北柴、杨威诸村之间。古城分大、小二城，大城平面呈长方形，南部较宽，城外围有护城河沟。根据出土遗物分析，可知该城建于春秋早期，沿用到汉代。小城位于大城北部的正中间，倚其北墙建成，今尚残存城的东南角与西南角。这座古城可能即晋之“聚”，后更名“绛”，是晋国的都城之一。又，前人以“聚”与“绛”为二地。梁玉绳曰：“庄二十五年《传》：‘士蔿使群公子尽杀游氏之族，乃城聚而处之。晋侯围聚，尽杀群公子。’则聚以处公子，非晋都聚也。聚与绛是二地，非命‘聚’为‘绛’也。城绛在九年，此合为一科，并书于八年，《诗·唐风疏》已言其误。而都绛亦非始献公。”聚，晋邑名。在今山西襄汾城西南。

⑥九年：当周惠王九年，前668年。

⑦“晋群公子既亡奔虢”三句：《左传·庄公二十六年》未记群公子奔虢事，仅曰：“冬，虢人又侵晋。”梁玉绳曰：“庄二十六年《传》虢于秋、冬两侵晋，非为群公子也。且晋之公子尽杀于聚矣，尚安得有未杀而奔虢者乎？下文言‘虢匿晋亡公子为乱’，同妄。”虢，指北虢，古国名。在今山西平陆及河南三门峡陕州区一带。

【译文】

献公八年，士蔿劝献公道：“原晋国的公子人数很多，不诛杀他们，祸乱将会发生。”献公就派人将诸公子全部杀掉，在聚地建都，取名叫“绛”，开始以绛作为都城。

献公九年，晋国群公子已经逃亡到虢国，虢国因此再次讨伐晋国，没有取胜。

献公十年，晋国想讨伐虢国，士蔿说：“暂且等待虢国内部发生祸乱。”

十二年[①]，骊姬生奚齐。献公有意废太子，乃曰："曲沃吾先祖宗庙所在，而蒲边秦[②]，屈边翟[③]，不使诸子居之，我惧焉。"于是使太子申生居曲沃，公子重耳居蒲，公子夷吾居屈[④]。献公与骊姬子奚齐居绛。晋国以此知太子不立也。太子申生，其母齐桓公女也，曰齐姜[⑤]，早死。申生同母女弟为秦穆公夫人[⑥]。重耳母，翟之狐氏女也。夷吾母，重耳母女弟也[⑦]。献公子八人[⑧]，而太子申生、重耳、夷吾皆有贤行[⑨]。及得骊姬，乃远此三子。

【注释】

①十二年：当周惠王十二年，前665年。

②蒲：晋邑名。在今山西隰县西北。

③屈：晋邑名。在今山西吉县北。翟：同"狄"。

④"于是使太子申生居曲沃"三句：梁玉绳曰："三公子居鄙在十一年，此误书于十二年。说见表。又《左传》，骊姬欲立其子，赂二嬖，使言于公，居三公子于外，非公有意废太子而为是言也，此亦误。"公子重耳，即日后之晋文公，前636—前628年在位。公子夷吾，即日后之晋惠公，前650—前637年在位。

⑤其母齐桓公女也，曰齐姜：陈仁锡曰："《左传》：'献公烝于齐姜，生秦穆夫人及太子申生。'则齐姜是武公之妾。武公末年，齐桓始立，不得为齐桓女也。"

⑥申生同母女弟为秦穆公夫人：女弟，即妹。秦穆公夫人，当为申生之姊。《秦本纪》曰："四年，迎妇于晋，晋太子申生姊也。"又，《左传·庄公二十八年》曰："晋献公娶于贾，无子，烝于齐姜，生秦穆夫人及太子申生。"杨伯峻注曰："此以秦穆夫人先言，似以为姊，而申生为弟。"秦穆公，名任好，前659—前621年在位。

⑦“重耳母”四句：梁玉绳曰：“庄二十八年《传》：‘大戎狐姬生重耳，小戎子生夷吾。’注云：‘大戎，唐叔子孙别在戎狄者；小戎，允姓之戎。’此言二女是姊妹，盖以‘大戎’‘小戎’之称而淆讹也。故仲达于僖十五年疏云：‘虢射，惠公之舅；狐偃，文公之舅，二母不得为姊妹，马迁之妄。’”

⑧献公子八人：“八”当作“九”。张照曰：“《左传》介子推曰‘献公之子九人’，即下文叙介子推语亦曰‘九人’也，则‘八’字乃‘九’字之讹耳。”

⑨太子申生、重耳、夷吾皆有贤行：梁玉绳曰：“惠公之失德，内外弃之；乃以为‘有贤行’，与申生、重耳并称，毋乃非乎？”

【译文】

献公十二年，骊姬生了奚齐。献公心中生出废掉太子的想法，就说：“曲沃是我先祖的宗庙所在地，蒲邑邻近秦国，屈邑邻近翟地，不派诸位儿子镇守这些地方，我很担心会发生意外。”于是派太子申生居住在曲沃，公子重耳居住在蒲邑，公子夷吾居住在屈邑。献公与骊姬的儿子奚齐居住在绛都。晋人因此知道太子是不能即位了。太子申生，他母亲是齐桓公的女儿，叫齐姜，早已死去了。申生的同母妹妹是秦穆公的夫人。重耳的母亲是翟族狐氏的一个女子。夷吾的母亲是重耳母亲的妹妹。献公有八个儿子，太子申生、重耳、夷吾都有贤能德行。等他得到骊姬，就疏远了这三个儿子。

十六年[①]，晋献公作二军[②]。公将上军[③]，太子申生将下军，赵夙御戎[④]，毕万为右[⑤]，伐灭霍，灭魏，灭耿[⑥]。还，为太子城曲沃，赐赵夙耿，赐毕万魏，以为大夫。士蒍曰：“太子不得立矣。分之都城[⑦]，而位以卿[⑧]，先为之极，又安得立[⑨]！不如逃之，无使罪至。为吴太伯，不亦可乎[⑩]？犹有令名[11]。”太子不从。卜偃曰[12]:“毕万之后必大。万,盈数也;魏,大名也[13]。以是始赏,天开之矣[14]。天子曰兆民,诸侯曰万民[15],今命之大,以从盈数,其必有众[16]。”初,毕万卜仕于晋国,遇《屯》之《比》[17]。辛廖占之曰[18]:“吉。《屯》固,《比》入[19],吉孰大焉。其后必蕃昌[20]。”

【注释】

①十六年:当周惠王十六年,前661年。

②晋献公作二军:晋国在晋武公元年始有一军。《左传·庄公十六年》云:“王使虢公命曲沃伯以一军为晋侯。”至晋献公十六年,作二军。二军,指上军、下军。军,古代军队中最高一级编制单位。《周礼·夏官·司马》:“凡制军,万有二千五百人为军。王六军,大国三军,次国二军,小国一军。”

③将:率领,统率。

④赵夙:时为晋国大夫。其后人与韩氏、魏氏三家分晋建立赵国,详见《赵世家》。御戎:指为晋献公驾驭战车。

⑤毕万:晋国大夫。右:又称“骖乘”,即车右,掌护卫。古制,君王或主帅的车乘,御者在左,君王或主帅在中,骖乘在右。

⑥霍:古国名。国都在今山西霍州西南。魏:古国名。国都在今山西芮城北。耿:古国名。国都在今山西河津南之下汾水南岸。

⑦都城:《左传·庄公二十八年》:“凡邑,有宗庙先君之主曰都,无曰邑。”指曲沃,为晋国公室之宗庙所在。

⑧位以卿:《集解》引贾逵曰:“谓将下军也。”卿,官名。西周、春秋时期诸侯国的执政官。

⑨先为之极,又安得立:意谓身为储君而今位极人臣,又怎能被立为国君。

⑩为吴太伯，不亦可乎：指仿效吴太伯让位之事。《集解》引王肃曰："太伯知天命在王季，奔吴不反。"吴太伯，周太王之长子，周文王的大伯父，为了让位给幼弟季历而与其弟仲雍奔荆蛮，后遂成为吴国的始祖。其事详见《吴太伯世家》。太伯，也作"泰伯"。

⑪令名：美名。

⑫卜偃：姓郭，名偃，又称"高偃""郭偃"，晋国大夫。掌占卜，为辅助晋文公成就霸业的功臣。《韩非子·南面》云："管仲毋易齐，郭偃毋更晋，则桓、文不霸矣。"或以卜偃、郭偃为两人。

⑬万，盈数也；魏，大名也：《集解》引服虔曰："数从一至万为满。魏，喻巍，巍，高大也。"盈数，满数。魏，同"巍"，高大的意思。

⑭以是始赏，天开之矣：《集解》引服虔曰："以魏赏毕万，是为天开其福。"

⑮天子曰兆民，诸侯曰万民：竹添光鸿曰："天子曰兆民，若《尚书·吕刑》所称'兆民赖之'是也；诸侯曰万民，若《鲁颂·闷宫》之美僖公曰'万民是若'是也。但《盘庚》云'汝万民乃不生生'，则天子亦有称'万民'者。"

⑯"今命之大"三句：《集解》引杜预曰："以魏从万，有众多之象。"命，同"名"。意思是，你把一个至大无比的名义赏给他，那他就将得到众多百姓的拥护。

⑰遇《屯》之《比》：遇到由《屯》卦变为《比》卦。《屯》，卦名。《震》下《坎》上。《比》，卦名。《坤》下《坎》上。

⑱辛廖：周国大夫。杜预以为吴国大夫，误。

⑲《屯》固，比《入》：意谓《屯》卦象征坚固，《比》卦象征深入。《集解》引杜预曰："屯，险难也，所以为坚固。比，亲密，所以得入。"泷川引竹添光鸿曰："云雷屯，云雨集而未解，有坚固之义。地上有水，比，水在地上渗入之象。"

⑳蕃昌：繁荣昌盛。蕃，繁茂，繁盛。按，卜偃、辛廖之预言与占卜详

解，见《左传·闵公元年》及《魏世家》。

【译文】

献公十六年，创建了二军。献公统率上军，太子申生统率下军，赵夙为献公驾车，毕万担任车右，攻灭霍国，灭亡魏国，还灭亡了耿国。撤兵回朝，为太子修筑曲沃城，将耿地赐给赵夙，将魏地赐给毕万，封他们做了大夫。士蔿说："太子不能立为国君了。分给他先君的都城，授予卿位，先让他接受人臣最高的禄位，又怎么能够被立为国君呢！不如逃走，不要让罪祸临头。效法吴太伯让位，不是也可以吗？况且还落个美名。"太子没有听从。卜偃说："毕万的后代一定会昌盛。万，是满数；魏，是大的意思。献公把魏地赏给毕万，是上天打开了他的福路。天子号称有兆民，诸侯号称有万民，如今国名是大的意思，人名是满数，这说明他必然会拥有众多的人。"当初，毕万占卜在晋国涉历官场的吉凶，遇到由《屯》卦变为《比》卦。辛廖解释卦兆说："吉利。《屯》卦象征坚固，《比》卦象征深入，没有什么比这更吉利的了。他的后代一定会繁荣昌盛。"

十七年[①]，晋侯使太子申生伐东山[②]。里克谏献公曰[③]："太子奉冢祀社稷之粢盛[④]，以朝夕视君膳者也[⑤]，故曰冢子。君行则守，有守则从[⑥]，从曰抚军[⑦]，守曰监国，古之制也。夫率师，专行谋也[⑧]；誓军旅[⑨]，君与国政之所图也[⑩]，非太子之事也。师在制命而已[⑪]，禀命则不威[⑫]，专命则不孝[⑬]，故君之嗣適不可以帅师。君失其官[⑭]，率师不威[⑮]，将安用之[⑯]？"公曰："寡人有子[⑰]，未知其太子谁立[⑱]。"里克不对而退，见太子。太子曰："吾其废乎？"里克曰："太子勉之！教以军旅[⑲]，不共是惧[⑳]，何故废乎？且子惧不孝，毋惧不得立。修己而不责人，则免于难[㉑]。"太子帅师，公衣之偏衣[㉒]，佩之金玦[㉓]。里克谢病，不从太子[㉔]。太子遂伐东山。

【注释】

①十七年:当周惠王十七年,前660年。

②东山:即东山皋落氏,为赤狄之一枝。杨伯峻曰:“今山西省垣曲县东南有皋落镇,当即故皋落氏地。山西省昔阳县东南七十里亦有皋落镇,《寰宇记》谓此即东山皋落氏之地,恐不确。”

③里克:晋国大夫。《集解》引贾逵曰:“里克,晋卿里季也。”

④冢祀:指宗庙祭祀。冢,大。社稷:古代天子、诸侯所祭祀的土神和谷神。粢盛(zī chéng):祭祀时盛在祭器里的黍稷。

⑤视君膳:亲自奉事君主用膳。

⑥有守则从:《集解》引服虔曰:“有代太子守则从之。”国君外出就守护国家,如果有人守护就跟随国君。

⑦从曰抚军:跟随在外叫做抚军。抚军,《集解》引服虔曰:“助君抚循军士。”

⑧专行谋也:《集解》引杜预曰:“率师者必专谋军事。”专行谋,专管谋略。

⑨誓军旅:号令军队。《集解》引杜预曰:“宣号令。”

⑩国政:国之正卿。《集解》引贾逵曰:“国政,正卿也。”国家的首辅大臣。

⑪师在制命而已:《集解》引杜预曰:“命,将军所制。”制命,掌管发号施令。

⑫禀命:指遇事向国君请示。

⑬专命:擅自发令,专制命之权。

⑭君失其官:国君违背了任命授官的原则。《集解》引杜预曰:“太子统师,是失其官也。”泷川引龟井昱曰:“非太子之事而命之,是失官也。”

⑮率师不威:《集解》引杜预曰:“专命则不孝,是为师必不威也。”

⑯安:怎么。

⑰寡人:寡德之人,国君的自我谦称。

⑱未知其太子谁立:凌稚隆曰:"是时申生已为太子,而献公乃曰'未知谁立',其欲立奚齐之意,可概见已。申生既喻其意,使即移病请命,虚储副之地而听其立焉,则上顺于亲,下友于弟,而身享让国之誉,即太伯不是过已,何至有新城之祸哉?"

⑲教以军旅:意即命令你统率军队。《集解》引贾逵曰:"将下军。"

⑳不共是惧:害怕的是不能完成任务。共,通"供",供职,尽职。一说通"恭"。

㉑修己而不责人,则免于难:泷川引竹添光鸿曰:"修己,言使身无衅以远谗谤也,人,暗指骊姬、奚齐也。本是安慰之言,而'免难'二字,不觉脱之于口。"

㉒偏衣:左右异色的衣服。《集解》引服虔曰:"偏裻之衣,偏异色,驳不纯。裻在中,左右异,故曰偏衣。"杜预曰:"偏衣左右异色,其半似公服。"韦昭曰:"偏,半也,分身之半以授太子。"

㉓金玦(jué):以青铜为材料的玦。玦,古代佩身之物,环形,有缺口。《集解》引服虔曰:"以金为玦也。"韦昭曰:"金玦,兵要也。"盖谓金玦为兵符。

㉔里克谢病,不从太子:泷川曰:"《左传》《国语》无'里克谢病不从'之文。"谢病,以病推脱、推辞。

【译文】

献公十七年,派太子申生攻打东山。里克劝谏献公道:"太子是供奉宗庙祭祀、社稷祭品,早晚看顾国君饮食的人,所以叫'冢子'。国君出行就留守,如果有人留守,他就跟随国君出行,跟随在外叫做抚军,留守在内叫做监国,这是自古立下的制度。统率军队要对各种策略做出决断;号令军队,是国君与正卿所策划的,不是太子应做的事情。统率军队在于制定命令,遇见事情若是都要请示就会失去威严,擅自下令而不请示就是不孝,所以作为国君的嫡子不能率领军队。国君失去了任命官员的准则，太子统领军队没有威严，他将来怎么能指挥好军队呢？”献公说：“我有几个儿子，还不知道要立谁为太子。”里克没回答而退了下去，去觐见太子。太子说：“我恐怕要被废黜了吧？”里克说：“太子自己努力吧！令你统率军队，担心的应是不能完成任务，有什么理由废黜你呢？而且做儿子的应该害怕不孝，不要害怕不能即位。注重自身的修养而不去责备别人，就会免于祸难。”太子率领军队，献公让他穿上偏衣，佩戴金玦。里克告病，没跟从太子出征。太子于是就去讨伐东山。

十九年①，献公曰：“始吾先君庄伯、武公之诛晋乱②，而虢常助晋伐我③，又匿晋亡公子，果为乱。弗诛，后遗子孙忧。”乃使荀息以屈产之乘假道于虞④。虞假道，遂伐虢，取其下阳以归⑤。

献公私谓骊姬曰：“吾欲废太子，以奚齐代之。”骊姬泣曰：“太子之立，诸侯皆已知之，而数将兵⑥，百姓附之，奈何以贱妾之故废適立庶？君必行之，妾自杀也⑦。”骊姬详誉太子⑧，而阴令人谮恶太子⑨，而欲立其子。

【注释】

①十九年：当周惠王十九年，前658年。

②诛：讨伐。

③虢常助晋伐我：《正义》曰：“言虢助晋伐曲沃也。”

④乃使荀息以屈产之乘假道于虞：于是派荀息用屈邑产的名马去向虞国借路。荀息，即原黯，氏原，名黯，字息，又称“荀叔”，晋国执政大臣。屈产之乘，屈地产的良马。屈，晋邑名。在今山西吉县北。或以屈产为地名，在今山西石楼东南，该地有屈产泉，因而得名。《集解》引何休曰：“屈产，出名马之地。乘，备驷也。”假道，

借路。假，借。虞，古国名。姓姬。在今山西平陆东北。《集解》引贾逵曰："虞在晋南，虢在虞南。"晋伐虢国，必借道于虞国。据《山西考古四十年》，今平陆张店镇西有虞城古城。

⑤下阳：《集解》引服虔曰："下阳，虢邑也。在大阳东北三十里。《穀梁传》曰：'下阳，虞、虢之塞邑。'"也作"夏阳"，在今山西平陆北。

⑥数：多次，屡次。

⑦妾自杀也：凌约言曰："妇人之巧媚极矣，此天之贻祸晋国也。"

⑧详誉：假装赞誉。详，通"佯"。

⑨谮（zèn）恶：毁谤，诬陷。

【译文】

献公十九年，献公说："先前我的先君庄伯、武公讨伐晋国祸乱，虢国经常帮助晋国来攻打我们，又藏匿晋国流亡公子，现在果真作乱了。不去讨伐，以后会给子孙留下隐忧。"于是派荀息用屈邑出产的名马去向虞国借路。虞国借路给晋国，晋国就去攻打虢国，夺取了下阳后才回国。

献公私下对骊姬说："我想废掉太子，让奚齐代替他。"骊姬流着泪哭泣说："申生被立为太子，诸侯都已经知道了，而且他多次领兵，百姓归附于他，怎么要因为贱妾的缘故废掉嫡子而立庶子呢？国君您若一定这么做，那我就自杀。"骊姬假装夸赞太子，暗中却指使人去中伤太子，想改立她所生的儿子。

二十一年[①]，骊姬谓太子曰："君梦见齐姜，太子速祭曲沃[②]，归釐于君[③]。"太子于是祭其母齐姜于曲沃，上其荐胙于献公[④]。献公时出猎，置胙于宫中。骊姬使人置毒药胙中。居二日[⑤]，献公从猎来还，宰人上胙献公，献公欲飨之[⑥]，骊姬从旁止之，曰："胙所从来远，宜试之。"祭地，地坟[⑦]；与犬，犬死；与小臣[⑧]，小臣死。骊姬泣曰："太子何忍也！其父而欲弑代之，况他人乎[9]？且君老矣，旦暮之人[10]，曾不能待而欲弑之[11]！”谓献公曰：“太子所以然者，不过以妾及奚齐之故。妾愿子母辟之他国[12]，若早自杀[13]，毋徒使母子为太子所鱼肉也。始君欲废之，妾犹恨之[14]；至于今，妾殊自失于此[15]。”太子闻之，奔新城[16]。献公怒，乃诛其傅杜原款[17]。或谓太子曰[18]：“为此药者乃骊姬也，太子何不自辞明之[19]？”太子曰：“吾君老矣，非骊姬，寝不安，食不甘。即辞之[20]，君且怒之。不可。”或谓太子曰：“可奔他国。”太子曰：“被此恶名以出[21]，人谁内我[22]？我自杀耳。”十二月戊申[23]，申生自杀于新城[24]。

【注释】

①二十一年：当周惠王二十一年，前656年。

②太子速祭曲沃：《集解》引服虔曰：“齐姜庙所在。”

③釐：胙肉，祭祀用的肉。

④荐胙（zuò）：进献上肉。荐，献。胙，胙肉。

⑤居二日：《索隐》曰：“《左传》云‘六日’，不同。”

⑥飨（xiǎng）：通“享”，享用。

⑦祭地，地坟：《集解》引韦昭曰：“将饮先祭，示有先也。坟，起也。”地坟，地面隆起。坟，指隆起成小堆。

⑧小臣：宫中执役的阉人。《集解》引韦昭曰：“小臣，官名。掌阴事，今阉士也。”

⑨他人：《晋语》作“国人”。刘操南云：“‘他人’谓己及奚齐，盖并虑及申生得立，必杀母、弟也。”

⑩旦暮：从早晨到傍晚，形容时间短促。

⑪曾：竟，居然。

⑫辟（bì）：躲避，避开。之：往，到。

⑬若：或者。

⑭恨：遗憾。

⑮至于今，妾殊自失于此：《索隐》曰："太子之行如此，妾前见君欲废而恨之，今乃自以恨为失也。"意谓到现在，才意识到自己错得很厉害。殊，很，非常。自失于此，对此自己感到错得厉害。

⑯新城：即"曲沃"，晋献公于前661年为太子申生建曲沃城池，故名"新城"。《集解》引韦昭曰："曲沃也，新为太子城，故曰'新城'。"

⑰傅：官名。辅助君主或太子的官员。

⑱或：有人。

⑲自辞明之：自己声辩，以明己之冤。辞，申辩。

⑳即：如果。

㉑被：蒙受。

㉒内：同"纳"。

㉓十二月戊申：十二月二十一。

㉔申生自杀于新城：《索隐》曰："申生乃雉经于新城庙。"

【译文】

献公二十一年，骊姬对太子说："国君梦到了你的母亲齐姜，你应赶快去曲沃祭奠她，回来把祭肉献给国君。"太子于是到曲沃祭祀了他的母亲齐姜，将祭祀用的胙肉呈给献公。献公当时正出外打猎，申生就把祭肉留在宫中。骊姬派人在祭肉里放了毒药。过了两天，献公从打猎的地方返回，宰人给献公呈上祭肉，献公刚要享用，骊姬从旁阻拦说："祭肉送来的地方远，应该检验一下。"于是把祭肉倒在地上，地面鼓了起来；再拿肉给狗吃，狗立即死了；又拿肉给小臣吃，小臣也死了。于是骊姬哭着说："太子怎么这么残忍呢！自己生身父亲都想谋杀而取代，更何况其他的人？再说国君已经老了，已经是有早晨没晚上的人，竟然就不能再等等，而非要杀掉国君！"她对献公说："太子之所以要这样做，就是因为我和奚齐的缘故。我们母子二人愿意躲避到别的国家去,或早点自杀,不要让我们母子日后遭受太子任意宰割。当初您要废掉他,我还对此觉得遗憾;事到如今,我才深知这是我错了。”太子听说此事,逃奔到新城。献公大怒,就诛杀了太子的师傅杜原款。有人对太子说:“下药的分明是骊姬,太子为何不到国君面前去辩白呢?”太子说:“我们的国君老了,没有骊姬,就会睡不好觉,吃不下饭。如果我去说出真相,君父就会生骊姬的气。不能这样做。”有人对太子说:“可以逃到别国去。”太子说:“背着这样的恶名逃亡,谁会收留我呢?我自杀算了。”十二月戊申日,申生在新城自杀。

此时重耳、夷吾来朝。人或告骊姬曰:“二公子怨骊姬谮杀太子。”骊姬恐,因谮二公子:“申生之药胙,二公子知之。”二子闻之,恐,重耳走蒲,夷吾走屈,保其城,自备守。初,献公使士蔿为二公子筑蒲、屈,城弗就[①]。夷吾以告公,公怒士蔿。士蔿谢曰:“边城少寇,安用之?”退而歌曰:“狐裘蒙茸,一国三公,吾谁适从[②]!”卒就城。及申生死,二子亦归保其城。

二十二年[③],献公怒二子不辞而去,果有谋矣,乃使兵伐蒲。蒲人之宦者勃鞮命重耳促自杀[④]。重耳逾垣[⑤],宦者追斩其衣袪[⑥]。重耳遂奔翟。使人伐屈,屈城守,不可下。

【注释】

①弗就:故意拖延不完成。

②“狐裘蒙茸”三句:《集解》引服虔曰:“‘蒙茸’以言乱貌。‘三公’言君与二公子。将敌,故不知所从。”狐裘,狐皮袍,大夫的冬装。蒙茸,蓬乱貌。一国三公,犹言“政出多门”。吾谁适从,意谓我

该听从哪一个。

③二十二年：当周惠王二十二年，前655年。

④勃鞮（dī）：亦作“履鞮”“履貂”“勃貂”，即《左传》之所谓“寺人披”（“披”为“勃鞮”两字的合音），字伯楚，晋献公的宦官。或谓“勃鞮”为官名，职掌国君的鞋袜。《集解》引韦昭曰：“伯楚，寺人披之字也，于文公时为勃鞮也。”命重耳促自杀：泷川曰：“僖五年《左传》，不言‘促自杀’。《晋语》云‘令刺重耳’。”促，赶快。

⑤垣（yuán）：墙。

⑥袪（qū）：袖口。

【译文】

这时重耳、夷吾前来朝见献公。有人告诉骊姬说：“两位公子怨恨您进谗言害死了太子。”骊姬恐惧，趁机诋毁两位公子说：“太子申生往祭肉里放毒药，两位公子是知道这件事的。”两位公子听说了很害怕，重耳逃往蒲邑，夷吾逃往屈邑，各自据守城池，自我防备。当初，献公派士蒍替两位公子修筑蒲邑与屈邑，故意拖延不修完。夷吾把情况告诉献公，献公怒斥士蒍。士蒍谢罪说：“边地的城邑很少有寇盗，何必修得如此坚固？”退朝以后作歌道：“狐皮衣服的毛蓬蓬松松，一个国家三个首领，我究竟该听哪一个！”最后还是修好了城墙。等到申生死去，两位公子就各自退归，保守他们的城池。

献公二十二年，献公生气两个儿子不辞而别，认为他们果真有了阴谋，就派兵讨伐蒲邑。蒲邑的宦官勃鞮奉献公之命催促重耳赶快自杀。重耳翻墙逃走，勃鞮追上去，割断了重耳的袖子。重耳于是逃奔翟国。献公派人攻打屈邑，屈邑坚守，攻不下来。

是岁也，晋复假道于虞以伐虢。虞之大夫宫之奇谏虞君曰[①]：“晋不可假道也，是且灭虞[②]。”虞君曰：“晋我同姓[③]，不宜伐我[④]。”宫之奇曰：“太伯、虞仲[⑤]，太王之子也[⑥]，太伯亡去，是以不嗣[⑦]。虢仲、虢叔[⑧]，王季之子也[⑨]，为文王卿士[⑩]，其记勋在王室，藏于盟府[⑪]。将虢是灭，何爱于虞？且虞之亲能亲于桓、庄之族乎[⑫]？桓、庄之族何罪，尽灭之[⑬]。虞之与虢，唇之与齿，唇亡则齿寒。”虞公不听，遂许晋。宫之奇以其族去虞。其冬，晋灭虢[⑭]，虢公丑奔周[⑮]。还，袭灭虞，虏虞公及其大夫井伯百里奚以媵秦穆姬[⑯]，而修虞祀[⑰]。荀息牵曩所遗虞屈产之乘马奉之献公[⑱]，献公笑曰：“马则吾马，齿亦老矣[⑲]！”

【注释】

①宫之奇：姬姓，宫氏，虞国大夫。

②且：将要。

③晋我同姓：晋与虞均为周室之后，都是姬姓国。

④宜：应当。

⑤虞仲：即仲雍，周太王次子，为虞国远祖。详见《周本纪》及《吴太伯世家》。

⑥太王：古公亶父，太伯、虞仲、季历之父，周文王的祖父。其事详见《周本纪》。

⑦太伯亡去，是以不嗣：意谓吴太伯逃亡荆蛮，所以没能在周国继承王位。详见《周本纪》及《吴太伯世家》。嗣，继承。

⑧虢仲、虢叔：分别为周季历的次子、三子，周文王之弟，西虢、东虢的始封君。

⑨王季：指季历，又称“公季”，周太王少子，周文王之父。其事详见《周本纪》。

⑩卿士：周国的执政大臣。

⑪盟府：收藏策勋之策与盟书的府库。

⑫桓、庄之族：指曲沃桓叔与曲沃庄伯之子孙，即晋献公的从祖兄弟。

⑬尽灭之：指晋献公八年尽杀诸公子之事。

⑭其冬，晋灭虢：据《河南文物工作五十年》（1956—1957），在三门峡上村岭发掘了一处虢国贵族墓地，其中1052号墓规模最大，出土各种文物近千件。其中有两件戈铸有“虢太子元徒戈”的铭文，证明墓主人是虢国太子。近年来再次发掘的2001号、2009号大墓，前者的铜器铭文中有“虢季”字样，后者的铜器铭文中有“虢仲”字样，都是虢国的君主之墓，都被定为全国十大考古新发现之一。据《汉书·地理志》记载：北虢在大阳，东虢在荥阳，西虢在雍州。三门峡当为北虢所在。前655年，晋灭北虢。因此，三门峡墓地有明显的年代下限，这对研究两周之际的虢国文化有重要意义。

⑮虢公丑：《集解》引《皇览》曰：“虢公冢在河内温县郭东，济水南大冢是也。其城南有虢公台。”

⑯井伯百里奚：《正义》引《南雍州记》曰：“百里奚、宋井伯，宛人也。”井伯与百里奚为两人。百里奚，百氏，名奚（或作“傒”），字里，又称“五羖大夫”，是辅佐秦穆公成就霸业的功臣。或说井伯、百里奚为一人，氏百里，名奚，字井伯。以媵（yìng）秦穆姬：为秦穆姬做陪嫁的奴隶。媵，陪嫁。杜预曰：“送女曰媵，以屈辱之。”秦穆姬，晋献公女，出嫁为秦穆公夫人。

⑰修虞祀：对虞国境内的山川之神逐一进行祭祀，意即将虞国土地全部列入自己的版图。

⑱曩（nǎng）：以前，从前。遗（wèi）：给，赠给。

⑲马则吾马，齿亦老矣：《集解》曰：“盖戏之也。”以与荀息前曾说过的“暂存外府”云云相呼应，详见《左传》。齿，指马的年龄。

【译文】

这年，晋国再次向虞国借道去攻打虢国。虞国大夫宫之奇劝谏虞君说："不能借道晋国，这样，将会灭了虞国。"虞君说："晋国与我国同姓，不应当攻打我们。"宫之奇说："太伯、虞仲，是太王的儿子，太伯逃走，所以没有继承王位。虢仲、虢叔，是王季的儿子，做过文王的卿士，在王室那记载着功勋，记录藏在盟府里。晋国准备灭掉虢国，怎么能爱护虞国呢？而且虞国与晋国的亲近能亲得过桓叔、庄伯的亲族吗？桓叔、庄伯的亲族有什么罪，却全部被杀戮。虞国与虢国的关系，是唇与齿的关系，嘴唇没了牙齿就会感到寒冷。"虞公不听，还是答应借道给晋国。宫之奇率领他的族人离开了虞国。这年冬天，晋国灭亡虢国，虢公丑出奔周朝。晋国军队返回的途中，袭击灭亡了虞国，俘获了虞公及他的大夫井伯、百里奚，把他们作为献公女儿嫁给秦穆公的陪嫁，并重修虞国的祭祀。荀息牵回以前送给虞国的屈邑出产的名马，将它们奉还献公，献公笑着说："马还是我的马，只是牙口老了点儿！"

二十三年①，献公遂发贾华等伐屈②，屈溃③。夷吾将奔翟。冀芮曰④："不可。重耳已在矣，今往，晋必移兵伐翟，翟畏晋，祸且及。不如走梁⑤，梁近于秦，秦强，吾君百岁后可以求入焉⑥。"遂奔梁。

二十五年⑦，晋伐翟，翟以重耳故，亦击晋于啮桑⑧，晋兵解而去。

当此时，晋强，西有河西⑨，与秦接境，北边翟，东至河内⑩。

骊姬弟生悼子⑪。

【注释】

①二十三年：当周惠王二十三年、秦穆公六年，前654年。

②贾华：晋国大夫。《集解》引贾逵曰："贾华，晋右行大夫。"

③溃：《正义》曰："民逃其上曰溃。"

④冀芮：即下文的“郤芮”，字子公。后为晋惠公夷吾的重臣。

⑤梁：古国名。嬴姓，在今陕西韩城南。

⑥百岁后：指人死后，对死的委婉说法。

⑦二十五年：当周襄王元年，前652年。

⑧啮（niè）桑：《左传·僖公八年》作“采桑”，在今山西乡宁西。

⑨河西：古地区名。指今山西、陕西两省间黄河南段以西地区。

⑩河内：古地区名。指今河南境内的古黄河以北地区。

⑪悼子：《索隐》曰：“《左传》作‘卓子’。”又称“公子卓”。

【译文】

献公二十三年，于是派出贾华等人攻打屈邑，屈邑溃败。夷吾将要逃奔翟国。冀芮说：“不行。重耳已经在那里了，现在您去，晋国必定会移兵攻打翟国，翟国畏惧晋国，大祸就要降临。不如逃到梁国，梁国与秦国临近，秦国强大，我们的国君去世后，可以请求秦国帮助您回国。”于是逃奔梁国。

献公二十五年，晋国讨伐翟国，翟国因为重耳的缘故，就在啮桑反击晋国，晋兵撤去对翟国的围攻而去。

就在这时，晋国强大起来，它西边拥有河西之地，与秦国接壤，北边与翟国为邻，东边到达河内地区。

骊姬的妹妹生下悼子。

二十六年夏[①]，齐桓公大会诸侯于葵丘[②]。晋献公病，行后，未至，逢周之宰孔[③]。宰孔曰：“齐桓公益骄，不务德而务远略[④]，诸侯弗平。君弟毋会[⑤]，毋如晋何？”献公亦病，复还归。病甚，乃谓荀息曰：“吾以奚齐为后，年少，诸大臣不服，恐乱起，子能立之乎？”荀息曰：“能。”献公曰：“何以为验[⑥]？”对曰：“使死者复生，生者不惭[⑦]，为之验。”于是遂属奚齐于荀息[⑧]。荀息为相[⑨]，主国政。

秋九月，献公卒[⑩]。里克、邳郑欲内重耳[⑪]，以三公子之徒作乱[⑫]，谓荀息曰："三怨将起[⑬]，秦、晋辅之，子将何如？"荀息曰："吾不可负先君言。"十月，里克杀奚齐于丧次[⑭]，献公未葬也。荀息将死之，或曰不如立奚齐弟悼子而傅之[⑮]，荀息立悼子而葬献公。十一月，里克弑悼子于朝[⑯]，荀息死之。君子曰："《诗》所谓'白珪之玷，犹可磨也，斯言之玷，不可为也'[⑰]，其荀息之谓乎！不负其言[⑱]。"初，献公将伐骊戎，卜曰"齿牙为祸"[⑲]。及破骊戎，获骊姬，爱之，竟以乱晋。

【注释】

①二十六年：当周襄王二年、齐桓公三十五年，前651年。

②齐桓公大会诸侯于葵丘：即葵丘之会。周天子派使者在此会上策命齐桓公为方伯，其事详见《齐太公世家》。葵丘，宋邑名。在今河南兰考东。

③宰孔：即太宰孔，周国太宰。因食邑于周，故又称"周公""宰周公"。

④务远略：致力于向远方炫耀武力。指伐楚而言。

⑤君弟毋会：你大可不必前去会他。弟，但，尽管。

⑥验：证明，保证。

⑦使死者复生，生者不惭：《国语·晋语》作"死人复生不悔，生人不愧"，意即您即使死而复活，也不会为把奚齐托付给我而感到后悔；我这个活着的人也不会因为没有履行诺言而感到惭愧。泷川引中井积德曰："死者谓公也，生者息自谓也。公死，息奉遗命无所违于公之志；则使公复生，息无所惭也。"

⑧属（zhǔ）：托付。

⑨相：即日后的所谓宰相，朝廷的首辅大臣。

⑩献公卒：献公墓在今山西绛县南樊槐村之东岭，墓高百尺，形似无柄之木铎。

⑪邳（pī）郑：《集解》引贾逵曰："邳郑，晋大夫。"内：同"纳"。

⑫三公子：《集解》引贾逵曰："三公子，申生、重耳、夷吾也。"

⑬三怨：指申生、重耳、夷吾三公子的势力都怨恨骊姬、荀息等人。

⑭丧次：居丧之所。次，处所。

⑮傅：辅佐，辅助。

⑯里克弑悼子于朝：按，《集解》引《列女传》又曰："鞭杀骊姬于市。"

⑰"白珪之玷"四句：见《诗·大雅·抑》，意谓白珪上面的污点，还可以把它磨去，许诺若有了错误，可就不好办了。林尧叟曰："荀息不顾事之非正，而惟以不食言，是以君子惜其前言之失不可复治也。"顾炎武曰："《管晏传》：'方晏子伏庄公尸哭之，成礼然后去，岂所谓见义不为无勇者耶？'此言晏子之勇于义。古人著书，引成语而反其意者多矣。……言荀息之能不玷其言也。"

⑱不负其言：杨慎曰："晋献公溺于嬖宠，废长立少，荀息不能谏正，遽以死许之，是其言玷于献公未没之先，而不可救于已没。"泷川曰："《晋语》云：'君子曰：不食其言矣。'《公羊传》亦云：'荀息可谓不食言矣。'史公与左氏并取之。"

⑲齿牙为祸：意即祸害源自小人的谗言。《集解》引韦昭曰："齿牙，谓兆端左右衅坼有似齿牙，中有纵画，以象谗言之为害也。"

【译文】

献公二十六年夏，齐桓公在葵丘大会诸侯。献公病重，出行稍迟，落在后面，还没到达会盟的地点，遇见周王室的太宰孔。太宰孔说："齐桓公更加骄横了，不致力于推行德政而致力于向远方炫耀武力，诸侯心中不平。您还是不要去参加盟会吧，齐桓公能把晋国怎么样呢。"献公也因为身体生病，就返回晋国了。他病情加重，就对荀息说："我把奚齐立为继承人，他年纪小，诸大臣都不服他，恐怕会有祸乱发生，您能扶立他吗?”荀息说:“能。”献公问:“拿什么来证明呢?”荀息回答说:“即使您死而复活,也绝不会为把奚齐托付给我而感到后悔,我这个活着的人也不会因为没有履行诺言而感到惭愧,用这个做保证吧。”献公于是就把奚齐托付给了荀息。荀息为相,主持国政。

秋天九月,献公去世。里克、邳郑想接重耳回国,利用三公子的党众为乱,对荀息说:“三股势力的怨恨气就要发作了,秦国和晋国帮助他们,您打算怎么办?”荀息说:“我不可以背弃先君的遗言。”十月,里克在守丧之处杀死奚齐,当时献公还没下葬。荀息为此准备自杀,有人说不如扶立奚齐的弟弟悼子去辅佐他,荀息立悼子做了国君,并安葬了献公。十一月,里克在朝廷上杀死了悼子,荀息就自杀了。君子说:“《诗》所说的‘白珪上面的污点,还可以把它抹去,许诺若有了错误,可就不好办了’,这大概说的就是荀息吧!不违背自己的诺言。”当初,献公将要讨伐骊戎,占卜说“齿牙为祸”。等到攻破骊戎,得到骊姬,宠爱她,竟然因此祸乱晋国。

里克等已杀奚齐、悼子,使人迎公子重耳于翟[①],欲立之。重耳谢曰[②]:“负父之命出奔,父死不得修人子之礼侍丧,重耳何敢入!大夫其更立他子。”还报里克,里克使迎夷吾于梁。夷吾欲往,吕省、郤芮曰[③]:“内犹有公子可立者而外求,难信。计非之秦,辅强国之威以入,恐危。”乃使郤芮厚赂秦,约曰:“即得入,请以晋河西之地与秦[④]。”乃遗里克书曰:“诚得立[⑤],请遂封子于汾阳之邑[⑥]。”秦缪公乃发兵送夷吾于晋[⑦]。齐桓公闻晋内乱,亦率诸侯如晋。秦兵与夷吾亦至晋,齐乃使隰朋会秦俱入夷吾[⑧],立为晋君,是为惠公。齐桓公至晋之高梁而还归[⑨]。

【注释】

①使人迎公子重耳于翟:《正义》引《国语》曰:"里克及邳郑使屠岸夷告公子重耳于翟曰:'国乱民扰,得国在乱,治民在扰,子盍入乎?'"

②谢:推辞,辞让。

③吕省:姓吕,字子金,盖为晋侯之外甥,故又称"吕甥"。食采邑于瑕、阴二地,因此以"瑕"为氏,又称"瑕甥""瑕吕饴甥""阴饴甥"。晋国大夫。为晋惠公及晋怀公的重臣。按,据《国语·晋语》,吕甥当时在晋国,并未随夷吾于梁。郤(xì)芮:《正义》曰:"郤成子,即冀芮。"

④即得入,请以晋河西之地与秦:《左传》作"赂秦伯以河外列城五,东尽虢略,南及华山,内及解梁城"。

⑤诚:假如,如果。

⑥汾阳:晋邑名。在今山西静乐西。

⑦秦缪公:即秦穆公。缪,通"穆"。

⑧隰(xí)朋:齐国大夫。为辅佐齐桓公称霸的重臣。

⑨高梁:晋邑名。在今山西临汾东北。顾栋高《春秋大事表·平阳府》:"临汾东北三十七里有高梁城,为晋高梁地。"《山西考古四十年》谓:今山西临汾北樊店、梁村、店头村附近跨越南同浦铁路有古城址,出土物以春秋中期以后的陶片较多。

【译文】

里克等人已经杀了奚齐、悼子,派人到翟国去迎接公子重耳,想拥立他为国君。重耳推辞说:"违背父亲的命令逃亡在外,父亲死了不能尽人子之礼奉事丧事,我怎么敢回国!大夫们还是改立其他的公子吧。"使者回来报告里克,里克派人到梁国去迎接夷吾。夷吾想回国,吕省、郤芮说:"国内还有公子可立为君,他们却在国外寻找,令人难以相信。考虑到不去秦国,借助强秦的威力回国,恐怕会有危险。"于是就派郤芮以厚礼贿赂秦国，约定说："如果能让我回国即位，我愿意把晋国河西的土地割给秦国。"又送信给里克说："我如果真的能继位为君，我愿意把汾阳邑封给您。"秦穆公就发兵护送公子夷吾返回晋国。齐桓公听说晋国发生内乱，也率领着诸侯来到晋国。秦国军队与夷吾也到达了晋国，齐桓公就派隰朋会合秦国一起送夷吾回国，立他为晋国的国君，这就是惠公。齐桓公到了晋国的高梁就撤兵回国了。

惠公夷吾元年[①]，使邳郑谢秦曰[②]："始夷吾以河西地许君，今幸得入立。大臣曰：'地者先君之地，君亡在外，何以得擅许秦者？'寡人争之弗能得，故谢秦。"亦不与里克汾阳邑，而夺之权。四月，周襄王使周公忌父会齐、秦大夫共礼晋惠公[③]。惠公以重耳在外，畏里克为变，赐里克死[④]。谓曰："微里子[⑤]，寡人不得立。虽然[⑥]，子亦杀二君一大夫[⑦]，为子君者不亦难乎？"里克对曰："不有所废，君何以兴？欲诛之，其无辞乎？乃言为此！臣闻命矣。"遂伏剑而死[⑧]。于是邳郑使谢秦未还[⑨]，故不及难。

【注释】

①惠公夷吾元年：当周襄王三年、秦穆公十年，前650年。

②谢：谢罪，认错道歉。

③周襄王：名郑，周惠王之子，前651—前619年在位。其事详见《周本纪》。周公忌父：周国卿士，疑即宰孔。共礼晋惠公：意即共同为晋惠公即位举行正式的典礼。

④赐里克死：茅坤曰："夷吾背义，内失功臣，外倍与国，能无亡乎？"

⑤微：无，没有。

⑥虽然：即便这样，即使如此。

⑦子亦杀二君一大夫:《集解》引服虔曰:“奚齐、悼子、荀息也。”二君,指奚齐、悼子。一大夫,指荀息。

⑧伏剑而死:泷川曰:“惠公之入,吕甥召之,郤芮劝之;而里克之意,实在文公,是所以有汾阳之赂。惠公既君,里克仍执政,吕、郤不得逞意,伏剑之事不得已也。《晋语》云:惠公杀里克而悔之,曰:‘芮也,使寡人过杀我社稷之镇。’可以观当时情状矣。”

⑨于是:在这个时候。

【译文】

惠公夷吾元年,派邳郑向秦国道歉说:“当初我答应把河西之地送给秦君,如今我侥幸得以回国即位。大臣们说:‘土地是先君的土地,您逃亡在外,凭什么能擅自答应把土地送给秦国呢?’我与他们极力争取却没能得到大臣们的支持,所以来向秦国道歉。”惠公也不把汾阳邑封给里克,还夺了他的权力。四月,周襄王派周公忌父会合齐、秦两国的大夫,一道为晋惠公即位举行正式的典礼。惠公因为重耳在国外,害怕里克发动叛变,就赐里克去死。惠公对他说:“如果没有先生您,我就不能即位。即便如此,先生您毕竟也杀了奚齐、悼子两位国君和一位大夫荀息,做先生您这样臣子的国君不是太难了吗?”里克回答说:“没有奚齐、悼子的被废,您怎么能兴立呢?想诛杀一个人,难道还怕找不到托词吗?您竟然说出这种话来!我听命就是了。”于是伏剑自杀。这时邳郑出使秦国向秦君致歉还没有返回,所以没有遭受这场祸难。

晋君改葬恭太子申生[①]。秋,狐突之下国[②],遇申生,申生与载而告之曰[③]:“夷吾无礼[④],余得请于帝[⑤],将以晋与秦,秦将祀余。”狐突对曰:“臣闻神不食非其宗,君其祀毋乃绝乎?君其图之[⑥]。”申生曰:“诺,吾将复请帝。后十日[⑦],新城西偏将有巫者见我焉[⑧]。”许之,遂不见[⑨]。及期而往[⑩]，复见，申生告之曰："帝许罚有罪矣，弊于韩[⑪]。"儿乃谣曰："恭太子更葬矣[⑫]，后十四年，晋亦不昌[⑬]，昌乃在兄[⑭]。"

【注释】

①晋君改葬恭太子申生：《集解》引韦昭曰："献公时申生葬不如礼，故改葬之。"恭，申生的谥号。《国语·晋语》云："是以谥为共君。"

②狐突：氏狐，姬姓，名突，字伯行，晋文公的外祖父。之：去，前往。下国：即曲沃。《集解》引服虔曰："晋所灭国以为下邑。一曰曲沃有宗庙，故谓之'国'；在绛下，故曰'下国'也。"

③申生与载而告之曰：《集解》引杜预曰："忽如梦而相见。狐突本为申生御，故复使登车。"

④夷吾无礼：疑指晋惠公与贾君通奸事。《左传·僖公十五年》云："晋侯之入也，秦穆姬属贾君焉，且曰'尽纳群公子'。晋侯烝于贾君，又不纳群公子，是以穆姬怨之。"贾君，为申生之妃。一说为晋献公之次妃。

⑤余得请于帝：《集解》引服虔曰："帝，天帝。请罚有罪。"

⑥图：考虑。

⑦十日：《左传·僖公十年》作"七日"。

⑧新城西偏将有巫者见（xiàn）我焉：《集解》引杜预曰："将因巫以见。"意谓新城西侧将有一个巫显现我的灵魂。偏，侧，边。见，同"现"，显现。

⑨许之，遂不见：《集解》引杜预曰："狐突许其言，申生之象亦没。"

⑩期：约定日期。

⑪弊于韩：指晋惠公会在韩原战败。弊，此指战败。韩，晋地名。即韩原，在今山西河津、万泉之间。

⑫更葬：改葬。

⑬后十四年，晋亦不昌：过十四年，晋国也不会昌盛。指晋惠公在位的十四年里曾惨败于秦；晋惠公死后，其子晋怀公又被重耳所杀。

⑭昌乃在兄：晋国的昌盛要等晋文公即位，晋文公是晋惠公之兄。

【译文】

晋君改葬恭太子申生。秋天，狐突前往曲沃，遇见申生的魂灵，申生与狐突同车并告诉他说："夷吾不守礼义，我能够请求天帝，把晋国给秦国，秦国将会祭祀我。"狐突回答说："我听说神灵不享受别族的祭品，您的祭祀恐怕会断绝吧？您要好好考虑一下。"申生说："好，我打算重新向天帝请求。十天后，在新城的西边将会有个巫人，我要借助他现身。"狐突答应了，申生就不见了。狐突按期前往，申生再次现身，告诉他说："天帝许诺我惩罚有罪的人，要让他在韩原大败。"于是传出童谣说："恭太子改葬了，过十四年，晋国也不昌盛，昌盛是在他哥哥的时候。"

邳郑使秦，闻里克诛，乃说秦缪公曰："吕省、郤称、冀芮实为不从①。若重赂与谋，出晋君，入重耳，事必就②。"秦缪公许之，使人与归报晋③，厚赂三子。三子曰："币厚言甘④，此必邳郑卖我于秦。"遂杀邳郑及里克、邳郑之党七舆大夫⑤。邳郑子豹奔秦，言伐晋，缪公弗听。

【注释】

①郤称：晋国大夫，为拥立晋惠公的重臣。不从：《集解》引杜预曰："不与秦赂也。"《秦本纪》曰："今背秦约而杀里克，皆吕甥、郤芮之计也。"

②就：成功。

③与归报晋：跟着邳郑回访晋国。

④币厚言甘：财物丰厚、话甜蜜。币，指贿赂的财物。

⑤七舆大夫:《集解》引韦昭曰:“七舆,申生下军之众大夫也。”据《左传·僖公十年》和《国语·晋语》,“七舆大夫”为共华、贾华、叔坚、骓歂、累虎、特宫、山祁。

【译文】

邳郑出使秦国,听说里克被杀,就游说秦缪公说:“吕省、郤称、冀芮实在是不同意将土地送给秦国。如果送给他们重礼,与他们合谋,赶走晋君,迎回重耳,事情必然成功。”秦缪公答应了,派人和邳郑一起回去禀告晋国,用厚礼送给这三个人。三个人说:“财物重而说话甜,这一定是邳郑在秦国出卖了我们。”于是就杀了邳郑以及里克、邳郑的党羽七个舆大夫。邳郑的儿子邳豹逃奔秦国,请求秦国讨伐晋国,秦缪公没有听从。

惠公之立,倍秦地及里克①,诛七舆大夫,国人不附。二年②,周使召公过礼晋惠公③,惠公礼倨④,召公讥之⑤。

【注释】

①倍秦地:背约,不割地给秦国。倍,通“背”,违背。

②二年:当周襄王四年,前649年。

③周使召公过礼晋惠公:《左传·僖公十三年》曰:“天王使召武公、内史过赐晋侯命。”召公过,名过,谥武,又称“召武公”,召公奭之后,周王室卿士。召,也作“邵”。礼晋惠公,指周襄王依照礼制赐命晋惠公以示荣宠。

④惠公礼倨(jù):《索隐》曰:“谓受玉惰也,事见僖十一年。”倨,傲慢。

⑤召公讥之:梁玉绳曰:“僖十一年《传》:‘天王使召武公、内史过赐晋侯命,受玉惰。过归告王曰:晋侯无后。’告王之言乃内史过,非召武公也。此云召公讥之,误。其所以误者,召武公亦名过耳。”

【译文】

惠公即位后，违背了跟秦国及里克的许诺，没有给秦国土地，没有封里克汾阳邑，诛杀了七舆大夫，国人不归附他。惠公二年，周王室派召公过依照礼制赐命惠公，惠公在礼仪上倨傲，召公讥讽他。

四年[①]，晋饥，乞籴于秦[②]。缪公问百里奚[③]，百里奚曰："天灾流行，国家代有，救灾恤邻，国之道也。与之[④]。"邳郑子豹曰："伐之。"缪公曰："其君是恶，其民何罪！"卒与粟，自雍属绛[⑤]。

五年[⑥]，秦饥，请籴于晋。晋君谋之，庆郑曰[⑦]："以秦得立，已而倍其地约。晋饥而秦贷我[⑧]，今秦饥请籴，与之何疑？而谋之！"虢射曰[⑨]："往年天以晋赐秦，秦弗知取而贷我。今天以秦赐晋，晋其可以逆天乎？遂伐之。"惠公用虢射谋，不与秦粟，而发兵且伐秦。秦大怒，亦发兵伐晋[⑩]。

【注释】

①四年：当周襄王六年、秦缪公十三年，前647年。

②籴（dí）：粮食买进称"籴"。

③百里奚：原虞国之臣，此时已为秦大夫。

④与：给予。

⑤自雍属（zhǔ）绛：《左传·僖公十三年》云："自雍及绛相继，命之曰'泛舟之役'。"运送粟米的船队从秦国都城雍到晋国都城绛连绵不断。雍，此时的秦国都城，在今陕西宝鸡凤翔区南。属，连接。

⑥五年：当周襄王七年、秦缪公十四年，前646年。

⑦庆郑：晋国大夫。

⑧贷：借出。

⑨虢射：晋国大夫。《国语·晋语》载晋惠公称虢射为舅，杜预据此注曰："虢射，惠公舅也。"按，舅是古代诸侯对异姓大夫的尊称，晋惠公与虢射并非甥舅关系。

⑩秦大怒，亦发兵伐晋：泷川曰："僖十四年《左传》《国语·晋语》亦载虢射之语，与此异。且二书止言晋不与秦粟，而不言晋、秦相伐，此疑误。"

【译文】

惠公四年，晋国发生饥荒，向秦国请求购买粮食。秦缪公咨询百里奚，百里奚说："天灾流行，在各国之内交替发生，救治灾荒，抚恤邻国，这是各国的正道。卖给他们吧。"邳郑的儿子邳豹说："攻打他们。"秦缪公说："厌恶他们的国君，可是他们的老百姓有什么罪过！"秦国最终卖粮食给晋国了，从秦国都城雍到晋国都城绛运送粟米的船队绵延不断。

惠公五年，秦国发生饥荒，向晋国请求购买粮食。惠公和大臣们讨论此事，庆郑说："国君您借助秦国的力量得以即位，之后却背弃了送给他们土地的约定。晋国有饥荒，秦国卖给我们粮食，现在秦国有饥荒请求购买我们的粮食，卖给他们还有什么好疑虑的呢？还谋划什么呀！"虢射说："往年上天把晋国赐给秦国，秦国不知道夺取，反而卖给我们粮食。如今上天把秦国赐给晋国，晋国难道可以违逆天意吗？就攻打他们吧。"惠公采用了虢射的计策，不但不给秦国粮食，还发兵攻打秦国。秦缪公大怒，也发兵攻打晋国。

六年春，秦缪公将兵伐晋[①]。晋惠公谓庆郑曰："秦师深矣[②]，奈何？"郑曰："秦内君，君倍其赂；晋饥秦输粟，秦饥而晋倍之，乃欲因其饥伐之：其深，不亦宜乎！"晋卜御右[③]，庆郑皆吉。公曰："郑不孙[④]。"乃更令步阳御戎[⑤]，家仆徒为右[⑥]，进兵。

九月壬戌[⑦]，秦缪公、晋惠公合战韩原。惠公马鸷不行[⑧]，秦兵至，公窘[⑨]，召庆郑为御。郑曰："不用卜，败，不亦当乎！"遂去。更令梁繇靡御[⑩]，虢射为右，辂秦缪公[⑪]。缪公壮士冒败晋军[⑫]，晋军败，遂失秦缪公，反获晋公以归。秦将以祀上帝。晋君姊为缪公夫人，衰绖涕泣[⑬]。公曰："得晋侯将以为乐[⑭]，今乃如此。且吾闻箕子见唐叔之初封[⑮]，曰'其后必当大矣'，晋庸可灭乎[⑯]！"乃与晋侯盟王城而许之归[⑰]。晋侯亦使吕省等报国人曰："孤虽得归，毋面目见社稷，卜日立子圉[⑱]。"晋人闻之，皆哭。秦缪公问吕省："晋国和乎？"对曰："不和。小人惧失君亡亲，不惮立子圉[⑲]，曰'必报仇，宁事戎狄'[⑳]。其君子则爱君而知罪[㉑]，以待秦命[㉒]，曰'必报德'。有此二，故不和。"于是秦缪公更舍晋惠公[㉓]，馈之七牢[㉔]。十一月，归晋侯。晋侯至国，诛庆郑，修政教。谋曰："重耳在外，诸侯多利内之。"欲使人杀重耳于狄[㉕]。重耳闻之，如齐[㉖]。

【注释】

①六年春，秦缪公将兵伐晋：梁玉绳曰："秦伐晋，《左传》在九月，《经》从赴在十一月，此言春误。"六年，当周襄王八年、秦缪公十五年，前645年。

②秦师深矣：《集解》引韦昭曰："深，入境。一曰深犹重。"

③御右：御戎和做车右。

④孙：通"逊"，恭顺。

⑤更：换。步阳：《左传》《国语》作"步扬"，晋公族大夫。为郤氏之后，食邑于步，因以为氏。御戎：为晋侯驾驭兵车。戎，兵车。

⑥家仆徒：晋国大夫。

⑦九月壬戌：九月十三。

⑧骘（zhì）：《索隐》曰："谓马重而陷之于泥。"按，"骘"原指马腿被绊，此处指陷入泥塘。

⑨窘：处境窘迫。

⑩梁繇（yóu）靡：《左传》作"梁由靡"，晋国大夫。按，《左传·僖公十五年》云："梁由靡御韩简，虢射为右。"与此处记载有异。

⑪辂（yà）秦穆公：驱车迎着秦穆公冲了过去。

⑫缪公壮士：指当初偷吃了秦穆公好马的三百名岐下野人。其事详见《秦本纪》。冒：迎头冲击。

⑬衰绖（cuī dié）涕泣：身穿丧服哭泣哀求。衰绖，丧服。《左传·僖公十五年》作："穆姬闻晋侯将至，以太子莹、弘与女简璧登台而履薪焉，使以免服衰绖逆。"与此处记载略异。衰，守丧者所穿之衣，有齐衰、斩衰之别。绖，孝带，有系于腰与系于头者之别。

⑭得晋侯将以为乐：泷川曰："《左传》云：'获晋侯，以厚归也。'史公易以'将以为乐'四字，未切。"

⑮箕子：名胥馀，商纣王诸父，一说商纣王庶兄，任太师。封国于箕（在今山西太谷东北），故称。

⑯庸：岂，哪里。

⑰王城：秦邑名。在今陕西大荔东。

⑱子圉：太子圉，即日后之晋怀公，晋惠公之子，前637—前636年在位。

⑲小人惧失君亡亲，不惮立子圉：《正义》曰："君，惠公也。亲，父母也。言惧失君国乱，恐亡父母，不惮立子圉也。"泷川曰："中井积德曰：'惧，当从《左传》作"悼"。失君亡亲，盖既往之事矣。'愚按，《晋语》亦作'悼'。"

⑳必报仇，宁事戎、狄：《正义》曰："小人言立子圉为君之后，必报秦。终不事秦，宁事戎、狄耳。"

㉑爱君而知罪：爱戴自己的君主，承认晋国在秦国面前有罪。泷川曰："僖十五年《左传》云：晋侯之入也，赂秦伯以河外之列城五，东尽虢略，南及华山，内及解梁城，既而不与。晋饥，秦输入粟；秦饥，晋闭之籴，故秦伯伐晋，所谓知罪者即此。"

㉒以待秦命：愿意听凭秦国的处置。

㉓更舍：更换馆舍。据《左传·僖公十五年》，晋惠公原被拘留于秦都郊外的灵台。

㉔馈（kuì）：进献。七牢：待诸侯之礼。《礼记·礼器》云："诸侯七介七牢。"牛一、羊一、豕一为一牢。

㉕狄：即上文的"翟"。

㉖重耳闻之，如齐：梁玉绳曰："如齐求入，非为惠公欲杀之故也。又事在惠公七年，此书于六年，亦非。"

【译文】

惠公六年春，秦缪公率领军队攻打晋国。惠公对庆郑说："秦军闯入我国境了，怎么办？"庆郑回答："秦国帮助您回国即位，您却背弃了给他们土地的承诺；晋国发生饥荒，秦国输送粮食来，到了秦国发生饥荒，晋国却背叛了它，竟然想趁秦国的饥荒之际去攻打它：秦军进入我国之境不也是应该的吗！"晋侯占卜驾车与车右的人选，庆郑得到的都是吉卦。惠公说："庆郑不恭顺。"就改令步阳驾驭战车，家仆徒为车右，发兵前进。

九月壬戌日，秦缪公、晋惠公在韩原交战。惠公的马陷入泥潭出不来，前行不了，秦兵追到，惠公处境窘迫，召唤庆郑为他驾车。庆郑说："不按占卜的结果行事，失败了，这不也是应该的吗！"就离他而去。惠公改令梁繇靡为他驾车，虢射为车右，迎上秦缪公的战车。秦缪公的壮士冒死打败晋军，晋军大败，于是没有俘获秦缪公，秦军反而俘获惠公归国。秦国准备用惠公祭祀天帝。惠公的姐姐是秦缪公的夫人，她身穿丧服哭泣。秦缪公说："俘获晋侯将是件令人高兴的事，现在你怎么这样。况且我听说箕子见到唐叔刚受封时，说'他的后代一定会强大'，晋国怎么可能灭亡呢!"秦缪公于是就与惠公在王城结盟,允许他返归晋国。惠公也派吕省等人向国人报告说:"我即使能回国,也没脸面去见社稷之神了,占卜选个吉日立子圉为君吧。"晋人听了这些话,都哭了。秦缪公问吕省:"晋国内部和睦吗?"吕省回答说:"不和。老百姓惧怕失掉国君、双亲死亡,不怕立子圉为国君,说'一定要向秦国报仇,宁愿去事奉戎狄'。贵族们爱戴国君知道他的罪过,等待着秦国释放惠公的处置,说'一定要报答恩德'。有这两种意见,所以说不和睦。"于是秦缪公为晋惠公更换馆舍,并依诸侯之礼以七牢招待他。十一月,让晋侯惠公归国。惠公回国后,诛杀了庆郑,重修政教。惠公和大臣们谋划说:"重耳流亡国外,诸侯大多想通过送重耳回国而获利。"想派人到狄国杀死重耳。重耳听说后,逃到齐国。

八年[①],使太子圉质秦[②]。初,惠公亡在梁,梁伯以其女妻之,生一男一女。梁伯卜之,男为人臣,女为人妾,故名男为圉,女为妾[③]。

十年[④],秦灭梁。梁伯好土功[⑤],治城沟[⑥],民力罢[⑦],怨,其众数相惊,曰"秦寇至"[⑧],民恐惑,秦竟灭之。

十三年[⑨],晋惠公病,内有数子。太子圉曰:"吾母家在梁,梁今秦灭之,我外轻于秦而内无援于国。君即不起病[⑩],大夫轻更立他公子[⑪]。"乃谋与其妻俱亡归[⑫]。秦女曰:"子一国太子,辱在此。秦使婢子侍[⑬],以固子之心。子亡矣,我不从子,亦不敢言。"子圉遂亡归晋。

十四年九月[⑭],惠公卒,太子圉立,是为怀公。

【注释】

①八年:当周襄王十年、秦缪公十七年,前643年。

②质：做人质。

③故名男为圉（yǔ），女为妾：《集解》引服虔曰："圉人掌养马，臣之贱者。不聘曰妾。"圉，养马者。

④十年：当周襄王十二年、秦缪公十九年，前641年。

⑤土功：指营造土木，土木建筑。

⑥治城沟：修筑城墙与挖掘护城河。

⑦罢（pí）：疲惫，困乏。

⑧曰"秦寇至"：中井积德曰："据《左传》，'寇至'者，梁伯胁民之言，此谬用也。"

⑨十三年：当周襄王十五年、秦缪公二十二年，前638年。

⑩君即不起病：国君如果病情好不了。即，如果。

⑪大夫轻更立他公子：国内的大夫们会很容易地改立其他公子为君。轻更立，轻易地废弃我这个太子而改立他人为君。底本将此标点为"病大夫轻，更立他公子"。于是许多注释者将"病大夫轻"解释为担心朝中大臣轻视我。参见《秦本纪》。

⑫其妻：即怀嬴，秦公室女。后来秦穆公又将她嫁给重耳为妾，改称辰嬴。俱亡归：一起逃回去。

⑬婢子：女子谦称自己。《集解》引服虔曰："《曲礼》曰：'世妇以下自称婢子。'婢子，妇人之卑称。"

⑭十四年：当周襄王十六年、秦缪公二十三年，前637年。

【译文】

惠公八年，派太子圉到秦国做人质。当初，惠公逃亡在梁国，梁伯把他的女儿嫁给惠公，生下一男一女。梁伯为两个儿女占卜，结果是男孩将成为臣仆，女孩将做人的妾婢，所以给男孩取名叫圉，给女孩取名叫妾。

惠公十年，秦国灭掉梁国。梁伯喜好兴动土木，修建城郭沟池，百姓疲惫，怨恨情绪很大，那里的民众多次互相惊扰，说"秦国寇盗来了"，百姓恐惧迷惑，秦国最终灭亡了它。

惠公十三年，惠公病重，他国内有几个儿子。太子圉说："我母亲的娘家在梁国，梁国现在被秦国灭亡，我在国外被秦国轻视，在国内也没有援助。国君如果病重不起，我担心大夫们会轻易地废弃我这个太子改立其他的公子为君。"就谋划与他的妻子一起逃回国去。妻子秦女说："您是一国的太子，待在这里受辱。秦君让我这个婢女奉侍您，是为了稳住您的心。您逃走吧，我不跟从您，但也不敢泄漏您的行踪。"子圉于是逃回晋国。

惠公十四年九月，去世，太子圉即位，这就是怀公。

子圉之亡，秦怨之，乃求公子重耳，欲内之①。子圉之立，畏秦之伐也，乃令国中诸从重耳亡者与期②，期尽不到者尽灭其家。狐突之子毛及偃从重耳在秦③，弗肯召。怀公怒，囚狐突。突曰："臣子事重耳有年数矣，今召之，是教之反君也，何以教之？"怀公卒杀狐突。秦缪公乃发兵送内重耳，使人告栾、郤之党为内应④，杀怀公于高梁，入重耳。重耳立，是为文公。

【注释】

①乃求公子重耳，欲内之：就寻找公子重耳，想送他回国即位为君。内，同"纳"。

②与期：给他们规定期限。

③毛及偃：狐毛和狐偃，二人皆重耳之舅。狐偃，字子犯，又称"舅犯"，或作"臼犯""咎犯"，是狐毛之弟。从：跟随。

④栾、郤之党：《正义》曰："栾枝、郤縠之属也。"指栾枝、郤縠等晋国国内亲附重耳的一派势力。

【译文】

子圉逃亡，秦国怨恨他，就寻求公子重耳，想送他回国。子圉即位后，怕秦国前来讨伐，就令国内诸多跟随重耳逃亡的人约定期限归国，期限满了却没到的就灭掉他的全家。狐突的儿子狐毛与狐偃追随重耳待在秦国，狐突不肯招他们回来。怀公恼怒，囚禁了狐突。狐突说："我的儿子事奉重耳有好多年了，现在召他们回来，这是教导他们反叛主子。我怎么去教导说服他们呢？"怀公最终杀了狐突。秦缪公就出动军队以武力护送重耳回国，派人告诉栾枝、郤縠之属做内应，在高梁杀死了怀公，送重耳归国。重耳即位，这就是文公。

晋文公重耳，晋献公之子也。自少好士，年十七，有贤士五人[①]：曰赵衰；狐偃咎犯，文公舅也；贾佗；先轸；魏武子[②]。自献公为太子时，重耳固已成人矣。献公即位，重耳年二十一[③]。

献公十三年[④]，以骊姬故，重耳备蒲城守秦[⑤]。

献公二十一年，献公杀太子申生，骊姬谗之，恐，不辞献公而守蒲城。

献公二十二年，献公使宦者履鞮趣杀重耳[⑥]。重耳逾垣，宦者逐斩其衣祛。重耳遂奔狄。狄，其母国也。是时重耳年四十三。从此五士[⑦]，其余不名者数十人，至狄。

【注释】

①年十七，有贤士五人：泷川曰："《左传》僖廿三年重耳出奔狄，从者狐偃、赵衰、颠颉、魏武子、司空季子。昭十三年，叔向云：'先君文公生十七年，有士五人，有先大夫子馀、子犯以为腹心，有魏犨、贾佗以为股肱，有齐、宋、秦、楚以为外主，有栾、郤、狐、先以

为内主。'《晋语》僖负羁云:'晋公子生十七年而亡,卿材三人从之。'公孙固云:'晋公子亡长幼矣,父事狐偃,师事赵衰,而长事贾它。'其言不同。……愚按,《史》五士与《左氏》不同。且据叔向言,先轸未尝从亡,而史公并数之者,盖遍就晋贤士属意重耳者言之,不复问其行者与居者也。"

②"曰赵衰(cuī)"六句:赵衰,字子馀,谥成,排行季,故称"赵成季",晋大夫赵夙之孙。或说是赵夙之子,或说是赵夙之弟。重耳即位后,任之为原(今河南济源西北)大夫,故又称"原季"。其事详见《赵世家》。咎犯,文公舅也,泷川云:"梁玉绳曰:'咎犯文公舅也'六字,是后人之注,错入本文。愚按,枫山、三条本正无此六字。"贾佗,一作"贾它",晋国公族。先轸(zhěn),或谓先丹木之子,食邑于原,故又称"原轸",晋国大夫。魏武子,毕万之子(或谓毕万之孙),名犨,氏魏,谥武,晋国大夫。其事详见《魏世家》。

③重耳年二十一:梁玉绳曰:"'一'当作'二'。各本俱讹。附案:史言文公二十二献公即位,四十三奔狄,六十二反国,卒时年七十。《左》《国》言文公生十七年而亡,十九年而反,凡三十六年,卒时年四十四,何不同若是?余谓信《左》《国》不如信《史记》。奚以明之?其守蒲城也,二嬖曰:'疆埸无主,则启戎心。若使重耳主蒲,可以惧戎。'依《史记》,文公守蒲城时年三十二,与'惧戎'之说正合。依《左》《国》,但六龄耳,非适足以启戎心乎?其战城濮也,楚子曰:'天假之年,而除其害。'依《史记》文公战城濮时年六十六,与假年之说相符。依《左》《国》仅四十耳,年少于楚成,安得谓'天假之年'乎?"竹添光鸿曰:"文公奔蒲,正献公灭虢媵秦穆姬之岁。姬系申生姊,必长于文公。如文公年四十三,岂穆姬及艾始嫁?而穆公致书公子,不宜称为孺子矣。或疑从《左氏》,则重耳居蒲止六岁,夷吾更少,不知庄二十八年夏

太子居曲沃，至二子之居蒲、屈，则其后日事也，《传》统叙于是年尔。观士芳筑蒲云‘三年将寻师’可见矣。”

④献公十三年：《左传》将重耳守蒲系于晋献公十一年。本篇前述以及《十二诸侯年表》皆系于十二年，疑与此处皆“十一”之误。

⑤重耳备蒲城守秦：中井积德云：“宜言守蒲城备秦也。”

⑥履鞮：《索隐》曰：“即《左传》之‘勃鞮’，亦曰‘寺人披’。”趣（cù）杀重耳：赶快捕杀重耳。趣，赶快。

⑦从此五士：《左传·僖公二十三年》所载重耳所从之五士为狐偃、赵衰、颠颉、魏武子、司空季子；《索隐》谓狐偃、赵衰、魏武子、司空季子、介之推，均与本篇有异。

【译文】

晋文公重耳，是晋献公的儿子。他少年时就喜好结交士人，十七岁时，就有五名贤士在身边辅佐他，他们是：赵衰；狐偃咎犯，是文公的舅舅；贾佗；先轸；魏武子。从献公做太子时，重耳就已经是成人了。献公即国君位时，重耳二十一岁。

献公十三年，因为骊姬的缘故，重耳驻守蒲城防备秦国。

献公二十一年，杀了太子申生，骊姬谗害他们，重耳恐惧，没跟献公告辞就逃去驻守蒲城。

献公二十二年，派宦官履鞮赶快去杀重耳。重耳翻墙逃走，履鞮追上去割断了他的衣袖。重耳于是逃奔狄国。狄国是他生母的国家。这时重耳四十三岁。跟从他的有这五名贤士，其余叫不上名字的还有数十人，一起到了狄国。

狄伐咎如[①]，得二女：以长女妻重耳[②]，生伯鯈、叔刘；以少女妻赵衰，生盾[③]。居狄五岁而晋献公卒，里克已杀奚齐、悼子，乃使人迎，欲立重耳。重耳畏杀，因固谢，不敢入[④]。

已而晋更迎其弟夷吾立之,是为惠公。惠公七年,畏重耳,乃使宦者履鞮与壮士欲杀重耳。重耳闻之,乃谋赵衰等曰:“始吾奔狄,非以为可用与[5],以近易通[6],故且休足[7]。休足久矣,固愿徙之大国。夫齐桓公好善[8],志在霸王[9],收恤诸侯[10]。今闻管仲、隰朋死[11],此亦欲得贤佐,盍往乎[12]?”于是遂行。重耳谓其妻曰:“待我二十五年,不来乃嫁。”其妻笑曰:“犁二十五年[13],吾冢上柏大矣[14]。虽然[15],妾待子。”重耳居狄凡十二年而去。

【注释】

①咎(gāo)如:又作“墙咎如”,隗姓,赤狄的一支。活动在今河南安阳西,或说在今山西太原东北。

②以长女妻重耳:《左传》与《赵世家》皆云以少女妻重耳,以长女妻赵衰。

③盾:即赵盾,谥宣,排行孟,故又称“宣子”“宣孟”“赵孟”,日后为晋襄公、晋灵公、晋成公三朝重臣。其事详见《赵世家》。

④“重耳畏杀”三句:史珥曰:“重耳非不贪得国者,亦非深自引咎者,内犹有诸公子可立,外求难信,吕、郤犹虑之,则重耳之不就召,意概可知。二语提掇分明。”因,于是。固谢,坚决推辞。

⑤非以为可用与:《索隐》曰:“与,音余。诸本或作‘兴’。兴,起也。非翟可用兴起,故奔之也。”泷川曰:“《晋语》作‘非以翟为荣,可以成事也’。与,相与成事也。”

⑥通:达。

⑦休足:歇歇脚,停下休息。

⑧齐桓公好善:梁玉绳曰此“桓公”当作“齐侯”。

⑨志在霸王:泷川曰:“‘霸王’非当时语。”

⑩收恤：收容救济，收留抚恤。

⑪管仲：辅佐齐桓公成就霸业，其事详见《管晏列传》及《齐太公世家》。隰朋：齐国大夫。任大行，与管仲等共同辅佐齐桓公称霸中原。

⑫盍（hé）往乎：梁玉绳曰："此即《国语》狐偃所云'管仲没矣，必求善以终'之说，特传闻异词耳。故《年表》亦云'重耳闻管仲死，去翟之齐'。其实重耳如齐将以求入，非因闻仲死而往，若欲代其位也。"泷川曰："以上本《国语·晋语》。……是史公以意易《国语》文耳。"盍，何不。

⑬犁：通"黎"，及，等到。《索隐》曰："犁，犹比也。"钱大昕曰："犁，迟也，犹言待也。"

⑭吾冢上柏大矣：《正义》引杜预曰："言将死入木也，不复成嫁也。"泷川曰："'冢上柏'即墓木，非棺也。《正义》以《左传》说《史记》，非。"

⑮虽然：虽然如此，即便这样。然，这样。

【译文】

狄国攻打咎如，俘获了两位女子：把大的女子嫁给重耳为妻，生下伯儵、叔刘；把小的女子嫁给赵衰为妻，生下盾。重耳等在狄国住了五年，晋献公去世，里克杀死奚齐、悼子之后，就派人去迎接他们，想扶立重耳为君。重耳害怕遭杀戮，因此坚决推辞，不敢回国。随后晋国改迎他的弟弟夷吾，立他做了国君，这就是惠公。惠公七年，畏惧重耳，就派宦官履鞮与壮士要杀掉重耳。重耳听说后，就跟赵衰等人谋划说："当初我出奔狄国，并没有认为此地可利用来成就事业，因为它距离晋国近，容易往来，所以暂且在此歇歇脚。歇歇脚的时间已经很久了，原本希望迁徙到大国去。齐桓公喜好善政，志在称霸，收留并抚恤诸侯。如今听说管仲、隰朋死了，齐桓公也想得到贤人辅佐，我们何不前往齐国呢？"于是就出发了。重耳对他的妻子说："等我二十五年，如果我还没回来，你就改嫁吧。”他的妻子笑着说：“等你二十五年，我坟墓上的柏树都长大了。即便如此，我还是会等着你。”重耳在狄国一共住了十二年才离开。

过卫[①]，卫文公不礼[②]。去，过五鹿[③]，饥而从野人乞食[④]，野人盛土器中进之。重耳怒。赵衰曰[⑤]：“土者，有土也，君其拜受之。”

至齐，齐桓公厚礼，而以宗女妻之[⑥]，有马二十乘，重耳安之。重耳至齐二岁而桓公卒，会竖刀等为内乱[⑦]，齐孝公之立[⑧]，诸侯兵数至。留齐凡五岁。重耳爱齐女，毋去心。赵衰、咎犯乃于桑下谋行。齐女侍者在桑上闻之[⑨]，以告其主[⑩]。其主乃杀侍者[⑪]，劝重耳趣行[⑫]。重耳曰：“人生安乐，孰知其他！必死于此，不能去。”齐女曰：“子一国公子，穷而来此，数士者以子为命。子不疾反国，报劳臣，而怀女德[⑬]，窃为子羞之。且不求，何时得功？”乃与赵衰等谋，醉重耳，载以行。行远而觉，重耳大怒，引戈欲杀咎犯。咎犯曰：“杀臣成子，偃之愿也。”重耳曰：“事不成，我食舅氏之肉。”咎犯曰：“事不成，犯肉腥臊，何足食！”乃止，遂行。

【注释】

①过卫：重耳过卫的时间，《史记》所记前后不一。据本篇及《卫康叔世家》，重耳过卫是在卫文公十六年，前644年，合于《左传》。然《十二诸侯年表》却言重耳先到齐国，后到卫国，并将过卫系于卫文公二十三年，前637年。《国语·晋语》亦谓重耳先齐后卫，韦昭以为过卫在鲁僖公十八年，即卫文公十八年，前642年。

②卫文公不礼：《正义佚存》曰：“《国语》云：‘卫文公有邢、翟之虞，

不礼焉。宁庄子言于公曰：夫礼，国之纪也。亲，民之结也；善，德之建也。国无纪不可以终，民无结不可以固，德无建不可以立，三者君之所慎也。晋公子，善人也，而卫亲也，君不礼焉，弃三德矣。'”按，是年邢、翟伐卫，卫文公正与之交战，故不礼。卫文公，初名辟彊，后改名燬，卫戴公弟，前659—前635年在位。是卫国贤君。其事详见《卫康叔世家》。

③五鹿：卫邑名。在今河南濮阳东。

④饥而从野人乞食：罗大经曰：“杨诚斋云：‘人皆以饥寒为患，不知所患者正在于不饥不寒耳。’此语殊有味。乞食于野，晋重耳之所以霸；燎衣破灶而啜豆粥，汉光武之所以兴。况下此者，其可不知饥寒之味哉？”野人，此处即指农夫。

⑤赵衰：《左传》《国语》作“子犯”，即狐偃。梁玉绳曰：“以子犯为赵衰，非。”

⑥以宗女妻之：梁玉绳曰：“《传》言‘桓公妻之’，是桓公之女，非宗女也。”

⑦竖刀：又作“竖刁”“竖貂”，齐桓公的宠臣。

⑧齐孝公：名昭，齐桓公之子，前642—前633年在位。其事详见《齐太公世家》。

⑨齐女侍者：《左传》称“蚕妾”，即养蚕的女奴。

⑩其主：指齐女。

⑪其主乃杀侍者：《集解》引服虔曰：“惧孝公怒，故杀之以灭口。”中井曰：“恐未去而事泄，故杀之。”

⑫趣（cù）行：赶快离开。趣，赶快。

⑬怀女德：指留恋女色。怀，留恋。

【译文】

重耳经过卫国，卫文公不以礼相待。离开卫国时，经过五鹿，腹中饥饿难耐，向农夫乞食，农夫把土块装在器皿中送给他们。重耳恼怒。赵衰说："土块，象征着将来您将拥有的土地，您应该拜谢接受它。"

重耳到了齐国，齐桓公以隆重的礼仪相待，并把宗室的女子嫁给他，送给他八十匹马，重耳就安于这种生活。重耳到齐国两年后齐桓公去世，恰逢竖刀等人发动内乱，齐孝公继位，诸侯的军队多次侵犯齐国。重耳等人在齐国一共停留了五年。重耳喜爱他的夫人，没有离开齐国的心思。赵衰、咎犯就在桑树下计议启行的事情。齐国女子的侍女在桑树上听见他们的谈话，回去告诉了她的主人。夫人就杀了这个侍女，劝重耳赶快动身。重耳说："人活在世上就是要追求安逸享乐，哪里还知道其他的事情！我定要老死在这里，不能离开。"夫人说："您是一国的公子，因为窘困才来到这里，数位贤士是以您的成败来决定他们的命运。您不赶快返国，报答劳苦的臣下，却留恋女色，我私下为您感到羞愧。况且不去追求，什么时候才能成功？"就与赵衰等人谋划，把重耳灌醉，用车子载着他离开齐国。行进了很远，重耳酒醒过来，大怒，举起戈想杀死咎犯。咎犯说："杀了臣下，能成就您，这正是狐偃的愿望。"重耳说："如果大事不成，我就吃舅舅的肉。"咎犯说："如果大事不成，我咎犯的肉腥臊，哪值得吃呢！"重耳的怒气才平息，继续赶路。

过曹[①]，曹共公不礼[②]，欲观重耳骈胁[③]。曹大夫釐负羁曰[④]："晋公子贤，又同姓，穷来过我，奈何不礼！"共公不从其谋。负羁乃私遗重耳食，置璧其下[⑤]。重耳受其食，还其璧。

去，过宋。宋襄公新困兵于楚，伤于泓[⑥]，闻重耳贤，乃以国礼礼于重耳[⑦]。宋司马公孙固善于咎犯[⑧]，曰："宋小国新困，不足以求入，更之大国[⑨]。"乃去。

过郑，郑文公弗礼[⑩]。郑叔瞻谏其君曰[⑪]："晋公子贤，而其从者皆国相[⑫]，且又同姓。郑之出自厉王[⑬]，而晋之出自武王[⑭]。"郑君曰："诸侯亡公子过此者众，安可尽礼[⑮]！"叔瞻曰:“君不礼,不如杀之,且后为国患。”郑君不听。

【注释】

①过曹:《十二诸侯年表》将重耳过曹系于曹共公十六年,即前637年。《管蔡世家》曰:“(共公)十六年,初,晋公子重耳其亡过曹。”刘操南云:“重耳过曹,以《晋世家》考之,在晋惠公十二、十三年间,即曹共公十四年或十五年时也。奚以明其然也?重耳于惠公七年奔齐,凡五岁而去齐,则在惠公十二年,因过曹复过宋,其过宋在宋襄公伤于泓之岁,为惠公十三。过曹适在过齐、过宋之间,毕竟为惠公十二年、十三年,殆不可考。今此记其事于共公十六年,而冠之曰‘初’,盖其慎也。”曹,古国名。周初封国,姬姓,始封君为周武王之弟叔振铎。都陶丘(今山东定陶西北),辖地约在今山东西部,前487年为宋所灭。一说曹国在战国时可能仍然存在,见李学勤《东周与秦代文明》。

②曹共公:名襄,曹昭公之子,前652—前618年在位。其事详见《管蔡世家》。

③骈(pián)胁:腋下肋骨紧密连成一骨。

④釐负羁:也作“僖负羁”,曹国大夫。

⑤置璧其下:《左传·僖公二十三年》记以上事为:“及曹,曹共公闻其骈胁,欲观其裸。浴,薄而观之。僖负羁之妻曰:‘吾观晋公子之从者,皆足以相国。若以相,夫子必反其国。反其国,必得志于诸侯。得志于诸侯,而诛无礼,曹其首也。子盍蚤自贰焉!’乃馈盘飧,寘璧焉。”则僖负羁未曾谏曹共公,而是受其妻提醒,自结于重耳。

⑥宋襄公新困兵于楚,伤于泓:指宋襄公在泓之战中被楚打败,自己也受了伤。宋襄公,名兹甫(或作“兹父”),宋桓公之子,前650—前637年在位。其事详见《宋微子世家》。泓,古水名。为

古涣水支流，故道约在今河南柘城西北。

⑦乃以国礼礼于重耳：《索隐》曰："以国君之礼礼之也。"泷川曰："《左传》《国语》并云'襄公赠之以马二十乘'。"国礼，招待诸侯国君之礼。

⑧公孙固：宋国公族，宋庄公之孙。

⑨更之大国：梁玉绳曰："《晋语》公子与固善，固言于襄公而礼之，非固善于犯使更之大国也。"

⑩郑文公：名踕，或作"疌""接""捷"，前672—前628年在位。其事详见《郑世家》。

⑪叔瞻：郑国大夫，有贤名。泷川曰："《左》《国》'瞻'作'詹'。"

⑫国相：犹言"国佐"，国君的辅佐。

⑬郑之出自厉王：郑国的祖先是周厉王，指郑国的始封君郑桓公是周厉王的小儿子。

⑭晋之出自武王：晋国的祖先是周武王，指晋国始封君唐叔虞是周武王的小儿子。

⑮诸侯亡公子过此者众，安可尽礼：梁玉绳曰："此史公约《国语》文，而以曹共公之言为郑君，舛矣。"

【译文】

重耳经过曹国，曹共公不以礼相待，他想观看重耳连成一片的肋骨。曹大夫釐负羁说："晋公子有贤德，与我国又是同姓，窘困时来拜访我们，怎么能对他无礼呢！"曹共公不听。釐负羁就私下送给重耳食物，在食物下面放了一块璧。重耳接受了他的食物，把璧玉还给了他。

重耳离开曹国，经过宋国。宋襄公刚刚与楚国用兵失败，在泓之战中受了伤，听说重耳有贤德，就以国礼接待重耳。宋国司马公孙固与咎犯关系友善，他说："宋是小国，最近出兵失败，没有能力帮助你们回国，你们还是改往大国去吧。"于是他们离开了宋国。

重耳经过郑国，郑文公不以礼相待。郑国大夫叔瞻劝谏他的国君说："晋公子有贤能，跟从他的那些人个个都是国家的栋梁之材，况且他与我国为同姓国。郑国的祖先是周厉王，晋国的祖先是周武王。"郑君说："诸侯流亡的公子经过我们这里的有很多，怎么能够全都以礼相待呢！"叔瞻说："国君如果不能以礼相待，就不如杀了他，不然日后会成为我国的祸患。"郑君不听。

重耳去，之楚[①]。楚成王以適诸侯礼待之[②]，重耳谢不敢当。赵衰曰："子亡在外十余年，小国轻子，况大国乎？今楚大国而固遇子[③]，子其毋让，此天开子也[④]。"遂以客礼见之。成王厚遇重耳，重耳甚卑[⑤]。成王曰："子即反国[⑥]，何以报寡人？"重耳曰："羽毛齿角玉帛，君王所余，未知所以报。"王曰："虽然，何以报不穀[⑦]？"重耳曰："即不得已，与君王以兵车会平原广泽，请辟王三舍[⑧]。"楚将子玉怒曰[⑨]："王遇晋公子至厚，今重耳言不孙[⑩]，请杀之。"成王曰："晋公子贤而困于外久，从者皆国器[⑪]，此天所置，庸可杀乎？且言何以易之[⑫]！"居楚数月，而晋太子圉亡秦，秦怨之；闻重耳在楚，乃召之。成王曰："楚远，更数国乃至晋。秦晋接境，秦君贤，子其勉行[⑬]！"厚送重耳。

【注释】

①之：去，前往。

②適（dí）诸侯礼：相当于诸侯之礼。適，通"敌"，相当于，对等。

③固遇子：意即坚决用诸侯之礼接待你。固，坚决。遇，款待。

④开：天开其福。

⑤卑：谦恭。

⑥即：如果，倘若。

⑦不穀（gǔ）：古代诸侯的自谦之称。

⑧辟（bì）王三舍：退避大王三舍之地。《集解》引贾逵曰："《司马法》：'从遁不过三舍。'三舍，九十里也。"辟，躲避，避开。舍，古时行军三十里为一舍。

⑨楚将子玉怒：梁玉绳曰："是畏之，非怒之也。"子玉，楚国的执政，即成得臣，名得臣，字子玉，氏成。

⑩孙：通"逊"。

⑪国器：国家重器，喻指建国的宝贵人才。

⑫且言何以易之：《索隐》曰："子玉请杀重耳，楚成王不许，言人出言不可轻易之。"中井曰："重耳之言，确当莫可易也，非不逊。"崔适曰："易，乃变易之易，谓晋公子不为此言，更当作何言也？"

⑬子其勉行：泷川曰："内、外传皆不载此语，盖史公以意补。"

【译文】

重耳离开郑国，前往楚国。楚成王用与诸侯相当的礼节对待他，重耳辞谢不敢承受。赵衰说："您逃亡在外十几年，小国轻视您，更何况大国呢？如今楚国是大国而一定要用诸侯之礼款待您，您就不要辞让，这是上天为您开了福运。"于是以诸侯宾客的礼节相会。楚成王以厚礼招待重耳，重耳十分谦恭。楚成王说："您如果能返国即位，拿什么来报答我？"重耳说："羽毛齿角玉帛等物品，君王多得用不完，我不知道用什么来报答你。"楚成王说："虽然这样，还是说说到底用什么来报答我？"重耳说："如果在不得已的情况下，与君王您在平原或大泽以兵车相会，请允许我退让君王三舍之地。"楚将子玉发怒说："君王用最优厚的礼节款待晋公子，现在重耳出言不逊，请允许我杀了他。"楚成王说："晋公子贤能，却被困在外很久了，追随他的都是国家的栋梁之材，这是上天的安排，怎能杀了他呢？况且他不这么说，又能说什么呢！"重耳在楚国住了几个月，晋国太子圉逃离秦国，秦国怨恨他；听说重耳在楚国，就召请他到秦国。楚成王说："楚国位置遥远，要经过几个国家才能到达晋国。秦国与晋国接壤，秦君贤明，你还是努力前往秦国吧！”楚成王用厚礼送走了重耳。

重耳至秦，缪公以宗女五人妻重耳[①]，故子圉妻与往。重耳不欲受，司空季子曰[②]：“其国且伐[③]，况其故妻乎！且受以结秦亲而求入，子乃拘小礼，忘大丑乎[④]！”遂受[⑤]。缪公大欢，与重耳饮。赵衰歌《黍苗》诗[⑥]。缪公曰：“知子欲急反国矣[⑦]。”赵衰与重耳下，再拜曰：“孤臣之仰君，如百谷之望时雨[⑧]。”是时晋惠公十四年秋。惠公以九月卒，子圉立。十一月，葬惠公[⑨]。十二月，晋国大夫栾、郤等闻重耳在秦，皆阴来劝重耳、赵衰等反国[⑩]，为内应甚众。于是秦缪公乃发兵与重耳归晋。晋闻秦兵来，亦发兵拒之。然皆阴知公子重耳入也[⑪]。唯惠公之故贵臣吕、郤之属不欲立重耳[⑫]。重耳出亡凡十九岁而得入，时年六十二矣，晋人多附焉[⑬]。

【注释】

①以宗女五人妻重耳：泷川曰：“内、外传无‘宗’字。”

②司空季子：即臼季，名胥臣，“季”是他的排行。重耳即位后，曾任司空，故称。晋国大夫。

③其国且伐：泷川曰：“枫山、三条本‘伐’作‘代’，义长。”

④忘大丑：忘记大的耻辱。丑，耻辱。一说“大丑”即“大事”。

⑤遂受：柳宗元曰：“重耳之受怀嬴，不得已也。……秦伯以大国行仁义而交诸侯，而乃行非礼以强乎人，岂习西戎之遗风欤？”泷川曰：“叙怀嬴事，与《左传》颇异。愚按，《左氏》几得其实。中井积德曰：‘季子之言失伦，在子圉，国重于故妻；在重耳，伐国非不义，娶故妻斁伦。其且谓‘不欲受’者，为子圉耶？自为耶？’”

⑥《黍苗》:《诗·小雅》篇名。《左传》曰:“公子赋《河水》,公赋《六月》。”取河水朝宗大海之意。泷川曰:“《晋语》云子馀使公子赋《黍苗》。”取禾苗仰望雨露之意。

⑦知子欲急反国矣:《黍苗》诗中有“我行既集,盖云归哉”之句,故秦穆公有此语。泷川曰:“《左》《国》无此语。”

⑧孤臣之仰君,如百谷之望时雨:《黍苗》诗中有“芃芃黍苗,阴雨膏之”之句,赵衰故借以回答。孤臣,赵衰向秦君谦指重耳。

⑨十一月,葬惠公:梁玉绳曰:“此语不知何据,《春秋》三《传》无之。”

⑩阴:暗中,暗地里。

⑪然皆阴知公子重耳入也:中井曰:“谓知其谋也。”

⑫吕、郤之属:指拥立晋惠公的吕甥、郤芮等一派势力。

⑬晋人多附焉:方苞曰:“文公少而得士纪年,其出也纪年,入而得位纪年,因以为章法。‘晋人多附’与惠公之立‘国人不附’相应。”

【译文】

重耳来到秦国,秦缪公把同宗室的女子五人嫁给重耳,原先子圉的妻子也在其中。重耳不想接受,司空季子说:“子圉的国家我们尚且要讨伐,更何况他原来的妻子呢!暂且接受她为的是与秦国结亲,能请求秦国帮助您回国,您竟然拘泥小礼,忘记了大的耻辱啊!”重耳于是接受了五名妻子。秦缪公非常高兴,与重耳饮酒。赵衰吟诵了《黍苗》诗。秦缪公说:“我清楚你们急着想回国的心思。”赵衰与重耳离开坐席,拜了两拜说:“孤臣仰望君主,就像百谷盼望及时雨。”这时是晋惠公十四年秋天。惠公九月去世,他的儿子圉即位。十一月,安葬惠公。十二月,晋国大夫栾枝、郤縠等人听说重耳在秦国,都暗中前来,劝说重耳、赵衰等人回国,做内应的人非常多。于是秦缪公就发兵护送重耳回晋国。晋国听说秦兵来了,也派出军队抵御秦军。但是都暗中知道公子重耳回国了。只有惠公尊贵的老臣吕省、郤芮这些人不想拥立重耳为国君。重耳流亡在外一共十九年才得以回国，这时他的年龄已经有六十二岁了，晋国人大多归附了他。

文公元年春[①]，秦送重耳至河。咎犯曰："臣从君周旋天下[②]，过亦多矣。臣犹知之[③]，况于君乎？请从此去矣。"重耳曰："若反国，所不与子犯共者，河伯视之[④]！"乃投璧河中，以与子犯盟[⑤]。是时介子推从[⑥]，在船中，乃笑曰："天实开公子，而子犯以为己功而要市于君[⑦]，固足羞也。吾不忍与同位[⑧]。"乃自隐[⑨]。渡河。秦兵围令狐[⑩]，晋军于庐柳[⑪]。二月辛丑[⑫]，咎犯与秦晋大夫盟于郇[⑬]。壬寅[⑭]，重耳入于晋师[⑮]。丙午[⑯]，入于曲沃。丁未[⑰]，朝于武宫[⑱]，即位为晋君，是为文公。群臣皆往。怀公圉奔高梁。戊申，使人杀怀公。

【注释】

①文公元年：当周襄王十七年、秦缪公二十四年，前636年。

②周旋天下：指辗转流亡于诸侯各国。

③犹：尚且，也。

④所不与子犯共者，河伯视之：意谓我保证与子犯同心共事，若您不相信，有河神为证。河伯，传说中的黄河水神名，或称"冯夷"。

⑤以与子犯盟：泷川曰："'文公元年'以下，据僖二十四年《左传》《国语·晋语》。愚按，《左》《国》无'与子犯盟'四字，盖与河神盟，非与子犯盟也。"

⑥介子推：姓介，名推，又作"介之推"，重耳的微臣。其事见下文。

⑦要（yāo）市：邀功求利。要，邀。市，做交易，买。

⑧吾不忍与同位：泷川曰："据《左传》，介推之怨在禄弗及之后也。且自谓为怨言，则其言之过固当知之矣。未当在船中发是言也。

愚按，‘要市’亦非当时语。”同位，同列共事。

⑨自隐：自行隐藏。此指介子推见狐偃向重耳邀功，羞与为伍，便不告而别。

⑩令狐：晋邑名。在今山西临猗西。

⑪庐柳：晋邑名。在今山西临猗西北。

⑫二月辛丑：按，文公元年（前636）之二月无“辛丑”日，似应为一月初十或三月十一。

⑬郇（xún）：晋邑名。在今山西临猗西南。《索隐》曰：“音‘荀’，即文王之子所封。又音‘环’。”

⑭壬寅：似应为一月十一或三月十二。

⑮入于晋师：意即接管了晋国军队。

⑯丙午：似应为一月十五或三月十六。

⑰丁未：似应为一月十六或三月十七。

⑱武宫：《集解》引贾逵曰：“文公之祖武公庙也。”

【译文】

文公元年春，秦国护送重耳到达黄河边上。咎犯说：“我追随您辗转周游于诸侯各国，过错也犯有很多。我自己也知道，何况您呢？请允许我从这里离去吧。”重耳说：“如果返国，有不与子犯同心共事，有河神作证！”就将玉璧投入河中，来与子犯盟誓。这时介子推随他们一起在船中，就笑着说：“分明是上天开了公子的福运，可子犯却把这当作自己的功劳，向公子您邀功请赏，真十分可耻呀。我不愿意与他同处臣位。”于是自己躲避了起来。重耳一行渡过黄河。秦兵围攻令狐，晋军驻扎在庐柳。二月辛丑日，咎犯与秦、晋大夫在郇城举行盟会。壬寅日，重耳接管了晋军。丙午日，重耳进入曲沃城。丁未日，重耳朝拜武公庙，即位为晋君，这就是文公。群臣都前往曲沃朝拜。怀公圉逃奔高梁。戊申日，文公派人杀了怀公。

怀公故大臣吕省、郤芮本不附文公，文公立，恐诛，乃欲与其徒谋烧公宫，杀文公。文公不知。始尝欲杀文公宦者履鞮知其谋[①]，欲以告文公，解前罪，求见文公。文公不见，使人让曰[②]："蒲城之事，女斩予袪[③]。其后我从狄君猎，女为惠公来求杀我。惠公与女期三日至[④]，而女一日至，何速也？女其念之。"宦者曰："臣刀锯之余[⑤]，不敢以二心事君倍主[⑥]，故得罪于君。君已反国，其毋蒲、翟乎[⑦]？且管仲射钩，桓公以霸[⑧]。今刑余之人以事告而君不见，祸又且及矣[⑨]。"于是见之，遂以吕、郤等告文公[⑩]。文公欲召吕、郤，吕、郤等党多，文公恐初入国，国人卖己[⑪]，乃为微行[⑫]，会秦缪公于王城，国人莫知。三月己丑，吕、郤等果反，焚公宫，不得文公。文公之卫徒与战，吕、郤等引兵欲奔[⑬]，秦缪公诱吕、郤等，杀之河上，晋国复而文公得归。夏，迎夫人于秦[⑭]，秦所与文公妻者卒为夫人。秦送三千人为卫，以备晋乱[⑮]。

【注释】

①尝：曾经。履鞮（dī）：即上文"勃鞮"。《左传》作"寺人披"。

②让：责备。

③女：通"汝"，你。

④与女期：跟你约定时间，给你的限期。期，约定。

⑤臣刀锯之余：意谓我是刑余之人。履鞮是宦官，故如此说。

⑥倍：通"背"，违背。

⑦其毋蒲、翟乎：徐孚远曰："言有蒲、翟之事，当为文公尽力也。"

⑧管仲射钩，桓公以霸：管仲曾射中齐桓公带钩，齐桓公不计前嫌，任其为相，故得以称霸天下。其事详见《齐太公世家》。

⑨祸又且及矣：泷川引龟井昱曰："'其无蒲、翟乎'一语，刺文公之心，且以齐桓比方之，披是说客之雄也。"且，将。及，降临。

⑩遂以吕、郤等告文公：泷川曰："'渡河'以下，据僖二十四年《左传》。又见《国语·晋语》。愚按，'等'下当补'谋'字。《晋语》云：'以吕、郤之谋告公。'"

⑪文公恐初入国，国人卖己：泷川曰："《左》《国》不揭此事，盖史公以意补。"卖，这里指加害。

⑫微行：隐匿身份易服而行。

⑬引兵：率兵。

⑭夏，迎夫人于秦：梁玉绳曰："内、外传文公迎夫人即在元年春三月，非夏也。"夫人，即怀嬴。

⑮以备晋乱：泷川曰："'乃为微行'以下，僖二十四年《左传》《国语·晋语》。"

【译文】

怀公原先的大臣吕省、郤芮原本不归附文公，文公即位，担心被杀，就想与他的党徒密谋焚烧公室，杀死文公。文公不知道这个阴谋。之前曾想杀死文公的宦官履鞮得知他们的阴谋，想告诉文公，以解脱以往的罪过，去求见文公。文公不见，让人责备他说："蒲城之事，你割断了我的袖口。之后我随狄君打猎，你替惠公前来寻求谋杀我。惠公与你约定三天赶到，但是你一天就到了，为什么速度这么快呢？你自己想想这些吧。"宦官说："我是刑余之人，不敢怀着二心奉事君主、背叛君主，所以得罪于您。您已经回国即位，难道就没有蒲城、翟地那样的灾难了吗？况且管仲射中齐桓公的衣带钩，齐桓公不加计较，因此成就了霸业。现在刑余之人有事情向您报告，您却不见，您的祸患又要降临了！"文公于是召见了他，他就把吕省、郤芮等人的阴谋告诉了文公。文公想召见吕省、郤芮，吕省、郤芮等人的党徒很多，文公害怕刚刚回国，国人加害自己，就隐匿身份易服出行，在王城会见秦缪公，国都里的人没有人知道。

三月己丑日，吕省、郤芮等人果然谋反，焚烧公室，却没有抓到文公。文公的卫士与吕省、郤芮之属交战，吕省、郤芮等人领兵想逃，秦缪公诱骗吕省、郤芮等人，把他们杀死在黄河边上，晋国恢复了平静，文公才返国。夏天，从秦国迎接夫人，秦国嫁给文公的妻子最终都被封为夫人。秦国赠送三千人为卫士，以防备晋国发生祸乱。

文公修政，施惠百姓。赏从亡者及功臣，大者封邑，小者尊爵。未尽行赏，周襄王以弟带难出居郑地[①]，来告急晋。晋初定，欲发兵，恐他乱起，是以赏从亡，未至隐者介子推[②]。推亦不言禄，禄亦不及。推曰："献公子九人，唯君在矣。惠、怀无亲，外内弃之；天未绝晋，必将有主，主晋祀者[③]，非君而谁？天实开之，二三子以为己力[④]，不亦诬乎[⑤]？窃人之财，犹曰是盗，况贪天之功以为己力乎？下冒其罪，上赏其奸[⑥]，上下相蒙[⑦]，难与处矣！"其母曰："盍亦求之，以死，谁怼[⑧]？"推曰："尤而效之[⑨]，罪有甚焉[⑩]。且出怨言，不食其禄。"母曰："亦使知之，若何？"对曰："言，身之文也[⑪]；身欲隐，安用文之？文之，是求显也[⑫]。"其母曰："能如此乎？与女偕隐。"至死不复见[⑬]。

介子推从者怜之[⑭]，乃悬书宫门曰："龙欲上天，五蛇为辅[⑮]。龙已升云，四蛇各入其宇，一蛇独怨[⑯]，终不见处所。"文公出，见其书，曰："此介子推也。吾方忧王室，未图其功。"使人召之，则亡[⑰]。遂求所在，闻其入緜上山中[⑱]，于是文公环緜上山中而封之，以为介推田[⑲]，号曰介山，"以记吾过，且旌善人"[⑳]。

【注释】

①周襄王以弟带难出居郑地：前636年，太叔带勾结狄人攻周，周襄王出奔郑国，求救于诸侯事，详见《周本纪》。带，又称“太叔”“叔带”“太叔带”“王子带”“甘昭公”，周惠王少子，周襄王之弟。因封于甘（在今河南洛阳西南），故《左传》又称“甘昭公”。

②未至隐者介子推：中井积德曰：“是文削‘隐者’二字方可，不然，下文曰‘欲隐’，曰‘俱隐’，与此相碍。”又曰：“太史公记赏弗及之由，不知据何书，恐后人之臆度以护文公者，不可信。”

③主晋祀者：主持晋国祭祀的人，即指晋国国君。

④二三子：跟从重耳逃亡的人。

⑤诬：歪曲。

⑥下冒其罪，上赏其奸：意谓在下的从亡者掩饰他们的罪过，在上的君王又奖赏他们的奸邪。冒，遮盖，掩饰。《左传·僖公二十四年》作“义”。

⑦上下相蒙：上下互相蒙骗。蒙，《集解》引服虔曰：“蒙，欺也。”

⑧盍亦求之，以死，谁怼（duì）：意谓你何不也去向晋侯请求封赏呢？如果你就这样死去，又能埋怨谁呢？怼，怨恨。

⑨尤：谴责，指责。效：效法，仿效。

⑩有：王念孙曰：“应读作‘又’。”按，《左传》直作“又”。

⑪文：文饰。

⑫求显：追求显达，追求为人所知。

⑬至死不复见：按，“介子推不言禄”以下，见《左传·僖公二十四年》；但在本文中分在两处叙述，颠倒重复，实不可为训。

⑭怜：怜悯，同情。

⑮龙欲上天，五蛇为辅：《索隐》曰：“龙喻重耳，五蛇即五臣，狐偃、赵衰、魏武子、司空季子及子推也。旧云五臣有先轸、颠颉，今恐二人非其数。”

⑯一蛇：喻指介子推。

⑰使人召之，则亡：中井积德曰："是隐语，后人伪撰耳。相传重耳有五士，伪撰家以介推入其中，非也。盖介推贱，而功亦少，故不禄也。唯其狷介自隐，仅传名于后世耳。此文公之语，亦系伪撰。"泷川曰："介子推一节，史公盖采诸《左氏》；'龙欲上天'歌词，以他书补之。《吕氏春秋·介立》篇亦载此事，为推自作歌，与'身将隐，焉用文'之意不合。此及《说苑·复恩》篇以为'从者怜之，乃悬书宫门'，说尚可通。歌辞《吕览》《说苑》及《新序·节士》篇所载各异，伪撰之迹不可掩。"

⑱緜（mián）上：晋地名。在今山西介休南、沁源西北的介山之下。

⑲以为介推田：梁玉绳曰："《左传》言推与母偕隐而死，晋侯求之不获，以绵上为之田，非入绵上山中。……且其封，非推生前事也。《日知录》二十七云：推隐未几而死，故以田禄其子耳。《楚辞·九章》：'思久故之亲身矣，因缟素而哭之。'明文公在时推已死。……至被焚之说，起于战国时附会，故《庄子·盗跖》篇有之，殊不足据。后人误信，递相传述，遂嫁其事于寒食之禁火，甚且谓推之妹介山氏亦积薪自焚，岂不诞哉！"田，《集解》引徐广曰："一作'国'。"

⑳旌：表彰，表扬。

【译文】

文公修明善政，施恩惠给百姓。奖赏追随自己流亡的人以及有功的大臣，功劳大的封给城邑，功劳小的赐给尊贵的爵位。还没全部行赏完，周襄王因为他的弟弟带发难，出逃居住在郑地，来向晋国告急。晋国局势刚刚稳定，想发兵，又怕发生其他的祸乱，所以犒赏跟随文公逃亡的人，还没有轮到隐居的介子推。介子推也不提及俸禄，俸禄也没有轮到他。介子推说："献公有九个儿子，只有君王还健在。惠公、怀公没有亲近之人，国外国内都离弃了他们；上天没灭绝晋国，必定会有国主，主持晋国祭祀的人，不是君王还会有谁呢？分明是上天打开了君王的福运之路，那些追随君王逃亡的人却认为是自己的力量所致，不也是太歪曲事实了吗？偷窃别人的财物，还被叫做是强盗，更何况是贪图上天之功，来作为自己的功劳呢？在下的从亡者掩饰他们的罪过，在上的君王又奖赏他们的奸邪，上下相互蒙骗，我很难与这些人相处呀！"他的母亲说："你何不也去请求封赏呢？如果你就这样死去，又能埋怨谁呢？"介子推回答说："既已谴责那些人的行径，却反而去效法他们，罪过就更加深重了。况且我已口出怨言，不会再去享受他的俸禄。"他的母亲说："也应该让他知道真相，怎么样？"介子推回答说："言辞是身体外表的文饰；身体准备隐藏起来，哪里用得着去文饰它呢？如果文饰自己，那就是追求显达。"他的母亲说："真能是这样吗？那我与你一起归隐吧。"母子二人一直到死都不再出现。

介子推的随从同情他，就将一幅字悬挂在宫门上，写道："龙想登天，五条蛇辅佐他。龙已升入云霄，四条蛇各入其屋室，一条蛇独自哀怨，始终没见到他的处所。"文公出宫，见到这幅字，说："这说的是介子推。我正为周王室忧虑，还没来得及考虑他的功劳。"派人召请介子推，介子推已经逃走了。于是就寻找他的行踪，听说他躲进緜上山中，于是文公把緜上山圈起来，封给他，作为介子推的封田，号称介山，并说，"以此记住我的过失，并且表彰有善行的人"。

从亡贱臣壶叔曰[①]："君三行赏，赏不及臣，敢请罪。"文公报曰："夫导我以仁义，防我以德惠[②]，此受上赏。辅我以行，卒以成立[③]，此受次赏。矢石之难，汗马之劳[④]，此复受次赏[⑤]。若以力事我而无补吾缺者，此复受次赏。三赏之后，故且及子。"晋人闻之，皆说[⑥]。

【注释】

①贱臣：指仆人、侍从。壶叔：梁玉绳曰："《吕子·当赏》篇作'陶狐'，《韩诗外传》三及《说苑·复恩》作'陶叔狐'，古字通借也。"

②防我以德惠：用德惠来防范我的过失。防，防范，规范。

③辅我以行，卒以成立：意谓用善行辅佐我，终于使我得以成就功业。

④矢石之难，汗马之劳：喻指在战场上不畏艰险、英勇拼杀，立下战功。矢石，指箭和礌石，作战的武器。汗马，指马在征战中的劳苦。

⑤此复受次赏：意即受"次赏"的再次一级。

⑥晋人闻之，皆说：泷川曰："'从亡贱臣'以下，据《吕氏春秋·当赏》篇。"说，同"悦"。

【译文】

追随文公出亡的仆人壶叔说："您三次行赏，每次赏赐都没有我，敢问我有什么罪过。"文公回答说："用仁义引导我，用德惠防范我的过失，这种人受上等赏赐。用善行辅佐我，终于使我得以成就功业，这种人受次一等的赏赐。在战场上冒着矢石之险，立下汗马之劳，这种人受再次一等的赏赐。像那以力气事奉我、没有弥补我的过失的，这种人受更次一等的赏赐。三次行赏之后，才轮到你的原因就在这里。"晋人听后，都心悦诚服。

二年春①，秦军河上②，将入王③。赵衰曰④："求霸莫如入王尊周。周、晋同姓，晋不先入王，后秦入之⑤，毋以令于天下。方今尊王，晋之资也⑥。"三月甲辰⑦，晋乃发兵至阳樊⑧，围温⑨，入襄王于周。四月，杀王弟带。周襄王赐晋河内阳樊之地⑩。

【注释】

①二年：当周襄王十八年、秦缪公二十五年，前635年。

②河上：此指今山西、陕西交界的黄河边上。《索隐》曰："晋地也。"

③入王：以武力送周襄王返回周国。

④赵衰：《十二诸侯年表》作"咎犯"，与《左传》《国语》同。

⑤晋不先入王，后秦入之：送周襄王返国的行动，晋国落在秦国后面。

⑥晋之资也：这是晋国称霸的资本。泷川曰："杂采僖二十五年《左传》《国语·晋语》。"

⑦三月甲辰：三月二十。

⑧阳樊：周邑名。在今河南济源。《集解》引服虔曰："阳樊，周地。阳，邑名也，樊仲山之所居，故曰阳樊。"

⑨温：周邑名。在今河南温县。时太叔带占领此地。

⑩周襄王赐晋河内阳樊之地：周襄王所赐之地，《左传·僖公二十五年》作"阳樊、温、原、欑茅之田"，《国语·晋语》作"南阳阳樊、温、原、州、陉、絺、鉏、欑茅之田"。阳樊诸邑在今河南济源、获嘉一带。因其地在黄河以北，故称"河内"；又因其地在太行山以南，故又称"南阳"。

【译文】

文公二年春，秦国军队驻扎在黄河岸边，要送周襄王回朝。赵衰说："追求霸业，没有比送回周王、尊崇周王室更重要的了。周王室与晋国是同姓，晋不抢先护送周王回京，却落在秦国的后面，就无法向天下发号施令。如今尊崇王室，这是晋国称霸的资本。"三月甲辰日，晋国就发兵到阳樊，包围温邑，护送周襄王回周。四月，杀死周襄王的弟弟带。周襄王把河内阳樊的土地赏赐给了晋国。

四年[①]，楚成王及诸侯围宋，宋公孙固如晋告急[②]。先轸曰："报施定霸[③]，于今在矣。"狐偃曰："楚新得曹而初婚于卫，若伐曹、卫，楚必救之，则宋免矣。"于是晋作三军[④]。赵衰举郤縠将中军[⑤]，郤臻佐之[⑥]；使狐偃将上军，狐毛佐之，命赵衰为卿[⑦];栾枝将下军[⑧],先轸佐之;荀林父御戎[⑨],魏犨为右[⑩]:往伐。冬十二月,晋兵先下山东[⑪],而以原封赵衰[⑫]。

【注释】

①四年:当周襄王二十年、楚成王三十九年、宋成公四年,前633年。

②如:去,前往。

③报施定霸:意即报答宋襄公赠马之恩,并使晋国的霸业稳固下来.

④于是晋作三军:晋国扩大军队,将原来的上、下二军扩展为上、中、下三军。《集解》引王肃曰:“始复成国之礼,半周军也。”泷川曰:“献公置二军,及文公启南阳,疆域新广,所以增一军。”

⑤郤縠(hú):晋国大夫。将中军:统领中军。中军的主将为三军统帅。泷川曰:“中军将,即元帅。”

⑥郤臻:或作“郤溱”,晋国大夫。

⑦赵衰为卿:泷川曰:“《左传》云:‘命赵衰为卿,让于栾枝、先轸。使栾枝将下军,先轸佐之。’愚按,《左氏》所谓为卿,将使将下军也。赵衰不受,以让于栾枝、先轸。衰是时未为卿也。”

⑧栾枝:又称“栾贞子”,为晋公族栾宾之孙,栾成之子,晋国大夫。《集解》引贾逵曰:“栾枝,栾宾之孙。”

⑨荀林父:名林父,字伯,氏荀,谥桓,晋公族逝敖之子。晋国大夫。

⑩魏犨(chōu):名犨,《世本》作“武仲州”,大夫毕万之子,或谓毕万之孙,卒谥武。晋国大夫。

⑪山东:此指太行山之东。

⑫而以原封赵衰:《十二诸侯年表》系此事于晋文公元年,本篇系于晋文公四年,均误。当依《左传》《国语》,系于晋文公二年,前635年。梁玉绳曰:“原乃王所赐,事在文公二年,岂此时下兵山东而得之乎?赵衰为原大夫亦在二年,此叙于四年十二月,与《年表》书于元年,一前一后,其误同也。”原,西周初所封小诸侯

国名，姬姓，初在今山西沁水，后迁于今河南济源西北。

【译文】

文公四年，楚成王与诸侯围攻宋国，宋国的公孙固到晋国告急。先轸说："报答宋襄公赠马之恩，并让晋国的霸业稳固下来，就在今天了。"狐偃说："楚国新近与曹国结盟，刚与卫国通婚，如果我们攻打曹、卫二国，楚国必定援救他们，那么宋国就能解围了。"于是晋国建立三军。赵衰推举郤縠统率中军，郤臻辅佐他；派狐偃统率上军，狐毛辅佐他，任命赵衰为卿；栾枝统率下军，先轸辅佐他；荀林父驾驭战车，魏犨为车右：前往讨伐。冬十二月，晋兵先攻下太行山以东地区，文公将原邑封给赵衰。

五年春①，晋文公欲伐曹，假道于卫，卫人弗许。还自河南度②，侵曹，伐卫。正月，取五鹿。二月，晋侯、齐侯盟于敛盂③。卫侯请盟晋④，晋人不许。卫侯欲与楚，国人不欲，故出其君以说晋。卫侯居襄牛⑤，公子买守卫⑥。楚救卫，不卒。晋侯围曹。三月丙午⑦，晋师入曹，数之以其不用釐负羁言，而用美女乘轩者三百人也⑧。令军毋入僖负羁宗家以报德⑨。楚围宋，宋复告急晋。文公欲救，则攻楚，为楚尝有德，不欲伐也；欲释宋，宋又尝有德于晋：患之⑩。先轸曰："执曹伯，分曹、卫地以与宋，楚急曹、卫，其势宜释宋⑪。"于是文公从之，而楚成王乃引兵归。

【注释】

①五年：当周襄王二十一年、楚成王四十年、卫成公三年、曹共公二十一年、秦缪公二十八年、齐昭公元年，前632年。

②还自河南度：泷川引龟井昱曰："行道迂回，故曰'还'。"河南，《卫康叔世家》及《左传》作"南河"，古津渡名。又称"棘津""济

津”“石济津”，在今河南淇县南之黄河故道上。

③齐侯：指齐昭公，前632—前613年在位。详见《齐太公世家》。敛盂：古邑名。在今河南濮阳东南。春秋属卫地。

④卫侯：指卫成公，名郑，前634—前600年在位。其事详见《卫康叔世家》。

⑤襄牛：卫国东部边邑名。在今山东范县。

⑥公子买守卫："公子"上当补"鲁使"二字。因当时鲁国追随楚国，而楚、卫关系亲睦，为婚姻之国，所以鲁国派公子买戍守卫地。梁玉绳曰："'公子买'上不言'鲁使'，几何不以买为卫之公子乎？又不书鲁杀买事，亦疏。"公子买，字子丛，鲁国大夫。

⑦三月丙午：三月初九。

⑧而用美女乘轩者三百人也：《左传》作"而乘轩者三百人也"。郝敬曰："曹蕞尔国，举群臣不能三百人，而况大夫乎？言'三百'者，极道其滥耳。"梁玉绳曰："《曹世家》论赞，不言'美女'，疑为衍文。"中井积德曰："'用美女'失解，当削。《左传》盖言釐负羁贤而不用之，登用小人，有为大夫乘轩车者三百人也。"

⑨僖负羁：即上文"釐负羁"。

⑩"文公欲救"七句：《索隐》曰："晋若攻楚，则伤楚子送其入秦之德；又欲释宋不救，乃亏宋公赠马之惠。进退有难，是以患之。"凌稚隆曰："文公不欲伐楚，又患释宋，又必得郑君而甘心，皆准出亡时恩怨为施报也。太史公叙此，段段回顾，是一篇大照顾处。"释宋，抛弃宋国不管。

⑪其势宜释宋：《索隐》曰："楚初得曹，又新婚于卫，今晋执曹伯而分曹、卫之地与宋，则楚急曹、卫，其势宜释宋。"宜，应当。

【译文】

文公五年春，晋文公将要进攻曹国，向卫国借道，卫人不答应。只好迂回到河南渡，袭击曹国，攻打卫国。正月，晋军夺取五鹿。二月，晋侯、齐侯在敛盂会盟。卫侯请求与晋国结盟,晋人不同意。卫侯想与楚国结盟,国人不赞成,所以驱逐他们的国君来讨好晋国。卫侯居住在襄牛,公子买戍守卫国。楚国援救卫国,没有成功。晋侯围攻曹国。三月丙午日,晋国军队攻入曹国,指责他不听釐负羁的话,而让三百名美女乘坐豪华的车子。文公下令军队不许进入釐负羁宗族的住地,以报答他的恩德。楚国围攻宋国,宋国又向晋国告急。文公想援救宋国,就要攻打楚国,但因为楚国曾有恩于他,不想去攻打它;如果放弃宋国不去救,宋国也曾有恩于晋:文公为此事而发愁。先轸说:"抓住曹伯,把曹、卫的土地分给宋国,楚国急于援助曹国、卫国,这种情势之下应当会解除宋国的危急。"文公于是听从了他的建议,楚成王果然率兵回国。

楚将子玉曰:"王遇晋至厚,今知楚急曹、卫而故伐之[1],是轻王[2]。"王曰:"晋侯亡在外十九年,困日久矣,果得反国,险厄尽知之,能用其民,天之所开[3],不可当。"子玉请曰:"非敢必有功,愿以间执谗慝之口也[4]。"楚王怒,少与之兵。于是子玉使宛春告晋[5]:"请复卫侯而封曹,臣亦释宋。"咎犯曰:"子玉无礼矣,君取一,臣取二[6],勿许。"先轸曰:"定人之谓礼[7]。楚一言定三国,子一言而亡之,我则毋礼。不许楚,是弃宋也。不如私许曹、卫以诱之,执宛春以怒楚[8],既战而后图之[9]。"晋侯乃囚宛春于卫,且私许复曹、卫。曹、卫告绝于楚。楚得臣怒,击晋师,晋师退。军吏曰:"为何退?"文公曰:"昔在楚,约退三舍,可倍乎[10]!"楚师欲去,得臣不肯。

四月戊辰[11],宋公、齐将、秦将与晋侯次城濮[12]。己巳[13],与楚兵合战,楚兵败,得臣收余兵去[14]。甲午[15],晋师还至衡雍[16]，作王宫于践土[17]。

初，郑助楚[18]，楚败，惧，使人请盟晋侯。晋侯与郑伯盟[19]。

【注释】

①故：仍旧，依然。

②是轻王：是轻视大王您。泷川曰："子玉是言，《左传》不载，盖史公以意补。"

③天之所开：吴见思曰："史公于重耳之入国，用'天开'者五，盖文公之艰难遍，终至于霸，岂非天乎？故三致意焉。"

④愿以间执谗慝（tè）之口也：希望借发兵的机会堵住进谗言的嘴。按，进谗者指楚大夫贾。贾曾对楚成王说："子玉刚而无礼，不可以治民，过三百乘，其不能以入矣。"（《左传·僖公二十七年》）间执，堵塞。一说折服。谗慝，好言人短。

⑤宛春：楚国大夫。

⑥君取一，臣取二：《集解》引韦昭曰："君，文公也。臣，子玉也。一谓释宋围，二谓复曹、卫。"

⑦定人之谓礼：安定民众叫做礼。

⑧执宛春以怒楚：《集解》引韦昭曰："怒楚，令必战。"

⑨既战而后图之：《集解》引杜预曰："须胜负决乃定计。"泷川引中井积德曰："先轸唯欲战，故设谲计如此，非善谋。"

⑩"昔在楚"三句：梁玉绳曰："此乃史公约内、外传文，然是子犯之言，误以为文公也。下文公曰'城濮之事，偃说我毋失信'，正指斯语。"泷川引中井积德曰："退三舍，有约，即与楚王遇，宜履言；如子玉，何退之有？是特信义自炫之术也，不足称。"

⑪四月戊辰：四月初二。

⑫宋公：宋成公，名王臣，前636—前620年在位。其事详见《宋微子世家》。齐将：指齐军将领国归父和崔夭。秦将：指秦军将领

小子憗。次，驻扎。城濮：卫邑名。在今山东鄄城西南。一说在今河南开封东南之陈留。

⑬己巳：四月初三。

⑭“与楚兵合战”三句：此即“城濮之战”。《左传·僖公二十八年》的描写更为生动细致：“子玉使斗勃请战，曰：‘请与君之士戏，君冯轼而观之，得臣与寓目焉。’晋侯使栾枝对曰：‘寡君闻命矣。楚君之惠，未之敢忘，是以在此。为大夫退，其敢当君乎？既不获命矣，敢烦大夫，谓二三子：“戒尔车乘，敬尔君事，诘朝将见。”’晋车七百乘，韅、靷、鞅、靽。晋侯登有莘之虚以观师，曰：‘少长有礼，其可用也。’遂伐其木，以益其兵。己巳，晋师陈于莘北，胥臣以下军之佐当陈、蔡。子玉以若敖之六卒将中军，曰：‘今日必无晋矣！’子西将左，子上将右。胥臣蒙马以虎皮，先犯陈、蔡。陈、蔡奔，楚右师溃。狐毛设二旆而退之。栾枝使舆曳柴而伪遁，楚师驰之，原轸、郤溱以中军公族横击之。狐毛、狐偃以上军夹攻子西，楚左师溃。楚师败绩。子玉收其卒而止，故不败。”

⑮甲午：四月二十八。

⑯衡雍：郑邑名。在今河南原阳西南。

⑰作王宫于践土：《集解》引服虔曰：“既败楚师，襄王自往临践土，赐命晋侯，晋侯闻而为之作宫。”王宫，此指天子出巡在外接见诸侯朝拜的行宫。践土，郑邑名。在今河南原阳西南。

⑱郑助楚：《左传·僖公二十八年》云：“乡役之三月，郑伯如楚致其师。”孔颖达《正义》曰：“致其师者，致其郑国之师，许以佐楚也。战时虽无郑师，要本心佐楚，故既败而惧。”

⑲郑伯：此指郑文公。

【译文】

楚将子玉说：“大王当年对待晋君非常优厚，现在他知道楚国急于援救曹、卫两国，却仍旧攻打他们，这是轻视大王。”楚成王说：“晋侯流亡在外十九年，困顿的日子过得很久了，结果得以回国登上君位，世间的困难险阻他完全了解，能够使用他的民众，这是上天打开了他的福运之路，不可以阻挡。”子玉请求说：“不敢说一定能获取成功，但希望借发兵的机会堵塞那些进谗言的嘴。”楚王恼怒，只给了他很少的兵力。这时子玉派宛春通告晋国：“请求恢复卫侯的君位，同时退还曹国土地，我也解除围攻宋国。”咎犯说：“子玉无礼啊，您是国君只得解除对宋国的包围一项，而他作为楚臣却要取得的却是两项，不能答应。”先轸说：“安定别人这叫做礼。楚国一句话而安定了三个国家，你一句话却使它们丧失安定，这就是我们无礼了。不答应楚国，这就是抛弃宋国。不如私下答应恢复曹国和卫国来引诱它们，捉住宛春来激怒楚国，等交战以后再图谋良策。”晋侯于是在卫国囚禁宛春，并且在私下里答应恢复曹国与卫国。曹国、卫国宣布与楚国断绝关系。楚将子玉发怒，进击晋军，晋军撤退。军吏们问：“为什么撤退？”文公说：“以前我流亡在楚国，约定两军交战时我军退避三舍，怎能背叛诺言呢！”楚军想撤退，子玉不肯。

四月戊辰日，宋公、齐将、秦将与晋侯驻军城濮。己巳日，与楚兵会战，楚兵被打败，子玉收拾残兵逃走。甲午日，晋师回师到达衡雍，在践土修建天子的行宫。

当初，郑国援助楚国，楚国战败后，郑国惧怕，派人请求与晋侯结盟。晋侯与郑伯订立盟约。

五月丁未[1]，献楚俘于周，驷介百乘[2]，徒兵千[3]。天子使王子虎命晋侯为伯[4]，赐大辂，彤弓矢百，玈弓矢千[5]，秬鬯一卣[6]，珪瓒[7]，虎贲三百人[8]。晋侯三辞，然后稽首受之[9]。周作《晋文侯命》[10]：“王若曰[11]：父义和[12]，丕显文、武，能慎明德[13]，昭登于上，布闻在下[14]，维时上帝集厥命于文、武[15]。恤朕身[16]，继予一人永其在位[17]。”于是晋文公称伯。

癸亥[18]，王子虎盟诸侯于王庭[19]。

【注释】

①五月丁未：五月十一。

②驷介：由四匹披甲的马挽引的战车。介，铠甲。

③徒兵：步兵。

④天子使王子虎命晋侯为伯：泷川曰："《左传》云：'王命尹氏及王子虎、内史叔兴父命晋侯为侯伯。'注云：'三官命之，宠晋也。'"王子虎，又称"王叔文公""太宰文公"，周王卿士。命，策命，用书面任命。伯，方伯，诸侯之长。

⑤赐大辂（lù），彤弓矢百，玈（lú）弓矢千：《集解》引贾逵曰："大辂，金辂。彤弓，赤；玈弓，黑也。诸侯赐弓矢，然后征伐。"泷川曰："《左传》作'赐大辂之服，戎路之服，彤弓一，彤矢百，玈弓矢千。'"梁玉绳曰："'大辂'下失书'戎辂'。又'彤弓'下缺'一'字，并缺'彤'字，盖弓一矢百，弓十矢千也。"大辂，又作"大路"，天子的车乘。彤弓，红色的弓。玈，黑色。

⑥秬鬯（jù chàng）：黑黍和郁金香草酿成的香酒，用以降神。秬，黑黍。鬯，郁金香草。卣（yǒu）：酒器名。

⑦珪瓒（guī zàn）：也作"圭瓒"，用玉石做的酒器，其状如勺，以圭为柄。泷川曰："《左传》无'珪瓒'二字。"

⑧虎贲：指天子的侍卫。《集解》引贾逵曰："天子卒曰虎贲。"

⑨稽（qǐ）首：叩头至地行跪拜礼。

⑩《晋文侯命》：《尚书》篇名。本篇及《周本纪》《新序・善谋》篇都认为作于周襄王时，文侯即晋文公，实乃大误。当从《书序》，《晋文侯命》是周平王表彰晋文侯功绩的册书。

⑪王若曰：《尚书》中的句式。王，指周平王。若，如此，这般。

⑫父：周天子对同族诸侯的称呼。义和：马融曰："以义和我诸侯。"

或谓“义和”是晋文侯之字。孔颖达《尚书正义》曰：“义和，字也，称父者非一人，故以字别之。”

⑬丕显文、武，能慎明德：发扬彰显周文王和周武王的英明伟大，能够谨慎地修养美德。《集解》引孔安国曰：“文王、武王能详慎显用明德。”丕，大。一说为语助词。能，《尚书》作“克”。明，光明，美好。一说为勉。

⑭昭登于上，布闻在下：意谓明德升到上天，名声传播在人世之间。《集解》引马融曰：“昭，明也。上谓天，下谓人。”

⑮维时上帝集厥命于文、武：于是上帝降下福命给周文王、周武王。《集解》引孔安国曰：“惟以是故集成其王命，德流子孙。”维，语助词。厥，代词，其。

⑯恤朕身：关怀着我这个后代子孙。恤，忧虑，关怀。朕，古人自称之词，自秦始皇始乃仅为皇帝一人所用。身，《尚书》作“躬”。

⑰继予一人永其在位：使我继承祖业永居王位。继，《尚书》作“绩”。予一人，天子自称。其，语助词。陈直曰：“此篇（《文侯之命》）语法，与毛公鼎相似，‘王若曰’下‘父某’，亦与毛公鼎文例相同。东周铜器，即不见‘王若曰’之词句。太史公以《文侯之命》误为周王赐晋文公者，由于当时无西周铜器与之对比，故有此误。”按，《左传·僖公二十八》所记周襄王辞命为：“王谓叔父：敬服王命，以绥四国，纠逖王慝。”

⑱癸亥：五月二十七。

⑲王庭：指践土行宫。《集解》曰：“王庭，践土也。”《索隐》曰：“服氏知王庭是践土者，据二十八年五月‘公会诸侯，盟于践土’，又此上文‘四月甲午，作王宫于践土’，王庭即王宫也。”

【译文】

五月丁未日，晋国向周天子献上楚国俘虏，有披甲的驷马一百辆，步兵一千人。天子派王子虎策命晋侯为诸侯之长，赐给他大辂、红色的弓和箭一百副、黑色的弓和箭一千副、用黑黍和郁金香草酿成的香酒一坛、珪瓒，以及三百名勇士。晋侯辞谢三次，然后叩头接受了这些礼物。周天子写下了《晋文侯命》："王这样说：叔父以仁义使诸侯和睦，发扬彰显文王和武王的英明伟大，能够谨慎地修养美德，明德升到上天，名声传播在下土，于是天帝降下那福命给周文王、周武王，德泽流于子孙。你要顾念爱护我，使我继承祖业，永久安保王位。"于是晋文公称霸。五月癸亥日，王子虎在践土行宫与诸侯订立盟约。

晋焚楚军，火数日不息[①]，文公叹。左右曰："胜楚而君犹忧，何？"文公曰："吾闻能战胜安者唯圣人，是以惧[②]。且子玉犹在，庸可喜乎[③]！"子玉之败而归，楚成王怒其不用其言，贪与晋战，让责子玉，子玉自杀。晋文公曰："我击其外，楚诛其内，内外相应。"于是乃喜。

【注释】

①晋焚楚军，火数日不息：梁玉绳曰："焚军之言，《史》本《韩诗外传》七，《说苑》亦有，盖因《左传》'晋师三日馆穀'而妄为之说。"

②吾闻能战胜安者唯圣人，是以惧：《说苑·君道》曰："晋文公与楚人战，……文公退而有忧色。侍者曰：'君大胜楚，今有忧色，何也？'文公曰：'吾闻能以战胜而安者，其唯圣人乎？若夫诈胜之徒，未尝不危也，吾是以忧。'"《韩诗外传》卷七与此略同。

③庸可喜乎：泷川曰："据僖二十八年、宣十二年《左传》。'吾闻'以下十三字，史公以意补。"庸，哪里，怎么。

【译文】

晋国火烧楚军，大火数日不灭，文公叹气。左右侍从问道："战胜楚国您仍然忧愁，为什么呢？"文公说："我听说战胜了而能心安的只有圣人才办得到,我因此内心恐惧。况且子玉还在,怎么可以欢喜呢!”子玉战败回国,楚成王恼火他不听自己的话,贪图与晋国作战,责备子玉,子玉自杀。晋文公说:“我们在外部攻击,楚君在内部诛杀,内外交相呼应。”这时才高兴起来。

六月,晋人复入卫侯。壬午[①],晋侯度河北归国。行赏,狐偃为首[②]。或曰:“城濮之事,先轸之谋。”文公曰:“城濮之事,偃说我毋失信。先轸曰‘军事胜为右’[③],吾用之以胜。然此一时之说,偃言万世之功,奈何以一时之利而加万世功乎?是以先之。”

【注释】

①壬午:六月十七。

②行赏,狐偃为首:泷川曰:“《韩非子·难一》《吕氏春秋·当赏》篇《淮南子·人间训》及《说苑·权谋》篇亦载文公行赏事。而‘狐偃’作‘雍季’,‘先轸’作‘舅犯’,与此异。”

③军事胜为右:战争以打胜为上。右,上等。古代尚右。

【译文】

六月,晋人又护送卫侯回国。壬午日,晋侯渡过黄河,北归回国。进行封赏,狐偃功劳最大。有人说:“城濮之战,是先轸的计谋。”文公说:“城濮之战,狐偃劝说我不要失信。先轸说‘军事以打胜仗为上’,我采用他的建议,取得了战争的胜利。然而这只是一时有利的说法,狐偃的话建立的是万世的功业,怎么可以让一时的利益加在万世的功业上面呢?所以狐偃的功劳最大。”

冬,晋侯会诸侯于温,欲率之朝周。力未能,恐其有畔者[①],乃使人言周襄王狩于河阳[②]。壬申,遂率诸侯朝王于践土[③]。孔子读史记至文公,曰:"诸侯无召王。'王狩河阳'者,《春秋》讳之也[④]。"

丁丑,诸侯围许[⑤]。曹伯臣或说晋侯曰[⑥]:"齐桓公合诸侯而国异姓[⑦],今君为会而灭同姓。曹,叔振铎之后[⑧];晋,唐叔之后。合诸侯而灭兄弟,非礼。"晋侯说[⑨],复曹伯[⑩]。

于是晋始作三行[⑪]。荀林父将中行,先縠将右行[⑫],先蔑将左行[⑬]。

【注释】

①畔:通"叛"。

②乃使人言周襄王狩于河阳:泷川引中井积德曰:"文公口中元无'狩'字,只是召王至河阳也已,'狩'是《春秋》书法之权衡矣,《史记》失点检。"狩,冬季打猎称"狩"。河阳,晋邑名。在今河南孟州西北。

③遂率诸侯朝王于践土:《索隐》曰:"《左氏传》:'五月,盟于践土;冬,会诸侯于温,天王狩于河阳;壬申,公朝于王所。'此文亦说冬朝于王,当合于河阳温地,不合取五月践土之文。"泷川曰:"僖二十八年《春秋》,'践土'作'王所',即晋之温,非郑之践土也。《左氏》可征,史公混同。杜预曰:'壬申,十月十日也。无月,阙文。'"

④"孔子读史记至文公"四句:此句底本标点为:孔子读史记至文公曰"诸侯无召王","王狩河阳者",《春秋》讳之也。按,《左传·僖公二十八年》载孔子言曰:"以臣召君,不可以训,故书曰'天王狩于河阳'。"则自"诸侯无召王"至"《春秋》讳之也"都是孔子的话,底本标点有误。史记,指当时各诸侯国官修的史书,如鲁《春

秋》、晋《乘》之类。

⑤许:古国名。姜姓。在今河南许昌东。春秋后屡次迁居。

⑥曹伯臣:指曹伯的小臣侯獳。

⑦齐桓公合诸侯而国异姓:指前659年齐桓公率诸侯助邢迁于夷仪(今山东聊城西南),次年又率诸侯助卫迁于楚丘(今河南滑县东)事。邢、卫均姬姓国,与齐异姓。

⑧叔振铎:曹国的始封君,周文王之子,周武王之弟。其事详见《管蔡世家》。

⑨说:同"悦",高兴。

⑩复曹伯:《左传·僖公二十八年》云:"晋侯有疾,曹伯之竖侯獳货筮史,使曰以曹为解:'齐桓公为会而封异姓,今君为会而灭同姓。曹叔振铎,文之昭也;先君唐叔,武之穆也。且合诸侯而灭兄弟,非礼也;与卫偕命,而不与偕复,非信也;同罪异罚,非刑也。礼以行义,信以守礼,刑以正邪。舍此三者,君将若之何?'公说,复曹伯。"

⑪于是:这时,在这时候。晋始作三行(háng):杨伯峻曰:"据昭元年《传》'彼徒我军,请皆卒,乃毁车以为行'之文,则行为步卒。又据僖十年《传》'左行共华,右行贾华'之文,则文公前,晋早有两行,此作三行,特增一行而已。"三行,指上行、中行、下行三支步兵军队。至此,晋有三军(车战部队),又有三行(步兵部队),共六支部队。《集解》引服虔曰:"辟天子六军,故谓之'三行'。"泷川曰:"《左传》'行'下有'以御狄'三字。中井积德曰:'是为御狄而作,固非卿帅三军之比,矧三行无佐,盖师徒不多,不必言辟六军之名。'竹添光鸿曰:'盖戎狄无车,难以车战取胜,故为徒兵以御之。'"

⑫先縠将右行:先縠,先轸之子,又称"彘子",晋国大夫。《索隐》曰:"《左传》'屠击将右行',与此异。"梁玉绳曰:"先縠即彘季,晋景公时佐中军,文公朝恐未得将右行,《左传》作'屠击',

是也。”

⑬先蔑将左行：先蔑，又称“士伯”，晋国大夫。《集解》曰：“杜预曰：‘三行无佐，疑大夫帅也。’”

【译文】

冬天，晋侯在温邑会盟诸侯，想率领诸侯们去朝见周天子。但力量不够强大，怕有诸侯背叛，就派人告诉周襄王，让他到河阳狩猎。壬申日，晋侯率领诸侯在践土行宫朝见周襄王。孔子读史书，读到文公这段记载，说：“诸侯无权召唤周天子，《春秋》说‘周天子巡猎河阳’，是故意隐讳此事。”

丁丑日，诸侯围攻许国。曹伯的大臣中有人劝说晋侯道：“齐桓公会合诸侯而扶植异姓国家，现在您会合诸侯却灭亡同姓国家。曹国，是叔振铎的后代；晋国，是唐叔的后代。会合诸侯而灭亡兄弟之国，这不合乎礼。”晋侯很高兴，恢复了曹伯的君位。

这时晋国开始建立上行、中行、下行三支步兵军队。荀林父统率中行，先縠统率右行，先蔑统率左行。

七年[①]，晋文公、秦缪公共围郑，以其无礼于文公亡过时，及城濮时郑助楚也。围郑，欲得叔瞻。叔瞻闻之，自杀[②]。郑持叔瞻告晋[③]。晋曰：“必得郑君而甘心焉。”郑恐，乃间令使谓秦缪公曰[④]：“亡郑厚晋，于晋得矣，而秦未为利[⑤]。君何不解郑，得为东道交[⑥]？”秦伯说，罢兵。晋亦罢兵。

九年冬[⑦]，晋文公卒[⑧]，子襄公欢立。是岁郑伯亦卒。

【注释】

①七年：当周襄王二十三年、秦缪公三十年、郑文公四十三年，前630年。

②叔瞻闻之，自杀：梁玉绳曰："《国语》文公围郑，曰：'予我詹而师还。'郑以詹与晋。詹有辞，乃弗杀，礼而归之。郑以詹为将军，则詹未尝自杀，晋亦无'欲得郑君'语也。此及《郑世家》皆妄。"泷川曰："《吕氏春秋·上德》篇所记略同《晋语》。"

③郑持叔瞻告晋：李笠曰："《郑世家》云：'詹闻，言于郑君曰："詹死而赦郑国，詹之愿也。"乃自杀。郑人以詹尸与晋。'此文告上脱一'尸'字，义遂不足。"

④乃间令使：暗中派使臣。据《左传·僖公三十年》，郑国所派之使臣为烛之武。间，秘密，暗中。

⑤"亡郑厚晋"三句：《左传》作"焉用亡郑以陪邻，邻之厚，君之薄也"。

⑥东道交：东方道路上的朋友。《索隐》曰："交，犹好也。诸本及《左传》皆作'主'。"

⑦九年：当周襄王二十六年，前628年。

⑧晋文公卒：按，文公墓在今山西绛县卫庄下村之西岭，墓高三十米，犹如山丘，墓前立有明代所立的石碑一通。

【译文】

文公七年，晋文公、秦缪公共同围攻郑国，因为郑君在文公流亡经过郑国时待之无礼，等到城濮之战时郑国又帮助楚国。晋、秦包围郑国，是想得到叔瞻。叔瞻听说这个消息，自杀了。郑国带着叔瞻的尸首告诉晋君。晋君说："一定要得到郑君才解恨。"郑君恐惧，于是就暗中派人对秦缪公说："灭亡郑国，增强了晋国的力量，对于晋国来说是获利的，但对秦国来说却没法得到好处。您为什么不撤去对郑国的围攻，使郑国成为秦国东方道路上的朋友呢？"秦伯很高兴，撤兵而去。晋国也只好撤兵了。

文公九年冬，晋文公去世，他的儿子襄公欢即位。这年郑伯也去世了。

郑人或卖其国于秦[①]，秦缪公发兵往袭郑。十二月，秦兵过我郊。襄公元年春[②]，秦师过周，无礼[③]，王孙满讥之[④]。兵至滑[⑤]，郑贾人弦高将市于周[⑥]，遇之，以十二牛劳秦师[⑦]。秦师惊而还，灭滑而去。

【注释】

①郑人或卖其国于秦：《郑世家》云："郑司城缯贺以郑情卖之，秦兵故来。"《秦本纪》云："郑人有卖郑于秦。"皆与《左传》异。据《左传·僖公三十三年》，前年，秦、晋伐郑，烛之武说秦，秦师罢，令杞子、逢孙、杨孙戍郑。此年，杞子自郑使告于秦曰："郑人使我掌其北门之管，若潜师以来，国可得也。"

②襄公元年：前627年。

③秦师过周，无礼：据《左传·僖公三十三年》："秦师过周北门，左右免胄而下，超乘者三百乘。"

④王孙满讥之：《左传·僖公三十三年》记王孙满之言曰："秦师轻而无礼，必败。轻则寡谋，无礼则脱。入险而脱，又不能谋，能无败乎？"王孙满，周王宗室，周共王的儿子圉的曾孙。

⑤滑：诸侯小国名。姬姓。始建都于滑（今河南睢县西北），后迁都于费（今河南偃师之缑氏镇），故又称"费滑"。

⑥贾人：商人。市于周：到周国的都城去做生意。市，交易，做生意。

⑦劳：犒劳，慰劳。

【译文】

郑国有人出卖自己国家的情报给秦国，秦缪公派兵前去袭击郑国。十二月，秦国军队经过晋国郊野。襄公元年春，秦军经过周都，无礼，王孙满讥讽他们。秦军到达滑国，郑国商人弦高将要到周都做生意，遇见秦军，用十二头牛犒劳秦军。秦军吃惊而退，灭了滑国就返回了。

晋先轸曰："秦伯不用蹇叔[1]，反其众心，此可击。"栾枝曰："未报先君施于秦[2]，击之，不可。"先轸曰："秦侮吾孤[3]，伐吾同姓，何德之报？"遂击之。襄公墨衰绖[4]。四月，败秦师于殽[5]，虏秦三将孟明视、西乞秫、白乙丙以归[6]。遂墨以葬文公[7]。文公夫人秦女[8]，谓襄公曰："秦欲得其三将戮之。"公许，遣之。先轸闻之，谓襄公曰："患生矣。"[9]轸乃追秦将[10]。秦将渡河，已在船中，顿首谢，卒不反[11]。

后三年[12]，秦果使孟明伐晋，报殽之败，取晋汪以归[13]。

四年[14]，秦缪公大兴兵伐我，度河，取王官[15]，封殽尸而去[16]。晋恐，不敢出，遂城守。

五年[17]，晋伐秦，取新城[18]，报王官役也。

【注释】

①秦伯不用蹇（jiǎn）叔：秦穆公不听蹇叔的劝阻。蹇叔，秦国大夫。秦伐郑前，蹇叔竭力劝阻，秦穆公不听。其事详见《左传·僖公三十二年》及《秦本纪》。

②先君：指晋文公。施：施恩惠。此指秦对晋的恩惠。

③秦侮吾孤：当时晋文公去世不久，晋襄公尚在守孝，故有此说。孤，幼年失父者曰"孤"。

④墨衰绖（cuī dié）：在家守丧用白色，因出兵征讨穿丧服不吉利，故将丧服染黑。衰，丧服，有齐衰、斩衰之别；绖，孝布带，有系于头者与系于腰者之别。据《左传·僖公三十三年》，晋襄公墨衰绖败秦师于崤，"遂墨以葬文公，晋于是始墨"，晋国从此以穿黑色丧服为习俗。

⑤崤（xiáo）：山名。在今河南灵宝东南，西北接河南三门峡陕州区，东接渑池。

⑥孟明视:《左传》作“百里孟明视”,秦国贤臣百里奚之子,氏百里,名视,字孟明。《吕氏春秋·悔过》篇以为蹇叔子,似误。西乞秫、白乙丙:皆秦国将领。《秦本纪》说他们是蹇叔之子,恐误。西乞秫,或作“西乞术”。

⑦遂墨以葬文公:于是晋人穿着黑色丧服安葬文公。《集解》曰:“服虔曰:‘非礼也。’杜预曰:‘记礼所由变也。’”遂,于是,就。

⑧文公夫人:指文嬴,秦穆公的女儿,晋襄公的嫡母。

⑨“先轸闻之”三句:《左传》作“先轸怒曰:‘武夫力而拘诸原,妇人暂而免诸国。堕军实而长寇仇,亡无日矣!’不顾而唾”。

⑩轸乃追秦将:《左传》作“公使阳处父追之”。

⑪顿首谢,卒不反:《左传》作“孟明稽首曰:‘君之惠,不以缧臣衅鼓,使归就戮于秦。寡君之以为戮,死且不朽;若从君惠而免之,三年,将拜君赐!”

⑫后三年:当周襄王二十八年、秦缪公三十五年,前625年。

⑬取晋汪以归:按,《左传·文公二年》云:“冬,晋先且居、宋公子成、陈辕选、郑公子归生伐秦,取汪及彭衙而还。”梁玉绳曰:“是年晋败秦于彭衙,又取秦汪,两事也,此误。”《十二诸侯年表》《郑世家》均载晋败秦于汪。汪,秦邑名。在今陕西澄城西南。

⑭四年:当周襄王二十九年、秦缪公三十六年,前624年。

⑮王官:晋邑名。在今山西闻喜西。

⑯封崤尸:掩埋在崤山死亡的将士尸骨。封,聚土筑坟。《秦本纪》集解引贾逵曰:“标识之。”

⑰五年:当周襄王三十年、秦缪公三十七年,前623年。

⑱新城:秦邑名。在今陕西澄县东北二十里。

【译文】

晋国先轸说:“秦伯不听蹇叔的劝阻,违背民众的心愿,此时可以出击它。”栾枝说:“还没报答秦国对先君的恩德,攻击它,不可以。”先轸说："秦国欺负我们新君，攻打我们的同姓国家，有什么恩德要报答呢？"于是晋军就进攻秦军。襄公穿着黑色的丧服。四月，晋军在崤山打败秦军，俘获秦军三位将领孟明视、西乞秫、白乙丙归国。晋君于是穿着黑色丧服安葬文公。文公夫人是秦国女子，对襄公说："秦王想得到他的三位将领杀掉。"襄公答应了，遣送他们回国。先轸听说此事，对襄公说："祸患从此产生了。"先轸就去追赶秦将。秦将渡黄河已在船中，他们叩头辞谢，最终没有返回。

三年之后，秦国果然派孟明视讨伐晋国，报复崤山战败的仇恨，夺取了晋国的汪邑才撤回。

襄公四年，秦缪公大举进攻晋国，渡过黄河，夺取了王官，到崤山为死亡的将士掩埋尸骨，然后才离去。晋人恐惧，不敢出战，只好据城坚守。

襄公五年，晋国讨伐秦国，夺取了新城，报复王官之役。

六年[①]，赵衰成子、栾贞子、咎季子犯、霍伯皆卒[②]。赵盾代赵衰执政[③]。

七年八月[④]，襄公卒。太子夷皋少。晋人以难故[⑤]，欲立长君[⑥]。赵盾曰："立襄公弟雍[⑦]。好善而长，先君爱之；且近于秦[⑧]，秦故好也。立善则固，事长则顺，奉爱则孝，结旧好则安[⑨]。"贾季曰[⑩]："不如其弟乐[⑪]。辰嬴嬖于二君[⑫]，立其子，民必安之。"赵盾曰："辰嬴贱，班在九人下[⑬]，其子何震之有[⑭]！且为二君嬖，淫也。为先君子，不能求大而出在小国[⑮]，僻也[⑯]。母淫子僻，无威[⑰]；陈小而远，无援：将何可乎！"使士会如秦迎公子雍[⑱]。贾季亦使人召公子乐于陈。赵盾废贾季，以其杀阳处父[⑲]。十月，葬襄公。十一月，贾季奔翟。是岁，秦缪公亦卒。

【注释】

①六年：当周襄王三十一年、秦缪公三十八年，前622年。

②栾贞子：即栾枝。霍伯：即先且居，又称"蒲城伯"，先轸之子。

③赵盾：又称"赵宣子"，赵衰之子。赵衰死后，他在赵衰党众拥戴下，将中军，执掌国政。死谥宣孟。

④七年：当周襄王三十二年、秦缪公三十九年，前621年。

⑤晋人以难故：《集解》引服虔曰："晋国数有患难。"杨伯峻曰："晋国当时有何患难，《传》未言及。顾炎武《补正》云：'谓连年有秦、狄之师，楚伐与国。'"

⑥欲立长君：想立年长的为君主。

⑦雍：即公子雍，晋文公之子，晋襄公之庶弟。

⑧近于秦：当时公子雍仕于秦，故云。《秦本纪》曰："（公子雍）秦出也。"似误。据《左传·文公六年》，公子雍之母为杜祁。

⑨旧好：同上文"故好"，指与秦国亲近为旧好。

⑩贾季：即狐射姑，狐偃之子。

⑪其弟乐：即公子乐，晋文公之子，晋襄公之庶弟，其母为辰嬴。

⑫辰嬴嬖（bì）于二君：辰嬴先嫁晋怀公，称怀嬴；后嫁晋文公，称辰嬴，故云。《集解》引服虔曰："辰嬴，怀嬴也。二君，怀公、文公。"嬖，宠幸，宠爱。

⑬班在九人下：辰嬴的位次在晋文公的九位妃妾之下。《集解》引服虔曰："班，次也。"《左传》作"班在九人"。班，指在妃妾中的位次。

⑭震：威严。

⑮小国：指陈国，为妫姓小国。在今河南东部和安徽西北部，国都即今河南淮阳。当时公子乐出居于陈。

⑯僻：僻陋，鄙陋。

⑰母淫子僻，无威：《正义》曰："言乐僻隐在陈，而远无援也。"

⑱士会：士蒍之孙，又称"士季""随会""范会""随季""随武

子”“范武子”“季武子”等。晋国大夫。

⑲赵盾废贾季，以其杀阳处父：《左传·文公六年》载，晋蒐于夷、舍二军。使贾季将中军，赵盾佐之。阳处父改蒐于董，而他党于赵氏，谓赵盾为能，就改让赵盾为中军将，贾季为佐。“贾季怨阳子之易其班也，而知其无援于晋也，九月，贾季使续鞫居杀阳处父”。阳处父，晋国大夫。《集解》曰：“案《左传》，此时贾他为太师，阳处父为太傅。”

【译文】

襄公六年，赵成子赵衰、栾贞子、咎季子咎犯、霍伯都去世了。赵盾接替赵衰执政。

襄公七年八月，去世。太子夷皋年幼。晋人因为多次经历祸难的缘故，想立一位年长的人为国君。赵盾说：“拥立襄公的弟弟雍吧。他好善而且年长，先君喜爱他；并且他与秦国亲近，秦国原本是我国的友好之邦。拥立善良的人为君，国家就稳固，事奉年长者就和顺，事奉先君喜爱的就孝顺，与秦国结交亲近就安定。”贾季说：“不如他的弟弟乐。辰嬴很受怀公、文公的宠幸，立她的儿子为君，百姓必定安附。”赵盾说：“辰嬴低贱，她的位次在晋文公的九位妃妾之下，她的儿子有什么威严呢！况且被两位国君宠幸，这是淫乱。作为先君的儿子，不能投靠大国却出居小国，这是鄙陋。母亲淫乱，儿子鄙陋，就没有威严；陈国又小又远，没有后援：怎么行呢！”派士会到秦国迎接公子雍。贾季也派人从陈国召回公子乐。赵盾废黜贾季，因为他杀死了阳处父。十月，安葬襄公。十一月，贾季逃奔翟国。这年，秦缪公也去世了。

灵公元年四月①，秦康公曰②：“昔文公之入也无卫，故有吕、郤之患。”乃多与公子雍卫。太子母缪嬴日夜抱太子以号泣于朝③，曰：“先君何罪？其嗣亦何罪？舍適而外求君，将安置此？”出朝，则抱以适赵盾所[4]，顿首曰[5]：“先君奉此子而属之子[6]，曰‘此子材，吾受其赐；不材，吾怨子’[7]。今君卒，言犹在耳[8]，而弃之，若何？”赵盾与诸大夫皆患缪嬴[9]，且畏诛，乃背所迎而立太子夷皋，是为灵公[10]。发兵以距秦送公子雍者[11]。赵盾为将，往击秦，败之令狐[12]。先蔑、随会亡奔秦。秋，齐、宋、卫、郑、曹、许君皆会赵盾，盟于扈[13]，以灵公初立故也。

【注释】

①灵公元年：当周襄王三十三年、秦康公元年，前620年。

②秦康公：名罃，前620—前609年在位。

③缪嬴：秦缪公之女，晋襄公之夫人，晋灵公之母。

④适：去，前往。

⑤顿首：头叩地而拜。

⑥奉（pěng）：通“捧”，捧着。属（zhǔ）：托付。

⑦“此子材”四句：《集解》引王肃曰：“怨其教导不至也。”

⑧言犹在耳：《集解》引杜预曰：“在宣子之耳。”

⑨患：害怕。

⑩是为灵公：杨伯峻曰：“《赵世家》云：‘赵盾患之，恐其宗与大夫袭诛之。’则所畏者穆嬴之党也。”何怀宏曰：“穆嬴以一妇人而迫使赵盾等大夫改变了主意，主要还不是靠她自己的力量，而是有赖先灵之余威和‘立子以嫡’的传统，这些说明当时晋公室力量还很强大。而赵盾以一异姓之卿而握有废立之权，也说明卿大夫地位正在上升。”

⑪距：通“拒”，抵御。

⑫令狐：晋邑名。在今山西临猗西。

⑬扈：郑邑名。在今河南原阳西。

【译文】

灵公元年四月，秦康公说："从前文公回国时没有护卫，所以才有了吕省、郤芮发难。"于是给了公子雍很多卫士。太子的母亲缪嬴日夜抱着太子在朝廷上号泣，说："先君有什么罪？他的嗣子又有什么罪？舍弃嫡子而到外面寻求国君，要把太子怎么安置呢？"她走出朝廷，抱着太子来到赵盾的住所，以头叩地说："先君捧着这孩子将他托付给您，说'这个孩子如果能成才，我就受了你的赐予；如果不成才，我就要怨恨你'。现在国君去世了，他的话语还在耳边回响，您却抛弃了他的嘱托，为什么？"赵盾与诸位大夫都害怕缪嬴的纠缠，而且担心被杀，就背弃所迎接的公子雍而扶立太子夷皋为君，这就是灵公。同时，晋国发兵抵御秦国护送公子雍的军队。赵盾为将，前往进击秦军，在令狐邑打败了秦军。先蔑、随会逃奔秦国。秋天，齐、宋、卫、郑、曹、许的国君都和赵盾相会，在扈邑结盟，因为灵公新君即位的缘故。

四年[①]，伐秦，取少梁[②]。秦亦取晋之郩[③]。

六年[④]，秦康公伐晋，取羁马[⑤]。晋侯怒，使赵盾、赵穿、郤缺击秦[⑥]，大战河曲[⑦]，赵穿最有功。

七年[⑧]，晋六卿患随会之在秦[⑨]，常为晋乱，乃详令魏寿馀反晋降秦[⑩]。秦使随会之魏，因执会以归晋[⑪]。

八年[⑫]，周顷王崩[⑬]，公卿争权[⑭]，故不赴[⑮]。晋使赵盾以车八百乘平周乱而立匡王[⑯]。是年，楚庄王初即位[⑰]。

十二年[⑱]，齐人弑其君懿公[⑲]。

【注释】

①四年：当周顷王二年、秦康公四年，前617年。

②少梁：即古梁国。前649年被秦所灭，成为秦邑，在今陕西韩城西南二十里。

③取晋之郩（xiáo）："郩"字似误，《十二诸侯年表》及《左传·文公十年》均作"北徵"。北徵，晋邑名。在今陕西澄城西南。

④六年：当周顷王四年、秦康公六年，前615年。

⑤羁马：晋邑名。在今山西永济南、风陵渡东北。

⑥赵穿：谥武，为赵夙庶孙，赵盾之同父异母兄弟，晋襄公之婿，晋卿。郤缺：谥成，又称"郤成子""冀缺"，晋国大夫。

⑦河曲：晋地名。在今山西永济南，黄河至此由南北流向转为向东，故云。

⑧七年：当周顷王五年、秦康公七年，前614年。

⑨六卿：指晋国三军的六位将佐赵盾、荀林父、郤缺、臾骈、栾盾、胥甲。

⑩详：通"佯"，假装。魏寿馀：毕万之后，晋国大夫。魏寿馀策反随会事，详见《左传·文公十三年》。此事亦见于长沙马王堆三号汉墓所出帛书《春秋事语》。魏寿馀，帛书作"魏州余"。

⑪因执会以归晋：泷川曰："《左传》云'晋人患秦之用士会'，不可言在秦'常为晋乱'。"陈子龙曰："按《左传》'寿馀履士会之足'，则先有约也，不得谓'执'。"梁玉绳曰："《传》云：'魏人噪而还，喜得士会也。'不可言'执'。"

⑫八年：当周顷王六年、楚庄王元年，前613年。

⑬周顷王：名壬臣，周襄王之子，前618—前613年在位。

⑭公卿争权：指周王室卿士周公阅与王孙苏争夺政权事，见《左传·文公十四年》。

⑮故不赴：中井积德曰："《左传》所谓不赴，不赴于鲁也，无干晋事。太史公失去取。"赴，同"讣"，讣告，报丧。

⑯晋使赵盾以车八百乘平周乱而立匡王：《索隐》曰："文十四年

《传》又云:'晋赵盾以诸侯之师八百乘纳捷菑于邾,不克,乃还。'而'周公阅与王孙苏讼于晋,赵宣子平王室而复之。'则'以车八百乘'自是宣子纳邾捷菑,不关王室之事,但文相连耳,多恐是误也。"程一枝曰:"《年表》'八百乘'下,有'纳捷菑'三字,与《左传》合,《世家》缺也。"匡王,周匡王,名班,周顷王之子,前612—前607年在位。其事见《周本纪》。

⑰楚庄王:名旅,或作"吕""侣",楚穆王之子,前613—前591年在位。春秋五霸之一。其事详见《楚世家》。

⑱十二年:当周匡王四年、齐懿公四年,前609年。

⑲懿公:齐懿公,名商人,齐桓公之子,齐昭公之弟。前612—前609年在位。其事详见《齐太公世家》。

【译文】

灵公四年,晋国征讨秦国,攻取了少梁。秦国也夺取了晋国的郩邑。

灵公六年,秦康公征讨晋国,夺取了羁马邑。晋侯恼怒,派赵盾、赵穿、郤缺出击秦国,大战于河曲,赵穿战功最大。

灵公七年,晋国六卿忧虑随会留在秦国,会经常给晋国制造祸乱,就让魏寿馀假装背叛晋国投降秦国。秦国派随会到魏,晋人趁机抓住随会回到晋国。

灵公八年,周顷王去世,公卿们争权,所以没报丧。晋国派赵盾率领八百辆兵车平定周室祸乱,拥立周匡王。这年,楚庄王刚刚继位。

灵公十二年,齐人弑杀了他们的国君齐懿公。

十四年①,灵公壮,侈②,厚敛以雕墙③。从台上弹人,观其避丸也。宰夫胹熊蹯不熟④,灵公怒,杀宰夫,使妇人持其尸出弃之,过朝。赵盾、随会前数谏,不听;已又见死人手,二人前谏。随会先谏,不听。灵公患之,使钽麑刺赵盾⑤。

盾闺门开，居处节[⑥]，鉏麑退，叹曰："杀忠臣，弃君命，罪一也。"遂触树而死[⑦]。

【注释】

①十四年：当周匡王六年，前607年。

②侈：放纵，无节制。

③厚敛：厚赋，重赋。雕墙：指装潢宫室。雕，《集解》引贾逵曰："雕，画也。"

④宰夫胹（ér）熊蹯（fán）不熟：厨师煮熊掌没有煮熟。《集解》引服虔曰："蹯，熊掌，其肉难熟。"宰夫，厨师。胹，煮，炖。熊蹯，熊掌。

⑤鉏麑（chú ní）：或作"沮麛""鉏之弥""鉏麛"，《集解》引贾逵曰："晋力士。"

⑥盾闺门开，居处节：梁玉绳曰："门开、处节，何以为忠？考麑见盾'晨辟寝门，盛服将朝，坐而假寐'，故叹其'恭敬'，此《左传》也。又见盾'闺门无人，且食鱼飧'，故称其'易而俭'，此《公羊传》也。史公牵合两《传》，割裂不明耳。"泷川曰："当据《左传》《国语》，'盾'上补'晨往'二字。"闺门，内室之门。节，节俭。

⑦遂触树而死：《集解》引杜预曰："赵盾庭树也。"

【译文】

灵公十四年，长大成人，放纵不知节制，征收重税来雕饰宫墙。他用弹丸从台子上弹人，观看人们惊慌躲避弹丸。厨师煮熊掌没有煮熟，灵公发怒，杀死厨师，让妇人抬着他的尸体出去丢掉，经过朝堂。赵盾、随会以前多次劝谏，灵公不听；不久又看见死人的手，二人上前劝谏。随会先去劝说，灵公不听。灵公害怕他们，派鉏麑刺杀赵盾。赵盾家中寝室的门开着，居处简陋，鉏麑退出，叹息说："杀死忠臣，背弃君命，罪过是一样的。"于是就撞树而死。

初，盾常田首山[①]，见桑下有饿人。饿人，示眯明也[②]。盾与之食，食其半。问其故，曰："宦三年[③]，未知母之存不，愿遗母[④]。"盾义之，益与之饭肉[⑤]。已而为晋宰夫[⑥]，赵盾弗复知也。九月，晋灵公饮赵盾酒，伏甲将攻盾。公宰示眯明知之，恐盾醉不能起，而进曰："君赐臣，觞三行可以罢[⑦]。"欲以去赵盾，令先，毋及难。盾既去，灵公伏士未会，先纵啮狗名敖[⑧]。明为盾搏杀狗。盾曰："弃人用狗，虽猛何为！"然不知明之为阴德也。已而灵公纵伏士出逐赵盾，示眯明反击灵公之伏士，伏士不能进，而竟脱盾[⑨]。盾问其故，曰："我桑下饿人。"问其名，弗告[⑩]。明亦因亡去[⑪]。

盾遂奔，未出晋境。乙丑[⑫]，盾昆弟将军赵穿袭杀灵公于桃园而迎赵盾[⑬]。赵盾素贵[⑭]，得民和；灵公少，侈，民不附，故为弑易。盾复位。晋太史董狐书曰"赵盾弑其君"[⑮]，以视于朝。盾曰："弑者赵穿，我无罪[⑯]。"太史曰："子为正卿[⑰]，而亡不出境，反不诛国乱，非子而谁？"孔子闻之，曰："董狐，古之良史也，书法不隐[⑱]。宣子，良大夫也，为法受恶[⑲]。惜也！出疆乃免[⑳]。"

【注释】

①常：通"尝"，曾经。有本径作"尝"。田：狩猎，打猎。首山：即"首阳山"，亦称"雷首山"，在今山西永济东南。

②饿人，示（qí）眯明也：按，此说有误。据《左传·宣公三年》，饿人乃灵辄，而示眯明（或作"提弥明""祁弥明"）为赵盾之车右，并未做过晋灵公厨师。《索隐》曰："《左氏》桑下饿人是灵辄也；其示眯明，是嗾獒者也，其人斗而死。今合二人为一人，非也。"王

若虚曰:“《左传》称晋灵公欲攻赵盾,其右提弥明死之。又谓初盾田于首山,舍于翳桑,见灵辄饿而食之。后辄为公介,御公徒而免盾,问其名居,不告而亡。夫言其职,则明为右而辄为介;言其所终,则明死辄亡,其为二人明矣。而《史记》云桑下饿人即提弥明,且又以为宰夫,何耶?”梁玉绳曰:“误从《吕览·报更》篇来,《水经注》四亦误从《史》。”

③宦:游宦。《集解》引服虔曰:“宦,宦学士也。”泷川曰:“《集解》‘士’,宋本作‘事’,毛本作‘仕’。《礼记·杂记》云:‘宦于大夫。’注:‘宦,家臣也。’饿人所谓宦者,盖亦为人臣隶,失所而至此。”

④遗(wèi):留给。

⑤益:更多,加。

⑥已而:随即,不久。

⑦觞(shāng)三行:意即酒过三巡。觞,饮酒。

⑧纵:《索隐》曰:“又本作‘嗾’,又作‘蹴’。”啮(niè):咬。敖(áo):猛犬。《集解》引何休曰:“犬四尺曰敖。”

⑨竟:最后,终于。

⑩问其名,弗告:《集解》引服虔曰:“不望报。”

⑪因:趁机。

⑫乙丑:按,晋灵公十四年(前607)之九月无“乙丑”日。

⑬盾昆弟将军赵穿:梁玉绳曰:“‘昆弟’二字非,《左传》注穿是赵夙庶孙,为盾从父昆弟之子。”昆弟,兄弟。按,司马迁以为赵穿是赵盾之同父异母兄弟。杀灵公于桃园:桃园,《集解》引虞翻曰:“园名也。”按,晋灵公墓在今山西绛县城东十二里的刘家村,墓前有石碑一通,上刻“景冢”二字。

⑭素:平素,一向。

⑮晋太史董狐书曰“赵盾弑其君”:按,此述晋灵公被杀始末,本于

《左传》,晋灵公急欲除掉赵盾,是为了夺回旁落的君权,无奈赵氏家族羽翼丰满,晋灵公虽做种种努力,仍以失败告终。李孟存等说:"灵公被杀事件,《左传》构思了一系列咎由自取的情节,为赵氏开脱,但当时晋国太史董狐即已看透了其中情伪,直书道'赵盾弑其君'。"

⑯弑者赵穿,我无罪:叶适曰:"董狐书赵盾弑君以示于朝,义甚深。《左氏》载宣子自解之词,止曰'不然',盖难言之。《史记》遽言'弑者赵穿,我无罪',恐如此下笔,亦了古人事不得。"

⑰子为正卿:当时赵盾任中军帅,居六卿之首,故云。

⑱书法不隐:《集解》引杜预曰:"不隐盾之罪也。"不隐,不曲意回护。

⑲为法受恶:为了法度而蒙受恶名。《集解》引服虔曰:"闻义则服。"杜预曰:"善其为法受屈也。"

⑳出疆乃免:杜预曰:"越境则君臣之义绝,可以不讨贼也。"吕祖谦曰:"吾窃意非仲尼之言也。"《左传易读》曰:"董狐言'亡不越境',谓其躲避也;'反不讨贼',谓其主使也。明此弑君为出自宣子意矣,此铁笔定案;乃《左氏》复诬引孔子之言为宣子开脱,岂不反为宣子所欺哉?至谓'越境乃免',更属无理之谈,岂贼臣弑君使人行事而已逃之境外便可免罪耶?吕东莱谓此非孔子之言,信哉!"吴裕垂曰:"'越竟乃免',其言引而不发,盖盾惟在他国而不反,或幸免耳。乃不惟'反不讨贼',而迎立黑臀惟穿是使,盾之用穿,概可知矣。"

【译文】

当初,赵盾曾经到首山打猎,看见桑树下有个饿汉。这个饿汉就是示眯明。赵盾给他食物,他只吃了一半。询问他缘故,他说:"我出外当小吏三年了,不知母亲是否健在,我想把剩下的食物留给母亲。"赵盾认为他仁义,再给他加添了一些饭和肉。不久他做了晋君的厨师,赵盾不再知道他的情况。九月,晋灵公请赵盾饮酒,埋伏甲士要攻杀赵盾。灵公的厨师亓眯明知道这件事，担心赵盾喝醉了不能起身，就上前说："国君赐宴臣下，进酒三遍就可以作罢了。"想让赵盾离开，赶在国君下暗杀令的前面，不致遭难。赵盾离开以后，灵公的伏兵还没有会合，就放出一种叫敖的猛犬去咬赵盾。亓眯明为赵盾打死了狗。赵盾说："抛弃人而用狗，即使凶猛有什么用！"却不知道亓眯明在暗中报答恩德。随后灵公指挥伏兵出来追赶赵盾，亓眯明反击灵公的伏兵，伏兵不能前进，最终让赵盾逃脱追杀。赵盾问亓眯明救他的原因，他说："我就是那个桑树下的饿汉。"赵盾询问他的名字，他没告诉赵盾。亓眯明也趁机逃走了。

赵盾于是出逃，没有逃出晋国边境。乙丑日，赵盾的族弟、将军赵穿在桃园袭杀灵公，迎回赵盾。赵盾向来尊显，得到民众亲附；灵公年少，放纵无节制，民众不归附他，所以谋杀他容易。赵盾恢复原来的职位。晋国的太史董狐写道"赵盾弑杀他的国君"，在朝堂上给大家看。赵盾说："弑杀国君的是赵穿，我没有罪。"太史董狐说："你是正卿，逃亡却不出国境，返回来也不诛杀乱国的人，不是你是谁？"孔子听到这件事，说："董狐是古代的好史官，据法直书而不加隐讳。赵宣子是好大夫，遵守法度而蒙受恶名。可惜啊！走出国境就可以免于弑君之名了。"

赵盾使赵穿迎襄公弟黑臀于周而立之，是为成公。成公者，文公少子，其母周女也。壬申[①]，朝于武宫。

成公元年[②]，赐赵氏为公族[③]。伐郑，郑倍晋故也。

三年[④]，郑伯初立[⑤]，附晋而弃楚。楚怒，伐郑，晋往救之。

六年[⑥]，伐秦，虏秦将赤[⑦]。

七年[⑧]，成公与楚庄王争强，会诸侯于扈。陈畏楚，不会。晋使中行桓子伐陈，因救郑，与楚战，败楚师[⑨]。是年，成公卒，子景公据立[⑩]。

【注释】

①壬申：晋灵公十四年十月初三。

②成公元年：当周定王元年，前606年。

③赐赵氏为公族：泷川曰："宣二年《左传》云：'骊姬之乱，诅无畜群公子。'自是晋无公族。及成公即位，乃宦卿之嫡而为之田，以为公族。赵盾请以括为公族，公许之。杜预曰：'括，赵盾异母弟，赵姬之中子屏季也。'"公族，原指公之同姓子弟，后泛指国君宗室子弟。史珥曰："公族，同姓之称也，而可以赐异姓乎？此即汉唐以国姓赐人之始。"

④三年：当周定王三年、郑襄公元年、楚庄王十年，前604年。

⑤郑伯：此指郑襄公，名子坚，前604—前587年在位。

⑥六年：当周定王六年、秦桓公三年，前601年。

⑦虏秦将赤：《索隐》曰："按，宣八年《左传》：'晋伐秦，获秦谍，杀诸绛市。'盖彼'谍'即此'赤'也。晋成公六年为鲁宣八年，正同，故知然。"沈家本曰："《表》云'获秦谍杀之绛市，六日而苏'，与《左传》合。"赤，通"斥"，斥候，侦探。《索隐》曰："赤，即斥，谓斥候之人也。"

⑧七年：当周定王七年、楚庄王十四年、陈灵公十四年，前600年。

⑨"晋使中行桓子伐陈"四句：梁玉绳曰："救郑者是郤缺，非桓子；伐陈、救郑乃两事；郑败楚师，亦非晋也。"中行桓子，即荀林父，字伯，晋国正卿。《十二诸侯年表》及《左传·宣公九年》皆云率师救郑者为郤缺。

⑩景公据：晋景公，名据。梁玉绳曰："景公之名，《春秋》作'獳'。"

【译文】

赵盾派赵穿在成周迎接襄公的弟弟黑臀，拥立他为国君，这就是成公。成公，是文公的小儿子，他的母亲是周室女儿。壬申日，到武宫朝拜祖宗。

成公元年，赐赵氏为公族大夫。征讨郑国，是因为郑国背叛了晋国。

成公三年，郑伯刚即位，依附晋国而背弃楚国。楚国恼怒，讨伐郑国，晋国前去援救郑国。

成公六年，征讨秦国，虏获了秦国将领赤。

成公七年，与楚庄王争强，在扈邑会盟诸侯。陈国畏惧楚国，没去赴会。晋君派中行桓子讨伐陈国，趁机援救郑国，与楚军交战，打败楚军。这年，成公去世，他的儿子景公据即位。

景公元年春，陈大夫夏徵舒弑其君灵公[①]。

二年[②]，楚庄王伐陈，诛徵舒。

三年[③]，楚庄王围郑，郑告急晋。晋使荀林父将中军，随会将上军，赵朔将下军[④]，郤克、栾书、先縠、韩厥、巩朔佐之[⑤]。六月，至河。闻楚已服郑，郑伯肉袒与盟而去[⑥]，荀林父欲还。先縠曰："凡来救郑，不至不可，将率离心。"卒度河[⑦]。楚已服郑，欲饮马于河为名而去。楚与晋军大战。郑新附楚，畏之，反助楚攻晋。晋军败，走河，争度，船中人指甚众[⑧]。楚虏我将智罃[⑨]。归而林父曰："臣为督将，军败当诛，请死。"景公欲许之。随会曰[⑩]："昔文公之与楚战城濮，成王归杀子玉，而文公乃喜。今楚已败我师，又诛其将，是助楚杀仇也。"乃止。

【注释】

①景公元年春，陈大夫夏徵舒弑其君灵公：陈灵公与夏徵舒之母私通，并当众羞辱夏徵舒，被夏徵舒所杀，其事详见《陈杞世家》。景公元年，当周定王八年、陈灵公十五年，前599年。梁玉绳曰："陈君之弑，《春秋》在五月癸巳，则'春'当作'夏'。"夏徵舒，

又称“夏南”，父为陈大夫御叔，母为郑穆公之女夏姬，陈国大夫。灵公，陈灵公，名平国，前613—前599年在位。

②二年：当周定王九年、楚庄王十六年，前598年。

③三年：当周定王十年、楚庄王十七年、郑襄公八年，前597年。

④赵朔：又称“赵庄子”，谥庄，赵盾之子，晋卿。其事详见《赵世家》。

⑤郤克、栾书、先縠（hú）、韩厥、巩朔佐之：梁玉绳曰：“宣十二年《传》，韩厥为司马不为军佐。而朔是上军大夫之一，亦非佐也。上、中、下三军，每军二大夫，何独举朔乎？”郤克，谥献，又称“郤献子”，郤缺之子，晋卿。栾书，谥武，又称“栾武子”，栾枝之孙，晋卿。韩厥，或作“韩屈”，谥献，又称“韩献子”，韩简之孙，韩万的玄孙，晋国大夫。其事详见《韩世家》。巩朔，又称“巩伯”“士庄伯”，晋国大夫。

⑥肉袒：解衣露体。表示服罪，愿接受惩罚。

⑦度：通“渡”。

⑧船中人指甚众：因船只不足，上了船的士兵担心船过重下沉，就用刀乱砍那些攀附着船舷以求登船逃命的士兵的手，船上积了很多砍下的手指。泷川曰：“《左传》云：‘中军、下军争舟，舟中之指可掬也。’”

⑨智罃（yīng）：“智”字或作“知”，名罃，字子羽，谥武，氏智，又称“智武子”“智伯”“荀罃”，荀首之子。后为晋国重臣。

⑩随会曰：《左传·宣公十二年》作“士贞子谏曰”。

【译文】

景公元年春，陈国大夫夏徵舒弑杀了他的国君陈灵公。

景公二年，楚庄王讨伐陈国，诛杀了夏徵舒。

景公三年，楚庄王围攻郑国，郑国向晋国告急。晋国派荀林父统率中军，随会统率上军，赵朔统率下军，郤克、栾书、先縠、韩厥、巩朔辅佐他们。六月，晋军到达黄河。听说楚国已经征服郑国，郑伯解衣露体，愿意接受惩罚，与楚国订立盟约，楚国撤兵而去，荀林父想班师回国。先縠说："总是来援救郑国的，不到达郑国不行，否则将帅会离心。"最终渡过黄河。楚国已经降服郑国，想饮马黄河来显示威名，然后再撤军。楚军与晋军大战。郑国新近依附楚国，畏惧楚国，就反过来援助楚国攻打晋国。晋军打了败仗，逃到黄河边上，争抢渡河，因船只不足，先上船的士兵害怕船过重下沉，就用刀乱砍那些攀附船舷的士兵的手，致使船上积有很多被砍掉的手指。楚国俘虏了晋国的将领智罃。归国后荀林父说："我是督军的统帅，军队打了败仗应当惩办，请求处死。"景公想答应他。随会说："从前文公与楚国在城濮交战，成王归国杀了子玉，文公才高兴起来。如今楚国已经打败我军，我们自己又诛杀了自己的将领，这是帮助楚国杀掉仇敌呀。"景公才作罢。

四年[①]，先縠以首计而败晋军河上[②]，恐诛，乃奔翟，与翟谋伐晋。晋觉，乃族縠[③]。縠，先轸子也[④]。

五年[⑤]，伐郑，为助楚故也。是时楚庄王强，以挫晋兵河上也[⑥]。

六年[⑦]，楚伐宋，宋来告急晋，晋欲救之，伯宗谋曰[⑧]："楚，天方开之，不可当。"乃使解扬绐为救宋[⑨]。郑人执与楚，楚厚赐，使反其言，令宋急下。解扬绐许之，卒致晋君言。楚欲杀之，或谏，乃归解扬。

【注释】

①四年：当周定王十一年，前596年。

②首计：首先建议。

③乃族縠：按，《左传·宣公十三年》云："秋，赤狄伐晋，及清，先縠召之也。冬，晋人讨邲之败与清之师，归罪于先縠而杀之，尽灭其

族。”与此略异。族縠，灭了先縠的宗族。

④縠，先轸子也：梁玉绳曰：“杜注《左传》，轸子为先且居，且居子为先克，而縠不言所出。此以为轸之子，《春秋分记》同，盖从《世本》，则是且居弟矣。高氏士奇《春秋姓名考》云亦且居子。《大事表》引陈氏曰‘疑先克子’，皆无据。”沈家本曰：“先克之见杀在鲁文之九年，至是已二十三年矣，恐先轸子未必尚存，疑《史》文有误也。”

⑤五年：当周定王十二年、郑襄公十年，前595年。

⑥以挫晋兵河上也：此即“邲之战”，春秋中期晋、楚间的一次会战。这场战役楚虽胜晋，但并未予晋军以歼灭性打击；晋军虽败，但并未真正大伤元气，这就为之后的晋继续与楚争战保存了相当的余力。按，今河南郑州圃田乡之古城村、东周村一带有邲故城，晋、楚邲之战即发生于此。

⑦六年：当周定王十三年、楚庄王二十年、宋文公十七年，前594年。

⑧伯宗：字尊，又称“伯尊”，孙伯纠（或作“孙伯起”）之子，晋国大夫。

⑨解扬：字子虎，名扬，晋国大夫。绐（dài）为救宋：泷川曰：“《左传》云使解扬如宋，使无降楚，曰‘晋师悉起，将至’，不言绐。”绐，欺骗。

【译文】

景公四年，先縠由于先提出此计，而使得晋军在黄河边上打了败仗，担心被诛杀，就逃奔到翟国，与翟国谋划攻打晋国。晋国发觉了，就灭了先縠的全族。先縠，是先轸的儿子。

景公五年，征讨郑国，因为郑国援助楚国。这时楚庄王强大，在黄河边上挫败了晋军。

景公六年，楚国攻打宋国，宋国前来向晋国告急，晋国想去援救宋国，伯宗谋划说：“楚国，上天正打开它的福佑之路，它的势头不可抵挡。”就派解扬谎称要去救援宋国。郑人抓住解扬，交给楚国，楚国赏赐他厚重财物，让他到宋国把话反着说，令宋国赶快投降。解扬假意答应，最后却传达了晋君让他说的话。楚国想杀了他，有人劝谏，才放回解扬。

七年[①]，晋使随会灭赤狄[②]。

八年[③]，使郤克于齐。齐顷公母从楼上观而笑之[④]。所以然者，郤克偻[⑤]，而鲁使蹇[⑥]，卫使眇[⑦]，故齐亦令人如之以导客[⑧]。郤克怒，归至河上，曰："不报齐者，河伯视之[⑨]！"至国，请君，欲伐齐。景公问知其故，曰："子之怨，安足以烦国！"弗听。魏文子请老休[⑩]，辟郤克[⑪]，克执政。

九年[⑫]，楚庄王卒。晋伐齐，齐使太子彊为质于晋[⑬]，晋兵罢。

【注释】

①七年：当周定王十四年，前593年。

②晋使随会灭赤狄：《春秋》作"晋人灭赤狄甲氏及留吁"，与此异。甲氏与留吁均为赤狄别支，前者或在今山西屯留北百里左右，后者在今山西屯留南十里。

③八年：当周定王十五年、齐顷公七年，前592年。

④齐顷公母：即萧同姪子，或作"萧同叔子""萧桐叔子"。齐顷公，名无野，前598—前582年在位。其事详见《齐太公世家》。

⑤偻（lǚ）：曲背，驼背。

⑥蹇（jiǎn）：跛足。

⑦眇（miǎo）：一只眼失明。

⑧故齐亦令人如之以导客：按，郤克使齐受辱事，《史记》及《春秋》三《传》皆有记述，但细节有出入。梁玉绳曰："三《传》与《史》所载各异。《左氏》曰'帷妇人使观之'；《公羊》云'踊于棓而窥

客’；《穀梁》云‘处台上而笑之’；《史》又云‘从楼上观’，一异也。《穀梁》云‘季孙行父秃，晋郤克眇，卫孙良夫跛，曹公子手偻’；《公羊》云‘郤克、臧孙许，或跛，或眇’；《史》又云‘郤克偻，鲁使蹇，卫使眇’，二异也；《公羊》云‘使跛者迓跛者，使眇者迓眇者’，《穀梁》增二语云‘使秃者御秃者，使偻者御偻者’，即《史》所云‘如之以导客’耳。三《传》之不同，或传闻异词；《史》从《传》出，乃复乖迕若是，何耶？”

⑨不报齐者，河伯视之：意即以河伯立誓，势必要雪此耻辱。

⑩魏文子请老休：据《左传·宣公十七年》及《国语·晋语》，请老者当为“范武子”。梁玉绳曰：“《左传》请老者，范武子士会也，此误。魏文子是魏颉，在悼公朝，景公时尚无其人。”

⑪辟（bì）：征召来授予官职。

⑫九年：当周定王十六年、楚庄王二十三年，前591年。

⑬太子彊：当作“公子彊”，《左传》及《齐太公世家》皆作“公子彊”，《十二诸侯年表》作“子彊”，当时的齐国太子名“环”，即日后之齐灵公。质：做人质。

【译文】

景公七年，派随会灭掉了赤狄。

景公八年，派郤克出使齐国。齐顷公的母亲从楼上观看嘲笑他们。之所以发笑，是因为郤克驼背，鲁国使者是跛足，卫国使者是独眼，所以齐国就让驼背、跛足、独眼的人来引导客人。郤克恼怒，回国走到黄河边上，发誓说：“不报齐国这个羞辱之仇，河伯可以作证！”回到晋国，向国君请求，想去讨伐齐国。景公问过明白了其中的缘由，说：“你个人的仇怨，怎么能劳烦整个国家！”没听从他的建议。魏文子请求告老退休，以避开郤克，郤克执掌国政。

景公九年，楚庄王去世。晋国讨伐齐国，齐国派太子彊到晋国当人质，晋国撤兵。

十一年春[①]，齐伐鲁，取隆[②]。鲁告急卫，卫与鲁皆因郤克告急于晋[③]。晋乃使郤克、栾书、韩厥以兵车八百乘与鲁、卫共伐齐。夏，与顷公战于鞌[④]，伤困顷公[⑤]。顷公乃与其右易位[⑥]，下取饮，以得脱去。齐师败走，晋追北至齐。顷公献宝器以求平[⑦]，不听。郤克曰："必得萧桐侄子为质[⑧]。"齐使曰："萧桐侄子，顷公母；顷公母犹晋君母，奈何必得之？不义，请复战。"晋乃许与平而去。

【注释】

①十一年：当周定王十八年、鲁成公二年、卫穆公十一年、齐顷公十年，前589年。

②隆：《左传》作"龙"，鲁邑名。在今山东泰安东南。

③卫与鲁皆因郤克告急于晋：泷川曰："《左传》云：'卫孙良夫侵齐，败于新筑，如晋乞师。鲁臧宣叔亦如晋乞师，皆主郤献子。'"

④鞌（ān）：齐地名。在今山东济南西。

⑤伤困顷公：中井积德曰："据《左传》，顷公无伤事。"泷川曰："公右乘逢丑父伤肱，此误合为一。"

⑥右：车右。据《左传·成公二年》，任齐顷公车右者为"逢丑父"。易位：交换了位置。

⑦平：讲和，媾和。

⑧必得萧桐侄子为质：《索隐》曰："《左传》作'叔子'。"泷川曰："成二年《左氏传》作'萧同叔子'。《公》《穀》二传并作'萧同侄子'。《齐世家》作'桐叔子'。何休《公羊》注：'萧同，国名。侄子者，萧同君侄娣之子。'孙诒让曰：'萧同即萧桐。依何说，自是国名，为宋之附庸。古女字系姓为称，则叔子盖齐侯母字。子即宋姓，叔其行第，《公》《穀》'侄子'，亦谓萧同君之侄。或顷公有

适母，而叔子为侄娣，皆未可知。要子为姓，固与《左传》同也。'"

【译文】

景公十一年春，齐国攻打鲁国，夺取了隆邑。鲁国向卫国告急，卫、鲁两国都通过郤克向晋国告急。晋国于是派郤克、栾书、韩厥率领八百乘兵车，与鲁、卫一起征伐齐国。夏天，三国军队与齐顷公在鞌地交战，齐顷公受伤，被围困。齐顷公就与他的车右调换位置，以下车取水为名，才得以逃脱。齐军败逃，晋军追击败北的齐军追击到齐国都城。齐顷公献出珍宝请求讲和，晋军不听。郤克说："一定要得到萧桐侄子做人质。"齐国使者说："萧桐侄子是顷公的母亲，顷公的母亲就犹如晋君的母亲，凭什么非要得到她做人质呢？你们不讲道义，我们请求重新开战。"晋国才答应与齐国媾和，而后从齐国撤兵离去。

楚申公巫臣盗夏姬以奔晋[①]，晋以巫臣为邢大夫[②]。

【注释】

①楚申公巫臣盗夏姬以奔晋：夏姬之子夏徵舒盛怒之下，伏兵射杀陈灵公后，楚庄王率兵讨陈，诛杀夏徵舒，俘获夏姬。楚庄王与子反皆欲纳之，申公巫臣以贪色失德、美色不祥劝说楚庄王与子反，遂将其赐予楚大夫连尹襄老。夏姬在连尹襄老死后，先是与连尹襄老之子黑要私通，而此年早就贪恋其美色的申公巫臣遂携其私奔晋国。申公巫臣，即屈巫，氏屈，名巫或巫臣，字子灵，楚国大夫。因任楚申县（在今河南南阳北）尹，故称"申公"。

②邢大夫：邢邑县令。邢，晋邑名。也称"邢丘"，在今河南温县东北。一说即古邢国，今河北邢台。

【译文】

楚国的申公巫臣偷娶了夏姬，逃奔到晋国，晋国封巫臣为邢邑大夫。

十二年冬[①]，齐顷公如晋，欲上尊晋景公为王[②]，景公让不敢。晋始作六军[③]，韩厥、巩朔、赵穿、荀骓、赵括、赵旃皆为卿[④]。智罃自楚归[⑤]。

十三年[⑥]，鲁成公朝晋[⑦]，晋弗敬，鲁怒去，倍晋。晋伐郑，取氾[⑧]。

十四年[⑨]，梁山崩[⑩]。问伯宗，伯宗以为不足怪也[⑪]。

十六年[⑫]，楚将子反怨巫臣[⑬]，灭其族。巫臣怒，遗子反书曰[⑭]："必令子罢于奔命[⑮]！"乃请使吴，令其子为吴行人[⑯]，教吴乘车用兵。吴晋始通，约伐楚。

十七年[⑰]，诛赵同、赵括，族灭之[⑱]。韩厥曰："赵衰、赵盾之功岂可忘乎？奈何绝祀！"乃复令赵庶子武为赵后[⑲]，复与之邑[⑳]。

十九年夏[㉑]，景公病，立其太子寿曼为君[㉒]，是为厉公。后月余，景公卒。

【注释】

①十二年：当周定王十九年、齐顷公十一年，前588年。

②欲上尊晋景公为王：梁玉绳曰："考成三年《传》：'齐侯朝晋将授玉，郤克曰：此行也，寡君未之敢任。'《史》误会《左传》以'玉'作'王'；以'未敢任来朝'为'不敢受王'。盖古字'玉'皆作'王'。"孔颖达曰："此时天子虽微，诸侯并盛，晋文不敢请隧，楚庄不敢问鼎。又齐弱于晋，所较不多，岂为一战而胜便即以王相许？准时度势，理必不然。"详见《齐太公世家》。上尊，尊崇。

③晋始作六军：晋国原有上、中、下三军，现又增设新上、中、下三军，共六军。《集解》引贾逵曰："初作六军，僭王也。"杜预曰："韩厥

为新中军，赵括佐之；巩朔为新上军，韩穿佐之；荀骓为新下军，赵旃佐之。”

④赵穿：据《左传·成公三年》，当作“韩穿”。荀骓（zhuī）：谥文子。赵括：又称“屏括”“屏季”，赵衰之子，赵盾之异母弟。赵旃（zhān）：赵括之子。

⑤智䓨自楚归：智䓨在邲之战中被楚国所虏，交换战俘，被换了回来。

⑥十三年：当周定王二十年、鲁成公五年，前587年。

⑦鲁成公：名黑肱，前590—前573年在位。其事详见《鲁周公世家》。

⑧晋伐郑，取汜：梁玉绳曰：“‘汜’下失‘祭’字。”汜，郑邑名。在今河南荥阳西北，巩义东北。

⑨十四年：当周定王二十一年，前586年。

⑩梁山：原属古梁国，后入秦，今又入晋，为晋国祭祀名山，在今陕西韩城西北。

⑪伯宗以为不足怪也：梁玉绳曰：“山崩川竭，奈何以为不足怪？《史》诬伯宗甚矣。盖据《穀梁》辇者之言，误括其意为伯宗语耳。”按，据《穀梁传》，梁山崩，壅阻河水，晋君召伯宗问之。伯宗于进京途中遇一载重车夫，教之使国君斋戒以祭。伯宗至则仿佛出之以己意，孔子以伯宗此行为攘人之善，而司马迁乃简单化为“不足怪”，失其意也。

⑫十六年：当周简王二年、楚共王七年、吴王寿梦二年，前584年。

⑬楚将子反怨巫臣：楚伐陈后，先是子反想娶夏姬，被巫臣以巧言劝阻；而巫臣却暗中乘隙携夏姬私奔晋，故子反怨之。子反，名侧，时为楚国令尹。

⑭遗（wèi）：给。

⑮罢（pí）：疲敝，疲惫。

⑯其子：巫臣之子狐庸，又称“屈狐庸”“邢侯”“邢伯”。为吴行人：给吴国去当行人。行人，官名，外交使者，掌外交事务。

⑰十七年：当周简王三年，前583年。

⑱赵同：赵衰之子，赵盾的同父异母弟，赵括之兄。又称“原同”“原叔”。

⑲赵庶子武：即赵武，赵盾之孙，赵朔之子，谥文，又称“赵文子”“赵孟”。庶子，非正妻所生之子。梁玉绳曰：“武乃宣子盾之孙，庄子朔之子，不得言‘庶’。且但云‘庶子’，是何人之‘庶’乎？’”

⑳复与之邑：徐孚远曰：“此与《赵世家》所载不同。”冯班曰：“韩厥言事后耳，立赵后，非在此年也。”

㉑十九年：当周简王五年，前581年。

㉒立其太子寿曼为君：泷川曰：“成十年《左传》、成十年《春秋》云：‘公会晋侯、齐侯、宋公、卫侯、曹伯伐郑。’杜注：‘晋侯，太子州蒲也。称爵，见其生代父居位，失人子之礼。’《左传》云：‘晋侯有疾五月，晋立太子州蒲以为君，而会诸侯伐郑。’史公云‘立其太子寿曼为君’者据此。愚按，景公立州蒲为君；赵武王传国于惠文王，自称主君，此内禅之始。鲁隐公初有此意而未果之，为下臣所弑。景公之名，《春秋·经》《传》作‘州蒲’，《释文》云本或作‘州满’。‘州满’即‘寿曼’，曼、满音相近，寿、州字相通。”

【译文】

景公十二年冬，齐顷公前往晋国，想尊奉晋景公为王，晋景公推辞不敢接受。晋国开始设置六军，韩厥、巩朔、赵穿、荀骓、赵括、赵旃都被封为卿。智罃从楚国归来。

景公十三年，鲁成公朝见晋君，晋君对他不敬，鲁成公愤怒离去，背叛晋国。晋国攻打郑国，夺取了氾邑。

景公十四年，梁山崩塌。晋君问伯宗，伯宗认为不足为怪。

景公十六年，楚将领子反怨恨巫臣，灭掉了他的家族。巫臣大怒，就给子反写了一封信，说：“我一定要让你疲于奔命！”巫臣于是请求出使吴国，令他的儿子做了掌吴国外交事务的行人，教导吴国使用兵车和用兵的方法。吴、晋二国开始交往，相约讨伐楚国。

景公十七年，诛杀了赵同、赵括，灭掉了他们的家族。韩厥说：“赵衰、赵盾的功绩难道可以忘记吗？怎么能断绝他们的祭祀呢！”于是就又让赵氏的庶子赵武为赵氏的后代，又封给他了食邑。

景公十九年夏，病重，立太子寿曼为国君，这就是厉公。一个多月之后，景公去世。

厉公元年[①]，初立，欲和诸侯，与秦桓公夹河而盟[②]。归而秦倍盟[③]，与翟谋伐晋。

三年[④]，使吕相让秦[⑤]，因与诸侯伐秦。至泾[⑥]，败秦于麻隧[⑦]，虏其将成差。

五年[⑧]，三郤谗伯宗[⑨]，杀之。伯宗以好直谏得此祸，国人以是不附厉公。

六年春[⑩]，郑倍晋与楚盟，晋怒。栾书曰：“不可以当吾世而失诸侯。”乃发兵。厉公自将，五月，度河。闻楚兵来救，范文子请公欲还。郤至曰：“发兵诛逆，见强辟之，无以令诸侯。”遂与战。癸巳[⑪]，射中楚共王目[⑫]，楚兵败于鄢陵[⑬]。子反收余兵，拊循欲复战[⑭]，晋患之。共王召子反，其侍者竖阳穀进酒[⑮]，子反醉，不能见。王怒，让子反，子反死。王遂引兵归。晋由此威诸侯，欲以令天下求霸。

【注释】

①厉公元年：当周简王六年、秦桓公二十四年，前580年。

②与秦桓公夹河而盟：泷川曰：“《左传》云：‘秦、晋为成，将会于令狐，晋侯先至，秦伯不肯涉河，使史颗盟晋侯于河东，晋郤犨盟秦

伯于河西。《史》所谓‘夹河而盟’者，即此。’”秦桓公，名荣，前603—前577年在位。其事详见《秦本纪》。

③倍：通“背”。

④三年：当周简王八年、秦桓公二十六年，前578年。

⑤吕相：又称“魏相”“吕宣子”，魏犨之孙，魏锜之子，谥宣，晋国大夫。让秦：谴责秦国。《左传》载其大段言论，可参见。让，责备，谴责。

⑥泾：河水名。源于今宁夏之六盘山，在陕西咸阳东北汇入渭水。

⑦麻隧：秦邑名。在今陕西泾阳北。

⑧五年：当周简王十年，前576年。

⑨三郤：指晋卿郤锜、郤犨、郤至。郤至是郤克的族侄，又称“温季”“季子”。

⑩六年：当周简王十一年、郑成公十一年、楚共王十六年，前575年。

⑪癸巳：当作“甲午”。《左传·成公十六年》：“甲午晦，楚晨压晋军而陈。”后倒叙癸巳日潘尪与养由基比赛射箭之事，则射中楚共王目当是甲午日之事。

⑫楚共王：名熊审，楚庄王之子，前590—前560年在位。其事详见《楚世家》。

⑬楚兵败于鄢陵：即晋、楚“鄢陵之战”。这场战争后，晋、楚两国都因各自的内外条件变化，而逐渐失去以武力争霸中原的强大势头。鄢陵，或作“焉陵”，郑邑名。在今河南鄢陵西北。按，今河南鄢陵彭店乡古城村西北直至尉氏蔡庄一带有晋、楚“鄢陵之战”古战场。

⑭拊循：慰问，鼓励。

⑮竖阳縠（gǔ）：或作“竖縠阳”“縠阳竖”，“竖”字是对男佣的贱称。

【译文】

厉公元年，刚刚即位，想与诸侯亲和，与秦桓公隔着黄河会盟。归国后秦国违背盟约，与翟人合谋攻打晋国。

厉公三年，派吕相谴责秦国，因此与诸侯去征讨秦国。到达泾水，在麻隧打败秦军，虏获了秦将成差。

厉公五年，郤锜、郤犨、郤至谗害伯宗，厉公听信谗言杀了伯宗。伯宗因为善于直谏而招致杀身之祸，国人因此不亲附厉公。

厉公六年春，郑国背叛晋国与楚国结盟，晋君恼怒。栾书说："不可以在我们执政时期失去诸侯。"就出动军队攻打郑国。厉公亲自统率，五月，渡过黄河。听说楚兵前来援救郑国，范文子请求厉公撤兵回国。郤至说："出兵来诛讨叛逆，见到强敌就躲避，以后无法号令诸侯。"于是与楚军交战。癸巳日，射中楚共王的眼睛，楚兵在鄢陵打了败仗。子反收拾残余兵众，抚慰之后想重新开战，晋人为此忧虑。楚共王召唤子反，他的侍者竖阳穀进酒，子反喝醉酒，不能前去进见楚共王。楚共王恼怒，责备子反，子反就自杀了。楚共王于是率兵回国。晋国从此威震诸侯，想借机号令天下，求得霸主地位。

厉公多外嬖姬[①]，归，欲尽去群大夫而立诸姬兄弟。宠姬兄曰胥童[②]，尝与郤至有怨[③]，及栾书又怨郤至不用其计而遂败楚[④]，乃使人间谢楚[⑤]。楚来诈厉公曰："鄢陵之战，实至召楚，欲作乱，内子周立之[⑥]。会与国不具[⑦]，是以事不成。"厉公告栾书。栾书曰："其殆有矣[⑧]！愿公试使人之周微考之[⑨]。"果使郤至于周。栾书又使公子周见郤至[⑩]，郤至不知见卖也[⑪]。厉公验之，信然[⑫]，遂怨郤至，欲杀之。

八年，厉公猎[⑬]，与姬饮，郤至杀豕奉进[⑭]，宦者夺之[⑮]。郤至射杀宦者。公怒，曰："季子欺予[⑯]！"将诛三郤，未发也。郤锜欲攻公，曰："我虽死，公亦病矣[⑰]。"郤至曰："信不反君，智不害民，勇不作乱。失此三者，谁与我[⑱]？我死耳！”十二月壬午[19]，公令胥童以兵八百人袭攻杀三郤。胥童因以劫栾书、中行偃于朝，曰：“不杀二子，患必及公。”公曰：“一旦杀三卿，寡人不忍益也。”对曰：“人将忍君[20]。”公弗听，谢栾书等以诛郤氏罪：“大夫复位。”二子顿首曰：“幸甚幸甚！”公使胥童为卿。闰月乙卯[21]，厉公游匠骊氏[22]，栾书、中行偃以其党袭捕厉公，囚之，杀胥童，而使人迎公子周于周而立之[23]，是为悼公。

【注释】

①外嬖姬：《左传·成公十七年》云：“晋厉公侈，多外嬖。”据此，“姬”字似衍文。外嬖，指男宠，如胥童、阳夷五等。嬖，宠爱。

②宠姬兄曰胥童：此处言胥童为宠姬兄，不详所本，疑有误。梁玉绳曰：“童为胥克之子，不闻有妹在公宫，且妾之称姬，非当时语，岂因《左传》‘厉公与妇人饮酒’之言而误欤？”胥童，字子昧，又称“胥之昧”，胥甲之孙，胥克之子，晋厉公宠臣。

③尝与郤至有怨：据《左传·宣公八年》，郤至之父郤缺当政后撤去胥童之父胥克的下军佐一职，胥童之怨即源于此。

④及栾书又怨郤至不用其计而遂败楚：据《左传·成公十六年》及《国语·晋语》，在鄢陵之战中，栾书建议晋军坚守三日以避楚军锐气，郤至则主张速战速决。晋厉公用郤至之谋获胜，栾书因此怨郤至。《集解》引《左传》曰：“栾书欲待楚师退而击之，郤至云：‘楚有六间，不可失也。’”

⑤间谢楚：暗中告诉楚国，与楚国合谋诬陷郤至。间，暗中，秘密。

⑥内：同“纳”。子周：又称“周子”“孙周”“公子周”，即日后之晋悼公，晋襄公少子捷之孙。其时在成周。

⑦与国：结盟的国家，盟国。不具：指盟国都未到齐。具，齐备。

⑧殆（dài）：大概。

⑨之：前往。周：此指周都洛阳。微考：暗中调查。

⑩栾书又使公子周见郤至：中井积德曰："周是襄公之曾孙，不得称'公子'。《左传》称'孙周'者得之。"

⑪见卖：被出卖。见，被。

⑫信然：确实是这样。信，确实，的确。

⑬八年，厉公猎：梁玉绳云："《左传》此事在成公十七年，为晋厉七年，《史》误以为八年耳。'八年'二字当书于后'正月庚申'上。"

⑭豕：猪。

⑮宦者：《集解》曰："宦者孟张也。"

⑯季子欺予：你欺侮我。《集解》引杜预曰："公反以为郤至夺豕也。"竹添光鸿曰："欺，谩也，谓轻侮之。郤至射杀寺人于公侧，故怒为轻侮己也。"

⑰公亦病矣：意谓晋厉公也将会遭受损失。竹添光鸿曰："怨君之甚，欲一泄己愤以自快，不遑顾事之必济也。"

⑱谁与我：谁会亲附我们。与，亲附，亲近。

⑲十二月壬午：晋厉公七年之十二月二十六日。

⑳人将忍君：《集解》引杜预曰："人，谓书、偃。"梁玉绳曰："攻三郤不止胥童一人，盖举其居首者。若'不杀''及公'之言，乃长鱼矫也，而以为胥童语，非。"

㉑闰月乙卯：闰月十一。当时的闰月都放在一年的最后。按，据《左传·成公十七年》，栾书等执晋厉公事当发生于十二月，而"闰月乙卯"下则系栾书等杀胥童。梁玉绳曰："《传》闰月乙卯杀胥童，非囚厉公之日也，囚公在己卯前。"

㉒匠骊氏：指晋厉公宠臣匠骊氏的家，位于翼，在今山西翼城东南。《集解》引贾逵曰："匠骊氏，晋外嬖大夫在翼者。"

㉓公子周：《集解》引徐广曰："一作'纠'。"

【译文】

厉公有很多宠幸的外臣姬妾，归国后，想将大夫们全部免职，而去任用各宠姬的兄弟。有个宠姬的兄长叫胥童，曾与郤至有仇怨，加上栾书又怨恨郤至未采用他的计谋，但居然打败了楚国，就派人暗中与楚国合谋陷害郤至。楚王派人前来欺骗厉公说："鄢陵之战，实际上是郤至招来楚人的，他想发动祸乱，迎接公子周回国即位。碰巧盟国未到齐，所以事情没有成功。"厉公将此事告诉栾书。栾书说："这件事大概有吧！希望您试着派人到周王室暗中调查一番。"厉公果真派郤至到周都去。栾书又让公子周会见郤至，郤至不知道自己被人出卖。厉公暗中查验，发现确实如此，于是怨恨郤至，想杀了他。

厉公八年，出外打猎，与宠姬饮酒，郤至杀猪奉献，宦官夺走了猪。郤至射杀了宦官。厉公发怒，说："季子欺负我！"要诛杀"三郤"，还没有动手。郤锜想攻杀厉公，说："我即使死了，国君也将会遭难。"郤至说："讲究信用不背叛国君，追求明智不残害百姓，勇敢有力不作乱。失去信、智、勇这三条，谁会亲附我们？我死算了！"十二月壬午日，厉公令胥童带领八百人袭击攻杀"三郤"。胥童趁机在朝堂上劫持了栾书、中行偃，说："不杀掉这两个人，灾祸必定殃及国君。"厉公说："一个早晨杀死三名国卿，我不忍心杀更多的人了。"胥童回答说："人家将会忍心杀了您。"厉公不听从，告诉栾书等人说是惩罚郤氏的罪过，并说："请大夫们恢复原位。"二人以头叩地说："非常荣幸！"厉公封胥童为卿。闰月乙卯日，厉公在匠骊氏那里游玩，栾书、中行偃率领他们的党徒袭击拘捕厉公，将他囚禁起来，杀了胥童，派人从周都迎接公子周回国，拥立他为国君，这就是悼公。

悼公元年正月庚申，栾书、中行偃弑厉公[①]，葬之以一乘车[②]。厉公囚六日死[③]，死十日庚午[④]，智罃迎公子周来，至绛，刑鸡与大夫盟而立之[⑤]。辛巳[⑥]，朝武宫。二月乙酉[7]，即位。

【注释】

①悼公元年正月庚申，栾书、中行偃弑厉公：晋厉公被弑当在晋厉公八年（前573）。《左传·成公十八年》云："十八年春王正月庚申，晋栾书、中行偃使程滑弑厉公。"杨伯峻曰："此鲁历，晋历实在去年十二月。"

②葬之以一乘车：《集解》曰："《左传》曰：'葬之于翼东门之外也。'"以一乘车，《集解》引杜预曰："言不以君礼葬也，诸侯葬车七乘。"诸侯葬车当用七乘，"以一乘车"，是不以君礼葬之。

③厉公囚六日死：晋厉公实被囚三月而遭弑。杨伯峻云："《晋语六》《吕氏春秋·骄恣》篇、《淮南子·人间训》皆谓栾书、荀偃幽囚晋厉公于匠骊氏，三月而杀之。以《左传》考之，晋厉公（于鲁成公）十七年十二月被执，中历闰月，十八年正月被杀，正历时三月。《晋世家》云'厉公囚六日死'，与诸书皆不合。"李解民曰："此言'囚六日死'，当承上文误系厉公之囚于'闰月乙卯'所致。"

④庚午：正月十五。

⑤刑鸡与大夫盟而立之：底本此句下有"是为悼公"四字。中井积德曰："'是为悼公'，前后重复。"张文虎曰："四字衍。"今据削。刑鸡，杀鸡。刑，杀。

⑥辛巳：正月二十六。

⑦二月乙酉：二月初一。

【译文】

悼公元年正月庚申日，栾书、中行偃弑杀了厉公，仅用一辆车为他送葬。厉公被囚禁六天后遇害，死后十天是庚午日，智罃将公子周迎接回国，到达绛邑，杀鸡与大夫们盟誓，拥立公子周为君，这就是悼公。辛巳日，到武宫朝拜。二月乙酉日，公子周即位。

悼公周者，其大父捷[①]，晋襄公少子也，不得立，号为桓叔，桓叔最爱。桓叔生惠伯谈，谈生悼公周。周之立，年十四矣。悼公曰："大父、父皆不得立而辟难于周，客死焉。寡人自以疏远，毋几为君[②]。今大夫不忘文、襄之意而惠立桓叔之后，赖宗庙大夫之灵[③]，得奉晋祀，岂敢不战战乎[④]？大夫其亦佐寡人[⑤]！"于是逐不臣者七人[⑥]，修旧功，施德惠，收文公入时功臣后。秋，伐郑[⑦]。郑师败，遂至陈。

【注释】

①大父：祖父。

②毋几：未希望，没指望。几，通"冀"，期望，盼望。《索隐》曰："几，音冀，谓望也。"一说通"机"，机会。

③赖宗庙大夫之灵：泷川曰："'宗庙'下'大夫'二字疑衍。"

④战战：畏惧谨慎的样子。

⑤大夫其亦佐寡人：希望你们也帮着我。泷川曰："成十八年《左传》《国语·晋语》所载悼公之言，与此大异，盖史公以意改修也。"按，如《左氏·成公十八年》悼公曰："孤始愿不及此，虽及此，岂非天乎！抑人之求君，使出命也。立而不从，将安用君？二三子用我今日，否亦今日。共而从君，神之所福也。"口气与此全异，司马迁删取未得其要。其，表达希望的语气词。

⑥不臣者：杨伯峻曰："'不臣者'有二解。一是引导厉公为恶，而不依当时道德尽臣责者；一是厉公死党，不臣属新君者。"

⑦秋，伐郑：据《左传·襄公元年》及《十二诸侯年表》，晋伐郑事当在晋悼公二年。梁玉绳曰："此当移前'悼公元年'四字于上，而

考‘秋’为‘夏’，盖晋伐郑《春秋》在鲁襄元年夏五月，即为晋悼元年也。”

【译文】

悼公周，他的祖父叫捷，是晋襄公的小儿子，没能即位为君，号称桓叔，桓叔最受襄公宠爱。桓叔生了惠伯谈，谈生了悼公周。悼公周即位的时候，年龄只有十四岁。悼公说：“祖父、父亲都没能即位为君，而在周王室避难，客死在那里。我自知被疏远，没企盼当国君。现在大夫们不忘记文公、襄公的意愿，拥立桓叔的后代，仰赖宗庙与各大夫的威灵，得以奉事晋国的宗庙祭祀，怎敢不谨慎小心地治理国家呢？大夫们也要辅佐我！”于是驱逐了七个不尽臣职的人，重修祖宗的旧业，施恩惠于百姓，寻找并重用那些当年追随文公回国的功臣的后代。秋天，攻打郑国。郑国军队被打败，于是入侵陈国。

三年，晋会诸侯①。悼公问群臣可用者②，祁傒举解狐③。解狐，傒之仇。复问，举其子祁午。君子曰：“祁傒可谓不党矣④！外举不隐仇，内举不隐子⑤。”方会诸侯，悼公弟杨干乱行⑥，魏绛戮其仆⑦。悼公怒，或谏公⑧，公卒贤绛，任之政，使和戎⑨，戎大亲附。

十一年⑩，悼公曰：“自吾用魏绛，九合诸侯⑪，和戎翟，魏子之力也。”赐之乐⑫，三让乃受之⑬。冬，秦取我栎⑭。

【注释】

①三年，晋会诸侯：《索隐》曰：“于鸡泽也。”三年，当周灵王元年，前571年。

②悼公问群臣可用者：据《左传·襄公三年》，祁傒举人才事当系于

晋悼公四年（前569）。

③祁傒（xī）：字黄羊，晋国公族，为晋献公之后裔。祁，或作“祈”；傒，或作“奚”。解狐：晋国大夫。

④党：偏私，偏袒。

⑤外举不隐仇，内举不隐子：《左传·襄公二十一年》云：“叔向曰：‘祁大夫外举不弃仇，内举不失亲。’”按，祁傒举贤事，《左传》记曰：“祁奚请老，晋侯问嗣焉，称解狐，其仇也，将立之而卒。又问焉，对曰：‘午也可。’于是羊舌职死矣，晋侯曰：‘孰可以代之？’对曰：‘赤也可。’于是使祁午为中军尉，羊舌赤佐之。”与本篇所述略有出入。隐，这里是回避的意思。

⑥杨干：《左传》《国语》作“扬干”。乱行（háng）：扰乱军阵。

⑦魏绛：魏犨之孙，或说魏犨之子，谥庄子。仆：御，车夫。

⑧或：有人。

⑨戎：山戎，又称“无终”“北戎”，古部族名。杨伯峻云：“疑本在今山西太原市北，后为晋所并，迁至今河北涞源一带，又奔于今天津蓟州区，最后被逼至张家口市北长城之外。”公元前七世纪势力颇强，屡屡侵扰郑、齐、燕等国。

⑩十一年：当周灵王九年，前563年。

⑪九合诸侯：《集解》引服虔曰：“九合：一谓会于戚，二会城棣救陈，三会于鄬，四会于邢丘，五同盟于戏，六会于柤，七戍郑虎牢，八同盟于亳城北，九会于萧鱼。”据《左传》，前568年有戚（卫邑，在今河南濮阳东北）之会；同年有城棣（郑邑，在今河南原阳北）之会；前566年有鄬（为“郏”之误，郏为郑地名，在今河南鲁山）之会；前565年有邢丘之会；前564年有戏（即戏童山，在今河南登封嵩山北）之会；前563年有柤（楚地名，在今江苏邳州北而稍西之加口）之会；同年诸侯之师戍郑虎牢；前562年有亳（郑地名，在今河南郑州商代遗址北）之会；同年有萧鱼（郑地名，在今河南

许昌）之会。又《国语·晋语》作“七会诸侯”。孔颖达《左传正义》引孔晁云：“不数救陈与戍郑虎牢，余为七也。”

⑫赐之乐：《国语·晋语》：“公赐魏绛女乐一八，歌钟一肆。”《左传》略同。按，“悼公曰”以下，见《左传·襄公十一年》，时当晋悼公之十二年。

⑬让：推让，辞让。

⑭取：《年表》作“败”。栎，晋邑名。在今山西永济西南。

【译文】

悼公三年，晋国会盟诸侯。悼公询问群臣可被重用的人，祁傒举荐了解狐。解狐是祁傒的仇人。又问，他举荐了自己的儿子祁午。君子说：“祁傒可称得上不偏私的人了！举荐外人不避仇敌，举荐家人不避自己的儿子。”正在会盟诸侯，悼公的弟弟杨干扰乱军行，魏绛杀了杨干的仆御。悼公大怒，有人劝谏悼公，悼公最后认为魏绛有贤德，任用他主持国政，派他去安抚戎族，戎族开始特别亲近归附晋国。

悼公十一年，悼公说：“自从我任用魏绛以后，九次会盟诸侯，亲和戎翟，这些都是魏绛的功劳。”赐给魏绛女乐，魏绛推让了再三才接受。冬天，秦国攻取晋国的栎邑。

十四年[①]，晋使六卿率诸侯伐秦，度泾，大败秦军[②]，至棫林而去[③]。

十五年[④]，悼公问治国于师旷[⑤]。师旷曰：“惟仁义为本[⑥]。”冬，悼公卒，子平公彪立。

【注释】

①十四年：当周灵王十二年、秦景公十七年，前560年。

②度泾，大败秦军：史珥曰：“按《左传》，是役为‘迁延之役’，秦人毒泾上流，师人多死，至棫林而不获成，栾鍼以驰秦师死，恐未可云

‘大败秦军’也。”

③棫（yù）林：秦邑名。在今陕西咸阳礼泉东、泾水西南。

④十五年：当周灵王十三年，前559年。

⑤师旷：名旷，字子野，晋国乐师。

⑥惟仁义为本：梁玉绳曰：“三《传》《国语》皆无此事，疑即《左氏》晋侯问卫人出君一篇，《史》改约之也，事在十四年。”

【译文】

悼公十四年，晋国派六卿率领诸侯去讨伐秦国，渡过泾水，大败秦军，进攻到棫林才撤兵。

悼公十五年，向师旷询问治国之道。师旷说：“唯有仁义是治国的根本。”冬天，悼公去世，他的儿子平公彪即位。

平公元年，伐齐[①]，齐灵公与战靡下[②]，齐师败走。晏婴曰[③]：“君亦毋勇，何不止战？”遂去。晋追，遂围临菑[④]，尽烧屠其郭中。东至胶[⑤]，南至沂[⑥]，齐皆城守，晋乃引兵归[⑦]。

【注释】

①平公元年，伐齐：据《左传·襄公十八年》《十二诸侯年表》及《齐太公世家》，晋伐齐事当在晋平公三年。平公元年，当周灵王十五年、齐灵公二十五年，前557年。

②靡下：即历下，齐邑名。在今山东济南西。《集解》引徐广曰：“靡，一作‘历’。”《索隐》曰：“刘氏靡音眉绮反，即靡笄也。”

③晏婴：名婴，字平仲，齐国大臣。其事详见《齐太公世家》及《管晏列传》。

④临菑：或作“临淄”，齐国都城。在今山东淄博之临淄城北。

⑤胶：古水名。东源出胶州西南胶山，西源出诸城，合而东北流，经

胶州、高密，至平度南入于胶莱南河，至莱州入海。《左传·襄公十八年》“胶”字作“潍”。

⑥沂：即今山东南部之沂河。

⑦引兵：率领军队。

【译文】

平公元年，晋国攻打齐国，齐灵公与晋军交战于靡笄山下，齐军战败逃跑。晏婴说：“国君也太没有勇气了，为什么不停止战争呢？”齐军于是撤退。晋军追击，包围了临淄，把它的外城全部烧杀屠掠干净。晋军东到胶水，南到沂水，齐人都据城坚守，晋军才率军返回。

六年[①]，鲁襄公朝晋[②]。晋栾逞有罪，奔齐[③]。

八年[④]，齐庄公微遣栾逞于曲沃[⑤]，以兵随之。齐兵上太行[⑥]，栾逞从曲沃中反，袭入绛。绛不戒，平公欲自杀，范献子止公[⑦]，以其徒击逞，逞败走曲沃。曲沃攻逞，逞死，遂灭栾氏宗。逞者，栾书孙也。其入绛，与魏氏谋[⑧]。齐庄公闻逞败，乃还，取晋之朝歌去[⑨]，以报临菑之役也[⑩]。

十年，齐崔杼弑其君庄公[⑪]。晋因齐乱，伐败齐于高唐去，报太行之役也[⑫]。

十四年[⑬]，吴延陵季子来使[⑭]，与赵文子、韩宣子、魏献子语[⑮]，曰：“晋国之政，卒归此三家矣。”

十九年[⑯]，齐使晏婴如晋，与叔向语[⑰]。叔向曰：“晋，季世也[⑱]。公厚赋为台池而不恤政[⑲]，政在私门[⑳]，其可久乎！”晏子然之。

二十二年，伐燕[㉑]。

二十六年[㉒]，平公卒，子昭公夷立。

昭公六年卒[23]。六卿强，公室卑[24]。子顷公去疾立。

【注释】

①六年：当周灵王二十年、鲁襄公二十一年、齐庄公二年，前552年。

②鲁襄公：名午，前572—前542年在位。其事详见《鲁周公世家》。

③晋栾逞有罪，奔齐：栾逞，即栾盈，栾书之孙，栾黡之子。梁玉绳曰："栾怀子之奔齐在平公七年，此书于六年，误，盖其奔楚在六年也。至怀子之名，《年表》及《晋》与《田完世家》并作'逞'，避惠帝讳改。《齐世家》依《春秋》作'盈'，史公失检耳。"

④八年：当周灵王二十二年、齐庄公四年，前550年。

⑤齐庄公：名光，前553—前548年在位。详见《齐太公世家》。

⑥太行：山名。即今山西、河北、河南三省交界处的太行山。

⑦范献子止公：梁玉绳曰："此无其事，内、外传但言'范宣子奉公如固宫'而已。"范献子，名鞅，谥献，范宣子之子，又称"范鞅""士鞅"。晋卿。

⑧魏氏：指魏献子，即魏舒，谥献，《魏世家》谓其为魏绛之孙。据《左传》当为魏绛之子。晋卿。《左传·襄公二十三年》云："四月，栾盈帅曲沃之甲，因魏献子以昼入绛。初栾盈佐魏庄子于下军，献子私焉，故因之。"

⑨朝歌：晋邑名。即今河南淇县。

⑩以报临菑之役：泷川曰："事见襄二十三年《左传》。"梁玉绳曰："襄二十三年《传》'遣栾盈'与'伐晋登太行'判然两事，此误并为一也。下文言'庄公闻逞败乃还'亦非。"

⑪十年，齐崔杼弑其君庄公：其事详见《齐太公世家》。崔杼，齐国大夫，又称"崔武子"。十年，当周灵王二十四年、齐庄公六年，前548年。

⑫伐败齐于高唐，报太行之役也：泷川曰："事见襄二十五年《左

传》，但不言败齐于高唐，《年表》同误。”高唐，齐邑名。在今山东高唐东北。

⑬十四年：当周景王元年、吴王馀祭四年，前544年。

⑭延陵季子：名札，又称“公子札”“季札”，吴王寿梦之少子。不贪君位，屡让不就，学识渊博，能烛幽洞微，预见世事发展。其事详见《吴太伯世家》。

⑮韩宣子：名起，谥宣，韩厥之子，晋卿。其事详见《韩世家》。

⑯十九年：当周景王六年、齐景公九年，前539年。

⑰叔向：也作“叔响”，即羊舌肸，羊舌职之子，晋靖侯（或说晋武公）之后，因封邑在杨，又称“杨肸”。晋国公族。

⑱季世：末代，即衰微之世。

⑲恤：忧虑。

⑳政在私门：意即诸侯国政被卿大夫所控制。

㉑二十二年，伐燕：据《左传·昭公六年》，乃齐侯向晋国请求伐北燕，非晋伐燕也，此与《十二诸侯年表》同误。二十二年，当周景王九年、燕惠公九年，前536年。

㉒二十六年：当周景王十三年，前532年。

㉓昭公六年：当周景王十九年，前526年。

㉔六卿强，公室卑：泷川曰：“昭十六年《左传》‘六卿强，公室卑’，据鲁人子服昭伯语。”六卿，指韩氏、赵氏、魏氏、范氏、中行氏、智氏六个家族。卑，与“强”相对，衰弱的意思。

【译文】

平公六年，鲁襄公来晋国朝见晋君。晋国的栾逞犯有罪过，逃到齐国。

平公八年，齐庄公暗中遣送栾逞到曲沃，还派兵跟随他。齐军登上太行，栾逞从曲沃内部谋反，偷袭攻入绛城。绛城没有戒备，平公想自杀，范献子劝止平公，派他的徒众攻击栾逞，栾逞失败逃回曲沃。曲沃人攻击栾逞，杀死栾逞，于是灭了栾氏宗族。栾逞，是栾书的孙子。栾逞进入绛城后，曾与魏献子一起谋划。齐庄公听说栾逞失败，就班师回国，夺取了晋国的朝歌后离去，来报复临淄之役。

平公十年，齐国崔杼杀死了他的国君齐庄公。晋国趁齐国内乱，征讨齐国，在高唐打败齐军才撤军，以此报复太行之役。

平公十四年，吴国延陵季子出使晋国，与赵文子、韩宣子、魏献子交谈，说："晋国的政权，最终将归此三家所有。"

平公十九年，齐国派晏婴出使晋国，晏婴与叔向交谈。叔向说："晋国，已经到了末世。国君收取重税，修建楼台深池，不顾念国政，国政落入卿大夫手中，难道能长久维持统治！"晏子认为他说得对。

平公二十二年，征讨燕国。

平公二十六年，去世，他的儿子昭公夷即位。

昭公六年去世。六卿强大，公室卑弱。昭公的儿子顷公去疾即位。

顷公六年[①]，周景王崩[②]，王子争立[③]。晋六卿平王室乱，立敬王[④]。

九年，鲁季氏逐其君昭公，昭公居乾侯[⑤]。

十一年[⑥]，卫、宋使使请晋纳鲁君。季平子私赂范献子，献子受之，乃谓晋君曰："季氏无罪。"不果入鲁君。

十二年[⑦]，晋之宗家祁傒孙、叔向子相恶于君[⑧]。六卿欲弱公室，乃遂以法尽灭其族，而分其邑为十县，各令其子为大夫[⑨]。晋益弱[⑩]，六卿皆大[⑪]。

十四年[⑫]，顷公卒，子定公午立。

【注释】

①顷公六年：当周景王二十五年，前520年。

②周景王：名贵，前544—前520年在位。详见《周本纪》。

③王子争立：指周景王之子王子朝、王子猛等与太子争夺王位。

④敬王：周敬王，名丐，周景王之太子，前519—前477年在位。其事详见《周本纪》。

⑤“九年”三句：梁玉绳曰：“晋顷公九年昭公逊于齐，至顷公十二年乃居乾侯，此误。”九年，当周敬王三年、鲁昭公二十五年，前517年。季氏，指季平子，即季孙意如，鲁卿。昭公，名裯，或作“稠”“袑”，前541—前510年在位。其事详见《鲁周公世家》。乾侯，晋邑名。在今河北成安东南。

⑥十一年：当周敬王五年、鲁昭公二十七年，前515年。

⑦十二年：当周敬王六年，前514年。

⑧祁傒孙、叔向子相恶于君：祁傒孙，指祁傒之孙祁盈，晋国大夫。叔向子，指叔向之子杨食我，又称“羊舌食我”，晋公族大夫。中井积德曰：“据《左传》，祁盈以执家臣故死，杨食我以党祁盈故死，非‘相恶’也。”按，《魏世家》作“祁氏、羊舌氏相恶”，事实亦误。

⑨分其邑为十县，各令其子为大夫：《左传·昭公二十八年》云：“秋，晋韩宣子卒，魏献子为政，分祁氏之田以为七县，分羊舌氏之田以为三县。司马弥牟为邬大夫，贾辛为祁大夫，司马乌为平陵大夫，魏戊为梗阳大夫，知徐吾为涂水大夫，韩固为马首大夫，孟丙为盂大夫，乐霄为铜鞮大夫，赵朔为平阳大夫，僚安为杨氏大夫。”梁玉绳曰：“二氏之灭，由于祁胜赂荀跞，非关六卿之故。十县大夫，除赵朝、韩固、魏戊、知徐吾四姓外，其六人者皆以贤举，岂尽六卿之子姓族属乎？《史》误。”

⑩益：更加。

⑪六卿皆大：以上祁氏、羊舌氏二族被灭见《左传·昭公二十八年》。

⑫十四年：当周敬王八年，前512年。

【译文】

顷公六年，周景王去世，王子们争着即位。晋国六卿平定了周王室的内乱，拥立敬王。

顷公九年，鲁国季氏驱逐了他的国君鲁昭公，鲁昭公居住在乾侯。

顷公十一年，卫、宋两国向晋国派出使者请求晋国护送鲁君返国。季平子暗中贿赂范献子，范献子接受贿赂，就对晋君说："季氏无罪。"结果晋国没送鲁君回国。

顷公十二年，晋国宗室祁傒的孙子与叔向的儿子，在国君面前相互诋毁。六卿意欲削弱公室的势力，于是就依据法令将他们两个家族全部灭了，将他们的封邑分成十县，六卿各令自己的儿子去做大夫。晋公室更加衰弱，六卿都强大起来。

顷公十四年，去世，他的儿子定公午继位。

定公十一年[①]，鲁阳虎奔晋[②]，赵鞅简子舍之[③]。

十二年，孔子相鲁[④]。

十五年[⑤]，赵鞅使邯郸大夫午，不信，欲杀午[⑥]。午与中行寅、范吉射亲攻赵鞅，鞅走保晋阳[⑦]。定公围晋阳。荀栎、韩不信、魏侈与范、中行为仇[⑧]，乃移兵伐范、中行。范、中行反，晋君击之，败范、中行。范、中行走朝歌，保之。韩、魏为赵鞅谢晋君[⑨]，乃赦赵鞅，复位。

二十二年[⑩]，晋败范、中行氏，二子奔齐[⑪]。

三十年[⑫]，定公与吴王夫差会黄池，争长[⑬]，赵鞅时从，卒长吴[⑭]。

三十一年[⑮]，齐田常弑其君简公[⑯]，而立简公弟骜为平公[⑰]。

三十三年，孔子卒[18]。

三十七年[19]，定公卒，子出公凿立[20]。

【注释】

①定公十一年：当周敬王十九年、鲁定公九年，前501年。

②阳虎：一作“阳货”。本为鲁国人，初为季孙氏家臣，季平子死后，专鲁国之政，后逃到晋为赵简子家臣。

③赵鞅简子：赵简子名鞅，一名“志父”，又称“赵孟”，谥简，晋卿。其事详见《赵世家》。舍之：安排阳虎住下来。

④十二年，孔子相鲁：十二年，当周敬王二十年、鲁定公十年，前500年。孔子曾为鲁定公做傧相，非宰相，为司马迁误说。其事详见《孔子世家》。

⑤十五年：当周敬王二十三年，前497年。

⑥“赵鞅使邯郸大夫午”三句：据《左传·定公十三年》：“晋赵鞅谓邯郸午曰：‘归我卫贡五百家，吾舍诸晋阳。’午许诺。归告其父兄。父兄皆曰：‘不可。卫是以为邯郸，而置诸晋阳，绝卫之道也。不如侵齐而谋之。’乃如之，而归之于晋阳。赵孟怒，召午，而囚诸晋阳。”邯郸午，即赵午，赵穿曾孙，赵旃之孙，赵胜之子，为邯郸大夫，故称“邯郸午”。邯郸，晋邑名。即今河北邯郸。

⑦“午与中行寅、范吉射亲”三句：杭世骏曰：“《左传》：‘赵孟怒，召午而囚之晋阳，遂杀午。赵稷、涉宾以邯郸叛。夏六月，上军司马籍秦围邯郸。邯郸午，荀寅之甥也；荀寅，范吉射之姻也，而相与睦。故不与围邯郸。秋七月，范氏、中行氏伐赵氏之宫。’据此是午前死，而范、中行氏乃攻赵鞅也。”梁玉绳曰：“定十三年《传》，攻鞅者范、中行也，事在七月，而午已于六月前为鞅所杀，安得与攻鞅之役乎？”中行寅，即荀寅，谥文，又称“中行文子”，晋卿。范吉射，谥昭，又称“士吉射”“范昭子”，晋卿。其女嫁与荀寅之

子。晋阳,赵鞅封邑,在今山西太原。

⑧荀栎:或作"荀跞",谥文,又称"知栎""知文子""知伯文子",晋卿。韩不信:或作"韩不佞",字伯音,谥简,又称"韩简子",晋卿。详见《韩世家》。魏侈:谥襄,又称"魏襄子",魏舒之孙,或谓魏舒之子,晋卿。梁玉绳曰:"魏襄子之名,《春秋》经、传作'曼多',《公羊》作'魏多',晋、魏《世家》作'侈',《赵世家》作'哆'。"

⑨谢:谢罪,致歉。

⑩二十二年:当周定王三十年,前490年。

⑪二子:指中行寅、范吉射。

⑫三十年:当周敬王三十八年、吴王夫差十四年,前482年。

⑬定公与吴王夫差会黄池,争长:定公与吴王夫差在黄池盟会,争夺盟主。吴王夫差,吴王阖闾之子,前495—前473年在位。其事详见《吴太伯世家》。黄池,宋邑名。在今河南封丘西南。争长,争为盟长。

⑭卒长吴:按,晋、吴争长,最终谁是盟主,典籍所记不一。《国语·吴语》《公羊传·哀公十三年》谓吴为盟主,《左传·哀公十三年》则载晋为盟主。《史记》两说并存,本篇、《秦本纪》及《赵世家》均曰"长吴",《吴太伯世家》则曰"长晋"。据《中国文物地图集·河南分册》,今河南封丘荆隆宫乡坝台村东有黄池会盟故城,"现存清康熙十二年(1673)知县岳峰秀所立'古黄池碑'一通,上书'春秋哀公会晋侯、吴子于此'。遗址经黄河泛滥淤埋"。

⑮三十一年:当周敬王三十九年、齐简公四年,前481年。

⑯田常:又称"田恒""陈成子""陈恒""陈常",齐国权臣。其事详见《田敬仲完世家》。简公:齐简公,名壬,齐悼公之子,前484—前481年在位。其事详见《齐太公世家》。

⑰平公:齐平公,名骜,前480—前456年在位。其事《齐太公世家》。

⑱三十三年，孔子卒：当周敬王四十一年，前479年。

⑲三十七年：当周元王二年、秦厉共公二年，前475年。

⑳出公凿：晋出公，名凿，或作“错”，前474—前452年在位。

【译文】

定公十一年，鲁国的阳虎逃奔到晋国，赵鞅赵简子安置他居住下来。

定公十二年，孔子在鲁国担任傧相。

定公十五年，赵鞅让邯郸大夫赵午将卫国进贡的五百户归还后，让他迁居晋阳，邯郸午答应后，又不讲信用，赵鞅想杀了邯郸午。邯郸午与中行寅、范吉射亲自率众攻打赵鞅，赵鞅逃入晋阳，坚守城池。定公派兵包围晋阳。荀栎、韩不信、魏侈与范氏、中行氏之间有仇隙，就调动军队攻打范氏、中行氏。范氏、中行氏反叛，定公回击他们，将范氏、中行氏击败。范氏、中行氏逃往朝歌，据守朝歌。韩不信、魏侈替赵鞅向定公谢罪，定公于是赦免了赵鞅，恢复了他原来的爵位。

定公二十二年，晋国打败范氏、中行氏，二人逃奔到齐国。

定公三十年，定公与吴王夫差在黄池会盟，争夺诸侯之长，赵鞅当时跟随定公，最终让吴国做了盟主。

定公三十一年，齐国田常弑杀了他的国君齐简公，立齐简公的弟弟骜为平公。

定公三十三年，孔子去世。

定公三十七年，去世，他的儿子出公凿继位。

出公十七年[①]，知伯与赵、韩、魏共分范、中行地以为邑。出公怒，告齐、鲁，欲以伐四卿[②]。四卿恐，遂反攻出公。出公奔齐，道死。故知伯乃立昭公曾孙骄为晋君，是为哀公[③]。

哀公大父雍，晋昭公少子也，号为戴子[④]。戴子生忌。

忌善知伯，蚤死[⑤]，故知伯欲尽并晋，未敢，乃立忌子骄为君。当是时，晋国政皆决知伯，晋哀公不得有所制。知伯遂有范、中行地，最强。

哀公四年，赵襄子、韩康子、魏桓子共杀知伯，尽并其地[⑥]。

十八年，哀公卒[⑦]，子幽公柳立[⑧]。

【注释】

①出公十七年：前458年。按，晋出公在位年数，此篇云“十七年”，《十二诸侯年表》作“十八年”，《竹书纪年》作“二十三年”。《集解》引徐广曰：“《年表》云出公立十八年，或云二十年。”今钱穆、杨宽诸家皆从《竹书纪年》。

②欲以伐四卿：《索隐》曰：“时赵、魏、韩共灭范氏及中行氏，而分其地，犹有智氏与三晋，故曰‘四卿’也。”

③知伯乃立昭公曾孙骄为晋君，是为哀公：知伯，即荀瑶，或作“智伯”，谥襄，又称“知襄子”，晋卿。按，关于晋出公的继承者，说法相当混乱。《索隐》曰：“《赵系家》云骄，是为懿公。又《年表》云出公十八年，次哀公忌二年，次懿公骄十七年。《纪年》又云出公二十三年奔楚，乃立昭公之孙，是为敬公。《系本》亦云昭公生桓子雍，雍生忌，忌生懿公骄。然晋、赵《系家》及年表各各不同，何况《纪年》之说也！”杨宽《战国史表》则“出公”下为“敬公”，前451—前434年在位。无“哀公”其人。

④戴子：《集解》引徐广曰：“《世本》作‘相子雍’，注云‘戴子’。”

⑤蚤：通“早”。

⑥“哀公四年”三句：哀公四年三晋灭知伯事，详见《国语·晋语》与《国策》之赵、魏、韩策。韩、赵、魏灭智伯而三分其地，从此晋

国的领地已几乎尽入三家，晋国至此已名存实亡。韩康子，名虎，谥康，晋卿。其事详见《韩世家》。魏桓子，名驹，谥桓，晋卿。其事详见《魏世家》。关于知伯被灭的时间，此云“哀公四年”；《竹书纪年》与杨宽《战国史表》皆谓“晋出公二十二年”，都是前453年。

⑦十八年，哀公卒：按，依杨宽《战国史表》此年为晋敬公十四年，前438年。《纪年》有“敬公”，无“哀公”，而《六国年表》，晋国在“哀公”下还有“懿公”。杨宽认为“哀公”“敬公”“懿公”是一个人，有三个谥号。《六国年表》错把“哀公”“懿公”分成了两代，实际就是《纪年》所说的“敬公”。

⑧幽公柳：晋幽公，名柳，晋哀公之子，依《六国年表》其在位时间为前437—前420年。依杨宽《战国史表》，则晋幽公为晋敬公之后，其在位时间为前433—前416年。

【译文】

出公十七年，知伯与赵、韩、魏共同瓜分了范氏、中行氏的土地而作为自己的城邑。出公愤怒，告诉齐国、鲁国，想借他们的力量讨伐四卿。四卿恐惧，就反攻出公。出公逃奔齐国，半道上死去。因此知伯就扶立昭公的曾孙骄为晋君，这就是哀公。

哀公的祖父雍是晋昭公的少子，号称戴子。戴子生下了忌。忌与知伯交好，早死，所以知伯虽想将晋国全部吞并，但还是不敢，就立忌的儿子骄为君。正当这个时候，晋国的政事都由知伯决断，晋哀公无法制约他的行为。知伯于是占有范氏、中行氏的土地，势力最为强大。

哀公四年，赵襄子、韩康子、魏桓子一起杀了知伯，吞并了他的全部土地。

哀公十八年，去世，他的儿子幽公柳继位。

幽公之时，晋畏，反朝韩、赵、魏之君[①]。独有绛、曲沃，余皆入三晋。

十五年，魏文侯初立[②]。

十八年[③]，幽公淫妇人，夜窃出邑中，盗杀幽公[④]。魏文侯以兵诛晋乱，立幽公子止，是为烈公[⑤]。

【注释】

①晋畏，反朝韩、赵、魏之君：《索隐》曰："畏，惧也。为衰弱故，反朝韩、赵、魏也。宋忠引此注《系本》，而'畏'字为'衰'。"《正义》曰："疑今本误。"

②十五年，魏文侯初立：十五年，前423年。魏文侯初立之年有多种说法，此处说在晋幽公十五年；《六国年表》说在晋幽公十四年，前424年；杨宽《战国史》以为在晋敬公七年，前445年。其他说法不录，今人多取杨宽说。魏文侯，名斯，魏桓子之子，或说魏桓子之孙，魏国开国之君，前445—前396年在位。其事详见《魏世家》。

③十八年：当周威烈王六年，前420年。

④盗杀幽公：《六国年表》系此事于周威烈王六年，前420年。书曰："魏诛晋幽公，立其弟止。"《索隐》曰："《纪年》云，夫人秦嬴贼公于高寝之上。"按，杨宽《战国史表》系晋幽公被杀于魏文侯三十年，当周威烈王十年，前416年。

⑤烈公：晋烈公，名止。《六国年表》系晋烈公元年于前419年，杨宽系晋烈公元年于前415年。

【译文】

幽公在位时，晋室衰弱，出于畏惧，反而去朝见韩、赵、魏三家君主。晋室只有绛城、曲沃，其余的城邑都归入韩、赵、魏三晋。

幽公十五年，魏文侯新即位。

幽公十八年，奸淫妇女，夜里偷偷出了城邑，被强盗杀死了。魏文侯领兵平定了晋国的内乱，扶立幽公的儿子止为君，这就是烈公。

烈公十九年，周威烈王赐赵、韩、魏皆命为诸侯①。

二十七年，烈公卒，子孝公颀立②。

孝公九年，魏武侯初立③，袭邯郸，不胜而去。

十七年，孝公卒，子静公俱酒立④。是岁，齐威王元年也⑤。

静公二年，魏武侯、韩哀侯、赵敬侯灭晋后而三分其地⑥。静公迁为家人，晋绝不祀⑦。

【注释】

①烈公十九年，周威烈王赐赵、韩、魏皆命为诸侯：赵、韩、魏被策命为侯之年，此处系于晋烈公十九年；《六国年表》系于晋烈公十七年；杨宽《战国史表》系于晋烈公十三年，年号参差，但都是前403年。钱穆曰："三晋之侯，魏最先，赵次之，韩又次之。周威烈王二十三年，特赵人始侯之年。前二十二年，魏已称侯，其后十六年，韩始侯。此三晋称侯始末也。"

②"二十七年"三句：孝公颀，《六国年表》作"孝公倾"。按，《竹书纪年》与杨宽《战国史表》均无"孝公"其人，以为继晋烈公而立者为晋桓公，前388—前369年在位。《索隐》曰："《纪年》云桓公二十年赵成侯、韩共侯迁桓公于屯留，已后更无晋事。"钱穆引顾观光语，以为《晋世家》与《六国年表》所说的晋孝公即《竹书纪年》所说的晋桓公。

③孝公九年，魏武侯初立：魏武侯，名击，魏文侯之子，前395—前370年在位。魏武侯之即位，此处系于晋孝公九年，《六国年表》系

于晋孝公七年，杨宽《战国史表》系于晋烈公二十一年，前395年。

④静公俱酒：此与《六国年表》皆谓晋静公，名俱酒，晋孝公之子。而《竹书纪年》无静公其人，钱穆、杨宽等人皆从之。

⑤是岁，齐威王元年也：本文称齐威王元年为晋孝公十七年，《六国年表》称齐威王元年为晋孝公十五年，杨宽《战国史表》称齐威王元年为前356年，在晋桓公亡国之后。齐威王，名因齐，战国田氏齐国的桓公之子，前356—前320年在位。

⑥静公二年，魏武侯、韩哀侯、赵敬侯灭晋后而三分其地：依《六国年表》，晋静公二年为前376年；依杨宽年表，晋静公二年即晋桓公十三年。赵敬侯，赵国国君，名章，赵烈侯之子，前386—前375年在位。《索隐》曰："《纪年》魏武侯以桓公十九年卒，韩哀侯、赵敬侯并以桓公十五年卒。又《赵系家》烈侯十六年与韩分晋，封晋君端氏；其后十年，肃侯迁晋君于屯留，不同也。"泷川曰："依《赵世家·索隐》'烈侯'当作'成侯'，盖是年晋虽分而未绝封。《大事记》云：'周安王二十六年所分者，绛与曲沃之地也。'"

⑦静公迁为家人，晋绝不祀：晋静公被降为平民，晋国的祭祀断绝。意即晋国灭亡。迁为家人，降为平民。按，《韩世家》之韩昭侯八年有所谓"韩姬弑其君悼公"，旧注多不知此句所言何事；《赵世家》于赵成侯十六年（前359）有所谓"与韩、魏分晋，封晋君以端氏"一语。据《赵世家》前文，赵敬侯十一年（前376）三国已分晋地，则此处乃二次瓜分。至于"封晋君以端氏"，钱穆以为晋国首次被瓜分后，晋桓公乃被迁之于屯留（今山西屯留南）。《水经·浊漳水注》引《纪年》云："梁惠成王十二年，郑（即韩）取屯留、尚子、涅。"钱氏考证曰："前韩、赵迁桓公于屯留，至此十一年，而韩取屯留，可证晋君迁端氏之说不诬也。又《赵世家》：'肃侯元年，夺晋君端氏，徙处屯留。'前韩、赵分晋，取屯留，封晋君端氏（今山西沁水东北），至此又十年。《晋世家》之《索隐》

引《赵世家》:'列侯(即成侯)十六年,与韩分晋,封晋君端氏,其后十年,肃侯徙晋君于屯留。'即谓此也。是晋君自屯留徙端氏,又自端氏徙屯留也。又考《韩世家》:'昭侯十年,韩姬弑其君悼公。'是年正赵肃侯元年(前349),疑'悼公'乃晋君。前十年韩取屯留而迁端氏,今赵取端氏而复迁屯留,韩大夫遂弑之也。然则晋自'桓公'后尚有'悼公',或即《晋世家》之所谓'静公'矣。"晋国自唐叔虞于西周初受封建国,至静公(亦即悼公)被灭,享国共约六百九十余年。

【译文】

烈公十九年,周威烈王赐封赵、韩、魏,他们都被策命为诸侯。

烈公二十七年,去世,他的儿子孝公颀继位。

孝公九年,魏武侯新即位,袭击邯郸,未能获胜就撤兵离去。

孝公十七年,去世,他的儿子静公俱酒即位。这年是齐威王元年。

静公二年,魏武侯、韩哀侯、赵敬侯灭亡晋国后,又三分晋国的土地。静公被贬为平民,晋国的祭祀从此断绝。

太史公曰:晋文公,古所谓明君也,亡居外十九年,至困约①,及即位而行赏,尚忘介子推②,况骄主乎?灵公既弑③,其后成、景致严④,至厉大刻⑤,大夫惧诛,祸作⑥。悼公以后日衰⑦,六卿专权。故君道之御其臣下⑧,固不易哉⑨!

【注释】

①困约:困顿贫乏。

②尚:尚且,还。

③既:已经,之后。

④致严:达到了严厉的程度。

⑤大刻:太苛刻,太刻薄。大,同"太"。

⑥作：兴起。

⑦悼公以后日衰：黄震曰："悼公十四岁得国，一旦转危为安，功业赫然，汉昭帝流亚也。太史公例言悼公以后日衰退，语焉不详，悼公称屈九原矣。"朱东润曰："悼公在位十五年，和戎伐秦，晋人复霸；平公嗣立，元年伐齐，遂围临淄，烧屠其郭中，东至胶，南至沂，齐皆城守；其后复因崔杼之乱，败齐高唐，在位二十六年，未尝有大失。赞称'悼公以后日衰'，讹矣！"王叔岷曰："朱氏之说，盖本黄震说而引申之，然史公所谓'悼公以后日衰'者，乃就'六卿专权'言之。悼、平之世，权渐专于六卿，外虽强盛，内日衰弱矣。若但就外强言之，则虽至平公之孙顷公时，尚能平王室乱，然此实六卿之力也。"

⑧君道：即为君之道，指君主驾驭群臣、统治国家的能力和权术。御：驾驭。

⑨固：本来。

【译文】

太史公说：晋文公，是古人所说的贤明君主，流亡在外十九年，经历极其艰难困顿，等他登上国君之位后对臣下论功行赏，尚且遗忘了介子推，更何况那些骄横的君主呢？灵公被杀，他之后的成公、景公对待臣下严厉，到厉公时更加苛刻，大夫们惧怕被诛杀，祸乱由此兴起。悼公以后日渐衰微，六卿专权。所以说国君运用权术驾驭他的臣下，本来就不容易啊！

【晋国诸侯世系表】

唐叔虞（成王弟）——晋侯燮（唐叔子）——武侯（晋侯子）——成侯（武侯子）——厉侯（成侯子）——靖侯（厉侯子，前858—前841）——釐侯（靖侯子，前840—前823）——献侯（釐侯子，前822—前812）——穆侯（献侯子，前811—前785）——殇叔（穆侯弟，前784—前781）——文侯（穆侯子，前780—前746）——昭侯（文侯子，前745—前740）——孝侯（昭侯子，前739—前724）——鄂侯（孝侯子，前723—前718）——哀侯（鄂侯子，前717—前709）——小子侯（哀侯子，前708—前705）——晋侯湣（哀侯弟，前704—前678）被曲沃武公所灭。

曲沃桓叔（文侯弟，前745—732）——曲沃庄伯（桓叔子，前731—前716）——曲沃武公（庄伯子，前715—前677）——献公（曲沃武公子，前676—前651）——奚齐（献公子）——悼子（献公子）——惠公（献公子，前650—前637）——怀公（惠公子）——文公（献公子，前636—前628）——襄公（文公子，前627—前621）——灵公（襄公子，前620—前607）——成公（襄公弟，前606—前600）——景公（成公子，前599—前581）——厉公（景公子，前580—前573）——悼公（襄公曾孙，前572—前558）——平公（悼公子，前557—前532）——昭公（平公子，前531—前526）——顷公（昭公子，前525—前512）——定公（顷公子，前511—前475）——出公（定公子，前474—前452）——敬公（昭公曾孙，前451—前434）——幽公（哀公子，前433—前416）——烈公（幽公子，前415—前389）——桓公（前388—前369）被韩、魏所灭（按，晋国诸侯世系自“出公”以后众说纷纭，今大致依从《竹书纪年》与钱穆、陈梦家、杨宽等人的说法，其次序为出公、敬公、幽公、烈公、桓公。杨宽的《战国史表》以及《战国史料编年辑证》中的《列国纪年订正表》有较详细的说法。《史记·晋世家》与此不同，有“哀公”而无“敬公”，而且《六国年表》在“哀公”之下还有一个“懿公”。杨宽认为“敬公“哀公”“懿公”是一个人，有三个谥号。《六国年表》错把“哀公”“懿公”分成了两代，实际就是《纪年》所说的“敬公”。另一个问题是，《纪年》与钱穆、杨宽等人认为烈公以下是桓公，晋国世系就结束于桓公。而《晋世家》与《六国年表》则在烈公之下还有孝公、静公两代，而且《六国年表》与《郑世家》中都还有“韩姬弑其君悼公”云云，而孝公、静公、悼公、桓公四人的关系，也还众说不一。）

【集评】

茅坤曰："晋本大国，而史公次晋武公以及献公之立，世系甚明。而献公惑于嬖姬，五公子相继争立，而晋不绝者如带矣。文公末年得复国，以伯天下，灵、景、厉，中才之主，然因遗业，又多强辅，故得与秦、楚并雄中原。悼公再伯，未几而死，国遂分于六卿以亡，悲夫！"（《史记钞》）

郝敬曰："晋之得罪于《春秋》甚矣，《左传》晋人伪作，其誉重耳如汤、武，尊晋如三代，矫饰而弥缝之；有《春秋》在，焉可诬也！子长作《世家》，专倚办《左氏》，无独裁以发明仲尼之意，乌用刍狗为？《文侯之命》，平王以私晋侯仇，非治命也；《书》存之，志乱迹云尔。《世家》剿袭附会，以震耀重耳之为侯伯，乃《春秋》何尝齿之？大抵迁史草窃，舛驳多端，小者《索隐》略具，大者训诂不悉也。世儒夸其文辞体裁，文辞矫矫遒劲，而整密不及孟坚；体裁则《尚书》作古，非迁始也。草创未讨论，遇腐刑，而不虞后世无直谅之友耳。"（《史汉愚按》）

顾栋高曰："晋当春秋之初，翼侯中衰，曲沃内乱，不与东诸侯之会盟，疑于荒远之地。然其地实近王畿，是时周新东迁，列侯未甚兼并，沈、姒、蓐、黄，处在太原；虞、虢、焦、滑，霍、杨、韩、魏，列于四境。晋于其中，特弹丸黑子之地，势微甚。而桓、庄之时，犹能命诸侯以讨有罪。曲沃之叛也，王命虢公伐曲沃；至翼侯灭矣，而虢仲、芮伯、荀侯、贾伯同日兴师，庶几方伯连帅之义，安在《江汉》《常武》不可再睹哉！而釐王贪其宝赂，列为诸侯，肆其狂猘，吞灭小国。自武、献之世，兼国多矣，以不赴告，故《经》不书，不复可考见。盖天下之无王自晋始。及势既强大，乃复勤王以求诸侯，周室之不亡复于晋重有赖焉。自灭虢据崤、函之固，启南阳扼孟门、太行之险；南据虎牢，北据邯郸，擅河内之殷墟，连肥、鼓之劲地；西入秦域，东轶齐境，天下扼塞巩固之区，无不为晋有。然后以守则固，以攻则胜，拥卫天子，鞭笞列国，周室藉以绵延者二百年。是犹倒持太阿之柄以与人，而复假之以自卫也。然使晋不兼并诸国，周亦无能联络形势以自强。何则？周行封建，其势散；而晋并列国为郡邑，其势

聚。封建之不如郡县，自春秋之势不已较然哉！”（《春秋大事表》）

李景星曰：“《晋世家》纯剪裁左氏《内》《外传》而成，提顿多，呼应灵，长篇之极则也。通篇叙晋事共分三时期：自首至‘是为晋侯’，是叙唐易为晋，为第一时期；自‘晋侯子宁族’至‘凡六十七岁，而卒代晋为诸侯’，是叙曲沃灭晋，为第二时期；自‘武公代晋二岁卒’至末，是叙晋之极盛与其渐衰，为第三时期。而第三时期中，又用大营包小营法，分为三层：献公酿乱为一层，文公定霸为一层，襄公以下霸业时断时续为一层。三层之叙述，尤以文公事迹为特详，几占全篇三分之一。缘文公为霸主，是晋国前后最出色人物，故郑重叙其事。譬如长江大河，此是中流盛处，越有波涛起伏，乃越显得源远流长。至其运笔，往往约繁为简，以短峭胜。固是太史公本色，亦由作长篇文字不得不尔。有谓《内》《外传》好处多被史公改坏者，乃不知文体者也。赞语论文公单就‘行赏’一事说，萧闲而有风致。‘故君道之御其臣下，固不易哉’，跌宕作结，感慨深长。”（《史记评议》）

【评论】

《晋世家》较为详尽地记述了晋国历史。司马迁写春秋时代的各国历史主要依据的是《左传》，而《左传》所叙述的春秋时代的各国史事，笔触最详细、篇幅最长的是晋国历史。《左传》约二十万字，写晋国的篇幅占了全书四分之一以上。司马迁写《晋世家》对《左传》的晋史部分做了大幅度的删繁就简，因而《晋世家》的叙事大都不像《左传》那样曲折委婉、清晰具体，但也有个别段落例外，如骊姬谗害申生一段，司马迁写得就比《左传》细致生动。

《左传》是儒家经典之一，但《左传》的思想与孔子颇不统一。孔子主张“兴灭国，继绝世”，反对弑君作乱；《左传》却站在卿族强权的立场，支持晋国的弑君作乱。司马迁使用《左传》的资料，也采取《左传》的观点，对卿族取同情赞许态度。被孔子称作“谲而不正”晋文公，得到了司马迁的倾情赞美。《晋世家》记文公事迹独最详，这部分内容几占全篇三分之一。司马迁之所以如此处理，是因为以下三点：一是欣赏晋文公的文韬武略；二是欣赏晋文公长期流亡、身处逆境而能做到不懈奋斗，自强不息；三是看到了晋文公功业的辉煌。

在春秋五霸中，功业最辉煌的莫过于晋文公。周襄王元年（前651），齐桓公因于召陵阻止了楚人的北进之锋，而于葵丘之会受到了周天子的表彰；二十年后（前632），晋文公大败楚兵于城濮，大会诸侯，又有所谓“践土之盟”，前后对应，皆光耀青史之大事也。若两相比较，则前后悬殊，晋文远超齐桓。陈家珍曰：“召陵、城濮，服楚等耳，而声势赫奕，铺排绚烂，比小白冠冕十分。”《左传翼》曰：“城濮战后，王亲往劳，享礼命宥，策命为伯。齐桓一匡九合，天子仅于葵丘赐胙；晋文一战城濮，而遽膺此殊荣，主盟中夏垂百余年，齐秦贴附，荆楚不敢凭陵，基业实始于此。”王源曰：“齐桓既没，楚势益横，若无晋文，天下皆为楚矣。而晋文所以取威定霸者，全在城濮一战。有此一战，而后中原之势稍振，而后荆蛮之势稍衰。自此晋为诸侯盟主者百有余年。虽南北相峙，而楚终不得志。则此一战之功所关岂小哉？故作者以全力写之，序得声满天地，气撼山河，万丈光芒贯彻今古，真足雄视百代，使晋文生气凛凛犹存。”魏禧曰：“城濮一战，后人每以分田畀宋，许复曹卫，执行人，辟三舍等事为晋文之谲。又言其欲速亟功，于此见者以为不及齐桓。不知齐桓之时楚势未张，凭陵中国未甚，及执宋公之后，中国诸侯唯知有楚，楚偃然自大，目中无中国诸侯久矣。使非文公城濮一战，几何不胥中国而夷狄乎？其后数百年得与楚迭长夏盟，有以分楚之势而壮中夏之威者，皆文公子孙也。其谲与速者，安得有病？”（李卫君《左传汇评》引）

司马迁依据《左传》在本篇记述了“宫之奇谏假道”的故事。清代吴楚材评宫之奇之睿智与虞君之昏庸亡国曰：“宫之奇三番谏诤，前段论势，中段论情，后段论理。层次井井，激昂尽致，奈君听不聪，终寻覆辙。读竟为之掩卷三叹。”（《古文观止》）宫之奇的道理固然非常正确，但讨论“唇亡齿寒”要看当时的具体条件。在晋国尚未充分强大时，虞、虢联合可以抗晋，恰如东方六国可以用合纵以抗秦国的连横、蜀吴可以抗曹魏的南进，以维持一定期限之间的平衡。但形势如果发生变化，一旦晋国的强大压倒两国、秦国的强大压倒东方、魏国的势力大过蜀吴，或合纵的一方中间发生火并，则“唇亡齿寒”也就不能奏效了。

司马迁还写了晋文公赏赐从亡者，竟然忘了与自己患难与共的介子推，借以讽喻后代君主功成之后的忘恩负义；写了祁傒的“外举不隐仇，内举不隐子”，表现了作者天下为公的思想；写了董狐敢于直书“赵盾弑其君”的良史气概，与《齐太公世家》中齐太史的直书“崔杼弑其君”交相辉映，他们昭示了司马迁实录精神的重要源泉。

史记卷四十

楚世家第十

【释名】

《楚世家》记述了上自颛顼高阳氏，下迄战国之末的楚国历史，较之《史记》中其他只记一代史事的“世家”，是时间跨度最大的。

全篇可以分为四大部分。第一部分写西周前先楚时代的传说与世系。第二部分写楚在西周时期的发展情况，主要事件有：熊绎在楚成王时受封子爵；熊渠的称王与去王。第三部分写楚国在春秋时期的争霸与扩张，主要事件有：楚武王伐随自尊号称王；楚文王都郢；楚成王开始与中原诸侯争霸，与齐桓公为召陵之盟而抵御了中原诸侯的无理进犯，在“泓之战”中败伤宋襄公，“城濮之战”中败于晋文公；太子商臣弑杀楚成王；楚庄王争霸中原，问周鼎轻重，伐陈、郑，在“邲之战”大败晋军；楚共王在“鄢陵之战”失败，楚国霸业受挫；楚灵王、楚平王等人一连串的篡位与征伐；楚平王杀伍奢父子，逼走太子建；吴入郢，楚昭王出奔，楚徙都鄀；楚惠王时期的白公之乱，楚扩张到泗水边，成为当时疆域最大的诸侯国。第四部分写战国时期楚国史事。主要事件有：楚怀王一再被秦所骗，几次大败，楚元气大伤，楚怀王自己也受骗入秦并死于秦国；楚顷襄王听射雁者之言，攻秦复败，楚国益弱；楚考烈王之后楚国迁都寿春，历幽王、哀王，至楚王负刍最终被秦所灭。篇末论赞，司马迁批判楚灵王、楚平王的暴虐荒淫，认为这是导致楚国灭亡的根本原因。

本世家应与《伍子胥列传》《张仪列传》《屈原列传》等参照阅读。

楚之先祖出自帝颛顼高阳①。高阳者，黄帝之孙，昌意之子也。高阳生称，称生卷章，卷章生重黎②。重黎为帝喾高辛居火正③，甚有功，能光融天下，帝喾命曰祝融④。共工氏作乱⑤，帝喾使重黎诛之而不尽。帝乃以庚寅日诛重黎⑥，而以其弟吴回为重黎后，复居火正，为祝融。

【注释】

①楚之先祖出自帝颛顼（zhuān xū）高阳：李笠曰："'祖'字衍。《秦本纪》云：'秦之先，帝颛顼之苗裔。'《越世家》云：'其先，禹之苗裔。'《赵世家》云：'赵氏之先，与秦共祖。'先即先祖，此亦宜与诸处一致。"颛顼高阳，名颛顼，号高阳氏，居于帝丘，故城在今河南濮阳境内。传说中的上古帝王，为五帝之一。其事详见《五帝本纪》。

②卷章生重黎：卷章，《索隐》引《系本》曰："老童生重黎。"故云卷章名老童。泷川云："《帝系》及《山海·大荒西经》及《人表》并云，颛顼生老童，据此，则老童，颛顼之子也；《史》云高阳生称，称生卷章，《集解》引谯周云：'老童即卷章。'据此，则老童，颛顼之孙也，所传不同。"重黎，《索隐》曰："重氏、黎氏二官，代司天地，重为木正，黎为火正。案，《左氏传》：'少昊氏之子曰重，颛顼氏之子曰黎。'今以重、黎为一人，仍是颛顼之子孙者。刘氏云：'少昊氏之后曰重，颛顼氏之后曰重黎，对彼重，则单称黎，若自言当家则称重黎，故楚及司马氏皆重黎之后，非关少昊之重。'愚谓此解为当。"陈仁锡曰："重、黎本二人，重为木正，黎为火正，楚出黎后，《世家》合为一人，误。"此处取重、黎是两个人的说法。

③帝喾(kù)高辛:名喾,号高辛氏,居于亳,故城在今河南偃师。传说中的上古帝王,为五帝之一。其事详见《五帝本纪》。火正:古官名。古代五行官之一,掌火政。

④命:命名。祝融:火官的封号,意谓大明。祝,大。融,明。《国语·郑语》"桓公为司徒"章曰:"重黎之后也,夫黎为高辛氏火正,以淳耀敦大,天明地德,光照四海,故命之曰'祝融',其功大矣。"

⑤共工氏:神话传说中的人物。亦名康回,炎帝后裔。人面蛇身赤发,乘二龙。相传与颛顼争帝,欲霸九州,因而作乱。一说为古代水官名,因以为氏。

⑥庚寅日:这是干支纪日法。庚,天干;寅,地支。

【译文】

楚人的先祖出自帝颛顼高阳。高阳,是黄帝的孙子,昌意的儿子。高阳生了称,称生了卷章,卷章生了重黎。重黎为帝喾高辛氏任火正之官,很有功绩,能让天下光明和乐,帝喾赐称他为祝融。共工氏发动叛乱,帝喾派重黎去诛讨他们,但是重黎事情办得不彻底。帝喾就在庚寅日杀了重黎,让他的弟弟吴回做重黎的继承者,重新做火正,为祝融。

吴回生陆终。陆终生子六人,坼剖而产焉[①]。其长一曰昆吾[②];二曰参胡[③];三曰彭祖[④];四曰会人[⑤];五曰曹姓[⑥];六曰季连,芈姓,楚其后也[⑦]。昆吾氏,夏之时尝为侯伯,桀之时汤灭之[⑧]。彭祖氏,殷之时尝为侯伯,殷之末世灭彭祖氏[⑨]。季连生附沮,附沮生穴熊。其后中微,或在中国,或在蛮夷,弗能纪其世。

【注释】

①坼(chè)剖而产:剖腹分娩。坼、剖,二词同义,裂开,分裂。

②其长一曰昆吾：张文虎曰："《索隐》本作'长曰'，《左传·疏》引作'一曰'。本有异文，后人妄和写之。"泷川曰："'长'字衍，《帝系》无。"昆吾，名樊，已姓，陆终长子。封于昆吾。曾受命掌管天文历法。后为部落名。《世本》曰："昆吾者卫是。"即相当于后来卫国所在地，今河南濮阳一带。

③参胡：名惠连，斟姓，陆终六子之一。封在参胡，故以为名。后为部落名。《世本》曰："参胡者，韩是也。"即相当于后来韩国所在地，今河南宜阳一带。

④彭祖：名铿，陆终六子之一。舜时封于大彭，为十二牧之一。虞翻曰："名翦，为彭姓，封于大彭。"即今江苏徐州。后为部落名。殷时为侯伯，殷末灭亡。《神仙传》云："彭祖，讳铿，帝颛顼之玄孙，至殷末年已七百六十七岁，而不衰老，遂往流沙之西，非寿终也。"相传寿至八百余岁，故旧时以彭祖为长寿的象征。

⑤会人：名求言，妘姓，陆终六子之一。后为部落名。《世本》曰："会人者，郑是也。"即相当于后来郑国所在地，今河南新郑一带。《毛诗谱》云："昔高辛氏之土，祝融之墟，历唐至周，重黎之后妘姓处其地，是为郐国，为郑武公所灭也。"

⑥曹姓：名安，陆终六子之一。后为部落名。《世本》曰："曹姓者，邾是也。"古邾国，在今湖北黄冈东南。

⑦"六曰季连"三句：季连：芈姓，陆终六子之一，为楚之始祖。陆终六子之说本自《帝系》，其实皆古族传说。

⑧"昆吾氏"三句：事本《国语·郑语》："昆吾为夏伯矣。……当周未有。已姓昆吾、苏、顾、温、董，董姓鬷夷、豢龙，则夏灭之矣。"昆吾氏初封于濮阳（今河南濮阳），夏衰，昆吾为夏伯，迁于旧许（今河南许昌东），后为商汤所灭。夏，是我国历史上第一个朝代，相传为禹所建。桀，为夏朝末代君主，暴虐无道，被商汤击败，流放于南巢而死。其事详见《夏本纪》与《夏商周考古》。汤，又名

成汤，商代开国君主。其事详见《殷本纪》。

⑨"彭祖氏"三句：事本《国语·郑语》："彭姓彭祖、豕韦、诸、稽，则商灭之矣。"殷，朝代名。即商朝，汤所建。商王盘庚从奄（今山东曲阜）迁都到殷（今河南安阳西北），故商也称殷。

【译文】

吴回生下陆终。陆终生有六个儿子，都是剖腹出生的。长子叫昆吾；二子叫参胡；三子叫彭祖；四子叫会人；五子叫曹姓；六子叫季连，芈姓，楚人就是他的后代。昆吾氏，在夏朝时曾经是侯伯，桀在位时被汤所灭。彭祖氏，在殷朝时曾经是侯伯，殷朝末年灭掉彭祖氏。季连生附沮，附沮生穴熊。季连的后代衰落，有些在中原地区，有些在蛮夷，无法记载他们的世系了。

周文王之时[①]，季连之苗裔曰鬻熊[②]。鬻熊子事文王，蚤卒[③]。其子曰熊丽。熊丽生熊狂，熊狂生熊绎。熊绎当周成王之时[④]，举文、武勤劳之后嗣[⑤]，而封熊绎于楚蛮[⑥]，封以子男之田[⑦]，姓芈氏，居丹阳[⑧]。楚子熊绎与鲁公伯禽、卫康叔子牟、晋侯燮、齐太公子吕伋俱事成王[⑨]。

【注释】

①周文王：名昌，商代末年周族领袖，商纣王时被封为西伯，又称"西伯昌"，在位五十年（一说五十五年）。其事详见《周本纪》。

②鬻（yù）熊：芈姓，名熊，号鬻子，一作"粥子"，楚国始祖。《汉书·艺文志》道家有"《鬻子》二十二篇，名熊，为周师，自文王以下问焉。周封为楚祖"。泷川曰："《列子·天瑞》、贾子《新书·修政语》亦引鬻熊言，与道家旨相似。"

③蚤：通"早"。

④周成王:名诵,周武王之子,前1042—前1021年在位。其事详见《周本纪》。

⑤文、武:指周文王、周武王。后嗣:指帮助周文王、周武王伐商的功臣的后代。其事详见《周本纪》。

⑥楚蛮:古地区名。实指楚人所居南方之地,故有此称。

⑦子男:爵位名。《礼记·王制》:“王者之制禄爵,公、侯、伯、子、男,凡五等。”子、男在五等爵位中排第四、第五等。

⑧丹阳:故城在今河南淅川。一说其邑在今湖北秭归东,称“楚王城”“西楚”。楚文王迁都新邑,其地亦称“丹阳”,在湖北枝江西,称“南楚”。

⑨楚子熊绎与鲁公伯禽、卫康叔子牟、晋侯燮(xiè)、齐太公子吕伋俱事成王:《左传·昭公十二年》楚灵王曰:“昔我先王熊绎,与吕级(伋)、王孙牟、燮父、禽父并事康王。”康王,是周成王之子。《齐太公世家》:“太公之卒百有余年,子丁公吕伋立。”但一般认为吕伋是齐太公五世孙,所以熊绎大概是曾与伯禽、王孙牟、燮父共事康王,而吕伋与他们并不是同一时代的人。此事记载有误。鲁公伯禽,周公旦长子,周公封于鲁而未前往封国,伯禽实际上是鲁国的第一位国君。其事详见《鲁周公世家》。卫康叔子牟,康叔之子名牟。康叔是卫国首封之君,但未到国,由子牟出任第一任国君。其事详见《卫康叔世家》。晋侯燮,周成王封弟叔虞于唐,虞子燮改国号为晋。其事详见《晋世家》。齐太公子吕伋,齐太公,即姜尚,字子牙;吕伋实为姜尚五世孙。其事详见《齐太公世家》。

【译文】

周文王的时候,季连的后代叫鬻熊。鬻熊以弟子之礼事奉周文王,早死。他的儿子叫熊丽。熊丽生熊狂,熊狂生熊绎。熊绎处在周成王时期,周成王举用文王、武王时期的功臣的后人,就把熊绎封在楚蛮,分封给他子男爵位的土地，姓芈氏，居住在丹阳。楚子熊绎与鲁公伯禽、卫康叔子牟、晋侯燮、齐太公子吕伋共同奉事周成王。

熊绎生熊艾，熊艾生熊䵣[1]，熊䵣生熊胜。熊胜以弟熊杨为后。熊杨生熊渠。

熊渠生子三人。当周夷王之时[2]，王室微[3]，诸侯或不朝，相伐。熊渠甚得江、汉间民和[4]，乃兴兵伐庸、杨粤[5]，至于鄂[6]。熊渠曰："我蛮夷也，不与中国之号谥[7]。"乃立其长子康为句亶王[8]，中子红为鄂王[9]，少子执疵为越章王[10]，皆在江上楚蛮之地。及周厉王之时[11]，暴虐，熊渠畏其伐楚，亦去其王。

【注释】

①䵣（dá）：亦作"黮"。

②周夷王：名燮，周懿王之子，周孝王之侄。在位时王权渐衰。

③微：衰微，衰弱。

④江、汉：长江、汉水。

⑤庸：在今湖北竹山东南。杨粤：即西越，在今陕南、豫西南一带。

⑥鄂：在今湖北鄂城一带。一说此鄂当是楚西鄂，在今河南邓州，非今湖北鄂城之东鄂。

⑦与：以，用。

⑧句亶：在今湖北江陵。

⑨中子：二儿子。中，同"仲"。红：人名。即下文提到的"挚红"。鄂：此鄂即今湖北武昌，与上文"鄂"非一地。

⑩少子执疵为越章王：《帝系》"执疵"作"疵"，"越章"作"戚章"。越章，其地不详。

⑪周厉王：名胡，周夷王之子，前877年即位。贪利暴虐，前841年引起国人暴动，逃到彘（今山西霍州）十四年后（前828）死去。详见《周本纪》。

【译文】

熊绎生了熊艾，熊艾生了熊䵣，熊䵣生了熊胜。熊胜让他的弟弟熊杨继位。熊杨生了熊渠。

熊渠生了三个儿子。此时正处在周夷王时期，周王室衰微，有些诸侯不肯朝见周王，还互相征伐。熊渠很得江汉间百姓的拥戴，就出动军队征伐庸、杨粤，直达鄂地。熊渠说："我是蛮夷，不必遵从中国的称号谥法。"于是立他的长子康为句亶王，中子红为鄂王，少子执疵为越章王，都在长江一带的楚蛮地区。到周厉王时，周厉王暴虐无道，熊渠害怕周厉王征伐楚国，就去掉了自己的王号。

后为熊毋康，毋康蚤死。熊渠卒，子熊挚红立[①]。挚红卒，其弟弑而代立[②]，曰熊延。熊延生熊勇。

熊勇六年，而周人作乱[③]，攻厉王，厉王出奔彘[④]。

熊勇十年[⑤]，卒，弟熊严为后。

熊严十年[⑥]，卒。有子四人，长子伯霜，中子仲雪，次子叔堪，少子季徇。熊严卒，长子伯霜代立，是为熊霜。

【注释】

①子熊挚红立：泷川曰："'挚'字当衍，熊红即上鄂王也。"

②挚红卒，其弟弑而代立：梁玉绳曰："既云红卒，则非弑矣，而云弑者，盖弑其子，《史》有脱文耳。"泷川云："疑（挚红卒下）夺'子熊挚立'四字。僖二十六年《左传》，夔子曰：'我先王熊挚有疾，而自窜于夔，是以失楚。'《国语·郑语》孔晁注：'熊绎玄孙挚有

疾，楚人废之，立其弟延，挚自弃于夔，子孙有功，王命为夔子。'韦昭亦袭孔注，但改'绎玄孙'为'绎六世孙'。孔、韦必有所据，但《史》曰'弑'，《左传》及孔、韦《郑语》注曰'窜'曰'废'，所传异耳。"

③熊勇六年，而周人作乱：指国人暴动。前841年，周国人因周厉王残虐而暴动，周厉王被驱赶奔彘，后死于彘，国政由周公与召公共同执掌。史称"共和行政"。

④彘（zhì）：古邑名。今山西霍州东北。

⑤熊勇十年：共和五年，前837年。

⑥熊严十年：前828年。

【译文】

熊渠的继承人为熊毋康，但熊毋康早死。熊渠去世，他的儿子熊挚红继位。挚红去世，他的弟弟杀了继位者代立，叫熊延。熊延生了儿子熊勇。

熊勇六年，周朝人作乱，攻击周厉王，周厉王出逃到彘。

熊勇十年，去世，他的弟弟熊严继位。

熊严十年，去世。他有四个儿子，长子伯霜，中子仲雪，次子叔堪，少子季徇。熊严去世，长子伯霜接替继位，这就是熊霜。

熊霜元年，周宣王初立[①]。

熊霜六年卒[②]，三弟争立。仲雪死；叔堪亡，避难于濮；而少弟季徇立，是为熊徇[③]。

熊徇十六年，郑桓公初封于郑[④]。

二十二年[⑤]，熊徇卒，子熊咢立。

熊咢九年[⑥]，卒，子熊仪立，是为若敖[⑦]。

【注释】

①熊霜元年,周宣王初立:熊霜元年,当周宣王元年,前827年。周宣王,周厉王之子,名静,一作"靖",前827—前782年在位。他在位期间,任用仲山甫、尹吉甫、召虎等人,北伐猃狁,南征荆蛮、淮夷、徐戎,屡获小胜,史称"周宣中兴"。

②熊霜六年:当周宣王六年,前822年。

③"叔堪亡"四句:《国语·郑语》:"荆子熊严生子四人:伯霜、仲雪、叔熊、季紃。叔熊逃难于濮而蛮,季紃是立。"濮,古部族名。又称"百濮",居住在今湖北西南部和湖南西北部。叔堪,《国语》作"叔熊"。季徇,《国语》作"季紃"。

④熊徇十六年,郑桓公初封于郑:徐孚远曰:"晋、楚所争者郑,故郑初封,《楚世家》记之。"熊徇十六年,当周宣王二十二年,前806年。郑桓公,名友,周厉王之子,周宣王庶弟。其事详见《郑世家》。郑,在今陕西渭南华州区。

⑤二十二年:当周宣王二十八年,前800年。

⑥熊咢(è)九年:当周宣王三十七年,前791年。

⑦若敖:《左传·宣公十二年》栾书云:"若敖蚡冒,筚路蓝缕,以启山林。"徐孚远曰:"楚之不成君者曰敖,今若敖、霄敖皆以善终,盖初称王以后,则以敖为不成君之号也。"

【译文】

熊霜元年,周宣王刚刚继位。

熊霜六年去世,他的三个弟弟争夺继承权。其中一个弟弟仲雪死了;另一个弟弟叔堪出亡,避难在濮地;小弟弟季徇继位,这就是熊徇。

熊徇十六年,郑桓公始封在郑国为诸侯。

熊徇二十二年,去世,他的儿子熊咢继位。

熊咢九年,去世,他的儿子熊仪继位,这就是若敖。

若敖二十年[①]，周幽王为犬戎所弑[②]，周东徙[③]，而秦襄公始列为诸侯[④]。

二十七年[⑤]，若敖卒，子熊坎立，是为霄敖。

霄敖六年卒[⑥]，子熊眴立，是为蚡冒[⑦]。

蚡冒十三年，晋始乱，以曲沃之故[⑧]。

蚡冒十七年卒[⑨]。蚡冒弟熊通弑蚡冒子而代立[⑩]，是为楚武王。

【注释】

①若敖二十年：周幽王十一年，前771年。

②周幽王为犬戎所弑：周幽王宠爱褒姒，废申后及太子宜臼，申后之父申侯大怒，联合缯国、犬戎攻打西周，杀幽王于骊山之下。其事详见《周本纪》。周幽王，名宫湦，一说“宫湟”，一作“湦”，周宣王之子，公元前781—前771年在位。犬戎，古部族名，戎人的一支，又称“畎夷”“犬夷”“昆夷”“绲夷”，殷周时居住在今陕西、甘肃一带。

③周东徙：指周幽王的儿子周平王东迁至洛邑（今河南洛阳城东）事。

④秦襄公始列为诸侯：犬戎攻打西周时，秦襄公率兵救周，后又护送周平王东迁，周平王于是将岐（今陕西岐山东北）西之地赐给他，秦从此升为诸侯。其事详见《秦本纪》。秦襄公，名失考，秦庄公之子，居于西犬丘（今甘肃天水西南），为西垂大夫，前777—前766年在位。

⑤二十七年：当周平王七年，前764年。

⑥霄敖六年：当周平王十三年，前758年。

⑦蚡（fén）冒：梁玉绳曰：“《韩子·和氏》篇谓‘厉王薨，武王即位’；《外储说左上》亦称楚厉王；楚辞东方朔《七谏》云‘遇厉武

之不察，羌两足以毕斮'，是蚡冒谥厉王矣。"

⑧"蚡冒十三年"三句：晋昭侯封其叔成师（桓叔）于曲沃，曲沃大于晋都翼，是以内乱不已。曲沃桓叔之后终灭晋嫡事，详见《晋世家》。蚡冒十三年，当周平王二十六年、晋昭侯元年，前745年。曲沃，在今山西闻喜东北。

⑨蚡冒十七年：当周平王三十年，前741年。

⑩蚡冒弟熊通：《左传·文公十六年》注云："蚡冒，楚武王父。"与此不同。梁玉绳曰："武王之名，各本《史记》皆作熊通，而杜《世族谱》、《左》文十六、宣十二，昭二十二《疏》，及《释文》引《世家》并是熊达，桓二年《疏》不引《世家》亦是熊达，盖今本误。"

【译文】

若敖二十年，周幽王被犬戎杀死，周朝向东迁徙，秦襄公开始被列为诸侯。

若敖二十七年，去世，他的儿子熊坎继位，这就是霄敖。

霄敖六年，去世，他的儿子熊眴继位，就是蚡冒。

蚡冒十三年，晋国开始发生内乱，是晋昭侯把他的叔叔成师分封到曲沃的缘故。

蚡冒十七年，去世。蚡冒的弟弟熊通弑杀蚡冒的儿子接替继位，这就是楚武王。

武王十七年，晋之曲沃庄伯弑主国晋孝侯①。

十九年，郑伯弟段作乱②。

二十一年，郑侵天子之田③。

二十三年，卫弑其君桓公④。

二十九年，鲁弑其君隐公⑤。

三十一年，宋太宰华督弑其君殇公⑥。

【注释】

①武王十七年，晋之曲沃庄伯弑主国晋孝侯：《左传·桓公二年》："晋潘父弑昭侯而立桓叔，不克，晋人立孝侯。惠之四十五年，曲沃庄伯伐翼，弑孝侯。"武王十七年，当周平王四十七年、晋孝侯十六年，前724年。曲沃庄伯，名鲜，曲沃桓叔之子。主国，国都。晋孝侯，名平，昭侯子，前739—前724年在位。

②十九年，郑伯弟段作乱：郑庄公其母武姜与其弟段合谋篡夺君位，被庄公挫败事，详见《郑世家》及《左传·隐公元年》。十九年，当鲁隐公元年、郑庄公二十二年，前722年。郑伯，郑庄公，名寤生，前743—前701年在位。段，郑庄公的弟弟共叔段，封于京，又称"京城太叔"。

③二十一年，郑侵天子之田：据《左传·隐公三年》，郑庄公命祭足带兵抢收了周天子的黍稷。其事详见《郑世家》。二十一年，当鲁隐公三年、周平王五十一年，前720年。

④二十三年，卫弑其君桓公：卫桓公的弟弟州吁纠集党羽石厚等袭杀卫桓公事，详见《卫康叔世家》及《左传·隐公五年》。二十三年，当鲁隐公五年，卫宣公元年，前718年。桓公，卫桓公，名完，前734—前718年在位。

⑤二十九年，鲁弑其君隐公：鲁惠公卒，因太子允年幼，鲁隐公摄政。后鲁隐公庶弟公子羽父劝隐公杀太子允，鲁隐公不听，羽父反过来唆使太子允杀死鲁隐公。其事详见《左传·隐公十一年》与《鲁周公世家》。二十九年，当鲁隐公十一年，前712年。隐公，鲁隐公，名息姑，一作"息"，鲁惠公庶子，前722—前712年在位。

⑥三十一年，宋太宰华督弑其君殇公：华督杀大夫孔父嘉，夺其妻，又杀宋殇公，并迎立公子冯（即宋庄公）事，详见《左传·桓公二年》。三十一年，当鲁桓公二年、周桓王十年、宋殇公十年，前710年。宋，诸侯国名。子姓。纣王庶兄微子启为开国之君，周公平

定武庚叛乱后所封，建都商丘（今河南商丘城南）。太宰，官名。辅佐国君主持国家政务。华督，一作“华父督”。殇公，名与夷，前719—前710年在位。

【译文】

武王十七年，晋国的曲沃庄伯杀死宗主国君晋孝侯。

武王十九年，郑庄公的弟弟叔段发动叛乱。

武王二十一年，郑国侵周天子的田地。

武王二十三年，卫人弑杀了他们的国君桓公。

武公二十九年，鲁人弑杀了他们的国君鲁隐公。

武公三十一年，宋太宰华督弑杀了他们的国君宋殇公。

三十五年，楚伐随①。随曰：“我无罪。”楚曰：“我蛮夷也。今诸侯皆为叛相侵，或相杀。我有敝甲②，欲以观中国之政③，请王室尊吾号④。”随人为之周，请尊楚，王室不听，还报楚。

三十七年⑤，楚熊通怒曰：“吾先鬻熊，文王之师也，蚤终。成王举我先公，乃以子男田令居楚，蛮夷皆率服⑥，而王不加位，我自尊耳。”乃自立，为武王⑦，与随人盟而去⑧。于是始开濮地而有之⑨。

五十一年，周召随侯，数以立楚为王⑩。楚怒，以随背己，伐随⑪。武王卒师中而兵罢⑫。子文王熊赀立，始都郢⑬。

【注释】

①三十五年，楚伐随：三十五年，当周桓王十四年、鲁桓公六年，前706年。随，诸侯国名。姬姓。故城在今在湖北随县南。

②敝甲：破旧的铠甲。代指军队。这是谦辞。

③观中国之政:意即参与中原诸国的事务。

④请王室尊吾号:意谓请周提高楚的爵位。楚为子爵,是低等爵,故有此请。按,据《左传》,此年楚伐随,使薳章求成,其内容并无记载,或即要随请周尊其爵号。金履祥曰:"按《史记》所载,当是薳章求成之辞耳,春秋之世,冯凌诸夏,惟楚为甚,观熊通、薳章所言,则诸夏固有以自取也。"

⑤三十七年:当周桓王十六年、鲁桓公八年,前704年。

⑥率服:相率而服从,意即顺服、遵从。

⑦乃自立,为武王:泷川曰:"宜言自立为王。武字,谥号,后来史家所加。"另《管蔡世家》"自立为灵王"、《卫康叔世家》《郑世家》"自立为平王"、《司马穰苴列传》"自立为齐威王"皆同此例。王叔岷以为自称谥一例是《史记》固有,乃司马迁以后人口吻称其谥,非后人所加。

⑧与随人盟而去:《左传·桓公八年》载,夏,楚子会盟诸侯于沈鹿,随国没有参加。楚国讨伐随国,军队驻扎汉、淮之间,随侯出兵抵御,战于速杞,随师败绩。秋,随和楚讲和。则楚与随盟与其自立为王无关。

⑨于是始开濮地而有之:于是楚开始开发濮地并占有了濮地。按,这是楚扩张之始,所以特别写出。濮,地域名。在今湖北汉水之南。

⑩"五十一年"三句:泷川曰:"《左传》无此事。"五十一年,当周庄王七年、鲁庄公四年,前690年。数,数落,责备。

⑪以随背己,伐随:按,《左传·庄公四年》未记载楚此年伐随的原因。

⑫武王卒师中而兵罢:据《左传·庄公四年》,楚武王伐随前感到心慌,他的夫人邓曼叹曰:"王禄尽矣。盈而荡,天之道也。先君知之矣,故临武事,将发大命,而荡王心焉。若师徒无亏,王薨于行,国之福也。"楚武王果卒于军中。其令尹斗祁、莫敖屈重"除道梁溠,营军临随。随人惧,行成。莫敖以王命入盟随侯,且请为会于

汉汭而还，济汉而后发丧”。

⑬子文王熊赀（zī）立，始都郢（yǐng）：梁玉绳曰：“《左桓二年疏》谓：‘汉《地理志》从《史记》，文王徙郢，《世本》及《杜谱》云武王徙郢，未知孰是。’《春秋地名考略》云：‘《左昭二十三年》，沈尹戌曰：若敖、蚡冒至于武、文犹不城郢。’则居郢并不始武王，疑数世经营，至武、文始定耳。”郢，故城在今湖北荆州之纪南城。因在纪山之南，也称纪郢。如今，纪南城南北土城上各立一大石碑，“楚纪南故城”五字为郭沫若所书。童书业认为：“春秋时楚之郢都应在汉水中游一带，郢与丹阳亦尚相近。”

【译文】

武王三十五年，楚国讨伐随国。随人说：“我没有罪过。”楚人说：“我居处蛮夷之地。现在诸侯都背叛周王室，互相侵伐，有的还互相残杀。我有军队，想凭这个参与中原国家的政事，请周王室尊崇我封号。”随人为此前往周都，请周王加封楚，周王室不答应，随人回报楚人。

武王三十七年，楚熊通发怒说：“我的祖先鬻熊，是文王的老师，他去世得早。成王举用我的祖先，封给我们子男爵位的田地，让我们居住在楚地，蛮夷都服从，周王却不给我加封，我就自己加封。”于是自立为武王，与随人结盟后撤回。自此楚国开始开发濮地，并占有了濮地。

武王五十一年，周王召见随侯，斥责他拥立楚君为王。楚武王恼怒，以为随国背叛了自己，就征讨随国。武王死在军中，楚国罢兵回国。他的儿子文王熊赀继位，开始以郢为都城。

文王二年①，伐申，过邓，邓人曰“楚王易取”，邓侯不许也②。

六年，伐蔡，虏蔡哀侯以归③，已而释之④。楚强，陵江汉间小国⑤，小国皆畏之。

十一年，齐桓公始霸[⑥]，楚亦始大。

【注释】

①文王二年：当周庄王九年、鲁庄公六年，前688年。

②"伐申，过邓"四句：《左传·庄公六年》："楚文王伐申过邓，邓祁侯曰：'吾甥也。'止而享之。骓甥、聃甥、养甥请杀楚子，邓侯弗许。"申，诸侯国名。故城在今河南南阳北三十里。邓，诸侯国名。曼姓。故城在今湖北襄阳北。邓侯，即邓祁侯。顾栋高曰："申为南阳，天下之膂，光武所发迹处。是时齐桓未兴，楚横行南服，有丹阳迁郢，取荆州以立根基。……至灭申，遂北向以抗衡中夏。……自后灭吕，灭息，灭邓，南阳、汝宁之地悉为楚有，如河决鱼烂，不可底止，遂平步以窥周疆矣。故楚出师，则申、息为之先驱；守御，则申、吕为之藩蔽。城濮之败，而子玉羞见申、息之老；楚庄初立，而申、息之北门不启。子重欲取申、吕为赏田，而巫臣谓晋、郑必至于汉。申之系于楚，岂细故哉！"

③"六年"三句：据《左传·庄公十年》，息夫人回国省亲，路过蔡国，蔡侯对她不礼貌。息侯发怒，请求楚文王说："伐我，我求救于蔡而伐之。"楚遂伐蔡，虏蔡哀侯。六年，当周庄王十三年、鲁庄公十年、蔡哀侯十一年，前684年。蔡，诸侯国名。姬姓，故城在今河南上蔡。见《管蔡世家》。蔡哀侯，名献舞，一名季，前694—前675年在位。

④已而释之：《管蔡世家》云："哀侯留九岁，死于楚。"与此异。已而，随即，不久。释，放。

⑤陵：侵犯，欺侮。江汉间小国：指长江、汉水流域的随、绞、州、蓼、陨、罗等国。

⑥十一年，齐桓公始霸：是年，齐桓公会宋桓公、陈宣公、卫惠公、郑厉公于鄄，确立了霸主地位。十一年，当周釐王三年、鲁庄公十五

年、齐桓公七年,前679年。齐桓公,名小白,前685—前643年在位。任用管仲等人,励精图治,国力增强,最终“九合诸侯,一匡天下”,成为春秋五霸之首。其事详见《齐太公世家》。

【译文】

文王二年,攻打申国,路过邓国,邓人说“楚王容易擒获”,邓侯没允许。

文王六年,楚文王伐蔡,俘虏了蔡哀侯回来,随后又放了他。楚国强大,欺凌江汉一带的小国,小国都畏惧它。

文王十一年,齐桓公开始称霸,楚国也开始强大起来。

十二年,伐邓,灭之①。

十三年②,卒,子熊囏立,是为庄敖③。

庄敖五年④,欲杀其弟熊恽,恽奔随,与随袭弑庄敖代立,是为成王。

【注释】

①十二年,伐邓,灭之:十年前楚文王伐申过邓,邓人劝邓侯杀之,邓侯不听。楚文王伐申还即伐邓,是年又伐邓,灭之。十二年,当周釐王四年、鲁庄公十六年,前678年。

②十三年:当周釐王五年、鲁庄公十七年,前677年。杭世骏曰:“按《左传》,楚文王于鲁庄公五年即位,至十九年卒,在位共十五年,《世家》《年表》并不同。”

③庄敖:庄,当作“杜”或“壮”,“杜”与“壮”形近,复讹为“庄”,《十二诸侯年表》作“堵敖”可证。敖,楚国从武王称王立谥以后,对无谥号的君主称“敖”,不称“王”,与之前的“若敖”“霄敖”的情况则不同。

④庄敖五年:按,《史记》以庄敖立在鲁庄公十八年,鲁庄公二十二

年正是五年，是年当周惠王五年，为前672年；若据《左传》，文王卒于鲁庄公十九年，庄敖立于鲁庄公二十年，则是年当为庄敖三年。

【译文】

文王十二年，楚文王征伐邓国，灭了邓国。

文王十三年，去世，他的儿子熊囏继位，这就是庄敖。

庄敖五年，想杀他的弟弟熊恽，熊恽逃到随国，与随国袭击并杀死庄敖继位，这就是楚成王。

成王恽元年[①]，初即位，布德施惠，结旧好于诸侯。使人献天子[②]，天子赐胙[③]，曰："镇尔南方夷越之乱，无侵中国。"于是楚地千里。

【注释】

①成王恽元年：当周惠王六年、鲁庄公二十三年，前671年。

②献天子：向周天子进贡。金履祥曰："按春秋之中，凡篡弑之人，必求列于诸侯之会盟，以定其位，或赂王室而请命焉。楚之不王久矣，熊恽弑其君兄而自立，故修好诸侯，入献天子以自文也。其后十有五年，齐桓责包茅之不入，则定位之后，跋扈如故可知矣。"

③赐胙（zuò）：周天子赐祭祀用的供肉给楚王，表示嘉许、奖赏，意即承认楚的霸主地位。胙，祭祀用的肉。

【译文】

成王熊恽元年，刚即君位，他遍行德政，广施恩惠，与诸侯重修旧好。派人向周天子进贡礼物，周天子赐给他胙肉，说："平定南方诸夷百越的叛乱，不要侵犯中原国家。"这时楚国地域达到千里。

十六年，齐桓公以兵侵楚，至陉山[①]。楚成王使将军屈完以兵御之[②]，与桓公盟。桓公数以周之赋不入王室，楚许之，乃去[③]。

十八年，成王以兵北伐许[④]，许君肉袒谢[⑤]，乃释之。

二十二年，伐黄[⑥]。

二十六年，灭英[⑦]。

三十三年，宋襄公欲为盟会，召楚[⑧]。楚王怒曰："召我，我将好往袭辱之[⑨]。"遂行，至盂，遂执辱宋公，已而归之[⑩]。

三十四年，郑文公南朝楚[⑪]。楚成王北伐宋，败之泓，射伤宋襄公，襄公遂病创死[⑫]。

三十五年，晋公子重耳过，成王以诸侯客礼飨，而厚送之于秦[⑬]。

【注释】

①"十六年"三句：齐桓公与夫人蔡姬戏船中。蔡姬习水，晃荡船，惹得齐桓公惊惧，恼羞成怒，于是将其遣送回蔡，蔡嫁之，齐桓公以此为借口伐蔡，顺势伐楚。其事详见《齐太公世家》。十六年，当周惠王二十一年、鲁僖公四年、齐桓公三十年，前656年。陉（xíng）山，在今河南郾城南，乃险要之地。

②楚成王使将军屈完以兵御之：据《左传・僖公四年》，屈完此去是求盟，与《史记》异。屈完，楚大夫。御，抵御，抵抗。

③"桓公数以周之赋不入王室"三句：此即为孔子盛赞之"召陵之盟"，其事详见《齐太公世家》及《左传・僖公四年》。齐桓公率诸侯伐楚，责之以包茅不贡及周昭王南征不返事，楚人答应以后继续贡献包茅。齐桓公与屈完观诸侯之师，欲用武力威吓楚国，屈完说："君若以德绥诸侯，谁敢不服？君若以力，楚国方城以为城，汉水以为池，虽众，无所用之。"齐桓公因与楚盟而退兵。此

后，楚成王、楚穆王，直至楚庄王，相当长的时期，将楚国进攻的矛头转向了东北方向的江淮平原。"召陵之盟"确实在一定程度上阻止了楚国的向北进军。但"召陵之盟"并没有给楚以实质的打击。今河南郾城有召陵故城，在召陵乡召陵村四周，即齐、楚"召陵之盟"所在地。数，责备。周之赋，指向周交纳的苞茅之类的贡品。

④十八年，成王以兵北伐许：前一年，郑国投靠楚国，诸侯伐郑，故此年楚国围许以救郑。十八年，当周惠王二十三年、鲁僖公六年，前645年。许，诸侯国名。姜姓。故城在今河南许昌东。

⑤肉袒：解衣露体，表示服罪。《左传·僖公六年》："许男面缚衔璧，大夫衰绖，士舆榇。"司马迁以"肉袒"二字概括之。谢：谢罪。

⑥二十二年，伐黄：楚国伐黄之役，《左传》《十二诸侯年表》均在二十三年，二十四年灭之。二十二年，当周襄王二年、鲁僖公十年，前650年。黄，古国名。嬴姓。在今河南潢川西北。

⑦二十六年，灭英：梁玉绳曰："英即英氏，其灭未知何时，然考楚成王二十六年，当鲁僖公十四年，而僖十六年《春秋》云'齐人、徐人伐英氏'，则此误书灭英，亦明矣。反复参详，此乃是灭黄之误，原属二十四年事，错书于二十六年耳。"二十六年，当周襄王六年、鲁僖公十四年，前646年。英，古国名。在今安徽英山县。

⑧"三十三年"三句：宋襄公想做霸主，故召集齐孝公、楚成王盟于鹿上。三十三年，当周襄王十三年、鲁僖公二十一年、宋襄公三十三年，前639年。宋襄公，名兹父，前650—前637年在位。

⑨好往：以和好往会。

⑩"至盂"三句：据《左传·僖公二十一年》，春，宋为鹿上之盟以求诸侯于楚，楚许之；秋，盂之会执宋襄公；冬，会于薄而释之。无楚成王"怒曰"之事，盖司马迁臆想之言。盂，即今河南睢县盂亭。

⑪三十四年，郑文公南朝楚：三十四年，当周襄王十四年、鲁僖公二

十二年、郑文公三十五年,前638年。郑文公,名捷,前672—前628年在位。

⑫"楚成王北伐宋"四句:此即"泓之战"。鲁僖公二十二年,宋伐郑,楚人伐宋救郑,与宋战于泓。宋襄公被楚打败,重伤生病而死。"泓水之战"是楚第一次与中原国家交战,自此至"城濮之战"的近十年间,中原再无国家与楚抗衡。详见《宋微子世家》及《左传·僖公二十二年》。泓,水名。在今河南柘城西北。

⑬"三十五年"四句:重耳自鲁僖公五年被迫出奔,至今已十八年,是年,晋惠公卒,重耳至楚,希望借助楚的力量回国争夺君位。三十五年,当周襄王十五年、鲁僖公二十三年、秦穆公二十三年,前639年。重耳,晋献公之子,即日后的晋文公,前636—前628年在位。其事详见《晋世家》。以诸侯客礼飨(xiǎng),竹添光鸿引《晋语》曰:"楚成王以周礼享之,九献,庭实旅百。"飨,用酒食待人。

【译文】

成王十六年,齐桓公率领军队侵犯楚国,到达陉山。成王派将军屈完率兵抵御,与齐桓公结盟。齐桓公责备楚国不向周王室缴纳贡赋,楚国答应日后进贡,齐桓公才撤兵而去。

成王十八年,率兵北伐许国,许国国君脱掉上衣露出臂膀向楚国谢罪,才被放过。

成王二十二年,讨伐黄国。

成王二十六年,灭亡英国。

成王三十三年,宋襄公想召集会盟,召唤楚王。成王发怒说:"他竟敢召唤我,我要以和好前往赴会,趁机袭击羞辱他。"于是出发赴会,到达盂地,就虏获羞辱了宋襄公,随后把他放回去。

成王三十四年,郑文公南去朝见楚王。成王北伐宋国,在泓水边上大败宋国,射伤了宋襄公,宋襄公因负伤而病死了。

成王三十五年,晋公子重耳路过楚国,成王用诸侯的礼节设酒宴款待他，赠予厚礼送他去了秦国。

三十九年，鲁僖公来请兵以伐齐[①]，楚使申侯将兵伐齐，取穀[②]，置齐桓公子雍焉[③]。齐桓公七子皆奔楚，楚尽以为上大夫[④]。灭夔，夔不祀祝融、鬻熊故也[⑤]。

夏，伐宋[⑥]，宋告急于晋，晋救宋[⑦]，成王罢归[⑧]。将军子玉请战[⑨]，成王曰："重耳亡居外久，卒得反国，天之所开，不可当[⑩]。"子玉固请，乃与之少师而去[⑪]。晋果败子玉于城濮[⑫]。成王怒，诛子玉[⑬]。

【注释】

①三十九年，鲁僖公来请兵以伐齐：齐屡次侵犯鲁国，鲁国于是派公子遂与臧文仲到楚国乞师伐齐。此事在《左传·僖公二十六年》，楚成王三十八年。泷川曰："'三十九年'，当作'三十八年'。"三十九年，当周襄王十九年、鲁僖公二十七年、齐孝公十年，前633年。鲁僖公，名申，前659—前627年在位。

②穀：在今山东东阿旧治东阿镇。

③置齐桓公子雍焉：楚国将公子雍安置在穀邑。子雍，名雍，齐桓公之子，与其兄争权被赶出。

④齐桓公七子皆奔楚，楚尽以为上大夫：《左传》记此事在僖公二十六年。其事详见《齐太公世家》及《左传·僖公二十六年》。

⑤灭夔（kuí），夔不祀祝融、鬻熊故也：《正义佚文》："楚以其不祀祝融、鬻熊，使斗宜申帅师灭夔，以夔子归是也。"夔，楚熊挚之后，在今湖北秭归东。

⑥夏，伐宋：楚、陈、蔡、许、郑围宋，这是城濮之战的导火索。梁玉绳曰："此上缺书'三十九年'，但《春秋》围宋在冬。"

⑦晋救宋:梁玉绳曰:“此(晋救)上缺书‘四十年’。”其事见《左传》僖公二十七、二十八年。

⑧成王罢归:《左传》作“楚子入居于申,使申叔去穀,使子玉去宋”。

⑨子玉:即成得臣,因伐陈有功,被子文荐为令尹。

⑩天之所开,不可当:《左传·僖公二十八》载楚成王言曰:“无从晋师。晋侯在外十九年矣,而果得晋国,险阻艰难备尝之矣,民之情伪尽知之矣。天假之年,而除其害,天之所置,其可废乎?《军志》曰:‘允当则归。’又曰:‘知难而退。’又曰:‘有德不可敌。’此三志者,晋之谓矣。”开,开启的福运。当,阻挡,抵挡。

⑪与之少师:楚成王不想与晋作战,子玉不听,楚成王怒,只给他少量军队。《左传·僖公二十八年》载:“惟西广、东宫及若敖之六卒实从之。”

⑫晋果败子玉于城濮:其事详见《左传·僖公二十八年》及《晋世家》。城濮,在今山东鄄城西南。

⑬成王怒,诛子玉:城濮战败后,子玉自杀。晋文公听到子玉死讯后,高兴地说:“莫余毒也已。”

【译文】

成王三十九年,鲁僖公前来借兵讨伐齐国,成王派申侯率兵伐齐,夺取了穀邑,把齐桓公的儿子雍安置在那里。齐桓公的七个儿子都逃到楚国,成王都让他们做了上大夫。楚国灭亡夔国,因为夔国不祭祀祖先祝融、鬻熊的缘故。

夏天,楚国攻打宋国,宋国向晋国告急,晋国援救宋国,成王准备罢兵撤回。将军子玉却请求迎战,成王对他说:“重耳流亡在外很久了,最终得以返国,这是上天为他开启了福运之路,不可对抗他。”子玉坚决请战,成王就给了他少量的军队而撤兵回国。晋国果然在城濮打败了子玉。成王大怒,杀了子玉。

四十六年[①]，初，成王将以商臣为太子，语令尹子上[②]。子上曰："君之齿未也[③]，而又多内宠，绌乃乱也[④]。楚国之举，常在少者[⑤]。且商臣蜂目而豺声，忍人也，不可立也。"王不听，立之。后又欲立子职而绌太子商臣[⑥]。商臣闻而未审也[⑦]，告其傅潘崇曰："何以得其实？"崇曰："飨王之宠姬江芈而勿敬也[⑧]。"商臣从之。江芈怒曰："宜乎王之欲杀若而立职也[⑨]。"商臣告潘崇曰："信矣[⑩]。"崇曰："能事之乎？"曰："不能。""能亡去乎？"曰："不能。""能行大事乎[⑪]？"曰："能。"冬十月，商臣以宫卫兵围成王。成王请食熊蹯而死[⑫]，不听。丁未，成王自绞杀[⑬]。商臣代立，是为穆王。

【注释】

①四十六年：当周襄王二十六年、鲁文公元年，前626年。

②语（yù）：告诉。令尹：官名。楚国最高执政官，协助楚王治理全国军政事务。泷川曰："庄四年《左传》，楚武王臣有令尹斗祁，莫敖屈重，令尹之名始见于此。其职当国，长于诸尹，在莫敖上，盖武王所创置，他国未闻。"顾栋高云："其官大都以公子或嗣君为之，他人莫得与也。"

③齿未：指年龄还小。齿，年龄。

④绌：通"黜"，废黜，贬退。

⑤楚国之举，常在少者：楚国立太子，常常选取年岁小的。举，指立太子。

⑥职：商臣庶弟其名。

⑦审：打听清楚。

⑧飨王之宠姬江芈（mǐ）而勿敬也：宴请大王的宠姬江芈但不要尊敬她，以此激怒她让她泄漏真情。《左传》作"享江芈而勿敬也"。

飨，拿酒食招待人。江芈，杜预曰："成王妹嫁于江。"则是成王之妹，非宠姬。

⑨宜乎王之欲杀若而立职也：王引之云："《韩子·内储说下》及《史通·言语》篇作'废'，是也。上言'黜商臣'，下言'能事诸乎'，则此文本作'废汝而立职'明矣。若商臣被杀，又谁事王子职乎？《列女传·节义传》载此事曰：'大子知王之欲废之也，遂兴师围王宫。'亦其一证也。若是'杀'字，则与上下文不合。"

⑩信：确实，的确。

⑪大事：指弑楚成王夺位之事。

⑫成王请食熊蹯（fán）而死：《集解》引杜预曰："熊掌难熟，冀久将有外救之也。"楚成王想借此拖延时间，以待救援。熊蹯，熊掌。

⑬丁未，成王自绞杀：《左传·文公元年》曰："丁未，王缢。谥之曰灵，不瞑；曰成，乃瞑。"丁未，十月十八日。

【译文】

成王四十六年，当初，成王要立商臣为太子，告诉了令尹子上。子上说："您年纪还轻，宫里又有许多宠姬，立了再废黜就会出乱子。楚国立的太子，通常是小儿子。而且商臣眼睛像毒蜂，声音像豺狼，是个残忍之人，不可立为太子。"成王不听，立商臣做了太子。后来成王又想立子职为太子而废黜商臣。商臣听到这个消息但不能确定，就告诉了他的师傅潘崇，问："用什么方法才能得到确实的情况呢？"潘崇说："宴请大王的宠姬江芈，但对她不要恭敬。"商臣按他的话去做。江芈发怒地说："大王想杀了你去立职为太子，真是太应该了。"商臣告诉潘崇说："消息确实是真的。"潘崇问："你能俯首奉事王子职吗？"商臣说："不能。""能逃离吗？"商臣说："不能。""能做弑君的大事吗？"商臣说："能。"冬十月，商臣用太子宫中的卫队围攻成王。成王请求吃过熊掌再死，商臣不答应。丁未日，成王自缢而死。商臣接替继位，这就是楚穆王。

穆王立，以其太子宫予潘崇①，使为太师②，掌国事。

穆王三年，灭江③。

四年，灭六、蓼④。六、蓼，皋陶之后⑤。

八年，伐陈⑥。

十二年⑦，卒。子庄王侣立。

【注释】

①太子宫：《左传》作"太子之室"。室，当时诸侯的领地、封爵与其人众称"国"，大夫的领地、封爵与其人众称"室"或"家"。

②太师：官名。位列三公之首。

③穆王三年，灭江：穆王三年，当周襄王二十九年、鲁文公四年，前623年。江，诸侯国名。今河南信阳罗山有江国故城。

④四年，灭六、蓼（liǎo）：《左传·文公五年》："六人叛楚即东夷，秋，楚成大心、仲归帅师灭六。冬，楚子燮灭蓼。"四年，当周襄王三十年、鲁文公五年，前622年。六，诸侯国名。故城在今安徽六安北。蓼，诸侯国名。故城在今河南固始东。

⑤六、蓼，皋陶（yáo）之后：杜预曰："蓼与六，皆皋陶后也。"泷川曰："文五年《左传》……臧文仲闻六与蓼灭，曰：'皋陶、庭坚，不祀忽诸。'盖六，皋陶之后；蓼，庭坚之后。庭坚，八凯之一，与皋陶别人，史公合之为一，误。文十八年《左传》杜注，庭坚即皋陶字，亦袭史公谬。"皋陶，一作"咎陶"，《汉书》又作"咎繇"，相传为东夷族首领，曾被舜任为执掌刑法的官。

⑥八年，伐陈：八年，当周顷王元年、鲁文公九年、陈共公十四年，前618年。陈，诸侯国名。妫姓。周武王灭商后所封，相传是舜的后代，胡公满为其开国君主。故城在今河南淮阳。

⑦十二年：当周顷王五年、鲁文公十三年，前614年。

【译文】

穆王继位，把他做太子时的宫室给了潘崇，任命他做太师，掌管国家政务。

穆王三年，灭亡江国。

穆王四年，灭亡六、蓼两国。六国和蓼国，都是皋陶的后代。

穆王八年，讨伐陈国。

穆王十二年，去世。他的儿子庄王侣继位。

庄王即位三年，不出号令[①]，日夜为乐，令国中曰："有敢谏者死，无赦！"伍举入谏[②]。庄王左抱郑姬，右抱越女，坐钟鼓之间。伍举曰："愿有进。"隐曰[③]："有鸟在于阜[④]，三年不蜚不鸣[⑤]，是何鸟也？"庄王曰："三年不蜚，蜚将冲天；三年不鸣，鸣将惊人。举退矣，吾知之矣[⑥]。"居数月，淫益甚。大夫苏从乃入谏[⑦]。王曰："若不闻令乎？"对曰："杀身以明君[⑧]，臣之愿也。"于是乃罢淫乐，听政，所诛者数百人，所进者数百人，任伍举、苏从以政，国人大说[⑨]。是岁灭庸[⑩]。

六年，伐宋，获五百乘[⑪]。

【注释】

①即位三年，不出号令：梁玉绳曰："文十六年《传》，庄王二年，尝乘驲会师而灭庸矣，何言三年无令乎？"

②伍举：因封在椒邑，又名"椒举"，是伍子胥的祖先。王应麟曰："庄王时有嬖人伍参，其子伍举在康王时。康王，庄王之孙。"

③隐：隐辞，谜语。

④阜：土山。

⑤蜚：通"飞"。

⑥吾知之矣：王应麟曰："《吕氏春秋·审应览》云：'荆庄王立三年，不听而好讔，成公贾入见曰：愿与君王讔。'《新序》云'士庆'，然则非伍举也。"按，此事又见于《滑稽列传》。

⑦苏从：楚大夫。

⑧杀身以明君：意谓自己死了而能使国君醒悟。明，使明白，使醒悟。

⑨国人大说：《韩非子》等先秦文献无苏从进谏事。泷川曰："《韩非·喻老》篇，'伍举'作'右司马'，且云：'处半年，乃自听政，所废者十，所起者九，诛大臣五，举处士六，而邦大治，举兵诛齐，败之徐州，胜晋于河雍，合诸侯于宋，遂霸于天下。'《吕览·重言》：'明日朝，所进者五人，所退者十人，群臣大说，荆国之众相贺也。'与此不同。"

⑩是岁灭庸：是岁，指楚庄王三年，当周匡王二年、鲁文公十六年，前611年。

⑪"六年"三句：此事《左传》在鲁宣公二年，即楚庄王七年。楚命郑公子归生伐宋，"宋华元、乐吕御之。二月壬子，战于大棘，宋师败绩。囚华元，获乐吕及甲车四百六十乘，俘二百五十人，馘百人"。六年，当周匡王五年、鲁宣公元年、宋文公三年，前608年。

【译文】

庄王即位三年，不发布政令，日夜寻欢作乐，还向国内的臣民下令说："有敢进谏的，就处死，决不宽赦！"伍举入宫进谏。庄王左手抱着郑姬，右手搂着越女，坐在钟鼓之间。伍举说："希望能向您进言一条隐语。"说道："高岗上有只鸟，三年不飞也不叫，这是什么鸟呢？"庄王说："三年不飞，飞起来就会直冲云天；三年不叫，叫起来就能震惊人间。你退下去吧，我明白你要说什么了。"过了几个月，庄王的享乐更加无节制了。大夫苏从于是入宫进谏。庄王说："你没听到我的禁令吗？"苏从回答说："杀死我而能让您醒悟，这是我所愿意的。"庄王于是停止淫逸作乐，听政理事，诛杀了数百奸邪之臣，提拔了数百忠贞之臣，任用伍举、苏从参与国政，国人非常高兴。这年楚国灭掉了庸国。

庄王六年，攻打宋国，缴获兵车五百乘。

八年，伐陆浑戎，遂至洛，观兵于周郊[①]。周定王使王孙满劳楚王[②]。楚王问鼎小大轻重[③]，对曰："在德不在鼎。"庄王曰："子无阻九鼎[④]！楚国折钩之喙，足以为九鼎[⑤]。"王孙满曰："呜呼！君王其忘之乎？昔虞夏之盛[⑥]，远方皆至，贡金九牧[⑦]，铸鼎象物[⑧]，百物而为之备，使民知神奸[⑨]。桀有乱德，鼎迁于殷，载祀六百[⑩]。殷纣暴虐，鼎迁于周。德之休明，虽小必重[⑪]；其奸回昏乱，虽大必轻[⑫]。昔成王定鼎于郏鄏[⑬]，卜世三十，卜年七百[⑭]，天所命也。周德虽衰，天命未改。鼎之轻重，未可问也[⑮]。"楚王乃归。

【注释】

①"八年"四句：事在周定王元年、鲁宣公三年，前606年。陆浑戎，居于陆浑的戎人，允姓。陆浑，在今河南嵩县西北。一说在嵩县东北。洛，水名。流经今河南西北部，在洛阳东北入黄河。观兵，显示武力。周郊，周的都城边上。时周都洛阳。

②周定王：名瑜，前608—前586年在位。王孙满：姬姓，名满，一说是周共王的后裔。周朝大夫。劳：慰劳。

③楚王问鼎小大轻重：杜预曰："示欲逼周取天下。"鼎，即九鼎。相传夏禹时用九州进贡的铜铸成，以代表九州，天子的象征，为三代传国之宝。

④子无阻九鼎：你们不要依恃九鼎。阻，依仗，依恃。

⑤折钩之喙（huì），足以为九鼎：《正义》曰："凡戟有钩。喙，钩口之尖也。言楚国戟之钩口尖有折者，足以为鼎，言鼎之易得也。"中

井积德曰："戈戟，钩兵也，此钩即戈戟之大名也。喙者，戈戟之末尖如喙。足为鼎，谓楚国之大，兵甲之多也，且鼎不足贵耳。"马骕曰："问鼎亦窥之渐，故王孙满阻之甚力耳。至折钩之语，恐是太史公所增。"龟井昱曰："陈大军以耀威武，庄王之豪气可想，史迁折钩之言，必有所传。"

⑥虞：相传为舜受尧禅让后建立的国家，都于蒲坂，故城在今山西永济东南。此指舜。夏：禹建立的国家。此指夏禹。

⑦贡金九牧：九州之长皆来贡献青铜。《集解》引服虔曰："使九州之牧贡金。"金，指铜。九牧，九州之长。牧，为一州之长。

⑧铸鼎象物：铸成宝鼎，上面有各种物体的形象。贾逵曰："象所图物著之于鼎。"

⑨使民知神奸：杜预曰："图鬼神百物之形，使民逆备之也。"神奸，指能害人的鬼神怪异之物。

⑩载祀六百：可以享国六百年。过去殷代享年有三说，《三统历》记载为629年，《竹书纪年》载496年，《殷历》载458年；今《夏商周年表》认为商自前1600—前1046年，共554年。载、祀，二词同义，皆谓年。

⑪德之休明，虽小必重：意即如果一个王朝政治措施美好清明，鼎即使小也重而难移。休，美善。明，清明。

⑫其奸回昏乱，虽大必轻：意即如果政治奸邪昏乱，鼎即使大也轻而易失。奸，奸恶邪僻。回，奸邪。

⑬郏鄏（jiá rǔ）：杜预曰："今河南也，河南县西有郏鄏陌。武王迁之，成王定之。"在今河南洛阳西部之王城公园一带。周公旦为周成王所筑之都城。

⑭卜世三十，卜年七百：占卜得知周应当传国三十代，享国七百年。王孙满乃周大夫，不可能自云国家灭亡的时间，类似的话当是后人编造的。

⑮鼎之轻重，未可问也：以上王孙满对楚庄王事，见《左传·宣公三年》与《周本纪》。

【译文】

庄王八年，攻打陆浑戎，于是到了洛邑，在周朝的都城外阅兵炫耀武力。周定王派王孙满慰劳庄王。庄王询问九鼎的大小轻重，王孙满说："王朝的兴衰，在于君王的德政，不在于鼎的大小轻重。"庄王说："你们不要依恃九鼎！楚国折下长戟的钩尖就足以铸成九鼎。"王孙满说："唉！大王难道忘了吗？从前虞夏兴盛时，远方的诸侯都来朝拜，九州的长官贡献金属，铸造成九鼎，在鼎上铸上自己地区出产以及本地区所有的奇特之物，因此天地间各种物类鼎上齐备，人们从鼎上能识别一切神圣与邪恶的东西。夏桀德行败坏，九鼎迁到了殷朝，殷朝享国六百年。殷纣王暴虐无道，九鼎迁到了周朝。如果一个王朝政治措施美好清明，鼎即使小也重而难移；如果奸邪昏乱，鼎即使大也轻而易失。当初成王在郏鄏安置九鼎时，占卜得知周传国三十代，享国七百年，这是天命所决定的。现在周室的德业虽然衰败，但天命还没改变。鼎的轻重，还不能问。"庄王于是撤兵回国。

九年[①]，相若敖氏[②]。人或谗之王，恐诛，反攻王，王击灭若敖氏之族[③]。

十三年，灭舒[④]。

十六年，伐陈，杀夏徵舒[⑤]。徵舒弑其君，故诛之也。已破陈，即县之。群臣皆贺，申叔时使齐来[⑥]，不贺。王问，对曰："鄙语曰[⑦]：'牵牛径人田[⑧]，田主取其牛。'径者则不直矣[⑨]，取之牛，不亦甚乎[⑩]？且王以陈之乱而率诸侯伐之，以义伐之而贪其县，亦何以复令于天下！"庄王乃复国陈后[⑪]。

【注释】

①九年：当周定王二年、鲁宣公四年，前604年。

②若敖氏：楚王族旁枝，常为执政大臣。

③王击灭若敖氏之族：据《左传·宣公四年》越椒先后谗杀子扬、蒍贾，“遂处烝野，将攻王。王以三王之子为质焉，弗受。……秋七月戊戌，楚子与若敖氏战于皋浒”，终灭若敖氏。梁玉绳曰：“越椒杀司马蒍贾，因而攻王，非畏谗而反也。”童书业曰：“若敖氏之乱在楚庄时，此时楚势全盛，然大夫专权亦萌于此。如若敖氏不灭，楚政将亦下移，为晋之续。春秋中后期之形势将丕变矣。观若敖氏之乱，子越专杀大臣，以其族攻王，王以三王之子为质且弗受，意图篡弑矣，谓春秋时楚国贵族不专横，殊不合事实也。”

④十三年，灭舒：泷川曰：“《年表》‘舒’下有‘蓼’字。宣公八年《左传》云：‘楚为众舒叛，故伐舒蓼，灭之。’‘众舒’犹言‘群舒’，舒蓼即群舒之一，与穆四年所灭蓼自别，故此止曰‘舒’。”十三年，当周定王六年、鲁宣公八年，前601年。舒，古国名。故城在今安徽舒城。

⑤“十六年”三句：上一年（前599），陈灵公与孔宁、仪行父与夏徵舒之母夏姬私通，侮辱夏徵舒，夏徵舒怒弑陈灵公，自立。孔宁、仪行父奔楚，楚遂在此年伐陈。十六年，当周定王九年、鲁宣公十一年、陈成公元年，前598年。夏徵舒，陈国大夫。

⑥申叔时：楚国大臣。

⑦鄙语：俗语。

⑧径人田：意指穿过、践踏别人的农田。径，取道。

⑨直：正当，合理。

⑩甚：过分。

⑪复国陈后：重新立陈太子为国君。后，君主。

【译文】

庄王九年，任用若敖氏的斗椒为相。有人向庄王进他的谗言，斗椒怕被诛杀,反过来攻击庄王,庄王打败斗椒并诛灭了若敖氏一族。

庄王十三年,灭亡舒国。

庄王十六年,讨伐陈国,杀死夏徵舒。夏徵舒弑杀了陈国国君,所以庄王要诛杀他。庄王攻破陈国后,就将陈国设为楚国的一个县。大臣们都来祝贺,申叔时出使齐国归来,未表示祝贺。庄王问他缘故,他回答说:"俗话说:'牵着牛穿过人家的田地,踩了人家的庄稼,田主夺走了牛。'踩了人家庄稼当然理亏,但因此夺走了牛,不也太过分了吗?况且大王因为陈国的内乱才率领诸侯去讨伐它,凭借道义去讨伐,却又贪图土地将它设为自己的县,又怎能再号令天下呢!"庄王于是恢复陈国,扶立了陈君的太子为国君。

十七年春,楚庄王围郑①,三月克之②。入自皇门③,郑伯肉袒牵羊以逆④,曰:"孤不天⑤,不能事君,君用怀怒⑥,以及敝邑,孤之罪也。敢不惟命是听!宾之南海⑦,若以臣妾赐诸侯⑧,亦惟命是听。若君不忘厉、宣、桓、武⑨,不绝其社稷,使改事君,孤之愿也,非所敢望也。敢布腹心⑩。"楚群臣曰:"王勿许⑪。"庄王曰:"其君能下人⑫,必能信用其民,庸可绝乎⑬!"庄王自手旗,左右麾军⑭,引兵去三十里而舍⑮,遂许之平⑯。潘尪入盟,子良出质⑰。夏六月,晋救郑,与楚战,大败晋师河上⑱,遂至衡雍而归⑲。

【注释】

①十七年春,楚庄王围郑:郑与楚盟于辰陵,又徼事于晋,楚于是围郑。十七年,当周定王十年、鲁宣公十二年、郑襄公八年,前597年。

②三月克之:据《左传·宣公十二年》,楚子围郑十七日,郑人"卜临于大宫,且巷出车,吉。国人大临,守陴者皆哭。楚子退师,郑人

修城，进复围之，三月克之"。

③皇门：贾逵曰："郑城门。"何休曰："郭门也。"

④郑伯：郑襄公，名坚，前604—前587年在位。肉袒牵羊：袒衣露体示臣服，牵羊示为臣仆。逆：迎。

⑤孤不天：我不奉承上天的意旨。

⑥用：因，以。

⑦宾（bìn）：通"摈"，摈弃。此指流放。

⑧若以臣妾赐诸侯：或者作为奴仆赏赐给其他诸侯，意即灭亡郑国。《左传·宣公十二年》原文为："其翦以赐诸侯使臣妾之。"若，或者。臣妾，指奴仆。男仆为"臣"，女奴为"妾"。

⑨若君不忘厉、宣、桓、武：厉、宣、桓、武，指周厉王、周宣王、郑桓公、郑武公。郑国始祖郑桓公姬友，是周厉王少子，周宣王庶弟，为周宣王所封。郑桓公之子为郑武公。杜预曰："周厉王、宣王，郑之所自出也。郑桓公、武公，始封之贤君也。"意即看在郑国祖先及贤君面上。

⑩布腹心：即表白心意。

⑪王勿许：《左传·宣公十二年》曰："不可许也，得国无赦。"

⑫能下人：能居人之下，即向楚国卑恭谦下。

⑬庸：岂，哪里。

⑭庄王自手旗，左右麾（huī）军：楚庄王亲自手挥旗帜，左右指挥军队。手，手举。麾，指挥。

⑮引兵去三十里而舍：退兵三十里驻扎下来。这是尊重郑国的表现，表示不与郑结城下之盟。引兵，率兵，带领军队。舍，驻扎。

⑯遂许之平：以上郑人降楚，楚又许之媾和事，详见《左传·宣公十三年》，而"庄王自手旗，左右麾军"云云，取自《公羊传》。平，讲和，媾和。

⑰潘尪（wāng）入盟，子良出质：潘尪入城与郑人结盟，郑襄公的弟

弟子良到楚国做人质。潘尪，楚大夫。子良，郑伯之弟。

⑱大败晋师河上：此即“邲之战”。在这次战役中，晋主帅荀林父指挥不力，其他将佐各行其是，而楚则抓住时机，一战成功。晋军狼狈败退，争渡黄河，伤亡惨重，“舟中之指可掬”。这是晋、楚双方自城濮之战以来的又一次大战，楚以压倒优势战胜晋国，成为霸主。河上，黄河边上，指邲邑，故城在今郑州圃田乡之古城村、东周村一带。

⑲衡雍：在今河南原阳西。

【译文】

庄王十七年春，庄王围攻郑国，三个月攻克了它。庄王从皇门进入郑伯都城，郑伯脱去上衣袒露着臂膀，牵着羊迎接庄王，说：“我不奉承上天的意旨，不能事奉您，您因此满怀愤怒，来到我们破敝之邑，这是我的罪过。我怎敢不听从您的命令呢！您即使把我放逐到南海，或者把我当作奴仆赐给其他诸侯，我也都听从您的命令。您若看在周厉王、周宣王和我们桓公、武公的份上，不灭绝他们的国家，让我改而事奉您，这是我的愿望，但不敢有此奢望。我斗胆说出了心里话。”楚国的群臣说：“大王不要答应他。”庄王说：“郑君既然能对人屈尊谦卑，一定能诚信用人，怎么可以断绝郑国的祭祀呢！”庄王亲自手挥旗帜，左右指挥军队，领兵后退三十里安营，然后答应与郑国讲和。潘尪入城与郑人结盟，郑襄公的弟弟子良到楚国做人质。夏季六月，晋国援救郑国，与楚军交战，楚军在黄河南岸的邲大败晋师，乘势向北推进到衡雍才返回。

二十年，围宋，以杀楚使也①。围宋五月，城中食尽，易子而食，析骨而炊②。宋华元出告以情。庄王曰：“君子哉！”遂罢兵去③。

二十三年，庄王卒④，子共王审立。

【注释】

①“二十年”三句：据《左传·宣公十四年》：楚庄王故意派出与宋有矛盾的申舟使齐，命他在经过宋境时不用向宋借道。宋华元执杀使者，楚于是大举攻宋。二十年，当周定王十三年、鲁宣公十五年、宋文公十七年，前594年。以，因为。

②易子而食，析骨而炊：交换孩子杀了吃掉，把尸骨拆开来，用作燃料烧饭。易，交换。析，分，劈开。

③遂罢兵去：据《左传·宣公十五年》，楚围宋五个月，久攻不下，双方都很困难。“宋人惧，使华元夜入楚师，登子反之床，起之，曰：‘寡君使元以病告，曰，敝邑易子而食，析骸以爨，虽然，城下之盟，有以国毙，不能从也。去我三十里，惟命是听。’子反惧，与之盟，而告王，退三十里，宋及楚平。华元为质。”与此处记载不同，更具传奇性。又见《宋微子世家》。又，楚伐宋事，跨鲁宣公十四、十五两年。楚于十四年九月出兵，十五年春与宋盟，《史记》都记于十五年。

④二十三年，庄王卒：童书业曰：“穆王卒，庄王初即位，楚势稍衰，屡生内乱，外患亦甚亟。文十六年，楚大饥，庸及群蛮等伐楚，楚国一度危殆，而上下同心，会合秦、巴灭庸，并服群蛮。宣元年楚、郑遂合兵侵陈、宋，与晋争霸，晋已‘不竞于楚’。宣二年，郑公子归生受命于楚伐宋，战于大棘，宋师败绩，是亦楚人之捷也。及赵氏弑灵公，晋因内乱，势亦衰，楚庄伐陆浑之戎，竟观兵于周疆（宣三年）。次年，楚有若敖氏之乱，既平，楚又三伐郑，‘取成而还’，又灭舒、蓼（宣八年），盟吴、越，势亦张。宣十一年，楚遂入陈，次年围郑，大败晋师于邲，又灭萧以胁宋。宣十四年，楚人围宋，晋弗能救，鲁、宋皆与楚平，楚庄霸业至此告成。鲁宣十八年，鲁使如楚，乞师伐齐。楚庄王卒，楚师不出，既而用晋师。成二年，楚人以大军救齐侵卫伐鲁，于是楚、鲁、蔡、许、秦、宋、陈、卫、郑、

齐、曹、邾、薛、鄫十四国盟于蜀，是行也，‘晋辟楚，畏其众也’，盖为楚霸之极盛矣。”二十三年，当鲁宣公十八年，前591年。

【译文】

庄王二十年，楚国围攻宋国，因为宋国杀了楚国使者。楚国包围宋国五个月，宋国都城中粮食吃光，人们只能交换孩子来吃，把人的骸骨劈开来当柴烧。宋国华元出城告诉楚王城里的真实情况。庄王说：“真是君子啊！”于是罢兵而去。

庄王二十三年，去世，他的儿子共王审继位。

共王十六年，晋伐郑①。郑告急，共王救郑。与晋兵战鄢陵②，晋败楚，射中共王目③。共王召将军子反。子反嗜酒④，从者竖阳榖进酒，醉⑤。王怒，射杀子反⑥，遂罢兵归⑦。

【注释】

①共王十六年，晋伐郑：楚赂郑以汝阴之田，郑叛晋，故晋伐郑。此即鄢陵之战的前奏。共王十六年，当周简王十一年、鲁成公十六年、晋厉公六年、郑成公九年，前575年。

②与晋兵战鄢陵：晋、楚鄢陵之战古战场，在今河南鄢陵彭店乡古城村西北，直至尉氏蔡庄一带。

③射中共王目：在鄢陵之战中，吕锜射中楚共王眼睛。

④嗜（shì）：爱好。

⑤从者竖阳榖进酒，醉：《淮南子·人间训》云：“竖阳榖之进酒也，非欲祸子反也，诚爱而欲快之也，而适足以杀之，此所谓欲利之，而反害之者也。”竖阳榖是出于阿谀巴结，投其所好，还是被晋人收买，故意将其灌醉，史无明载。

⑥王怒，射杀子反：《左传·成公十六年》：“王使谓子反曰：‘先大夫（指城濮之战的主帅成得臣）之覆师徒者，君不在（楚成王当时不

在军中）。子无以为过，不穀之罪也。’子反再拜稽首曰：‘君赐臣死，死且不朽。臣之卒实奔，臣之罪也。’”子反乃自杀，“王使止之，弗及而卒”。则子反非共王射杀。子反，即公子侧，楚司马。

⑦遂罢兵归：按，晋楚鄢陵之战，是晋、楚间争霸的又一场大战，楚国战败，国力受到很大损失，从此再无力北进，中原一些小国又重新靠拢晋国。

【译文】

共王十六年，晋国攻打郑国。郑国向楚国告急，共王援救郑国。楚、晋两国军队在鄢陵交战，晋军打败了楚军，射中了共王的眼睛。共王召唤将军子反。子反好酒，他的随从竖阳穀给他酒喝，子反大醉。共王恼怒，射杀了子反，于是撤兵回国。

三十一年①，共王卒，子康王招立。康王立十五年卒②，子员立，是为郏敖。

康王宠弟公子围、子比、子皙、弃疾③。郏敖三年，以其季父康王弟公子围为令尹④，主兵事。

四年⑤，围使郑，道闻王疾而还。十二月己酉⑥，围入问王疾，绞而弑之⑦，遂杀其子莫及平夏。使使赴于郑⑧。伍举问曰：“谁为后？”对曰：“寡大夫围。”伍举更曰：“共王之子围为长⑨。”子比奔晋，而围立，是为灵王。

【注释】

①三十一年：当周灵王十二年、鲁襄公十三年，前560年。

②康王立十五年卒：当周灵王二十七年、鲁襄公二十八年，前545年。

③子比：楚共王之子，又叫“子干”。子皙：楚共王之子，又叫“黑肱”。弃疾：共王少子，后为楚平王。

④郏敖三年，以其季父康王弟公子围为令尹：梁玉绳曰："围为令尹在元年。"郏敖三年，当周景王三年、鲁襄公三十一年，前542年。

⑤四年：当周景王四年、鲁昭公元年，前541年。

⑥十二月己酉：《左传》作"十一月己酉"，即十一月四日。

⑦绞而弑之：据《左传·昭公元年》，用冠缨绞杀，并葬王于郏，故谓之"郏敖"。

⑧赴：同"讣"，告丧。

⑨共王之子围为长：伍举改讣词"寡大夫围"为"共王之子围为长"，使围之继位合于宗法，而非篡弑。这里表现了伍举的娴于辞令。杜预曰："伍举更赴辞，使从礼告终称嗣，不以篡弑赴诸侯。"竹添光鸿曰："称'寡大夫'，便见臣不可以继君；说'共王之子年最长'，便见弟可以继兄，巧于弥缝。"

【译文】

共王三十一年，去世，他的儿子康王招继位。康王继位十五年去世，他的儿子员继位，这就是郏敖。

康王宠爱弟弟：公子围、子比、子晳、弃疾。郏敖三年，让他的叔父、康王的弟弟公子围为令尹，主管军事。

郏敖四年，公子围出使郑国，半路上听说楚王生病就折返而回。十二月己酉日，公子围入宫问候楚王病情，趁机勒死了他，同时杀了他的两个儿子莫和平夏。公子围派使者去郑国报丧。伍举问道："谁做了继位人？"使者回答说："我们的大夫围。"伍举改变了说法，道："共王的儿子中公子围最年长。"子比逃奔到晋国，公子围继位，这就是楚灵王。

灵王三年六月[①]，楚使使告晋，欲会诸侯。诸侯皆会楚于申[②]。伍举曰："昔夏启有钧台之飨[③]，商汤有景亳之命[④]，周武王有盟津之誓[⑤]，成王有岐阳之蒐[⑥]，康王有丰宫之朝[⑦]，穆王有涂山之会[⑧]，齐桓有召陵之师[⑨]，晋文有践土之盟[10],君其何用?”灵王曰:“用桓公[11]。”时郑子产在焉[12]。于是晋、宋、鲁、卫不往[13]。灵王已盟,有骄色。伍举曰:“桀为有仍之会,有缗叛之[14]。纣为黎山之会[15],东夷叛之[16]。幽王为太室之盟[17],戎、翟叛之[18]。君其慎终[19]!”

七月,楚以诸侯兵伐吴[20],围朱方[21]。八月,克之,囚庆封,灭其族[22]。以封徇[23],曰:“无效齐庆封弑其君而弱其孤,以盟诸大夫[24]!”封反曰:“莫如楚共王庶子围弑其君兄之子员而代之立[25]!”于是灵王使疾杀之[26]。

【注释】

①灵王三年:当周景王七年、鲁昭公四年,前538年。

②诸侯皆会楚于申:楚灵王始于申邑会盟诸侯。申,古邑名。即今河南南阳。当时属楚地。

③夏启有钧台之飨:夏启有钧台的宴飨之礼。夏启,禹的儿子。钧台,即夏台。在今河南禹县南。飨,用酒食招待人。

④商汤有景亳之命:商汤有景亳的册命之礼。商汤,商朝的开国君主。景亳,汤王会盟诸侯处。在今河南商丘北五十里。

⑤周武王有盟津之誓:周武王曾两次在盟津会盟诸侯,第二次作了《太誓》。见《周本纪》。盟津,即孟津,古黄河渡口。故址在今河南洛阳孟津东北。誓,誓师典礼。

⑥成王有岐阳之蒐(sōu):周成王伐奄凯旋,在岐山之阳举行了大阅兵。《国语·晋语》:“昔成王盟诸侯于岐阳。”岐阳,陕西岐山之南,在今陕西岐山东北。蒐,检阅军队。

⑦康王有丰宫之朝:此事除《左传》外,古书未见记载,郑樵《通志》、伪《竹书纪年》中的记载盖本于《左传》。康王,周康王,名钊,在位二十六年,统治比较稳定。史书称“成、康之际,天下安

宁，刑措四十年不用”，史称“成康之治”。见《周本纪》。丰，文王所建的都城，在今陕西西安西南沣水西侧，与镐隔水相望。

⑧穆王有涂山之会：此事除《左传》外，古书未见记载，伪《竹书纪年》中的记载盖本于《左传》。穆王，周穆王，名满，曾西击犬戎，东伐徐戎。一说他曾周游天下，西至昆仑，见过西王母。西王母或系西北某部落女首领。其事详见《周本纪》及《穆天子传》。涂山，在今安徽怀远东南。

⑨齐桓有召（shào）陵之师：齐桓公率领诸侯军队打败蔡国后，在召陵胁迫楚国接受盟约。其事见《左传·僖公四年》《齐太公世家》及本文前注。召陵，楚邑名。故城在今河南偃师东。

⑩晋文有践土之盟：晋文公城濮之战后与诸侯在践土会盟，确立霸权，成为霸主。其事详见《左传·僖公二十八年》和《晋世家》。践土，郑地名。在今河南原阳西南。

⑪用桓公：指用齐桓公召陵之盟的礼仪于申与各诸侯盟会。

⑫时郑子产在焉：据《左传》，楚灵王盟会诸侯的礼仪是子产帮助制定的。子产，即郑大夫公孙侨。

⑬于是晋、宋、鲁、卫不往：据《左传》，申之会不往者是曹、邾、鲁、卫四国。《十二诸侯年表》改四国为三，此改曹、邾为晋、宋，误。

⑭桀为有仍之会，有缗叛之：有仍、有缗，二者皆为古国名。“有仍”“有缗”中“有”字为词头，无实际意义。有仍，在今山东济宁。有缗，在今山东金乡南。

⑮黎山：东夷国名。在今山东郓城西。

⑯东夷：泛指东方各部族。

⑰太室：即中岳嵩山。

⑱戎、翟：泛指西北地区各部族。

⑲慎终：事情结束时要慎重，表示谨慎从事。

⑳吴：古国名。也作“句吴”，为周太王之子太伯、仲雍所建，始都于

梅里(今江苏无锡东南),后迁于今江苏苏州一带,立国号为吴。传至十九世孙寿梦时,国力逐渐强盛,开始称王。详见《吴太伯世家》。此时的吴王是馀昧,前543—前527年在位。

㉑朱方:吴邑名。在今江苏丹徒东南。

㉒囚庆封,灭其族:庆封弑杀齐庄公,立景公,独专齐政,遭内乱奔鲁、奔吴事,详见《齐太公世家》。此时楚灵王伐吴,攻取朱方,将其囚禁,诛杀了他的全族。

㉓徇:示众。

㉔无效齐庆封弑其君而弱其孤,以盟诸大夫:其事详见《左传》襄公二十五年、二十七年、二十八年与《齐太公世家》。弑其君而弱其孤,杀了老国君,又欺压、挟制年幼的小君主。盟诸大夫,强迫齐大夫与之定盟。

㉕莫如楚共王庶子围弑其君兄之子员而代之立:楚共王以"弑君"之罪责庆封,庆封遂以楚灵王弑其君郏敖篡位的事情反驳,故《穀梁传》曰:"军人粲然皆笑。"

㉖使疾杀之:《左传》作"使速杀之"。疾,快。

【译文】

灵王三年六月,楚国派人告诉晋国,想要与诸侯举行会盟。诸侯都到申邑与楚国会盟。伍举说:"从前夏启有钧台的宴飨之礼,商汤有景亳的诰命之礼,周武王有盟津的誓师之礼,周成王有岐阳的田猎之礼,周康王有丰宫的朝觐之礼,周穆王有涂山的会盟之礼,齐桓公有召陵的会盟之礼,晋文公有践土的会盟之礼,您准备用哪一种呢?"灵王说:"采用齐桓公的召陵会盟之礼。"当时郑国子产正在楚国。晋、宋、鲁、卫等国没有参加这次盟会。灵王在会盟之后,显出骄傲的神色。伍举说:"夏桀举行有仍的会盟,有缗反叛了他。商纣王举行黎山的会盟,东夷反叛了他。周幽王举行太室的会盟,戎、翟反叛了他。您一定要善始善终呀!"

七月,楚国率领诸侯的军队攻打吴国,围攻朱方。八月,攻克朱方,囚禁了庆封，屠灭他的宗族。将庆封示众，说："不要效仿齐国的庆封杀害他的国君并欺压他的幼主，与诸大夫结盟！"庆封反唇相讥道："不要像楚共王的庶子围杀害他的国君和他兄长的儿子员而取而代之！"于是楚灵王让人赶紧杀了庆封。

七年，就章华台，下令内亡人实之①。

八年，使公子弃疾将兵灭陈②。

十年，召蔡侯，醉而杀之③。使弃疾定蔡，因为陈蔡公④。

【注释】

①"七年"三句：据《左传》，此事发生在楚灵王六年，前535年。七年，当周景王十一年、鲁昭公八年，前534年。章华台，楚离宫名。在湖北监利西北。内，同"纳"。亡人，逃亡在外的人。

②八年，使公子弃疾将兵灭陈：据《左传》，此事发生在楚灵王七年，当鲁昭公八年，前534年。此年十月楚灭陈。灵王遂改陈为县，使穿封戌为陈公（陈县县令）。八年，当周景王十二年、鲁昭公九年、陈惠公元年，前533年。

③"十年"三句：《左传·昭公十一年》云："三月丙申，楚子伏甲而飨蔡侯于申，醉而执之，夏四月丁巳杀之。"并非乘其醉而杀之。十年，当周景王十四年、鲁昭公十一年、蔡灵侯十二年，前531年。蔡侯，蔡灵侯姬般，前542—前531年在位。

④因为陈蔡公：中井积德曰："'陈蔡'之'陈'疑衍。据《左传》，为陈公者，别有穿封戌焉。"按，《左传》记在襄公二十六年（前547）城麇之役时，楚灵王尚为公子，穿封戌与之争囚；灭陈后，灵王认为他"不谄"，故使他做陈公。此当依《左传》删"陈"字，弃疾只是蔡公，没做过陈公。

【译文】

灵王七年，建成章华台，下令把逃亡的人安置在里面服役。

灵王八年，派公子弃疾率军灭亡陈国。

灵王十年，召蔡侯前来，将他灌醉后杀害了他。派弃疾平定蔡国，趁此封弃疾为陈蔡公。

十一年，伐徐以恐吴[①]。灵王次于乾谿以待之[②]。王曰："齐、晋、鲁、卫，其封皆受宝器，我独不[③]。今吾使使周求鼎以为分，其予我乎[④]？"析父对曰[⑤]："其予君王哉！昔我先王熊绎辟在荆山[⑥]，荜露蓝蒌以处草莽[⑦]，跋涉山林以事天子，唯是桃弧棘矢以共王事[⑧]。齐，王舅也[⑨]；晋及鲁、卫，王母弟也[⑩]；楚是以无分而彼皆有。周今与四国服事君王，将惟命是从，岂敢爱鼎？"灵王曰："昔我皇祖伯父昆吾旧许是宅[⑪]，今郑人贪其田，不我予，今我求之，其予我乎？"对曰："周不爱鼎[⑫]，郑安敢爱田[⑬]？"灵王曰："昔诸侯远我而畏晋[⑭]，今吾大城陈、蔡、不羹[⑮]，赋皆千乘[⑯]，诸侯畏我乎？"对曰："畏哉！"灵王喜曰："析父善言古事焉[⑰]。"

【注释】

①十一年，伐徐以恐吴：十一年，当周景王十五年、鲁昭公十二年、吴王馀眜六年，前530年。徐，古国名。在今江苏泗洪南。徐是吴的盟国，故伐徐。

②灵王次于乾谿以待之：《左传·昭公十二年》曰："楚子次于乾谿，以为之援。"乾谿，在今安徽亳州东南。

③"齐、晋、鲁、卫"三句：《国语·鲁语》云："古者分同姓以珍玉，展亲也；分异姓以远方之职贡，使无忘服也。"可知诸侯受封时天子

会同时分给他们一些彝器珍宝。杜预曰："分鲁公以夏后氏之璜，封父之繁弱，分康叔以大吕之钟，分唐叔以密须之鼓，阙鞏之甲，沽洗之钟。"康叔即卫国始封君，唐叔即晋国始封君，没提到齐国得到了分器。不，读"否"，没有。

④今吾使使周求鼎以为分，其予我乎：意即欲求周鼎以为分器。分，指分器，古代帝王分赐诸侯世代保存的宝器。《集解》引服虔曰："有功德，受分器。"

⑤析父：楚大夫。《索隐》曰："据《左氏》，此是右尹子革之词，《史》盖误也。"

⑥辟(pì)在荆山：处在偏僻的荆山。辟，偏僻。荆山，在今湖北南漳西。

⑦荜(bì)露蓝蒌(lǚ)：乘坐打柴的车，穿着破旧的衣裳。《集解》引服虔曰："荜露，柴车，素木辂也。蓝蒌，言衣敝坏，其蒌蓝蓝然也。"泷川曰："《左传》作'筚路蓝缕'。'筚'如'筚门'之'筚'，荆竹也，筚路，以荆竹编车也。蓝，所以染青也。缕，丝也。以蓝染丝，织以为衣，不用文采而用青衣，俭之至也。"

⑧唯是桃弧棘矢以共王事：《集解》引服虔曰："桃弧棘矢所以御其灾，言楚地山林无所出也。"竹添光鸿曰："亦见楚祖先立国之琐微。"桃弧，桃木制的弓。棘矢，棘木制的箭。共，通"供"，供奉，供给。

⑨齐，王舅也：齐丁公吕伋为周成王之舅。齐与周通婚，为甥舅之国。

⑩晋及鲁、卫，王母弟也：唐叔虞是周成王之弟；鲁周公、卫康叔都是周武王之弟。

⑪昔我皇祖伯父昆吾旧许是宅：意谓许地是我老祖宗的哥哥昆吾的地盘。龟井昱曰："灵王欲取周鼎为分器，既是大奇，又欲追虞、夏以前旧宅，白手割取人之国，更大奇矣。"昆吾，是陆终氏长子，楚始祖季连之兄，故楚灵王称伯父。旧许是宅，即"旧宅许"，昆吾

始居许地，故曰“旧许是宅”。

⑫爱：吝惜。

⑬安：怎能，哪里能。

⑭昔诸侯远我而畏晋：龟井昱曰：“远我，以我为僻远也。”

⑮大城陈、蔡、不羹（láng）：扩建加固陈、蔡、不羹等城池。陈，指陈都宛丘，在今河南淮阳。蔡，蔡都即今河南新蔡。不羹，分两城。东不羹故城在今河南许昌郾城章化乡前、后古城村。西不羹故城在今河南襄城西南，范湖乡尧城宋村西。《集解》引韦昭曰：“二国，楚别都也。”

⑯赋：军队。古代按田赋出兵，所以赋也指称军队。

⑰析父善言古事焉：《正义》曰：“此对王言是子革之辞，太史公云析父，误也。析父时为王仆，见子革对，故叹也。”《左传·昭公十二年》：“析父谓子革曰：‘吾子楚国之望也，今与王言如响，国其若之何？’”杜预曰：“讥其顺王心如响应声也。”

【译文】

灵王十一年，楚国讨伐徐国以此来恐吓吴国。灵王驻扎在乾谿等待战果。灵王说：“齐、晋、鲁、卫，他们受封时都从周王室那里得到过宝器，单单我们楚国没有。现在我派使臣出使周王室请求将鼎作为分封的宝器，会给我吗？”析父回答说：“一定会给您的！从前我们先王熊绎远在偏僻的荆山，赶着柴车，穿着破烂衣服，住在蛮荒之地，跋山涉水去事奉天子，把仅有的桃木弓、棘木箭进贡给周王室。齐国，是周王的母舅国；晋和鲁、卫三国，都是周王的同母弟国；楚国因此没有分封宝器而他们都得到了。周王室现在与那四国都服侍大王您，唯命是从，怎么敢吝惜宝鼎呢？”灵王说：“从前我们的皇祖伯父昆吾拥有许国之地，如今郑人贪图那里的田地，不把它还给我们，现在我去向郑人求取，他们会还给我们吗？”析父回答说：“周王室不敢吝惜九鼎，郑国哪敢吝惜田地呢？”灵王说：“从前诸侯疏远我们而畏惧晋国，现在我们大力修筑陈、蔡、不羹的城池，那里都装备有战车千乘，诸侯该畏惧我们了吧？”析父回答说：“畏惧我们！”灵王高兴地说：“析父真善于谈论古代的事。”

十二年春①，楚灵王乐乾谿，不能去也。国人苦役。初，灵王会兵于申，僇越大夫常寿过②，杀蔡大夫观起③。起子从亡在吴④，乃劝吴王伐楚⑤，为间越大夫常寿过而作乱，为吴间⑥。使矫公子弃疾命召公子比于晋⑦，至蔡，与吴、越兵欲袭蔡⑧。令公子比见弃疾，与盟于邓⑨。遂入杀灵王太子禄⑩，立子比为王，公子子晳为令尹，弃疾为司马⑪。先除王宫⑫，观从从师于乾谿⑬，令楚众曰：“国有王矣。先归，复爵邑田室，后者迁之。”楚众皆溃⑭，去灵王而归。

【注释】

①十二年：当周景王十六年、鲁昭公十三年，前529年。

②灵王会兵于申，僇（lù）越大夫常寿过：“申之会”在灵王三年，前538年。《左传·昭公十三年》：“申之会，越大夫戮焉。”未言其姓名。僇，侮辱。常寿过，人名。姓常，名寿过。

③杀蔡大夫观起：按，据《左传·襄公二十年》，观起受宠于楚令尹子南，作为一个平民而有马数十乘，楚康王担心子南权势过大，遂杀子南于朝，将观起车裂。如此，则观起不是蔡大夫，在楚康王九年（前551）已死，不可能参加“申之会”。

④起子从亡在吴：据《左传·昭公十三年》，观起的儿子观从在蔡国，事蔡大夫声子之子朝吴，并不在吴国。从，观从，观起之子，据《左传》，其字为子玉。

⑤乃劝吴王伐楚：据《左传·昭公十三年》，观起对朝吴说：“今不封蔡，蔡不封矣。我请试之。”乃“以蔡公之命召子干、子晳”，图谋

与众人伐楚而恢复蔡国。

⑥为间越大夫常寿过而作乱，为吴间：据《左传·昭公十三年》，薳、许、蔡、蔓四族先开常寿过作乱，观从并没有“为吴间”之事。泷川曰：“‘为’字疑衍。《左传》‘间’作‘启’。启，开也，导也。‘间’疑‘开’之讹。”间，挑拨。

⑦使矫公子弃疾命召公子比于晋：观从是劝说朝吴矫命召子比、子皙，不是劝常寿过矫命。

⑧与吴、越兵欲袭蔡：据《左传·昭公十三年》，观起召子干、子皙袭蔡，与吴、越二国无关。

⑨令公子比见弃疾，与盟于邓：据《左传·昭公十三年》，与盟的还有公子皙。邓，春秋蔡邑，后属楚，在今河南郾城东南。

⑩遂入杀灵王太子禄：《左传·昭公十三年》：“蔡公使须务牟与史猈先入，因正仆人杀太子禄及公子罢敌。”蔡公，即公子弃疾。须务牟、史猈都是楚大夫。正仆人，即仆人正，仆人之长。

⑪司马：官名。掌握军政和军赋。

⑫先除王宫：先清除王宫，即先逐杀王宫旧人。

⑬从师：跟随军队。

⑭溃：溃散，溃逃。

【译文】

灵王十二年春，在乾谿玩乐，不愿离去。国人苦于劳役。当初，灵王在申邑会盟，侮辱了越国大夫常寿过，杀了蔡国大夫观起。观起的儿子观从逃亡在吴国，就劝吴王伐楚，挑拨越国大夫常寿过作乱，为吴国做间谍。观从假借公子弃疾的命令从晋国召回公子比，到了蔡国，与吴、越两国的军队打算一起袭击蔡国。又让公子比去见弃疾，与他在邓结盟。于是他们攻入楚都杀死灵王的太子禄，拥立子比为楚王，公子子皙为令尹，弃疾为司马。先清理王宫，观从跟从军队到了乾谿，向楚军将士宣布说：“国家已有了新王。先回去的，恢复他的爵邑土地，后回去的就要迁出国都。”楚军全都溃散，离开灵王回去了。

灵王闻太子禄之死也，自投车下[①]，而曰：“人之爱子亦如是乎？”侍者曰：“甚是。”王曰：“余杀人之子多矣，能无及此乎？”右尹曰[②]：“请待于郊以听国人[③]。”王曰：“众怒不可犯。”曰：“且入大县而乞师于诸侯[④]。”王曰：“皆叛矣。”又曰：“且奔诸侯以听大国之虑[⑤]。”王曰：“大福不再[⑥]，只取辱耳。”于是王乘舟将欲入鄢[⑦]。右尹度王不用其计，惧俱死，亦去王亡。

【注释】

①自投车下：自己不由自主从车上摔了下来。龟井昱曰：“自投于车下，颠坠而不自觉也。”

②右尹：《左传》作“右相子革”。

③请待于郊以听国人：《集解》引服虔曰：“听国人欲为谁。”中井积德曰：“是要国人之助之意。”

④大县：指陈、蔡、不羹、许、叶等大县。

⑤且奔诸侯以听大国之虑：《左传》作“若亡于诸侯，以听大国之图君也”。意即请大国帮着想办法复位。

⑥大福：指为君。

⑦鄢：楚别都。即今湖北宜城。

【译文】

灵王听闻太子禄已死，自己坠到了车下，说：“别人爱他的儿子也是这样吗？”侍从说：“比这还厉害。”灵王说：“我杀害别人的儿子太多了，能不落到这个地步吗？”右尹说：“请您到城郊等待，听听国人的意见。”灵王说：“众人的愤怒是不可以冒犯的。”右尹又说：“姑且进入大的都邑向诸侯乞求救兵。”灵王说：“诸侯都背叛了。”右尹又说：“姑且逃往其他诸侯国，听从大国的安排。”灵王说：“不再做君主了，只是自取侮辱罢了。”于是灵王乘船想进入鄢城。右尹估计灵王不会采纳他的计策，害怕和灵王一起死去，也离开灵王逃走了。

灵王于是独傍偟山中，野人莫敢入王[①]。王行遇其故铜人[②]，谓曰：“为我求食，我已不食三日矣。”铜人曰：“新王下法，有敢饷王从王者[③]，罪及三族[④]，且又无所得食。”王因枕其股而卧[⑤]。铜人又以土自代，逃去[⑥]。王觉而弗见[⑦]，遂饥弗能起。芋尹申无宇之子申亥曰[⑧]：“吾父再犯王命[⑨]，王弗诛，恩孰大焉[⑩]！”乃求王，遇王饥于釐泽[⑪]，奉之以归。夏五月癸丑，王死申亥家[⑫]，申亥以二女从死，并葬之[⑬]。

【注释】

①野人：指农夫。

②铜（juān）人：同“涓人”，宫中主管清洁打扫的人。此处为楚灵王的一个内侍。

③饷：用食物招待。

④罪及三族：泷川曰：“是时疑无三族之刑。”三族，有几种说法：一指父母、兄弟、妻子；一指父族、母族、妻族；一指父、子、孙。

⑤因：于是。股：大腿。

⑥铜人又以土自代，逃去：《国语·吴语》：“王亲独行，屏营仿偟于山林之中，三日乃见其涓人畴。王呼之曰：‘余不食三日矣。’畴趋而进，王枕其股以寝于地。王寐，畴枕王以墣而去之。”楚灵王所遇故涓人名畴。

⑦觉：睡醒。

⑧芋尹申无宇：芋邑之大夫姓申名无宇。

⑨再犯王命：两次犯王法。即《左传·昭公七年》所记楚灵王为令尹时打着楚王的旗帜打猎，申无宇断其旌旗；以及楚灵王继位后为章华台，申无宇曾闯入章华台抓捕逃犯。

⑩孰：哪一个。

⑪釐（lái）泽：《左传》作“棘闱”。楚灵王饥困山中，釐泽、棘闱，应为野外地名。

⑫夏五月癸丑，王死申亥家：据《左传》，楚灵王是自缢于申亥家。癸丑，《左传》作“癸亥”，即五月二十五。

⑬从死，并葬之：用活人殉葬。

【译文】

灵王这时独自徘徊在山中，山野百姓不敢收留他。灵王行路中遇到他原来的内侍，对他说：“为我找点吃的，我已经三天没吃东西了。”内侍说：“新王颁下法令，有敢给大王吃的跟随大王的，三族都要获罪，况且也没地方找吃的。”灵王就枕着他的大腿睡着了。内侍又用一个大土块代替自己的大腿，逃走了。灵王醒来不见了内侍，饥饿得站不起来。芋尹申无宇的儿子申亥说：“我父亲两次违反了大王的命令，大王都没诛杀他，恩德没有比这更大的了！”就到处找灵王，在釐泽遇到饥饿的灵王，就把他搀扶着回到自己家中。夏五月癸丑日，灵王死在申亥家中，申亥用两个女子为他殉葬，将他们一起安葬了。

是时楚国虽已立比为王，畏灵王复来，又不闻灵王死，故观从谓初王比曰[①]：“不杀弃疾，虽得国，犹受祸。”王曰：“余不忍。”从曰：“人将忍王。”王不听，乃去。弃疾归[②]。国人每夜惊，曰：“灵王入矣！”乙卯夜[③]，弃疾使船人从江上走呼曰[④]：“灵王至矣[⑤]！”国人愈惊。又使曼成然告初王比及令尹子皙曰[⑥]:"王至矣!国人将杀君,司马将至矣[⑦]!君蚤自图,无取辱焉。众怒如水火,不可救也。"初王及子皙遂自杀。丙辰[⑧],弃疾即位为王,改名熊居,是为平王。

【注释】

①初王比:即公子比,《左传》称"公子干"。因公子比为楚王不久,即被公子弃疾所逼杀,故称之为"初王"。中井积德曰:"比无谥,故以'初王'称之。"

②弃疾归:中井积德曰:"三字无所属,疑衍文。"

③乙卯:六月十七日。

④江上:即江边。

⑤灵王至矣:前文云"不闻灵王死",则此时楚灵王谥号当尚未定,故不当呼"灵王"。陈仁锡曰:"'灵王入矣''灵王至矣',二'灵'字当削。"

⑥曼成然:《左传》作"蔓成然",任郊尹,弃疾的得力助手。楚灵王夺成然邑,成然因事弃疾。

⑦国人将杀君,司马将至矣:意为司马将率国人来杀子比。司马,指公子弃疾,

⑧丙辰:六月十八。

【译文】

这时楚国虽然已经拥立子比为王,但害怕灵王回来,又没听到灵王的死讯,因此观从对刚即位的子比说:"不杀掉弃疾,即使得到了国家,还是会遭受祸患。"王比说:"我不忍心杀他。"观从说:"人家可忍心杀大王。"王比不听,观从就离开了。弃疾回到国中。国都里的人常常在夜间受惊,说:"灵王入城了!"乙卯这天夜里,弃疾让船夫沿着江岸边跑边喊:"灵王来了!"国都的人更加惊慌。他又派曼成然告诉刚即位的王比和令尹子皙说:"灵王来了!国都的人将会杀了您,司马就要来了!您自

己早做打算，不要受辱。众人的愤怒如同洪水大火，是不能救止的。”刚即位的王比和子皙于是就自杀了。丙辰日，弃疾即位为王，改名叫熊居，这就是楚平王。

平王以诈弑两王而自立[①]，恐国人及诸侯叛之，乃施惠百姓。复陈蔡之地而立其后如故[②]，归郑之侵地[③]。存恤国中，修政教[④]。吴以楚乱故，获五率以归[⑤]。平王谓观从："恣尔所欲[⑥]。”欲为卜尹[⑦]，王许之。

【注释】

①平王以诈弑两王而自立：指其参与进攻楚都杀楚灵王太子，逼杀楚灵王，以及指使曼成然逼迫初王比自杀。

②复陈蔡之地而立其后如故：将已经被灭改设为楚国之县的陈、蔡两国重新恢复起来，让他们的后代陈惠公、蔡平公继续为国君。其事详见《左传·昭公十三年》《陈杞世家》《管蔡世家》。陈惠公，名吴。蔡平公，名庐。蔡此时迁都新蔡。

③归郑之侵地：《左传·昭公十三年》云："使枝如子躬聘于郑，且致犨、栎之田，事毕，弗致。”此时则未归还之。按，犨、栎本郑邑，《左传·昭公元年》曾记楚人城犨、栎之事，则早在此年（即楚郏敖四年，前541）前，二邑就已被楚侵占。

④存恤国中，修政教：《左传》作“施舍、宽民，宥罪、举职”，即赏赐百姓，废除苛政，赦免罪臣，选拔贤才。

⑤吴以楚乱故，获五率以归：《左传·昭公十三年》："楚师还自徐，吴人败诸豫章，获其五帅。”前一年，楚灵王命五帅围徐以震慑吴国，适值国内大乱，吴遂败楚，俘获其五帅，即荡侯、潘子、司马督、嚣尹午、陵尹喜。五率，即五帅。率，同“帅”。

⑥恣尔所欲：意即你想做什么官，我就让你做什么官。恣，听任。

⑦卜尹：掌卜筮的官，楚人重视祭祀，卜尹是相当重要的官职。

【译文】

平王用欺诈手段弑杀了两位楚王而自立为王，害怕国人和诸侯背叛他，就向百姓施加恩惠。恢复了陈国和蔡国的土地，像以前一样重新扶立他们的后人为君，归还了侵占的郑国土地。平王还慰问救济国内百姓，整顿政治教化。吴国因为楚国的内乱，虏获了楚国五位将军。平王对观从说："你想要什么我都答应。"观从想做卜尹，平王答应了他。

初，共王有宠子五人，无适立[①]，乃望祭群神[②]，请神决之，使主社稷[③]，而阴与巴姬埋璧于室内[④]，召五公子斋而入。康王跨之[⑤]，灵王肘加之[⑥]，子比、子皙皆远之。平王幼，抱其上而拜，压纽[⑦]。故康王以长立，至其子失之；围为灵王，及身而弑；子比为王十余日，子皙不得立，又俱诛。四子皆绝无后。唯独弃疾后立，为平王，竟续楚祀，如其神符[⑧]。

【注释】

①无适（dí）立：没有嫡子可立为太子。适，同"嫡"。

②望祭：也单称"望"，遥望而祭祀名山大川。

③请神决之，使主社稷：《左传·昭公十三年》云："祈曰：请神择于五人者，使主社稷，当璧而拜者，神所立也。"

④阴与巴姬埋璧于室内：《左传》云："埋璧于大室之庭。"杜预曰："大室，祖庙。"阴，暗中。巴姬，共王宠妾。室内，指祖庙内。

⑤康王跨之：两足各在璧一边。杜预曰："过其上。"

⑥灵王肘加之：跪拜时手臂压在玉璧上。

⑦抱其上而拜，压纽：《左传》作"抱而入，再拜皆压纽"。压纽，压

在玉璧上系带子的纽袢上，指正压在璧上。

⑧神符：神灵赋予了统治天下的凭信，即上文所说“跨之”“肘加之”“远之”“压纽”。

【译文】

当初，共王有受宠爱的儿子五个，没有嫡子可立为王，于是祭祀山川众神，请神决断立谁为继承人，来主持社稷之祭，共王暗中与巴姬在祖庭埋好玉璧，召集五位公子斋戒后进去。康王两脚跨过玉璧，灵王的臂肘压在玉璧上，子比、子皙都远离玉璧。平王当时年幼，被人抱着进去上前行礼，正好压在璧的带扣上。所以康王凭年长而继位，到他的儿子就失去了王位；公子围是灵王，结果身遭杀害；子比为王十余天，子皙没做过王，二人又一起被杀。这四个儿子都没有后代。唯独弃疾最后继位，就是楚平王，最终延续了楚国的祭祀，正像神灵显示的符兆那样。

初，子比自晋归，韩宣子问叔向曰[①]：“子比其济乎[②]？”对曰：“不就。”宣子曰：“同恶相求，如市贾焉[③]，何为不就？”对曰：“无与同好，谁与同恶[④]？取国有五难：有宠无人[⑤]，一也；有人无主[⑥]，二也；有主无谋[⑦]，三也；有谋而无民[⑧]，四也；有民而无德[⑨]，五也。子比在晋十三年矣，晋、楚之从不闻通者[⑩]，可谓无人矣；族尽亲叛[⑪]，可谓无主矣；无衅而动[⑫]，可谓无谋矣；为羁终世[⑬]，可谓无民矣；亡无爱征[⑭]，可谓无德矣。王虐而不忌[⑮]，子比涉五难以弑君，谁能济之！有楚国者，其弃疾乎？君陈、蔡，方城外属焉[⑯]。苛慝不作[⑰]，盗贼伏隐，私欲不违[⑱]，民无怨心。先神命之[⑲]，国民信之。芈姓有乱，必季实立，楚之常也[⑳]。子比之官，则右尹也[㉑]；数其贵宠，则庶子也；以神所命，则又远之；民无怀焉，将何以立？”宣子曰：“齐桓、晋文不亦是乎[22]？”对曰：“齐桓，卫姬之子也，有宠于釐公[23]。有鲍叔牙、宾须无、隰朋以为辅[24]，有莒、卫以为外主[25]，有高、国以为内主[26]。从善如流，施惠不倦。有国，不亦宜乎？昔我文公，狐季姬之子也[27]，有宠于献公[28]。好学不倦。生十七年，有士五人[29]，有先大夫子馀、子犯以为腹心[30]，有魏犨、贾佗以为股肱[31]，有齐、宋、秦、楚以为外主[32]，有栾、郤、狐、先以为内主[33]。亡十九年，守志弥笃[34]。惠、怀弃民[35]，民从而与之[36]。故文公有国，不亦宜乎？子比无施于民，无援于外，去晋，晋不送；归楚，楚不迎。何以有国！”子比果不终焉，卒立者弃疾，如叔向言也[37]。

【注释】

①韩宣子：韩起，韩厥之子，晋国执政大臣。叔向：羊舌肸，晋国大夫。

②济：成功。下文“就”同义，亦是成功的意思。

③同恶相求，如市贾（gǔ）焉：臭味相合的人总是互相寻找，如同商人做买卖追逐利益一样。市贾，商人。

④无与同好，谁与同恶：不能和人们共同追求做好事，谁会陪着他去做坏事呢？

⑤有宠无人：有宠于国君却没有帮扶他的贤能之人。杜预曰：“宠须贤人而固。”

⑥有人无主：有贤能之人帮扶而没有靠山。杜预曰：“虽有贤人，当须内主为应。”

⑦有主无谋：有靠山而缺乏计谋。杜预曰：“谋，策谋也。”

⑧有谋而无民：有计谋而不得民心。杜预曰：“民，众也。”

⑨有民而无德：得民心而自己没有相应的德行。杜预曰：“四者既备，当以德成之。”

⑩晋、楚之从不闻通者：杜预曰："晋楚之士从子干游，皆非达人。"从，指那些与子比交往的人。通者，通达之人。

⑪族尽亲叛：杜预曰："无亲族在楚。"中井积德曰："族尽亲叛，言相离叛，或死亡，无同心者也。"

⑫无衅而动：《集解》引服虔曰："言灵王尚在，而妄动取国，故谓无谋。"衅，间隙，破绽，可乘之机。

⑬为羁终世：杜预曰："终身羁客在晋，是无民。"羁，停留。

⑭亡无爱征：杜预曰："楚人无爱念之者。"

⑮王虐而不忌：杜预曰："灵王暴虐，无所畏忌，将自亡。"中井积德曰："以灵王之虐，而无所忌恶于子干，则其人不足畏也可知矣，非语灵王将亡。"按，以前后语意推之，中井之说为上。

⑯君陈、蔡，方城外属焉：弃疾时为蔡公，并领陈、蔡，方城以外都是他的势力范围。方城，山名。在今河南方城一带。其地是原来楚国的北境，后来楚向北方、东北方扩张，陈、蔡、许等都成了楚国方城以外的新地盘。有人以为此处之"方城"乃指楚长城，然春秋中期以前未必即筑有此城。

⑰苛慝（tè）不作：暴虐邪恶的事不发生。苛，苛刻。慝，邪恶。

⑱私欲不违：《集解》引服虔曰："不以私欲违民心。"

⑲先神命之：祖先神灵授命给他。指弃疾拜璧压纽事。龟井道载曰："先神，祖先之神也。"

⑳"芈姓有乱"三句：楚国内乱，最后登上王位的总是最小的儿子。龟井昱曰："文元年《左传》：楚子上曰：'楚国之举，恒在少者。'楚之太祖季连是陆终六子之季也。季纠是立，出《郑语》；武王，蚡冒弟；成王，堵敖弟。"季，少子。

㉑子比之官，则右尹也：右尹不如陈、蔡公有势力。龟井昱曰："比君陈、蔡而威行方城外者，有间也。《晋语》以子比为上大夫。"

㉒齐桓、晋文不亦是乎：《集解》服虔曰："皆庶子而出奔。"

㉓釐公：齐釐公，名禄父，一作“禄甫”，桓公之父，前730—前697年在位。

㉔鲍叔牙：齐国大夫。力荐管仲，助桓公称霸诸侯。宾须无：齐国贤臣。桓公立为大行。隰（xí）朋：齐国大夫。桓公立为大司理。

㉕有莒、卫以为外主：《集解》引贾逵曰：“齐桓出奔莒，自莒先入，卫人助之。”莒，诸侯国名。故城在今山东莒县。

㉖高、国：《集解》引服虔曰：“国子、高子，皆齐之正卿。”高、国，齐国世袭的两个家族，世为上卿。

㉗狐季姬：狐戎之女，晋献公之妾，也称“小狐姬”，狐偃之姊妹。

㉘献公：晋献公，名诡诸，前676—前651年在位。先后灭耿、霍、魏、虢、虞等国，晋国逐渐强大，晚年因宠幸骊姬，死后引起内乱。

㉙有士五人：指赵衰、狐偃、贾佗、先轸、魏犨。

㉚子馀：即赵衰，曾随重耳出亡，后为晋上卿。子犯：即狐偃，为公子重耳之舅，曾随重耳流亡，是其重要辅臣。

㉛魏犨（chōu）：即魏武子，有勇力，从重耳流亡。贾佗：重耳重要辅臣，曾从重耳流亡。

㉜有齐、宋、秦、楚以为外主：《集解》引贾逵曰：“齐以女妻之，宋赠之马，楚享以九献，秦送内之。”

㉝有栾、郤、狐、先以为内主：杜预曰：“谓栾枝、郤縠、狐突、先轸也。”《集解》引贾逵曰：“四姓，晋大夫。”

㉞弥笃：更加深厚。

㉟惠：晋惠公，名夷吾，晋献公之子，重耳之弟，前650—前637年在位。怀：晋怀公，名圉（yǔ），晋惠公之子。惠公八年（前643）被派到秦国做人质，十三年逃回，十四年继位。重耳入国后，被重耳所杀，在位仅五个月。弃民：不体恤百姓。

㊱民从而与之：《正义》曰：“以惠、怀弃民，故民相从而归心于文公。”

㊲卒立者弃疾，如叔向言也：《左传》后面还有云：“获神，一也；有

民，二也；令德，三也；宠贵，四也；居常，五也。有五利以去五难，谁能害之！”杜预注：“获神，当璧拜也；有民，民信也；令德，无苛慝也；宠贵，妃子也；居常，弃疾季也。”

【译文】

当初，子比从晋国回国，韩宣子问叔向说：“子比会成功吗？”叔向回答说：“不能成功。”韩宣子说：“臭味相投的人总在互相寻找，如同市场上的商人追逐利益一样，怎么不能成功呢？”叔向回答说：“不能和别人一起做好事，谁会陪着他去做坏事呢？取得国家有五难：有宠于国君却没有辅佐的贤能之人，是其一；有贤能之人辅佐却没有靠山，是其二；有靠山但缺乏计谋，是其三；有计谋却不得民心，是其四；得民心而自己没有相应的德行，是其五。子比在晋国十三年了，跟随他的晋国和楚国人中没听说谁是贤能之人，可谓是没有辅佐他的人；族人被灭，亲信背叛，可谓是没有靠山；没有继位的征兆却妄自行动，可谓是没有计谋；终身流亡在外，可谓是不得民心；流亡在外却没有被别人爱戴的现象，可谓是没有德行。灵王暴虐却不忌刻他，子比有五大难关而杀掉国君，怎么能成功！拥有楚国的，大概是弃疾吧？他做过陈、蔡的县长，方城以外都归属于他。他管辖的区域内没发生过苛刻邪恶的事，盗贼都隐伏不见踪影，他虽有私欲但不违民意，百姓没有怨恨之心。祖先神灵授命给他，国民信任他。芈姓出现内乱，一定是年纪最小的孩子最终继位，这是楚国的常例。论官职，子比不过是右尹；论贵宠，子比只是个庶子；论神命，子比离玉璧又远；百姓又不怀念他，他凭什么继承王位？”宣子说：“齐桓公、晋文公不也是曾经逃亡在外的庶子么？”叔向回答说：“齐桓公，是卫姬的儿子，受到釐公的宠爱。有鲍叔牙、宾须无、隰朋等人辅助，有莒、卫做外援，有高氏、国氏二卿在国内做支持的力量。他从善如流，施加恩惠不知疲倦。他享有齐国，不也是很应该的吗？从前我们文公，是狐季姬的儿子，受到献公的宠爱。他好学不知疲倦。十七岁时，就有五位贤士帮扶他，有先大夫子馀、子犯为他的心腹，有魏犨、贾佗为他的股肱，有齐、宋、秦、楚几国在外做他的外援，有栾氏、郤氏、狐氏、先氏诸位大夫在国内做他的内应。他流亡在外十九年，坚守志向更为专一。惠公、怀公不体恤百姓，百姓都跟从亲附他。因此文公享有晋国，不也是很应该的吗？子比没有施恩惠于百姓，在外没有援助，离开晋国，晋国不护送他；回到楚国，楚国不迎接他。他凭什么享有楚国！”子比果然没有善终，最终继位的是弃疾，正像叔向所说的一样。

平王二年，使费无忌如秦为太子建取妇①。妇好②，来，未至，无忌先归，说平王曰③：“秦女好，可自娶，为太子更求④。”平王听之，卒自娶秦女，生熊珍⑤。更为太子娶。是时伍奢为太子太傅，无忌为少傅⑥。无忌无宠于太子，常谗恶太子建。建时年十五矣，其母蔡女也⑦，无宠于王，王稍益疏外建也⑧。

【注释】

①平王二年，使费无忌如秦为太子建取妇：《左传·昭公十九年》，费无忌不受太子建喜爱，欲谮之，故建议楚平王为之娶妇。与此稍异。事在鲁昭公十九年，当楚平王六年，前523年。泷川曰：“‘二年’当作‘六年’。下文‘六年’当删。”费无忌，《左传》作“费无极”。如，去，前往。太子建，楚平王的太子，名建，其母是蔡国郹阳封人之女，并非楚平王正妻。取，同“娶”。

②好：貌美，相貌漂亮。

③说（shuì）：劝说。

④更：再。下文“更”，又的意思。

⑤珍：《春秋》《伍子胥列传》作“轸”。

⑥伍奢为太子太傅，无忌为少傅：伍奢，伍举的儿子，楚大夫。太子

太傅、少傅，都是教导、辅佐太子的官。

⑦建时年十五矣，其母蔡女也：据《左传·昭公十九年》："楚子之在蔡也，郹阳封人之女奔之，生太子建。"杜预认为如确如贾逵所说太子建是弃疾在当蔡公期间所生，则弃疾为蔡公在灵王十一年，十三年即位时子建不过一二岁，未可立师傅；至此年，不过八九岁，也不到娶妇的年龄。故疑太子建是弃疾做大夫聘蔡时所生。然弃疾聘蔡不知何年，此云太子建时年十五，亦不知何据。

⑧稍益：逐渐，越来越。疏外：疏远。

【译文】

平王二年，派费无忌去秦国为太子建迎娶太子妇。新妇貌美，在来楚国的路上了，但还没到达，费无忌先赶回楚国，劝平王说："秦女很漂亮，您可自己迎娶，再为太子另外再娶。"平王听从了他的话，结果自己娶了那个秦女，生下了熊珍。另外为太子娶了妻。这时伍奢做太子太傅，费无忌任少傅。费无忌不受太子宠信，常在平王面前中伤太子建。太子建当时十五岁，他母亲是蔡国人，不受平王宠爱，平王渐渐疏远了太子建。

六年，使太子建居城父，守边[①]。无忌又日夜谗太子建于王曰："自无忌入秦女，太子怨，亦不能无望于王，王少自备焉[②]。且太子居城父，擅兵[③]，外交诸侯，且欲入矣。"平王召其傅伍奢责之。伍奢知无忌谗，乃曰："王奈何以小臣疏骨肉？"无忌曰："今不制，后悔也。"于是王遂囚伍奢。乃令司马奋扬召太子建[④]，欲诛之。太子闻之，亡奔宋[⑤]。

【注释】

①"六年"三句：据《左传·昭公十九年》："费无极言于楚子曰：'晋

之伯也，迩于诸夏，而楚辟陋，故弗能与争。若大城城父，而置太子焉，以通北方，王收南方，是得天下也。'王说从之。"六年，当周景王二十二年、鲁昭公十九年，前523年。城父，楚北境边邑。今河南宝丰李庄乡翟集村南有城父故城。

②少（shāo）：稍稍，略微。

③擅兵：专兵权，独揽兵权。

④乃令司马奋扬召太子建：据《左传》，奋扬是城父司马，太子建的属官，不是楚国司马。

⑤太子闻之，亡奔宋：奋扬知道费无忌谗害太子，所以故意向太子建透露消息，令其逃走。沈家本曰："《表》在七年。"按，《左传》亦在七年。

【译文】

平王六年，派太子建居住在城父，前去戍守边疆。费无忌又日夜在平王面前诋毁太子建："自从无忌我迎来秦女，太子就怨恨我了，也不能不怨恨大王，大王您要稍加防备。况且太子居住在城父，专掌兵权，对外结交诸侯，还想率兵前来夺取王位。"平王召太子太傅伍奢来责问。伍奢知道是费无忌进了谗言，就说："大王您怎么能因为小臣的谗言就疏远了自己的骨肉呢？"费无忌说："现在不加以制止，以后就要后悔了。"于是平王囚禁了伍奢。令司马奋扬去召太子建前来，想杀掉他。太子建听闻消息，逃到了宋国。

无忌曰："伍奢有二子，不杀者为楚国患。盍以免其父召之[①]？必至。"于是王使使谓奢："能致二子则生，不能将死。"奢曰："尚至，胥不至[②]。"王曰："何也？"奢曰："尚之为人，廉，死节，慈孝而仁，闻召而免父，必至，不顾其死。胥之为人，智而好谋，勇而矜功[③]，知来必死，必不来。然为楚国忧者必此子[4]。”于是王使人召之，曰：“来，吾免尔父。”伍尚谓伍胥曰：“闻父免而莫奔，不孝也；父戮莫报，无谋也；度能任事[5]，知也。子其行矣，我其归死。”伍尚遂归。伍胥弯弓属矢，出见使者[6]，曰：“父有罪，何以召其子为？”将射，使者还走，遂出奔吴。伍奢闻之，曰：“胥亡，楚国危哉[7]。”楚人遂杀伍奢及尚。

【注释】

①盍（hé）：何不。

②尚至，胥不至：尚，伍尚，时为楚之棠君，伍奢长子。胥，伍子胥，名员。其事详见《伍子胥列传》。

③矜（jīn）：夸耀。

④然为楚国忧者必此子：泷川曰：“‘于是王使使谓奢’以下，史公以意补。《左传》少异。”按，《左传》无伍奢评二子语，只有伍尚选择从死及劝伍员逃走一段话。

⑤度能任事：估计能承担的责任，做该做的事。

⑥伍胥弯弓属（zhǔ）矢，出见使者：泷川曰：“《左传》无此事。”属，连接。这里指搭上。

⑦胥亡，楚国危哉：《左传·昭公二十年》记伍奢之言曰：“楚君、大夫其旰食乎！”谓楚国君臣将要应付吴国的侵犯，无法按时吃饭了。按，以上费无忌谗害太子建，又谗杀伍奢、伍尚，逼走伍子胥事，详见《左传·昭公二十年》与《伍子胥列传》。

【译文】

费无忌说：“伍奢有两个儿子，不杀掉他们，将会成为楚国的祸患。何不以赦免他们父亲的罪为条件召他们前来？他们一定会来。”于是平王派使臣对伍奢说：“你能招来你的两个儿子就能活，不能就得死。”伍奢说："伍尚会来，伍胥不会来。"平王说："为什么？"伍奢说："伍尚为人，廉正，能为节义而死，慈爱孝顺且仁厚，听说召他前来就能赦免父亲，就一定会来，不会顾及自己的生死。伍胥为人，机智而好谋略，勇敢而崇尚立功，知道前来必会死，一定不会来。然而成为楚国忧患的一定是这个孩子。"于是平王派人去召他们，说："你们前来，我就免除你们父亲的死罪。"伍尚对伍胥说："听说能赦免父亲，而没人前去是不孝；父亲被杀害而将来没人报仇，是无谋；考虑能力担当责任，是明智。你还是走吧，我去领死。"伍尚于是回到郢都。伍胥拉满弓搭上箭，出来见使者，说："父亲有罪，为什么要召他的儿子呢？"要拉弓射箭，使者转身逃跑，伍胥趁机逃奔吴国。伍奢听说后，说："伍胥逃走了，楚国就要危险了。"楚人就杀死了伍奢和伍尚。

十年[①]，楚太子建母在居巢，开吴[②]。吴使公子光伐楚[③]，遂败陈、蔡，取太子建母而去[④]。楚恐，城郢[⑤]。初，吴之边邑卑梁与楚边邑锺离小童争桑[⑥]，两家交怒相攻，灭卑梁人。卑梁大夫怒，发邑兵攻锺离。楚王闻之怒，发国兵灭卑梁。吴王闻之大怒，亦发兵，使公子光因建母家攻楚，遂灭锺离、居巢。楚乃恐而城郢[⑦]。

【注释】

①十年：当周敬王元年、鲁昭公二十三年、吴王僚八年，前519年。

②楚太子建母在居巢，开吴：梁玉绳曰："昭二十三年《传》，建母在郹，此与《吴世家》同误。"居巢，在今安徽巢湖东北。开吴，引导吴国伐楚。

③公子光：即日后之吴王阖闾。吴王诸樊之子，吴王僚之堂兄弟。

④遂败陈、蔡，取太子建母而去：梁玉绳曰："《左传》，吴取建母在冬

十月，败陈、蔡乃鸡父之役，在秋七月，史公误合为一；又吴败顿、胡、沈、蔡、陈、许，并楚为七，故公子光曰‘七国同役’，此与《吴世家》止言陈、蔡，亦疏。”

⑤楚恐，城郢：楚国害怕，加固郢都的城墙。《正义》曰：“按《传》，城郢在昭公二十三年，下重言‘城郢’。杜预云：‘楚用子囊遗言，已筑郢城矣；今畏吴，复修以自固也。’”

⑥吴之边邑卑梁与楚边邑钟离小童争桑：吴的边邑卑梁与楚的边邑钟离的小孩争抢桑叶。《左传》《吴太伯世家》《伍子胥列传》均记为两国女子争桑。梁玉绳曰：“诸处皆言是女子，独此改称小童，恐非。”卑梁，吴边邑。钟离，楚边邑。二邑皆在安徽凤阳东北。

⑦楚乃恐而城郢：张照曰：“是申上文城郢之故，非此复城郢也。”梁玉绳曰：“城郢在灭二邑前一年，非因灭邑而后城郢，亦非因建母家，是则《史》之误耳。其所以误者，盖以建母之在郹为在巢，遂以十年吴入郹为十一年之灭二邑矣。《左》昭二十四传，楚为舟师略吴疆，吴踵楚灭二邑；《史》言衅起争桑，必两事俱有也。”

【译文】

平王十年，太子建的母亲在居巢，打开城门放进了吴人。吴国派公子光伐楚，打败了陈、蔡两国的军队，接走太子建的母亲撤兵而去。楚国害怕，加固郢都的城墙。当初，吴国的边邑卑梁与楚国的边邑钟离的小童争抢桑叶，两家发怒互相攻击，卑梁人一家被灭族。卑梁的长官大怒，发动邑兵进攻钟离。楚平王听说后大怒，发动国家军队灭了卑梁。吴王听说后大怒，也发动军队，让公子光凭借太子建的母亲家进攻楚国，灭了钟离、居巢。楚国就是因为恐惧才加固郢都的城墙的。

十三年，平王卒[①]。将军子常曰[②]：“太子珍少，且其母乃前太子建所当娶也。”欲立令尹子西[③]。子西，平王之庶弟也，有义。子西曰：“国有常法，更立则乱，言之则致诛。”

乃立太子珍，是为昭王。

【注释】

①十三年，平王卒：事当周敬王四年、鲁昭公二十六年，前516年。

②子常：即囊瓦，字子常。时为楚国令尹。

③令尹子西：梁玉绳曰："杜预云：'子西，平王之长庶。'韦昭曰：'子西，平王之子，昭王之庶兄，公子申。'此以为平王庶弟，下文又云昭王弟，舛矣。"中井积德曰："是时子常为令尹，而子西非令尹，盖《史》之误耳。下文'令尹子常'是矣。凡令尹、司马之类，《史记》则称将军，是后世之语，非当时之称，皆非。"

【译文】

平王十三年，去世。将军子常说："太子珍年幼，而且他的母亲是前太子建应当娶的。"他想拥立令尹子西。子西，是平王的庶弟，有仁义。子西说："国家有常规常法，更换继承人就会出乱子，说这样的话就会招来杀身之罪。"就立了太子珍为王，这就是楚昭王。

昭王元年①，楚众不说费无忌②，以其谗亡太子建，杀伍奢子父与郤宛③。宛之宗姓伯氏子嚭及子胥皆奔吴④，吴兵数侵楚，楚人怨无忌甚。楚令尹子常诛无忌以说众，众乃喜。

四年，吴三公子奔楚⑤，楚封之以扞吴⑥。

五年，吴伐取楚之六、潜⑦。

七年，楚使子常伐吴，吴大败楚于豫章⑧。

十年冬⑨，吴王阖闾、伍子胥、伯嚭与唐、蔡俱伐楚⑩，楚大败，吴兵遂入郢，辱平王之墓⑪，以伍子胥故也。吴兵之来，楚使子常以兵迎之，夹汉水阵。吴伐败子常，子常亡奔郑⑫。楚兵走，吴乘胜逐之，五战及郢⑬。己卯⑭，昭王出奔。

庚辰⑮,吴人入郢⑯。

【注释】

①昭王元年:当周敬王五年、鲁昭公二十七年,前517年。

②说:同"悦"。

③郤(xì)宛:即子恶,楚国左尹。据《左传·昭二十七年》,郤宛直而和,国人悦之,费无极恶之,设计让郤宛宴请子常而陈甲于门,又向子常进谗,言郤宛欲借宴饮之机杀死他,子常听信其言,遂攻郤宛,郤宛自杀,其族党被灭。

④宛之宗姓伯氏子嚭:即伯嚭,逃到吴国后,受吴王夫差宠幸,任太宰。其事见《越王句践世家》《吴太伯世家》及《伍子胥列传》。梁玉绳曰:"郤宛与伯氏不同族。"泷川按:"定四年《左传》云:'楚之杀郤宛也,伯氏之族出,伯州犁之孙嚭为吴太宰以谋楚。'杜注:'郤宛,党也。'"

⑤四年,吴三公子奔楚:四年,当周敬王八年、鲁昭公三十年、吴王阖闾三年,前512年。吴三公子奔楚,《吴太伯世家》载吴王僚之弟烛庸、盖馀二公子伐楚,闻吴王僚被公子光所弑而降楚。《左传·昭公三十年》亦载二公子奔楚,此云三公子,"三"字误。

⑥扞(hàn):抵御。

⑦五年,吴伐取楚之六、潜:五年,当周敬王九年、鲁昭公三十一年、吴王阖闾四年,前511年。六,在今安徽六安北。潜,在今安徽霍山东。

⑧"七年"三句:七年,当周敬王十一年、鲁定公元年、吴王阖闾六年,前509年。张照曰:"《左传》鲁定二年秋,楚伐吴于豫章,是年楚昭之八年也。"豫章,汉水以东,长江以北之地区名,今地不能确指。

⑨十年:当周敬王十四年、鲁定公四年、吴王阖闾九年、蔡申侯十二

年，前506年。

⑩与唐、蔡俱伐楚：唐、蔡两国国君朝见楚王，因未献财物与子常而被拘禁三年，心里怨恨，故与吴国联合进攻楚国。唐，古诸侯国名。故城在今湖北随县西北九十里。俱，一起。

⑪辱平王之墓：据《伍子胥列传》，伍子胥掘楚平王墓，鞭尸三百。《左传》则不载。

⑫吴伐败子常，子常亡奔郑：此即“柏举之战”。《左传·定公四年》：“十一月庚午，二师陈于柏举，阖庐之弟夫槩王晨请于阖庐……以其属五千先击子常之卒，子常之卒奔，楚师乱，吴师大败之。子常奔郑。”

⑬五战及郢：《左传·定公四年》，柏举之战后，吴从楚师及清发水，半济而击，又败之。“楚人为食，吴人及之。奔，食而从之，败诸雍澨，五战及郢”。

⑭己卯：十一月二十七。梁玉绳曰：“此（己卯）上缺书‘十一月’。”

⑮庚辰：十一月二十八。

⑯吴人入郢：此为楚国自建国以来遭到的最惨重的失败，楚国的霸业彻底垮台。

【译文】

昭王元年，楚国百姓不喜欢费无忌，因为他进谗言而使得太子建逃亡，还杀害了伍奢父子和郤宛。郤宛的宗族伯氏子伯嚭和伍子胥都逃到吴国，吴兵多次出兵侵犯楚国，楚人非常怨恨费无忌。楚令尹子常杀死费无忌来取悦民众，民众这才高兴起来。

昭王四年，吴国的三位公子逃到楚国，楚国封给他们土地以便抵御吴国。

昭王五年，吴国征讨楚国，夺取了楚国的六邑、潜邑。

昭王七年，派子常伐吴，吴国在豫章大败楚军。

昭王十年冬，吴王阖闾、伍子胥、伯嚭与唐、蔡两国一起讨伐楚国，大败楚国，吴兵攻入郢都，羞辱了平王的坟墓，这是因为伍子胥报杀害父兄之仇的缘故。吴兵来时，楚派子常率兵迎战，与吴军在汉水两岸排兵布阵。吴国打败了子常，子常逃奔郑国。楚军败退，吴军乘胜追击，连续打了五仗攻到了郢都。己卯日，昭王出逃。庚辰日，吴人攻入郢都。

昭王亡也，至云梦。云梦不知其王也，射伤王①。王走郧②。郧公之弟怀曰③："平王杀吾父④，今我杀其子，不亦可乎？"郧公止之，然恐其弑昭王，乃与王出奔随⑤。吴王闻昭王往，即进击随，谓随人曰："周之子孙封于江汉之间者，楚尽灭之⑥。"欲杀昭王。王从臣子綦乃深匿王⑦，自以为王⑧，谓随人曰："以我予吴。"随人卜予吴，不吉，乃谢吴王曰："昭王亡，不在随⑨。"吴请入自索之⑩，随不听，吴亦罢去。

【注释】

①云梦不知其王也，射伤王：据《左传》，乃以戈击王，王孙由于以背受之，中肩。非射伤王。云梦，泽名。此为江北云梦，在郧邑东南。

②郧（yún）：即今湖北安陆。

③郧公：郧县令，斗氏，名辛，楚大夫曼成然之子。楚人对县令称"公"，其风至秦末犹然，如"沛公""滕公"等。

④平王杀吾父：鲁昭公十四年（前528），楚平王杀曼成然。曼成然有佐立之功，但为人不知节制，又与养氏勾结，搜求无厌，故楚平王杀之。因楚昭王父楚平王杀曼成然，故斗辛弟斗怀欲杀楚昭王为父报仇。

⑤乃与王出奔随：《正义》曰："《括地志》云：'随州城外古随国城。随，姬姓也。'又云：'楚昭王城在随州县北七里。《左传》云吴师入郢，王奔随，随人处之公宫之北，即此城是也。'"

⑥周之子孙封于江汉之间者，楚尽灭之：泷川曰："吴、随皆与周同

姓，故云。”

⑦子綦：《左传》《国语》均作“子期”。杜预曰：“子期，昭王兄，公子结也。”

⑧自以为王：自己假充楚昭王。《左传·定公四年》云：“子期似王。”

⑨昭王亡，不在随：陈仁锡曰：“‘昭王’当作‘楚王’。”

⑩吴请入自索之：梁玉绳曰：“《左传》无此语，恐妄。”索，搜索，搜查。

【译文】

昭王逃亡，逃到云梦。云梦人不知他是楚王，射伤了他。昭王逃到郧县。郧公的弟弟怀说：“平王杀了我们的父亲，现在我们杀掉他的儿子，不也可以吗？”郧公制止了他，可还担心他会杀害昭王，就与昭王逃奔到随国。吴王听说昭王逃到了随国，立即举兵进攻随国，对随人说：“周封在江、汉之间的子孙，楚国把他们全都灭掉了。”想要随人杀死昭王。昭王的随从子綦就把昭王深藏起来，自己冒充昭王，对随人说：“把我交给吴人吧。”随人占卜把他交给吴国，不吉利，就谢绝吴王说：“昭王逃走了，不在随国。”吴国请求进城自己搜索，随国不答应，吴国也就撤兵离开了。

昭王之出郢也，使申鲍胥请救于秦[①]。秦以车五百乘救楚，楚亦收余散兵，与秦击吴。十一年六月[②]，败吴于稷[③]。会吴王弟夫槩见吴王兵伤败，乃亡归，自立为王。阖闾闻之，引兵去楚，归击夫槩。夫槩败，奔楚，楚封之堂谿[④]，号为堂谿氏。

【注释】

①使申鲍胥请救于秦：申鲍胥，又作“申包胥”。申包胥到秦国请求援救，秦哀公先是不肯，他便绝食七日，日夜哭泣，秦哀公于是

发兵救楚。泷川曰:“《左传》云:昭王在随,申包胥如秦乞师。据此,包胥自请也。”泷川言是。《战国策·楚策》《伍子胥列传》也说是申包胥自请于秦。申包胥,楚武王兄蚡冒之后,楚国公族,食邑于申,因以为氏。《战国策》作“棼冒勃苏”,“棼冒”即“蚡冒”,“勃苏”即“包胥”。

②十一年:当周敬王十五年、鲁定公五年、秦哀公三十二年、吴王阖闾十年,前505年。

③败吴于稷:《左传·定公五年》云:“(秦子蒲、子虎)使楚人先与吴人战,而自稷会之,大败夫槩王于沂。”与此异。稷,楚邑。在今河南桐柏境内。

④堂谿:在今河南遂平西北。

【译文】

昭王逃出郢都的时候,派申鲍胥到秦国请求救援。秦国派出五百乘兵车救楚,楚国也聚合残余的散兵,与秦军一起进攻吴军。昭王十一年六月,在稷邑打败吴军。恰逢吴王的弟弟夫槩见吴王兵败,就逃回吴国,自立为王。吴王阖闾听说此事,领兵离开楚国,回去攻击夫槩。夫槩被击败,逃到楚国,楚国把他封在堂谿,号称堂谿氏。

楚昭王灭唐①。九月,归入郢②。

十二年③,吴复伐楚,取番④。楚恐,去郢,北徙都鄀⑤。

十六年⑥,孔子相鲁⑦。

二十年,楚灭顿,灭胡⑧。

二十一年⑨,吴王阖闾伐越⑩。越王句践射伤吴王,遂死。吴由此怨越而不西伐楚⑪。

二十七年春⑫,吴伐陈⑬,楚昭王救之,军城父。十月⑭,昭王病于军中,有赤云如鸟,夹日而蜚⑮。昭王问周太史⑯,

太史曰："是害于楚王[17]，然可移于将相[18]。"将相闻是言，乃请自以身祷于神[19]。昭王曰："将相，孤之股肱也[20]。今移祸，庸去是身乎[21]！"弗听。卜而河为祟[22]，大夫请祷河。昭王曰："自吾先王受封，望不过江、汉[23]，而河非所获罪也[24]。"止不许。孔子在陈，闻是言，曰："楚昭王通大道矣。其不失国，宜哉[25]！"

【注释】

①楚昭王灭唐：《左传·定公五年》云："秋七月，子期、子蒲灭唐。"杜预曰："从吴伐楚故。"

②九月，归入郢：据《左传》，昭王十月归郢。

③十二年：当周敬王十六年、鲁定公六年、吴王阖闾十一年，前504年。

④吴复伐楚，取番：泷川曰："定六年《左传》云：'吴太子终纍败楚舟师，获潘子臣、小惟子及大夫七人。楚国大惕，惧亡。'与此异。"王叔岷曰："《左》定六年传既称'吴大子终纍败楚舟师'，又称'子期又以陵师败于繁扬'，'番'与'繁'并音'婆'，古字通用。史公所谓'伐番''取番'，盖指繁扬之败，非误以'获潘子臣'为伐番也。"番，当时楚东境边邑，即今江西鄱阳。一说吴、楚当时不可能在此交兵，其地当在今安徽凤台西北。

⑤北徙都鄀（ruò）：龟井昱曰："郢本在江陵，吴以舟师溯江而上，一水可达；襄阳稍西北，吴既难犯，又居国上流，其势易以制吴。"童书业曰："亦有可能在汉水上游近秦国处。僖二十五年：'秦、晋伐鄀，楚斗克、屈御寇以申息之师戍商密。'文五年：'鄀叛楚即秦，又贰于楚。夏，秦人入鄀。'杜预谓：'鄀本在商密，秦、楚界上小国，其后迁于南郡鄀县。'楚昭王所迁之'鄀'可能仍在商密一带，盖楚故都本在丹阳，旧鄀国与之相近，时是为吴所败，自新都复还故地，亦远吴而就秦耳。"此说可供参考。

⑥十六年：当周敬王二十年、鲁定公十年，前500年。

⑦孔子相鲁：司马迁以“相鲁”为任鲁相，今学者多以为孔子只为鲁定公充任过司礼的傧相，无为鲁相事，详见《孔子世家》。

⑧二十年，楚灭顿，灭胡：竹添光鸿曰：“楚之深仇者吴也，而吴强，楚不敢伐；以吴子入楚者蔡也，蔡犹足守国，亦未可伐；惟唐最弱，与吴入郢，即灭之。而顿，而胡，尝与召陵之会者，故前年灭顿，今年灭胡。”二十年，当周敬王二十四年、鲁定公十四年，前496年。顿，诸侯国名。故城即今河南项城北五十里之南顿故城。《正义》引《括地志》曰：“陈州南顿县，故顿子国。应劭云古顿子国，姬姓也，逼于陈，后南徙，故曰南顿也。”胡，诸侯国名。故城在今安徽阜阳西北二里。

⑨二十一年：当周敬王二十五年、鲁定公十五年、吴王夫差元年，前495年。

⑩吴王阖闾伐越：此即“槜李之战”，其事详见《吴太伯世家》及《越王句践世家》。

⑪吴由此怨越而不西伐楚：按，从此吴、越构怨，互相侵伐，形成了晋助吴伐楚，楚助越伐吴的局面。楚因此消耗了很大国力。

⑫二十七年：当周敬王三十一年、鲁哀公六年、吴王夫差七年、陈湣公十三年，前489年。

⑬吴伐陈：吴入楚，召陈怀公不至，吴侵陈以修旧怨事，详见《陈杞世家》。

⑭十月：《左传》作“七月”。《春秋·哀公六年》曰：“秋七月庚寅，楚子轸卒。”则作“七月”是。

⑮有赤云如鸟，夹日而蜚：杜预曰：“云在楚上，惟楚见之。”蜚，通“飞”。

⑯昭王问周太史：孔颖达曰：“服虔云：诸侯皆有太史主周所赐典籍，故曰周太史。一曰是时往问周太史。”太史，官名。西周、春秋

时，太史掌管起草文书、策命诸侯卿大夫、记载史事、编写史书，兼管国家典籍、天文历法、祭祀等。

⑰是害于楚王：《左传》作“其当王身乎”。杜预曰：“日为人君，妖气守之，故以为当王身。云在楚上，唯楚见之，故祸不及他国。”

⑱然可移于将相：《左传》作“可移于令尹、司马”。令尹，楚国最高执政大臣。司马，楚国最高军事长官。

⑲乃请自以身祷于神：就请求以身相代向神祈祷。按，《左传》无是言。

⑳股肱：大腿和胳膊，比喻辅佐君王的得力大臣。

㉑庸去是身乎：难道祸患就离开我的身体了吗？《左传》作“除腹心之疾而置诸股肱，何益”。冈白驹曰：“股肱之祸，即身之祸也。”庸，岂，难道。按，此段与《宋微子世家》中记宋景公之事大同小异。

㉒卜而河为祟：占卜结果是河神作祟。祟，古代指鬼怪祸害人。

㉓望不过江、汉：楚国的祭祀范围不超出长江、汉水。望，遥祭山川之神。

㉔河非所获罪也：我们根本得罪不到黄河水神。《左传》原文于此作：“三代命祀，祭不越望。江、汉、睢、章，楚之望也。祸福之至，不是过也。不穀虽不德，河非所获罪也。”

㉕其不失国，宜哉：孔子此语司马迁录自《左传》。

【译文】

楚昭王灭掉了唐国。九月，返回郢都。

昭王十二年，吴国再次攻打楚国，夺取了番邑。楚国害怕了，离开郢都，向北迁都到鄀。

昭王十六年，孔子做了鲁国的傧相。

昭王二十年，楚国灭了顿国、胡国。

昭王二十一年，吴王阖闾伐越。越王句践射伤吴王阖闾，吴王阖闾因此而死。吴国从此仇恨越国，不再向西征伐楚国了。

昭王二十七年春，吴国攻打陈国，昭王出兵救援陈国，驻军城父。十月，昭王在军中得了重病，有红云如鸟形，夹着太阳飘浮。昭王询问周太史，太史说："这对楚王有危害，但可将祸患转移给将相。"将相听到这话，就请求以自身为牺牲向神祈祷。昭王说："将相，就像是我的大腿和胳膊。如今把祸患转移给他们，难道祸患就会离开我的身体了吗！"不听。占卜结果是河神作祟，大夫请求向黄河之神祈祷。昭王说："自从我们的先王受封以来，祭祀山川不过长江、汉水，不曾得罪黄河神。"制止他们，不允许祭祀黄河神。孔子在陈国，听到昭王的这些话，说："楚昭王通晓大道啊。他是不应该失去国家的！"

昭王病甚，乃召诸公子大夫曰："孤不佞①，再辱楚国之师②，今乃得以天寿终③，孤之幸也。"让其弟公子申为王，不可。又让次弟公子结，亦不可。乃又让次弟公子闾，五让，乃后许为王④。将战，庚寅⑤，昭王卒于军中。子闾曰："王病甚，舍其子让群臣，臣所以许王，以广王意也⑥。今君王卒，臣岂敢忘君王之意乎⑦！"乃与子西、子綦谋，伏师闭涂⑧，迎越女之子章立之⑨，是为惠王。然后罢兵归，葬昭王。

【注释】

①孤不佞（nìng）：我不成才。孤，古代帝王的自称。不佞，没有才能。

②再辱楚国之师：意即两次打了败仗，一次楚昭王七年吴军大败楚军于豫章，一次楚昭王十年吴军入郢。

③以天寿终：指正常死亡。

④"让其弟公子申为王"七句：公子申，即子西，此时为楚令尹。公子结，即子期。公子闾，名启，字子闾。梁玉绳曰："三公子皆昭王兄，此误弟。"

⑤庚寅：七月十六日。

⑥以广王意也：以此让他安心。广，安慰，宽慰。

⑦臣岂敢忘君王之意乎：《左传》作："子闾退曰：'君王舍其子而让，群臣敢忘君乎？从君之命，顺也；立君之子，亦顺也。二顺不可失也。'"凌稚隆曰："昭王舍其子而让弟，与宋宣公之让同；然公子闾受让而仍立其子，其与穆公既立而后传位于侄，以致十世不宁者，相去远矣。"

⑧伏师闭涂：埋伏军队，绝断交通，防备吴兵趁丧伐楚，以及国内的诸公子之变。伏师，《左传》作"潜师"。《正义》曰："潜师，密发往迎也；闭途，防断外寇也。为昭王薨于军，嗣子未定，恐有邻国及诸公子之变，故伏师闭途，迎越女子章立为惠王也。"

⑨迎越女之子章立之：按，"昭王病甚"至此，《左传》叙在军城父、救陈之下，而在"赤云夹日"等事之前。且在叙此事之前有："卜战，不吉；卜退，不吉。王曰：'然则死也。再败楚师，不如死；弃盟、逃仇，亦不如死。死一也，其死仇乎？'"表现楚昭王为国而死，死而无悔的凛然之气。越女，楚昭王之妾。王叔岷曰："案《列女传》'越女'作'越姬'，云：'楚昭越姬者，越王句践之女，楚昭王之姬也。'"

【译文】

昭王病重，就招来各位公子和大夫，说："我没有才德，让楚国军队遭受了两次战败，如今能够享受天年后死去，这是我的幸运。"让他弟弟公子西为王，子西不肯接受。又让次弟公子结为王，也不肯接受。于是又让次弟公子闾为王，他推让了五次，才最后答应做国君。即将开战，庚寅日，昭王在军营中病逝。子闾说："大王病重，舍弃他的儿子而把王位让给群臣，我之所以答应大王，是为了让他安心。现在大王去世了，我哪敢忘却大王的心意呢！"于是与子西、子綦商量，埋伏军队，断绝交通，迎立越国女子为昭王生的儿子章为王，这就是楚惠王。然后撤军回国，安葬了昭王。

惠王二年，子西召故平王太子建之子胜于吴，以为巢大夫，号曰白公[①]。白公好兵而下士，欲报仇。

六年，白公请兵令尹子西伐郑[②]。初，白公父建亡在郑，郑杀之[③]，白公亡走吴，子西复召之，故以此怨郑，欲伐之。子西许而未为发兵。

八年[④]，晋伐郑，郑告急楚，楚使子西救郑，受赂而去[⑤]。白公胜怒，乃遂与勇力死士石乞等袭杀令尹子西、子綦于朝，因劫惠王，置之高府[⑥]，欲弑之。惠王从者屈固负王亡走昭王夫人宫[⑦]。白公自立为王[⑧]。月余，会叶公来救楚[⑨]，楚惠王之徒与共攻白公，杀之。惠王乃复位。是岁也，灭陈而县之[⑩]。

【注释】

①"惠王二年"四句：梁玉绳曰："白公之召，《左传》追叙于哀十六年，莫知的在何时。乃《表》书于惠王二年，《世家》及《伍子胥传》亦然，恐是意揣耳。"陈子龙曰："子西召白公，亦以悦楚众也，不意复以召乱。"惠王二年，当周敬王三十三年、鲁哀公八年、吴王夫差九年，前487年。巢，诸侯国名。故城在今安徽巢湖东北。白，楚邑名。在今河南息县东。

②六年，白公请兵令尹子西伐郑：白公请兵伐郑事，《左传》在鲁哀十六年，为楚惠十年，盖追叙；此与《十二诸侯年表》俱在六年，不知何据。六年，当周敬王三十七年、鲁哀公十二年、郑声公十八年，前483年。

③白公父建亡在郑，郑杀之：太子建因受费无忌谗害，奔宋，奔郑，在郑谋乱被郑诛杀事，详见《郑世家》《伍子胥列传》。

④八年：当周敬王三十九年、鲁哀公十四年、郑声公二十年，前

481年。

⑤楚使子西救郑，受赂而去：梁玉绳曰："晋伐郑，为鲁哀十五年，在惠王九年，此误八年也。《传》云'救郑与之盟'，不得言受赂。而白公作乱在惠王十年，此亦误在八年，《子胥传》同误。"

⑥高府：府名。杜预曰："楚别府。"泷川曰："楚府库之名，如鲁有长府。"

⑦屈固：《左传》作"圉公阳"。负：背。亡走：逃走。昭王夫人：惠王之母，即越女。

⑧白公自立为王：据《左传·哀公十六年》和《伍子胥列传》，白公未尝为王。

⑨叶（shè）公：字子高，沈氏，名诸梁。时为叶县（今河南叶县之昆阳城）县令，故称"叶公"。

⑩是岁也，灭陈而县之：按，《世家》将白公之乱与灭陈之事俱记于惠王八年，实则白公之乱在惠王十年（前479），灭陈在惠王十一年，当鲁哀公十七年，前478年。灭陈而县之，灭掉陈国，将其地设为楚国之陈县。

【译文】

惠王二年，子西从吴国招来已故平王太子建的儿子胜，让他做巢邑大夫，号称白公。白公胜喜好军事且礼贤下士，想报家仇。

惠王六年，白公胜向令尹子西请兵攻打郑国。当初，白公胜的父亲太子建逃亡到郑国，郑人杀了他，白公胜逃到了吴国，子西又把他召了回来，因此白公胜怨恨郑国，想讨伐郑国。子西答应了他，但没为他发兵。

惠王八年，晋国讨伐郑国，郑国向楚国告急，楚国派出子西援救郑国，子西接受贿赂离开了郑国。白公胜大怒，于是就与勇猛有力的敢死之士石乞等人在朝堂上袭击杀死了令尹子西、子綦，趁势劫持了惠王，把他安置在高府，想杀害他。惠王的随从屈固背着惠王逃到昭王夫人的宫中。白公胜自立为王。过了一个多月，正值叶公来援救楚国，惠王的兵士与叶公的军队一起攻打白公胜，杀死白公胜。惠王复位。这年，楚国灭亡陈国，把陈国划作楚国的一个县。

十三年[①]，吴王夫差强[②]，陵齐、晋[③]，来伐楚[④]。

十六年，越灭吴[⑤]。

四十二年，楚灭蔡[⑥]。

四十四年，楚灭杞[⑦]。与秦平。是时越已灭吴，而不能正江、淮北，楚东侵，广地至泗上[⑧]。

五十七年[⑨]，惠王卒，子简王中立[⑩]。

【注释】

①十三年：当周元王元年、鲁哀公十九年、齐平公五年、晋定公三十六年、吴王夫差二十年，前476年。

②吴王夫差：阖闾之子，前495—前473年在位。其事详见《吴太伯世家》及《左传》。

③陵齐、晋：指鲁哀公十一年夫差在艾陵（今山东莱芜东北）大败齐军，鲁哀公十三年又在黄池大会诸侯，与晋争为霸主之事，详见《左传》哀公十一年、十三年与《吴太伯世家》。

④来伐楚：梁玉绳曰："《左传》，哀十九年止有越侵楚，以误吴事。"

⑤十六年，越灭吴：此即"夫椒之战"。夫椒之战后，句践卧薪尝胆，励精图治，趁吴北上争霸之机伐吴，终于在此年灭吴。其事详见《吴太伯世家》《越王句践世家》《左传·哀公二十二年》及《国语》之《越语》《吴语》。十六年，当周元王四年、鲁哀公二十二年、吴王夫差二十三年，前473年。

⑥四十二年，楚灭蔡：四十二年，当周定王二十二年、秦厉公三十年、蔡侯齐四年，前447年。《管蔡世家》云："楚惠王灭蔡，蔡侯齐亡，

蔡遂绝祀。”

⑦四十四年，楚灭杞：四十四年，当周定王二十四年、秦厉公三十二年、杞简公二年，前445年。杞，诸侯国名。传说为夏禹的后代。武王灭商后，封禹后东楼公于杞，即今河南杞县。

⑧“是时越已灭吴”四句：顾栋高《春秋大事表》云：“《正义》曰‘泗上’谓‘广陵、徐、泗等州’。则今扬、淮以及徐州、泗州之地，皆弃与楚。……《吴越春秋》有云：‘越既平吴，北渡淮，会齐、晋诸侯，徙都于琅邪。’《竹书纪年》云：‘晋出公七年，越徙都琅邪。’《水经注》云：‘琅邪，越句践之故都也。’《越绝书》：‘句践平吴，霸关东，从琅邪起观台，周七里以望东海。’诸书所载，较若画一。案，春秋时琅邪，今山东沂州府。……越徙都琅邪事，不见于《左传》，《国语》亦无之。然《史记》云‘越灭吴弃江、淮以北’，征之《左传》，他事多不合。据《传》又：‘哀二十二年，越灭吴；二十七年，越使后庸来正邾、鲁之界，公与之盟于平阳。’后哀公尝欲以越伐鲁而去季氏。公又尝如越。曾子居武城有越寇，见于《孟子》。武城，在今沂州府费县西南九十里。季氏之私邑亦在费，与琅邪之说相合。夫越既灭吴，与齐、晋诸侯会于徐州，天子致胙，方欲正邾、鲁山东诸侯之侵界，岂其弃江、淮不事？且既弃之以予楚矣，如后庸使命之往来及出兵侵鲁，岂反假道于楚邪？又范蠡既雪会稽之耻，变姓名寓于陶。陶为今曹州府曹县。盖先时吴屡伐齐、鲁，沂、曹之边地，吴盖略而有之。哀八年吴尝伐鲁入武城，武城人或有田于吴境，拘鄫人之沤菅者，曰‘何故使吾水滋’，及吴师至，拘者遂道之以伐武城。观此，则沂州之地，久已为吴之错壤。越灭吴，因有其地。则其迁都琅邪，盖尽吴之境与北方诸侯争衡，岂有反弃江、淮之地，以资勍敌之楚邪？且即如《史记》所云，越自句践以后，五世至无疆，中间尝欲伐齐。齐旧与吴接境，与越之故土远隔江、淮，若句践弃江、淮以北，则其后世必

不能复拓有吴境,与齐远不相及,无缘有伐齐之事。则《史记》之自相矛盾,更较然矣。"杨宽曰:"(越国的)疆域约自今山东的琅邪台起,沿海而南,包括今江苏苏北的运河以东地区和全部苏南地区、安徽的皖南地区、江西东境的一部分,并兼有今浙江的北半部。北境和齐、鲁及泗水上的各小国交错接界,西和楚接界,东边靠海,南和百越接界。"正,通"征"。泗上,泗水之滨。指今山东泗水县到江苏徐州一带。

⑨五十七年:当周考王九年、秦躁公十一年,前432年。

⑩中:《正义》曰:"音'仲'。"

【译文】

惠王十三年,吴王夫差强大起来,欺凌齐、晋,前来伐楚。

惠王十六年,越国灭亡吴国。

惠王四十二年,楚国灭亡蔡国。

惠王四十四年,楚国灭亡杞国。与秦国讲和。这时越国已经灭了吴国,但不能平定江、淮以北的地区;楚于是东侵,领土一直扩展到泗水之滨。

惠王五十七年,去世,他的儿子简王中继位。

简王元年①,北伐灭莒②。

八年③,魏文侯、韩武子、赵桓子始列为诸侯④。

二十四年⑤,简王卒,子声王当立⑥。

声王六年⑦,盗杀声王,子悼王熊疑立⑧。

【注释】

①简王元年:当周考王十年、秦躁公十二年,前431年。

②北伐灭莒:《正义》曰:"《括地志》云:'密州莒县,故国也。'言'北

伐'者，莒在徐、泗之北。”

③八年：当周威烈王二年、秦灵公元年、魏文侯二十二年、韩武子元年、赵桓子元年，前424年。

④魏文侯、韩武子、赵桓子始列为诸侯：中井积德曰：“三晋列为诸侯者，魏文侯、韩景侯、赵烈侯是也。武子、桓子并其先世，此《史》之误耳。”杭世骏曰：“《周本纪》威烈王二十三年命韩、赵、魏为诸侯，是年为楚声王五年，盖后二十二年。”沈家本曰：“年表不误，《世家》盖史公未及删正也。”魏文侯，名斯，魏桓子之子，前445—前396年在位。魏文侯二十二年（前403），周威烈王命魏、韩、赵三家列为诸侯。韩武子，名启章，前424—前409年在位。赵桓子，名嘉，前424年在位。

⑤二十四年：当周威烈王十八年、秦简公七年，前408年。

⑥子声王当：楚声王，名当。《正义》曰：“《谥法》云'不生其国曰声'也。”

⑦声王六年：当周威烈王二十四年、秦简公十三年，前402年。

⑧悼王熊疑：《年表》作“熊类”，前401—前381年在位。

【译文】

简王元年，北伐灭莒。

简王八年，魏文侯、韩武子、赵桓子开始被列为诸侯。

简王二十四年，去世，他的儿子声王当继位。

声王六年，盗贼杀了声王，他的儿子悼王熊疑继位。

悼王二年①，三晋来伐楚，至乘丘而还②。

四年③，楚伐周④。郑杀子阳⑤。

九年⑥，伐韩，取负黍⑦。

十一年⑧，三晋伐楚，败我大梁、榆关⑨。楚厚赂秦，与之平[⑩]。

二十一年[⑪]，悼王卒，子肃王臧立。

【注释】

①悼王二年：当周安王二年、秦简公十五年、魏文侯四十六年、韩景侯九年、赵烈侯九年，前400年。

②至乘丘而还：泷川曰："《年表》，'乘丘'作'桑丘'。"梁玉绳曰："桑丘乃燕地。楚肃王元年，齐伐燕取桑丘可证，楚安得有桑丘之地乎？当依《世家》作'乘丘'。"乘丘，楚邑名。故城在今山东兖州西。按，《集解》引徐广曰："《年表》：'三年，归榆关于郑。'"此事《世家》未载。

③四年：当周安王四年、秦惠公二年，前398年。

④楚伐周：《年表》"周"作"郑"，当误。

⑤子阳：即"驷子阳"，郑国国相。

⑥九年：当周安王九年、秦惠公七年，前393年。

⑦负黍：韩邑名。故城在今河南登封西南。

⑧十一年：当周安王十一年、秦惠公九年、魏武侯五年、赵烈侯十八年、韩烈侯九年，前391年。

⑨败我大梁、榆关：《正义佚文》曰："《年表》云：'悼王三年，归榆关于郑。'按榆关，当郑之南，大梁之西也。榆关在大梁之境，此时属楚，故云'败我大梁、榆关'也。"梁玉绳曰："大梁，魏地，不知楚追三晋之师至于是欤？或者楚伐魏，而韩、赵救之，《世家》误以为三晋伐楚欤？"大梁，即今河南开封。榆关，郑邑。《索隐》曰："此榆关当在大梁之西也。"

⑩楚厚赂秦，与之平：梁玉绳曰："不言秦伐楚，但言楚赂秦，与上文书'与秦平'同为疏也。"平，讲和，媾和。

⑪二十一年：当周安王二十一年、秦献公四年，前381年。

【译文】

悼王二年，韩、赵、魏三晋前来讨伐楚国，到达乘丘才回去。

悼王四年，楚国伐周国。郑人杀了相国子阳。

悼王九年，楚国伐韩国，攻取了负黍。

悼王十一年，韩、赵、魏三晋征伐楚国，在大梁、榆关打败了楚军。楚国厚赂秦国，与秦国讲和。

悼王二十一年，去世，他的儿子肃王臧继位。

肃王四年①，蜀伐楚，取兹方②。于是楚为扞关以距之③。

十年④，魏取我鲁阳⑤。

十一年⑥，肃王卒，无子，立其弟熊良夫，是为宣王。

【注释】

①肃王四年：当周安王二十五年、秦献公八年，前377年。

②兹方：《正义》曰："《古今地名》云：'荆州松滋县古鸠兹地，即楚兹方是也。'"钱大昕曰："《左氏传》：'楚子重伐吴，克鸠兹。'杜预云：'鸠兹，在丹阳芜湖县东，今皋夷也。'与兹方非一地。"今地不详。

③扞关：关隘名。楚筑以拒蜀。《集解》曰："李熊说公孙述曰：'东守巴郡，距扞关之口。'"《索隐》说在巴郡鱼腹县，在今重庆奉节东。

④十年：当周烈王五年、秦献公十四年、魏武侯二十五年，前371年。

⑤鲁阳：楚邑名。故城即今河南鲁山县。《正义》曰："《括地志》云：'古鲁县以古鲁山为名也。'"

⑥十一年：当周烈王六年、秦献公十五年，前370年。

【译文】

肃王四年，蜀国伐楚国，攻取了兹方。于是楚筑扞关来抵御他们。

肃王十年，魏国攻取了楚国的鲁阳。

肃王十一年，去世，没有儿子，立他的弟弟熊良夫为王，这就是楚宣王。

宣王六年[①]，周天子贺秦献公[②]。秦始复强，而三晋益大，魏惠王、齐威王尤强[③]。

三十年[④]，秦封卫鞅于商[⑤]，南侵楚。是年，宣王卒，子威王熊商立。

【注释】

①宣王六年：当周显王五年、秦献公二十一年、魏惠王六年、齐桓公十一年、韩懿侯十一年、赵成侯十一年，前364年。

②周天子贺秦献公：泷川引《秦纪》曰："献公二十一年，与晋战于石门，斩首六万。天子贺以黼黻。"吴见思曰："秦事插序，秦楚敌国，秦之胜，楚之衰也。"周天子，即周显王，名扁，周烈王之弟，前368—前321年在位。其事详见《周本纪》。秦献公，名师隰，秦灵公之子，前385—前362年在位。其事详见《秦本纪》。

③魏惠王、齐威王尤强：魏惠王，姬姓，魏氏，名䓨，魏武侯之子，前369—前319年在位，三十六年（前344）称王。齐威王，姓田，名因齐，一作"婴齐"，前356—前320年在位。其间实行改革，整顿吏治，选拔人才，因而国力富强，威震诸侯。

④三十年：当周显王二十九年、秦孝公二十二年，前340年。

⑤卫鞅：姬姓，公孙氏，名鞅，卫国公族，故曰"公孙鞅""卫鞅"；因封于商，又称"商鞅"。入秦辅佐秦孝公实行变法，奠定了秦国富强的基础。其事详见《商君列传》。商，在今陕西商洛商州区。

【译文】

宣王六年，周天子祝贺秦献公。秦国开始再次强大起来，而赵、魏、韩三国更加强大，魏惠王、齐威王尤其强大。

宣王三十年，秦把卫鞅封在商邑，向南侵犯楚国。这年，宣王去世，他的儿子威王熊商继位。

威王六年[①],周显王致文、武胙于秦惠王[②]。

七年[③],齐孟尝君父田婴欺楚[④],楚威王伐齐,败之于徐州[⑤],而令齐必逐田婴。田婴恐,张丑伪谓楚王曰[⑥]:“王所以战胜于徐州者,田盼子不用也[⑦]。盼子者,有功于国[⑧],而百姓为之用。婴子弗善而用申纪[⑨]。申纪者,大臣不附,百姓不为用,故王胜之也。今王逐婴子,婴子逐,盼子必用矣。复搏其士卒以与王遇[⑩],必不便于王矣[⑪]。”楚王因弗逐也。

十一年[⑫],威王卒,子怀王熊槐立。魏闻楚丧,伐楚,取我陉山[⑬]。

【注释】

①威王六年:当周显王三十五年、秦惠文王四年,前334年。

②周显王致文、武胙于秦惠王:泷川曰:“《秦纪》作‘天子致伯’。”文、武胙,祭祀周文王、周武王用的祭肉。秦惠王,即秦惠文王,名驷,秦孝公之子,前337—前311年在位。

③七年:当周显王三十六年、秦惠文王五年,前333年。

④齐孟尝君父田婴欺楚:齐国孟尝君的父亲田婴欺骗了楚国,指田婴诱越侵楚一事。孟尝君,田文,以好养士闻名,为战国四公子之一,齐湣王时为相。其事详见《孟尝君列传》。田婴,孟尝君之父,封于薛,又称“薛公”。张文虎曰:“‘孟尝君父’四字,旁注混入。”

⑤徐州:在今山东微山东北。徐广曰:“时楚已灭越而伐齐也,齐说越令攻楚,故云齐欺楚。”

⑥张丑:田婴的门客。

⑦田盼子不用:齐威王晚年,田婴为相,田盼子因与田婴不和而受排挤。田盼子,亦称“田肦(fén)”,《索隐》曰:“盼子,婴之同族。”

齐将。泷川引《齐太公世家》曰："齐威王谓梁王曰：'吾臣有盼子者，使守高唐，则赵人不敢东渔于河。'"

⑧盼子者，有功于国：指前341年，田盼在马陵之战中大败魏军事。

⑨申纪：齐将。《战国策》中"申纪"作"申缚"。

⑩摶：王念孙曰："'摶'当作'抟'，'抟'与'专'同。"张文虎曰："宋本及旧刻正作'抟'。"抟，收合，团聚。按，此段记事本《战国策·齐策》。

⑪便：有利，有益。

⑫十一年：当周显王四十年、秦惠文王九年、魏惠王后元六年，前329年。

⑬取我陉山：梁玉绳曰："'取'当作'败'，《六国表》《魏世家》可证。"陉山，在今河南漯河东。

【译文】

威王六年，周显王把祭祀文王、武王的祭肉送给秦惠王。

威王七年，齐国孟尝君的父亲田婴欺骗楚国，楚威王讨伐齐国，在徐州打败齐军，命令齐国一定要驱逐田婴。田婴害怕，门客张丑假意对楚王说："大王之所以能在徐州战胜齐国，是因为田盼子不被齐国重用。田盼子有功于国家，百姓愿意为他所用。婴子与他不合而用申纪。申纪，大臣不亲附他，百姓也不愿为他效力，所以大王就战胜了齐国。如今大王驱逐婴子，婴子被逐，盼子就一定要被重用了。如果齐国再重整士卒与大王交战，一定会对大王不利。"楚王因此不要求驱逐田婴了。

威王十一年，去世，他的儿子怀王熊槐继位。魏国听说楚国有丧事，攻打楚国，在陉山打败了楚国。

怀王元年[①]，张仪始相秦惠王[②]。

四年[③]，秦惠王初称王[④]。

六年[⑤]，楚使柱国昭阳将兵而攻魏[⑥]，破之于襄陵[⑦]，得八邑[8]。又移兵而攻齐[9]，齐王患之。陈轸适为秦使齐[10]，齐王曰："为之奈何？"陈轸曰："王勿忧，请令罢之。"即往见昭阳军中，曰："愿闻楚国之法，破军杀将者何以贵之？"昭阳曰："其官为上柱国，封上爵执珪[11]。"陈轸曰："其有贵于此者乎？"昭阳曰："令尹。"陈轸曰："今君已为令尹矣，此国冠之上[12]。臣请得譬之。人有遗其舍人一卮酒者[13]，舍人相谓曰：'数人饮此，不足以遍，请遂画地为蛇，蛇先成者独饮之。'一人曰：'吾蛇先成。'举酒而起，曰：'吾能为之足。'及其为之足，而后成人夺之酒而饮之，曰：'蛇固无足，今为之足，是非蛇也。'今君相楚而攻魏，破军杀将，功莫大焉，冠之上不可以加矣。今又移兵而攻齐，攻齐胜之，官爵不加于此；攻之不胜，身死爵夺，有毁于楚：此为蛇为足之说也。不若引兵而去以德齐，此持满之术也[14]。"昭阳曰："善。"引兵而去。

【注释】

①怀王元年：当周显王四十一年、秦惠文王十年，前328年。

②张仪：姬姓，张氏，魏公族庶子。秦惠王九年（前329）入秦，采用连横策略，使秦国土地日广，后封为武信君。其事详见《张仪列传》。

③四年：当周显王四十四年、秦惠文王十三年，前325年。

④秦惠王初称王：王韦曰："惠王称王而曰'初'，见秦之始强也。其强在相仪之后，仪之功著矣。此太史公叙事之次第也。"

⑤六年：当周显王四十六年、秦惠文王后元二年、魏襄王十二年、齐威王三十四年，前323年。

⑥柱国:楚官名。也称“上柱国”,为最高武官,地位仅次于令尹。

⑦破之于襄陵:泷川曰:“破之于襄陵,《国策》不载,史公别有所本。”襄陵,在今河南睢县西。

⑧得八邑:黄式三曰:“孟子书惠王自言‘南辱于楚’即是。”八邑,《索隐》曰:“古本作‘八邑’,今亦作‘八城’。”

⑨移兵而攻齐:《集解》引徐广曰:“怀王六年,昭阳移和而攻齐。军门曰和。”“移和”即“移兵”。

⑩陈轸:当时的游说之士,与张仪俱事秦惠王。张仪为相后,陈轸奔楚。其事略见《张仪列传》。适:刚刚,刚才。

⑪封上爵执珪(guī):封最高之爵,执玉珪。执珪,一作“执圭”。春秋、战国时楚国功臣取得这一爵位后,便可执珪朝见国君,故称。高诱曰:“楚爵功臣,赐以圭谓之执圭,比附属之君。”珪,一种上尖下方的玉版,用以礼器。

⑫此国冠之上:即国家的最高官阶。《索隐》曰:“令尹乃尹中最尊,故以国为言,犹如‘卿子冠军’然。”中井积德曰:“‘之上’二字,疑衍。”

⑬遗(wèi):赠给,赠送。舍人:门客。卮(zhī):酒器。

⑭持满之术:保持最高位置的技巧和方法。

【译文】

怀王元年,张仪开始做秦惠王的国相。

怀王四年,秦惠王开始称王。

怀王六年,楚派柱国昭阳统兵攻打魏国,在襄陵攻破魏军,夺得了八个城邑。楚又调兵去攻打齐国,齐国对此十分忧虑。陈轸正好为秦出使齐国,齐王说:“怎么应对楚国?”陈轸说:“大王不要忧虑,我能让他们撤兵。”他随即前往军营中去见昭阳,说:“我想听听楚国的奖惩办法,打败敌军杀死敌将的人怎样奖赏?”昭阳说:“他官居上柱国,封给上等的爵位,执珪。”陈轸说:“还有比这更尊贵的赏赐吗?”昭阳说:“是令尹。”陈轸说："如今您已经做上令尹了，这是最高的官爵了。请允许我打个比方。有人给了他舍人们一卮酒，舍人们商量说：'几个人喝这杯酒，还不能让每个人都喝上，我们就在地上画蛇，先画成蛇的单独饮这杯酒。'一个人说：'我先画成蛇了。'端起酒杯站起来，说：'我能为它画上脚。'当他给蛇画脚的时候，后画完的人夺过酒一饮而尽了，说：'蛇本来就没有脚，现在你为它画上脚，这就不是蛇了。'现在您做楚的国相而来进攻魏国，破军杀将，再没有什么功劳比这更大的了，官位到了最高不可能再升了。现在您又调转兵力进攻齐国，攻打齐国胜了，官职爵位也不会比现在高；如果不胜，自己就会身死官爵被削夺，楚国也遭受损失：这就是画蛇添足的道理啊。不如领兵回去施德于齐国，这是保持您功德最盛的方法。"昭阳说："好。"就领兵回国了。

燕、韩君初称王①。秦使张仪与楚、齐、魏相会，盟啮桑②。

十一年③，苏秦约从山东六国共攻秦，楚怀王为从长④。至函谷关⑤，秦出兵击六国，六国兵皆引而归，齐独后⑥。

十二年⑦，齐湣王伐败赵、魏军，秦亦伐败韩⑧，与齐争长。

【注释】

①燕、韩君：燕君，即燕易王，前332—前321年在位。韩君，即韩宣惠王，前332—前312年在位。

②啮（niè）桑：魏邑名。在今江苏沛县西南。

③十一年：当周靓王三年、秦惠文王后元七年、魏襄王元年、韩宣惠王十五年、赵武灵王八年、燕王哙三年、齐宣王二年，前318年。

④苏秦约从山东六国共攻秦，楚怀王为从长：按，此年之合纵伐秦，参加者共五国，没有齐国，其发起者为魏将公孙衍，非苏秦。楚怀王任纵长，但实际作战的只有韩、赵、魏三国。泷川曰："《赵

策》云:'李兑约五国以伐秦,无功,留天下之兵于成皋,而阴讲于秦。'又云:'五国伐秦,无功,罢于成皋,赵欲讲于秦。'《魏策》云:'五国伐秦,无功而还。'皆此事。"苏秦,战国时期纵横家,其事详见《苏秦列传》。司马迁将其写成东方六国合纵抗秦的首领,实则错误甚多。从长,合纵的首领。从,同"纵"。

⑤函谷关:在河南灵宝东北。

⑥六国兵皆引而归,齐独后:梁玉绳曰:"与秦战者,惟韩、赵,韩、赵破而四国不战引归。此非事实。"

⑦十二年:当周靓王四年、秦惠文王后元八年、韩宣惠王十六年、赵武灵王九年、魏襄王二年、齐宣王三年,前317年。

⑧秦亦伐败韩:梁玉绳曰:"败韩、赵也,此缺'赵'字。"

【译文】

燕、韩的国君开始称王。秦国派张仪与楚、齐、魏等国相会,在啮桑结盟。

怀王十一年,苏秦与山东六国约定合纵共同进攻秦国,楚怀王为合纵国之长。到了函谷关,秦国出兵袭击六国,六国都撤兵回国,齐国单独留在后面。

怀王十二年,齐湣王进攻并打败赵、魏两国的军队,秦国也攻打击败了韩军,与齐争当诸侯的首领。

十六年[①],秦欲伐齐,而楚与齐从亲[②],秦惠王患之,乃宣言张仪免相,使张仪南见楚王,谓楚王曰:"敝邑之王所甚说者无先大王[③],虽仪之所甚愿为门阑之厮者亦无先大王[④]。敝邑之王所甚憎者无先齐王,虽仪之所甚憎者亦无先齐王。而大王和之[⑤],是以敝邑之王不得事王,而令仪亦不得为门阑之厮也。王为仪闭关而绝齐,今使使者从仪西取故秦所分楚商於之地方六百里[⑥],如是则齐弱矣。是北弱齐,西德于秦,私商於以为富,此一计而三利俱至也。”怀王大悦,乃置相玺于张仪,日与置酒,宣言“吾复得吾商於之地”。群臣皆贺,而陈轸独吊[⑦]。怀王曰:“何故?”陈轸对曰:“秦之所为重王者,以王之有齐也。今地未可得而齐交先绝,是楚孤也。夫秦又何重孤国哉?必轻楚矣。且先出地而后绝齐,则秦计不为。先绝齐而后责地[⑧],则必见欺于张仪[⑨]。见欺于张仪,则王必怨之。怨之,是西起秦患,北绝齐交。西起秦患,北绝齐交,则两国之兵必至[⑩]。臣故吊。”楚王弗听,因使一将军西受封地。

【注释】

①十六年:当周赧王二年、秦惠文王后元十二年、齐宣王七年,前313年。事本《战国策·齐策》《战国策·秦策》。

②从亲:合纵亲善。

③说:同“悦”。无先大王:没有超过大王的,莫过于大王。

④门阑之厮:看门的差役。泷川曰:“‘阑’与‘栏’同,门遮也。厮,走卒也。”门阑,门框或门栅栏。

⑤和:《索隐》曰:“谓楚与齐相和亲。”

⑥商:在今河南淅川西北。於:在今河南淅川东南。两邑原为楚地,为秦所占。

⑦吊:怜悯,哀痛。

⑧责:责求,索取。

⑨见:被。

⑩两国之兵:《索隐》曰:“两国,韩、魏也。”

【译文】

怀王十六年，秦国准备征讨齐国，而楚国与齐国合纵友好，秦惠王很担忧，就宣言说免去张仪的相位，派张仪南行去见楚王，对楚王说："敝国君主最喜欢的人莫过于大王您，即使是我张仪最愿意为别人看守大门的贱役，也莫过于大王您。敝国君主最憎恨的人莫过于齐王，即使我张仪最憎恨的人也莫过于齐王。但是大王与齐国亲善友好，因此敝国君主不能事奉大王，使得我张仪也不能为您效劳。大王如果能为我关闭边关与齐国绝交，现在派使者跟张仪往西就能取回过去秦国从楚国割去的商於六百里土地，那么齐国就会削弱了。这样北边削弱了齐国，西边施恩德于秦国，自己拥有商於之地作为自己的财富，这一计就能得到三方面的好处。"怀王非常高兴，就置办了相玺交给张仪，日日给他摆酒宴，扬言说"我又得到了我们的商於土地"。群臣都向他祝贺，只有陈轸独自表示悲伤。怀王问："你这是为什么？"陈轸回答说："秦国之所以这样看重大王，是因大王与齐国亲善友好。如今土地还没得到却先跟齐国绝交，这样楚国就孤立了。秦国又何必重视一个孤立的楚国呢？一定会轻视楚国。如果先让秦国交出土地，而后楚国再与齐国绝交，那么秦国算计着不会这样做。先与齐国绝交而后去求取土地，就一定会被张仪欺骗。被张仪欺骗，那么大王一定会怨恨秦国。一旦怨恨，就会西边惹起秦的祸患，北边又与齐国绝交。西边惹起秦国的祸患，北边与齐国绝交，那么韩、魏两国的军队一定会同时到来。臣因此而悲哀。"楚王不听，于是派一个将军向西去接受封地。

张仪至秦，详醉坠车①，称病不出三月，地不可得。楚王曰："仪以吾绝齐为尚薄邪？"乃使勇士宋遗北辱齐王②。齐王大怒，折楚符而合于秦。秦齐交合，张仪乃起朝，谓楚将军曰："子何不受地？从某至某，广袤六里③。"楚将军曰：

“臣之所以见命者六百里，不闻六里。”即以归报怀王。怀王大怒，兴师将伐秦。陈轸又曰：“伐秦非计也。不如因赂之一名都，与之伐齐，是我亡于秦，取偿于齐也④，吾国尚可全。今王已绝于齐而责欺于秦，是吾合秦齐之交而来天下之兵也，国必大伤矣。”楚王不听，遂绝和于秦，发兵西攻秦。秦亦发兵击之。

【注释】

①详醉：装醉。详，通“佯”。

②乃使勇士宋遗北辱齐王：张照曰：“《战国策》：‘遣勇士从宋遗齐王书，折券绝交。’又《张仪传》：‘使勇士至宋借宋之符，北骂齐王。’则‘宋遗’非人名也。疑当作‘乃使勇士从宋遗书，北辱齐王。’落‘从’字、‘书’字。”“从宋遗书”意即从宋国给齐王一封信。

③广袤（mào）：土地面积广阔。东西长曰广，南北长曰袤。

④我亡于秦，取偿于齐也：意即我们亡失给秦国的，还能从齐得到补偿。

【译文】

张仪回到秦国，假装酒醉摔下车去，称说有病三个月不出门，楚国无法得到土地。怀王说：“张仪认为我与齐国绝交还不够彻底吗？”就派勇士宋遗北去侮辱齐王。齐王大怒，折断楚国的信符而与秦国联合。秦、齐两国交合，张仪才起身上朝，对楚国将军说：“你为什么不接受土地呢？从某地到某地，长宽各六里。”楚国将军说：“臣所接受的使命是要接收六百里土地，没听说是六里。”就回去把这事报告给怀王。怀王大怒，就要举兵讨伐秦国。陈轸又说：“攻打秦国不是好计策。不如顺势贿赂给秦一个较大的城邑，和它一起攻打齐国，这样我们在秦国这边损失的，还能从齐国那里得到补偿，我国还可以保全。如今大王已经与齐国绝交而去责备秦国欺骗之罪，我们这是要让秦、齐两国交好而招来天下的军队，国家一定会受到很大的损失。”楚王不听，于是和秦国绝交，发兵向西攻打秦国。秦国也出动军队迎击。

十七年春[①]，与秦战丹阳[②]，秦大败我军，斩甲士八万，虏我大将军屈匄、裨将军逢侯丑等七十余人[③]，遂取汉中之郡[④]。楚怀王大怒，乃悉国兵复袭秦[⑤]，战于蓝田，大败楚军[⑥]。韩、魏闻楚之困，乃南袭楚，至于邓[⑦]。楚闻，乃引兵归。

【注释】

①十七年：当周赧王三年、秦惠文王后元十三年、韩宣惠王二十一年、魏襄王七年，前312年。

②丹阳：丹水之阳。丹水在今河南，为汉水支流。

③大将军屈匄、裨（pí）将军逢侯丑：屈匄、逢侯丑，皆楚将。裨将军，副将军。

④遂取汉中之郡：楚之汉中，当今陕西勉县到湖北竹山县一带。

⑤悉：尽，全。

⑥战于蓝田，大败楚军：泷川曰：“《楚策》，张仪说楚怀王曰：‘楚尝与秦构难，战于汉中，楚人不胜，通侯执圭死者七十余人，遂失汉中。楚王大怒，兴师袭秦，与秦战于蓝田，又却。’即此事。”蓝田，在今陕西蓝田西。

⑦邓：古邑名。在今河南郾城东南。

【译文】

怀王十七年春，与秦国在丹阳开战，秦军大败楚军，斩杀兵士八万人，俘虏了楚国大将军屈匄、裨将军逢侯丑等七十多人，夺取了汉中郡。怀王非常恼怒，就征发全国兵力再次袭击秦国，两军在蓝田大战，秦国再次大败楚国。韩、魏两国听说楚国陷入困境，就向南袭击楚国，到达邓邑。楚国听说，只得领兵回国。

十八年[①]，秦使使约复与楚亲，分汉中之半以和楚[②]。楚王曰："愿得张仪，不愿得地。"张仪闻之，请之楚。秦王曰："楚且甘心于子[③]，奈何？"张仪曰："臣善其左右靳尚[④]，靳尚又能得事于楚王幸姬郑袖[⑤]，袖所言无不从者。且仪以前使负楚以商於之约，今秦楚大战，有恶，臣非面自谢楚不解。且大王在，楚不宜敢取仪。诚杀仪以便国[⑥]，臣之愿也。"仪遂使楚。

【注释】

①十八年：当周赧王四年、秦惠文王后元十四年，前311年。

②分汉中之半以和楚：梁玉绳曰："此与《屈原传》同。而《张仪传》又依《国策》言'秦欲以武关之外易黔中地'，未定所从。"

③楚且甘心于子：楚国正要杀掉你而后快。甘心，泷川曰："《左传》：'管、召仇也，请受而甘心焉。'杜注：'言欲快心戮杀之。'"

④靳（jìn）尚：楚怀王宠臣。

⑤郑袖：楚怀王夫人。

⑥诚：假如。便：利。

【译文】

怀王十八年，秦国派使臣与楚国约定恢复友好关系，分汉中的一半与楚国来讲和。怀王说："我只希望得到张仪，不想要土地。"张仪听说了，请求前往楚国。秦王说："楚国正要杀掉你而后快，你怎么能去呢？"张仪说："臣与楚王近臣靳尚关系好，靳尚又能奉侍楚王的宠姬郑袖，郑袖所说的话楚王没有不听的。而且张仪以前出使违背了给楚国商於之地的约定，如今秦、楚两国大战，结了嫌隙，臣不当面向楚王谢罪是不能化解的。而且有大王在，楚国应该不敢杀我。假使真的杀了我却有利于国家，也是我愿意的。"张仪于是出使楚国。

至，怀王不见，因而囚张仪，欲杀之。仪私于靳尚，靳尚为请怀王曰："拘张仪，秦王必怒。天下见楚无秦，必轻王矣。"又谓夫人郑袖曰："秦王甚爱张仪，而王欲杀之，今将以上庸之地六县赂楚[①]，以美人聘楚王[②]，以宫中善歌者为之媵[③]。楚王重地，秦女必贵，而夫人必斥矣。夫人不若言而出之[④]。"郑袖卒言张仪于王而出之[⑤]。仪出，怀王因善遇仪，仪因说楚王以叛从约而与秦合亲，约婚姻。张仪已去，屈原使从齐来[⑥]，谏王曰："何不诛张仪？"怀王悔，使人追仪，弗及。是岁，秦惠王卒。

【注释】

①上庸之地六县：相当于今天湖北西北部保康、房县、竹山等地。

②聘：许聘。

③媵（yìng）：陪嫁、随嫁的女子。

④不若：不如。

⑤郑袖卒言张仪于王而出之：事据《战国策·楚策二》："楚怀王拘张仪，将欲杀之。靳尚为仪谓楚王曰：'拘张仪，秦王必怒。天下见楚之无秦也，楚必轻矣。'又谓王之幸夫人郑袖曰：'子亦知且贱于王乎？'郑袖曰：'何也？'尚曰：'张仪者，秦王之忠信有功臣也，今楚拘之，秦王欲出之。秦王有爱女而美，又简择宫中佳丽好玩习音者以欢从之，资之以金玉宝器，奉以上庸六县为汤沐邑，欲因张仪内之楚王，楚王必受。秦女依强秦以为重，挟宝、地以为资，势为王妻以临子；楚王惑于虞乐，必厚尊敬亲爱之而忘子。子益贱而日疏矣。'郑袖曰：'愿委之于公，为之奈何？'曰：'子何不急言王出张子？张子得出，德子无已时；秦女必不来，而秦必重子。子内擅楚之贵，外结秦之交，畜张子以为用，子之子孙必为楚

太子矣。此非布衣之利也。'郑袖遽说楚王出张子。"

⑥屈原使从齐来：据《屈原列传》，楚怀王疏远屈原，派他出使齐国，后受欺于张仪，又听郑袖放走张仪，此时屈原方才回国。屈原，名平，字原，怀王时任左徒，后因谗被疏，楚顷襄王时被流放，楚都被秦攻破后愤而投汨罗江自杀。著有《离骚》等诗篇。泷川曰："屈原始见于此，先秦诸书绝不见屈原事，但《史记》有之。"其事详见《屈原列传》。

【译文】

张仪到了楚国，怀王不见他，把他囚禁起来，准备杀掉他。张仪暗中结交靳尚，靳尚替他向怀王请求说："拘禁张仪，秦王一定发怒。天下见楚国没有了秦国的支持，必然会轻视大王。"又对夫人郑袖说："秦王很宠爱张仪，而大王想杀他，现在秦国要将上庸的六个县当作礼物送给楚国，把美女许聘给楚王，还要用宫中善于歌舞的女子做陪嫁。楚王看重土地，秦国女子一定尊贵，而夫人一定会受到排斥了。夫人不如向大王进言放了张仪。"郑袖最终在楚王面前为张仪说情而放了他。张仪被放出，怀王对张仪很友善，张仪趁机游说怀王背弃合纵之约而与秦国合亲，约定婚姻。张仪走后，屈原从齐国出使回来，劝谏楚王说："为什么不杀掉张仪？"怀王后悔，派人追赶张仪，没追上。这年，秦惠王去世。

二十年[①]，齐湣王欲为从长[②]，恶楚之与秦合，乃使使遗楚王书曰："寡人患楚之不察于尊名也[③]。今秦惠王死，武王立，张仪走魏[④]，樗里疾、公孙衍用[⑤]，而楚事秦。夫樗里疾善乎韩[⑥]，而公孙衍善乎魏[⑦]；楚必事秦，韩、魏恐，必因二人求合于秦，则燕、赵亦宜事秦。四国争事秦，则楚为郡县矣。王何不与寡人并力收韩、魏、燕、赵，与为从而尊周室[⑧]，以案兵息民？令于天下，莫敢不乐听，则王名成矣。王率诸侯并伐,破秦必矣。王取武关、蜀、汉之地[⑨],私吴、越之富而擅江海之利,韩、魏割上党[⑩],西薄函谷[⑪],则楚之强百万也。且王欺于张仪,亡地汉中,兵锉蓝田,天下莫不代王怀怒。今乃欲先事秦!愿大王孰计之。"

【注释】

①二十年:当周赧王六年、秦武王二年、齐宣王十一年,前309年。

②齐湣王欲为从长:此处"齐湣王"应作"齐宣王",此年为齐宣王十一年。

③寡人患楚之不察于尊名也:冈白驹曰:"为下文'王名成矣'发。"

④"今秦惠王死"三句:张仪于秦惠王死后,在秦国遭受排挤,故自请去魏。其事详见《张仪列传》。

⑤樗(chū)里疾:一作"樗里子",嬴姓,名疾。秦惠文王异母弟。因家住渭南樗里,遂以里为氏。滑稽多智,号为"智囊"。公孙衍:姬姓,公孙氏,名衍,号犀首,战国时期纵横家。

⑥樗里疾善乎韩:樗里疾母是韩女,故"善乎韩"。

⑦公孙衍善乎魏:公孙衍,原是魏人,故"善乎魏"。

⑧尊周室:泷川曰:"此时尚言尊周室,周室未全失为共主。"

⑨武关:秦关塞名。在今陕西丹凤东南。蜀:秦郡名。治即今四川成都。汉:汉中郡。当时属秦。

⑩上党:韩郡名。在今山西长治一带。

⑪薄:近。函谷:秦国东边的关塞,在今河南灵宝东北。

【译文】

怀王二十年,齐湣王想做合纵之长,憎恨楚、秦两国联合,就派使臣送给楚王一封信说:"我担心楚国不在乎尊贵的名号。现在秦惠王死了,秦武王继位,张仪跑到魏国,樗里疾、公孙衍当政,而楚国一定会事奉秦国。樗里疾与韩国交好，公孙衍与魏国友好；楚国如果一定要事奉秦国，韩、魏就会害怕，一定会通过这两个人向秦求和，那么燕、赵也应该会事奉秦国。四国争相事奉秦国，那么楚国就会成为秦国的一个郡县了。大王为什么不与我并力收服韩、魏、燕、赵四国，与它们形成合纵去尊奉周王室，以此平息战争，休养百姓？在天下发号施令，没有谁敢不乐意听从的，这样大王的尊名就成就了。大王率领诸侯协力讨伐，一定会攻破秦国。大王取得武关、蜀、汉之地，私自拥有吴、越的财富，独占江海的利益，韩国、魏国割让上党，向西迫近函谷关，那么楚国将会比现在强大百万倍。况且大王被张仪欺骗，丢失了汉中的土地，军队在蓝田打了败仗，天下人没有不替大王感到愤怒的。如今却想先去事奉秦国！希望大王仔细考虑一下。"

楚王业已欲和于秦[①]，见齐王书，犹豫不决，下其议群臣。群臣或言和秦，或曰听齐。昭雎曰[②]："王虽东取地于越，不足以刷耻；必且取地于秦，而后足以刷耻于诸侯。王不如深善齐、韩以重樗里疾，如是则王得韩、齐之重以求地矣。秦破韩宜阳[③]，而韩犹复事秦者，以先王墓在平阳[④]，而秦之武遂去之七十里[⑤]，以故尤畏秦。不然，秦攻三川[⑥]，赵攻上党，楚攻河外[⑦]，韩必亡。楚之救韩，不能使韩不亡，然存韩者楚也。韩已得武遂于秦[⑧]，以河山为塞[⑨]，所报德莫如楚厚，臣以为其事王必疾。齐之所信于韩者，以韩公子眛为齐相也。韩已得武遂于秦，王甚善之，使之以齐、韩重樗里疾，疾得齐、韩之重，其主弗敢弃疾也。今又益之以楚之重，樗里子必言秦，复与楚之侵地矣[⑩]。"于是怀王许之，竟不合秦[⑪]，而合齐以善韩[⑫]。

【注释】

①业已：已经。

②昭睢：一名“昭子”，楚国相。

③宜阳：韩国西部的军事重镇。在今河南宜阳西。

④平阳：在今山西临汾西南。

⑤武遂：在今山西阳城西南。

⑥三川：指今河南西北部的洛河、伊河、黄河流域之地。

⑦河外：此指韩国的黄河以南地区，当时人们习惯地称今河南的黄河以南地区为“河外”。

⑧韩已得武遂于秦：《正义佚文》曰：“昭睢言韩以得武遂于秦，西界至河山，必亲楚，是昭王之甚善楚。”泷川曰：“‘韩得武遂于秦’错简，当移于后文‘三国引兵去’句之下。”

⑨河山：河，指蒲州西之黄河。山，指韩西境。

⑩复与楚之侵地矣：泷川据《桃源钞》补《正义》曰：“言齐、韩尊重秦相，秦相樗里疾，疾得齐、韩尊重秦王，而齐、韩又与楚亲，疾必不敢弃也。今又益楚之重樗里疾，疾必言秦王归楚侵地。”此段话不知所云，泷川亦以为多讹误。

⑪竟：最后，终于。

⑫合齐以善韩：《集解》引徐广曰：“怀王之二十二年，秦拔宜阳取武遂；二十三年，秦复归韩武遂，然则已非二十年事矣。”

【译文】

怀王已经想与秦讲和了，看到齐王的书信，犹豫不决，令群臣商议。群臣中有的说要与秦讲和，有的说要听从齐国。昭睢说：“大王即使向东从越国夺取了土地，也不能洗刷耻辱；必须从秦国那里夺得土地而后在诸侯面前洗刷耻辱。大王不如深交齐国、韩国，让樗里疾在秦国受到重视，这样，大王就能够借助韩、齐的威重来求得土地了。秦国攻破韩国的宜阳，而韩国仍旧还得再次事奉秦国的原因，是由于韩国先王的坟墓在平阳，而秦国的武遂距离平阳只有七十里，因此它特别惧怕秦国。不然的话，秦国进攻三川，赵国进攻上党，楚国进攻河外，韩国一定会灭亡。楚国去救援韩国，不能使韩国不亡国，但能使韩国继续存在的还得是楚国。韩国已经从秦国夺得武遂，以黄河华山为要塞，所报答的恩德没有比楚国更深厚的，臣认为他事奉楚国一定迅速。齐国之所以信任韩国，是因为韩公子眛做了齐相。韩国已经从秦国夺得武遂，大王对他很友善，使得能以齐、韩的力量去提高樗里疾的地位，樗里疾得到齐、韩做靠山，秦王就不敢抛弃他。如今又加上楚国的推重，樗里疾一定会在秦国为楚国说话，把侵夺的楚国的土地交还楚国。”当时怀王赞许昭雎的意见，终究没有与秦国联合，而联合了齐国，并与韩国交好。

二十四年①，倍齐而合秦。秦昭王初立，乃厚赂于楚。楚往迎妇②。

二十五年③，怀王入与秦昭王盟④，约于黄棘⑤。秦复与楚上庸⑥。

二十六年⑦，齐、韩、魏为楚负其从亲而合于秦⑧，三国共伐楚。楚使太子入质于秦而请救⑨。秦乃遣客卿通将兵救楚⑩，三国引兵去。

【注释】

①二十四年：当周赧王十年、秦昭襄王二年，前305年。

②楚往迎妇：此事一说是楚取秦女，《六国年表》曰“楚迎妇于秦”。凌稚隆曰：“楚往迎妇，与前约婚姻相应。”一说为秦娶楚女之误，梁玉绳曰：“《六国表》云‘秦来迎妇’，《屈原传》云‘秦昭王与楚婚’，则是秦迎妇于楚，非楚迎妇于秦也，此误。楚迎秦女。前有楚宣王十三年，后有顷襄王七年，非怀王二十四年事也。”王叔岷

曰:"'楚往'盖'往楚'之误倒。"

③二十五年:当周赧王十一年、秦昭襄王三年,前304年。

④秦昭王:名稷,一作"侧",前306—前251年在位。

⑤黄棘:楚邑名。在今河南新野东北。当时已属秦。

⑥秦复与楚上庸:泷川曰:"怀王十七年,秦败楚师,虏屈匄,取上庸,至此与之。上庸,汉中要地。"上庸,在今湖北竹溪东南。

⑦二十六年:当周赧王十二年、秦昭襄王四年,前303年。

⑧负:违背。从亲:此指合纵亲善者。从,同"纵"。

⑨太子:名横。即后来的楚顷襄王。

⑩客卿:战国时,他国之人在此国任高级辅佐官的人,以其位同列卿,参与政事。享受"卿"的待遇,而国君又往往待之如上宾,故称。通,客卿之名。

【译文】

怀王二十四年,楚国背叛齐国而与秦国联合。秦昭王初继位,于是赠给楚国很厚重的礼物。楚国前去迎娶秦女。

怀王二十五年,入秦与秦昭王结盟,在黄棘订立盟会。秦国归还楚国的上庸。

怀王二十六年,齐、韩、魏三国因为楚国违背与它们的合纵之约而与秦国联合,三国一起征讨楚国。楚国派太子到秦国做人质,请求救援。秦国就派遣客卿通率兵救援楚国,三国领兵撤退了。

二十七年[①],秦大夫有私与楚太子斗,楚太子杀之而亡归。

二十八年[②],秦乃与齐、韩、魏共攻楚,杀楚将唐眜,取我重丘而去[③]。

二十九年[④],秦复攻楚,大破楚,楚军死者二万,杀我将军景缺[⑤]。怀王恐,乃使太子为质于齐以求平。

三十年,秦复伐楚,取八城[⑥]。秦昭王遗楚王书曰:"始寡人与王约为弟兄,盟于黄棘,太子为质[⑦],至欢也。太子陵杀寡人之重臣[⑧],不谢而亡去[⑨],寡人诚不胜怒[⑩],使兵侵君王之边。今闻君王乃令太子质于齐以求平[⑪]。寡人与楚接境壤界[⑫],故为婚姻,所从相亲久矣。而今秦楚不欢,则无以令诸侯。寡人愿与君王会武关,面相约,结盟而去,寡人之愿也。敢以闻下执事[⑬]。"

楚怀王见秦王书,患之。欲往,恐见欺;无往,恐秦怒。昭雎曰:"王毋行,而发兵自守耳。秦虎狼,不可信,有并诸侯之心[⑭]。"怀王子子兰劝王行,曰:"奈何绝秦之欢心!"于是往会秦昭王。昭王诈令一将军伏兵武关,号为秦王。楚王至,则闭武关,遂与西至咸阳[⑮],朝章台[⑯],如蕃臣[⑰],不与亢礼[⑱]。楚怀王大怒,悔不用昭子言。秦因留楚王,要以割巫、黔中之郡[⑲]。楚王欲盟,秦欲先得地。楚王怒曰:"秦诈我而又强要我以地!"不复许秦。秦因留之。

【注释】

①二十七年:当周赧王十三年、秦昭襄王五年,前302年。

②二十八年:当周赧王十四年、秦昭襄王六年、齐宣王十九年、韩襄王十一年、魏襄王十八年,前301年。

③杀楚将唐昧,取我重丘而去:泷川曰:"《秦本纪》作'方城',《荀子·议兵》篇云:'兵殆乎垂沙,唐蔑死。'《吕览·处方》篇:'齐使章子与韩、魏攻荆,荆使唐蔑将兵应之,夹泚而军。章子夜袭之,斩蔑于是水之上。'重丘盖在泚水之上。"重丘,在今河南泌

阳东北。唐眛，当作“唐昧”，又作“唐蔑”，此及《田敬仲完世家》《乐毅列传》同作“唐眛”。

④二十九年：当周赧王十五年、秦昭襄王七年，前300年。

⑤杀我将军景缺：《年表》云：“秦取我襄城，杀景缺。”按，今河南襄城孙祠堂乡丁庄有楚令武将军景缺墓。

⑥“三十年”三句：事当周赧王十六年、秦昭襄王八年，前299年。按，此年事本《楚策》。

⑦质：人质。

⑧陵杀：欺凌杀死。

⑨谢：谢罪。

⑩胜：承受，禁得起。

⑪平：讲和，媾和。

⑫壤界：义同“接壤”。《张仪列传》云“秦与楚接境壤界”，盖当时语。

⑬下执事：手下做事的人。

⑭并：吞并。

⑮咸阳：秦都城。在今陕西咸阳东北。

⑯章台：秦行宫名。在陕西渭南。

⑰蕃臣：为国屏藩之臣。蕃，通“藩”。

⑱亢礼：以平等的礼节对待。亢，同“抗”，当，匹敌。

⑲要（yāo）：要挟。巫：巫郡，约当今湖北之西南部与重庆东部的邻近地区。黔中：黔中郡，约当今湖南西部与贵州东部一带地区。二郡当时皆属楚。

【译文】

怀王二十七年，秦国一位大夫因为私事与楚太子争斗，楚太子杀死他逃回了楚国。

怀王二十八年，秦国于是与齐、韩、魏三国一起进攻楚国，杀死了楚将唐眛，夺取了楚国的重丘后撤兵。

怀王二十九年，秦国又攻打楚国，大败楚军，楚军死了两万人，楚国将军景缺被杀。怀王恐惧了，就让太子到齐国去做人质，请求讲和。

怀王三十年，秦国又讨伐楚国，攻取了八座城邑。秦昭王给楚王写信说："当初我与大王相约成为兄弟，在黄棘订立盟约，太子做人质，是非常高兴的事。您的太子欺凌杀死了我的重臣，没谢罪就逃回国了，我实在怒气不可遏制，派兵侵犯大王的边境。现在听说大王竟令太子到齐国做人质，请求和解。我国与楚国接壤，原已结为婚姻，互相亲善已经很久了。如今秦、楚不和，就无法去号令诸侯。我希望与大王在武关相会，当面定约，结盟而去，这是我的心愿。斗胆将这个想法告诉您的属下。"

怀王见到秦昭王的信，很忧虑这件事。想前去，怕受欺骗；不去，怕秦王发怒。昭雎说："大王不要前往，发动军队加强自我防卫吧。秦国是虎狼之国，不可相信，它有吞并诸侯的心思。"怀王的儿子子兰劝说怀王前去，说："怎能拒绝秦王的好心呢！"于是怀王便去会见秦昭王。秦昭王让一个将军在武关埋下伏兵，假称是秦王。怀王到达后，就立即关闭了武关，劫持他西行来到咸阳，让他在章台朝见秦昭王，如同属国的臣子一般，秦王不以平等的礼节相待。怀王大怒，后悔不听昭雎的话。秦国因此扣留楚怀王，要挟楚国割让巫郡、黔中郡。怀王想先结盟，秦国要先得地。楚王大怒说："秦欺骗我，又强行要挟我割让土地！"不答应秦国的要求。秦因此扣留了楚怀王。

楚大臣患之，乃相与谋曰[①]："吾王在秦不得还，要以割地，而太子为质于齐，齐、秦合谋，则楚无国矣。"乃欲立怀王子在国者。昭雎曰："王与太子俱困于诸侯，而今又倍王命而立其庶子，不宜。"乃诈赴于齐[②]，齐湣王谓其相曰："不若留太子以求楚之淮北。"[③]相曰："不可，郢中立王[④]，是吾抱空质而行不义于天下也。"或曰："不然。郢中立王，因与其新王市曰[⑤]:'予我下东国[⑥],吾为王杀太子,不然,将与三国共立之[⑦]。'然则东国必可得矣。"齐王卒用其相计而归楚太子。太子横至,立为王,是为顷襄王。乃告于秦曰:"赖社稷神灵,国有王矣。"

【注释】

①相与:一起。

②乃诈赴于齐:胡三省曰:"诈言楚王薨,而请太子还王楚。"赴,同"讣",报丧。

③齐湣王谓其相曰:"不若留太子以求楚之淮北":齐湣王,名地,齐宣王之子,前300—前284年在位。相,指当时的齐相,薛公田婴,孟尝君之父。《战国策·齐策》"楚王死太子在齐质章","齐王"作"苏秦","其相"作"薛公",淮北作"下东邑"。高诱注:"薛公,田婴。下东邑,楚东邑,近齐也。"

④郢中:指楚都。

⑤市:做交易。胡三省曰:"市,谓相要以利,如市道也。"

⑥下东国:即指上文的"淮北"。《正义》曰:"楚之下国最在东,故云下东国。"

⑦三国:谓齐、韩、魏。

【译文】

楚国的大臣们担忧起来,就一起商量说:"我们大王在秦国回不来,秦国以割让土地来要挟我们,而太子又在齐国做人质,齐国、秦国联合起来对付我们,那么楚国就要亡国了。"于是想拥立怀王在国内的儿子。昭雎说:"大王和太子都被困在诸侯国,而今又违背大王的命令改立庶子,不合适。"于是派人假装到齐国报丧,齐湣王对他的相国说:"不如扣留楚太子来索要楚国的淮北。"国相说:"不行,郢都中如果立了新王,那么我们就是守着一个没用的人质而让天下人都知道我们做了不义的事。”有人说：“不是这样。郢都中如果立了新王，我们就可以趁机与新王做交易说：‘给我们下东国，我们就为大王杀了太子，不然，就与三国一起拥立太子。’这样下东国一定可以得到。”齐王最终还是采纳了齐相的计谋，送回了楚国太子。太子横回到楚国，继位为王，这就是顷襄王。于是楚国告诉秦国说：“依赖楚国社稷神灵的护佑，楚国有新王了。”

顷襄王横元年①，秦要怀王不可得地，楚立王以应秦，秦昭王怒，发兵出武关攻楚，大败楚军，斩首五万，取析十五城而去②。

二年③，楚怀王亡逃归，秦觉之，遮楚道④，怀王恐，乃从间道走赵以求归。赵主父在代⑤，其子惠王初立⑥，行王事⑦，恐，不敢入楚王。楚王欲走魏，秦追至，遂与秦使复之秦。怀王遂发病。

顷襄王三年⑧，怀王卒于秦，秦归其丧于楚。楚人皆怜之，如悲亲戚。诸侯由是不直秦。秦楚绝。

【注释】

①顷襄王横元年：当周赧王十七年、秦昭襄王九年，前298年。

②取析十五城而去：《集解》引徐广曰：“《年表》云‘取十六城’，既取析，又并取左右十五城也。”析，即今河南西峡。

③二年：当周赧王十八年、秦昭襄王十年、赵惠文王二年，前297年。

④遮楚道：封锁了通往楚国的道路。胡三省曰：“遮其归楚之路也。”遮，拦截。此处为封锁的意思。

⑤赵主父：即赵武灵王，名雍，前325—前299年在位。在位期间，实行胡服骑射，进行改革，使赵国国力大增。赵武灵王在世时，即将

王位传于其子，而自称“主父”。代：赵国的国中之国，其都城在今河北蔚县东北。

⑥惠王：赵惠王，名何，谥惠文，前298—前266年在位。

⑦行王事：代行王事。因其父尚在，故云“代行”。

⑧顷襄王三年：当周赧王十九年、秦昭襄王十一年，前296年。

【译文】

顷襄王横元年，秦国要挟怀王却没得到土地，楚国立新王来应付秦国，秦昭王大怒，发兵出武关去攻打楚国，大败楚军，斩首五万人，夺取了析邑等十五座城邑才撤兵。

顷襄王二年，怀王逃跑回国，秦国发觉了，封锁了通往楚国的道路，怀王恐惧，就从小路跑到赵国谋求回国。赵国主父在代地，他儿子惠王新继位，行使王权，害怕秦国，不敢接纳怀王。怀王想去魏国，秦国追兵赶到，于是怀王只好和秦国使者又回到秦国。怀王于是生了病。

顷襄王三年，怀王死在秦国，秦将他的灵柩送回楚国。楚人都哀怜他，像失去了自己亲人一样悲痛。诸侯因此认为秦国不正派。秦、楚两国断绝了关系。

六年[①]，秦使白起伐韩于伊阙[②]，大胜，斩首二十四万。秦乃遗楚王书曰：“楚倍秦，秦且率诸侯伐楚，争一旦之命。愿王之饬士卒，得一乐战[③]。”楚顷襄王患之，乃谋复与秦平。

七年[④]，楚迎妇于秦，秦楚复平。

十一年[⑤]，齐秦各自称为帝；月余，复归帝为王[⑥]。

十四年[⑦]，楚顷襄王与秦昭王好会于宛[⑧]，结和亲。

十五年[⑨]，楚王与秦、三晋、燕共伐齐，取淮北[⑩]。

十六年[⑪]，与秦昭王好会于鄢[⑫]。其秋，复与秦王会穰[⑬]。

【注释】

①六年:当周赧王二十二年、秦昭襄王十四年、韩釐王三年,前293年。

②白起:秦国名将。其事详见《白起王翦列传》。伊阙:山名。在今河南洛阳西,因两山相对如阙门,伊水流经其间,故名。是当时韩国的重要关隘。

③得一乐战:胡三省曰:"乐,音洛,快意也。言一战以快其意。"

④七年:当周赧王二十三年、秦昭襄王十五年,前292年。

⑤十一年:当周赧王二十七年、秦昭襄王十九年、齐湣王十三年,前288年。

⑥"齐秦各自称为帝"三句:齐、秦两国相约并称为帝,苏秦劝说齐湣王这样做对齐无利,分析了"与秦为帝,而天下独尊秦而轻齐;齐释帝,则天下爱齐而憎秦"的利害关系。不久,秦也不敢独自称帝,放弃称帝而复称王。事本《战国策·齐策》。

⑦十四年:当周赧王三十年、秦昭襄王二十二年,前285年。

⑧好会:友好的会见。宛:即今河南南阳。

⑨十五年:当周赧王三十一年、秦昭襄王二十三年、赵惠文王十五年、韩釐王十二年、魏昭王十二年、燕昭王二十九年、齐湣王十七年,前284年。

⑩楚王与秦、三晋、燕共伐齐,取淮北:按,此次乐毅率五国之兵破齐,并不包括楚国。司马迁此处称"楚王与秦、三晋、燕共伐齐",甚似楚国为此役之中坚,甚误,《燕召公世家》《田敬仲完世家》《乐毅列传》同误。淮北,今江苏北部至山东南部,原来属齐。

⑪十六年:当周赧王三十二年、秦昭襄王二十四年,前283年。

⑫鄢:在今湖北宜城东南。

⑬穰:即今河南邓州。

【译文】

顷襄王六年,秦国派白起在伊阙攻打韩国,取得了重大胜利,斩杀韩军二十四万人。秦国于是给楚王写信说："楚国背叛了秦国，秦国将要率领诸侯讨伐楚国，决一胜负。希望大王整顿军队，我们痛快地打一仗。"楚顷襄王非常忧虑，就谋划再与秦国讲和。

顷襄王七年，楚国从秦国迎娶王后，秦、楚两国再度讲和。

顷襄王十一年，齐、秦两国国君各自称帝；一个多月以后，他们又都放弃了帝号，仍旧称王。

顷襄王十四年，顷襄王与秦昭王在宛邑举行友好会见，结为姻亲。

顷襄王十五年，与秦国、三晋、燕国一起攻打齐国，夺得淮北地区。

顷襄王十六年，与秦昭王在鄢邑举行友好会见。这年秋天，再次与秦王相会在穰邑。

十八年[①]，楚人有好以弱弓微缴加归雁之上者[②]，顷襄王闻，召而问之。对曰："小臣之好射鶀雁、罗鸗[③]，小矢之发也，何足为大王道也？且称楚之大[④]，因大王之贤，所弋非直此也[⑤]。昔者三王以弋道德[⑥]，五霸以弋战国。故秦、魏、燕、赵者，鶀雁也；齐、鲁、韩、卫者，青首也[⑦]；驺、费、郯、邳者[⑧]，罗鸗也。外其余则不足射者。见鸟六双[⑨]，以王何取？王何不以圣人为弓，以勇士为缴，时张而射之？此六双者，可得而囊载也。其乐非特朝昔之乐也，其获非特凫雁之实也。王朝张弓而射魏之大梁之南[⑩]，加其右臂而径属之于韩[⑪]，则中国之路绝而上蔡之郡坏矣[⑫]。还射圉之东[⑬]，解魏左肘而外击定陶[⑭]，则魏之东外弃而大宋、方与二郡者举矣[⑮]。且魏断二臂，颠越矣[⑯]；膺击郯国[⑰]，大梁可得而有也。王绮缴兰台[⑱]，饮马西河，定魏大梁，此一发之乐也。若王之于弋诚好而不厌，则出宝弓，碆新缴[⑲]，射噣鸟于东海，还盖长城以为防[20]，朝射东莒[21]，夕发浿丘[22]，夜加即墨[23]，顾据午道[24]，则长城之东收而太山之北举矣[25]。西结境于赵而北达于燕[26]，三国布翄[27]，则从不待约而可成也。北游目于燕之辽东而南登望于越之会稽[28]，此再发之乐也。若夫泗上十二诸侯[29]，左萦而右拂之[30]，可一旦而尽也[31]。今秦破韩以为长忧[32]，得列城而不敢守也；伐魏而无功，击赵而顾病[33]，则秦魏之勇力屈矣[34]，楚之故地汉中、析、郦可得而复有也[35]。王出宝弓，碆新缴，涉鄳塞[36]，而待秦之倦也，山东、河内可得而一也[37]。劳民休众，南面称王矣[38]。故曰秦为大鸟，负海内而处[39]，东面而立，左臂据赵之西南，右臂傅楚鄢郢[40]，膺击韩魏[41]，垂头中国[42]，处既形便[43]，势有地利，奋翼鼓翄[44]，方三千里，则秦未可得独招而夜射也[45]。"欲以激怒襄王，故对以此言[46]。

【注释】

①十八年：当周赧王三十四年、秦昭襄王二十六年，前281年。

②以弱弓微缴（zhuó）加归雁之上：言小弓细弋，射在归雁的背上，形容射手的技艺不同寻常。弱，形容弓和缴力量弱。缴，系于箭尾的细丝绳。加，射。

③䴔（qí）雁：小雁。罗鸗（láng）：野鸟。中井积德曰："罗，疑亦鸟名。"

④且称楚之大：方苞曰："称，去声，衡量楚之强大也。"称，犹今所谓"论"。

⑤所弋非直此也：应该获得的东西不只这些。非直，不只。

⑥三王：指夏禹、商汤、周文王、周武王。

⑦青首：鸟名。小于雁。《索隐》曰："亦小凫有青首者。"中井积德曰："青首是大凫，非小凫，然小于雁。"

⑧驺（zōu）：诸侯国名。故城在今山东邹县南。费：春秋时鲁国季孙氏家族的都城，故城在今山东费县西北。有人据此文认为鲁国季孙氏之后代曾独立称"君"。郯（tán）：诸侯国名。故城在今山东郯城东北。邳（pī）：诸侯国名。故城在今江苏睢宁东南。钱大昕曰："《孟子》书有邹穆公、费惠公，此文云'泗上十二诸侯'，则战国之世，小诸侯存者尚多也。"泷川曰："《齐策》颜斶曰：'当今之世，南面称寡者二十四。'郯、邳盖亦在其中。"

⑨见鸟六双：《索隐》曰："以喻下文秦、赵等十二国，故云六双。"《正义佚文》曰："谓上秦、魏、燕、赵、齐、鲁、韩、卫、邹、费、郯、邳者，合十二国也。"

⑩大梁：魏国都。即今河南开封。

⑪径：直接。属（zhǔ）：连接。

⑫中国之路绝而上蔡之郡坏矣：通向中原的道路就被切断，上蔡也就不攻自破了。上蔡，在今河南上蔡南。

⑬还：转身。圉（yǔ）：在今河南杞县西南。

⑭定陶：在今山东定陶西北。

⑮则魏之东外弃而大宋、方与二郡者举矣：魏国东部之外的地方就会被放弃，同时大宋、方与两郡就可以获得了。《正义》曰："言王朝张弓射魏大梁、汴州之南，即加大梁之右臂；连韩、郑，则河北中国之路向东南断绝，则韩上蔡之郡自破坏矣；复绕射雍丘圉城之东，便解散魏左肘宋州；而外击曹定陶及魏东之外解弃，则宋、方与两郡并举。"宋，在今河南商丘城南。方与，在今山东鱼台西。举，攻克，占领。

⑯颠越：坠落。

⑰膺击郯国：意即正面撞击郯国。膺击，王叔岷曰："膺击，复语。

‘膺’亦‘击’也。《孟子·滕文公》篇：‘《鲁颂》曰：戎狄是膺。’赵岐注：‘膺，击也。’”

⑱王绡（zhēng）缴兰台：《正义》曰：“郑玄云：‘绡，屈也，江沔之间谓之萦。收绳索绡也。’按，缴，丝绳，系弋射鸟也。若膺击郯，围大梁已了，乃收弋缴于兰台。兰台，桓山之别名也。”兰台，桓山的别名。在今江苏徐州铜山区东北。

⑲碆（bō）新缴：将箭头拴在新纺出的细线上。碆，《集解》引徐广曰：“以石傅弋缴曰碆。”

⑳射噣（zhòu）鸟于东海，还盖长城以为防：《索隐》曰：“噣，音昼，谓大鸟之有钩喙者，以比齐也。还，音患，谓绕也。盖者，覆也。言射者环绕盖覆，使无飞走之路，因以长城为防也。”《正义》曰：“《括地志》云：‘长城西北起济州平阴县，缘河历太山北冈上，经济州淄川，即西南兖州博城县北，东至密州琅邪台入海。’”

㉑东莒：即今山东莒县。

㉒浿（pèi）丘：亦作“贝丘”“沛丘”，在今山东博兴东南。

㉓即墨：今山东平度东南。

㉔顾：反。午道：《索隐》曰：“当在齐西界。一纵一横为午道。”泷川曰：“赵东、齐西交午道也。”

㉕则长城之东收而太山之北举矣：意即齐国全部被占据。《正义》曰：“言从济州长城东至海，太山之北，黄河之南，尽举收于楚。”

㉖西结境于赵：中井积德曰：“结境，犹接境也。”北达于燕：《正义》曰：“北达，言四通无所滞碍。言燕无山河之限也。”

㉗三国：《索隐》曰：“齐、赵、燕也。”布瓴（chì）：犹言“并翅”，比翼而飞。瓴同“翅”。

㉘辽东：燕郡名。郡治在辽宁辽阳。会稽：山名。当时指浙江绍兴东南和南部诸山。

㉙泗上十二诸侯：泷川曰：“《张仪传》，张仪说楚王曰：‘举宋而东

指，则泗上十二诸侯尽王之有也。'《索隐》云：'边近泗水之侧，当战国之时有十二诸侯，宋、鲁、邾、莒之比也。'"

㉚萦：拘系。拂：此为击打的意思。

㉛可一旦而尽也：横田惟孝曰："所谓'不足射'者。"

㉜秦破韩以为长忧：横田惟孝曰："秦虽破韩而不能有之，徒顿兵罢士，故曰'为长忧'。"

㉝顾病：自己反而受病。顾，反。

㉞屈（jué）：竭，穷尽。

㉟郦：在今河南南阳北。

㊱鄳（méng）塞：也作"黾塞"，在今河南信阳南，为河南与湖北交界处。《正义》曰："《括地志》云：'故鄍城在陕州河北县东十里，虞邑也。杜预云河东大阳有鄍城是也。'"可供参考。

㊲山东、河内可得而一也：《正义》曰："谓华山之东，怀州河内之郡。"河内，当时称今河南之黄河以北地区。

㊳南面称王矣：中井积德曰："称王，宜言称帝，楚僭王已久矣。"

㊴负：背靠。

㊵傅：依附，附着。

㊶膺击韩魏：《索隐》曰："谓韩、魏当秦之前，故云'膺击'。"

㊷垂头中国：《索隐》曰："垂头，犹伸颈也，言欲吞山东。"

㊸形便：谓地理形势有利。

㊹奋翼鼓翄：高举羽翼。

㊺则秦未可得独招而夜射也：意即楚国对于秦国不能单独对付。招，用以引诱他鸟而拴系活鸟，设一活鸟以诱众鸟入网。泷川曰："招，所谓鸟媒也。招，以其类招诱之。"

㊻故对以此言：中井积德曰："徒鼓动楚王好战之心耳，此非良士。"又曰："射不必中，战不必胜，力劳而无获，何乐之有？况楚之衰弱，射而无获必矣。"

【译文】

顷襄王十八年，楚国有个喜好用弱弓细缴射归雁的，顷襄王听说，就召他来询问。他回答说："小臣喜好射鵙雁、罗鸗，只是射箭这种小事，哪值得向大王说呢？况且衡量楚国的广大，凭借大王的贤明，所能获取的不只是这些小鸟而已。从前夏、商、周三代圣王所猎取的是道德，五霸所猎取的是争斗的诸侯。因此秦、魏、燕、赵四国，是鵙雁；齐、鲁、韩、卫四国，是青首；驺、费、郯、邳等国，是罗鸗。除此之外，其余的国家就不值得射猎了。现在的鸟还有六对，大王该如何去射取呢？大王何不将圣人当弓，将勇士做缴，看准时机张弓而射呢？这六对小鸟就可以用袋子装、用车子载着运回去。这其中的乐趣不仅仅是一朝一夕的快乐，收获的也不仅仅是野鸭大雁之类。大王早上张开弓搭上箭去射取魏国大梁的南部，射中魏国的西部而直接牵动到韩国，那么通向中原各国的道路就被切断，上蔡郡也就不攻自破了。转过身张弓搭箭，射取围邑之东，肢解魏国的东部，接着向外射击齐国的定陶，那么魏国东部之外的地方就会被放弃，同时大宋、方与两个郡就可以攻取了。况且魏国割断了它的东、西两条臂膀，就会倾倒不稳了；正面攻击郯国，大梁就可以占为己有了。大王在兰台收起弓箭丝绳，到魏国的西河去饮马，平定魏国都城大梁，这是射出第一箭的快乐。倘若大王实在喜好射猎不感觉厌倦，就取出宝弓，系上新缴，到东海去射取长着钩喙的大鸟，环绕山河加筑长城作为防线，早上猎取齐国东部的莒邑，晚上获取浿丘，夜里得即墨，回头占据午道，那么长城的东部收纳了泰山的北部也就获得了。西边连接赵国的边境，北边到达燕国，齐、赵、燕三国地形如同张开的翅膀，合纵不用约定就可以形成了。向北放眼观望燕国的辽东，向南登高遥望越国的会稽山，这是射出第二箭的快乐。至于泗水边上的十二个小诸侯，左手一绕，右手一揽，就可用一日的工夫将它们全部得到。如今秦国虽攻破韩国却弄成了长久的忧患，夺得许多城邑却不敢据有；攻伐魏国却没有成功，出击赵国反而让自己受困，秦国、魏国的勇力消耗殆尽了，楚国的旧地汉中、析邑、郦邑可以重新占有了。大王拿出宝弓,系上新缴,涉足鄳塞,坐待秦国的疲乏困倦,华山以东、黄河以北的广大地域就可得到,和楚国形成一片了。慰劳百姓,休养兵众,便可以坐北朝南称王天下了。所以说秦国是只大鸟,背靠内陆居住,面朝东方站立,左臂挎着赵国的西南部,右臂揽着楚国的鄢郢,正面搏击韩国、魏国,低头俯视中原,所处的地形既方便,进退的地势又有利,振奋羽翼,鼓动翅膀方圆三千里,秦国是无法单独对付的。”那人想用这番话激怒顷襄王,因此这样对答。

襄王因召与语,遂言曰:“夫先王为秦所欺而客死于外,怨莫大焉。今以匹夫有怨,尚有报万乘①,白公、子胥是也②。今楚之地方五千里,带甲百万③,犹足以踊跃中野也④,而坐受困,臣窃为大王弗取也⑤。”于是顷襄王遣使于诸侯,复为从,欲以伐秦⑥。秦闻之,发兵来伐楚。

【注释】

①万乘:万辆兵车,用以指代大国。

②白公、子胥是也:泷川曰:“白公胜杀令尹子西,劫惠王;伍子胥入郢,鞭平王坟,皆楚国事,所以取譬。”

③带甲:披甲的将士。

④踊跃:跳跃。这里指耀武、争雄。中野:原野之中。此指中原。

⑤窃:私下里。

⑥复为从,欲以伐秦:方苞曰:“此真战国之文,而不见《楚策》中。”泷川曰:“《国策》姚本、鲍本、吴本皆不收此章,但张本有之,盖依《史记》补入也。”

【译文】

顷襄王于是召他来与他详谈,他就接着说:“先王被秦国欺侮客死在国外，仇怨没有比这更大的了。现在老百姓有仇怨，尚且要向国君复仇，白公、伍子胥就是这样。现在楚国的土地方圆五千里，穿甲胄的战士有百万，足以在中原施展，但我们却坐而受困，臣私下里认为大王的行为不可取。”于是顷襄王派遣使者到诸侯各国，再次与各国合纵，想要攻伐秦国。秦国听说了，发兵来攻打楚国。

楚欲与齐、韩连和伐秦[1]，因欲图周[2]。周王赧使武公谓楚相昭子曰[3]：“三国以兵割周郊地以便输，而南器以尊楚[4]，臣以为不然。夫弑共主，臣世君[5]，大国不亲；以众胁寡，小国不附。大国不亲，小国不附，不可以致名实。名实不得，不足以伤民[6]。夫有图周之声，非所以为号也。”昭子曰：“乃图周则无之。虽然，周何故不可图也？”对曰：“军不五不攻，城不十不围[7]。夫一周为二十晋[8]，公之所知也。韩尝以二十万之众辱于晋之城下，锐士死，中士伤，而晋不拔[9]。公之无百韩以图周[10]，此天下之所知也。夫怨结于两周以塞驺、鲁之心[11]，交绝于齐[12]，声失天下[13]，其为事危矣。夫危两周以厚三川，方城之外必为韩弱矣[14]。何以知其然也？西周之地，绝长补短，不过百里。名为天下共主，裂其地不足以肥国，得其众不足以劲兵。虽无攻之，名为弑君[15]。然而好事之君，喜攻之臣，发号用兵，未尝不以周为终始。是何也？见祭器在焉[16]，欲器之至而忘弑君之乱。今韩以器之在楚[17]，臣恐天下以器仇楚也。臣请譬之。夫虎肉臊，其兵利身[18]，人犹攻之也。若使泽中之麋蒙虎之皮，人之攻之必万于虎矣[19]。裂楚之地，足以肥国；诎楚之名，足以尊主[20]。今子将以欲诛残天下之共主，居三代之传器，吞三翮六翼[21]，以高世主，非贪而何？《周书》曰‘欲起无先’[22]，故器南则兵至矣。”于是楚计辍不行[23]。

【注释】

①楚欲与齐、韩连和伐秦：吕祖谦曰：“是时齐止余两城，为燕所围，何暇与楚连和伐秦？盖所载不能无少差也。”

②因欲图周：趁机准备图谋灭周。因，趁机。图，图谋。

③周王赧：即周赧王，前314—前256年在位。武公：即西周武公，周定王曾孙，西周惠公之子。楚相昭子：即上文的昭雎，当时为令尹。

④南器以尊楚：泷川曰：“言欲取周宝更南输楚也。”器，宝器，九鼎之类。

⑤弑共主，臣世君：《索隐》曰：“共主、世君俱是周自谓也。共主，言周为天下共所宗主也；世君，言周室代代君于天下。”

⑥伤民：即出兵。

⑦军不五不攻，城不十不围：《孙子·谋攻》云：“用兵之法，十则围之，五则攻之。”冈白驹曰：“我军五倍于彼军而后可攻，十倍于彼军而后可围。”五、十，指军队力量对比为五倍、十倍。

⑧一周为二十晋：《正义》曰：“言周王之国，其地虽小，诸侯尊之，故敌二十晋也。”晋即指战国时的魏国。王念孙曰：“三国分晋，魏得晋之故都，故魏人自称晋国。”

⑨“锐士死”三句：泷川曰：“此以一攻一者，与‘军不五不攻’者异。”意在说明晋之强悍。

⑩公之无百韩以图周：泷川曰：“军不五不攻，周既为二十晋，非百韩以攻之则无功矣，而楚无其兵也。”

⑪怨结于两周以塞驺、鲁之心：《索隐》曰：“驺、鲁有礼义之国，今楚欲结怨两周而夺九鼎，是塞驺、鲁之心。”

⑫交绝于齐：《正义》曰：“楚本与齐、韩和伐秦，因欲图周；齐不与图

周，故齐交绝于楚。”

⑬声失天下：冈白驹曰：“声，即上文图周之声也。”

⑭危两周以厚三川，方城之外必为韩弱矣：《正义》曰：“三川，两周之地，韩多有之，言厚韩也。”泷川曰：“三川，属韩。方城之外，楚北境，与韩相接。《周策》亦云：‘魏有南阳、郑地、三川，而包二周，则楚方城之外危。’”三川，即两周之地。方城之外，指楚国北方地区。

⑮虽无攻之，名为弑君：王叔岷曰：“‘虽’犹‘惟’也。‘虽无攻之，名为弑君’言‘惟无攻之，攻之则名为弑君’也。”

⑯见祭器在焉：胡三省曰：“谓三代所传之祭器，如九鼎之类是也。”

⑰今韩以器之在楚：中井积德曰：“句有错误。”

⑱虎肉臊，其兵利身：《索隐》曰：“谓虎以爪牙为兵，而自利于防身也。”泷川引《正义》曰：“虎有爪牙，以卫其身，若人身加兵，故其兵利身。”黄式三曰：“疑‘兵’当作‘皮’，谓肉不足食而皮足衣也。”泷川曰：“原文自通，不必改‘兵’为‘皮’。肉臊，喻不足肥国劲兵，兵利，喻名为天下共主。”

⑲人之攻之必万于虎矣：《索隐》曰：“攻易而利大也。”《正义》曰：“譬楚伐周收祭器，其犹麋蒙虎皮矣。”

⑳诎楚之名，足以尊主：泷川曰：“以喻麋肉可食。”诎，读为“黜”，言黜其谮主之名。

㉑三翮（lì）六翼：亦即九鼎。翮，通“鬲”，曲足鼎。翼，即耳。

㉒欲起无先：泷川曰：“《周书》佚文。”朱右曾曰：“不为物先之意。”

㉓辍：中止，停止。

【译文】

楚想和齐国、韩国联合攻打秦国，趁机还想图谋周王室。周王赧派武公对楚相昭子说：“楚、齐、韩三国靠兵力分割周郊外的土地以便于运输，把九鼎南迁来尊崇楚国，臣认为不对。弑杀天下共主，把世代尊奉的君主当作臣子,大国就不会亲近;凭人多势众要挟势孤力单者,小国也就不会依附。大国不亲近,小国不依附,就不能得到威名和实惠。威名与实惠都得不到,就不值得动武去伤害民众。有图谋周王室的名声,就不能在天下号令诸侯。”昭子说:“没有图谋周王室这回事。即使这样,周王室为什么不能图谋?”武公回答说:“没有五倍于敌人的兵力就不要去进攻,没有十倍于敌人的兵力就不要去围城。一个周王室的力量相当于二十个晋国,这您是知道的。韩国曾以二十万兵众在晋国城下受辱,精锐的士卒死了,中等的士卒受伤,晋国还是没有攻下来。您拿不出百倍于韩国的力量来图谋周王室,这是天下人都知道的。和东周、西周结下仇怨来伤害驺、鲁国人的心,与齐国绝交,在天下丧失名声,这是很危险的事。危害东西两周来加强三川郡的势力,方城之外的楚地一定会被韩国削弱。凭什么知道会是这样的呢?西周的土地,截长补短,方圆不过百里。名义上那里虽是天下人的共主,可是割裂他的土地不足以使您的国家富庶,得到他的民众不足以使您的兵力强劲。只有不攻击周王室,攻击周王室名义上就是弑杀了君主。然而好事的国君,喜好功绩的臣子,发布号令调动军队,未尝不是把周王室作为最终目标的。这是为什么呢?因为现在祭器在那里,只想把祭器运到自己国中却忘了弑君的祸患。如今韩国因为祭器在楚国,我担心天下诸侯都会因为祭器而仇视楚国了。请允许我打个比方。虎的肉腥臊,有爪牙可以防护自身,人还是要猎杀它。假若让沼泽中的麋鹿蒙上虎皮,猎杀它的人一定会比猎虎的多上万倍。分割楚国的土地,足以使国家富庶;贬黜楚国的名声,足以使自己的君主尊贵。现在您打算凭私欲诛杀天下人的共主,占有夏、商、周三代相传的重器,独吞九鼎,比周天子还尊贵,这不是贪婪是什么?《周书》说‘想要举事,不可占先’,因此宝器南归于楚,那么讨伐的军队也就要到了。”于是楚国的计划中止没有实行。

十九年[①],秦伐楚,楚军败,割上庸、汉北地予秦[②]。

二十年③，秦将白起拔我西陵④。

二十一年⑤，秦将白起遂拔我郢⑥，烧先王墓夷陵⑦。楚襄王兵散，遂不复战，东北保于陈城⑧。

二十二年⑨，秦复拔我巫、黔中郡。

【注释】

①十九年：当周赧王三十五年、秦昭襄王二十七年，前280年。

②割上庸、汉北地予秦：胡三省曰："宛、叶、樊、邓、随、唐之地。"《正义》曰："谓割房、金、均三州及汉水之北与秦。"汉北，汉水以北。

③二十年：当周赧王三十六年、秦昭襄王二十八年，前279年。

④秦将白起拔我西陵：梁玉绳曰："此缺拔鄢、邓，说见《秦纪》。"西陵，在今湖北宜昌。

⑤二十一年：当周赧王三十七年、秦昭襄王二十九年，前278年。

⑥郢：即今湖北荆州北之纪南城。

⑦夷陵：在今湖北宜昌东南。

⑧东北保于陈城：陈原是春秋时期陈国的都城，后来陈被楚灭，陈遂成为楚国的一个县，即今河南淮阳。

⑨二十二年：当周赧王三十八年、秦昭襄王三十年，前277年。

【译文】

顷襄王十九年，秦国伐楚国，楚军战败，把上庸、汉北的土地割让给秦国。

顷襄王二十年，秦将白起攻下楚国的西陵。

顷襄王二十一年，秦将白起攻下楚国的郢都，烧了楚国先王在夷陵的坟墓。楚顷襄王的军队兵败溃散，不能再应战，就向东北撤退，在陈城自保。

顷襄王二十二年，秦国又攻下楚国的巫郡、黔中郡。

二十三年[1]，襄王乃收东地兵[2]，得十余万，复西取秦所拔我江旁十五邑以为郡，距秦[3]。

二十七年[4]，使三万人助三晋伐燕[5]。复与秦平，而入太子为质于秦。楚使左徒侍太子于秦[6]。

三十六年[7]，顷襄王病，太子亡归[8]。秋，顷襄王卒[9]，太子熊元代立，是为考烈王。考烈王以左徒为令尹，封以吴，号春申君[10]。

【注释】

①二十三年：当周赧王三十九年、秦昭襄王三十一年，前276年。

②东地：楚国东部地区，即今安徽、江苏之淮河以北。

③距：通“拒”，抵御。

④二十七年：当周赧王四十三年、秦昭襄王三十五年、魏安釐王五年、韩桓惠王元年、赵惠文王二十七年、燕惠王七年，前272年。

⑤助三晋伐燕：张照曰：“《战国策》，齐、韩、魏共攻燕，燕使太子请救于楚，楚王使景阳将而救之。此云助三晋伐燕，与《楚策》异。”

⑥左徒：官名。参与商议国事，发布号令，接待宾客。此时黄歇为左徒。

⑦三十六年：当周赧王五十二年、秦昭襄王四十四年，前263年。

⑧太子亡归：黄歇巧妙地掩护楚太子自秦逃回楚国事，详见《春申君列传》。

⑨顷襄王卒：按，今河南淮阳大连乡瓦房庄西有马鞍冢楚墓，面积约五千平方米。为两座战国晚期大型楚墓，两冢西五十米处，各有一大型车马坑。北冢可能为楚顷襄王之墓。

⑩春申君：即黄歇，战国四公子之一，其事详见《春申君列传》。

【译文】

顷襄王二十三年，集结东地的兵卒，得到十多万人，又向西夺回了秦国攻占的江边十五座城，设为郡，抵御秦国。

顷襄王二十七年，派三万人援助三晋攻打燕国。再次与秦国讲和，送太子到秦国做人质。楚国派左徒到秦国服侍太子。

顷襄王三十六年，病重，太子逃了回来。这年秋天，顷襄王去世，太子熊元继位，这就是考烈王。考烈王让左徒做令尹，把他封在吴地，号称春申君。

考烈王元年[①]，纳州于秦以平[②]。是时楚益弱[③]。

六年[④]，秦围邯郸，赵告急楚，楚遣将军景阳救赵[⑤]。

七年[⑥]，至新中[⑦]，秦兵去。

十二年[⑧]，秦昭王卒，楚王使春申君吊祠于秦。

十六年[⑨]，秦庄襄王卒[⑩]，秦王赵政立[⑪]。

二十二年[⑫]，与诸侯共伐秦，不利而去。楚东徙都寿春[⑬]，命曰郢。

二十五年，考烈王卒[⑭]，子幽王悍立[⑮]。李园杀春申君[⑯]。

幽王三年[⑰]，秦、魏伐楚。秦相吕不韦卒[⑱]。

九年，秦灭韩[⑲]。

十年[⑳]，幽王卒，同母弟犹代立[㉑]，是为哀王。哀王立二月余，哀王庶兄负刍之徒袭杀哀王而立负刍为王[㉒]。是岁，秦虏赵王迁[㉓]。

【注释】

①考烈王元年：当周赧王五十三年、秦昭襄王四十五年，前262年。

②州:楚邑名。在今湖北咸宁西北。

③益:更加。

④六年:当周赧王五十八年、秦昭襄王五十年、赵孝成王九年,前257年。

⑤楚遣将军景阳救赵:张照曰:"《六国表》云'春申君救赵',《春申君传》云'秦围邯郸,邯郸告急于楚,楚使春申君往救',此作'景阳',与彼互异。"梁玉绳曰:"盖因前十五年齐、韩、魏共伐燕,燕请救于楚,楚王使景阳将而救之,见《国策》,《史》缘此致误。"

⑥七年:当周赧王五十九年、秦昭襄王五十一年,前256年。

⑦新中:今不详其处。《索隐》曰:"赵地无名新中者,'中'字误。巨鹿有新市,'中'当为'市'。"《正义》曰:"新中,相州安阳县(今河南安阳西南)也。七国时,魏宁新中邑,秦庄襄王拔之,更名安阳也。"梁玉绳曰:"宁新中,魏地也,当在六年,又脱'宁'字。"

⑧十二年:当秦昭襄王五十六年,前251年。

⑨十六年:当秦庄襄王三年,前247年。

⑩秦庄襄王:名异人,秦孝文王子,前249—前247年在位。初在赵国为人质,后在吕不韦活动下回国,改名子楚,立为太子。

⑪秦王赵政立:秦王赵政即秦王嬴政,前221年统一全国,称始皇帝,前246—前210年在位。钱大昕曰:"秦王政之立,五国世家皆书,而《韩世家》独阙,此篇称'赵政',又与他《世家》异。"关于称秦始皇为"赵政"是否合理的问题,见《秦始皇本纪》注。

⑫二十二年:当秦王政六年,前241年。

⑬寿春:即今安徽寿县。

⑭二十五年,考烈王卒:事当秦王政九年,前238年。

⑮幽王悍:楚幽王名悍,《六国年表》作"悼",出土铜器作"感干",前237—前228年在位。泷川曰:"幽王即李园女弟所生,幸于黄歇,黄歇进于考烈王者,非楚统也。"

⑯李园杀春申君：其事详见《春申君列传》。按，春申君墓在今河南潢川政府后院。现存墓冢呈椭圆形，前有清代碑刻一通，上书“楚春申君墓”。

⑰幽王三年：当秦王政十二年、魏景湣王八年，前235年。

⑱秦相吕不韦卒：吕不韦，卫国濮阳（今河南濮阳西南）人。原为阳翟（今河南禹县）大贾，力助庄襄王上台，被任命为相，封文信侯。秦王政继位后，被尊为“仲父”。秦王政十年（前237）亲政后，吕不韦被免职，不久忧惧自杀。其事详见《吕不韦列传》。

⑲九年，秦灭韩：张照曰：“《韩世家·正义》曰‘亡在秦始皇帝十七年’，是年在楚幽之八年。”九年，当秦王政十八年、韩王安九年，前229年。

⑳十年：当秦王政十九年、赵王迁八年，前228年。

㉑犹：《六国年表》作“郝”。

㉒负刍：《越绝书》作“楚王成”。

㉓秦虏赵王迁：其事详见《赵世家》。赵王迁，是赵悼襄王之子，前235—前228年在位。

【译文】

考烈王元年，献给秦国州邑来讲和。这时楚国更加衰弱了。

考烈王六年，秦国围困赵都邯郸，赵国向楚国求援，楚国派出将军景阳援救赵国。

考烈王七年，楚军到达新中，秦兵撤退去了。

考烈王十二年，秦昭王去世，楚王派春申君前往秦国吊唁。

考烈王十六年，秦庄襄王去世，秦王赵政继位。

考烈王二十二年，楚国与诸侯一起攻打秦国，战事不利就撤兵而去。楚国向东迁都到寿春，仍称为郢。

考烈王二十五年，去世，他的儿子幽王悍继位。李园杀害了春申君。

幽王三年，秦国、魏国征伐楚国。秦相吕不韦去世。

幽王九年，秦国灭亡韩国。

幽王十年，去世，幽王的同母弟犹接替继位，这就是哀王。哀王继位两个多月，他的庶出哥哥负刍的手下袭击杀害了他而拥立负刍为王。这年，秦国俘虏了赵王迁。

王负刍元年[①]，燕太子丹使荆轲刺秦王[②]。

二年[③]，秦使将军伐楚[④]，大破楚军，亡十余城。

三年，秦灭魏[⑤]。

四年[⑥]，秦将王翦破我军于蕲，而杀将军项燕[⑦]。

五年[⑧]，秦将王翦、蒙武遂破楚国，虏楚王负刍，灭楚，为郡云[⑨]。

【注释】

①负刍元年：当秦王政二十年、燕王喜二十八年，前227年。

②燕太子丹使荆轲刺秦王：其事详见《刺客列传》。

③二年：当秦王政二十一年，前226年。

④秦使将军伐楚：据《秦始皇本纪》，此伐楚的秦将为王贲。

⑤三年，秦灭魏：当秦王政二十二年、魏王假三年，前225年。

⑥四年：当秦王政二十三年，前224年。

⑦秦将王翦破我军于蕲，而杀将军项燕：王翦，秦国名将。蕲，在今安徽宿州东南。项燕，楚将，项羽的祖父。

⑧五年：当秦王政二十四年，前223年。

⑨灭楚，为郡云：《集解》引孙检曰："秦虏楚王负刍，灭去楚名，以楚地为三郡。"钱大昕曰："秦始皇父名楚，故《始皇本纪》称'楚'为'荆'，灭楚之后，未尝置楚郡也。孙氏谓灭去楚名，盖得其实。'楚郡'之'楚'，当是衍文。"泷川曰："王鸣盛、梁玉绳亦以'楚'

字为衍，其说甚是。‘名’字亦当衍。”

【译文】

王负刍元年，燕太子丹指使荆轲前去刺杀秦王。

王负刍二年，秦国派将军征伐楚国，大败楚军，楚亡失了十多座城邑。

王负刍三年，秦国灭掉了魏国。

王负刍四年，秦将王翦在蕲邑打败了楚军，杀死了将军项燕。

王负刍五年，秦将王翦、蒙武攻破楚国都城，俘获楚王负刍，灭掉楚国，在其地设立郡县。

太史公曰：楚灵王方会诸侯于申[①]，诛齐庆封，作章华台，求周九鼎之时，志小天下；及饿死于申亥之家[②]，为天下笑。操行之不得，悲夫！势之于人也，可不慎与？弃疾以乱立，嬖淫秦女[③]，甚乎哉，几再亡国！

【注释】

①方：正在。

②饿：《左传》曰“缢”。

③嬖：宠爱。淫：过度。

【译文】

太史公说：当楚灵王在申邑盟会诸侯，诛杀齐国庆封，修筑章华台，向周王室求九鼎的时候，心里何其藐视天下；等到他饿死在申亥家中，被天下人耻笑。没有节操品行，是多么可悲啊！人们对于权势，能不谨慎吗？弃疾凭作乱而登上王位，过度宠爱秦国女子，太过分了，几乎再次使国家灭亡！

【楚国诸侯世系表】

鬻熊——熊丽——熊狂——熊绎——熊艾——熊䵣——熊胜——熊杨——熊渠——熊挚红——熊延——熊勇(前847—前838)——熊严(前837—前828)——熊霜(前827—前820)——熊徇(前819—前800)——熊咢(前799—前791)——若敖(前790—前764)——宵敖(前763—前758)——蚡冒(前757—前741)——楚武王(前740—前690)——文王(前689—前677)——庄敖(前676—前672)——成王(前671—前626)——穆王(前625—前614)——庄王(前613—前591)——共王(前590—前560)——康王(前559—前545)——郏敖(前544—前541)——灵王(前540—前529)——平王(前528—前516)——昭王(前515—前489)——惠王(前488—前432)——简王(前431—前408)——声王(前407—前402)——悼王(前401—前381)——肃王(前380—前370)——宣王(前369—前340)——威王(前339—前329)——怀王(前328—前299)——顷襄王(前298—前263)——考烈王(前262—前238)——幽王(前237—前228)——哀王——负刍(前227—前223)被秦所灭

【集评】

吴见思曰:“诸世家止序周一代之事,或不及周一代事,赵、魏等是也。越始于禹,而楚则始于高辛,益远矣。数尺之书,欲载二千年之事,不得不用简法。然一用简法,未免太羹玄酒,不成文章,故前后只略序点完,而于灵王以后,襄王以前,数段出色,正是巧用简者也。”(《史记论文》)

锺惺曰:“春秋时,伍氏之衅子胥入吴,楚始为吴所困;至昭王二十一年吴王阖闾伐越,越王句践射杀吴王,吴乃怨越,而不西伐楚,此吴越之所以敝,而楚之得由春秋而战国,称‘七雄’者,其机缘关节全在于此。”(《史怀》)

司马光曰："楚自祝融、鬻熊以来，其有国几何年矣。方其盛也，奄有南海，凭陵诸夏；及怀王放废忠良，亲近谗慝，惑张仪之口，而耳目不能自守，见欺而不悟，亡师而不悔，以失济失，客死于秦，使其子孙衔涕忍耻以事仇雠，强之女而不敢辞，陵庙焚而不敢怨，兔逃鼠伏，自屏于陈，束兵不战，而攻之不解；割地请和，而侵之不止，卒不见赦而国以沦亡，不亦悲乎？"(《稽古录》)

叶适曰："序《楚世家》可观。言其再自王，及随请尊楚，周召数随侯，意既疏阔；以管仲对词考之，周之号令殆不复通于江汉间久矣。"(《习学记言》)

【评论】

司马迁对楚国的态度是又爱又恨的。他喜爱楚人的进取，从一个僻居南方的"蛮夷"部族，筚路蓝缕，惨淡经营，不断发展壮大，熊绎时成为助周灭商的劲旅，楚庄王则跻身"春秋五霸"，至春秋末发展为疆域最大的诸侯国，到战国时成为雄踞南方、阻扼西秦吞并六国的强大砥柱，常为六国纵长，具有了与秦争天下的实力。但他也恨楚人的不争气，几次在形势一片大好之际犯下骄奢淫逸、好谀信谗的大错，最终使楚国陷入风雨飘摇、君辱国削的绝境，数十年间即被秦国所灭。司马迁在篇末论赞中特意提出楚灵王、楚平王进行批判，指出他们是致使楚国国势衰落的罪魁祸首，可以说看到了楚国发展的关键点；但仅将楚国的亡国归结为"操行之不得"，似乎并不全面。从文中叙事来看，我们还可以总结出几点使楚国最终败亡的原因：其一，放废忠良，亲近谗佞。楚平王听信费无忌的谗言，杀死贤大夫伍奢，逼得其子伍子胥投奔了敌国吴国，致使吴国明确了与楚争霸的目标，导致楚昭王时郢都被攻破，楚昭王逃亡。楚怀王前期颇有作为，但听信靳尚、公子兰等人的谗言，放逐屈原，屡受张仪之骗，几次大败，丧师失地，自己落得身死秦国，而楚国元气大伤，再无与秦抗衡之力。其二，急功近利，盲目进取。楚庄王战胜晋国称霸的"邲之战”，胜在知己知彼，量力而行，他能灭陈、郑而不灭，收获“兴亡国，继绝世”的美名，以“德”收服陈、郑两国归心，在晋国发兵来战时已经没有了后顾之忧；大战之前也进行了反复试探，做足了准备，最后一战而胜。反观楚共王的“鄢陵之战”，他一心与晋争夺郑国，并没有了解清楚晋国的实力与部署，急于开战，遂遭战败。楚怀王受秦国欺骗后，不听陈轸的建议，执意攻秦，致使丧师失地；楚顷襄王急于摆脱秦国控制，洗刷耻辱，重整大国雄风，遂听信射雁者之言，不考虑秦、楚实际实力对比，贸然开战，楚国大败，再无翻身的可能。文中司马迁用大量笔墨写楚庄王之兴与楚怀王、楚顷襄王之败，对比之下，从正反两方面总结了楚国兴衰的经验教训，揭示楚国败亡的原因是非常清楚的。

《楚世家》所记时间跨度是所有“世家”中最大的，从远古五帝之一的颛顼，直至战国末，隐隐有着“本纪”的格局。司马迁将楚国祖先说成是颛顼，是黄帝的后代，也就是认定楚人与中原人一样，同属于炎黄子孙。这是司马迁的一贯思想。春秋时期，中原诸国提出“尊王攘夷”，楚国正是那个要“攘”的对象，到了春秋末战国初，经过二百多年的碰撞纠葛，楚国与中原诸国的矛盾从文化上的“华夷之辨”已逐渐演变为“战国七雄”之间的争夺天下，当秦国异军突起后，韩、赵、魏、齐、燕五国遂常与楚国合纵，共同抵抗秦国，于是出现了“东方六国”的名称，表明楚国已和中原诸国融为一体。《楚世家》客观再现了这一过程，可以让人们对楚国的地位和历史作用形成深刻正确的认识。楚国在发展扩张过程中，先后翦灭了六十余个小国，统一了江汉流域、江淮流域、沅湘流域等南方广大地区，与齐、燕、晋等诸侯国各自实现的区域统一一样，为秦王朝统一全国准备了条件。具有楚地巫文化风格与华夏礼乐文化特征的楚文化与中原文化互相映照，也成为我国文化史上重要的源泉之一。原来局限在黄河流域的华夏文化，通过楚国伸展到吴、越两蛮族国，长江流域的初步开发，楚国曾起着巨大的作用。正是在这个意义上，后代学者认为楚国与秦国应是对历史贡献最大的两个国家。

楚庄王是《楚世家》中着力塑造的光辉君主的形象。一开始就写了个伍举说谜语谏楚庄王的故事，所谓“三年不蜚，蜚将冲天；三年不鸣，一鸣惊人”，与《滑稽列传》所载淳于髡谏齐威王之事一样。这可以看作是一种寓言性质的小故事，以见楚庄王城府之深、能力之强。楚庄王作为楚国史上最贤明的国君，臣服陈、郑，大败强晋，都令人敬佩，只是观兵周郊，“问鼎轻重”一事，如此张扬轻狂，颇令人不解。如果结合前文来看，楚在鬻熊时即“子事文王”，熊绎在周成王时被封在南方蛮荒之地，《国语》说周成王大封诸侯的岐阳会盟时，熊绎与鲜卑“守燎，故不与盟”，这对楚人来说是很屈辱的。所以熊渠号称“我蛮夷也，不与中国之号谥”自己称王，虽然后来放弃了，也可见楚人此时已不愿再做周王属臣。至楚武王，更是说“我有敝甲，欲以观中国之政”，“而王不加位，我自尊耳”，自立为武王，从此楚一直自称为“王”，与周天子一样。至楚成王时，想与周天子缓和关系，派人向周天子进贡，天子赐胙，说：“镇尔南方夷越之乱，无侵中国。”承认了楚国南方霸主的地位，但也限制了楚国的发展范围。几十年后，楚庄王时，楚国已是在南方地方千里的大国，又灭亡了江、六、蓼、庸等一系列小国，达到了鼎盛阶段。而周已日渐衰弱，国内又屡屡发生争位之乱，都城也曾被戎狄攻破，全靠齐桓公、晋文公等诸侯霸主在有事时施以援手，而此时中原却没有了强有力的可以援助他的诸侯。楚庄王此时观兵周郊、问鼎轻重，对周天子权威加以挑衅，有着一雪前耻的报复，更是出于对此后楚国发展扩张策略的考虑，而对周天子以及中原诸侯实力的一种试探。王孙满以“在德不在鼎”，“德之休明，虽小必重；其奸回昏乱，虽大必轻”，“天命未改”回应他，实际是暗示说周天子“得道多助”，而当时晋国虽然国内矛盾尖锐，但实力仍不可小觑。楚庄王已明白周天子还有强大后援，中原诸侯实力犹存，所以就此回国，正是明智的表现。

楚灵王、楚平王是司马迁批判的对象。其中楚灵王的形象更为丰满鲜活。楚灵王为人狂妄，野心极大。他弑君篡位，不加掩饰，还向晋国要求大会诸侯，要做诸侯霸主，四出攻伐，灭陈、蔡，伐徐以威吓吴国，还要向周索要九鼎，处处透着无比的狂妄。但当国内公子弃疾等发动叛乱，国人皆叛，楚兵皆溃时，他的狂妄顿时化为绝望，剩下孤家寡人彷徨山中，最后在申亥家自缢而死（《左传》说）。司马迁写他盛时的狂妄，也对其败时的凄惨进行了详细描写。楚灵王之败属“自作孽，不可活”的典型。

楚康王、灵王、平王等都是楚共王的儿子，关于他们的相继为王，《史记》和《左传》都记载了楚共王占卜让神选择继位者的事，康王、灵王、平王都是被神选中，而以平王因位置最正而后代享有楚国。这应该是楚平王上位后为表示自己得位的正当性而编的故事。但是这似乎也印证了关于楚国王位继承的一个说法，即“楚国之举，常在少者”，“芈姓有乱，必季实立，楚之常也”。楚国芈姓始祖季连是陆终六子中最小的，春秋前楚君兄终弟及现象也比较多，且都是幼弟在内乱中最后胜利，稳定政局。对这两句话可以理解为楚国最终平定政局、享有国家的往往是少子，而非在立嫡时就选择少子，所以并不能说楚国实行“幼子继承制”。楚国贵族，尤其是楚王的同姓近亲一直占据着统治集团中的核心位置，如楚共王时代的令尹子囊是楚共王之弟，楚昭王时代的令尹子西是楚昭王庶兄，楚顷襄王时代的令尹子兰是楚顷襄王之弟。所以顾栋高在《春秋大事表》中说楚国最高的官职令尹、司马“大都以公子或嗣君为之，他人莫得与也”。这种现象使得楚国国君一系的王权比较稳固，虽有篡弑，但由于血统近，朝野上下也没有特别大的波动。也正因此，楚国没有出现像晋国的六卿、鲁国的“三桓”、齐国的田氏这样的能把国君架空的权臣，国家一直保持了统一，不像晋国后来被瓜分，齐国被异姓篡了政。但也由于贵族势力的强大，楚悼王任用吴起变法虽然要早于商鞅变法，但并不彻底，楚国最终败于秦国，也有这方面的原因。

篇中对楚平王、楚怀王也有较多的记述，因主要内容与《伍子胥列传》《张仪列传》《屈原列传》有所重合，所以在本篇多为叙述而未做详尽铺写，可与以上几篇参看。

本篇因时间跨度大，又要在写楚国史事时兼及全局，所以在写法上，也颇有特点。首先，司马迁有选择地塑造了楚庄王、灵王、平王、怀王等君主的形象。读过本文，庄王的雄才、灵王的骄奢、平王的狡诈、怀王的昏庸无一不给人以深刻的印象。其次，在行文布局上，入战国前力求简约，虽有对庄王、灵王、平王等重点人物的刻画，但总体上叙述多而描写少，类似“白描”；后半部则多录《战国策》全文，不吝笔墨，笔意跌宕，如述楚怀王则集中写受张仪之欺一事，比前面写楚庄王等用排比法有很大不同。正是在简约与铺陈的对比中，全文显现出一种变化多姿的审美效果。

史记卷四十一

越王句践世家第十一

【释名】

《越王句践世家》所写实为越王允常、句践之后的越国历史，允常之前的二十余世皆一笔带过，所以不叫《越世家》而叫《越王句践世家》。全篇实为两大部分。第一部分是越国兴衰史，主要讲句践在范蠡、文种等人的辅佐下忍辱励志、发愤图强，终于灭吴雪耻，越国成为春秋时期最后一个霸主；至其五世孙无彊，中齐之计，兴兵伐楚，以至被楚所灭。第二部分是附记范蠡离开越国后的活动，主要写他在齐致富、为相，又弃相散尽家财而居陶致富为陶朱公；以及中子在楚国杀人，长子力求往救，范蠡料定其必因吝惜财物而葬送兄弟性命的故事。篇末论赞对句践的忍辱报仇及范蠡的才干予以倾心歌颂。

本篇应与《吴太伯世家》《伍子胥列传》等参照阅读。

越王句践①，其先禹之苗裔，而夏后帝少康之庶子也②。封于会稽③，以奉守禹之祀④。文身断发⑤，披草莱而邑焉⑥。后二十余世，至于允常⑦。允常之时，与吴王阖庐战而相怨伐⑧。允常卒，子句践立，是为越王。

【注释】

①句践:金文或作“鸠浅”,1965年湖北江陵一号楚墓曾出土越王句践剑,铭文书作“鸠浅”,也称作“菼执”。

②其先禹之苗裔,而夏后帝少康之庶子也:《正义》引《吴越春秋》云:“禹周行天下,还归大越,登茅山以朝四方群臣,封有功,爵有德,崩而葬焉。至少康,恐禹迹宗庙祭祀之绝,乃封其庶子於越,号曰无馀。”又引贺循《会稽记》云:“少康其少子号曰‘於越’,越国之称始此。”梁玉绳曰:“禹葬会稽之妄,说在《夏纪》。夏、商称帝之妄,说在《殷纪》。而少康封庶子一节,即缘禹葬於越伪撰。盖六国时有此谈,史公谬取入史,后之著书者相因成实。史并谓闽、越亦禹苗裔,岂不诞哉!《墨子·非攻》下篇‘越王繄亏出自有遽,始邦於越’,《汉·地理志》注臣瓒曰:‘自交阯至会稽七八千里,百粤杂处,各有种姓,不得尽云少康之后。’《世本》‘越为芈姓,与楚同祖,故《郑语》称芈姓夔、越。’韦昭《吴语》注:‘句践,祝融之后。’然则越非禹后明矣。《越语》范蠡曰:‘吾先君,周室之不成子也。’《韩诗外传》八曰:‘越亦周室之列封也。’然则越非夏封明矣。少康之子无考,《越绝》《吴越春秋》始言其名曰‘无馀’。……《竹书》叙句践后世有‘越王初无馀’,若果有‘无馀’其人,又安得与始祖同名邪?……此《世家》及论与《杞世家》《闽越传论》《自序传》谓为禹后者皆不足信也。”按,司马迁谓句践为禹之苗裔,不知何据。苗裔,后代子孙。夏后,夏后氏,为古部落名。禹是这个部落的首领。少康,姒姓。帝相之子。寒浞杀帝相,少康后攻灭寒浞,复夏,史称“少康中兴”。

③会稽:古邑名。即今之浙江绍兴。

④奉守禹之祀:世代守护大禹的陵墓和奉行对大禹的祭祀。

⑤文身断发:在身体皮肤上刺图案,剪断长发不束冠,为当时南方地区的生活习俗。《集解》引应劭曰:“常在水中,故断其发;文其身

以象龙子，故不见伤害。”文，谓刺画文字或花纹。

⑥披草莱而邑：意即开辟荒芜之地，建立城邑。披，开辟。草莱，草莽，杂生的草丛。

⑦后二十余世，至于允常：《正义》曰：“《舆地志》云：‘越侯传国三十余叶，历殷至周敬王时，有越侯夫谭，子曰允常，拓土始大，称王，《春秋》贬为子，号为於越。’杜注云：‘於，语发声也。’”钱大昕曰：“少康至桀十一传，殷汤至纣三十传，周自武王至敬王又二十五传，而越之世乃止二十余，理所必无也。”梁玉绳曰：“《吴越春秋》‘允常’作‘元常’，《路史》以‘允’为非。”按，越王允常即越王句践之父，前510—前497年在位。《浙江考古五十年主要收获》（1996—1998），考古工作者抢救发掘了绍兴里木寨的印山大墓，墓葬开凿在山丘的中心部位。墓室系用巨大的枋木构建，分前、中、后三室。墓地周围挖有隍壕，形成一个占地六万多平方米的陵园空间。依据发掘者们的初步研究，推定印山大墓当是文献记载中的“木客大冢”，乃越王句践之父允常之陵寝。

⑧吴王阖庐：一作“阖闾”，姬姓，又名光，亦称“公子光”，吴王诸樊之子，或谓吴王馀眛之子，前514—前496年在位。春秋五霸之一。其事详见《吴太伯世家》。

【译文】

越王句践，他的祖先是大禹的后代，是夏朝帝王少康的庶子。被封在会稽，世代守护大禹的陵墓和奉行对大禹的祭祀。于是他在身上刺上花纹，剪断了长发，在那里开辟荒地兴建了城邑。他传了二十多代，传到了允常。允常在位期间，与吴王阖庐作战结下了怨仇互相攻伐。允常死后，他的儿子句践继位为越王。

元年[①]，吴王阖庐闻允常死，乃兴师伐越。越王句践使死士挑战，三行，至吴陈，呼而自刭[②]。吴师观之，越因袭击吴师,吴师败于槜李[③],射伤吴王阖庐[④]。阖庐且死,告其子夫差曰:“必毋忘越!”[⑤]

【注释】

①元年:越王句践元年,相当于鲁定公十四年、吴王阖庐十九年,前496年。

②“越王句践使死士挑战”四句:梁玉绳曰:“‘死士之往禽’与‘罪人之挑战’两事也,《史》混并之。”按,《左传·定公十四年》之原文云:“句践患吴之整也,使死士再禽焉,不动;使罪人三行,属剑于颈,而辞曰:‘二君有治,臣奸旗鼓,不敏于君之行前,不敢逃刑,敢归死。’遂自刭也。”死士,敢死的勇士。郑众曰:“欲以死报恩者。”陈,同“阵”。自刭,用刀割颈自杀。

③槜(zuì)李:古地名。亦作“醉李”,在今浙江嘉兴西南。当时属越。

④射伤吴王阖庐:《左传》作“(越人灵浮姑)以戈击阖庐,阖庐伤将指(指大脚趾)”。

⑤阖庐且死,告其子夫差曰“必毋忘越”:《吴太伯世家》云:“阖庐使立太子夫差,谓曰:‘尔而忘句践杀汝父乎?’对曰:‘不敢。’三年,乃报越。”《左传·定公十四年》谓阖庐受伤死于归途之中,“夫差使人立于庭,苟出入,必谓己曰:‘夫差!而忘越王之杀而父乎?’则对曰:‘唯,不敢忘。’三年乃报越”。且,将要。

【译文】

句践元年,吴王阖庐听到允常去世的消息,就趁机兴兵伐越。越王句践派出敢死之士去挑战,让他们排成三行,径直走到吴军阵前,齐声大呼自刎。吴军看呆了,越军趁机快速进攻,吴军在槜李战败,越军还射伤了吴王阖庐。阖庐临死前,告诫他的儿子夫差说:“一定不要忘了向越国复仇!”

三年[①],句践闻吴王夫差日夜勒兵[②],且以报越[③],越欲先吴未发往伐之。范蠡谏曰[④]:“不可。臣闻兵者凶器也,战者逆德也,争者事之末也[⑤]。阴谋逆德,好用凶器,试身于所末[⑥],上帝禁之,行者不利[⑦]。”越王曰:“吾已决之矣。”遂兴师。吴王闻之,悉发精兵击越[⑧],败之夫椒[⑨]。越王乃以余兵五千人保栖于会稽[⑩]。吴王追而围之。

【注释】

①三年:句践三年,当吴王夫差二年、鲁哀公元年,前494年。

②勒兵:统兵。这里是操练军队。勒,控制,统领。

③且:将要。报越:向越国讨还血债。

④范蠡:《正义》引《会稽典录》云:“范蠡字少伯,越之上将军也,本是楚宛三户人,佯狂倜傥负俗。”且谓文种为宛令,曾访蠡与之剧谈云云。《会稽典录》乃后出之小说者流,不足信。

⑤“臣闻兵者凶器也”三句:《老子》曰:“兵者不祥之器,非君子之器,不得已而用之。”又曰:“善战者不怒,善胜敌者不与。”王弼注:“不与争也。”逆德,古代指勇、争、战、怒等,背离德义,故称“逆德”。

⑥试身于所末:把性命押到最下策上。末,非根本的,下等的。

⑦上帝禁之,行者不利:《国语》于此作“上帝之禁也,先行此者不利”。按,以上范蠡谏句践伐吴事,见《国语·越语》。

⑧悉:尽,全。

⑨夫椒:山名。在今江苏苏州西南的太湖中。有人说即今之洞庭西山。按,《国语·越语》谓“战于五湖,不胜”。

⑩保栖:意即据山而守。会稽:此指会稽山,在今浙江绍兴南。

【译文】

句践三年,他听到吴王夫差日夜练兵,准备复仇的消息,就想抢在吴国没有动手之前先发制人。范蠡进谏说:“不行。我听说兵器是不吉祥的东西,发动战争是不道德的事情,在战场争胜负是解决矛盾的最下策。暗中策划不道德的行动,喜好动用不吉祥的东西,把性命押到最下策上,这些都是上天禁止的,做这种事情的人一定会失败。”越王句践说:“我已经下定决心了。”就出了兵。吴王听到消息后,调集了全部精锐部队迎击越军,在夫椒大败越军。越王句践带着五千残兵退到会稽山上据守。吴王夫差率军追上来把会稽山团团围住。

越王谓范蠡曰:“以不听子,故至于此,为之奈何?”蠡对曰:“持满者与天,定倾者与人,节事者以地①。卑辞厚礼以遗之②,不许,而身与之市③。”句践曰:“诺。”乃令大夫种行成于吴④,膝行顿首曰:“君王亡臣句践使陪臣种敢告下执事⑤:句践请为臣,妻为妾⑥。”吴王将许之。子胥言于吴王曰⑦:“天以越赐吴,勿许也。”种还,以报句践。句践欲杀妻子,燔宝器⑧,触战以死⑨。种止句践曰:“夫吴太宰嚭贪⑩,可诱以利,请间行言之⑪。”于是句践乃以美女宝器令种间献吴太宰嚭。嚭受,乃见大夫种于吴王。种顿首言曰:“愿大王赦句践之罪,尽入其宝器。不幸不赦⑫,句践将尽杀其妻子,燔其宝器,悉五千人触战,必有当也⑬。”嚭因说吴王曰⑭:“越以服为臣⑮,若将赦之,此国之利也。”吴王将许之。子胥进谏曰:“今不灭越,后必悔之。句践贤君,种、蠡良臣,若反国⑯,将为乱。”吴王弗听,卒赦越,罢兵而归⑰。

【注释】

①“持满者与天”三句:《越绝书》云:“天贵持盈,持盈者,言不失阴

阳、日月、星辰之纲纪；地贵定倾，定倾者，言地之长生，丘陵平均，无不得宜，故曰地贵定倾；人贵节事，节事者，言王者以下，公卿大夫，当调阳阴，和顺天下。事来应之，物来知之，天下莫不尽其忠信，从其政教，谓之节事。”范蠡引用发挥如此，与《越绝书》原意或有不同。又，郭嵩焘曰：“持满以天，法天以防满也；定倾以人，尽人力以定倾也；节事以地，因地以审事也。”也为一说。以，通“与”。

②卑辞厚礼：谦卑的话语和丰厚的礼品。

③身与之市：将我们自己视为货物一样去做交易，意即给他们做奴做仆。市，交易。

④大夫种：即文种，字禽，越国大夫。《正义》引《吴越春秋》谓“大夫种姓文名种，字子禽，荆平王时为宛令”，并载其往访范蠡事。行成：求和，议和。

⑤亡臣：逃亡的奴仆。谦词。陪臣：古代外交使臣出使时，对对方国君而言。此处文种用以自称亦表示对吴王的谦卑。下执事：手下办事人员。此用以敬称对方。

⑥臣、妾：古代男仆称“臣”，女奴称“妾”。

⑦子胥：伍子胥，即伍员。原楚人，楚臣伍奢之子，伍尚之弟。为报父兄之仇辗转逃到吴国。佐吴王阖庐破楚称霸，又佐吴王夫差破越。其事详见《伍子胥列传》。

⑧燔（fán）：焚烧。

⑨触战：拼死一战。

⑩太宰嚭（pǐ）：太宰伯嚭。太宰，官名。即后来的“宰相”“丞相”。伯嚭，郤宛的儿子，即伯州犁之孙。其祖父伯州犁被楚平王所杀，伯嚭逃到吴国，先任大夫，后至太宰。

⑪间行：潜行，秘密而行。间，暗中，秘密。下文“间献”的“间”字与此同义。

⑫不幸不赦：意即如果你坚持不放过我们。

⑬悉五千人触战，必有当也：意即必定会让你付出相应的代价。当，王骏图曰："此'当'字宜读去声，李陵书所谓'欲得当以报汉'也。"泷川引中井积德曰："当，'斩杀过当'之'当'。"相等的意思。

⑭因：趁机。说（shuì）：劝说，游说。

⑮以：通"已"。

⑯反：同"返"。

⑰卒赦越，罢兵而归：按，以上范蠡谋事、文种求和诸节，见《国语·越语》。

【译文】

越王句践对范蠡说："当初没听你的劝告，以致落到这种地步，现在怎么办？"范蠡说："要保持国家的长盛不衰必须效法天道的以亏为盈，要安定国家的危局必须效法做人的谦卑退让，要节约致富必须效法种田的因地制宜。我们用谦卑的话语和丰厚的礼品去向他们求和，如果他们不答应，那就只有用我们自己去和他做交易，给他当奴仆。"句践说："好。"于是就派大夫文种去向吴国求和，文种见到吴王，跪行到他面前叩头说："您败逃之臣句践派他的仆从文种来向您的手下禀告：句践情愿做您的奴隶，他的妻子情愿做您的婢女。"吴王想要答应他们的求和。伍子胥劝阻吴王说："上天把越国赐给了我们，不能答应他们求和。"文种回到会稽，把一切报告给句践。句践于是准备杀死妻儿，烧毁珍宝，和吴国决一死战。文种劝阻句践说："吴国的太宰伯嚭是个贪婪的人，我们可以用财利收买他，请让我秘密地去和他交涉。"于是句践就让文种偷偷地把美女宝物送给吴国的太宰伯嚭。伯嚭接受了，领着文种去见了吴王。文种对吴王叩头说："希望大王赦免句践的罪过，句践将把越国的财宝全部进献给您。如果您不肯赦免，那么句践将杀掉妻儿，烧毁全部宝器，率领五千人和您决一死战，那时肯定会让您付出相应的代价。"伯嚭顺势劝吴王说："句践既然已经愿意降服做我们的臣子，如果能赦免他，这是我们国家的好处。"吴王想答应越国的请求。伍子胥进前劝谏说：

"今天如果不灭掉越国,将来肯定会后悔。句践是贤明国君,文种、范蠡都是有才能的大臣,如果放他们回国,必将成为我们的大祸害。"吴王不听,最终宽赦了越国,撤军回到吴国了。

句践之困会稽也,喟然叹曰①:"吾终于此乎?"种曰:"汤系夏台②,文王囚羑里③,晋重耳奔翟④,齐小白奔莒⑤,其卒王霸⑥。由是观之,何遽不为福乎⑦?"

【注释】

①喟(kuì)然:叹息的样子。

②汤系夏台:其事见《史记·夏本纪》。系,拘囚,拘禁。夏台,台名。一名"钧台",夏朝监狱。在今河南禹州南。

③文王囚羑(yǒu)里:其事见《史记·周本纪》。羑里,古城名。在今河南汤阴北。其地有商代的监狱。

④晋重耳奔翟:重耳,即晋文公,即位前晋国内乱,重耳为逃避迫害,曾奔匿于狄。其事详见《左传·僖公四年》与《晋世家》。翟,同"狄"。

⑤齐小白奔莒(jǔ):小白即齐桓公,即位前曾避乱于莒。其事详见《齐太公世家》。莒,西周初期建立的小国名。嬴姓。春秋初年迁都于莒,即今山东莒县。

⑥其卒王霸:最后都成了帝王或霸主。商汤与周文王后来都是人们盛称的"三王"之一,齐桓公与晋文公都是后人所说的"五霸"之一。

⑦何遽(jù)不为福乎:《老子》云"祸兮福之所倚,福兮祸之所伏",与此义同。遽,即,就。

【译文】

句践被围困在会稽山的时候,曾叹息说:"难道我的事业就要在这里终止了吗?"文种说:"商汤曾被关在夏台,周文王曾被囚禁在羑里,晋公子重耳曾逃到翟国，齐公子小白也曾逃到莒国，但他们最终全都或称王或称霸。从这些例子来看，谁能说我们这次挫折就不是一件好事呢？”

吴既赦越[①]，越王句践反国[②]，乃苦身焦思，置胆于坐，坐卧即仰胆，饮食亦尝胆也[③]，曰：“女忘会稽之耻邪[④]？”身自耕作，夫人自织，食不加肉，衣不重采[⑤]，折节下贤人，厚遇宾客，振贫吊死[⑥]，与百姓同其劳。欲使范蠡治国政，蠡对曰：“兵甲之事，种不如蠡；填抚国家[⑦]，亲附百姓，蠡不如种。”于是举国政属大夫种，而使范蠡与大夫柘稽行成，为质于吴[⑧]。二岁而吴归蠡[⑨]。

【注释】

①既：已经，之后。

②反国：指由会稽山回到越国都城。

③“置胆于坐”三句：置胆、尝胆事，《左传》《国语》皆无。《吴越春秋》云：“越王念复吴仇，非一旦也。苦身劳心，夜以接日，目卧则攻之以蓼，足寒则渍之以水，冬常抱冰，夏还握火，愁心苦志，悬胆于户，出入尝之，不绝于口。”盖就《史记》推衍之。

④女忘会稽之耻邪：史珥曰：“置胆坐侧作用，恰是‘使人立于庭’对手。”女，通“汝”，你。

⑤食不加肉：饭桌上不会有两种肉菜。下文“食不重味”，与此义同。衣不重采：衣服上不会有两种颜色，意即没有任何装饰。二者皆言生活简朴。

⑥振：赈济，救济。吊：慰问。

⑦填抚国家：即治政。填抚，即镇抚。填，同“镇”。

⑧使范蠡与大夫柘稽行成，为质于吴：张照曰：“《国语》：‘句践与范

蠡入宦于吴，三年，而吴人遣之。'《越绝书》亦作'越王入宦于吴，三年，吴王归之'。"柘稽，人名。《国语》与《吴越春秋》皆作"诸稽郢"。

⑨二岁而吴归蠡：梁玉绳曰："按《国语》《韩子》《越绝》《吴越春秋》皆言句践与范蠡亲身入臣于吴，三年遣归，《史》误也。"

【译文】

吴王宽赦越国后，越王句践返国，便忧心苦想报仇雪耻。他把苦胆吊在坐席旁，坐着躺着都会看着它，每次吃饭喝水的时候也都要尝尝它的苦味，提醒自己说："你忘了会稽之辱了吗？"他亲自耕作，他的夫人也亲自纺织，饭桌上没有第二盘肉菜，不穿有装饰的衣服，放下架子礼敬贤人，对宾客优礼相待，救济贫困，抚恤死伤，和百姓共同从事劳动。句践想让范蠡治理国家大政，范蠡说："领兵作战的事，文种不如我；治理国政、亲附百姓的事，我不如文种。"于是句践就把国家大政全权交给了文种，而让范蠡和大夫柘稽去同吴国谈判，并留在那里当人质。两年后，吴国放回了范蠡。

句践自会稽归七年[①]，拊循其士民[②]，欲用以报吴。大夫逢同谏曰[③]："国新流亡，今乃复殷给[④]，缮饰备利[⑤]，吴必惧，惧则难必至[⑥]。且鸷鸟之击也，必匿其形[⑦]。今夫吴兵加齐、晋[⑧]，怨深于楚、越[⑨]，名高天下，实害周室[⑩]，德少而功多，必淫自矜[⑪]。为越计，莫若结齐，亲楚，附晋[⑫]，以厚吴。吴之志广，必轻战。是我连其权，三国伐之，越承其弊，可克也。"句践曰："善。"[⑬]

【注释】

①句践自会稽归七年：此"会稽"为会稽山，上文句践所"保栖"之

处。依文意,句践于其三年伐吴兵败,栖于会稽山;吴王接受请降后,他就从会稽山返回越都;又经过七年,盖即句践即位之第十年,前487年。然《国语》《吴越春秋》皆谓句践于其三年兵败后,乃与范蠡入事吴王;在吴三年,亦即句践六年而归越,故所载逢同、范蠡等为越王设谋事乃在句践即位之第七年,两处不同。

②拊循:即抚循、安抚。

③逢同:姓逢,名同,越国大夫。《越绝书》作"冯同",《吴越春秋》作"扶同"。

④殷给:富强丰足。

⑤缮饰备利:指修整军备。利,指兵器。

⑥惧则难必至:吴国一定会警惧起来,吴国一警惧大祸必临头。

⑦鸷(zhì)鸟之击也,必匿其形:泷川引《六韬》曰:"鸷鸟将击,卑飞敛翼。"鸷鸟,泛指猛禽一类。

⑧今夫吴兵加齐、晋:据《十二诸侯年表》,吴王夫差七年、越王句践八年(前489),吴伐陈(都淮阳);夫差九年、句践十年(前487),吴伐鲁(都曲阜);夫差十一年、句践十二年(前485),吴伐齐;夫差十二年、句践十三年(前484),吴又伐齐,败齐师于艾陵;夫差十四年、句践十五年(前482),夫差与晋定公争长于黄池。按,《吴太伯世家》与《伍子胥列传》叙上述史事之年代多有错误,可参看相应之注释。

⑨怨深于楚、越:吴王阖庐屡与楚战,并于阖庐九年(前506)联唐、蔡破楚入郢事,详见《伍子胥列传》《吴太伯世家》。

⑩名高天下,实害周室:周为天下之宗主,吴国强梁于东南,北侵中原,危害及于周天子的统治秩序,故云"实害周室"。当时周朝在位者为周敬王。

⑪淫:放纵。自矜(jīn):自夸,自大。

⑫附晋:亲附晋,意即与晋联合。当时晋国在位者为晋定公。

⑬句践曰"善"：以上逢同为句践设谋事，《左传》《国语》皆不载，《吴越春秋》有扶同、范蠡、苦成、大夫浩为句践设谋事，盖就此逢同事而发挥之。

【译文】

句践从会稽回国的第七年，对百姓的抚循工作已经基本完成，准备从中征兵报复吴国。大夫逢同谏阻道："国家新近破败，现在才刚刚富强丰足起来，修整军备，吴国一定会警惧起来，吴国一警惧大祸必临头。猛禽在它准备攻击时，一定要把它攻击的意图隐藏好。现在吴国对齐国、晋国用兵，又与楚国、越国结怨，他的威名天下无双，实际上危害到了周天子的权威，一个人的仁德少而武功多，就必定要放纵自己骄傲自大。为越国考虑，不如结交齐国，亲近楚国，依附晋国，让吴国显得雄厚、强大。吴国的野心不断扩大，就必然愈来愈轻率出战。到那时我们联合齐、晋、楚三国，掌握了主动权，当三国伐吴之时，我们就可以趁吴国疲弊，一举消灭它。"句践说："说得对。"

居二年①，吴王将伐齐②。子胥谏曰："未可。臣闻句践食不重味，与百姓同苦乐。此人不死，必为国患。吴有越，腹心之疾；齐与吴，疥瘲也③。愿王释齐先越。"吴王弗听，遂伐齐，败之艾陵④，虏齐高、国以归⑤。让子胥⑥。子胥曰："王毋喜！"⑦王怒，子胥欲自杀，王闻而止之⑧。越大夫种曰："臣观吴王政骄矣，请试尝之贷粟⑨，以卜其事⑩。"请贷，吴王欲与⑪，子胥谏勿与，王遂与之，越乃私喜。子胥言曰："王不听谏，后三年吴其墟乎⑫！"太宰嚭闻之，乃数与子胥争越议⑬，因谗子胥曰："伍员貌忠而实忍人⑭，其父兄不顾⑮，安能顾王⑯？王前欲伐齐，员强谏，已而有功，用是反怨王⑰。王不备伍员，员必为乱。"与逢同共谋⑱，谗之王。

王始不从，乃使子胥于齐，闻其托子于鲍氏[19]，王乃大怒，曰："伍员果欺寡人，欲反！"使人赐子胥属镂剑以自杀[20]。子胥大笑曰："我令而父霸[21]，我又立若，若初欲分吴国半予我[22]，我不受，已，今若反以谗诛我。嗟乎，嗟乎，一人固不能独立[23]！"报使者曰："必取吾眼置吴东门，以观越兵入也[24]！"于是吴任嚭政。

居三年[25]，句践召范蠡曰："吴已杀子胥，导谀者众[26]，可乎？"对曰："未可。"

【注释】

①居二年：当句践十二年、吴王夫差十一年，前485年。

②吴王将伐齐：据《左传》与《十二诸侯年表》，此年吴王夫差联合鲁国一起伐齐，正逢齐国国内发生政变，吴王退兵而返。

③"吴有越"四句：《左传·哀公十一年》伍员曰："越在我，心腹之疾也，壤地同，而有欲于我；……得志于齐，犹获石田也，无所用之。"与，读如"于"，对于。疥癣（xuǎn），一种皮肤病。此指小的隐患。癣，同"癣"。

④败之艾陵：此即"艾陵之战"，事在吴王夫差十二年、齐简公元年，前484年。艾陵，齐邑名。在今山东莱芜东北。

⑤虏齐高、国以归：据《左传·哀公十一年》，是役吴军败国子，"获国书、公孙夏、闾丘明、陈书、东郭书"，无获"高子"事。高、国，为齐国两大世袭贵族。此指高昭子、国惠子二人。

⑥让子胥：责备伍子胥。《国语·吴语》载，吴王伐齐回来，乃讯（即所谓"让"）子胥曰："今大夫老，而又不自安恬逸，而处以念恶，出则罪吾众，挠乱百度，以妖孽吴国。今天降衷于吴，齐师受服，孤岂敢自多，先王之钟鼓寔式灵之，敢告大夫。"让，指责，斥责。

⑦子胥曰"王毋喜":《国语·吴语》申胥曰:"天之所弃,必骤近其小喜,而远其大忧。王若不得志于齐,而以觉悟王心,吴国犹世;……今王无以(言无政德)取之,而天禄亟至,是吴命之短也。员不忍称疾辟易,以见王之亲为越禽也,员请先死。"

⑧子胥欲自杀,王闻而止之:据《国语》,伍员即自杀于此时;据《左传》"吴将伐齐,越子率其众以朝焉,王及列士皆有馈赂。吴人皆喜,惟子胥惧,曰:'是豢吴也夫'"云云,并谓吴王于"艾陵之战"前即将伍员杀害,无吴王胜齐后之与伍员对语。

⑨贷:借。

⑩卜:推测,估量。

⑪与:给。

⑫后三年吴其墟乎:三年之后吴国恐怕就要成为一片废墟了。墟,变成废墟。意指国家灭亡。

⑬数(shuò):屡屡,多次。争越议:指在对待越国的政策上发生争执。

⑭忍人:残忍而无恩义的人。

⑮父兄不顾:指伍员之父伍奢、兄伍尚被楚平王拘捕,伍员毅然不顾,突围以奔吴事,详见《楚世家》《伍子胥列传》。顾,念。

⑯安:怎么,怎能。

⑰用是:因此。

⑱与逢同共谋:与逢同一起谋划。梁玉绳曰:"事详《越绝》,然逢乃越臣,何以在吴与伯嚭为友而谮伍胥耶?"徐孚远疑范蠡既归,而遣逢事吴,或当然。

⑲托子于鲍氏:《伍子胥列传》云:"子胥临行,谓其子曰:'吾数谏王,王不用,吾今见吴之亡矣。汝与吴俱亡,无益也。'乃属其子于齐鲍牧,而还报吴。"凌稚隆引穆文熙曰:"子胥属子于齐,盖誓以死谏,且不欲绝先人之后也。或谓属镂之剑乃所自招,不知其心矣。"鲍氏,齐国大族,鲍叔牙的后代。

⑳赐子胥属(zhǔ)镂剑以自杀:杜预注:“属镂,剑名。”杨伯峻引章炳麟说,以为“属镂”即“独鹿”,山名。在涿郡,其地出剑,因以为剑名。并以《淮南子·氾论训》有大夫种“身伏属镂而死”,故谓“属镂非一剑之名可知”。

㉑我令而父霸:谓佐助阖庐称霸事。而,你,你的。

㉒我又立若,若初欲分吴国半予我:《伍子胥列传》云:“自若未立时,诸公子争立,我以死争之于先王,几不得立。若既得立,欲分吴国予我,我顾不敢望也。”按,夫差继位前与其他公子争立事,《左传》《国语》皆不载,然《左传》载“夫差使人立于庭,苟出入,必谓己曰:‘夫差,而忘越王之杀而父乎?’”则夫差为阖庐之子也,司马迁所叙与之同。而《吴越春秋》乃谓夫差系阖庐之孙,太子波早死,夫差“愚而不仁”,蒙子胥争之于阖庐,乃得立为嗣。若,你。

㉓一人固不能独立:犹言“独夫的统治必不能久长”。泷川曰:“一人,谓夫差也。冈龙州以为子胥自谓,非是。”

㉔必取吾眼置吴东门,以观越兵入也:《左传·哀公十一年》云:“树吾墓槚,槚可材也,吴其亡乎!”《国语·吴语》曰:“以悬吾目于东门,以见越之入,吴国之亡也。”《伍子胥列传》云:“必树吾墓上以梓,令可以为器;而抉吾眼悬吴东门之上,以观越寇之入灭吴也。”

㉕居三年:应作“其明年”,即越王句践十四年、吴王夫差十三年,前483年,子胥被杀之第二年。史公书“居三年”误,梁玉绳等改为“居二年”亦误。

㉖导谀:逢迎献媚。

【译文】

又过了两年,吴王准备北伐齐国。伍子胥谏阻说:“不行。我听说句践现在吃饭都不吃两样肉菜,与百姓同甘共苦。这个人不死,一定会成为吴国的祸患。越国的存在对吴国来说,是心腹之患;齐国,只不过是疥癣小疾而已。恳请大王放弃齐国，先消灭越国。”吴王不听，于是伐齐，在艾陵大败齐军，俘获了齐国的高昭子和国惠子两位上卿回国。吴王斥责伍子胥。伍子胥说：“大王不要高兴得太早！”吴王很生气，伍子胥想要自杀，吴王制止了他。越大夫文种听说此事后对句践说：“我看吴王处理政事已经很傲慢了，请让我试着向他借粮，来试探一下。”于是向吴国借粮食，吴王要借给越国，伍子胥劝谏不要给，吴王硬是给了，越国人于是暗暗高兴。伍子胥对人说：“大王不听我的劝告，三年之后吴国恐怕就要成为一片废墟了！”太宰伯嚭听到了伍子胥的这些话，加上他过去多次在对待越国的政策上与伍子胥发生争执，于是就在吴王面前谗毁伍子胥说：“伍子胥貌似忠厚而实际上是一个很残忍的人，他连他父亲兄长的生死都不顾，怎么还会关心大王您呢？大王上次准备伐齐，他就竭力谏阻，后来伐齐胜利了，他还因此怨恨大王。大王要是不防备他，他一定会制造祸乱。”接着伯嚭又同越国的逢同一起谋划，谗害伍子胥。吴王开始还不听，后来他派伍子胥去齐国，听说伍子胥把儿子带到齐国并托付给了鲍氏，于是大怒，说：“伍子胥果然是在欺骗我，想造反！”派人送给伍子胥一把属镂剑让他自杀。伍子胥大笑说：“我曾经辅佐你的父亲成了霸主，我又立你当了吴王。你当初要把吴国的一半分给我，我不要，到了今天，你却听信小人的谗言要杀我。可叹啊，可叹！你一个孤家寡人一定不能长久！”他对使者说：“我死后你们一定要把我的眼睛挖出来放在吴国都城的东门上，让它看着越兵进城吧！”伍子胥死后，吴王把国家的大政都交给了伯嚭。

又过了三年，句践叫来范蠡说：“吴国已经杀了伍子胥，吴王身边大都是谄媚奉承的人，可以讨伐它了吗？”范蠡说：“还不行。”

至明年春[①]，吴王北会诸侯于黄池[②]，吴国精兵从王，惟独老弱与太子留守[③]。句践复问范蠡，蠡曰“可矣”[④]。乃发习流二千人[⑤]，教士四万人[⑥]，君子六千人[⑦]，诸御千人[⑧]，伐吴。吴师败，遂杀吴太子[⑨]。吴告急于王，王方会诸侯于黄池，惧天下闻之，乃秘之[⑩]。吴王已盟黄池[⑪]，乃使人厚礼以请成越[⑫]。越自度亦未能灭吴，乃与吴平[⑬]。

【注释】

①明年春：即句践十五年、夫差十四年（前482）之春。

②吴王北会诸侯于黄池：此次与夫差会于黄池的诸侯有鲁哀公、晋定公以及周天子的代表单平公。其事详见《左传·哀公十三年》。黄池，宋邑名。在今河南封丘西南。

③老弱与太子留守：据《左传》，夫差的太子名友。

④蠡曰"可矣"：《国语·越语》曰："微君王之言，臣故将谒之。臣闻从时者犹救火、追亡人也，蹶而趋之，唯恐弗及。"

⑤习流：熟悉水性的士卒。泷川引顾炎武曰："谓士之善泅者。"张照引徐天佑曰："笠泽之战，越以三军潜涉，盖以舟师胜。所谓'习流'，即习水战之兵。"

⑥教士：训练有素的士兵。《索隐》曰："常所教练之兵也，故孔子曰'以不教民战，是谓弃之'是也。"

⑦君子：《集解》引韦昭曰："王所亲近有志行者。"《索隐》曰："君所子养有恩惠者。又按，《左氏》'楚沈尹戌帅都君子以济师'，杜预曰：'都君子谓都邑之士有复除者。'"

⑧诸御：军中掌各种事务之官。《索隐》曰："谓诸理事之官在军有职掌者。"

⑨吴师败，遂杀吴太子：《左传·哀公十三年》曰："大败吴师，获太子友、王孙弥庸、寿于姚。"

⑩惧天下闻之，乃秘之：《左传·哀公十三年》曰："王恶其闻也，自刭七人于幕下。"

⑪吴王已盟黄池：此次黄池之盟究竟以吴为长，抑或以晋为长，各书

说法不一,《左传》谓“乃先晋人”;《国语·吴语》谓“吴公先歃”,《公羊传》谓“吴主会”,《史记》之《秦本纪》《晋世家》《赵世家》均曰“长吴”,而《吴太伯世家》则曰“长晋定公”。

⑫请成越:向越国求和。

⑬平:媾和,讲和。

【译文】

到了第二年春天,吴王北上在黄池与诸侯会盟,吴国的精锐部队都随吴王北去,国内只有老弱残兵与太子留守。句践这时又问范蠡是否可以伐吴,范蠡说“可以了”。于是就征调了精锐水军两千人,精锐士卒四万人,近卫亲军六千人,侍从军官一千人,大举伐吴。吴军溃败,吴太子被杀。吴国派人到黄池向夫差报告紧急情况,夫差正与诸侯们争夺霸主之位,怕诸侯们知道了消息,于是就隐瞒了下来。夫差争得了霸主之后,才派人带着厚礼去向越国求和。越王句践自己考虑现在也没有消灭吴国的能力,就同意与吴国讲和了。

其后四年①,越复伐吴。吴士民罢弊②,轻锐尽死于齐、晋③。而越大破吴,因而留围之三年,吴师败④,越遂复栖吴王于姑苏之山⑤。

吴王使公孙雄肉袒膝行而前⑥,请成越王曰⑦:“孤臣夫差敢布腹心⑧,异日尝得罪于会稽⑨,夫差不敢逆命⑩,得与君王成以归。今君王举玉趾而诛孤臣⑪,孤臣惟命是听⑫,意者亦欲如会稽之赦孤臣之罪乎⑬?”句践不忍,欲许之。范蠡曰:“会稽之事,天以越赐吴,吴不取。今天以吴赐越,越其可逆天乎?且夫君王蚤朝晏罢⑭,非为吴邪?谋之二十二年⑮,一旦而弃之⑯,可乎?且夫天与弗取,反受其咎⑰。‘伐柯者其则不远’⑱,君忘会稽之厄乎⑲?”句践曰:“吾欲听子言，吾不忍其使者。”范蠡乃鼓进兵，曰：“王已属政于执事[20]，使者去，不者且得罪。”吴使者泣而去[21]。

句践怜之，乃使人谓吴王曰：“吾置王甬东，君百家[22]。”吴王谢曰[23]：“吾老矣，不能事君王！”遂自杀。乃蔽其面，曰：“吾无面以见子胥也！”[24]越王乃葬吴王而诛太宰嚭[25]。

【注释】

①其后四年：当越王句践十九年、吴王夫差十八年，前478年。

②罢（pí）弊：即“疲弊”，困苦贫乏。罢，疲惫，疲倦。

③轻锐：轻车锐卒。此处指精锐部队。

④因而留围之三年，吴师败：蒙文通曰：“《左传》略谓‘二十年十一月，越围吴；二十二年十一月，越灭吴’。《吴世家》略言‘夫差二十一年，越遂围吴；二十三年十一月，越败吴，越王灭吴’。太史公作《越世家》合此两役为一事，书为‘因而留围之三年，吴师败’，显误。”

⑤栖吴王于姑苏之山：依本文，其事当在越王句践二十二年、吴王夫差二十一年，前476年。栖，居住，停留。姑苏之山，姑苏山，即今江苏苏州西南的灵岩山，山上有吴王宫殿。

⑥公孙雄：吴国大夫。梁玉绳曰：“《国语》今本作‘王孙雄’，宋本作‘雒’。《越绝》《吴越春秋》作‘骆’，音同而通用。《墨子所染》《说苑杂言》并作‘雒’。《吕氏春秋·当染》篇作‘雄’，而《困学纪闻》六引《吕》是‘王孙雒’，则‘雄’字误。”肉袒膝行：表示虔诚惶惧，甘愿请罪受罚。肉袒，解去上衣，裸露肢体。膝行，跪地用膝盖前行。

⑦请成：求和。

⑧孤臣：孤陋无知的臣子。谦称自己，表示尊对方为君。

⑨异日尝得罪于会稽：婉指当年败越、围句践于会稽山事。

⑩夫差不敢逆命：指应允了句践的求和。

⑪举玉趾：抬脚。意即劳您大驾。诛：讨伐。

⑫惟命是听：即听命。

⑬意者亦欲如会稽之赦孤臣之罪乎：泷川曰："'欲'字衍，'赦'上夺'事'字。"意者，表推测，莫非。

⑭蚤朝：早早上朝。蚤，通"早"。晏罢：很晚退朝。晏，晚，迟。

⑮谋之二十二年：自句践三年（夫差二年）至二十四年（夫差二十三年），共二十二年。据《左传》，句践十五年，越乘黄池之会袭破吴；十九年，越又败吴；二十二年，越围吴；句践二十四年十一月，越遂灭吴。《十二诸侯年表》同。

⑯一旦：一时，忽然。

⑰天与弗取，反受其咎：《逸周书》："天与弗取，反受其咎；当断弗断，反招其乱。"此或谓当时谚语。咎，罪责，过失。

⑱伐柯者其则不远：《诗·豳风·伐柯》："伐柯伐柯，其则不远。"柯，斧柄。则，榜样，模型。

⑲君忘会稽之厄乎：厄，困厄，灾难。按，以上范蠡数语颇类虢射阻晋惠公卖粮于秦（见《晋世家》）及张良、陈平劝刘邦趁机逐灭项羽事（见《项羽本纪》）。

⑳王已属（zhǔ）政于执事：大王已将此事交给我处置了。属，托付。执事，手下办事的人。此处范蠡自指。

㉑吴使者泣而去：以上吴使公孙雒求和与范蠡以对事，见《国语·越语》。

㉒吾置王甬东，君百家：我把您安置在甬东，统领百户人家。《国语·吴语》曰："寡人其达王于甬、句东，夫妇三百，唯王所安，以没王年。"甬东，即今浙江宁波东之舟山岛。君，统管，拥有。

㉓谢：推辞，辞让。

㉔乃蔽其面，曰“吾无面以见子胥也”：《国语·吴语》曰：“使死者无知则已矣；若其有知，吾何面目以见员也！”

㉕乃葬吴王而诛太宰嚭：葬吴王，谓对吴王以礼相葬。诛太宰嚭，《史记·吴太伯世家》亦云：“越王灭吴，诛太宰嚭以为不忠而归。”刘恕曰：“《左氏传》哀二十四年闰月，‘哀公如越，季孙惧，使因太宰嚭而纳赂焉’，在吴亡后二年也。如左氏之说，则嚭入越亦用事，安得吴亡即诛哉？”竹添光鸿曰：“越之诛嚭，当在季孙纳赂之后，史公及诸书，特因灭吴而牵连书之尔。”

【译文】

又过了四年，越国再次出兵伐吴。吴国的军民已经非常疲惫，其精锐部队在与齐、晋两国的争霸作战中死伤殆尽。越国把吴军打得大败，于是不再退兵而是顺势包围了吴国的都城，一围三年，最后打败了吴军，逼得吴王夫差退守到了姑苏山。

夫差派公孙雄裸露臂膀，跪行向前，向句践求和说：“您孤陋无知的小臣夫差斗胆地向您袒露心迹，过去我曾经在会稽山得罪了您，但是夫差我不敢违反您的命令，同您讲和，让您回了国。如今您劳动大驾来讨伐我们，我们一切都听命于您。您是不是也能够像过去我们在会稽山那样宽恕我们呢？”句践听了心中不忍，想答应吴国的要求。范蠡说：“当年我们被困会稽，那是上天要把越国送给吴国，但吴国没要。如今上天又把吴国送给我们越国，我们怎能违背天命呢？再说大王您每天早早上朝、很晚才罢朝，起早贪黑，难道不是为了消灭吴国吗？我们谋划了二十二年的心血才有了今天，如今突然弃之不顾，这怎么可以呢？况且上天给的您不要，日后会遭到问责的。《诗》里曾说‘拿着斧子去砍取一个新的斧子柄，样子就在手里’，您难道忘了在会稽山受的罪了吗？”句践说：“我是想听您的话，我只是不忍心看到他们使者失望。”于是范蠡就擂鼓进兵，宣布说：“大王已把政事全权交于我处理，吴国使者赶紧回去，否则我们就不客气了。”吴国使者流着眼泪回去了。

句践可怜他们，于是派人对吴王说："我把您安置在甬东，统领百户人家。"吴王谢绝说："我已经老了，不能再事奉大王您了！"于是就自杀了。临死时他遮上自己的脸说："我没有脸面去见伍子胥！"越王句践安葬吴王夫差，随即诛杀了太宰伯嚭。

句践已平吴，乃以兵北渡淮，与齐、晋诸侯会于徐州①，致贡于周。周元王使人赐句践胙，命为伯②。句践已去③，渡淮南，以淮上地与楚④，归吴所侵宋地于宋⑤，与鲁泗东方百里⑥。当是时，越兵横行于江、淮东⑦，诸侯毕贺，号称霸王⑧。

【注释】

①与齐、晋诸侯会于徐州：句践会齐、晋诸侯于徐州事，《史记》中仅此一提，齐、晋《世家》《六国年表》皆不载。今人杨宽《战国史表》系之于越王句践二十四年，前473年，即与越灭吴为同一年。徐州，亦作"舒州""俆州"，也称"薛邑"，在今山东滕州东南。

②周元王使人赐句践胙，命为伯：周天子将其祭天地、祖先的祭肉分赐给句践，意即承认句践的霸主地位。周元王，名仁，周敬王之子，前475—前441年在位。胙，祭肉。伯，方伯，诸侯之长，即霸主。

③句践已去：谓句践离开徐州之后。

④以淮上地与楚：《集解》引《楚世家》曰："越灭吴而不能正江、淮北，楚东侵广地至泗上。"淮上地，指今安徽、江苏的淮河以北一带。

⑤宋：西周初所建的诸侯国名。其都商丘（今河南商丘城南）。

⑥与鲁泗东方百里：鲁，西周初所建立的诸侯国名。其都即今山东曲阜。泗东，相当于今天山东、江苏邻近的泗水以东地区。当时的泗水北自曲阜流来，南经今徐州，向东南流入淮水。按，以上数句详见《楚世家》"是时越已灭吴而不能正江、淮北"注。

⑦越兵横行于江、淮东：意指越兵横行于长江、淮河下游的东南一带。

⑧诸侯毕贺，号称霸王：《索隐》曰："越在蛮夷，少康之后，地远国小，春秋之初未通上国，国史既微，略无世系，故《纪年》称为'於粤子'。据此文，句践平吴之后，周元王始命为伯，后遂僭而称王也。"泷川引《吴语》云："越灭吴，北征上国，宋、郑、鲁、卫、陈、蔡执玉之君皆入朝。"

【译文】

句践平定了吴国之后，接着挥师北渡淮河，与齐国、晋国的诸侯在徐州举行会盟，向周天子献上贡品。周元王也派人赐给句践胙肉，封他为方伯。句践离开徐州，渡过淮河南归，就把淮河上游的土地给了楚国，又把过去吴国侵占的宋国领土还给了宋国，把泗水以东方圆百里的地方给了鲁国。这时候，越国的军队横行于长江、淮河下游的东南一带，各国诸侯都向他朝贺，句践终成霸主。

范蠡遂去[①]，自齐遗大夫种书曰[②]："蜚鸟尽，良弓藏；狡兔死，走狗烹[③]。越王为人长颈鸟喙，可与共患难，不可与共乐。子何不去？"种见书，称病不朝。人或谗种且作乱，越王乃赐种剑曰："子教寡人伐吴七术[④]，寡人用其三而败吴，其四在子，子为我从先王试之[⑤]。"种遂自杀。

【注释】

①范蠡遂去：谓范蠡辞官而去。据《国语·越语》："反至五湖，范蠡辞于王曰：'君王勉之，臣不复入越国矣。'"当句践留其勿去，且对之威胁时，范蠡曰"君行制，臣行意"，"遂乘轻舟以浮于五湖，莫知其所终极"。

②自齐遗（wèi）大夫种书：范蠡离句践而去后，先是变名姓到了齐

国，从齐国写信给大夫文种。遗，致，给。

③“蜚鸟尽”四句：泷川曰：“《韩非子·内储说》：‘狡兔尽则良犬烹，敌国灭则谋臣亡。’《三略》：‘高鸟死，良弓藏，敌国灭，谋臣亡。’《文子·上德》篇：‘狡兔得而猎犬烹，高鸟尽而良弓藏。’《淮南子·说林训》：‘狡兔得而猎狗烹，高鸟尽而良弩藏。’《史记·淮阴侯传》蒯通云：‘野兽已尽而猎狗烹。’韩信云：‘狡兔死，良狗烹，高鸟尽，良弓藏，敌国破，谋臣亡。’语异意同，盖当时有此语，陶朱引之，后人述之。”亨，同“烹”。

④伐吴七术：《越绝书》《吴越春秋》曰“取国九术”。《正义》引《越绝书》云：“九术：一曰尊天事鬼；二曰重财币以遗其君；三曰贵籴粟藁以空其邦；四曰遗之好美以荧其志；五曰遗之巧匠使起宫室高台，以尽其财，以疲其力；六曰贵其谀臣，使之易伐；七曰强其谏臣，使之自杀；八曰邦家富而备器利；九曰坚甲利兵以承其弊。”

⑤“寡人用其三而败吴”三句：范蠡致书文种，与文种被句践所杀事，《左传》《国语》皆不载。《吴越春秋》越王谓文种曰：“子有阴谋兵法、倾敌取国九术之策，今用三，已破强吴；其六尚在子所，愿幸以余术为孤前王于地下谋吴之前人。”盖本《史记》以推衍之。

【译文】

范蠡辞官而去，从齐国写信给大夫文种说：“飞鸟一旦捕尽，良弓就没了用场；狡兔一旦被杀，猎狗就煮了做汤。越王这人长脖子尖嘴巴，只能和他同患难，不能和他共享福。您为什么还不走?”文种见信后，就称病不再上朝。有人便诬陷文种要发动叛乱，越王句践就派人赐给文种一把剑说：“您曾教给我攻伐吴国的七种妙法，我只用三种就打败了吴国，还有四种在您那没用过，您帮我到我的先人们那里去试试吧。”文种于是被迫自杀了。

句践卒，子王鼫与立[①]。王鼫与卒，子王不寿立。王不寿卒，子王翁立[②]。王翁卒，子王翳立[③]。王翳卒，子王之侯立[④]。王之侯卒，子王无彊立[⑤]。

【注释】

①句践卒，子王鼫（shí）与立：《索隐》引《竹书纪年》曰："晋出公十年十一月，於粤子句践卒，是为菼执。"按，晋出公十年相当于周定王四年，即前465年。而杨宽《战国史表》系句践死于晋出公十一年、周定王五年，即前464年，并叙其子"鹿郢"于同年继立。《索隐》曰："《纪年》云：'於粤子句践卒，是为菼执。次鹿郢立，六年卒。'乐资云：'《越语》谓鹿郢为鼫与也。'"按，春秋末年越国所造的青铜剑，1965年出土于湖北江陵望山一号战国楚墓中，上有铭文"越王鸠浅（句践）自作用剑"八字。此外《商周金文录遗》著录一件传世的越剑，格上有阳文铭文"越王之子鸠浅"，也是句践的剑。又，《越王句践世家》之所谓"鼫与"，杨宽表称曰"与夷"，在位六年（前463—前458）。

②王不寿卒，子王翁立：《索隐》引《竹书纪年》云："不寿立十年见杀，是为盲姑。次朱句立。"按，杨宽表称不寿在位十年（前457—前448）。

③王翁卒，子王翳立：《索隐》曰："《纪年》：'於粤子朱句三十四年灭滕，三十五年灭郯，三十七年朱句卒。"《索隐》又引《纪年》云："翳三十三年迁于吴。"按，此所谓"迁吴"者，乃自琅邪南迁姑苏。蒙文通曰："是时越已有'死虎'之喻，明其国势已不如往昔之盛矣。虽迁吴未必即弃琅邪，然已不能纵横淮、泗间则无疑也。"按，杨宽表称王翁在位三十七年（前447—前411）。

④王翳卒，子王之侯立：《索隐》引《纪年》云："三十六年七月太子诸咎弒其君翳，十月粤杀诸咎。粤滑，吴人立子错枝为君。明年，大夫寺区定粤乱，立无馀之。十二年，寺区弟忠弑其君莽安，次

无颛立。无颛八年薨,是为菼蠋卯。”并以为“王之侯”即“无馀之”。按,杨宽表称王翳在位三十六年(前410—前375)。

⑤王之侯卒,子王无彊立:上述句践以下世次,《竹书纪年》《越绝书》《吴越春秋》各不相同,杨宽表称王之侯在位之年为前374年。在王之侯下尚有初无馀之,在位十三年(前373—前361)。初无馀之下尚有无颛,在位十八年(前360—前343)。其后才是王无彊。

【译文】

句践去世后,他的儿子鼫与继位;鼫与去世,他的儿子不寿继位。不寿去世,他的儿子翁继位。翁去世,他的儿子翳继位。翳去世,他的儿子之侯继位。之侯去世,他的儿子无彊继位。

王无彊时,越兴师北伐齐,西伐楚,与中国争强①。当楚威王之时②,越北伐齐,齐威王使人说越王曰③:“越不伐楚,大不王,小不伯④。图越之所为不伐楚者,为不得晋也⑤。韩、魏固不攻楚⑥。韩之攻楚,覆其军,杀其将,则叶、阳翟危⑦;魏亦覆其军,杀其将,则陈、上蔡不安⑧。故二晋之事越也⑨,不至于覆军杀将,马汗之力不效。所重于得晋者何也?”越王曰:“所求于晋者,不至顿刃接兵⑩,而况于攻城围邑乎?愿魏以聚大梁之下⑪,愿齐之试兵南阳、莒地,以聚常、郯之境⑫,则方城之外不南⑬,淮、泗之间不东⑭,商、於、析、郦、宗胡之地⑮,夏路以左⑯,不足以备秦,江南、泗上不足以待越矣⑰。则齐、秦、韩、魏得志于楚也,是二晋不战而分地,不耕而获之。不此之为,而顿刃于河山之间以为齐秦用⑱,所待者如此其失计,奈何其以此王也!”齐使者曰:

“幸也越之不亡也！吾不贵其用智之如目，见豪毛而不见其睫也[19]。今王知晋之失计，而不自知越之过，是目论也[20]。王所待于晋者，非有马汗之力也[21]，又非可与合军连和也，将待之以分楚众也。今楚众已分，何待于晋？”越王曰：“奈何？”曰：“楚三大夫张九军[22]，北围曲沃、於中[23]，以至无假之关者三千七百里[24]，景翠之军北聚鲁、齐南阳[25]，分有大此者乎？且王之所求者，斗晋楚也[26]；晋楚不斗，越兵不起，是知二五而不知十也[27]。此时不攻楚，臣以是知越大不王，小不伯。复雠、庞、长沙[28]，楚之粟也；竟泽陵[29]，楚之材也。越窥兵通无假之关，此四邑者不上贡事于郢矣[30]。臣闻之，图王不王，其敝可以伯[31]。然而不伯者，王道失也。故愿大王之转攻楚也。”

【注释】

①中国：此指中原诸侯国，如齐、晋等。

②当楚威王之时：杨宽曰：“当作‘楚怀王’。”楚威王，名商，楚宣王之子，前339—前329年在位。楚怀王，名槐，楚威王之子，前328—前299年在位。

③齐威王：杨宽以为此处应作“齐宣王”。齐威王，名因齐，前356—320年在位。齐宣王，名辟彊，乃齐威王之子，前319—前301年在位。

④大不王（wàng），小不伯（bà）：向大处说不能成王业，向小处说不能成霸业。王，称王。伯，通“霸”。

⑤不得晋：指未能与晋联盟。其时三家分晋而建国，此“晋”指韩、魏二国。

⑥韩、魏固不攻楚：因韩、魏两国较小，且又挨近楚国，故两国坚决不进攻楚国。固，坚决。

⑦叶：韩邑名。在今河南叶县南。阳翟：即今河南禹州，韩国初建时期的都城。

⑧陈：魏邑名。即今河南淮阳。上蔡：魏邑名。在今河南上蔡西南。

⑨二晋之事越：意谓韩、魏与越国结盟。事，奉侍，亲近。

⑩顿刃接兵：指兵刃相接，交战。顿刃，使刀刃钝。顿，通“钝”。

⑪愿魏以聚大梁之下：我希望魏国能集结兵力于其都城之下，即做出即将行动的态势。聚，集结兵力。大梁，今河南开封，为当时魏国的都城。

⑫愿齐之试兵南阳、莒地，以聚常、郯之境：泷川引中井积德曰：“上下文皆累言‘韩’‘魏’‘二晋’，今乃舍‘韩’而说‘齐’‘魏’，何也？疑是讹文。”试兵，犹今所谓军事演习。南阳，《索隐》曰：“此南阳在齐之南界，莒（今山东莒县）之西。”常、郯，齐国南境二邑名。常，《索隐》曰：“盖田文所封邑。”其字亦作“尝”，在今山东滕州东南。郯，在今山东郯城北。

⑬方城：山名，亦邑名。在今河南方城东北，当时为楚国北部要塞。

⑭淮、泗之间不东：谓驻守于淮、泗之间的楚军，不敢再向东侵扰。淮、泗之间，约当今安徽宿州、江苏泗洪等一带，当时为楚之东北界。

⑮商、於、析、郦：楚国西北部靠近秦国的几个城邑名。商，在今陕西商洛商州区东南。於，在今河南内乡东。析，即今河南西峡。郦，在今河南南阳北。宗胡：楚邑名。地址不详。

⑯夏路以左：《索隐》引刘氏曰：“楚适诸夏，路出方城，人向北行，以西为左。”即今河南西南部临近陕西的一带，包括上述商、於、析、郦诸邑。皆临近秦国。

⑰江南、泗上：《正义》曰：“江南洪、饶等州，春秋时为楚东境也；泗

上、徐州，春秋时楚北境也，二境并与越邻。”待：对付，抵抗。

⑱顿刃于河山之间以为齐秦用：指韩、魏两国听信连横、合纵者之辞，时而西合于秦，时而东合于齐，跟着秦国、齐国连年征战。河山，指黄河、崤山。

⑲见豪毛而不见其睫：眼力能察秋毫之末，却看不见自己的睫毛。豪，通“毫”。

⑳目论：眼睛的比喻，即上文所说“见毫毛而不见其睫”之语。

㉑非有马汗之力：意指不指望他派兵助战。

㉒楚三大夫张九军：具体人、事不详。张九军，谓率多路军而出。张，铺开。

㉓曲沃：城邑名。在今河南三门峡陕州区西。当时属魏。於中：古地区名。在今陕西与河南交界的商洛以东、内乡以西。战国时属楚，此时属秦。

㉔无假之关：《正义》曰：“当在江南长沙之西北也。言从曲沃、於中西至汉中、巴、巫、黔中千余里，皆备秦、晋也。”钱穆曰：“当与陉塞、黾阨相近，《正义》云在‘江南’必误。”按，“陉塞”也称“黾塞”即今平靖关，在河南信阳南。当时为楚之北境。三千七百里：盖谓楚国多处用兵，战线长达数千里。

㉕景翠：楚将。其人又见于《战国策》之《东周策》与《楚策》。北聚鲁、齐南阳：向北集结于鲁国与齐国南阳的边境。

㉖斗晋楚：使韩、魏与楚国相斗。

㉗知二五而不知十：因为越国只知道楚与韩、魏相攻是其“力分”，而不知楚现在之攻曲沃、防无假、备齐鲁已经是“力分”了。

㉘复：再则，再说。雠：楚邑名。在今河南鲁山东南。庞：楚邑名。钱穆曰：“疑乃‘不羹（音郎）’之合音。”西不羹在今河南襄城东南，东不羹在今河南舞阳西北。长沙：楚邑名。或谓今河南郾城南有大溵河，亦名“大沙河”，长沙疑即称此。

㉙竟泽陵：《索隐》曰："当为'竟陵泽'。言竟陵之山泽出材木，故楚有七泽，盖其一也。"在今湖北潜江西北。

㉚四邑者不上贡事于郢（yǐng）：谓雠、庞、长沙、竟陵诸邑将不再听命于楚，将转而听命于越。郢，楚国都城，在今湖北荆州之纪南城。此代指楚国。

㉛图王不王，其敝可以伯：意谓即使不能统一天下，成为"王"者；而最坏的结果还能够成为诸侯中的霸主。敝，坏，败落。此指最坏的结果。

【译文】

王无彊在位时，越国兴兵北伐齐国，西攻楚国，与中原诸侯们争强。楚威王当政时期，越国北伐齐国，齐威王派人劝说越王道："如果越国不征伐楚国，往大说不能称王，往小说不能称霸。我猜想越国之所以不敢攻打楚国，是因为没有得到三晋的支持。但是韩国和魏国是根本不会攻打楚国的。因为韩国打楚国，一旦失败，损兵折将，叶邑、阳翟就很危险；魏国一旦失败，损兵折将，陈邑、上蔡也就不安全了。因此这两个国家同越国友好，只为求得自身不致损兵折将而已，不会为您效一点儿汗马之劳。您为什么那么看重三晋呢？"越王说："我们对三晋的要求，不求他们出兵作战，何况是要他们去攻打城池呢？我们只希望魏国把军队聚集在大梁城下，希望齐国在南阳、莒地一带进行军事演习，把军队驻扎在常邑、郯邑边境，这样楚国方城以外的军队不能南下，淮河、泗水一带的军队不能东移，商邑、於邑、析邑、郦邑以及宗胡一带，夏路以西的楚国军队，不足以防备秦国，江南、泗水一带也就无法抵抗越国了。这样一来，齐国、秦国、韩国、魏国就都从楚国得到好处，韩国、魏国不用打仗就能分得土地，不用耕作就能得到收获。可是韩国、魏国不这么做，而是把兵力消耗到黄河、华山一带去听齐国和秦国使唤，我们寄予了希望的韩国、魏国竟如此失策，又怎能以此称王称霸呢！"齐国的使者说："你们越国没有灭亡真是侥幸啊！我不认为那种像用眼睛看东西一样的聪明智慧有什么可贵，眼睛可以看清毫毛那么细的东西却看不见自己的睫毛。现在大王您能看清韩、魏两国的失算，却看不清越国自己的错误，这正和眼睛看东西的道理一样。您对三晋的要求，不是要韩、魏替你效汗马之劳，又不要求他们与您联合作战，只不过是希望能分散牵制楚国的兵力而已。如今楚国的兵力实际上已经分散了，还何必期待韩、魏呢?”越王说:“为什么这么说?”齐国的使者回答说:“楚国的三个大夫分兵九路，北上包围了曲沃、於中，战线向南一直拉到无假关，全长三千七百多里，景翠统率的军队则北屯到鲁国与齐国南阳一带，兵力分散还有比这个更严重的吗? 可是您却总希望三晋同楚国争斗，只要三晋与楚的争斗不发生，越就不攻击楚国，这就好比是只知二五而不知道一十。就因为你们不抓住现在的时机进攻楚国，所以我知道你们往大说不能称王，往小说不能称霸。再说雠邑、庞邑、长沙，这是楚国的粮食产地;竟泽陵，是楚国的木材产地。越国只要派兵打通无假关，这四个地区就不能再向楚国输送粮草物资了。我听说，图谋称王而没达到，至少还可以称霸。如果连称霸也做不到，那么称王也就达不到了。所以我们希望您转而攻打楚国。”

于是越遂释齐而伐楚。楚威王兴兵而伐之，大败越，杀王无彊①，尽取故吴地至浙江②，北破齐于徐州③。而越以此散，诸族子争立，或为王，或为君，滨于江南海上，服朝于楚④。

后七世，至闽君摇，佐诸侯平秦⑤。汉高帝复以摇为越王，以奉越后⑥。东越、闽君，皆其后也⑦。

【注释】

①“楚威王兴兵而伐之”三句:《楚世家》《六国年表》皆不载此事;

《楚世家》只于百多年前之楚惠王四十四年（前445）书曰“楚东侵，广地至泗上”。

②浙江：即今浙江之钱塘江。盖司马迁以钱塘江为吴、越两国之分界，张照、梁玉绳则以为吴之南界只到松江，钱塘江乃越地。

③北破齐于徐州：事在楚威王七年、齐威王二十四年，即前333年。《集解》引徐广曰：“时楚已灭越而伐齐也。齐说越令攻楚，故云‘齐欺楚’。”按，徐广盖即《史记》本篇之上段文字以为注。黄以周曰：“遍考秦、汉古书，楚围徐州之年，并无三大夫围於中、景翠围南阳事；《楚世家》《年表》书楚围徐州，并不书楚之败越、灭越，是司马氏不能无疑也。楚之败越、杀王无彊，当在周赧王八年，为楚之怀王二十二年。时秦攻宜阳，兵罢于韩，与楚和亲，而越适乱，楚遂乘而灭之。其明年，齐遗楚书劝楚为纵，而楚臣昭雎有‘王虽东取地于越，不足以刷耻，秦破宜阳，韩犹事秦’之语，皆就当日事情规戒其君，则楚之得故吴地在怀王二十三年前，当秦拔宜阳时可知矣。旧史知败越在秦拔宜阳时，而楚围徐州之年亦适有秦拔宜阳事，故牵连及之，而不察其违也。周赧王十年，齐使甘茂于楚，怀王新与秦合婚而欢；而秦闻甘茂在楚，欲相之。怀王问范蜎，蜎曰：‘王前用召滑于越，而内行章、仪之难，越国乱，故楚南塞厉门而郡江东。今王已用之於越矣，而忘于秦，臣以为王巨速忘矣。’云‘巨速忘’者，败越尚在三年中也。而谓‘王无彊，当楚威王围徐州时已为楚灭，尽失故吴地’，可乎哉？”按，杨宽称王无彊在位三十七年（前342—前306）。其《战国史表》系“楚灭越，设郡江东”于周赧王九年，楚怀王二十三年（前306），与黄氏所说差一年。

④滨于江南海上，服朝于楚：黄以周曰：“盖谓自此避居浙江会稽，会稽本近海也。或者因此谓是时会稽已失，滨在台州临海地。考之《楚世家》，顷襄王十八年，楚人有以弱弓说王者，曰‘王北游目于

燕之辽东,而南登于越之会稽’,是越之会稽至楚顷襄王时犹未失也。其失会稽在秦并楚之后。故《秦纪》云:‘定楚江南地,降越君,置会稽郡’也。王无彊虽败,而浙东为越故土仍未失。《世家》云‘楚取故吴地至浙江’,斯言本不误也。”杨宽曰:“《越世家》所载齐使游说楚王之语,乃楚怀王十六七年之形势,所谓‘楚三大夫张九军北围曲沃、林中’,曲沃在今河南三门峡西南,正当函谷关东北;於中在今河南西峡县东,正当武关以东。楚发大军围攻曲沃、於中,目的在于解除秦从函谷关与武关向外进攻之威胁。所谓‘景翠之军北聚鲁、齐南阳’,用以巩固楚之北方防守,以备向韩、魏进攻。此皆楚怀王十六七年间事,景翠乃楚怀王时之相国,统兵作战在楚怀王十七年至二十九年间。可见此乃楚怀王时事,与楚威王无涉也。楚之灭越,当在楚怀王时。”又曰:“楚怀王二十二年,秦昭王即位,时昭王年少,宣太后当权。宣太后楚人,欲与楚修好,楚才得以全力攻越,因于楚怀王二十三年灭越。怀王自十九年开始谋伐越,至二十三年完成,前后正五年,可知《韩非子》所载‘王使邵滑于越,五年而能亡越’,属实……楚灭越后,保留越君系统在会稽,使服朝于楚而便于统治越族。”滨,靠近,接近。

⑤“后七世”三句:据《东越列传》,闽越王无诸及越东海王摇,都是越王句践之后,驺氏。秦统一天下之后,都废为君长,以其地为闽中郡。诸侯叛秦之时,无诸、摇率众人归附鄱阳令吴芮一起灭秦,即所谓“鄱君”。蒙文通曰:“说摇为‘七世’,应为‘十世’之误。”

⑥汉高帝复以摇为越王,以奉越后:据《东越列传》,汉王刘邦与项籍争天下之际,无诸、摇率越人佐汉,汉五年(前202),刘邦又立无诸为闽越王,统闽中故地,孝惠三年(前192),又立摇为东海王,建都东瓯,在今浙江温州,一说在今福建建瓯东南,号为“东

瓯王”。刘邦封无诸，惠帝封摇，此文曰“汉高帝复以摇为越王”，乃误。

⑦东越、闽君，皆其后也：东越，指东越王馀善，闽越王无诸的次子，闽越王郢之弟。汉武帝初年，闽越进攻南越，汉出兵平乱。馀善杀其兄降汉，被汉武帝封为东越王。闽君，即繇君丑，闽越王无诸之孙，其父郢因抗汉被馀善所杀，繇君丑因没参与其父之谋，被汉武帝立为越繇王，以奉其祖祀。皆其后也，据《东越列传》，东越王馀善及越繇王丑皆闽越王无诸之后，而本文乃称其为“闽君摇”之后，两处抵忤。

【译文】

于是越国就放弃了伐齐，转而进攻楚国。楚威王起兵迎战，大败越军，杀死了越王无彊，全部占领了过去吴国的地盘一直到浙江一带，楚军又北上在徐州打败了齐国。而越国则从此瓦解，越王家的子弟们争立，有的称王，有的称君，散在海边各地，全都成了楚国的附庸。

又过了七代，到了闽君摇，协助诸侯们灭秦。汉高帝刘邦即位后又封他为越王，让他接续越国的衣钵。东越、闽君，都是越王句践的后代。

范蠡事越王句践，既苦身勠力[①]，与句践深谋二十余年，竟灭吴[②]，报会稽之耻，北渡兵于淮以临齐、晋，号令中国，以尊周室，句践以霸，而范蠡称上将军[③]。还反国，范蠡以为大名之下，难以久居，且句践为人可与同患，难与处安，为书辞句践曰：“臣闻主忧臣劳，主辱臣死。昔者君王辱于会稽，所以不死，为此事也[④]。今既以雪耻[⑤]，臣请从会稽之诛[⑥]。”句践曰：“孤将与子分国而有之。不然，将加诛于子。”范蠡曰：“君行令，臣行意[⑦]。”乃装其轻宝珠玉，自与其私徒属乘舟浮海以行，终不反[⑧]。于是句践表会稽山以为范蠡奉邑⑨。

【注释】

①苦身：使自身劳苦。勠(lù)力：并力，合力。

②竟：终于，最后。

③上将军：官名。当时将军之最高者。

④所以不死，为此事也：前句是范蠡称说自己，后句为辅佐句践完成此灭吴称霸之事。

⑤既以：已经。以，通“已”。

⑥臣请从会稽之诛：我请求接受因让您受会稽之侮辱而应得的惩罚。诛，惩罚。

⑦君行令，臣行意：您可以发号施令，我也可以按个人意志行动。行意，按着自己的意志行事。

⑧乘舟浮海以行，终不反：《国语·越语》于此作“遂乘轻舟以浮于五湖，莫知其所终极”。按，《国语》中叙范蠡事遂以此结束。凌稚隆引苏轼曰：“范蠡知句践‘可与共患难’，则为之灭吴，以致其功；知其‘不可与同安乐’，则弃之浮江湖，如去仇雠，是以君臣免于恶名，可不谓美哉？”又引汪道昆曰：“范蠡佐句践平吴，吴平而蠡遁；张良佐高帝灭楚，楚灭而良行，譬之凤麟之在郊薮，岂不称奇？假令可豢而扰之，直与雉兔伍耳！”反，同“返”。

⑨表会稽山：划出会稽山，在山上做标记。《国语·越语》于此云：“王命工以良金写范蠡之状而朝礼之，环会稽三百里者以为范蠡地。曰：‘后世子孙有敢侵蠡之地者，使无终没于越国。皇天后土、四乡地主正之！’”奉邑：供给俸禄之地，即古代大夫的封地。奉，通“俸”。

【译文】

范蠡奉事越王句践，历尽艰辛，勠力奋斗，与句践一起苦心谋划了二十多年，终于灭掉了吴国，报了当年的会稽之耻，接着发兵北渡淮河压倒齐、晋，对中原各诸侯发号施令，打出了尊崇周王室的旗号，句践成了霸主，范蠡自己也做了越国的上将军。回国以后，范蠡感到自己名声太大，难以长久地平安无事，而且他看出句践这个人只能同患难，而不能共安乐，于是写信向句践告辞说："我听说主上有忧患，臣子就要不辞辛劳；主上受到屈辱，臣子就要为之赴死。过去大王遭会稽之辱，我当时之所以不赴死，就是为了今天的雪耻称霸。现在我们的大仇已报，我请求执行本应在会稽就应执行的惩罚。"句践说："我准备把国家分一半给你。如果你不听命，我将严厉地惩罚你。"范蠡说："您可以发号施令，我也可以按个人意志行动。"于是就带上便于携带的宝物珠玉，和自己的亲信仆从乘船渡海，一去不复返。于是句践把会稽山划出来，作为范蠡的封地。

范蠡浮海出齐①，变姓名，自谓鸱夷子皮②，耕于海畔，苦身戮力③，父子治产。居无几何④，致产数十万。齐人闻其贤，以为相⑤。范蠡喟然叹曰："居家则致千金，居官则至卿相，此布衣之极也⑥。久受尊名，不祥。"乃归相印，尽散其财，以分与知友乡党⑦，而怀其重宝，间行以去，止于陶⑧，以为此天下之中，交易有无之路通，为生可以致富矣⑨。于是自谓陶朱公⑩。复约要父子耕畜⑪，废居⑫，候时转物⑬，逐什一之利⑭。居无何，则致资累巨万⑮。天下称陶朱公。

【注释】

①出齐：意即到达齐国。出，经由。这里意即抵达。

②鸱（chī）夷子皮：《索隐》曰："范蠡自谓也，盖以吴王杀子胥而盛以鸱夷，今蠡自以有罪，故为号也。"《正义佚文》说略同。按，韦昭云："鸱夷，革囊也。"范蠡盖取其能张能卷、能屈能伸之义。或

谓范蠡并无改名“鸱夷子皮”事，乃司马迁误说。鸱夷，革囊，用革做成的一种口袋，外形像鸱，故称。

③戮（lù）力：即“勠力”。戮，通“勠”。

④居无几何：过了没多久。

⑤齐人闻其贤，以为相：《左传》载句践兴国无“范蠡”其人，《左传》与《齐太公世家》亦无范蠡为齐相事。且范蠡已因“大名之下，难以久居”，故辞越之“上将军”而遁世矣，何苦又易地到齐国为相？凌稚隆曰：“《淮南子》言简公专任宰相，故使田常、鸱夷子皮得成其难。史称蠡自谓鸱夷子皮，为齐相，然则蠡相齐之后，又为田常谋，事成乃去耳。”按，凌氏说误，此“鸱夷子皮”乃田常的家臣，非为齐相者。

⑥布衣之极：一个平民至此可谓达到极点。泷川曰：“张良云，‘以三寸舌为帝者师，封万户，位列侯，此布衣之极，于良足矣。顾弃人间事，欲从赤松子游耳’。盖自鸱夷子得来。”

⑦乡党：原是基层编制名，五百家为一党，二十五党为一乡。这里指同乡、同党的人，即所谓“乡里乡亲”。

⑧间行以去，止于陶：悄悄离开齐国国都，在陶县住了下来。间行，潜行，改装避人而行。间，暗中，秘密。陶，在今山东定陶西北。春秋时属宋，战国时属齐。陈直曰：“齐地除临淄外，即墨、莒、陶皆为都会，穰侯免相后居于陶，尤为明证。”

⑨为生：这里即指经商做生意。李笠曰：“‘生’同‘产’。下文‘是少与我俱见苦，为生难’；《仓公传》‘不修家生’，并同。《平准书》‘皆致生累千金’；《汉志》作‘致产’。《货殖传》‘故善治生’；《汉传》作‘致产’，可证。”按，此处之“为生”，解释为“谋生”亦无不可。

⑩自谓陶朱公：泷川引《战国策·秦策》蔡泽曰：“范蠡超然避世，长为陶朱君。”按，《国语》谓范蠡“遂乘轻舟以浮于五湖，莫知其所

终极”;至《战国策》乃有“陶朱君”之称,此“范蠡”其人在传说中的又一重要发展。

⑪约要:约束。耕蓄:《正义佚文》曰:“耕,耕田地;畜,养五牸也。”

⑫废居:即今所谓“囤积”。《正义佚文》曰:“废,停也;居,贮也,停贱物,贵而卖之也。”

⑬候时:等候时机。转物:即买进卖出货物。

⑭逐什一之利:谋取十分之一的利润。茅坤曰:“予疑三易名候时逐利者妄也,殆功成而身退,大约类子房者流,托赤松以自逃耳。”

⑮致资:获得财产。累巨万:多达数万万。巨万,即今所谓“亿”。

【译文】

范蠡渡海到了齐,改换姓名,自称鸱夷子皮,在海边耕作,父子几人辛辛苦苦,齐心协力创置家业。不久,积累了几十万的家产。齐国人听说他有才能,让他做了宰相。范蠡感慨叹息说:“在家为民能积聚千金,在朝为官能位至卿相,这已经是一个平民可以达到的顶点了。长时间地享有尊贵的名声,不祥。”于是他交回了相印,把全部家财散发给了朋友和乡亲,只带着一些贵重珍宝,悄悄离开齐国国都,在陶县住了下来,认为陶县地处天下的中心,贸易往来的道路四通八达,在这里经商肯定可以发财。于是他就自称陶朱公。父子几个重新在这里耕田放牧,囤积居奇,观测行情,买进卖出,追求十分之一的利润。没过多久,又积累起了数亿的家产。天下人都称他为“陶朱公”。

朱公居陶,生少子。少子及壮,而朱公中男杀人,囚于楚①。朱公曰:“杀人而死,职也②。然吾闻千金之子不死于市③。”告其少子往视之④。乃装黄金千溢⑤,置褐器中⑥,载以一牛车。且遣其少子⑦,朱公长男固请欲行,朱公不听。长男曰:“家有长子曰家督⑧,今弟有罪,大人不遣,乃遣少弟，是吾不肖[9]。”欲自杀。其母为言曰：“今遣少子，未必能生中子也[10]，而先空亡长男[11]，奈何？”朱公不得已而遣长子，为一封书遗故所善庄生[12]。曰：“至则进千金于庄生所[13]，听其所为，慎无与争事。”长男既行，亦自私赍数百金[14]。

【注释】

①楚：楚国都城郢，即今湖北荆州西北之纪南城。

②杀人而死，职也：杀人者偿命，理所当然。职，常理。王念孙曰：“《尔雅》：‘常也。’言杀人而死，固其常也。《伍子胥列传》曰：‘成事为卿，不成而烹，固其职也。’义与此同。”

③千金之子不死于市：千金之家的儿子，不被处死于街头。意为保全家族的脸面。市，闹市，街市。

④往视之：意即到楚国相机活动、打点。

⑤溢：黄金一溢二十两，或说二十四两。

⑥褐器：粗麻制成的口袋。褐，粗毛布。

⑦且：即将，将要。

⑧家督：即长子。

⑨不肖：不类其父，即今所谓“没出息”。

⑩中子：二儿子。中，同“仲”，兄弟排行为老二称“仲”。

⑪空亡：白白地失去。

⑫遗（wèi）：给，致。

⑬庄生所：庄生所在之处。所，所居之所，住的地方。

⑭赍（jī）：携带，持。

【译文】

范蠡住在陶县时，生了小儿子。小儿子长大后，范蠡的二儿子杀了人，被囚禁在楚国国都。范蠡说：“杀人偿命，理所应当。但是俗话说富贵人家的儿子不能被处死在街头。”于是他让小儿子去楚国相机活动、打点。他给小儿子带上黄金千溢，装在一条麻袋里，放在一辆牛车上。当他即将打发小儿子上路时，大儿子坚决请求让他去，范蠡就是不听。大儿子说：“家里的长子被称为一切家务的总管，现在弟弟犯了罪，您不派我去搭救，却派小弟去，这说明我没出息。”就要自杀。他的母亲替他说话道：“即使派小儿子去，也未必能救老二的命，反而先白白地死了老大，何苦来呢？”范蠡不得已派了大儿子前去，写了一封信让他带给自己的好友庄先生，并嘱咐他说：“你一到楚国就把千金送到庄先生处，听凭他随意处置，千万不要和他发生任何争执。”大儿子于是出发了，自己又私自带上了几百金。

至楚，庄生家负郭①，披藜藋到门②，居甚贫。然长男发书进千金③，如其父言。庄生曰：“可疾去矣④，慎毋留！即弟出⑤，勿问所以然。”长男既去，不过庄生而私留⑥，以其私赍献遗楚国贵人用事者⑦。

【注释】

①负郭：依傍城郭，在城墙的脚下。

②披藜藋（diào）到门：拨开丛生的高高的野草才能跨进屋门。以见贫穷荒凉之状。藜藋，有本作“藜藿”。这里即指门前丛生的野草。

③发书：取出书信。

④疾：赶快。

⑤即：若，如果。

⑥过：拜访，探访。

⑦以其私赍献遗楚国贵人用事者：泷川引冈白驹曰：“长男见庄生

贫,以为有能者不当至此,故改图救弟,此富商俗眼也。”用事者,执事,当权者。

【译文】

到了楚国,庄先生住在城墙脚下,范蠡的大儿子拨开高高的野草才到了他家门口,其家门很贫困。但是他还是按照父亲的嘱咐给庄先生呈上了书信,送交了千金。庄先生说:“你赶紧回去,千万不要在这里停留!假若你弟弟被放出来,不要问他是怎么出来的。”大儿子离开庄先生家后,没再去过庄先生家但私自留在了楚国国都,用他私下带来的那另外几百金去贿赂楚国的当权者。

庄生虽居穷阎[①],然以廉直闻于国,自楚王以下皆师尊之。及朱公进金,非有意受也,欲以成事后复归之以为信耳[②]。故金至,谓其妇曰:“此朱公之金。有如病不宿诫[③],后复归,勿动。”而朱公长男不知其意,以为殊无短长也[④]。

【注释】

①穷阎:穷巷。阎,闾阎,里巷。

②以为信:以表示自己的信义。

③有如病不宿诫:泷川曰:“言急死不能预告之也。”此以疾病会没法提前告知而突至,来比喻范蠡此项财宝的突然到来。宿,《正义佚存》曰:“犹预也。”预先、提前的意思。

④殊无短长:没有救弟弟的特别办法。泷川曰:“言庄生无所损益于弟生死也。”无短长,无办法,无伎俩。

【译文】

庄先生虽身居陋巷,却以廉洁正直闻名楚国,所以自楚王以下都尊他为师。范蠡送来的黄金,他不想接受,想等到事情办好后再退还他以表信义。所以当他收下黄金后，就嘱咐他的妻子说："这是陶朱公送的金子。没有想到他突然给送了来，我们日后是要退给他们的，不能动。"可是范蠡的大儿子不明白庄先生的想法，以为他对于救弟弟不会有什么办法。

庄生间时入见楚王①，言"某星宿某，此则害于楚"②。楚王素信庄生③，曰："今为奈何？"庄生曰："独以德为可以除之。"楚王曰："生休矣④，寡人将行之。"王乃使使者封三钱之府⑤。楚贵人惊告朱公长男曰："王且赦。"曰："何以也？"曰："每王且赦，常封三钱之府⑥。昨暮王使使封之。"朱公长男以为赦，弟固当出也，重千金虚弃庄生⑦，无所为也，乃复见庄生。庄生惊曰："若不去邪？"长男曰："固未也。初为事弟，弟今议自赦⑧，故辞生去。"庄生知其意欲复得其金，曰："若自入室取金⑨。"长男即自入室取金持去，独自欢幸。

【注释】

①间时：看准时机，瞅好空子。楚王：楚国何王，所指不详。

②某星宿某：某星运行到了某个地方。宿，行至，停留。

③素：向来，平素。

④生：犹言"先生"，对人的尊称。休矣：犹言"行了""回去休息吧"。

⑤三钱之府：储存三钱的库房，即钱库、国库。三钱，《集解》引贾逵曰："虞、夏、商、周，金币三等，或赤或白或黄，黄为上币，铜、铁为下币。"

⑥每王且赦，常封三钱之府：《集解》曰："钱币至重，虑人或逆知有

敉,盗窃之,所以封钱府备盗窃也。汉灵帝时,河内张成能候风角,知将有赦,教子杀人,捕得,七日赦出。此其类也。”

⑦重:心痛,舍不得。

⑧议:行将。冈白驹曰:“‘赦’字上加一‘自’字,以表庄生无预。”

⑨若:你。

【译文】

庄先生找机会入宫见楚王,说“现在某颗星处在某个位置,对楚国不利”。楚王一向信任庄先生,说:“那该怎么办呢?”庄先生说:“只有施恩于人才可免除灾害。”楚王说:“先生去休息吧,我马上就办。”于是楚王立即派人把钱库封了起来。接受了范蠡长子财物的楚国权贵赶紧告诉范蠡的长子说:“大王马上就要大赦了。”大儿子问:“有什么证据?”权贵说:“每回大王要大赦前,总要把钱库封起来。昨晚大王又派人封钱库了。”范蠡的大儿子认为楚王既然要大赦,弟弟当然会被释放,因此心疼千金重礼白白地送给庄先生,觉得没有这个必要,于是又去了庄先生家。庄先生吃惊地说,“你没走吗?”大儿子说:“我一直就没有走。当初我是为了二弟的事来的,现在二弟马上就会自己被赦出狱,因此我特来向先生辞行。”庄先生明白他的意思是想把金子再要回去,就说:“你自己到屋里去拿你那些金子吧。”大儿子立刻进入屋内拿了金子走了,自己还觉得挺高兴。

庄生羞为儿子所卖①,乃入见楚王曰:“臣前言某星事,王言欲以修德报之。今臣出,道路皆言陶之富人朱公之子杀人囚楚,其家多持金钱赂王左右,故王非能恤楚国而赦②,乃以朱公子故也。”楚王大怒曰:“寡人虽不德耳,奈何以朱公之子故而施惠乎!”令论杀朱公子③,明日遂下赦令。朱公长男竟持其弟丧归④。

【注释】

①儿子：小辈，晚辈。卖：欺骗，耍弄。

②恤：体恤，关心。

③令论杀朱公子：命主管官员立即将陶朱公的儿子论罪处决。论杀，判处死罪并立即执行。

④竟：最终，最后。

【译文】

庄先生觉得这是被年轻人戏耍了而感到大失颜面，于是又进宫去见楚王说："我前些天说过某星处某地的事，大王也准备用施恩百姓的办法来应对天意。可是今天我出门，听见路上人们都说陶县富翁朱公的儿子因杀人被关在楚国，他们家里用重金贿赂了大王的亲信，所以大王不是为了体恤楚国人而大赦，只是为了要赦免朱公的儿子。"楚王大怒说："我虽然称不上有道明君，难道能为了一个什么朱公的儿子就大赦么！"于是下令立即把朱公的儿子论罪处决，第二日才下了大赦令。结果朱公的大儿子只好载着他弟弟的尸体回家了。

至，其母及邑人尽哀之，唯朱公独笑，曰："吾固知必杀其弟也！彼非不爱其弟，顾有所不能忍者也[①]。是少与我俱，见苦[②]，为生难，故重弃财。至如少弟者，生而见我富，乘坚驱良逐狡兔，岂知财所从来，故轻弃之[③]，非所惜吝。前日吾所为欲遣少子，固为其能弃财故也。而长者不能，故卒以杀其弟，事之理也，无足悲者。吾日夜固以望其丧之来也[④]。"

故范蠡三徙，成名于天下，非苟去而已[⑤]，所止必成名[⑥]。卒老死于陶，故世传曰陶朱公。

【注释】

①顾:但,只是。有所不能忍:到时候不能下决心,豁出去。忍,不犹豫,能决断。

②见苦:受过苦。见,被,受。

③轻弃之:挥霍却不心痛。轻,轻易,不当一回事。史珥曰:"'重弃''能弃'自是大议论,如项羽'印刓弊弗能予',重弃财者也;汉高捐陈平四万金,'不问出入',能弃财者也。帝王成败犹尔,况家事哉!"

④吾日夜固以望其丧之来也:梁玉绳引陈太令曰:"救中子杀人一节必好事者为之,非实也。徇儿女子之言而致中男于死为不仁,以褊悻之庄生而托以爱子为不智,岂具霸越沼吴之识竟失算若是乎?庄生之不廉不直,无足为友,更弗论矣。"史珥曰:"庄生'羞为儿子所卖',遂不复顾交情,固倾危之士,范子亦可谓失人矣。弃子躯以试其智,何足贵哉?"按,此节事固无稽,而文章自是杰作。吴见思曰:"范蠡略其大事,反以中子杀人一段作致,节节顿住,语语不了,后乃三泄即明,益见其妙。"

⑤苟:草率。

⑥所止必成名:每到一个地方一定能在那里成名。

【译文】

到家后,他的母亲和邻居们都很悲伤,唯独范蠡笑着说:"我早就知道老大去了一定会断送他二弟的性命!他不是不爱他的二弟,只是因为他舍不得钱财。他从小跟着我一起受过苦,知道谋生的艰难,所以舍不得弃财。至于老三,自出生就只见到我的富贵,乘坚车、驾良马打猎追兔子,哪里知道钱是怎么来的,所以随便挥霍,从不吝惜钱财。当初我之所以要派他去,就是因为他能弃财。而老大不能弃财,所以最后断送了他二弟的性命。这也是事理所在,不值得难过。我早就日夜盼着老二的尸体回来了。"

范蠡三次搬迁，都能扬名于天下，他不是随便迁移，而是每到一个地方一定能在那里成名。范蠡最后老死在陶县，因此世人都称他为陶朱公。

太史公曰：禹之功大矣，渐九川①，定九州③，至于今诸夏艾安③。及苗裔句践，苦身焦思，终灭强吴，北观兵中国④，以尊周室，号称霸王。句践可不谓贤哉！盖有禹之遗烈焉⑤。范蠡三迁，皆有荣名⑥，名垂后世。臣主若此，欲毋显，得乎⑦！

【注释】

①渐：《集解》引徐广曰："'渐'者亦引进通导之意也，字或宜然。"按，"渐"字或可读作"堑"，挖沟，盖即疏导之意。九川：《夏本纪》之《集解》引孔安国语以为指"九州之川"，即中国境内的诸大川。《索隐》曰："弱、黑、河、漾、江、沇、淮、渭、洛为九川。"

②九州：据《尚书·禹贡》，指冀州、兖州、青州、徐州、扬州、荆州、豫州、梁州、雍州。其他说法，此不录。

③诸夏：概指"九州"之内的各个国家。艾(yì)安：平安，安定。艾，通"乂"，治理。

④观兵：检阅军队，向中原各诸侯国炫耀武力。

⑤遗烈：前人遗留下的功绩。烈，功绩，业绩。

⑥荣名：尊荣与名望。此词又见于《游侠列传》《鲁仲连列传》《陈丞相世家》。

⑦臣主若此，欲毋显，得乎：凌稚隆引许应元曰："大禹'劳心焦思'，句践'苦身焦思'，范蠡'苦身戮力'，皆见本纪、世家中，故赞语如此。"赵恒曰："《禹本纪》言'禹伤父鲧功之不成受诛，乃苦心

焦思'，此言'苗裔句践'云云，故言'有禹之遗烈'也。范蠡亦然，有是君，有是臣，故曰'臣主若此，欲无显得乎'，此《越世家》之所以详附范蠡者也。"按，司马迁忍辱发愤，亦戚戚与有同感。袁黄曰："论者每不满会稽之事，曰君子不忍辱以立名，烈士不隐恶以济难。国君死社稷，正也，宁能束手为人厮役至二十年之久乎？使句践不幸而死于十九年之前，则种、蠡为无谋矣。噫，是不然，就使当时以五千甲卒触战而死，只以肉投馁虎，何功之有？此种、蠡之甘事仇而不悔也。故遣介行成以图济，厚币哀辞以结心，身臣妻奴以固其交，时进月奉以饱其欲，卧薪尝胆以励其操，生聚教训以富其民，诱之琼台瑶室以骄其志，与之美女文姬重宝以蛊其心，挑之黩武穷兵、争强图霸以益其敌，间之杀忠臣、戮义士以离其股肱、败其腹心。故子胥浮于鸱夷，宰嚭迷于贿赂，主心骄于黄池，锐卒尽于齐楚，骨肉戕于争正，而吾以江东子弟，一卷而蹙之姑苏之山。禹穴争光，江涛鼓气，天子致胙，诸侯推霸，何其盛也！向使其死于会稽，与草木同朽腐耳，又安能扬眉一时，吐气东南，而照耀千古者哉！"

【译文】

太史公说：夏禹的功业太伟大了，他疏通了九州大川，画定了九州疆界，直到今天中原地区都安居乐业。到了他的后代句践，艰难奋斗，苦思深谋，终于灭掉了强大的吴国，进兵中原炫耀武力，推尊周王室，号称霸主。难道说句践还不算伟大吗！他身上是具有大禹的遗德吧。范蠡三次迁居都能名声显赫，流传后世。有这样的臣子和君主，要想不扬名天下，能办得到吗！

【越国诸侯世系表】

允常（？—前497）——句践（允常子，前496—前464）——鼫与（有作"鹿郢"，前463—前458）——不寿（前457—前448）——王翁（有作朱句，前447—前411）——王翳（前410—前375）——王之侯（有作咎、孚错枝，前374）——无馀之（前373—前361）——无颛（前360—前343）——无彊（前342—前306）被楚所败，越自此散。（按，《史记》对句践以后之越国世系语焉不详，现参照钱穆、范祥雍、杨宽、平势隆郎等诸家之说大致谱列如此，供参考。）

【集评】

苏轼曰："范蠡、留侯虽非汤、武之佐，然亦可谓刚毅果敢、卓然不惑，而能有所必为者也。观吴王困于姑苏之上，而求哀请命于句践，句践欲赦之，彼范蠡者独以为不可，援桴进兵，卒刎其颈。项籍之解而东，高祖亦欲罢兵归国，留侯谏曰：'此天亡也，急击勿失！'此二人者，以为区区之仁义不足以易吾之大计也。"（《史记评林》引）

韩愈曰："句践奋鸟栖之势，申鼠窜之息，竟能焚姑苏、虏夫差、方行淮泗之上，以受东诸侯之盟者，范蠡、文种有其力也。既有其力，则宜闭雷霆，藏风云，截断三江，叱开四方，高提霸王之器，大弘夏禹之烈，使天下徘徊知越有人矣；奈何反未及国，则背君而去，既行之于身，又移之于人，……有匡君之智，而无事君之义明矣。其所以移文种之书，亦犹拔句践之剑也，句践何过哉！"（《范蠡招大夫种议》）

叶适曰："迁载范蠡，殊不足信。《越语》固言其去矣，而迁取杂说，既言其相齐，又去齐为陶朱公，又子杀人于楚，又行千金书遗庄生，又庄生怒长子，卒败其事。信如是，则蠡逼侧乱世，以狡狯贾竖为业，何异吕不韦之流，何必称贤也？当迁去蠡时尚近，而不能断其是非，使蠡蒙羞，惜哉！"（《习学记言》）

李贽曰："范蠡惟不胜好智之私，故卒以灭吴而霸强越，成万世之名。夫会稽之栖，报父之雠也，非无罪而兴师者也；舍而不诛，蠡之君臣当用以为德矣。谋之二十余年，自强可也，雪耻可也，乃句践既许吴成矣，蠡独鼓进兵焉何哉？以长颈鸟喙之人，犹掩泣而不忍其使者，蠡独何忍乎？太伯之祀，忽焉遽绝；句践之疑，从兹甚矣。与其逃海避诛，以智求免，孰若优游廊庙，使悍后妒主皆信之而不疑也？故为陶朱公者，去越适齐，又去齐迁陶，役役焉名利之场，老死而不止，是用智之过也。”（《藏书》）

李景星曰：“越之上世，世系事迹皆荒略无稽，惟句践之事最详，故太史公于此篇不曰《越世家》，而曰《越王句践世家》。通篇极写句践之霸越；而佐句践以成霸业者，厥惟范蠡，故以范蠡传附之。其君臣得力处，只是一个‘忍’字，故一路叙事，即以此作骨。前幅俱用暗写，直至末后，乃从范蠡口中点明，而曰‘顾有所不能忍者也’。虽曰家事，已该国事；虽曰反说，实同正言矣。‘王无彊’一段，笔笔转折，快利如风。末言无彊之不忍，释齐伐楚，以致败亡，正为句践君臣之能忍作反面对照。赞语从禹说起，极有要领本源，笔意亦古厚。其曰‘句践苦身焦思终灭强吴’，与前‘越王句践反国，乃苦身焦思’，及‘范蠡事越王句践，既苦身戮力’等语遥遥相应。‘臣主若此，欲毋显得乎？’双收得法，意趣亦深远。”（《史记评议》）

【评论】

《越王句践世家》中最感人的是句践被吴王夫差打败后，在国破家亡的情况下，在范蠡、文种的辅佐下，君臣勠力同心，忍辱奋斗，卧薪尝胆二十年，终至复国灭吴的历史。这种忍辱发愤的精神是《史记》的重要主题之一，在周文王、孔子、伍子胥、苏秦、张仪、范雎、韩信、季布等很多人物传记中都有体现，而《越王句践世家》则是表现这一主题的最集中、最光辉的一篇。句践的卧薪尝胆已成为我国家喻户晓的故事，并作为中华民族的精神力量，砥砺着各个时代的人们在逆境中顽强奋斗，自强不息。司马迁自身的忍辱奋斗也是与句践故事一脉相承、息息相通的，所以他在记述这段历史时热情饱满，用墨如泼，对句践、范蠡、文种等人给予了热烈的歌颂，故事也写得异常精彩。

吴汝纶曾评论说:“此篇以‘忍’字为主。”忍辱发奋是“忍”,是应该歌颂的;但篇中的“忍”还有“忍心”的一面,句践在灭吴后杀文种,范蠡为了证明自己料事如神而致使中子被杀,这也是“忍”,这种冷酷、变态的“忍”则必须被批判、唾弃。

文种被句践所杀之事不见于《左传》,《国语·越语》虽有记载,但也没有范蠡事先致书文种,劝文种及早离开句践这一情节。这个情节的加入,大概是汉初人将汉初刘邦、吕后大肆迫害功臣的现实政治的影子,附加到了句践、文种、范蠡等人物身上去了。所以司马迁在描写句践胜利后范蠡“功成身退”、文种被杀时,脑海中应该闪现着汉高祖杀功臣的那一幕幕惨剧。

《越王句践世家》中的范蠡是一个随着时代变化而不断变化的人物,他的形象具有民间文学的种种特征。首先,范蠡不见于《左传》,亦不见于《国语》之《吴语》,在《越语上》中只一般的提到,在《越语下》中才开始专门铺叙范蠡。但这时只提到范蠡,还没有提到西施。《越语下》用语浅显,讲究铺排,是战国晚期之作;其思想言论与马王堆出土的属黄老学派的《黄帝四经》相同,黄老学派形成于战国中期以后,而“范蠡”其人的出现与其声价日高,则与黄老学派的形成大有关系。汉初黄老思想盛行,张良是黄老学派的拥趸与实践者,可以设想,他的成功与名望也对范蠡形象的塑造产生了影响,于是那个《越语下》中“遂乘轻舟以浮于五湖,莫知其所终极”的功成身退、潇洒离去的范蠡就被塑造出来了。而在《史记》中,司马迁又接着写了范蠡在齐国致富拜相,又舍弃相位、散尽家财,换到陶地再从头开始,又成为大富翁;写他的中子在楚杀人,他明知其长男前去必将断送其中子之性命,但为欲表现自己的先见之明还是派长男前去。这已经不是信奉黄老思想的范蠡了,而是一个在极力表现自己“超级天才”的范蠡了,这大概又是来自更后来的民间传闻。由此可见,范蠡的事迹在滚雪球似地越来越多,而其形象也在不停地变化,这也正是民间文学的突出特点。

需要思考的是，司马迁为什么不选择在范蠡浮海以行终不返之后就打住，给范蠡一个韵味深长、富有神秘感的神龙见首不见尾的结局呢？原因应该与他的人生观、价值观有关，他按捺不住地要把人物所有的才华表现出来，要不遗余力地展现人物的出类拔萃，甚至不顾人物形象是不是会有矛盾。清代姚苎田说："范蠡既以为'大名之下难以久居'，又云'久处尊名不祥'，而终不肯一丘一壑，逸老终年；舍富而更求富，避名而别成名，是何其好劳而恶逸，知散而仍不忘聚耶？岂真其才有余终难静息，如千里之骥不行则病，白泽之兽得球乃乐，故为是纷纷者耶？呜呼，吾不得而知之矣。"问题提出得很中肯。"故范蠡三徙，成名于天下，非苟去而已，所止必成名。卒老死于陶，故世传曰陶朱公。""太史公曰：……范蠡三迁皆有荣名，名垂后世。臣主若此，欲毋显得乎！"《越王句践世家》最后的这几行文字，在前后五十来个字的几句话，就一连用了四个"名"字、一个"显"字，这种对于"显名"的张扬，虽显得有失于急切，但却是司马迁被压抑的内心的释放。

范蠡对于营救中子这件事情的处理，细思之下，有很多不合理之处。如前面所说救中子一事，哪个父亲会为了显示自己的料事如神而牺牲儿子的性命呢？再有其所托之庄生，因为不愤于自己"为儿子所卖"，竟不顾交情，致范蠡中子于死地，狭隘偏激，所谓"以廉明闻于国"，又表现在哪里？所以后世学者多谓此事不可信，是妄诞的小说家言，认为此乃史公好奇博采，后世爱其文，传诵不衰，遂为信史，殊不知此文既降低了庄生，又降低了范蠡。

最后，关于越王族属问题，司马迁认为他们是大禹后裔，也属炎黄子孙，但后代学者考证，他们应是百越人，驺姓而非姒姓。越人有着自己悠久的文化传统，越王允常、句践时期，是越文化与中原文化、楚文化、吴文化激烈碰撞的时期，也正是从此时，越文化渐渐融入了中华文化之中，成为中华文化的重要组成部分。

史记卷四十二

郑世家第十二

【释名】

《郑世家》记述了郑国的兴衰史。郑自周宣王二十二年（前806）桓公受封建国，至郑侯乙被韩所灭（前375），前后共四百余年。本篇的记叙大致分五部分。第一部分，写郑桓公在周末初封于郑（今陕西渭南华州），周幽王时为谋求发展，计划东迁虢、郐之地的情形。第二部分，写春秋初期郑庄公"小霸"与郑庄公死后郑昭公、郑厉公兄弟争国。第三部分，写郑国在春秋时期处于晋、楚两大国的争夺交攻之下，日益衰弱。第四部分，写子产当政时的郑国情形，相当于子产的一个小传。第五部分，主要写子产死后郑国迅速衰落，最终为韩所并。篇末的论赞，司马迁批评甫假（瑕）见利忘义，实际上也对郑昭公、郑厉公争国给予了批判，将其视为郑国衰落的关键。

本篇写子产可与《循吏列传》参照阅读。

郑桓公友者①，周厉王少子而宣王庶弟也②。宣王立二十二年，友初封于郑③。封三十三岁④，百姓皆便爱之。幽王以为司徒⑤。和集周民⑥，周民皆说⑦，河雒之间，人便思之⑧。

【注释】

①郑桓公友：姬姓，名友，周厉王少子，周宣王庶弟。其事详见下文。

②周厉王：名胡，周夷王之子，前850—前847年在位。在位期间，因暴虐无道引发“国人暴动”，被驱逐逃奔到彘，后死于彘。宣王庶弟也：郑桓公是周宣王之母弟，不是“庶弟”。宣王，周宣王，名静，一作“靖”，周厉王之子，前827—前782年在位。即位后，整治国政，出现了“周宣中兴”的局面。

③宣王立二十二年，友初封于郑：按，周厉王时期铜器铭文有“皇考郑伯郑姬宝盘”，此郑伯为异姓诸侯，其与郑桓公所封当为一地，而在郑桓公封于此之前已不存，郑桓公继其封地而沿其国号亦称“郑”，其都为棫林。至前771年犬戎杀周幽王，郑桓公罹难，郑人都棫林凡三十六年。周宣王立二十二年，即前806年。郑，在今陕西渭南华州区东。

④封三十三岁：前774年。别本或作“二十三岁”。

⑤幽王以为司徒：《正义佚文》曰：“《诗序》曰‘郑桓公为司徒，善于其职，国人宜之，故赋《缁衣》之诗’是也。《左传》云：‘桓公友入为司徒，及子武公亦为之。’”《集解》《索隐》都引《国语》韦昭注，以郑桓公入为司徒在周幽王八年。幽王，周幽王，名宫涅，一作“宫湦”“宫湟”，周宣王之子，前781—前771年在位。后被犬戎所杀。司徒，官名。亦作“大司徒”。职掌土地、教化及征发徭役等事务。

⑥和集：和睦团结。集，安定。周：此指宗周，即镐京，王畿之地，在今陕西西安西南之沣水东。现有丰镐遗址。

⑦说（yuè）：同“悦”。

⑧河雒（luò）之间，人便（pián）思之：宗周、成周的人们生活安适而怀念他。《郑语》曰：“桓公为司徒，甚得周众与东土之人。”河雒之间，河水、雒水之间，泛指宗周与成周之地。便思，以其安适而

怀念之。便，适宜，安适。

【译文】

郑桓公名友，是周厉王的小儿子和周宣王的庶弟。周宣王继位的第二十二年，友被封在郑邑。友受封的第三十三年，百姓都感到生活安适而爱戴他。周幽王任命他做了司徒。他和睦团结宗周一带的百姓，宗周一带的百姓都很高兴，河、洛流域一带的人们也觉得安适而怀念他。

为司徒一岁，幽王以褒后故[①]，王室治多邪，诸侯或畔之[②]。于是桓公问太史伯曰[③]："王室多故，予安逃死乎？"太史伯对曰："独雒之东土，河济之南可居[④]。"公曰："何以？"对曰："地近虢、郐[⑤]，虢、郐之君贪而好利[⑥]，百姓不附。今公为司徒，民皆爱公，公诚请居之，虢、郐之君见公方用事[⑦]，轻分公地。公诚居之，虢、郐之民皆公之民也。"公曰："吾欲南之江上，何如？"对曰："昔祝融为高辛氏火正[⑧]，其功大矣，而其于周未有兴者，楚其后也。周衰，楚必兴。兴，非郑之利也。"公曰："吾欲居西方[⑨]，何如？"对曰："其民贪而好利，难久居。"公曰："周衰，何国兴者？"对曰："齐、秦、晋、楚乎[⑩]？夫齐，姜姓，伯夷之后也[⑪]。伯夷佐尧典礼[⑫]。秦，嬴姓，伯翳之后也[⑬]。伯翳佐舜怀柔百物[⑭]。及楚之先，皆尝有功于天下[⑮]。而周武王克纣后[⑯]，成王封叔虞于唐[⑰]，其地阻险，以此有德，与周衰并，亦必兴矣[⑱]。"桓公曰："善。"于是卒言王，东徙其民雒东，而虢、郐果献十邑[⑲]，竟国之[⑳]。

【注释】

①褒后：即褒姒，原褒国之女，受周幽王宠幸而立为后。前771年，

犬戎入侵镐京,周幽王被杀,她也被犬戎虏走。褒,国名。姒姓。故城在今陕西勉县东。

②畔:通“叛”。

③太史伯:《集解》引虞翻曰“周太史”,《郑语》作“史伯”,《周本纪》作“太史伯阳”。

④雒之东土,河济之南可居:太史伯此言实自《国语·郑语》删易而来。《郑语》作:“王室将卑,戎、狄必昌,不可逼也。当成周者,……非亲则顽,不可入也。其济、雒、河、颍之间乎?”雒,指西周王朝的东都雒邑,在今河南洛阳城东。或谓“雒”指洛水。

⑤地近虢(guó)、郐(kuài):其地临近虢、郐二国。虢,此指东虢,姬姓国。始封君为周文王之弟虢叔,一说为虢仲,故城在今河南荥阳东北。前767年为郑国所灭。郐,妘姓。开国君主相传是祝融的后裔,故城在今河南密县东南、新郑西北。前769年为郑国所灭。

⑥虢、郐之君贪而好利:《索隐》引《郑语》曰:“虢叔恃势,郐仲恃险,皆有骄侈,又加之以贪冒。”此司马迁隐括《郑语》而言。

⑦用事:当权。

⑧昔祝融为高辛氏火正:传说楚人的祖先重黎是帝颛顼高阳之后,为帝喾高辛火正,因有功绩,被命名祝融。高辛氏,即帝喾,号高辛氏,居于亳,故城在今河南偃师。传说中的上古帝王,为五帝之一。其事详见《五帝本纪》。火正,古官名。古代五行官之一,掌火政。

⑨吾欲居西方:《国语·郑语》曰:“公曰:‘谢西之九州何如?’”韦昭注曰:“谢,宣王之舅申伯之国,今在南阳。谢西有九州,二千五百家曰州。”按,谢,为今河南南阳;“谢西九州”当是西周故地及以西之地,即后来的秦地。《世家》好像专指西周以西之地,与《郑语》异。

⑩齐、秦、晋、楚:皆诸侯国名。详见《齐太公世家》《秦世家》《晋世

家》《楚世家》。

⑪伯夷：相传为舜臣，齐太公吕尚的先祖。时为秩宗，典三礼。

⑫尧：名放勋，陶唐氏，传说中的上古帝王，传位于舜。为五帝之一。其事详见《五帝本纪》。典：主管，执掌。

⑬伯翳（yì）：即大费，《尚书》谓之“伯益”。辅助舜、禹平治水土，调驯鸟兽。舜赐姓嬴，相传是秦、赵的始祖。

⑭舜：名重华，有虞氏，亦称“虞舜”，传说中的上古帝王，传位于禹。为五帝之一。其事详见《五帝本纪》。怀柔：安抚，调教。

⑮尝：曾经。

⑯周武王：名发，灭商，建立西周王朝，都于镐，即今陕西西安西南。其事详见《周本纪》。纣：一作“受”，名辛，亦称“帝辛”，帝乙之子，商朝亡国之君，前1075—前1046年在位。其事详见《殷本纪》。

⑰成王封叔虞于唐：成王，周成王，名诵，周武王之子，前1042—前1021年在位。叔虞，周成王之弟。《索隐》曰：“当武王邑姜方动，梦天命而子曰虞，与之唐。及生，有文在手曰‘虞’，遂以名之。”唐，诸侯国名。相传是尧的后裔，被周公所灭，故城在今山西翼城与曲沃之间，其地近年来有重大考古发掘，称为“天马—曲村遗址”。按，据《索隐》，“据此《系家》下文云唐人季代曰‘唐叔虞’”，“及成王灭唐，而国太叔，故因以称‘唐叔虞’。杜预亦曰‘取唐君之名’是也”，可知唐国的末代国君亦名虞。

⑱“以此有德”三句：泷川引冈白驹曰：“以此有德子孙，与周季衰德者并，其势必兴矣。”周衰，别本或作“衰周”。

⑲而虢、郐果献十邑：梁玉绳曰：“因王室多故，感史伯之言，寄孥与贿于虢、郐等十邑。桓公死幽王之难，其子武公与平王东徙，卒定十邑之地以为国，河南新郑是也。然则桓公始谋，非身得也；武公始国，非桓公也；武灭虢、郐，非王徙之而献邑也；十邑中八邑，各

为其国，非虢、郐之地，无由献之也。”十邑，《集解》引虞翻曰：“十邑，谓虢、郐、鄢、蔽、补、丹、依、畴、历、莘也。”《索隐》曰：“《国语》云：太史伯曰：‘若克二邑，鄢、蔽、补、丹、依、畴、历、莘君之土也。’虞翻注皆依《国语》为说。”

⑳竟国之：最后在那里创建了国家。竟，最终，最后。《集解》引韦昭曰：“后武公竟取十邑地而居之，今河南新郑也。”按，郑城所在，即今河南新郑之郑韩故城，东枕马陵，西倚隗山，南连许、颍，北达荥泽，冈阜四抱，溱、洧萦回，为四方必经之地。郑城城址位于今新郑城关一带，夹于双洎河（即古洧水）与黄水之间。郑韩故城当初的城垣建筑雄伟壮观。城墙既高且厚，夯筑坚固，这正是为了适应春秋战国时期城市防御的需要。正如文献里提到的“春秋战争之多者莫如郑，战国战争之多者莫如韩”。

【译文】

郑桓公做了一年司徒，周幽王因为褒后的缘故，周王的政治颇多弊端，有些诸侯背叛了周王室。这时桓公询问太史伯道：“王室灾难深重，我怎么才能躲避灾难呢？”太史伯回答说：“只有洛邑东土，黄河、济水的南面地区可以安居。”桓公问：“为什么？”太史伯回答说：“那个地方靠近虢国、郐国，虢国、郐国的国君贪婪而喜好财利，百姓不亲附他们。如今您做了司徒，百姓都爱戴您，您若是请求居住在那里，虢国、郐国的国君见您正当权，就会轻易地分给您土地。您若是居住在那里，虢国、郐国的百姓就都是您的百姓了。”桓公说：“我想往南迁到长江岸边去，怎么样？”太史伯回答说：“当初祝融做了高辛氏的火正，他的功劳很大，但他的后代子孙在周没有发达的，楚就是他的后代。周室衰微，楚一定会兴盛起来。楚国兴起，对郑国不利。”桓公说：“我想居住到西方去，怎么样？”太史伯回答说：“那里的人们贪婪而喜好财利，很难长久居住。”桓公问：“周室衰败，哪个国家将会兴起？”太史伯回答说：“大概是齐、秦、晋、楚吧？齐国，是姜姓国家，是伯夷的后代。伯夷辅佐尧执掌礼仪教化。秦国，是嬴姓国家，是伯翳的后代。伯翳辅佐舜安抚整顿各种事物。他们和楚人的祖先都曾对天下建有大功。周武王打败殷纣后，周成王把叔虞封在唐邑，那里地势阻险，叔虞又施行德政，加上周室的衰败，这个国家一定会兴起。”桓公说：“好。”于是他急速禀报周幽王，把百姓向东迁徙到洛东，虢国、郐国果然献给他十个城邑，最后在那里建了国。

二岁[①]，犬戎杀幽王于骊山下[②]，并杀桓公[③]。郑人共立其子掘突，是为武公[④]。

武公十年，娶申侯女为夫人，曰武姜[⑤]。生太子寤生，生之难[⑥]，及生，夫人弗爱。后生少子叔段[⑦]，段生易，夫人爱之。

二十七年[⑧]，武公疾。夫人请公，欲立段为太子，公弗听。是岁，武公卒，寤生立，是为庄公。

【注释】

①二岁：指郑桓公为司徒的第二年，当周幽王十一年，前771年。

②犬戎：古部族名。戎人的一支，又称“畎夷”“犬夷”“昆夷”“绲夷”等，殷周时活动于今陕西彬州、岐山一带。骊山：在今陕西临潼东南。

③并：一起。

④郑人共立其子掘突，是为武公：泷川引应劭曰：“郑武公与平王东迁，更称新郑是也。”武公，郑武公，前770—前744年在位。关于武公之名，说法各异。《世族谱》《国语》韦昭注作“滑突”，《索隐》一作“掘突”，又引谯周曰名“突滑”，并曰：“盖古史失其名，太史公循旧失而妄记之耳。何以知其然者？按下文其孙昭公名忽，厉公名突，岂有孙与祖同名乎？当是旧史杂记昭厉忽突之名，遂误

以掘突为武公之字耳。”梁玉绳曰:“谯周作‘突滑’,必讹倒也。《索隐》殊非,祖孙同名,必有一误,不得断史失其名。以掘突为字,亦妄。”

⑤“武公十年”三句:郑武公十年,当周平王十年,前761年。申,国名。姜姓,相传为伯夷之后,在今陕西、山西间。周宣王时有一部分东迁,分封于谢(今河南南阳),建立申国。春秋时被楚国所灭。

⑥生太子寤(wù)生,生之难:《左传·隐公元年》云:“庄公寤生,惊姜氏,故名曰寤生,遂恶之。”寤生,即难产。寤,通“牾”,逆。

⑦叔段:名段,一作“大叔段”“大叔”“叔段”。《左传》又称“共叔段”。《竹书纪年》作“公子圣”,郑武公少子,郑庄公之弟。受其母武姜宠爱。郑庄公即位后,封于京(今河南荥阳东南),故又称“京城太叔”。其事详见下文。

⑧二十七年:当周平王二十七年,前744年。

【译文】

过了二年,犬戎在骊山下杀死了周幽王,同时也杀害了郑桓公。郑人共同拥立他的儿子掘突为君,这就是武公。

武公十年,娶申侯的女儿做夫人,叫武姜。武姜生了太子寤生,寤生在出世时难产,等生下来,夫人不喜爱他。后来又生了小儿子叔段,叔段生得容易,夫人喜爱他。

武公二十七年,生病。夫人向武公请求,想立段做太子,武公没有同意。这年,武公去世,寤生继位,这就是庄公。

庄公元年[①],封弟段于京[②],号太叔。祭仲曰[③]:“京大于国,非所以封庶也[④]。”庄公曰:“武姜欲之[⑤],我弗敢夺也。”段至京,缮治甲兵[⑥],与其母武姜谋袭郑。

二十二年,段果袭郑,武姜为内应[⑦]。庄公发兵伐段,段走。伐京，京人畔段，段出走鄢[8]。鄢溃，段出奔共[9]。于是庄公迁其母武姜于城颍[10]，誓言曰："不至黄泉，毋相见也[11]。"居岁余，已悔思母。颍谷之考叔有献于公[12]，公赐食。考叔曰："臣有母，请君食赐臣母。"庄公曰："我甚思母，恶负盟，奈何？"考叔曰："穿地至黄泉，则相见矣。"于是遂从之，见母[13]。

【注释】

①庄公元年：当周平王二十八年，前743年。

②京：郑邑名。故城在今河南荥阳二十里铺乡王寨村东南。

③祭（zhài）仲：名足，字仲，"祭"为其食邑，因以为氏，郑卿。祭，即今河南中牟。

④京大于国，非所以封庶也：《左传·隐公元年》："祭仲曰：'都城过百雉，国之害也。……今京不度，非制也，君将不堪。'"司马迁以意言之。国，国都。此指郑都新郑。庶，指嫡长子之外的其他儿子。此指叔段。

⑤武姜："武"是谥号，生时不当称。《左传》作"姜氏"。

⑥缮治：修整，修理。缮，修缮，整治。甲兵：铠甲、兵器。

⑦"二十二年"三句：《左传·隐公元年》："大叔完聚，缮甲兵，具卒乘，将袭郑，夫人将启之。公闻其期，曰：'可矣。'命子封帅车二百乘以伐京。"中井积德曰："据《左传》，庄公先期发兵伐京也，此盖谬多一战。"二十二年，当周平王四十九年、鲁隐公元年，前722年。郑，即郑国都城，今河南新郑。

⑧鄢（yān）：郑邑名。在今河南鄢陵西北。原为妘姓之国，被郑武公所灭。

⑨段出奔共：按，据《左传·隐公元年》，郑庄公早知段与武姜欲谋

夺君位，但并没有一开始就制止他们，而是让他们发展，等到时机成熟，就先发制人，派子封伐京，“京叛大叔段，段入于鄢。公伐诸鄢。五月辛丑，大叔出奔共”。一举解决了叔段。共，古国名。即西周共伯和之封国，故城在今河南辉县。

⑩城颍：在今河南临颍西北。

⑪不至黄泉，毋相见也：意为今生再不相见。黄泉，此处指地下。《集解》引服虔曰：“天玄地黄，泉在地中，故言黄也。”

⑫颍谷之考叔：亦称“颍考叔”，时为颍谷封人。颍谷，地在今河南登封西。《正义》曰：“《括地志》云：颍水，源出洛州嵩高县东南三十里阳乾山，今俗名颍山泉。源出山之东谷，其侧有古人居处，俗名为颍墟。故老云，是颍考叔故居，即郦元注《水经》所谓颍谷也。”考叔，前712年在伐许战斗中被郑大夫公孙阏冷箭射死。现在河南襄城颍桥回族镇颍桥小十字街西寨里有颍考叔祠。颍考叔墓据乾隆年间版《登封县志》载，在今河南登封君召乡翟峪沟西。现墓仅存一土冢。有献于公：中井积德曰：“按《左传》‘有献’之上，有‘闻之’二字，乃为得状。”

⑬于是遂从之，见母：《左传·隐公元年》云：“公入而赋：‘大隧之中，其乐也融融。’姜出而赋：‘大隧之外，其乐也洩洩。’遂为母子如初。君子曰：‘颍考叔，纯孝也，爱其母，施及庄公。《诗》曰“孝子不匮，永锡尔类”，其是之谓乎！’”何孟春曰：“子绝母，非人理也。郑庄置母城颍而立‘不及泉，无相见’之誓，既而悔之，理在人心，有不可得亡者，故于颍叔赐食舍肉之事遂有感焉。考叔于此直就伦理喻之，违逆誓而归顺德，其谁曰不然，而必为泉隧以文其悖，吾无取焉耳矣。”按，今河南襄城颍桥回族镇颍桥村北有城颍莲花寨遗址，面积七千四百平方米，现存有夯土台基、“颍谷隧”等遗址。郑庄公与其母姜氏在城颍掘地及泉、隧中相见的故事就发生在此地。

【译文】

庄公元年，将弟弟段封在了京邑，号称太叔。祭仲对庄公说："京邑比国都还大，不该封给庶弟。"庄公说："武姜想这样做，我不敢违背他。"叔段到了京邑，整顿修治铠甲兵器，训练军队，与他的母亲武姜合谋袭击郑都。

庄公二十二年，叔段果然袭击郑都，武姜做内应。庄公发动军队讨伐叔段，叔段逃跑。庄公攻打京邑，京人背叛了叔段，叔段逃到了鄢邑。在鄢邑溃败，叔段逃奔到了共国。于是庄公把母亲武姜迁到城颍，发誓说："不到黄泉，不再相互之间会见。"过了一年多，庄公后悔，思念母亲。颍谷的长官考叔向庄公进献礼物，庄公赐给他食物。考叔说："我有母亲，请求把您赐给我的食物赐给我母亲吧。"庄公说："我很思念母亲，但我又不愿背弃盟誓，怎么办呢？"考叔说："挖个地道，一直挖到黄泉，那么你们母子就可以相见了。"庄公照着考叔说的去做，见到了母亲。

二十四年[①]，宋缪公卒[②]，公子冯奔郑[③]。郑侵周地，取禾[④]。

二十五年[⑤]，卫州吁弑其君桓公自立[⑥]，与宋伐郑，以冯故也[⑦]。

二十七年，始朝周桓王[⑧]。桓王怒其取禾，弗礼也[⑨]。

二十九年，庄公怒周弗礼，与鲁易祊、许田[⑩]。

三十三年，宋杀孔父[⑪]。

三十七年[⑫]，庄公不朝周，周桓王率陈、蔡、虢、卫伐郑。庄公与祭仲、高渠弥发兵自救[⑬]，王师大败。祝聸射中王臂[⑭]。祝聸请从之，郑伯止之，曰："犯长且难之，况敢陵天子乎[⑮]？"乃止。夜令祭仲问王疾。

【注释】

①二十四年：当周平王五十一年、鲁隐公三年、宋缪公九年，前720年。

②宋缪公：即宋穆公，名和，宋武公之子，宋宣公之弟，前728—前720年在位。宋，西周以来的诸侯国名。子姓。都商丘，故城在今河南商丘南。

③公子冯奔郑：宋缪公立其兄宋宣公之子与夷为君，令公子冯出居于郑。公子冯后借宋国内乱回国即位，是为宋庄公，前710—前692年在位。其事详见《宋微子世家》。

④郑侵周地，取禾：此本《左传·隐公三年》而记载有误。《左传》云："郑武公、庄公为平王卿士，王贰于虢；……王崩，周人将畀虢公政。四月，郑祭足帅师取温之麦，秋，又取成周之禾。"梁玉绳曰："不书取麦，妄增侵地。"

⑤二十五年：当周桓王元年、鲁隐公四年，前719年。

⑥卫州吁弑其君桓公自立：其事详见《卫康叔世家》。卫，西周以来诸侯国名。姬姓。建都朝歌，故城即今河南淇县。桓公，卫桓公，名完，前734—前719年在位。

⑦与宋伐郑，以冯故也：据《左传·隐公四年》，郑、卫两国世代相仇，郑人欲送宋公子冯回国；州吁立，想与郑国对抗，"而求宠于诸侯，以和其民"，遂联合宋、陈、蔡伐郑，围其东门，五日而还。

⑧二十七年，始朝周桓王：杜预曰："桓王即位，周、郑交恶，至是乃朝，故曰'始'。"二十七年，当周桓王三年、鲁隐公六年，前717年。周桓王，名林，周平王之孙，前719—前697年在位。

⑨桓王怒其取禾，弗礼也：《左传·隐公六年》："郑伯如周，始朝桓王也，王不礼焉。"不言怒其取禾，盖周、郑交恶，周桓王怒其不逊故弗礼，非仅为其取禾。

⑩"二十九年"三句：《索隐》曰："郑以天子不能巡守，故以祊易许田，各从其近。"按，祊和许田都是周王室所赐，郑庄公擅自对换，

一方面出于地理远近的考虑，另一方面借以表示对周王朝的蔑视，发泄对周桓王不予礼遇的不满。但此处记载与《左传》不同，梁玉绳曰："易田取其便，非因怒王弗礼而易之也。是年郑归鲁祊，尚未易许田。"二十九年，当周桓王五年、鲁隐公八年，前715年。鲁，西周以来诸侯国名。姬姓。始封君为周公旦之子伯禽，都曲阜，即今山东曲阜。祊(bēng)，或作"邴"，郑国祭祀泰山的汤沐邑，在今山东费县东南。许田，《索隐》曰："近许之田，鲁朝宿之邑。"在今河南许昌东南。

⑪三十三年，宋杀孔父：事在三十四年。宋太宰华督欲夺孔父之妻并夺其权而袭杀孔父并弑宋殇公。三十三年，当周桓王九年、鲁桓公元年、宋殇公九年，前711年。孔父，名嘉，宋宗室。任大司马，因受宋殇公信任而当权。为孔子祖先。

⑫三十七年：当周桓王十三年、鲁桓公五年、陈桓公三十八年、蔡桓侯八年、卫宣公十二年，前707年。

⑬庄公与祭仲、高渠弥发兵自救：此即"𦈡葛之战"。《左传·桓公五年》庄公曰："苟自救也，社稷无陨，多矣。"中井积德曰："'发兵'者拒王师也，此'自救'者，据《左传》郑伯之语而言也，然当时言语之文饰岂足据哉。"《左传》记当时曼伯、祭仲为二拒，原繁、高渠弥以中军奉公。"𦈡葛之战"在政治和军事两个方面都产生了重大的影响。政治上它使得周天子威信扫地，周桓王之后，再没有一位周天子敢于率军出来和称雄的诸侯进行较量，"礼乐征伐自天子出"的传统从此遂告消亡。军事上，"鱼丽阵"的出现和获得成功，使中国古代车阵战法逐渐趋向严密、灵活，从而有力地推动了古代战术的革新的演进。"𦈡葛之战"后，郑国威望大增，其宿敌卫国也归附郑国，至此，华夏诸侯几乎都云集在郑庄公的旗帜之下了。

⑭祝瞻：《左传》作"祝聃"，郑大夫。中臂：《左传》作"中肩"。

⑮犯长且难之，况敢陵天子乎：冒犯尊长尚且受到责难，怎么敢欺凌天子呢？《左传·桓公五年》庄公曰：“君子不欲多上人，况敢凌天子乎？”即此意也。

【译文】

庄公二十四年，宋缪公去世，公子冯出逃到郑国。郑国侵犯周畿，割走了周朝的庄稼。

庄公二十五年，卫国的州吁弑杀了他的国君卫桓公而自立为君，与宋国一起攻打郑国，这是因为公子冯的缘故。

庄公二十七年，开始朝见周桓王。周桓王恼怒郑国割了他的庄稼，对庄公不依礼接待。

庄公二十九年，因为怨恨周桓王不以礼相待，用祊邑与鲁国交换了靠近许国的祭田。

庄公三十三年，宋国杀了孔父。

庄公三十七年，没去朝见周桓王，周桓王率领陈国、蔡国、虢国、卫国的军队前往讨伐郑国。庄公与祭仲、高渠弥发动军队自救，周桓王带领的军队被打得大败。祝聸射中了周桓王的肩膀。祝聸请求追击，庄公制止了他，说：“冒犯长者尚且遭到责难，怎么敢欺凌天子呢？”于是罢兵。当夜庄公让祭仲前去问候周桓王的伤势。

三十八年[①]，北戎伐齐[②]，齐使求救，郑遣太子忽将兵救齐[③]。齐釐公欲妻之[④]，忽谢曰[⑤]：“我小国，非齐敌也[⑥]。”时祭仲与俱[⑦]，劝使取之[⑧]，曰：“君多内宠[⑨]，太子无大援将不立，三公子皆君也。”所谓三公子者，太子忽、其弟突、次弟子亹也[⑩]。

四十三年[⑪]，郑庄公卒。初，祭仲甚有宠于庄公，庄公使为卿；公使娶邓女[⑫]，生太子忽，故祭仲立之，是为昭公。

庄公又娶宋雍氏女[13]，生厉公突。雍氏有宠于宋。宋庄公闻祭仲之立忽，乃使人诱召祭仲而执之[14]，曰："不立突，将死。"亦执突以求赂焉[15]。祭仲许宋，与宋盟。以突归，立之。昭公忽闻祭仲以宋要立其弟突[16]，九月丁亥[17]，忽出奔卫。己亥[18]，突至郑，立，是为厉公。

【注释】

①三十八年：当周桓王十四年、鲁桓公六年、齐釐公二十五年，前706年。

②北戎：古部族名。或谓即山戎，居住于今河北东北部的部族。

③太子忽：郑庄公太子，名忽，即后来的郑昭公，前696—前695年在位。

④齐釐（xī）公：名禄甫，一作"禄父"，齐庄公之子，前730—前698年在位。

⑤谢：拒绝，推辞。

⑥非齐敌也：《左传·桓公六年》记太子忽两次辞婚于齐，前次有"齐大，非吾耦也"之说，此次辞婚之言为："无事于齐，吾犹不敢；今以君命奔齐之急，而受室以归，是以师昏也。民其谓我何？"敌，匹配。

⑦与俱：和他一起。

⑧取：同"娶"。

⑨内宠：受宠幸的姬妾，或谓得宠的庶子。《集解》引服虔曰："言庶子有宠者多。"泷川引中井积德曰："内宠，谓妇人也。"

⑩所谓三公子者，太子忽、其弟突、次弟子亹（wěi）也：《索隐》曰："杜预不数太子，以子突、子亹、子仪为三，盖得之。"

⑪四十三年：当周桓王十九年、鲁桓公十一年，前701年。

⑫公使娶邓女：使祭仲为之迎娶邓女。邓，国名。曼姓，故城在今湖北襄阳北，后来为楚所灭。

⑬雍氏：姞姓，相传为黄帝之孙，为宋正卿。

⑭执之：将他抓住。

⑮赂：财物。

⑯要（yāo）：要挟。

⑰九月丁亥：九月十三。

⑱己亥：九月二十五。

【译文】

庄公三十八年，北戎攻打齐国，齐国派人请求郑国救援，郑国派太子忽统领军队救援齐国。齐釐公想把女儿嫁给太子忽，忽谢绝说："我们是小国家，与齐国不相配。"当时祭仲与太子忽在一起，劝说他娶齐女，说："国君有很多宠姬，太子要是没有强大的援手恐怕无法继位，三位公子都有可能做国君。"祭仲说到的三位公子，就是太子忽，他的弟弟突，次弟子亹。

庄公四十三年，去世。当初，祭仲很受庄公的宠信，庄公任他做了卿；庄公派他去迎娶邓国女子，生下了太子忽，所以祭仲扶立太子忽继位，这就是郑昭公。

庄公又娶了宋国雍氏的女子，生下了厉公突。雍氏在宋国受到宠幸。宋庄公听说祭仲扶立了太子忽，就派人诱召祭仲，将他拘执起来，说："不拥立突继位，就杀死你。"同时也拘执起来突向他索求财物。祭仲答应了宋国，与宋国订立了盟约。他带着突回国，立他做了国君。昭公忽听说祭仲因为宋国的要挟立他弟弟突为国君，九月丁亥日，昭公忽逃亡到卫国去了。己亥日，突回到郑都，继位，这就是厉公。

厉公四年[①]，祭仲专国政[②]。厉公患之，阴使其婿雍纠欲杀祭仲[③]。纠妻，祭仲女也，知之，谓其母曰："父与夫孰亲[④]？"母曰："父一而已，人尽夫也[⑤]。"女乃告祭仲，祭仲反杀雍纠，戮之于市。厉公无奈祭仲何，怒纠曰："谋及妇人，死固宜哉！"夏，厉公出居边邑栎[⑥]。祭仲迎昭公忽，六月乙亥[⑦]，复入郑，即位。

秋，郑厉公突因栎人杀其大夫单伯[⑧]，遂居之。诸侯闻厉公出奔，伐郑，弗克而去[⑨]。宋颇予厉公兵自守于栎[⑩]，郑以故亦不伐栎。

【注释】

①厉公四年：当周桓王二十三年、鲁桓公十五年，前697年。

②专国政：专擅、把持国政。

③阴：暗中，暗地里。雍纠：郑国大夫。

④孰：谁，哪一个。

⑤父一而已，人尽夫也：《集解》引杜预曰："妇人在室则天父，出则天夫，女以为疑，故母以所生为本解之。"

⑥厉公出居边邑栎（lì）：《春秋·桓公十五年》云："（夏）五月，郑伯突出奔蔡。秋九月，入于栎。"此误合奔蔡入栎为一事。栎，郑邑名。在今河南禹州。《索隐》曰："即郑初得十邑之历也。"

⑦六月乙亥：六月二十二。

⑧郑厉公突因栎人杀其大夫单伯：《左传·桓公十五年》云："秋，郑伯因栎人杀檀伯。"因，凭借，利用。单伯，杜预曰："郑守栎大夫也。"洪颐煊曰："单伯，即檀伯也。"梁玉绳亦赞同此说，并曰："亦作'曼伯'，见《左》昭十一。"

⑨克：胜，战胜。

⑩颇：甚，多。

【译文】

厉公四年，祭仲独擅国政。厉公对此很忧虑，暗中派祭仲的女婿雍纠去杀祭仲。雍纠的妻子是祭仲的女儿，知道了这件事，问她母亲道："父亲与丈夫比谁更亲？"母亲说："父亲只有一个，人人都可以成为丈夫。"女儿就把雍纠要杀祭仲的事告诉了他，祭仲反而杀了雍纠，在街市上陈尸示众。厉公对祭仲毫无办法，怨恨雍纠说："和妇人谋划大事，死得活该！"夏天，厉公被迫出宫居住在边境上的栎邑。祭仲把昭公忽迎回国。六月乙亥日，昭公又回到郑都，即国君之位。

秋天，郑厉公突凭借栎人之力杀死了栎大夫单伯，就定居在那里。诸侯听说厉公逃亡，讨伐郑国，没有取得胜利就撤回了。宋国送给了厉公很多兵力，在栎邑自我防卫，郑昭公因此也不攻打栎邑了。

昭公二年①，自昭公为太子时，父庄公欲以高渠弥为卿，太子忽恶之②，庄公弗听，卒用渠弥为卿。及昭公即位，惧其杀己，冬十月辛卯③，渠弥与昭公出猎，射杀昭公于野④。祭仲与渠弥不敢入厉公，乃更立昭公弟子亹为君，是为子亹也，无谥号。

【注释】

①昭公二年：当周庄王二年、鲁桓公十七年，前695年。

②恶（wù）：诋毁，中伤。

③冬十月辛卯：十月二十二。

④射杀昭公于野：《左传》只云"弑昭公"。按，今河南密县曲梁乡五虎庙村东有春秋古墓，《密县志》记载，俗呼"稍公冢"，或曰"郑昭公冢"。

【译文】

昭公二年，在昭公还做太子的时候，他的父亲庄公就想任高渠弥为卿，太子忽中伤他，庄公没理会，最后还是让高渠弥做了卿。等昭公即位，高渠弥害怕昭公杀了自己，冬十月辛卯这天，与昭公一起外出打猎，就在野外射杀了昭公。祭仲与高渠弥不敢迎回厉公，就改立昭公的弟弟子亹做了国君，这就是子亹，没有谥号。

子亹元年七月[①]，齐襄公会诸侯于首止[②]。郑子亹往会，高渠弥相[③]，从，祭仲称疾不行。所以然者，子亹自齐襄公为公子之时，尝会斗，相仇[④]。及会诸侯，祭仲请子亹无行。子亹曰："齐强，而厉公居栎，即不往[⑤]，是率诸侯伐我，内厉公[⑥]。我不如往，往何遽必辱，且又何至是[⑦]！"卒行。于是祭仲恐齐并杀之，故称疾。子亹至，不谢齐侯[⑧]，齐侯怒，遂伏甲而杀子亹[⑨]。高渠弥亡归[⑩]，归与祭仲谋，召子亹弟公子婴于陈而立之，是为郑子[⑪]。是岁，齐襄公使彭生醉拉杀鲁桓公[⑫]。

【注释】

①子亹元年：当周庄王三年、鲁桓公十八年、齐襄公四年，前694年。

②齐襄公：名诸兒，齐釐公之子，前697—前686年在位。首止：一作"首戴"，卫邑名。在今河南睢县东南。

③相：辅佐，辅助。

④"子亹自齐襄公为公子之时"三句：郑子亹在齐襄公还是公子的时候曾经和他争斗，互相仇恨。梁玉绳曰："此事亦未闻。"

⑤即：如果，假若。

⑥内：同"纳"，以武力送回。

⑦往何遽（jù）必辱，且又何至是：去了怎么会一定受辱，而且又怎么会到您所想的地步。何遽，犹言"如何""怎么"。何至是，冈白驹曰："言何至于祭仲之所虑。"

⑧谢：谢罪。

⑨伏甲：埋伏军队。

⑩高渠弥亡归：《左传·桓公十八年》云高渠弥被齐人车裂。亡归，逃了回去。

⑪召子亹弟公子婴于陈而立之，是为郑子：《索隐》曰："《左传》以郑子名子仪，此云'婴'，盖别有所见。"梁玉绳曰："此误以子仪为婴。"又曰："《索隐》谓史公别有所见，则《人表》又作'郑子婴齐'，岂亦别有见耶？"

⑫齐襄公使彭生醉拉杀鲁桓公：鲁桓公被齐襄公所杀事，详见《鲁周公世家》及《左传·桓公十八年》。彭生，齐国力士。拉，摧折，折断。

【译文】

子亹元年七月，齐襄公在首止会盟诸侯。郑子亹前往参会，高渠弥辅助他，跟随前往，祭仲假称有病未同行。之所以这样做，是因为郑子亹在齐襄公还做公子的时候，二人曾经争斗，相互结仇。到会盟诸侯时，祭仲劝子亹不要前去。子亹说："齐国强大，而厉公居住在栎邑，如果不前往，这会让齐国人率诸侯来攻打我国，用武力送厉公返回国都。我不如前往，去了怎么一定会受辱，而且又怎么一定会到您想的地步！"最后还是前往。当时祭仲害怕齐国把他一起杀了，就假称有病没去。子亹到达后，没向齐侯谢罪，齐侯发怒，就埋伏士卒杀了子亹。高渠弥逃了回来，与祭仲谋划，从陈国召回子亹的弟弟公子婴，拥立他做了国君，这就是郑子。这年，齐襄公让彭生将鲁桓公灌醉并拉断肋骨杀了他。

郑子八年[①]，齐人管至父等作乱，弑其君襄公[②]。

十二年[③]，宋人长万弑其君滑公[④]。郑祭仲死[⑤]。

十四年[⑥]，故郑亡厉公突在栎者使人诱劫郑大夫甫假[⑦]，要以求入[⑧]。假曰："舍我[⑨]，我为君杀郑子而入君。"厉公与盟，乃舍之。六月甲子[10]，假杀郑子及其二子而迎厉公突，突自栎复入即位。

初，内蛇与外蛇斗于郑南门中[11]，内蛇死。居六年，厉公果复入。入而让其伯父原曰[12]："我亡国外居，伯父无意入我，亦甚矣。"原曰："事君无二心，人臣之职也。原知罪矣。"遂自杀。厉公于是谓甫假曰："子之事君有二心矣。"遂诛之。假曰："重德不报，诚然哉！"

【注释】

①郑子八年：当周庄王十一年、齐襄公十二年，前686年。

②齐人管至父等作乱，弑其君襄公：齐襄公被弑事，详见《左传·庄公八年》与《齐太公世家》。管至父，齐国大夫。

③十二年：当周庄王十五年、鲁庄公十二年、宋湣公十年，前682年。

④宋人长万弑其君湣公：乘丘之役，长万被鲁俘获，后被赎回。宋湣公戏言曰："始吾敬子，今子，鲁囚也，吾弗敬子矣。"长万忌恨此言，遂杀宋湣公。其事详见《宋微子世家》。长万，亦称"南宫长万""南宫万"，《集解》引贾逵曰："南宫，氏；万，名。宋卿。"湣公，宋湣公，名捷，一名接，宋庄公之子，前691—前682年在位。

⑤郑祭仲死：梁玉绳曰："仲死于郑子十二年，未知《史》何据。"按，今河南郑州祭城乡祭城村有祭城城址，文献记载为西周祭伯封国，后为春秋时郑大夫祭仲采邑。

⑥十四年：当周釐王二年、鲁庄公十四年，前680年。

⑦故郑亡厉公突在栎者使人诱劫郑大夫甫假：《左传·庄公十四年》："郑厉公自栎侵郑，及大陵获傅瑕。"与《世家》异。甫假，《左传》作"傅瑕"。

⑧要（yāo）：要挟。

⑨舍我：放了我。

⑩六月甲子：六月二十。

⑪南门：此南门当是内城正门。

⑫让其伯父原：《左传·庄公十四年》："（厉公）使谓原繁曰：'……吾皆许之上大夫之事，吾愿与伯父图之。'"谓"原"为"原繁"，泷川则曰："《左传》以伯父称原繁，以其同姓大夫也。史公以为厉公之父之兄者，误。"让，责备。

【译文】

郑子八年，齐人管至父等人作乱，杀了他们的国君齐襄公。

郑子十二年，宋人长万杀了他们的国君宋湣公。郑祭仲去世。

郑子十四年，先前逃亡到栎邑的厉公突派人用诱骗的手段劫持了郑大夫甫假，要挟他帮助自己回国。甫假说："放了我，我为您杀了郑子迎您回去。"厉公和他订立盟约，就放了他。六月甲子日，甫假杀了郑子和他的两个儿子，将厉公突迎回了国都，突从栎邑返回即位。

当初，郑都城内的一条蛇与城外的一条蛇在都城的南门相斗，城内的蛇死了。过了六年，厉公果然重返国都。他回京后责备他的伯父原繁说："我逃亡在国外居住，伯父丝毫没有迎我回来的意思，也太过分了。"原繁说："奉事君主不能有二心，这是做人臣的职分。我知罪了。"就自杀而死。厉公于是对甫假说："你奉事君主有二心啊。"就诛杀了他。甫假说："深厚的恩德得不到回报，果然是啊！"

厉公突后元年[①]，齐桓公始霸[②]。

五年[③]，燕、卫与周惠王弟颓伐王[④]，王出奔温[⑤]，立弟颓为王。

六年[⑥]，惠王告急郑，厉公发兵击周王子颓，弗胜，于是与周惠王归，王居于栎[⑦]。

七年春[⑧]，郑厉公与虢叔袭杀王子颓而入惠王于周[⑨]。秋，厉公卒[⑩]，子文公踕立[⑪]。厉公初立四岁，亡居栎，居栎十七岁，复入，立七岁，与亡凡二十八年[⑫]。

【注释】

①厉公突后元年：即其复辟后的纪元元年，当周釐王三年、齐桓公七年，前679年。泷川引中井积德曰："昭公、厉公并不立后元年也，此史家之揣摩，不可从。"

②齐桓公始霸：《春秋经·庄公十五年》："春，齐侯、宋公、陈侯、卫侯、郑伯会于鄄。"开始称霸。杜预曰："始为诸侯长。"齐桓公，名小白，齐釐公之子，齐襄公之弟，前685—前643年在位。

③五年：当周惠王二年、燕庄公十六年、卫宣公二十五年，前675年。

④燕、卫与周惠王弟颓（tuí）伐王：燕，此指南燕。姞姓。故城在今河南延津东北。周惠王，名阆，一作"毋凉"，周釐王之子，前676—前652年在位。颓，周釐王庶弟，周惠王之叔父。此称"周惠王弟"，误。

⑤王出奔温：按《左传·庄公十九年》，奔温者为颓，而非周惠王，其事详见《燕召公世家》。温，古邑名。在今河南温县西南。

⑥六年：当周惠王三年、鲁庄公二十年，前674年。

⑦王居于栎：郑厉公与周惠王一起回到郑国、居于栎事，本《左传·鲁庄公二十年》。

⑧七年：当周惠王四年、鲁庄公二十一年，前673年。

⑨郑厉公与虢叔袭杀王子颓而入惠王于周：据《左传·庄公二十一年》："夏，同伐王城，郑伯将王自圉门入，虢叔自北门入，杀王子颓及五大夫。"虢叔，名丑，为周王卿士，虢公林父之子。或谓此虢公即虢公林父。

⑩秋，厉公卒：张照曰："《春秋》夏五月辛酉，郑伯突卒。'秋'字当

作‘夏’。”

⑪子文公踕（jié）立：梁玉绳曰：“文公之名，《左》《穀》《春秋》及高注《吕子·上德》、韦注《晋语》并作‘捷’，《年表》同。《公羊》作‘接’，《人表》作‘椄’。盖‘捷’‘接’古字通用，而‘手’与‘木’旁古亦通写也，惟此作‘踕’为讹。”

⑫与亡凡二十八年：梁玉绳曰：“‘八’字当作‘七’。”当为二十七年。

【译文】

厉公突后元年，齐桓公开始称霸。

厉公后五年，燕、卫二国与周惠王的弟弟颓攻打周惠王，周惠王逃出京城逃奔到了温邑，就拥立他的弟弟颓为王。

厉公后六年，周惠王向郑国告急，厉公出动军队攻打周室的王子颓，没有获胜，于是将周惠王带回郑国，安置周惠王居住在栎邑。

厉公后七年春，厉公与虢叔发动袭击，杀死了王子颓并把周惠王送入成周。

秋天，厉公去世，他的儿子文公踕继位。厉公最初继位四年，逃亡住在栎邑，他在栎邑待了十七年，重返都城，又居君位七年，加上逃亡的时间一共二十八年。

文公十七年①，齐桓公以兵破蔡，遂伐楚，至召陵②。

二十四年③，文公之贱妾曰燕姞，梦天与之兰④，曰：“余为伯儵⑤。余，尔祖也⑥。以是为而子，兰有国香⑦。”以梦告文公，文公幸之，而予之草兰为符。遂生子，名曰兰。

【注释】

①文公十七年：当周惠王二十一年、齐桓公三十年、蔡穆侯十九年、楚成王十五年，前656年。

②“齐桓公以兵破蔡”三句：齐桓公破蔡、伐楚以及召陵之盟事，详见《左传·僖公四年》与《齐太公世家》。齐因破蔡而伐楚，而后为召陵之会，使楚人约合，是齐桓公霸业的主要成就，最为孔子赞颂。召陵，楚邑名。在今河南郾城东。现召陵乡召陵村四周有召陵故城。现存内、外二城，外城周围约六公里，呈正方形。内城位于外城西北隅。多有高大夯土建筑台基分布。现存北城墙即齐、楚“召陵之盟”所在地。

③二十四年：当周襄王三年、鲁僖公十一年，前649年。

④梦天与之兰：梁玉绳曰：“梦兰之事，《左传》在宣公三年，乃追叙之，未定在何岁。”

⑤伯儵（tiáo）：传说为黄帝的后裔，南燕的始祖。《集解》引贾逵曰：“伯儵，南燕祖。”

⑥尔：你的。

⑦以是为而子，兰有国香：《集解》引王肃曰：“以是兰也为汝子之名。”而，你。

【译文】

文公十七年，齐桓公率军攻破蔡国，乘势攻打楚国，一直打到了召陵。

文公二十四年，文公有个叫燕姞的贱妾，梦见天神给了她朵兰草，说：“我是伯儵。我，是你的祖先。让这兰草做你的儿子吧，兰草有冠绝一国的香味。”燕姞把梦告诉文公，文公让她侍寝，并送给她兰草作为信物。她于是生了个儿子，取名叫兰。

三十六年[①]，晋公子重耳过[②]，文公弗礼。文公弟叔詹曰[③]：“重耳贤，且又同姓，穷而过君，不可无礼。”文公曰：“诸侯亡公子过者多矣，安能尽礼之[④]！”詹曰：“君如弗礼，遂杀之；弗杀，使即反国，为郑忧矣。”文公弗听。

【注释】

①三十六年：当周襄王十五年、鲁僖公二十三年、晋惠公十四年，前637年。

②公子重耳：晋献公之子，即日后的晋文公，前636—前628年在位。重耳因其国内政治动荡而外逃周游诸国事，详见《左传·僖公二十四年》与《晋世家》。

③叔詹：郑国大夫。梁玉绳曰："詹为文公弟，未闻。"

④安能尽礼之：《国语·晋语》未载郑文公对叔詹语，曹共公对僖负羁曾曰："诸侯之亡公子其多矣，谁不过此！亡者皆无礼者也，余焉能尽礼焉！"大意略尽。

【译文】

文公三十六年，晋公子重耳路过郑国，文公没以礼相待。文公的弟弟叔詹说："重耳有贤德，而且又与我国是同姓，他在困顿窘迫中流亡到大王您这里，不可不以礼相待。"文公说："诸侯的逃亡公子路过的太多了，怎么能都以礼相待呢！"叔詹说："您假若不能以礼相待，就干脆杀掉他；不杀掉他，如果让他返国，那将会成为郑国的祸患。"文公没听从他的劝告。

三十七年春[①]，晋公子重耳反国，立，是为文公[②]。秋，郑入滑[③]，滑听命，已而反与卫[④]，于是郑伐滑。周襄王使伯犕请滑[⑤]。郑文公怨惠王之亡在栎，而文公父厉公入之，而惠王不赐厉公爵禄[⑥]，又怨襄王之与卫滑，故不听襄王请而囚伯犕。王怒，与翟人伐郑，弗克[⑦]。冬，翟攻伐襄王[⑧]，襄王出奔郑，郑文公居王于氾[⑨]。

三十八年[⑩]，晋文公入襄王成周[⑪]。

【注释】

①三十七年：当周襄王十六年、鲁僖公二十四年、晋文公元年、卫文公二十四年，前636年。

②是为文公：即为晋文公。

③秋，郑入滑：梁玉绳曰："'秋'字乃'初'之误，追叙前四年事也。"滑，古国名。姬姓。原都滑，在今河南睢县西北；后迁都于费，在今河南偃师东南，故亦称"费滑"。现河南偃师府店镇滑城河村有滑国故城。

④已而反与卫：不久又背离郑与卫国联合。已而，不久。与，亲附，联合。

⑤周襄王：名郑，周惠王之子，前651—前619年在位。伯犕（fú）：《索隐》曰："《左传》：'王使伯服、游孙伯如郑请滑。'杜预云：'二子，周大夫。'知'伯犕'即'伯服'也。"梁玉绳曰："此不及游孙伯，略也。'犕'，古'服'字。"请滑：为滑国说情，请郑勿攻。

⑥惠王不赐厉公爵禄：据《左传》，乃周惠王未赐郑厉公酒器之爵，并非不赐予爵禄。《索隐》曰："《左传》云：'郑伯享王，王以后之鞶鉴与之虢公。请器，王予之爵。'则爵，酒器，是太史公与丘明说别也。"泷川曰："《索隐》所引庄二十一年《左传》，僖二十四年《左传》承之曰'郑伯怨惠王之不与厉公爵'，史公盖误解'爵'字。"

⑦与翟人伐郑，弗克：沈家本曰："《左传》云'取栎'，与此异。"翟，同"狄"，古部族名。

⑧冬，翟攻伐襄王：大叔带与翟后私通，周襄王一怒之下废了翟后，颓叔、桃子害怕被周襄王所诛，于是年秋奉大叔带以翟师伐周，大败周师。梁玉绳曰："僖二十四年《传》'冬'当作'秋'。"

⑨郑文公居王于氾：郑文公让周襄王居住在氾。氾，郑邑名。在今河南襄城南。

⑩三十八年：当周襄王十七年、鲁僖公二十五年、晋文公二年，前635年。

⑪晋文公入襄王成周：晋文公以兵力送周襄王进入成周，恢复王位。其事详见《左传·僖公二十五年》与《晋世家》。

【译文】

文公三十七年春，晋公子重耳返回晋国，继位为君，这就是晋文公。秋天，郑国入侵滑国，滑国投降，不久又亲附卫国，于是郑国讨伐滑国。周襄王派伯犕去为滑国说情。文公怨恨周惠王逃亡到栎邑，他的父亲厉公送他返回京城，而周惠王没赐给厉王爵禄，又怨恨周襄王偏向卫国、滑国，所以没听从周襄王的说情而囚禁了伯犕。周襄王大怒，与翟人讨伐郑国，没能获胜。这年冬天，翟族攻伐周襄王，周襄王逃奔到郑国，文公让周襄王住在氾邑。

文公三十八年，晋文公护送周襄王返回到成周。

四十一年，助楚击晋[①]。自晋文公之过无礼，故背晋助楚。

四十三年[②]，晋文公与秦缪公共围郑[③]，讨其助楚攻晋者，及文公过时之无礼也。

初，郑文公有三夫人[④]，宠子五人，皆以罪蚤死[⑤]。公怒，溉逐群公子[⑥]。子兰奔晋，从晋文公围郑[⑦]。时兰事晋文公甚谨，爱幸之，乃私于晋，以求入郑为太子。晋于是欲得叔詹为僇[⑧]。郑文公恐，不敢谓叔詹言。詹闻，言于郑君曰："臣谓君，君不听臣，晋卒为患。然晋所以围郑，以詹，詹死而赦郑国，詹之愿也。"乃自杀[⑨]。郑人以詹尸与晋。晋文公曰："必欲一见郑君，辱之而去[⑩]。"郑人患之，乃使人私于秦曰："破郑益晋，非秦之利也[⑪]。"秦兵罢。晋文公欲入兰为太子，以告郑。郑大夫石癸曰[⑫]："吾闻姞姓乃后稷之元妃[13]，其后当有兴者。子兰母，其后也。且夫人子尽已死，余庶子无如兰贤。今围急，晋以为请，利孰大焉！”遂许晋，与盟，而卒立子兰为太子，晋兵乃罢去。

四十五年[14]，文公卒，子兰立，是为缪公。

【注释】

①四十一年，助楚击晋：在此年发生的晋、楚“城濮之战”中，开始时郑在楚国一方，其事详见《左传·僖公二十八年》与《晋世家》《楚世家》。四十一年，当周襄王二十年、鲁僖公二十八年、楚成王四十年、晋文公五年，前632年。

②四十三年：当周襄王二十二年、鲁僖公三十年、秦穆公三十年、晋文公七年，前630年。

③秦缪（mù）公：也作“秦穆公”，名任好，前659—前621年在位。缪，通“穆”。

④三夫人：梁玉绳曰：“宣三年《传》，文公娶江，又娶苏，烝叔父子仪之妃陈妫，则非‘三夫人’也。”

⑤宠子五人，皆以罪蚤死：宠子五人，指陈妫所生子华、子臧，江女所生子士，苏女所生子瑕、子俞弥。梁玉绳曰：“五子中二人以罪见杀（指子华、子臧），一人早卒（指子俞弥），一人为楚鸩死（指子士），其一子瑕见存，文公恶之，则非五人俱有宠也，亦非皆以罪早死也。”蚤，通“早”。

⑥溉：《集解》引徐广曰：“一作‘瑕’。”《索隐》曰：“《左传》作‘瑕’。”方苞曰：“‘溉’当作‘概’。”中井积德曰：“溉，‘既’之烦文。”沈家本曰：“按《五帝本纪》‘溉执中’，《集解》引徐广曰：‘古“既”字作“水”旁。’此‘溉’字亦应读为‘既’。既者何？尽也。”群公子：上述五人以外的郑文公的其他儿子。

⑦从晋文公围郑：据《左传·僖公三十年》："郑公子兰出奔晋，从于晋侯伐郑，请无与围郑。许之，使待命于东。"公子兰只是待命于晋之东界，未从伐郑。

⑧僇（lù）：通"戮"，杀戮。

⑨乃自杀：梁玉绳曰："《国语》，文公围郑曰：'予我詹而师还。'郑以詹与晋。詹有辞，乃弗杀，礼而归之。郑以詹为将军。则詹未尝自杀，晋亦无欲得郑君语也。"《吕氏春秋·上德》篇亦记之。

⑩必欲一见郑君，辱之而去：泷川曰："此事《春秋》内、外传不载。"

⑪破郑益晋，非秦之利也：攻破郑国让晋国得益，对秦不是好事。《左传·僖公三十年》，秦、晋围郑，郑派烛之武见秦穆公，劝说道："秦、晋围郑，郑既知亡矣。若亡郑而有益于君，敢以烦执事。越国以鄙远，君知其难也，焉用亡郑以陪邻？邻之厚，君之薄也。若舍郑以为东道主，行李之往来，共其乏困，君亦无所害。且君尝为晋君赐矣，许君焦、瑕，朝济而夕设版焉，君之所知也。夫晋，何厌之有？既东封郑，又欲肆其西封。不阙秦，焉取之？阙秦以利晋，惟君图之。"益，增益，增加。

⑫石癸：名癸，字甲父，又称"石甲父""氏石"，郑国大夫。

⑬吾闻姞（jí）姓乃后稷之元妃：杜预曰："姞姓之女，为后稷妃。"后稷，名弃，传说中周人的始祖。元妃，原配，正妻。

⑭四十五年：当周襄王二十四年、鲁僖公三十一年，前628年。

【译文】

文公四十一年，郑国帮助楚国袭击晋国。因为晋文公当年路过郑国时没能以礼相待，所以郑国背叛晋国而帮助楚国。

文公四十三年，晋文公与秦缪公一起围攻郑国，讨伐郑国帮助楚国攻击晋国，以及晋文公当年路过时郑国的无礼。

当初，文公有三位夫人，生下五个受宠的儿子，都因为有罪早死。文公恼怒，就把所有的公子都驱逐了出去。子兰逃到晋国，跟随晋文公围攻郑国。当时子兰事奉晋文公非常恭谨,晋文公也宠爱他,就在晋国暗中活动,以求回到郑国做太子。晋文公这时想得到叔詹把他杀掉。文公害怕,不敢对叔詹说。叔詹听说后,就对文公说:“我对您说过,您不听我的,晋国最终成了郑国的祸患。但晋国之所以围攻郑国,是因为我。我死了而能免除郑国的灾难,我愿意赴死。”于是就自杀了。郑人把叔詹的尸体交给晋人。晋文公说:“我一定要见到郑君,羞辱他一番再撤兵。”郑人担忧起来,就派人私下对秦缪公说:“攻破郑国让晋国得益,对秦不是好事。”秦国撤了兵。晋文公想送子兰回国做太子,把这个意思告诉郑国。郑大夫石癸说:“我听说姞姓女子是后稷的原配夫人,她的后代应该有兴盛的人。子兰的母亲就是她的后代。况且夫人的儿子都已经死了,其余的庶子没有哪个比子兰更贤能。现在郑国被围攻得这样紧急,晋国提出这样的要求,还能有比这更大的好处吗!”就答应了晋国的要求,与晋国订下盟约,最终立子兰做了太子,晋国于是撤兵而去。

文公四十五年,去世,他的儿子子兰继位,这就是缪公。

缪公元年春①,秦缪公使三将将兵欲袭郑②,至滑,逢郑贾人弦高诈以十二牛劳军③,故秦兵不至而还④,晋败之于崤⑤。初,往年郑文公之卒也⑥,郑司城缯贺以郑情卖之⑦,秦兵故来。

三年⑧,郑发兵从晋伐秦,败秦兵于汪⑨。往年楚太子商臣弑其父成王代立⑩。

【注释】

①缪公元年:当周襄王二十五年、鲁僖公三十二年、秦缪公三十三年、晋襄公元年,前627年。

②秦缪公使三将将兵欲袭郑:秦缪公派孟明视、西乞术、白乙丙三位将领率军队去袭击郑国。三将,指孟明视、西乞术、白乙丙。

③逢郑贾（gǔ）人弦高诈以十二牛劳军：《左传·僖公三十三年》曰："及滑，郑商人弦高将市于周，遇之，以乘韦先，牛十二犒师，曰：'寡君闻吾子将步师出于敝邑，敢犒从者。不腆敝邑，为从者之淹，居则具一日之积，行则备一夕之卫。'且使遽告于郑。"泷川引钱锜曰："郑之商人与他国不同，昭十六年《左传》子产言：'先君桓公与商人皆出自周，庸次比耦，以艾杀此地，世有盟誓。'初疑商人何如此郑重，或子产设辞以拒韩宣；及参观他事，始信其言不诬，如弦高犒秦师而却之；成二年，荀罃在楚，郑贾人将置之褚中以出，皆非寻常贸迁者所能为。即请环一事，商人告君大夫，欲以一环折大国诛求之心，与子产之谋适合，可见郑之商人实有与朝廷休戚相关者。子产所言并非一时权托，而《左传》之事皆核实，亦可见也。"贾人，商人。诈，假称，欺骗。

④秦兵不至而还：据《左传·僖公三十三年》，弦高犒师，郑逐杞子、逢孙、杨孙，孟明视曰："郑有备矣，不可冀也。攻之不克，围之不继，吾其还也。"遂灭滑而还。

⑤晋败之于崤：此即"崤之战"。晋在崤山伏击秦军，俘其三帅。从此晋、秦交恶。其事详见《左传·僖公三十三年》与《晋世家》。崤，山名。在今河南洛宁西北，为秦岭东段之支脉。

⑥初，往年郑文公之卒也：张文虎曰："'初'下不当复云'往年'，因下文而衍。"按，司马迁常有类似语法，如"初""先是"等，此"初"字似非衍文。

⑦郑司城缯（zēng）贺以郑情卖之：《左传·僖公三十二年》曰："杞子自郑使告于秦曰：'郑人使我掌其北门之管，若潜师以来，国可得也。'"梁玉绳曰："卖郑者秦戍郑之杞子也。《秦纪》云郑人卖郑于秦，此云郑司城缯贺，《史》或别有据。"司城，官名。亦称"司空"，掌管土木工程、器物制作等。

⑧三年：当周襄王二十七年、鲁文公二年、晋襄公三年、秦缪公三十

五年，前625年。

⑨败秦兵于汪：按，《春秋·文公二年》曰："冬，晋先且居、宋公子成、陈辕选、郑公子归生伐秦，取汪及彭衙而还。"此处缺"彭衙"。汪，秦邑名。在今陕西澄城西南。彭衙，在今陕西白水西北，与汪邑临近。

⑩往年楚太子商臣弑其父成王代立：楚成王欲杀商臣立公子职为太子，商臣恐，与其傅潘崇杀王自立。其事详见《左传·文公元年》与《楚世家》。往年，《集解》引徐广曰："缪公之二年。"当周襄王二十六年、鲁文公元年、楚成王四十六年，前626年。商臣，即日后之楚缪王，前625—前614年在位。成王，楚成王，名恽，楚文王之子，前671—前626年在位。

【译文】

缪公元年春，秦缪公派三位将军领兵打算袭击郑国，到了滑国，遇上郑国商人弦高，他假称用十二头牛来犒劳秦军，所以秦军没有到达郑国就回去了，晋国在崤山拦击打败了秦军。先前，文公去年去世时，郑国的司城缯贺把郑国的情报出卖给了秦国，秦军所以来犯偷袭。

缪公三年，郑国出动军队跟随晋国伐秦，在汪邑打败秦国军队。缪公二年时，楚太子商臣杀死父亲楚成王而继立君位。

二十一年①，与宋华元伐郑②。华元杀羊食士③，不与其御羊斟④，怒以驰郑⑤，郑囚华元。宋赎华元，元亦亡去。晋使赵穿以兵伐郑⑥。

二十二年⑦，郑缪公卒，子夷立，是为灵公。

【注释】

①二十一年：当周匡王六年、鲁宣公二年、宋文公四年、楚庄王七年，

前607年。

②与宋华元伐郑：此役是楚、郑伐宋，非楚、宋伐郑，此文误甚。梁玉绳曰："宣二年《传》，郑公子归生受命于楚伐宋，宋华元、乐吕御之而获，非宋伐郑也。'与'字尤谬。"水泽利中曰："南化本作'与宋华元战'。"此说稍胜。华元，宋国诸卿之一，时为右师。

③食（sì）士：犒劳士兵。食，用酒食款待。

④御：仆，车夫。羊斟：《宋微子世家》作"羊羹"。

⑤怒以驰郑：按，句首应重出"羊斟"二字。《吕氏春秋·察微》作"遂驱入于郑师"。羊斟，亦作"叔牂"。

⑥赵穿：赵盾之异母弟，晋襄公之婿，晋国大夫。梁玉绳认为"赵穿"当为"赵盾"。

⑦二十二年：当周定王元年、鲁宣公三年，前606年。

【译文】

缪公二十一年，楚国令郑国与宋华元率领的宋军交战。华元杀羊犒劳将士们，却没给他的车人羊斟，羊斟恼怒，就驱车直入郑国军营，郑人囚禁了华元。宋人来赎华元，华元已经逃走了。晋国派赵穿率兵讨伐郑国。

缪公二十二年，去世，他的儿子夷继位，这就是灵公。

灵公元年春[①]，楚献鼋于灵公[②]。子家、子公将朝灵公[③]，子公之食指动，谓子家曰："佗日指动，必食异物[④]。"及入见灵公，进鼋羹。子公笑曰："果然！"灵公问其笑故，具告灵公[⑤]。灵公召之，独弗予羹。子公怒，染其指[⑥]，尝之而出。公怒，欲杀子公。子公与子家谋先[⑦]。夏，弑灵公[⑧]。郑人欲立灵公弟去疾[⑨]，去疾让曰[⑩]："必以贤，则去疾不肖；必以顺，则公子坚长。"坚者，灵公庶弟[⑪]，去疾之兄也。于是乃立子坚，是为襄公。

襄公立，将尽去缪氏[⑫]。缪氏者，杀灵公子公之族家也[⑬]。去疾曰："必去缪氏，我将去之。"乃止。皆以为大夫。

【注释】

①灵公元年：当周定王二年、鲁宣公四年，前605年。

②鼋（yuán）：大鳖。

③子家、子公：二人皆郑国公室大夫。子家，即公子归生，字子家。子公，即公子宋，字子公。

④佗（tā）日指动，必食异物：意谓他日我之指动，乃食异味；今日指又动，仍当有异味食。佗，同"他"。

⑤具：全，都。

⑥染其指：用指头在鼋羹里蘸了一下。《左传》作"染指于鼎"。染，这里即"蘸"的意思。

⑦子公与子家谋先：杜预曰："先公为难。"即先于郑灵公发难。

⑧夏，弑灵公：《左传》曰："子公与子家谋先。子家曰：'畜老，犹惮杀之，而况君乎？'反谮子家。子家惧而从之。夏，弑灵公。"

⑨去疾：亦作"弃疾"，字子良，郑缪公庶子。

⑩让：推辞，推让。

⑪坚者，灵公庶弟：《集解》引徐广曰："《年表》云'灵公庶兄'。"洪颐煊曰："今本《年表》作'庶弟'，盖后人所改。"

⑫缪氏：中井积德曰："缪氏是襄公之兄弟，皆缪公之子，故称'缪氏'，非子公之族。"

⑬缪氏者，杀灵公子公之族家也：中井积德曰："《左传》云：'襄公将去缪氏而舍子良，子良不可。'子良，去疾之字，亦缪氏也，以其让己，故欲将不去之也。太史公谬解《左氏》，故致纷纷耳。"

【译文】

灵公元年春，楚国献给灵公一只鼋。子家、子公要去朝见灵公，子公的食指动了动，他对子家说："往日只要我这个指头动，一定会吃到奇异的食物。"等到进入王宫见到灵公，进食鼋羹，子公笑着说："果然是这样！"灵公问他发笑的原因，他就都告诉了灵公。灵公召他们上前，唯独不给他们鼋羹。子公大怒，用指头蘸了下羹，尝过之后就出去了。灵公发怒，要杀子公。子公与子家商量先动手。这年夏天，他们弑杀了灵公。郑人想拥立灵公的弟弟去疾，去疾推让说："如果一定要让贤德的人继位，那去疾我没什么才德；如果一定要按长幼顺序继位，那么公子坚的年纪最长。"公子坚，是灵公的庶弟，去疾的哥哥。于是立子坚为君，这就是襄公。

襄公继位，打算将缪氏全部驱逐。缪氏，是杀灵公的那个子公的家族。去疾说："若一定要驱逐缪氏，那我就离开郑国。"襄公就停止下来，让他们都做了大夫。

襄公元年[①]，楚怒郑受宋赂纵华元，伐郑[②]。郑背楚，与晋亲。

五年[③]，楚复伐郑，晋来救之。

六年[④]，子家卒，国人复逐其族[⑤]，以其弑灵公也。

【注释】

①襄公元年：当周定王三年、鲁宣公五年、楚庄王十年、晋成公三年，前604年。

②楚怒郑受宋赂纵华元，伐郑：楚伐郑的原因，《左传·宣公五年》未有提及，杨伯峻据《晋世家》及此，以为"郑受宋赂纵华元"即楚伐郑的原因。梁玉绳曰："楚之伐郑，讨其贰于晋也，此非。"

③五年：当周定王七年、鲁宣公九年、楚庄王十四年、晋成公七年，前600年。

④六年：当周定王八年、鲁宣公十年，前599年。

⑤子家卒，国人复逐其族：《左传·宣公十年》云："郑子家卒。郑人讨幽公之乱，斫子家之棺而逐其族。改葬幽公，谥之曰'灵'。"梁玉绳曰："不言斫子家之棺，而但言逐族，失轻重矣。"

【译文】

襄公元年，楚国恼怒郑国接受宋国的贿赂放走了华元，征讨郑国。郑国背离楚国，亲附晋国。

襄公五年，楚国再次征讨郑国，晋国前来救援。

襄公六年，子家去世，郑人又驱逐了他的家族，因为他杀害了灵公。

七年[①]，郑与晋盟鄢陵[②]。

八年[③]，楚庄王以郑与晋盟[④]，来伐，围郑三月，郑以城降楚。楚王入自皇门[⑤]，郑襄公肉袒掔羊以迎[⑥]，曰："孤不能事边邑，使君王怀怒以及弊邑，孤之罪也[⑦]。敢不惟命是听。君王迁之江南，及以赐诸侯，亦惟命是听。若君王不忘厉、宣王，桓、武公，哀不忍绝其社稷，锡不毛之地[⑧]，使复得改事君王，孤之愿也，然非所敢望也。敢布腹心[⑨]，惟命是听。"庄王为却三十里而后舍[⑩]。楚群臣曰："自郢至此[⑪]，士大夫亦久劳矣。今得国舍之，何如[⑫]？"庄王曰："所为伐，伐不服也。今已服，尚何求乎[⑬]？"卒去。晋闻楚之伐郑，发兵救郑。其来持两端[⑭]，故迟，比至河[⑮]，楚兵已去。晋将率或欲渡，或欲还，卒渡河。庄王闻，还击晋。郑反助楚，大破晋军于河上[⑯]。

十年[⑰]，晋来伐郑，以其反晋而亲楚也[⑱]。

【注释】

①七年:当周定王九年、鲁宣公十一年、晋景公二年,前598年。

②郑与晋盟鄢陵:沈家本曰:"《左传》作'辰陵'。按,辰陵乃郑与楚盟,非晋也。宣十一年《左传》云:'郑既受盟于辰陵,又徼事于晋。'鄢陵之盟,其此事欤?"

③八年:当周定王十年、鲁宣公十二年、楚庄王十七年、晋景公三年,前597年。

④楚庄王:名旅,又作"吕""侣",楚穆王之子,前613—前591年在位。

⑤皇门:楚师来自西南,当为郑外郭西垣城门。贾逵曰:"郑城门。"何休曰:"郭门也。"

⑥郑襄公肉袒掔(qiān)羊以迎:郑襄公袒露上身露出臂膊牵着羊迎接他。是一种表示投降请罪的姿态。掔,牵引。

⑦"孤不能事边邑"三句:《左传·宣公十二年》记郑伯云:"孤不天,不能事君,使君怀怒以及敝邑。"即此意。《公羊传·宣公十二年》云:"寡人无良边垂之臣,以干天祸。"

⑧锡不毛之地:《集解》引何休曰:"不生五谷曰不毛。谦不敢求肥饶。"《公羊传·宣公十二年》曰:"君如矜此丧人,锡之不毛之地。"意谓若能赏我一块不毛之地,即谦言倘能仍让我当国君。锡,赐,赐予。

⑨布腹心:即表白心意。

⑩庄王为却三十里而后舍:泷川曰:"礼郑,不为城下之盟。"却,退。舍,驻扎。

⑪郢:楚国都城。故城即今湖北荆州西北之纪南城。

⑫今得国舍之,何如:《左传·宣公十二年》曰:"左右曰:'不可许也,得国无赦。'"泷川引《公羊传》曰:"将军子重谏曰:'南郢之与郑相去数千里,诸大夫死者数人,厮役扈养死者数百人,今君胜郑而不有,无乃失民臣之力乎?'"司马迁隐括为此十八字。

⑬今已服，尚何求乎：《左传·宣公十二年》曰："王曰：'其君能下人，必能信用其民矣，庸可几乎？'"按，《左传》重在说郑伯能忍辱图强，《郑世家》重在说楚能"存灭国"，与释宋、释陈同。

⑭其来持两端：此指晋军将领在进退问题上意见分歧，荀林父、士会欲罢师回国；先縠欲进兵击楚，即后所云"晋将率或欲渡，或欲还"。持两端，持不同意见。

⑮比至：等到了。

⑯大破晋军于河上：此即"邲之战"，其事详见《左传·宣公十二年》与《楚世家》《晋世家》。河上，黄河河边。此指黄河南岸之邲邑。故城在今河南郑州圃田乡古城村、东周村一带。

⑰十年：当周定王十二年、鲁宣公十四年、晋景公五年，前595年。

⑱晋来伐郑，以其反晋而亲楚也：《左传·宣公十四年》曰："晋侯伐郑，为邲故也。"邲之战，郑助楚，故晋伐之。

【译文】

襄公七年，郑、晋两国在鄢陵结盟。

襄公八年，楚庄王因为郑国与晋国结盟，前来讨伐郑国，围困郑国都城三个月，郑国举城投降楚国。楚庄王从皇门进城，襄公袒露上身露出臂膊牵着羊迎接他，说："我不能管理好边境之邑，让大王您怀着愤怒来到这个残破的城邑，这是我的罪过。我怎敢不听从您的命令。您要把我流放到江南，或者将我赏赐给其他诸侯，我也听从您的命令。假若您没有忘记周厉王、周宣王和郑桓公、郑武公，哀怜他们不忍心断绝祭祀他们的社稷之神，就赐给我们贫瘠荒凉的土地，让我们能改事您，这是我的愿望，但不是我敢企求的。我斗胆说出心里话，一切都听从您的命令。"楚庄王为他后退三十里而后驻扎下来。楚国众大臣说："从郢都来到这里，士大夫也都长时间劳苦了。如今得到国家却又放弃了，为什么？"楚庄王说："之所以前来讨伐，是讨伐他们的不顺服。如今他们已经顺服了，还有什么要求呢？"最终撤兵离开。晋国听说楚国讨伐郑国，发动军队前来救援郑国。军中将领在进退上意见不一，所以行动迟缓了，等到了黄河边，楚军已经撤走。晋军将帅有的想渡河，有的想回去，最后还是渡过黄河去追击楚军。楚庄王得知了，回击晋军。郑国反过来帮助楚国，在黄河边上大败晋军。

襄公十年，晋国来讨伐郑国，因为郑国背叛晋国而亲附楚国。

十一年①，楚庄王伐宋②，宋告急于晋。晋景公欲发兵救宋③，伯宗谏晋君曰④："天方开楚，未可伐也。"乃求壮士，得霍人解扬，字子虎⑤，诓楚⑥，令宋毋降。过郑，郑与楚亲，乃执解扬而献楚。楚王厚赐与约，使反其言，令宋趣降⑦，三要乃许⑧。于是楚登解扬楼车⑨，令呼宋。遂负楚约而致其晋君命曰："晋方悉国兵以救宋，宋虽急，慎毋降楚，晋兵今至矣！"楚庄王大怒，将杀之。解扬曰："君能制命为义⑩，臣能承命为信⑪。受吾君命以出，有死无陨⑫。"庄王曰："若之许我，已而背之，其信安在？"解扬曰："所以许王，欲以成吾君命也。"将死，顾谓楚军曰："为人臣无忘尽忠得死者！"楚王诸弟皆谏王赦之⑬，于是赦解扬使归。晋爵之为上卿⑭。

十八年⑮，襄公卒，子悼公濆立⑯。

【注释】

①十一年：当周定王十三年、鲁宣公十五年、楚庄王二十年、宋文公十七年、晋景公六年，前594年。

②楚庄王伐宋：据《左传·宣公十四年》，楚庄王故意派出与宋有矛盾的申舟使齐，命他在经过宋境时不用向宋借道。宋华元曰："过我而不假道，鄙我也。鄙我，亡也，杀其使者，必伐我，伐我，亦亡也。亡一也。"乃杀申舟，故楚于次年伐宋。其事见《楚世家》。

③晋景公：名据，晋成公之子，前599—前581年在位。

④伯宗：字尊，又称“伯尊”，孙伯纠（或作“孙伯起”）之子，晋国大夫。

⑤“乃求壮士”三句：梁玉绳曰：“《左传》无‘求壮士’之文，亦不言其里与字，《史》必别有据，故《说苑·奉使》篇曰：‘解扬字子虎，霍人，后世言霍虎。’”泷川按：“宣元年《左传》云：‘晋赵盾救陈、宋伐郑，楚苏贾救郑，遇于北林，囚晋解扬，晋人乃还。’杜注：‘解扬，晋大夫也。’事先是役十三年（当为“十四年”），晋人非始用之，疑史公误。”霍，晋邑名。在今山西霍州西南。

⑥诓：欺骗。

⑦使反其言，令宋趣（cù）降：即让他反过来说，让宋赶紧投降。趣，赶快。

⑧三要（yāo）乃许：多次要挟，解扬才答应。解扬故作推辞，以坚其意。三，指多次。要，要挟。

⑨楼车：设有望楼的战车，可以登高瞭望。杜预曰：“楼车，车上望橹也。”

⑩君能制命为义：君主能制定和发布命令叫“义”。义，合理，合宜。

⑪臣能承命为信：臣子能执行、完成使命叫“信”。

⑫有死无陨：《正义佚文》曰：“有死亦不陨坠晋君命也。”陨，毁。

⑬楚王诸弟皆谏王赦之：《左传》未载解扬谓楚军之言，亦未载谏楚庄王之事。梁玉绳曰：“《晋世家》言庄王欲杀解扬，或谏乃归之，此又载解扬将死语及庄王诸弟之谏，必别有据。《说苑》同，《左氏》略之。”

⑭晋爵之为上卿：泷川曰：“《左传》但云‘楚子舍之以归’。”《左传》未载此事。杨伯峻曰：“晋爵之为上卿，恐无是事。若解扬果为晋上卿，必再见于《传》文，而嗣后解扬不再见。”

⑮十八年：当周定王二十年、鲁成公四年，前587年。

⑯悼公溃（bì）：郑悼公，名溃。《索隐》曰：“邹本一作‘沸’，一作

'弗',《左传》作'费'。"梁玉绳曰:"'溃'乃'费'之讹。"

【译文】

襄公十一年,楚庄王讨伐宋国,宋国向晋国告急。晋景公想出兵去援救宋国,伯宗劝谏晋景公说:"上天正打开了楚国的福运之路,不能去讨伐它。"于是寻求壮士,找到一个名叫解扬的霍邑人,解扬字子虎,让他去诓骗楚国,叫宋国不要投降。解扬经过郑国,郑国亲附楚国,就拘执了解扬将他献给楚国。楚庄王赏给他丰厚的财物,与他约定,让他反过来说,让宋国赶快投降,多次要挟,解扬才答应。于是楚人让解扬登上楼车,让他向宋人喊话。解扬在喊话中背弃与楚人的约定而传达晋君的命令说:"晋国正调动全国的军队赶来救宋,宋尽管形势紧急,可千万不要降楚,晋兵马上就要到了!"楚庄王大怒,要杀了解扬。解扬说:"君主能制定和发布命令叫'义',臣子能执行命令和完成使命叫'信'。我接受我的君主的命令出国,宁可一死也不能放弃君命。"楚庄王说:"你已经答应了我,随即又背弃了,你的信用在哪里呢?"解扬说:"我之所以答应大王,就是为了借此完成我们君主的命令。"将被处死时,解扬回头对楚军说:"为人臣不要忘记尽忠而遭到处死的事情!"楚庄王的众兄弟都劝楚庄王赦免解扬,于是赦免了他放他回了国。晋国封他为上卿。

襄公十八年,去世,他的儿子悼公溃继位。

悼公元年[①],邢公恶郑于楚[②],悼公使弟睔于楚自讼。讼不直,楚囚睔[③]。于是郑悼公来与晋平,遂亲。睔私于楚子反,子反言归睔于郑。

二年[④],楚伐郑[⑤],晋兵来救。是岁,悼公卒,立其弟睔,是为成公。

【注释】

①悼公元年:当周定王二十一年、鲁成公五年、楚共王五年、晋景公

十四年，前586年。

②邪（xǔ）公：即许灵公，名宁，前591—前547年在位。邪，《集解》引徐广曰："音许。许公，灵公也。"钱大昕曰："《说文》，邪，太岳之后，甫侯所封，读若'许'。"许国，姜姓。故城在今河南许昌东。战国初叶被楚国所灭，一说灭于魏国。恶：诋毁，中伤。

③"悼公使弟睔（gùn）于楚自讼"三句：梁玉绳曰："成五年《左传》'悼公如楚'，非'使睔'也。楚囚皇戌及子国，非囚睔也。下文言'睔私于楚子反，子反言归睔于郑'亦妄。"自讼，为自己分说。讼，争论是非。不直，不伸。

④二年：当周简王元年、鲁成公六年、楚共王六年、晋景公十五年，前585年。

⑤楚伐郑：据《左传》，上年郑伯如楚讼而不直，楚囚其大夫，郑伯归而与晋盟于垂棘，又盟于虫牢，故楚将子重伐郑。

【译文】

悼公元年，邪公向楚国中伤郑国，悼公派弟弟睔到楚国去申辩。辩驳不成，楚人囚禁了睔。于是悼公与晋国讲和，两国就亲善起来。睔私下里结交楚国的子反，子反向楚王说情将睔放回郑国。

悼公二年，楚国讨伐郑国，晋兵前来救援。这年，悼公去世，立他的弟弟睔为君，这就是成公。

成公三年[①]，楚共王曰："郑成公，孤有德焉。"[②]使人来与盟。成公私与盟[③]。秋，成公朝晋，晋曰"郑私平于楚"[④]，执之。使栾书伐郑[⑤]。

四年春[⑥]，郑患晋围，公子如乃立成公庶兄繻为君[⑦]。其四月，晋闻郑立君，乃归成公。郑人闻成公归，亦杀君繻，迎成公。晋兵去[⑧]。

【注释】

①成公三年：当周简王四年、鲁成公九年、楚共王九年、晋景公十八年，前582年。

②楚共王曰“郑成公，孤有德焉”：楚共王，名审，楚庄王之子，前590—前560年在位。郑成公，陈仁锡曰：“当作‘郑伯’。”

③成公私与盟：《左传·成公九年》：“楚人以重赂求郑，郑伯会楚公子成于邓。”并非私盟。梁玉绳曰：“考成九年《传》楚重赂求郑，何德之有？盖妄仍‘囚睔’‘归睔’来。”

④平：媾和，讲和。

⑤栾书：谥武，又称“栾武子”，栾枝之孙，栾盾之子，晋国之卿。

⑥四年：当周简王五年、鲁成公十年、晋景公十九年，前581年。

⑦公子如：名班，一作“般”，郑公室大夫。成公庶兄繻（xū）：郑成公兄，名繻。《索隐》曰：“繻，音须，邹氏云一作‘纁’，音训。”

⑧杀君繻，迎成公。晋兵去：梁玉绳曰：“成十年《传》：三月，郑子如因晋执成公，故立繻以示晋不急君也。四月，郑人杀繻，立成公太子髡顽。五月，晋伐郑，归成公。此以晋围在春，误一；以因晋围改君，误二；以成公归在四月，误三；以繻因成公归见杀，误四。不叙立髡顽，误五。又以繻为成公庶兄，未知何据。”按，郑成公之归，郑子罕赂以襄钟，盟于修泽，子驷为质，此亦未书。

【译文】

成公三年，楚共王说：“郑成公，我对他有恩。”派人来与郑国结盟。成公暗中与楚国结盟。秋天，成公去朝见晋君，晋人说“郑背地里与楚结盟”，将他拘执起来。派栾书讨伐郑国。

成公四年春，郑国担心晋军围城，公子如就立成公的庶兄繻为君。这年四月，晋国听说郑国立了新君，就放回了成公。郑人听说成公回来，就杀了君繻，迎接成公。晋军撤退。

十年[①]，背晋盟，盟于楚[②]。晋厉公怒[③]，发兵伐郑。楚共王救郑。晋楚战鄢陵，楚兵败，晋射伤楚共王目[④]，俱罢而去。

十三年[⑤]，晋悼公伐郑，兵于洧上[⑥]。郑城守[⑦]，晋亦去。

十四年[⑧]，成公卒，子恽立，是为釐公[⑨]。

【注释】

①十年：当周简王十一年、鲁成公十六年、晋厉公六年、楚共王十六年，前575年。

②背晋盟，盟于楚：楚以汝阴之田与郑讲和，郑叛晋，与楚盟于武城。

③晋厉公：名寿曼，一作“州蒲”，晋景公之子，前580—前573年在位。

④“晋楚战鄢陵”三句：此即晋、楚“鄢陵之战”，晋将吕锜射楚共王中目，楚败。其事详见《左传·成公十六年》与《晋世家》《楚世家》。鄢陵，在今河南鄢陵西北。

⑤十三年：当周简王十四年、鲁襄公元年、晋悼公元年，前572年。

⑥晋悼公伐郑，兵于洧（wěi）上：上一年郑会楚伐宋，入鱼石等五人，故晋伐之。泷川曰：“《左传》云：‘晋韩厥、荀偃帅诸侯之师伐郑，入其郛，败其徒兵。’据此，‘郑兵’二字连读。或云‘兵’上脱‘观’字。”晋悼公，名周，晋襄公少子桓叔捷之孙，前572—前558年在位。洧，水名。即今河南之双洎河。据《左传·襄公元年》，此指郑都（今河南新郑）之西的洧水河畔。

⑦郑城守：当指郑加固坚守城池。

⑧十四年：当周灵王元年、鲁襄公二年，前571年。

⑨子恽立，是为釐公：梁玉绳曰：“釐公之名，《左氏春秋》作‘髡顽’，《公》《穀》作‘髡原’，当从《左》为是。《公》《穀》以‘顽’为‘原’，口授之际，音近致讹。而《年表》《世家》并作‘恽’，音与

‘髡’亦相近，疑讹‘髡’为‘恽’，又失‘顽’字，未必史公别有所据，釐公有二名也。”

【译文】

成公十年，郑国背弃与晋国的盟约，与楚国结盟。晋厉公大怒，发动军队讨伐郑国。楚共王前来援救郑国。晋、楚两国在鄢陵交战，楚军战败，晋国射伤了楚共王的眼睛，双方都撤兵而去。

成公十三年，晋悼公攻打郑国，驻扎在洧水边上。郑国坚守城池，晋军就撤离了。

成公十四年，去世，他的儿子恽继位，这就是釐公。

釐公五年①，郑相子驷朝釐公②，釐公不礼。子驷怒，使厨人药杀釐公③，赴诸侯曰釐公暴病卒④。立釐公子嘉，嘉时年五岁，是为简公。

【注释】

①釐公五年：当周灵王六年、鲁襄公七年，前566年。

②郑相子驷朝釐公：《左传・襄公七年》："将会于鄬，子驷相，又不礼焉。"则子驷非郑国相，而是盟会时的傧相；亦非朝见郑釐公时郑釐公不礼。子驷，名騑，郑缪公之子。

③子驷怒，使厨人药杀釐公：《左传・襄公七年》为："子驷使贼夜弑僖（釐）公。"《集解》引徐广曰："《年表》云：'子驷使贼夜弑僖（釐）公。'"与《左传》同。

④赴：同"讣"，发讣告。釐公暴病卒：《左传》云："以疟疾赴于诸侯。"俞樾《平议》谓"疟疾"古本作"虐疾"，意即暴疾，司马迁盖据古本，直书为"暴病卒"。梁玉绳曰："《左传・襄七年》子驷使贼夜弑僖公，《年表》同，而此云使厨人药杀之，疑误。然僖公之死，《春秋》谓卒于鄵之会，未尝书弑，而三《传》皆以为见弑，何

欤？《黄氏日钞》云：'王氏曰，诸侯方会其郊，子驷敢弑乎？观九年与晋争盟，辞不少屈，而晋人不以为讨，其不为不义可见矣。盖子驷为政多杀群公子，疾之者众，因公卒于外而诬之。黎氏曰：若君实被弑以疾赴，遂从而书之，则弑君岂有以实告者乎？赵氏曰：若实弑而书卒，是《春秋》庇逆贼也。'"

【译文】

釐公五年，郑相子驷朝见釐公，釐公没有礼遇他。子驷大怒，让厨师用毒药毒死了釐公，向诸侯报丧说釐公得了暴病去世。拥立釐公的儿子子嘉为君，子嘉当时只有五岁，这就是简公。

简公元年[①]，诸公子谋欲诛相子驷，子驷觉之，反尽诛诸公子[②]。

二年[③]，晋伐郑，郑与盟，晋去[④]。冬，又与楚盟[⑤]。子驷畏诛，故两亲晋、楚[⑥]。

三年[⑦]，相子驷欲自立为君，公子子孔使尉止杀相子驷而代之[⑧]。子孔又欲自立。子产曰："子驷为不可，诛之，今又效之，是乱无时息也。"[⑨]于是子孔从之而相郑简公。

【注释】

①简公元年：当周灵王七年、鲁襄公八年，前565年。

②"诸公子谋欲诛相子驷"三句：《左传·襄公八年》："郑群公子以僖（釐）公之死也，谋子驷。子驷先之。夏四月庚辰，辟杀子狐、子熙、子侯、子丁。孙击、孙恶出奔卫。"

③二年：当周灵王八年、鲁襄公九年、晋悼公九年、楚共王二十七年，前564年。

④晋伐郑，郑与盟，晋去：即"戏之会"。据《左传·襄公九年》，郑

亲楚，晋会诸侯伐之，郑恐，于是晋、郑盟于戏。“戏之会”未结成同盟，晋曰：“自今日既盟之后，郑国而不唯晋命是听，而或有异志者，有如此盟。”郑子驷曰：“自今日既盟之后，郑国而不唯有礼与强可以庇民者是从，而敢有异志者，亦如之。”晋冬复伐郑，次于阴口而还。此年晋两次伐郑。

⑤冬，又与楚盟：晋师还，楚又伐郑，同盟于中分。

⑥两亲晋、楚：此本《左传·襄公八年》子驷曰：“敬共币帛，以待来者，小国之道也。牺牲玉帛，待于二竟，以待强者而庇民焉。”陈仁锡曰：“郑介晋、楚之间，南北之所必争也。不南服楚，则北服晋，无宁岁焉。太史公叙郑受盟者八，其国弱可知矣。”

⑦三年：当周灵王九年、鲁襄公十年，前563年。

⑧相子驷欲自立为君，公子子孔使尉止杀相子驷而代之：据《左传·襄公十年》，子驷为政时得罪尉止及司氏、堵氏、侯氏、子师氏等五族，五族及子狐、子熙、子侯、子丁之徒联合作乱，杀子驷、子国、子耳。司马迁即以子孔为主谋。相，国相。子孔，名嘉，郑缪公之子，公室大夫。尉止，郑国大夫。

⑨“子孔又欲自立”六句：《左传》无子孔欲自立，子产谏止事。子产，姬姓，名侨，字子产，又字子美，谥成子，亦称“公孙侨”“公孙成子”；因居东里，又称“东里子产”。郑穆公之孙，郑成公之少子。郑国相。

【译文】

简公元年，众公子谋划想诛杀郑相子驷，子驷发觉了，反过来将众公子都杀掉了。

简公二年，晋国讨伐郑国，郑、晋两国结盟，晋军撤离。冬天，郑国又与楚国结盟。子驷畏惧被杀，所以对晋、楚两边亲附。

简公三年，郑相子驷想自立为君，公子子孔指使尉止杀死子驷而取代他。子孔又想自立为君。子产说：“子驷这样做不对，您诛杀了他，现在又效法他，这样祸乱就没有停息的时候了。”于是子孔听了他的话而辅佐郑简公。

四年[①]，晋怒郑与楚盟，伐郑，郑与盟。楚共王救郑，败晋兵[②]。简公欲与晋平，楚又囚郑使者。

十二年[③]，简公怒相子孔专国权，诛之[④]，而以子产为卿。

十九年[⑤]，简公如晋请卫君还[⑥]，而封子产以六邑。子产让，受其三邑[⑦]。

二十二年[⑧]，吴使延陵季子于郑[⑨]，见子产如旧交，谓子产曰："郑之执政者侈[⑩]，难将至，政将及子。子为政，必以礼；不然，郑将败。”子产厚遇季子[⑪]。

二十三年[⑫]，诸公子争宠相杀，又欲杀子产[⑬]。公子或谏曰："子产仁人，郑所以存者子产也，勿杀！”乃止[⑭]。

【注释】

①四年：当周灵王十年、鲁襄公十一年、晋悼公十一年、楚共王二十九年、秦景公十五年，前562年。

②楚共王救郑，败晋兵：梁玉绳曰："郑简四年为鲁襄十一年，秦伐晋以救郑，晋为秦所败，此误也。”按，《十二诸侯年表》此事在郑简公三年。

③十二年：当周灵王十八年、鲁襄公十九年，前554年。

④简公怒相子孔专国权，诛之：据《左传·襄公十九年》，子孔专擅国政，国人患之，子展、子西率国人讨伐，杀子孔。并非郑简公诛之。

⑤十九年：当周灵王二十五年、鲁襄公二十六年、晋平公十一年、卫殇公十二年，前547年。

⑥简公如晋请卫君还：据《左传·襄公二十六年》，甯喜弑卫殇公，

纳卫献公。晋侯执甯喜与卫献公，齐侯、郑伯如晋为卫献公求情。

⑦子产让，受其三邑：泷川曰："依《左传》，是赏前年入陈之功也。"据《左传·襄公二十五年》，郑伐陈，入其都，向晋献捷，因子产言辞得当而不辱于晋，故简公赏子产。并非因卫君之事。

⑧二十二年：当周景王元年、鲁襄公二十九年、吴王馀祭四年，前544年。

⑨延陵季子：名札，又叫"季札"。吴王寿梦少子，吴王诸樊之弟，先封于延陵，即今江苏常州；后封于州来，即今安徽凤台。

⑩郑之执政者：指郑国当时的执政大臣良霄，字伯有。侈：放纵，无节制。

⑪子产厚遇季子：子产隆重地招待了季子。《左传·襄公二十九年》云：季札与缟带，子产献纻衣。

⑫二十三年：当周景王二年、鲁襄公三十年，前543年。

⑬诸公子争宠相杀，又欲杀子产：《左传·襄公三十年》，伯有为政无道，与子皙结怨，子皙伐伯有，伯有出奔，后入以攻群公子，于是造成相伐之祸。并非为争宠而相杀。伯有败亡，子产为其殡殓，子驷氏欲攻子产，即"欲杀子产"。

⑭"公子或谏曰"五句：梁玉绳曰："公子指子皮，然非谏也。"又曰："考《左传·襄三十年》：'驷氏伐败良氏，子产敛葬伯有，驷氏欲攻之。子皮怒曰："杀有礼，祸莫大焉。"乃止。'"

【译文】

简公四年，晋国恼怒郑国与楚国结盟，征讨郑国，郑国就与晋国结盟。楚共王前来援救郑国，打败了晋军。简公想与晋国讲和，楚国又囚禁了郑国的使者。

简公十二年，恼怒郑相子孔专擅国政，杀了他，任命子产做卿。

简公十九年，到晋国去请求放还卫君，封给子产六座城邑。子产逊让，接受了其中的三座城邑。

简公二十二年，吴国派延陵季子出使郑国，他见到子产就像是老朋友一般，对子产说："郑国的执政者骄横放纵，灾难就要降临，国政将交到你手里。你执政，一定要遵循礼；不这样的话，郑国就要败落了。"子产隆重地招待了季子。

简公二十三年，众公子争宠互相残杀，又想杀掉子产。公子中有的谏阻说："子产是仁德之人，郑所以能存在就是因为还有子产，不要杀他！"这才停止。

二十五年[①]，郑使子产于晋，问平公疾[②]。平公曰："卜而曰实沈、台骀为祟，史官莫知，敢问？"[③]对曰："高辛氏有二子[④]，长曰阏伯[⑤]，季曰实沈，居旷林[⑥]，不相能也[⑦]，日操干戈以相征伐。后帝弗臧[⑧]，迁阏伯于商丘[⑨]，主辰[⑩]，商人是因[⑪]，故辰为商星[⑫]。迁实沈于大夏[⑬]，主参[⑭]，唐人是因，服事夏、商[⑮]，其季世曰唐叔虞[⑯]。当武王邑姜方娠大叔，梦帝谓己[⑰]：'余命而子曰虞[⑱]，乃与之唐，属之参而蕃育其子孙[⑲]。'及生有文在其掌曰'虞'[⑳]，遂以命之。及成王灭唐而国大叔焉。故参为晋星[㉑]。由是观之，则实沈，参神也。昔金天氏有裔子曰昧[㉒]，为玄冥师[㉓]，生允格、台骀[㉔]。台骀能业其官[㉕]，宣汾、洮[㉖]，障大泽[㉗]，以处太原[㉘]。帝用嘉之，国之汾川[㉙]。沈、姒、蓐、黄实守其祀[㉚]。今晋主汾川而灭之。由是观之，则台骀，汾、洮神也。然是二者不害君身[㉛]。山川之神，则水旱之灾禜之[㉜]；日月星辰之神，则雪霜风雨不时禜之[㉝]；若君疾，饮食哀乐女色所生也[㉞]。"平公及叔向曰[㉟]："善，博物君子也！"厚为之礼于子产[㊱]。

【注释】

①二十五年：当周景王四年、鲁昭公元年、晋平公十七年，前541年。

②问：慰问，问候。平公：晋平公，名彪，晋悼公之子，前557—前532年在位。

③“平公曰”四句：晋平公回答占卜说是实沈、台骀作祟。泷川曰：“‘平公曰’当作‘平公使叔向问曰’；‘卜而’当作‘卜人’。”实沈，传说中的人物，高辛氏次子。详见下文。台骀（tái），传说中的人物。金天氏的后代。详见下文。祟，鬼神作怪而害人。

④高辛氏：泷川曰：“帝喾有天下之号，子孙亦因之。”

⑤阏（è）伯：传说中的人物，高辛氏长子。详见下文。

⑥旷林：《集解》引贾逵曰：“旷，大也。”

⑦不相能：即不相得，不和。

⑧后帝弗臧：帝尧以为他们这种状态不好。后帝，《集解》引贾逵曰：“后帝，尧也。”泷川曰：“襄九年《左传》云‘陶唐氏之火正阏伯居商丘’，据此知后帝是尧也。”臧，善，好。

⑨商丘：在今河南商丘城南。

⑩主辰：祭祀辰星。辰，即心宿，又称“大火”，二十八宿之一。

⑪商人是因：《集解》引服虔曰：“商人，契之先。汤之始祖相土，封阏伯之故地，因其故国而代之。”

⑫故辰为商星：辰为商人主祀之星。《左传·襄公九年》云：“陶唐氏之火正阏伯居商丘，祀大火而火纪时焉，相土因之，故商主大火。”

⑬大夏：地名。在今山西翼城西的汾水、浍水之间。一说在今山西太原西南。

⑭参：参宿，二十八宿之一。泷川曰：“参，水星。”

⑮唐人是因，服事夏、商：唐人承袭，服事夏、商二代。唐人，《集解》引贾逵曰：“唐人谓陶唐氏之胤刘累事夏孔甲，封于大夏，因实沈之国，子孙服事夏、商也。”《集解》《正义》皆以为陶唐氏的后人

在夏朝、商朝时都很规矩地接受统治。

⑯其季世曰唐叔虞:《集解》引杜预曰:“唐人之季世,其君曰叔虞。”唐叔虞,晋国的开国君主。其事详见《晋世家》。

⑰邑姜方娠大叔,梦帝谓己:《集解》引贾逵曰:“帝,天也。己,武王也。”中井积德曰:“己谓邑姜。”邑姜,周武王之妻,姜太公之女。大叔,名虞,字子于,为晋国始封君。

⑱余命而子曰虞:杜预曰:“取唐君之名。”而,你的。

⑲属之参而蕃(fán)育其子孙:泷川曰:“参,参星也,即实沈所祀者。”蕃育,繁育。

⑳有文在其掌曰“虞”:泷川曰:“言掌纹如‘虞’字也。”文,文字。

㉑故参为晋星:《集解》引贾逵曰:“晋主祀参,参为晋星。”晋,叔虞之子燮父因其地有“晋水”,改国号曰“晋”。

㉒金天氏:传说中古帝少皞的称号。裔子:泷川曰:“季子,非远孙。”后代子孙。

㉓玄冥:水官。师:长。昧为水官之长。

㉔生允格、台骀:《集解》引服虔曰:“允格、台骀,兄弟也。”

㉕台骀能业其官:能继承其父昧的事业。业,继承。官,《集解》引服虔曰:“修昧之职。”

㉖宣汾、洮:疏通汾水、洮水。宣,疏通。汾,即今山西境内汾河。洮,即今山西境内涑水河。

㉗障大泽:《集解》引服虔曰:“陂障其水也。”障,阻塞。

㉘太原:《集解》以为即汾水,引服虔曰:“太原,汾水名。”杜预以为即今山西太原西南,曰:“太原,晋阳也,台骀之所居者。”泷川以为指汾河流域的高平之地。

㉙帝用嘉之,国之汾川:帝颛顼嘉奖他,把汾河流域封给他立国。帝,指颛顼,号高阳氏。《集解》引服虔曰:“帝,颛顼也。”用,因而。汾川,汾河流域。

㉚沈、姒（sì）、蓐（rù）、黄实守其祀：沈、姒、蓐、黄等国都奉守他的祭祀。沈、姒、蓐、黄，为四个小国名。均为台骀的后代。《集解》引贾逵曰："四国，台骀之后也。"泷川引龟井昱曰："四者皆微国，非见经者，而晋灭之欤？"

㉛然是二者不害君身：《左传》作"抑此二者，不及君身"。龟井昱曰："平公之疾，子产知其所由，故言其不及君身也。"

㉜山川之神，则水旱之灾禜（yǒng）之：《集解》引服虔曰："禜，为营，攒用币也。若有水旱，则禜祭山川之神以祈福也。"杨伯峻曰："盖即聚草木而束之，设为祭处，以祭品求鬼神，去祸祈福。"禜，祈求消除灾难的祭祀。

㉝日月星辰之神，则雪霜风雨不时禜之：杨伯峻曰："祭日月星辰与山川之神俱为水旱疠疾，俱为禜。子产分别言之者，盖台骀为山川之神，实沈为星辰之神耳。"

㉞饮食哀乐女色所生也：据《左传·昭公元年》，此篇之末尚有"君子四时"及"内官不及同姓"两段，司马迁"哀乐"下加"女色"二字以概之。

㉟叔向：名肸，氏羊舌，字叔向，晋国大夫。食邑于杨，故又称"杨肸"。

㊱厚为之礼于子产：中井积德曰："'之'字，'于子产'三字，削其一可也，是复文耳。"按，以上子产言晋平公病因事，详见《左传·昭公元年》。

【译文】

简公二十五年，郑国派子产出使晋国，问候晋平公的疾病。晋平公说："占卜说是实沈、台骀作祟。史官不清楚他们的来历，冒昧地向您请教。"子产回答说："高辛氏有两个儿子，长子叫阏伯，次子叫实沈，他们居住在大森林中，二人不和睦，经常拿着武器互相攻伐。尧认为他们这种状态不好，就把阏伯迁到商丘，主持祭祀心宿，商人承袭，所以心宿成为商人主祭的星宿。把实沈迁到大夏，主持祭祀参宿，唐人承袭，服事夏、商二代，最末的一代国君为唐叔虞。当周武王的夫人邑姜正怀着大叔时，梦见上帝对自己说：'我给你的儿子取名叫虞，把唐这块土地赐给他，交付他奉祀参宿，让他在那里繁育他的子孙后代。'等儿子降生时，手掌上有纹路是个'虞'字，就给他取名为'虞'。等到周成王灭了唐国之后就把大叔封在那里。所以参宿是晋主祀的星宿。由此看来，实沈是参宿的神灵。从前金天氏有个后代叫昧，是水官之长，生下了允格、台骀。台骀能够继承他的官职，疏通了汾水、洮水，筑堤阻塞大泽，让人们居住在高平之地。帝颛顼嘉奖他，就把汾河流域封给他立国。沈、姒、蓐、黄四国都奉守他的祭祀。现在晋控制了汾川，把这几个小国灭掉了。这样看来，台骀当是汾、洮二水的神灵。但这两位神灵不会危害您的身体。山川的神灵，遇到水旱灾害时对他们举行祭祀；日月星辰的神灵，遇到雪霜风雨不合节令时对他们举行祭祀；像您这样的疾病，是因为饮食哀乐女色过度所造成的。"晋平公和叔向都说："好啊，真是博学多知的君子！"赏赐给了子产非常丰厚的礼物。

二十七年夏[①]，郑简公朝晋。冬，畏楚灵王之强，又朝楚，子产从[②]。

二十八年[③]，郑君病，使子产会诸侯[④]，与楚灵王盟于申，诛齐庆封[⑤]。

三十六年[⑥]，简公卒，子定公宁立。秋，定公朝晋昭公[⑦]。

【注释】

①二十七年：当周景王六年、鲁昭公三年、晋平公十九年、楚灵王二年，前539年。

②又朝楚，子产从：意即又朝见楚王，子产跟随。茅坤曰："子产执郑

国之政，而两朝晋、楚，亦可见小国介乎强国之间，事无可奈何者。”

③二十八年：当周景王七年、鲁昭公四年、楚灵王三年，前538年。

④郑君病，使子产会诸侯：梁玉绳曰：“昭四年《春秋》，‘郑伯会于申’，无‘病，使子产’事。”

⑤与楚灵王盟于申，诛齐庆封：楚灵王于申会盟诸侯围攻朱方，将庆封囚禁，诛杀了他的全族。庆封，亦称“庆季”，字子家，齐国大夫。他与大夫崔杼合谋杀死齐庄公，立齐景公，又灭崔氏、执齐政。后被逐奔吴，居于朱方，至此被楚灵王所灭。其事详见《左传·昭公四年》及《齐太公世家》《楚世家》。

⑥三十六年：当周景王十五年、鲁昭公十二年、晋昭公二年，前530年。

⑦秋，定公朝晋昭公：梁玉绳曰：“据《左传》，‘秋’当作‘夏’。”晋昭公，名夷，晋平公之子，前531—前526年在位。

【译文】

简公二十七年夏，朝见晋君。冬天，畏惧楚灵王的强横，又朝见楚王，子产跟随。

简公二十八年，郑君病重，让子产去会见诸侯，在申邑与楚灵王订立盟约，诛杀了齐国的庆封。

简公三十六年，去世，他的儿子定公宁继位。秋天，定公朝见晋昭公。

定公元年[①]，楚公子弃疾弑其君灵王而自立，为平王[②]。欲行德诸侯，归灵王所侵郑地于郑[③]。

四年[④]，晋昭公卒，其六卿强，公室卑[⑤]。子产谓韩宣子曰[⑥]：“为政必以德，毋忘所以立[⑦]。”

六年[⑧]，郑火，公欲禳之。子产曰：“不如修德。”[⑨]

八年[⑩]，楚太子建来奔[⑪]。

十年[12]，太子建与晋谋袭郑。郑杀建，建子胜奔吴[13]。

十一年，定公如晋。晋与郑谋，诛周乱臣，入敬王于周[14]。

十三年，定公卒[15]，子献公虿立。

献公十三年卒[16]，子声公胜立。当是时，晋六卿强，侵夺郑，郑遂弱。

【注释】

①定公元年：当周景王十六年、鲁昭公十三年、楚灵王十二年，前529年。

②楚公子弃疾弑其君灵王而自立，为平王：其事详见《左传·昭公十三年》与《楚世家》。公子弃疾，楚康王之子，楚灵王之弟，时为蔡公，即位后改名"居"，前528—前516年在位。

③归灵王所侵郑地于郑：梁玉绳曰："昭十三年《传》，楚欲致犨、栎之田而仍未致，则不可言'归'也。"

④四年：当周景王十九年、鲁昭公十六年、晋昭公六年，前526年。

⑤六卿强，公室卑：泷川曰："昭十六年《左传》。"六卿，指韩氏、赵氏、魏氏、范氏、中行氏、智氏六个家族。卑，与"强"相对，衰弱的意思。

⑥韩宣子：名起，谥宣，韩厥之子，晋卿。其事详见《韩世家》。

⑦为政必以德，毋忘所以立：梁玉绳曰："《左传》子产无是言。"冈白驹曰："立谓不倾败。"

⑧六年：当周景王二十一年、鲁昭公十八年，前524年。

⑨"郑火"四句：梁玉绳曰："《表》书于四年，乃禆灶请禳火之事，亦曰'不如修德'，皆史公意测言之，非子产有是语。"禳（ráng），举行祭祀以求消灾。

⑩八年：当周景王二十三年、鲁昭公二十年、楚平王七年，前522年。

⑪楚太子建来奔：其事详见《楚世家》。太子建，楚平王的太子，名建，其母为蔡国郹阳封人之女。

⑫十年：当周景王二十五年、鲁昭公二十二年、晋顷公六年、吴王僚七年，前520年。

⑬郑杀建，建子胜奔吴：太子建奔郑及在郑为乱被杀，其子奔吴事，详见《楚世家》与《伍子胥列传》。建子胜，又称“白公胜”。吴，国名。姬姓。周太王之子太伯、仲雍为其始祖，都于吴，故址在今江苏苏州。此时的君主为吴王僚。

⑭“十一年”五句：梁玉绳曰：“昭二十四年《传》：‘定公如晋，请纳王。’则当在十二年，而入敬王在十四年，此误。”郑定公十二年，当鲁昭公二十四年，即前518年。与《左传》相符。敬王，周敬王，名匄，周景王之子，前519—前476年在位。《索隐》曰：“王避弟子朝之乱，出居狄泉，在昭二十三年。至二十六年，晋、郑入之，《经》曰‘天王入于成周’是也。”按，王子朝在周国三次作乱，晋国三次拥卫周敬王事，详见《周本纪》。

⑮十三年，定公卒：陈仁锡曰：“《年表》‘十三年’作‘十六年’。”梁玉绳曰：“郑定公在位十六年，此误。”郑定公十六年，相当于周敬王六年、鲁昭公二十九年、晋顷公十二年，前514年。

⑯献公十三年：当周敬王十九年、鲁定公九年，前501年。

【译文】

定公元年，楚国公子弃疾弑杀了楚灵王自立为君，这就是楚平王。楚平王想对诸侯施行恩德，就把楚灵王侵夺的郑国的土地归还给了郑国。

定公四年，晋昭公去世，晋国六卿强大，公室卑弱。子产对韩宣子说：“为政一定要依靠德行，不要忘掉立国的根本。”

定公六年，郑国发生火灾，定公想通过祭祀祈求消灾。子产说：“不如修明德政。”

定公八年，楚国太子建前来投奔。

定公十年，太子建与晋国合谋偷袭郑国。郑人杀死了太子建，太子建的儿子胜逃往吴国。

定公十一年，定公前往晋国。晋国与郑国谋划，诛杀周王室的乱臣，护送周敬王返回成周。

定公十三年，去世，他的儿子献公虿继位。

献公十三年，去世，他的儿子声公胜继位。这时，晋国的六卿强大，侵夺郑国的土地，郑国日渐衰败。

声公五年，郑相子产卒①，郑人皆哭泣，悲之如亡亲戚。子产者，郑成公少子也②。为人仁爱人，事君忠厚。孔子尝过郑，与子产如兄弟云③。及闻子产死，孔子为泣曰："古之遗爱也④！"

【注释】

①声公五年，郑相子产卒：梁玉绳曰："《左传》子产卒于鲁昭公二十年，当郑定公八年。乃《年表》《世家》并系于郑声五年，上距定公八年凡二十六岁，岂不谬哉！子产自鲁襄八年始见于《传》，至昭二十年卒，其行事可见者四十四年，历郑简、定二世云。"声公五年，当周敬王二十四年、鲁定公十四年，前496年。《正义》曰："郦元注《水经》云：'子产墓在溟水上，累石为方坟，坟东北向郑城。'杜预云：'言不忘本也。'"按，子产墓在今河南荥阳观音寺乡陉山顶。河南许昌长葛后河镇寨北五公里陉山主峰上也有子产墓，系红石券砌为丘状，墓前原有祠庙古柏早已不存。

②子产者，郑成公少子也：钱大昕曰："子产者，子国之子，穆公之孙，而《世家》以为成公子，一误也；子产卒于定公时，而《世家》云声公五年，二误也；至《循吏传》称郑昭君之时，太宫子期言之君，以

子产为相，则犹无稽之谈也。”子产，与郑成公应为同祖兄弟。

③与子产如兄弟云：据《左传》，子产卒于鲁昭公二十年，当为六十余岁。孔子方三十岁。《孔子世家》载适郑事于鲁定公卒之后，其时子产早卒，此事甚为可疑。

④古之遗爱也：王引之曰：“家大人曰，爱即仁也，谓子产之仁爱，有古人之遗风。”泷川引龟井鲁曰：“遗爱，古人之仁爱，遗在子产也。”龟井昱曰：“与‘古之遗直’一例。”

【译文】

声公五年，郑相子产去世，郑人都哭泣，悲伤得如同亲戚去世一般。子产，是郑成公的小儿子。他为人仁义爱人，事奉国君忠诚厚道。孔子曾到过郑国，与子产亲密得如同兄弟。当听说子产去世，孔子为他流泪道：“他是古代留下的仁爱之人啊！”

八年[①]，晋范、中行氏反晋[②]，告急于郑，郑救之。晋伐郑，败郑军于铁[③]。

十四年，宋景公灭曹[④]。

二十年，齐田常弑其君简公，而常相于齐[⑤]。

二十二年，楚惠王灭陈[⑥]。孔子卒。

三十六年，晋知伯伐郑，取九邑[⑦]。

三十七年，声公卒[⑧]，子哀公易立。

哀公八年[⑨]，郑人弑哀公而立声公弟丑，是为共公[⑩]。

共公二年，三晋灭知伯[⑪]。

三十一年[⑫]，共公卒，子幽公已立[⑬]。

幽公元年[⑭]，韩武子伐郑[⑮]，杀幽公。郑人立幽公弟骀，是为繻公[⑯]。

【注释】

①八年：当周敬王二十七年、鲁哀公二年、晋定公十九年，前493年。

②晋范、中行氏反晋：范、中行氏反晋在鲁定公十二年、晋定公十四年，前498年，其事详见《晋世家》《赵世家》，时为郑声公三年，此系于八年，误。范、中行氏，范吉射、中行寅，皆晋国世卿。

③晋伐郑，败郑军于铁：此为晋、郑之间的“铁之役”。铁，卫邑名。在今河南濮阳西北。

④十四年，宋景公灭曹：十四年，当周敬王三十三年、鲁哀公八年、宋景公三十年、曹伯阳十五年，前487年。曹自西周初年以周武王之弟受封建国，至此灭亡，共历五百五十多年。详见《管蔡世家》。宋景公，名栾，或作“头曼”“兜栾”，宋元公之子，前516—前469年在位。曹，诸侯国名。姬姓。建都陶丘，故址在今山东定陶西南。

⑤“二十年”三句：田常杀齐简公而专政事，详见《左传·哀公十四年》与《齐太公世家》《田敬仲完世家》。二十年，当周敬王三十九年、鲁哀公十四年、齐简公四年，前481年。田常，妫姓，氏田，又作“陈常”“陈恒”，谥成。齐简公，名壬，或作“任”，齐悼公之子，前484—前481年在位。

⑥二十二年，楚惠王灭陈：陈自西周初年以舜的后裔受封建国，至此被灭，共历五百五十多年。详见《陈世家》。二十二年，当周敬王四十一年、鲁哀公十六年、楚惠王十年、陈湣公二十三年，前479年。楚惠王，名章，楚昭王之子，前488—前432年在位。陈，诸侯国名。妫姓。相传为舜的后裔，都宛丘，故城在今河南淮阳。

⑦“三十六年”三句：据梁玉绳考证，知伯伐郑事在鲁哀公二十七年，当周定王元年、晋出公七年、郑声公三十三年、齐平公十三年。此书于声公三十六年，《六国年表》书于周定王五年，皆误。《左传》无取九邑之文，《表》亦无之，恐妄。三十六年，当周元王二年、

鲁哀公二十年、晋定公三十七年，前475年。知伯，亦作“智伯”，名瑶，荀氏之后，故亦称“荀瑶”，谥襄。晋国六卿之一。

⑧三十七年，声公卒：梁玉绳曰：“《十二侯表》《六国表》皆作‘三十八年’。”郑声公三十七年，当周定王五年、鲁悼公三年，前464年。

⑨哀公八年：当周定王十三年，前456年。

⑩郑人弑哀公而立声公弟丑，是为共公：王叔岷曰：“《年表》失书共公。……‘声公’疑涉上文衍，‘丑’为哀公弟。《六国表·索隐》：‘哀公易立，八年杀，弟丑立为共公。’《汉书·人表》亦谓共公为哀公弟，并其证。”

⑪共公二年，三晋灭知伯：三晋灭知伯事，据《六国年表》《周本纪》《秦本纪》及古本《竹书纪年》推算，梁玉绳曰：“事在二年。”按，赵、魏、韩三家灭知伯事，详见《战国策·赵策》与《晋世家》《赵世家》。共公二年，当周定王十六年，前453年。

⑫三十一年：当周威烈王二年，前424年。

⑬子幽公已立：泷川曰：“枫山本，‘已’作‘巳’。”

⑭幽公元年：当周威烈王三年、韩武子二年，前423年。

⑮韩武子：名启章，谥武，韩康子之子，前424—前409年在位。

⑯郑人立幽公弟骀，是为繻公：按，骀为郑幽公之子。《集解》曰：“《年表》云：‘郑立幽公子骀繻。’或作‘獠’。”梁玉绳曰：“‘弟’字误，《年表》是‘子’也。”

【译文】

声公八年，晋国的范、中行氏反叛晋公室，向郑国告急，郑国前往援救。晋国讨伐郑国，在铁邑打败郑军。

声公十四年，宋景公灭了曹国。

声公二十年，齐国田常弑杀了他们的国君齐简公，做了齐国相。

声公二十二年，楚惠王灭了陈国。孔子去世。

声公三十六年，晋国知伯攻打郑国，夺取了九座城邑。

声公三十七年，去世，他的儿子哀公易继位。

哀公八年，郑人杀死哀公而拥立声公的弟弟丑为君，这就是共公。

共公二年，三晋灭知伯。

共公三十一年，去世，他的儿子幽公已继位。

幽公元年，韩武子攻打郑国，杀死了幽公。郑人立幽公的弟弟骀为君，这就是繻公。

繻公十五年[①]，韩景侯伐郑[②]，取雍丘[③]。郑城京。

十六年[④]，郑伐韩，败韩兵于负黍[⑤]。

二十年[⑥]，韩、赵、魏列为诸侯[⑦]。

二十三年[⑧]，郑围韩之阳翟[⑨]。

二十五年[⑩]，郑君杀其相子阳[⑪]。

二十七年[⑫]，子阳之党共弑繻公骀而立幽公弟乙为君[⑬]，是为郑君。

【注释】

①繻公十五年：当周威烈王十八年、韩景侯元年，前408年。

②韩景侯：名虔，韩武子之子，前408—前400年在位。前403年，受周威烈王策命为诸侯。

③雍丘：郑邑名。故城在今河南杞县城关镇。

④十六年：当周威烈王十九年、韩景侯二年，前407年。

⑤负黍：故城在今河南登封西南大金店乡南城子村。城址呈正方形，尚存部分夯土城垣，为春秋战国时期郑、韩的军事重镇。

⑥二十年：当周威烈王二十三年、韩景侯六年、赵烈侯六年、魏文侯二十二年，前403年。

⑦韩、赵、魏列为诸侯：周威烈王命韩景侯、赵烈侯、魏文侯为诸侯。

⑧二十三年：当周安王二年、韩景侯九年，前400年。

⑨阳翟：韩邑名。即今河南禹州。

⑩二十五年：当周安王四年，前398年。

⑪郑君杀其相子阳：据《年表》韩烈侯二年、楚悼王四年、《庄子·让民》《高士传》《资治通鉴·周纪》皆不言杀子阳者为郑君，认为《楚世家》所云"郑杀子阳"仍是指郑人，《考证》以为"似公杀之以说于楚也"之说不成立。子阳，驷氏，郑国执政大夫。

⑫二十七年：当周安王六年，前396年。

⑬立幽公弟乙为君：《集解》引徐广曰："一本云：'立幽公弟乙阳为君，是为康公。'《六国年表》云：'立幽公子骀。'又以郑君阳为郑康公乙。班固云：'郑康公乙，为韩所灭。'"

【译文】

繻公十五年，韩景侯征伐郑国，夺取了雍丘。郑国修筑京邑的城墙。

繻公十六年，郑国攻打韩国，在负黍打败韩国军。

繻公二十年，韩、赵、魏三国列为诸侯。

繻公二十三年，郑国围攻韩国的阳翟。

繻公二十五年，郑君杀掉郑相子阳。

繻公二十七年，子阳的党徒杀了繻公骀而立幽公的弟弟乙为君，这就是郑君。

郑君乙立二年①，郑负黍反，复归韩②。

十一年③，韩伐郑，取阳城④。

二十一年，韩哀侯灭郑，并其国⑤。

【注释】

①郑君乙立二年：当周安王八年、韩烈侯五年，前394年。

②负黍反，复归韩：黄式三曰："公十六年，郑败韩于负黍，盖取其地与？"

③十一年：当周安王十七年、韩文侯二年，前385年。

④阳城：郑邑名。故城在今河南登封东南告成乡告成村东北。

⑤“二十一年”三句：二十一年，当周烈王元年、韩哀侯二年，前375年。郑自桓公前806年受封建国，至此灭亡共历时四百一十四年。韩哀侯，名元，韩文侯之子，前376—前375年在位。

【译文】

郑君乙继位两年，郑国的负黍邑人反叛，又归属于韩国。

郑君乙十一年，韩国攻打郑国，夺取阳城。

郑君乙二十一年，韩哀侯灭亡郑国，郑国并入韩国。

太史公曰：语有之“以权利合者，权利尽而交疏”，甫假是也。甫假虽以劫杀郑子内厉公，厉公终背而杀之，此与晋之里克何异[①]？守节如荀息，身死而不能存奚齐[②]。变所从来，亦多故矣[③]！

【注释】

①此与晋之里克何异：冈白驹曰：“里克杀奚齐，使人迎夷吾，夷吾约曰：‘诚得入立，请封子以汾阳。’及入，不与里克邑而夺之权，遂杀之。”里克，晋国大夫，其事详见《晋世家》。

②守节如荀息，身死而不能存奚齐：晋献公临终嘱咐荀息立奚齐，里克杀死奚齐；荀息又辅佐奚齐之弟悼子继位，里克又杀悼子，荀息自杀以殉。冈白驹曰：“奚齐，骊姬所生，献公遗属荀息立之，荀息死于其难。”荀息，名黯，晋国大夫。奚齐，晋献公与宠妃骊姬所生之子。

③变所从来，亦多故矣：意谓变故的发生，也有很多原因。

【译文】

太史公说：有句话这样说，“以权与利结交的，权与利没了交情就疏远了”，甫假就是这样的人。甫假虽然劫持杀害了郑子，从栎邑迎回了郑厉公，郑厉公最终还是背弃盟约诛杀了他，这件事上，与晋国的里克有什么不同？像荀息那样的守节，牺牲自己却也不能保住奚齐。变故的发生，也是有很多的原因啊！

【郑国诸侯世系表】

桓公（前806—前771）——武公（前770—前744）——庄公（前743—前701）——昭公（前700）——厉公（前699—前697）——昭公复辟（前696—前695）——子亹（前694）——子婴（前693—前680）——厉公复辟（前679—前672）——文公（前671—前628）——缪公（前627—前606）——灵公（前605）——襄公（前604—前587）——悼公（前586—前585）——成公（前584—前571）——釐公（前570—前566）——简公（前565—前530）——定公（前529—前517）——献公（前516—前501）——声公（前500—前464）——哀公（前463—前456）——共公（前455—前424）——幽公（前423）——繻公（前422—前396）——康公（前395—前375） 被韩所灭

【集评】

顾栋高曰：“郑当幽王之世，王室未迁，遽兴寄帑之谋，攘取虢、郐之国而有其地，首乱天朝之疆索，郑诚周室之罪人矣。入春秋后，庄公以狙诈之资，倔强东诸侯间，是时楚僻处南服，而晋方内乱，庄公与齐、鲁共执牛耳。其子昭公、厉公，俱枭雄绝人，使其兄弟辑睦，三世相继，郑之图伯未可知也。乃三公子争立，卒归厉公，与虢弭定王室，庶几桓文勤王之义，然自是而楚患兴矣。齐、晋迭伯，与楚争郑者二百余年，是时郑西有虎牢之险，北有延津之固，南据汝、颍之地，恃其险阻，左支右吾，盖荥阳、成皋，自古战争地，南北有事，郑先被兵，地势然也。至子产之世，而虎牢已先属晋，犨、栎、郏已先属楚，郑之地险尽失，徒善其区区之辞命，以大义折服晋、楚，虽以楚灵王之暴横，莫敢陵侮，盖亦人谋之臧，匪关地势矣。然自后三家分晋，而韩得成皋，卒以灭郑，则郑之虎牢，岂非得之以兴，失之以亡者哉。”（《春秋大事表》）

李景星曰：“《郑世家》以简洁胜，开首写其规画宏远，天下大势括在数行中，可与《三国志·刘二牧传》参看。中附《子产传》，又与《越世家》附《范蠡传》同。范蠡佐越，能转败为胜；子产相郑，能以弱制强，其性情、学术、经济各不同，而以一身系其国之安危则无异。且郑以小国地据中枢，为南北所争；子产能调处其间，使不为晋、楚二大国所灭。其用力较范蠡尤难，而太史公叙子产事不如叙范蠡精彩者，画鹰隼与画鸾凤自殊。又子产之事，分见《循吏传》，此处但揭其大概即可，正不必以详赡见长也。赞语只就‘甫瑕（假）’生议，意在有无之间，而笔具离合之致，亦最耐人寻味。”（《史记评议》）

【评论】

郑国的存在基本与春秋相始终，所以《郑世家》一开始就通过郑桓公和太史伯的对话概括了西周末的局势，预言了未来周弱而齐、秦、晋、楚争强的春秋大局。由于郑处于晋、楚两大国之间，所以在郑庄公小霸后不久，随着晋、楚的迅速崛起，郑国便成了它们争霸的必争对象，郑国倒向哪一方，基本可以看作那一方占优势的标志。因此，从郑国史中可以看出晋、楚争霸的基本形势。

春秋初期，楚在南方尚未兴起，而晋国正在内乱，郑国在诸国中实力最强，郑庄公敢作敢为，他的两个儿子，即后来的郑昭公和郑厉公，也都很有才干，是他的得力助手，于是出现了“庄公小霸”的局面。可是在郑庄公去世后，郑昭公、郑厉公兄弟争国，于是大好局面就此丧失。对此顾栋高惋惜地说：“昭公、厉公，俱枭雄绝人，使其兄弟辑睦，三世相继，郑之图伯未可知也。”（《春秋大事表》）而齐、楚、晋正在这一时期蒸蒸日上，郑国最终失去了发展的机会和空间，降为二三流的国家，在晋、楚交攻之中，只能凭子产等人的机智与言辞勉强支撑。在春秋诸国中，相比之下，郑国的内乱不多，但郑昭公、郑厉公的争国造成的后果却是最触目惊心，极其惨痛的。司马迁正是看到这是导致郑国衰落的关键，才在篇中详加记述，并在“太史公曰”中特别就甫假（瑕）贪利纳郑厉公一事大发议论，抒发无尽的感慨。

郑庄公是个开风气之先的人物。“郑伯克段于鄢”是《春秋》记载的第一件大事，他囚母逐弟，两千年来许多人都是谴责郑庄公，说他是故意“养恶”，是必欲置其弟于死地；是“老奸巨猾”，违背人伦。可是如果郑庄公不消灭他们，郑国又将如何呢？事实上正是因为郑庄公能及时、干净、彻底地平定了公叔段与武姜的叛乱，才保障了郑国的统一，郑国才有了以后几十年的发展与强大。评价一个政治人物，主要是应该看他做的事对历史发展有利还是无利，不应该单从“道德”方面去吹毛求疵。郑庄公理应受到赞颂，而不应受到指责与批评。郑庄公对母亲武姜的态度，在平叛时是发誓“不及黄泉，无相见也”，可后来不管是真心还是做姿态，又想要与武姜和好，其实这很好理解：在解决公叔段的叛乱之前，姜氏是个危险的敌人；迨至叛乱平定之后，武姜的面目已经彻底暴露在公众面前，这时她已经不可能再对国家构成威胁，郑庄公此时做出“孝顺”的样子，松弛缓和一下，不论对国家、对个人都有好处。

郑庄公在周天子面前飞扬跋扈，周天子想分他的权，他大为不满，闹出“周郑交质”之事，还公然割了周天子的庄稼，最后竟然在繻葛之役公然与天子对阵，还射伤了周天子。郑庄公的这一系列行为，彻底打掉了周天子身上神性的光环，也射落了周天子与诸侯间的礼教帷幕，而这些在以前都是人们不敢想象的。春秋初期出现郑庄公这样的人物是历史的必然，同时也对历史的走向产生了巨大的影响，郑庄公的霸道开启了春秋诸侯争霸的序幕。

《郑世家》中，总体来说记事、写人都比较简略，而对于子产的记叙则相对详细，可见子产在郑国历史中的重要性，他一人几乎关乎郑国的存亡。在他持政之前，郑国子驷、子孔等大臣权势大到可以弑杀国君而无人敢言，众大夫之间也分帮结派，相互攻杀，国内政局动荡不安；国外，晋、楚等大国对郑征求无度，时加征讨，而郑国无力应付，早已没有平等的外交。子产在这种严峻的形势下为相持政，几乎是以一己之力，凭借着正直、仁爱、博学、睿智，以及不卑不亢、收放自如的外交策略和手段，稳定了国内局势，维持了国际地位，所谓“郑所以存者子产也”。司马迁对于子产的这种才智、勇气非常感佩，可以说子产是司马迁心目中人臣的楷模。他选取了子产答晋平公问疾、与楚灵王盟于申、与晋谋诛乱臣入敬王于周几件事，表现了子产的政治家、外交家的风采；同时也接连记叙了子产谓韩宣子“为政必以德”、子产对于郑国火灾劝郑定公禳灾“不如修德”两件事，并特意引述孔子“古之遗爱也”的评论为子产盖棺定论，体现了子产的德政思想，这也是儒家最为推崇的贤人政治。这些方面《郑世家》只是略加记叙，《左传》则详细记载描写了子产的言行，可以参照阅读。但是，从历史贡献上说，铸刑书才是子产平生最大的功绩，他第一次把贵族掌握的法律公开给民众，是一次空前大胆、石破天惊的改革，因此很多人认为子产是法家的先驱。但是无论是《郑世家》还是《循吏列传》，司马迁都故意隐匿了此事，这是值得深思的。一方面，古人对于铸刑书这件事多持批评态度，典型的如晋国著名贤臣叔向，虽然很敬重子产，也曾专门写信给子产表达了反对意见；而汉代秦后，汉朝历代统治者和贤才达士都将秦亡归咎于“任法”，可见对于铸刑书这种明显具有尊“法”倾向的做法，在当时是不宜宣扬的。另一方面，就司马迁本人来说，由于各种原因，他对于法家存在一定偏见，认为将子产这样的贤人与法家扯在一起，似乎是给子产“抹了黑”。于是铸刑书这件子产的最大政治举措就因为社会时论的偏颇与司马迁个人情感的偏向而被抹掉了。

郑国的商人也非常特别，他们更有爱国之心。《郑世家》中写到了秦缪公偷袭郑国时，路遇郑国商人弦高，弦高主动扮成郑国使者犒劳秦军，使秦人以为郑国有备,不敢袭郑。对于这件事,《左传》的描写更为精彩。弦高当时对秦军统帅说:“寡君闻吾子将步师出于敝邑,敢犒从者。不腆敝邑,为从者之淹,居则具一日之积,行则备一夕之卫。”并且“使遽告于郑”。他遇到秦兵时挺身而出,随机应变地化解了郑国的危机,一种爱国情怀跃然纸上。《左传》还记述了郑国商人几件与政治相关之事。成公三年,郑国商人想赎出被楚人俘虏的晋国将领知罃;昭公十六年,郑国商人不肯把国宝卖给晋国权臣韩起。郑国商人这种政治头脑与爱国热情,在其他各国商人中还未曾见到。

赵世家第十三

【释名】

《赵世家》记述赵氏家族以及他们所建立的赵国的历史。本篇以赵襄子即位为界分为两部分。第一部分写赵国建立前的赵氏家族的发展史，时间跨度从商朝，经西周，直至春秋末。这一部分的主要事件有：交代赵氏的起源，造父与嬴姓之秦别为赵氏，叔带始建赵氏于晋国；赵夙、赵衰使赵氏进一步兴旺发达，至赵盾始成权臣专晋政，因废立国君而引发权臣与国君的矛盾，以致发生“下宫之难”，赵氏几乎灭族，幸赖程婴、韩厥等人救护，赵氏平反，赵武又得为晋执政；赵简子时期，赵、魏、韩三大夫权势益盛，晋室益衰。第二部分写赵襄子建立赵国至赵王嘉被秦所灭的历史。主要事件有：赵襄子建立赵国；赵烈子被周天子正式封为诸侯；赵武灵王“胡服骑射”、灭中山、西略胡地，使赵国崛起于战国中期，却由于宠爱吴娃废长立幼，最后被饿死于沙丘宫；赵孝成王时“长平之战”惨败，邯郸被围；此后赵国迅速衰败，至赵王嘉被秦所灭。篇末的论赞，对赵王迁的自毁长城导致亡国，表现了深深感慨。

本篇可与《平原君虞卿列传》《鲁仲连邹阳列传》相关段落参照阅读。

赵氏之先，与秦共祖[①]。至中衍[②]，为帝大戊御[③]。其后世蜚廉有子二人，而命其一子曰恶来，事纣，为周所杀[④]，其后为秦[5]。恶来弟曰季胜，其后为赵[6]。

【注释】

①赵氏之先，与秦共祖：赵与秦有着共同的祖先。据《秦本纪》，帝颛顼的孙女女修，吞玄鸟陨卵生子大业，大业生子大费，佐禹平水土有功，"舜赐姓嬴氏"。这里的"大业""大费"是秦的始祖，也是赵的始祖。

②中衍：《秦本纪》曰："大费生子二人：一曰大廉，实鸟俗氏；二曰若木，实费氏。……大廉玄孙曰孟戏、中衍，鸟身人言。"

③帝大戊：殷朝中期的帝王，以伊陟为相，又以巫咸"治王家"，在位期间殷室得以复兴。御：驾车，赶车。

④"其后世蜚廉有子二人"四句：《秦本纪》曰："其玄孙曰中潏，在西戎，保西垂。生蜚廉。蜚廉生恶来。恶来有力，蜚廉善走，父子俱以材力事殷纣。周武王之伐纣，并杀恶来。"

⑤其后为秦：据《秦本纪》，恶来生女防，女防生旁皋，旁皋生太几，太几生大骆，大骆生非子，非子以善养马，被周孝王"邑之秦，使复续嬴氏祀，号曰秦嬴"。从此嬴氏有了封土。

⑥恶来弟曰季胜，其后为赵：意谓"秦之先"与"赵之先"本同祖，至恶来、季胜开始，秦、赵两支分出，恶来之后为"秦"氏，季胜之后为"赵"氏。

【译文】

赵氏的先人和秦氏有着共同的祖先。传至中衍，他为殷帝大戊赶车。他的后代蜚廉有两个儿子，其中一个儿子取名恶来，侍奉殷纣王，被周人所杀，恶来的后代是秦氏。恶来的弟弟叫季胜，他的后代是赵氏。

季胜生孟增。孟增幸于周成王[1]，是为宅皋狼[2]。皋狼生衡父，衡父生造父。造父幸于周缪王[3]。造父取骥之乘匹，与桃林盗骊、骅騮、绿耳，献之缪王[④]。缪王使造父御，西巡狩，见西王母[⑤]，乐之忘归。而徐偃王反[⑥]，缪王日驰千里，攻徐偃王[⑦]，大破之。乃赐造父以赵城[⑧]，由此为赵氏。

【注释】

①周成王：名诵，周武王之子，前1042—前1021年在位。

②宅皋狼：《集解》引徐广曰："或曰皋狼地名，在西河。"按，"皋狼"在今山西离石西北。《索隐》曰："如是说，是名孟增号宅皋狼。……按《地理志》，皋狼是西河郡之县名，盖孟增幸于周成王，成王居之于皋狼，故云皋狼。"

③造父幸于周缪（mù）王：造父受到周缪王的宠信。造父，古代擅驭马者。其事详见下文。周缪王，名满，前976—前922年在位。其事详见《周本纪》及《穆天子传》。缪，也写作"穆"。

④"造父取骥之乘匹"三句：《索隐》曰："言造父取八骏，品其色，齐其力，使驯调也。"《正义》曰："取八骏品其力，使均驯。"乘匹，四匹。乘，马的计数单位。一乘为四马。桃林，也称"桃林塞"，在今华山东侧的河南与陕西交界处，周武王灭商后，"纵马于华山之阳，放牛于桃林之虚"，多有良马的遗种。盗骊、骅騮、绿耳，为周穆王"八骏"的名字，此外据说还有赤骥、白义、渠黄、俞仑、山子。

⑤西巡狩，见西王母：此事《周本纪》未载。《穆天子传》有"穆王与西王母觞于瑶池之上"，《竹书纪年》亦有所谓"穆王十七年西征，于昆仑丘见西王母"；杨宽认为《穆天子传》所说的周穆王西巡至昆仑山的故事有相当的历史真实性，并认为其中所说的昆仑山即今甘肃境内的祁连山。详见《西周史》。巡狩，巡视诸侯之所守，即到所属的各地去视察。西王母，古代传说中西方国家的称号或部落女酋长的尊号。

⑥徐偃王反：徐偃王发动叛乱。谢孝苹以为此处应作"徐王反"，

"偃"字衍文,因《韩非子·五蠹》有所谓徐偃王好仁义而为荆文王所灭事,荆文王(即楚文王,前689—前677年在位)乃春秋前期人,则徐偃王距周穆王远矣。徐,也称"徐方",夷族小国名。在今江苏泗洪南。

⑦日驰千里,攻徐偃王:《索隐》引谯周曰:"徐偃王与楚文王同时,去周穆王远矣。且王者行有周卫,岂闻乱而独长驱日行千里乎?"泷川曰:"枫山、三条本无'马'字。"王叔岷曰:"《御览》引作'日行千里',《风俗通》作'日驰千里',亦并无'马'字。"按,诸说是,今据删"马"字。

⑧赵城:古城名。在今山西洪洞北。

【译文】

季胜生了孟增。孟增受到周成王的宠信,这就是宅皋狼。皋狼生了衡父,衡父生了造父。造父受到周缪王的宠信。造父选取了八匹骏马,与在桃林得到的名马盗骊、骅骝、绿耳等,献给了周缪王。周缪王让造父赶车,到西方去巡视,遇见了西王母,高兴得忘记了回国。不久,徐偃王发动叛乱,周缪王乘坐马车,日驰千里,去攻打徐偃王,将他彻底打败。于是周缪王把赵城赐给造父,从此造父就以赵为姓氏。

自造父已下六世至奄父[①],曰公仲,周宣王时伐戎[②],为御。及千亩战[③],奄父脱宣王[④]。奄父生叔带。叔带之时,周幽王无道[⑤],去周如晋,事晋文侯[⑥],始建赵氏于晋国。

自叔带以下,赵宗益兴,五世而至赵夙。

【注释】

①已下:即以下。已,同"以"。

②周宣王:名静,一作"靖",周厉王之子,前827—前782年在位。

③千亩战:《周本纪》记载,前789年,“(宣王)三十九年,战于千亩,王师败绩于姜氏之戎”。千亩,古邑名。《索隐》谓在今山西介休。杨伯峻以为“千亩”有二,“千亩之战”亦有二。周宣王二十六年(前802)曾有晋与戎族的“千亩之战”,在当时的晋境,今山西安泽北,晋胜;至周宣王三十九年又有周与戎人的“千亩之战”,此“千亩”即《国语》“宣王不藉千亩”之“千亩”,在当时的周境,应离镐京不远,周师败。

④脱宣王:帮助宣王脱险。

⑤周幽王无道:周幽王荒淫无道、终至败亡事,详见《周本纪》。周幽王,名宫湦,也作“宫湟”“宫涅”,周宣王之子,前781—前771年在位。

⑥去周如晋,事晋文侯:叔带就离开周国到了晋国,侍奉晋文侯。周,指西周,其都城在镐京,今陕西西安城西南之古丰水东侧。晋,西周初年建立的诸侯国名。周成王之弟叔虞为其开国君主。始封之地为唐(今山西翼城西),后来迁都至曲沃(今山西闻喜东北,曲沃南),一直至西周末期。晋文侯,名仇,晋穆侯之子,前780—前746年在位。

【译文】

从造父以下六代到奄父,叫公仲,周宣王时讨伐戎族,公仲给周宣王赶车。后来在千亩之战中,奄父曾助宣王脱险。奄父生了叔带。叔带在世的时候,周幽王荒淫无道,叔带就离开周国到了晋国,侍奉晋文侯,开始在晋国创建赵氏的基业。

从叔带往后,赵氏宗族日益兴旺,经历五代到赵夙。

赵夙[①]。晋献公之十六年伐霍、魏、耿[②],而赵夙为将伐霍[③]。霍公求奔齐[④]。晋大旱,卜之,曰“霍太山为祟”[⑤]。使赵夙召霍君于齐,复之[⑥],以奉霍太山之祀,晋复穰[⑦]。晋献公赐赵夙耿[8]。

【注释】

①赵夙(sù):以此二字领起,本段述赵夙事。其事另见于《秦本纪》《韩世家》。

②晋献公之十六年伐霍、魏、耿:晋献公十六年,前661年,晋国攻打霍、魏、耿三国。晋献公,名诡诸,前676—前651年在位。霍、魏、耿,皆为当时的小国名。霍,在今山西霍州西南;魏,在今山西芮城北;耿,在今山西河津东南。

③赵夙为将伐霍:据《晋世家》:"十六年,晋献公作二军。公将上军,太子申生将下军,赵夙御戎,毕万为右,伐灭霍。"御戎,为太子驾驭战车,与本篇之所谓"为将"有歧义。

④霍公求奔齐:霍公求逃奔齐国。霍公,指此时的霍国国君,"求"为其名。《集解》引徐广曰:"求,一作来。"齐,诸侯国名。太公望吕尚为其开国君主。姜姓。都临淄,在今山东淄博临淄区西北。当时的齐国诸侯为齐桓公(前685—前643年在位)。

⑤霍太山为祟:霍国的太山之神因无人奉祀为祟。霍太山,在当时的霍邑城东。祟,鬼神祸害人。

⑥复之:重建霍国。

⑦晋复穰(ráng):晋国重获丰收。穰,丰收。

⑧晋献公赐赵夙耿:晋献公将耿邑封给赵夙做领地。此赵氏在晋国有封地之始。

【译文】

赵夙。晋献公十六年,晋国攻打霍、魏、耿三国,让赵夙为将领兵征讨霍国。霍公求逃奔齐国。这一年晋国大旱,占卜的结果说"霍国的太山之神作怪"。于是献公派赵夙从齐国召回霍国国君,恢复霍君地位,让他主持霍太山的祭祀,晋国重获丰收。晋献公把耿地赐给了赵夙。

夙生共孟，当鲁闵公之元年也[①]。共孟生赵衰[②]，字子馀。赵衰卜事晋献公及诸公子[③]，莫吉；卜事公子重耳[④]，吉，即事重耳。重耳以骊姬之乱亡奔翟[⑤]，赵衰从[⑥]。翟伐廧咎如[⑦]，得二女，翟以其少女妻重耳，长女妻赵衰而生盾。初，重耳在晋时，赵衰妻亦生赵同、赵括、赵婴齐。赵衰从重耳出亡，凡十九年，得反国[⑧]。重耳，为晋文公[⑨]，赵衰为原大夫[⑩]，居原，任国政。文公所以反国及霸[⑪]，多赵衰计策[⑫]。语在晋事中[⑬]。

【注释】

①鲁闵公之元年：前661年。鲁闵公，名启，鲁庄公之子，前661—前660年在位。

②共孟生赵衰：意即赵衰乃赵夙之孙，而《世本》以为赵衰为赵夙之子，《国语·晋语》又云其为赵夙之弟，三说各异。徐孚远曰："赵夙事献公，赵衰事文公，年相当也，不应衰为赵夙孙，《世本》是也。"

③卜事：占卜奉事何人。

④公子重耳：即日后之晋文公，献公之子，太子申生异母弟，

⑤重耳以骊姬之乱亡奔翟：晋献公晚年宠幸骊姬，骊姬想让儿子奚齐继承君位，先施计杀害太子申生，接着又要除掉重耳、夷吾等献公诸子，诸子于是纷纷逃出国外，重耳奔翟。其事发生在献公二十二年，即前655年，详见《左传》《国语·晋语》及《晋世家》。翟，同"狄"，当时活动在今山西、陕西北部的少数民族名。

⑥赵衰从：赵衰跟随。从，跟随。

⑦廧（qiáng）咎如：部族名。赤狄之别种，当时居住在今山西长治东、河南安阳西的太行山地区。

⑧凡十九年，得反国：重耳于献公二十二年（前655）出亡，至怀公元年（前636）靠秦国武力返回晋国，历时十九年。有关重耳在十九年中周游各国，最后靠秦国力量返回晋国事，详见《左传·僖公二十四年》与《晋世家》。

⑨重耳，为晋文公：事在前636年。

⑩原大夫：原邑的大夫。原，在今河南济源西北。大夫，官名。

⑪反国：返回国家。反，同“返”。

⑫多赵衰计策：赵衰其应对的策略等，详见《左传》与《晋世家》。谢孝苹将其归纳了七条：一，里克杀奚齐、悼子，使人迎重耳于翟，重耳谢不入，是赵衰策；二，重耳徙齐，谋之赵衰；三，重耳过五鹿，野人盛土器中进，赵衰制重耳之怒而拜受之；四，桓公卒，齐乱，赵衰、子犯谋于桑下，趣重耳行；赵衰与齐女谋，醉重耳载以行；五，过曹、过宋、过郑、过楚，赵衰教重耳受楚待诸侯礼而毋让；过秦，缪公与重耳饮，赵衰歌《黍苗》诗，以示欲急返国；六，文公二年，赵衰说文公尊王，入襄王于周；七，文公四年，晋作三军，赵衰举郤縠将中军，三让三辞，不失其义。

⑬语在晋事中：意即详见《晋世家》。

【译文】

赵夙生共孟那年，正当鲁闵公元年。共孟生赵衰，字子馀。赵衰为侍奉晋献公及诸公子进行占卜，都不吉利；占卜侍奉公子重耳，吉利，他就去侍奉重耳。重耳在骊姬之乱时出逃至翟，赵衰跟着重耳一起出逃。翟人讨伐廧咎如，得到两个女子，翟君把年少的女子给重耳为妻，年长的女子给赵衰为妻而生了赵盾。当初，重耳在晋国时，赵衰的原配妻子已经生了赵同、赵括、赵婴齐。赵衰跟随重耳在外逃亡，共计十九年，才得以返回晋国。重耳做了晋文公，赵衰做了原大夫，住在原城，主持国家政事。晋文公所以能够返国并且成为霸主，大多是赵衰的计策。这些事记在《晋世家》里。

赵衰既反晋[①]，晋之妻固要迎翟妻[②]，而以其子盾为適嗣[③]，晋妻三子皆下事之[④]。晋襄公之六年[⑤]，而赵衰卒，谥为成季[⑥]。

【注释】

①既反晋：已经返回晋国。既，已经，之后。反，同“返”。

②晋之妻：在晋国国内所娶的妻子，为重耳之女。固要（yāo）：坚决请求。翟妻：赵衰在翟时所娶的妻子，即咎如之长女叔隗。

③盾：赵盾，即赵宣子。適（dí）嗣：继承人。適，同“嫡”。

④晋妻三子皆下事之：晋妻所生的赵同、赵括、赵婴齐三子都处于赵盾之下。梁玉绳曰：“《左传》同、括、婴齐是文公反国以女妻衰所生，乃盾之弟。盾为衰庶长子，故称宣孟，非衰娶翟女之前先有子也。”按，《左传·僖公二十四年》云：“文公妻赵衰，生原同、屏括、楼婴，赵姬请逆盾与其母。……来，以盾为才，固请于公，以为嫡子，而使其三子下之。以叔隗为内子，而己下之。”按，此处表现了赵姬的非凡见识与气量。内子，内当家，即正妻。

⑤晋襄公之六年：前622年。晋襄公，名欢，或作“驩”，晋文公之子，前627—前621年在位。

⑥谥为成季：《谥法解》：“安民立政曰成。”季，是赵衰的排行。

【译文】

赵衰回到晋国以后，在晋国的原配妻子坚决要求接回他在翟国娶的妻子，并且让翟国妻子的儿子赵盾做正宗继承人，而让自己的三个儿子居于下位侍奉他。晋襄公六年，赵衰去世，谥号为成季。

赵盾代成季任国政[①]。二年而晋襄公卒[②]，太子夷皋年少，盾为国多难[③]，欲立襄公弟雍[④]。雍时在秦[⑤]，使使迎之。

太子母日夜啼泣[⑥]，顿首谓赵盾曰[⑦]：“先君何罪，释其適子而更求君[⑧]？”赵盾患之[⑨]，恐其宗与大夫袭诛之[⑩]，乃遂立太子，是为灵公[⑪]，发兵距所迎襄公弟于秦者[⑫]。灵公既立，赵盾益专国政[⑬]。

【注释】

①赵盾代成季任国政：据《左传·文公六年》云：“晋蒐于夷，舍二军。使狐射姑将中军，赵盾佐之。阳处父至自温，改蒐于董，易中军。阳子，成季之属也，故党于赵氏，且谓赵盾能，曰：‘使能，国之利也。’是以上之。宣子（赵盾）于是乎始为国政。”赵盾的“任国政”，也就是“将中军”，是靠了阳处父的武装政变，这是赵盾在晋国执政的开始，也是晋国公室与赵氏家族矛盾的开端。事在晋襄公六年，前622年。

②晋襄公卒：事在晋襄公七年，前621年。

③为国多难：指晋、秦间的矛盾变得尖锐起来。襄公元年（前627），晋败秦师于崤，两国变为敌对；秦国寻机报复，从此秦、晋两国间的战争遂连年不绝：三年，秦攻晋，取汪；四年，秦又兴兵渡河，取王官，封崤尸；五年，晋伐秦，取新城，报王官之役。赵盾就是在这种情况下主持晋政的。

④襄公弟雍：《晋世家》赵盾曰：“立襄公弟雍。好善而长，先君爱之；且近于秦，秦故好也。立善则固，事长则顺，奉爱则孝，结旧好则安。”赵盾想立襄公的弟弟公子雍，一方面是为了立“长君”，同时也是为了改善与秦国的关系。从对外关系而言，未尝不善。

⑤雍时在秦：秦国此时的国君为秦穆公（前659—前621）。

⑥太子母日夜啼泣：《左传》与《晋世家》于此都作太子母穆嬴日抱太子啼于朝。太子母，指“穆嬴”，为秦穆公的女儿。

⑦顿首：以头叩地。

⑧释其適子而更求君：抛开他的嫡子而改立别人。释，放弃，抛开。適子，正妻所生之子，继承人。適，同“嫡”。

⑨患：担心，忧虑。

⑩宗：古称同是一母所生者为一宗。如《五宗世家》称景帝诸子为“五宗”。这里指夷皋与他的母亲穆嬴是同一派的。大夫：当时诸侯国的大臣皆称“大夫”，这里指晋国的诸大臣。

⑪灵公：前620—前607年在位。《谥法解》：“不勤成名曰灵。”注：“任本性，不见贤思齐。”

⑫发兵距所迎襄公弟于秦者：派出军队拦阻从秦国迎来的晋襄公的弟弟姬雍。晋国派去的使者为先蔑、士会，因有秦兵护送，所以晋国与之开战。败之于令狐（今山西临猗西），由此晋与秦的关系更坏了。

⑬赵盾益专国政：赵盾更加专断晋国的政事。按，点明赵盾与公室的矛盾更为尖锐。

【译文】

赵盾接替成季执掌国政。两年后，晋襄公去世，太子夷皋年幼，赵盾由于国家多难，想立襄公的弟弟姬雍为国君。姬雍当时在秦国，赵盾派使臣前去迎接。太子夷皋的母亲日夜号哭，叩头对赵盾说：“先君有什么罪过，为什么抛开他的嫡子而改立别人呢？”赵盾忧心忡忡，害怕太子的宗亲和大夫们来袭杀自己，于是就立了太子夷皋，这就是晋灵公；同时派兵拦阻从秦国迎来的襄公弟弟姬雍。灵公即位后，赵盾更加专断晋国的政事。

灵公立十四年，益骄[①]。赵盾骤谏[②]，灵公弗听。及食熊蹯，胹不熟[③]，杀宰人[④]。持其尸出[⑤]，赵盾见之。灵公由此惧，欲杀盾。盾素仁爱人[⑥]，尝所食桑下饿人反扞救盾[⑦]，盾以得亡[⑧]。未出境，而赵穿弑灵公而立襄公弟黑臀，是为成公[⑨]。赵盾复反[⑩]，任国政。君子讥盾“为正卿，亡不出境，反不讨贼”[⑪]，故太史书曰“赵盾弑其君”[⑫]。晋景公时而赵盾卒[⑬]，谥为宣孟[⑭]，子朔嗣[⑮]。

【注释】

①灵公立十四年，益骄：灵公十四年，前607年。

②赵盾骤谏：赵盾屡次进谏。赵盾与士会谏灵公事，详见《左传·宣公二年》与《晋世家》。骤，屡次，多次。

③及：等到。食熊蹯（fán），胹（ér）不熟：吃熊掌，熊掌没有炖烂。熊蹯，熊掌。胹不熟，没有炖烂。胹，煮。

④宰人：官名。掌膳食。《晋世家》作“宰夫”。

⑤持其尸出：《左传》作“杀之，置诸畚，使妇人载以过朝”。

⑥素：向来，一向。

⑦尝：曾经。食（sì）：给食物吃。桑下饿人：即亓眯明，饿于桑下将死，赵盾出猎遇之，与之食物，将其救活。反扞（hàn）救盾：亓眯明后来当了晋灵公的卫士，当晋灵公埋伏甲士欲杀赵盾时，亓眯明乃倒戟以卫赵盾得脱。反扞，反而护卫。

⑧盾以得亡：赵盾由此才得以脱身。据《左传》，晋灵公先纵狗咬赵盾，被其卫士救走；后又埋伏甲士欲杀之，复被亓眯明所救。以上晋灵公与赵盾冲突事，详见《左传·宣公二年》与《晋世家》。

⑨赵穿弑灵公而立襄公弟黑臀，是为成公：赵穿，赵盾的族人，于晋灵公十四年（前607）弑晋灵公于桃园。赵盾与晋灵公的矛盾已达十四年之久，此事即使非赵盾明确主使，也是赵盾所默许，观后文之“反不讨贼”可知。成公，晋成公，名黑臀，晋文公之子，晋襄公之弟，前606—前600年在位。《谥法解》：“安民立政曰成。”注：“政以

安定。”

⑩复反：又跑了回来。《左传》作“未出山而复”。

⑪讥：评论，议论。正卿：官名。诸侯国执政大臣。

⑫故太史书曰“赵盾弑其君”：按，《左传》于此曰：“太史书曰‘赵盾弑其君’，以示于朝。宣子曰：‘不然。’对曰：‘子为正卿，亡不越竟，反不讨贼，非子而谁？’……孔子曰：‘董狐，古之良史也，书法不隐。赵宣子，古之良大夫也，为法受恶。惜也，越竟乃免。’”与此略异。

⑬晋景公：名据，晋成公之子，前599—前581年在位。赵盾卒：梁玉绳引《古史》曰：“《左传》宣公八年亦晋成公八年，书晋郤缺为政，使赵朔佐下军，则盾已死矣，非景公之时也。”赵盾应死于晋成公六年之前。

⑭谥为宣孟：梁玉绳曰：“孟非谥也，当作‘宣子’。”“孟”字是赵盾的排行。《谥法解》：“圣善周闻曰宣。”

⑮嗣：继位，继承。

【译文】

灵公即位后十四年，变得日益骄纵。赵盾多次劝谏，灵公都不听。逮及灵公吃熊掌，熊掌没有炖烂，灵公就把厨师杀了。他派人往外搬运尸体时，正好被赵盾看见。灵公因此害怕，想要杀死赵盾。赵盾素来仁厚友爱，他曾给过一个饿倒在桑树下的人吃的，在灵公的甲士追杀赵盾时，此人反戈抗击，救护赵盾，赵盾才得以逃走。赵盾没有逃出国境，赵穿就杀死了灵公，立襄公的弟弟黑臀为君，这就是晋成公。赵盾从逃亡途中返回都城，继续主持国政。君子讥讽赵盾“身为正卿，逃亡不走出国境，返回不诛讨逆贼”，所以史官记载说“赵盾弑其君”。晋景公时，赵盾去世，谥号是宣孟，其子赵朔承袭爵位。

赵朔。晋景公之三年，朔为晋将下军救郑，与楚庄王战河上[①]。朔娶晋成公姊为夫人[②]。

【注释】

①“赵朔”四句：晋景公之三年，前597年。赵朔为晋将下军救郑，与楚庄王战河上，此即“邲之战”。当时楚军围郑，待晋军往救时，郑已降楚。此时晋军是进是退，诸帅意见不一，主帅荀林父拿不定主意，又迫于主战派的挑衅出击，在楚军的猛攻下仓促应战，晋军惨败。其事详见《左传·宣公十二年》，《晋世家》也有涉及。此役晋方荀林父为中军将，赵朔为下军将。楚庄王，名侣，一作“吕”“旅”，前613—前591年在位。

②朔娶晋成公姊为夫人：梁玉绳认为，“姊”是“女”字之误，或“成公”是“景公”之误。衰嫡妻是文公女，若朔妻成公姊，则亦文公之女。父之从母，不可以为妻，且晋文之卒距此四十六年，庄姬此时尚少，不得为成公姊。又大夫之妻，春秋时似未称“夫人”。

【译文】

赵朔。晋景公三年，赵朔率领晋国的下军援救郑国，与楚庄王在黄河边交战。赵朔娶了晋成公的姐姐为夫人。

晋景公之三年，大夫屠岸贾欲诛赵氏[①]。初，赵盾在时，梦见叔带持要而哭，甚悲；已而笑，拊手且歌[②]。盾卜之[③]，兆绝而后好[④]。史援占之[⑤]，曰：“此梦甚恶，非君之身，乃君之子，然亦君之咎[⑥]。至孙，赵将世益衰[⑦]。”屠岸贾者，始有宠于灵公，及至于景公而贾为司寇[⑧]，将作难[⑨]，乃治灵公之贼以致赵盾[⑩]，遍告诸将曰[⑪]：“盾虽不知，犹为贼首。以臣弑君，子孙在朝，何以惩罪？请诛之。”韩厥曰[⑫]：“灵公遇贼[⑬]，赵盾在外，吾先君以为无罪[⑭]，故不诛。今诸君将诛其后，是非先君之意而今妄诛[15]。妄诛谓之乱[16]。臣有大事而君不闻[17]，是无君也。”屠岸贾不听。韩厥告赵朔趣亡[18]。朔不肯，曰：“子必不绝赵祀[19]，朔死不恨[20]。”韩厥许诺，称疾不出。贾不请而擅与诸将攻赵氏于下宫，杀赵朔、赵同、赵括、赵婴齐[21]，皆灭其族。

【注释】

①晋景公之三年，大夫屠岸贾欲诛赵氏：《左传》无屠岸贾其人，更无后述程婴、公孙杵臼其事，《晋世家》亦不载，唯此《赵世家》与《韩世家》言之。后代考据家对此皆不信。说见后文注释。晋景公之三年，前597年。屠岸贾，姓屠岸，名贾。

②“梦见叔带持要而哭”四句：梦见先祖叔带抱着他的腰痛哭，非常悲伤；之后又大笑，还拍着手唱歌。梦见叔带持要而哭，意谓赵氏家族将被拦腰斩断。要，同“腰”。拊手且歌，意指灾难过后，赵氏更将强盛。拊手，拍手。

③卜：占卜。

④兆绝而后好：龟甲上烧出的裂纹中断，可后边又好了。兆，龟甲灼纹所显示的征兆。

⑤史援：晋国一个名援的史官。古代的史官亦掌卜祝之事。底本“史援”上有“赵”字，泷川曰：“‘史’上‘赵’字疑衍，赵氏不宜别有史官。”按，泷川说是，删“赵”字。

⑥亦君之咎：也是因为你犯的过失。指弑杀晋灵公事。咎，罪责，过失。

⑦至孙，赵将世益衰：赵盾的孙子赵武重建赵氏家族后，执掌晋政，往后直至三家分晋，并没有衰微，此与测卦不符。或此句中“赵”字应作“晋”。

⑧司寇：官名。主管缉捕盗贼，维持治安。

⑨将作难：将发难。指诛灭赵氏满门。

⑩乃治灵公之贼以致赵盾：就惩治杀害晋灵公的逆贼，以便牵连出赵盾。意即以追究杀害晋灵公的凶手为名，从而整治到赵盾。致，及，加罪。

⑪诸：诸位。

⑫韩厥：即韩献子。韩万之玄孙，晋国正卿。其援救赵族事，详见《韩世家》。

⑬遇贼：遇害。贼，残害，杀害。

⑭先君：指晋成公。

⑮今诸君将诛其后，是非先君之意而今妄诛：牛鸿恩以为一句之中有二“今”字，后“今”字应衍。

⑯妄：随便，胡乱。

⑰君不闻：做君主的不知道。意指屠岸贾想灭赵氏而不向景公报告。

⑱趣（cù）亡：迅速逃跑。趣，赶快，迅速。

⑲子必不绝赵祀：您若能保住我们赵氏的香火不绝。必，若能。王叔岷曰：“‘必’犹‘若’也。”绝祀，断绝香火，亦即绝后。

⑳恨：遗憾。

㉑贾不请而擅与诸将攻赵氏于下宫，杀赵朔、赵同、赵括、赵婴齐：据《左传》，赵氏“下宫之难”被杀者为赵同、赵括，时间为晋景公十七年，前583年。起因是在此以前赵朔已死，赵朔之妻（即成公之“姊”或“女”）与赵朔之叔赵婴齐私通，赵婴齐之兄赵同、赵括出面干涉，将赵婴齐驱逐到国外。赵朔之妻不满，向晋景公说赵同、赵括的坏话，于是晋景公诛赵同、赵括于下宫。其事详见《左传·成公八年》。不请，不向景公禀告。下宫，赵氏家族的宫室名。

【译文】

还是在晋景公三年，大夫屠岸贾想要诛灭赵氏。当初赵盾在世的时候，曾梦见先祖叔带抱着他的腰痛哭，非常悲伤；之后又大笑，还拍着手唱歌。赵盾为此进行占卜，龟甲上烧出的裂纹中断，可后边又好了。史官援解释这种卦象说："这个梦很凶险，不是应验在您的身上，而是在您儿子身上，可也是由于您的过错。到您孙子那一代，赵氏家族将更加衰落。"屠岸贾以前受到灵公的宠信，等到景公的时候，做了司寇，屠岸贾将要发难，于是就惩治杀害灵公的逆贼，以便牵连出赵盾，同时遍告诸将说："赵盾虽然不知情，但仍然是罪魁祸首。做臣子的弑君犯上，他的子孙却还在朝为官，这如何能惩治罪犯？请各位诛杀他们。"韩厥说："灵公遇害时，赵盾正逃亡在外，先君成公认为他无罪，所以未加诛杀。现在你们要杀掉他的后代，这不是先君的意愿，而是你们肆意滥杀。肆意滥杀就是作乱。身为臣子，办这么大的事情却不向国君报告，这是没有把国君放在眼里。"屠岸贾不听。韩厥告知赵朔让他赶紧逃走。赵朔不肯，说："您若能保住我们赵氏的香火不绝，我虽死无憾。"韩厥答应了他的要求，就称病不出门。屠岸贾没有请示国君，便擅自带领诸将在下宫攻袭赵氏，杀掉了赵朔、赵同、赵括、赵婴齐，灭了赵氏家族。

赵朔妻成公姊，有遗腹[①]，走公宫匿[②]。赵朔客曰公孙杵臼[③]，杵臼谓朔友人程婴曰："胡不死[④]？"程婴曰："朔之妇有遗腹，若幸而男，吾奉之[⑤]；即女也，吾徐死耳[⑥]。"居无何[⑦]，而朔妇免身[⑧]，生男。屠岸贾闻之，索于宫中。夫人置儿绔中[⑨]，祝曰[⑩]："赵宗灭乎，若号[⑪]；即不灭，若无声。"及索，儿竟无声。已脱，程婴谓公孙杵臼曰："今一索不得，后必且复索之，奈何？"公孙杵臼曰："立孤与死孰难[⑫]？"程婴曰："死易，立孤难耳。"公孙杵臼曰："赵氏先君遇子厚，子强为其难者[⑬]，吾为其易者，请先死。"乃二人谋取他人婴儿负之，衣以文葆[⑭]，匿山中。程婴出，谬谓诸将军曰[⑮]："婴不肖[16]，不能立赵孤。谁能与我千金，吾告赵氏孤处。”诸将皆喜，许之，发师随程婴攻公孙杵臼。杵臼谬曰：“小人哉程婴！昔下宫之难不能死，与我谋匿赵氏孤儿，今又卖我。纵不能立，而忍卖之乎！”抱儿呼曰：“天乎天乎！赵氏孤儿何罪？请活之，独杀杵臼可也。”诸将不许，遂杀杵臼与孤儿。诸将以为赵氏孤儿良已死[17]，皆喜。然赵氏真孤乃反在，程婴卒与俱匿山中。

【注释】

①遗腹：赵朔死后，留在其妻肚子里的孩子。

②走公宫匿：跑到晋景公的宫室里躲藏起来。

③赵朔客曰公孙杵臼：当年赵朔的一个门客叫公孙杵臼。

④胡：何，什么。

⑤吾奉之：我抚养他，为他效力。奉，奉事，为之做事。

⑥即女也，吾徐死耳：如果是女孩，我再死不迟。即，若，如果。徐，慢。

⑦居无何：过了没多久。

⑧免身：意即分娩。免，同“娩”。

⑨绔（kù）：套裤。

⑩祝：祈祷，祷告。

⑪若：尔，你。

⑫立孤：抚养孤儿成人。孰：哪个。

⑬强：努力，奋勉。

⑭衣以文葆：给孩子包上华丽的被子。葆，《集解》引徐广曰：“小儿被曰葆。”通“褓”。

⑮谬谓：假意地对他们说。

⑯不肖：没才能。

⑰良：确实，真的。

【译文】

赵朔的妻子是成公的姐姐，正怀有身孕，逃到宫里躲了起来。赵朔有个门客叫公孙杵臼，杵臼对赵朔的好友程婴说："你为什么没殉死？"程婴说："赵朔的妻子怀有身孕，若有幸生个男孩，我奉养他；假若是个女孩，我再慢慢去死吧。"没过多久，赵朔的妻子分娩，生下个男孩。屠岸贾听说后，便到宫中搜查。赵夫人把儿子藏到套裤里，祷告说："赵氏宗族要是该灭绝，你就哭；要是不该灭绝，你就不要作声。"等到搜索赵朔妻子那里时，孩子竟没有发出一点儿声音。脱险后，程婴对公孙杵臼说："这次没有搜到，以后肯定还会来搜，怎么办呢？"公孙杵臼说："抚养孤儿成人与为主殉死，哪个更难？"程婴说："死容易，抚养孤儿成人难。"公孙杵臼说："赵氏先君待您优厚，您当勉力去做那件艰难的事情，我就选个容易的，让我先死吧。"于是二人商议找来一个别人家的婴儿，给他包上华丽的被子，让公孙杵臼背着藏到山中。程婴出来，骗诸将说："程婴没出息，不能扶立赵家的孤儿。谁能给我千金，我就告诉他赵氏孤儿的藏身之处。"诸将都很高兴，答应了他，派军队跟着程婴去抓公孙杵臼。杵臼假意骂程婴说："程婴，你这个小人！先前下宫之难时，你不跟着主公一起赴死，和我商议隐藏赵氏孤儿，今天你又来出卖我。你即使不能抚养这个孩子，又怎么忍心出卖他呢？"于是抱着孩子仰天大呼道："苍天啊，赵氏孤儿有什么罪？求你们别杀他，要杀就杀我吧！"诸将不答应，于是将公孙杵臼与小孩一起杀死。诸将认为赵氏孤儿确实已死，都很高兴。然而真正的赵氏孤儿还活着，程婴就带着他一直藏在深山之中。

居十五年①，晋景公疾，卜之，大业之后不遂者为祟②。景公问韩厥，厥知赵孤在，乃曰："大业之后在晋绝祀者，其赵氏乎？夫自中衍者皆嬴姓也③。中衍人面鸟噣④，降佐殷帝大戊，及周天子，皆有明德。下及幽、厉无道[⑤]，而叔带去周适晋，事先君文侯，至于成公，世有立功，未尝绝祀。今吾君独灭赵宗，国人哀之，故见龟策[⑥]。唯君图之[⑦]。”景公问：“赵尚有后子孙乎[⑧]？”韩厥具以实告。于是景公乃与韩厥谋立赵孤儿，召而匿之宫中。诸将入问疾，景公因韩厥之众以胁诸将而见赵孤[⑨]。赵孤名曰武。诸将不得已，乃曰：“昔下宫之难，屠岸贾为之，矫以君命[⑩]，并命群臣。非然，孰敢作难！微君之疾[⑪]，群臣固且请立赵后。今君有命，群臣之愿也。”于是召赵武、程婴遍拜诸将，诸将遂反与程婴、赵武攻屠岸贾[⑫]，灭其族。复与赵武田邑如故[⑬]。

【注释】

①居十五年：依史文，当晋景公十八年，前582年。

②大业之后不遂者：大业的后代，依史文即指赵朔、赵同、赵括等。大业，嬴、赵两族的远祖。不遂，不显达。这里即指被灭。为祟：指鬼怪害人。

③夫自中衍者皆嬴姓也：中衍以来的后代子孙以嬴为姓。

④人面鸟噣（zhòu）：人面鸟嘴。《秦本纪》称中衍“鸟身人言”，与此不同。噣，鸟嘴。

⑤幽、厉：周幽王、周厉王，西周的两个君主。按顺序是周厉王在前（前877—前841年在位）、周幽王在后（前781—前771年在位）。周厉王名胡，因其贪婪残暴，且压抑国人不许说话，结果引起暴乱，自己遭驱逐，死于彘；幽王名宫涅，一作“宫湦”，荒淫无道，被犬戎所杀，西周灭亡。其二人事详见《周本纪》。

⑥故见（xiàn）龟策：意谓天意、民意通过龟策表现了出来。龟，龟甲，占卜所用的材料。策，竹片、蓍草，算卦所用的材料。见，同

“现”。

⑦唯：表示祈请的发语词。图：考虑，盘算。

⑧尚有后子孙乎：句子不顺，“后”与“子孙”二者应删其一。尚，还。

⑨因韩厥之众：借助于韩厥的部众。而见赵孤：使孤儿赵武与诸将相见。

⑩矫：假托，诈称。

⑪微君之疾：倘若不是因为您有病，不能处理国家大事。微，没有，不是。

⑫诸将遂反与程婴、赵武攻屠岸贾：底本“遂”字上无此“诸将”二字。泷川曰：“枫山、三条本重‘诸将’字。”按，“遂”上当有“诸将”二字，今增。

⑬复与赵武田邑如故：《晋世家》系之于晋景公十七年，《集解》引杜预注：“终说之耳，非此年也。”

【译文】

过了十五年，晋景公得了病，进行占卜，说是大业的后代中有些不顺心的鬼魂在作怪。景公问韩厥，韩厥知道赵氏孤儿还活着，便说：“大业的后代在晋国断绝祭祀的，就是赵氏吧？从中衍以来，其后代都姓嬴。中衍长得人面鸟嘴，降临人世辅佐殷帝大戊，一直到周王朝，中衍的后代功德都很卓著。后来到厉王、幽王昏庸无道时，叔带离开周王室来到晋国，侍奉我们的先君文侯，一直到成公，赵家世代立功，从未断过祭祀。如今君主您独独灭了赵氏家族，国人哀怜他们，所以从龟策上显现出来了。请您认真考虑考虑吧。”景公问：“赵家还有子孙在世吗？”韩厥便把实情一一相告。于是景公就与韩厥商量册立赵氏孤儿，他们先把赵氏孤儿召来，藏到宫中。当诸将进宫向景公问候病情时，景公借助韩厥的部众胁迫诸将见了赵氏孤儿。赵氏孤儿名武。诸将不得已，只好说：“当初下宫那次事变，是屠岸贾策动的，他假传君命，并且向群臣发令。不然的话，谁敢发动变乱呢！如果不是您有病，我们这些大臣本来就要请求册立赵氏的后代了。如今您有这个命令，正是群臣的心愿啊！”景公于是就叫赵武、程婴出来一一拜谢各位将军，将军们遂反过来与程婴、赵武攻打屠岸贾，诛灭了他的家族。景公重又把原属赵氏的封地赐给赵武。

及赵武冠①，为成人，程婴乃辞诸大夫，谓赵武曰：“昔下宫之难，皆能死。我非不能死，我思立赵氏之后。今赵武既立，为成人，复故位，我将下报赵宣孟与公孙杵臼②。”赵武啼泣顿首固请③，曰：“武愿苦筋骨以报子至死，而子忍去我死乎！”程婴曰：“不可。彼以我为能成事④，故先我死；今我不报，是以我事为不成。”遂自杀。赵武服齐衰三年⑤，为之祭邑⑥，春秋祠之，世世勿绝⑦。

【注释】

①及赵武冠：古时男子二十而冠，从此谓赵武成人。

②下报赵宣孟：下宫之难之死者乃赵朔，非宣孟（赵盾）。

③固请：坚决请求。

④彼：他们。指公孙杵臼与赵朔等。

⑤齐衰（cuī）：丧服的一种，仅次于斩衰。是将衣边加以缘缉缝齐，故是为祖父母与叔、伯所服。

⑥为之祭邑：划出一块领地，专供祭祀之用。

⑦春秋祠之，世世勿绝：《正义》曰：“今河东赵氏祠先人，犹别舒一座祭二士矣。”

【译文】

到赵武行了冠礼，已是成人了，程婴就辞别各位大夫，对赵武说：“当初下宫的事变，人人都能死难。我并非不能去死，我是想扶立赵氏的后代。如今赵武你已被册立，长大成人，恢复了赵氏原有的爵位，我要到地下去报告给赵朔和公孙杵臼。”赵武啼哭叩头，坚决请求说：“我宁愿使自己筋骨受苦也要报答您一辈子，难道您忍心离开我去死吗？”程婴说：“不行。他们认为我能完成大事，所以先我而死；如今我不去复命，他们就会以为我的任务没有完成。”于是就自杀了。赵武为程婴服齐衰之丧三年，给他安排了专供祭祀之用的领地，春秋两季按时祭祀，世代不绝。

赵氏复位十一年，而晋厉公杀其大夫三郤[①]。栾书畏及，乃遂弑其君厉公[②]，更立襄公曾孙周，是为悼公[③]。晋由此大夫稍强。

【注释】

①赵氏复位十一年，而晋厉公杀其大夫三郤（xì）：赵氏复位十一年，即晋厉公八年（前573），晋厉公于鄢陵之役打败楚国后，楚国对郤氏使用反间计，栾书又趁机诬陷、挑动，于是晋厉公攻杀“三郤”。晋厉公，名寿曼，景公之子，前580—前573年在位。三郤，指郤锜、郤犨、郤至，皆晋国大夫。

②栾书畏及，乃遂弑其君厉公：晋厉公杀害“三郤”后，晋卿胥童要求晋厉公也一起除掉栾书与中行偃，晋厉公未忍动手。栾书见此情景，遂作乱杀了晋厉公与胥童。其事详见《左传·成公十八年》与《晋世家》。

③悼公：名周，前572—前558年在位。

【译文】

赵氏恢复爵位后的第十一年，晋厉公杀了三位郤氏大夫。栾书害怕祸及己身，于是就杀了国君晋厉公，改立襄公的曾孙姬周，这就是晋悼公。从此以后晋国的大夫势力逐渐强盛。

赵武续赵宗二十七年，晋平公立[①]。

平公十二年，而赵武为正卿[②]。

十三年，吴延陵季子使于晋[③]，曰："晋国之政卒归于赵武子、韩宣子、魏献子之后矣[④]。"赵武死，谥为文子[⑤]。

【注释】

①晋平公：名彪，晋悼公之子，前557—532年在位。

②平公十二年，而赵武为正卿：梁玉绳曰："《左》襄二十五年'赵文子为政'，是平公十年，此误。"按，晋平公十年为前548年。

③十三年，吴延陵季子使于晋：梁玉绳曰："季札之聘在平公十四年，此误作十三年。"按，晋平公十四年为前544年。延陵季子，名札，吴王寿梦少子，故称"季札""季子""季子札"。《左传》作"公子札"，封于延陵（今江苏常州），故又称"延陵季子"。其事详见《吴太伯世家》。

④晋国之政卒归于赵武子、韩宣子、魏献子之后矣：梁玉绳曰："'武子'乃'文子'之误。然三子见存，不应称谥。"陈仁锡曰："'武子''宣子''献子'六字衍。"按，韩宣子名起，"宣"字是谥；魏献子名舒，"献"字是谥，皆为当时晋国的权臣。当时晋国的强族尚有范氏、中行氏、知氏，季札专门挑出韩、赵、魏三家的"预言"，显然是后人附会。关于吴公子季札访问晋国，并预言三家之后必有大事，在晋平公十四年，前544年，详见《左传·襄公二十九年》与《晋世家》。

⑤赵武死，谥为文子：赵武之死年，《左传》未明载，然据《左传》记载晋平公十七年有赵武与叔向语；晋平公十九年，晋国已由韩起主政，则赵武乃死于晋平公十八年。《谥法解》："经纬天地曰文，道德博闻曰文，学勤好问曰文，慈惠爱民曰文，愍民惠礼曰文，赐

民爵位曰文。”沈长云《赵国史》曰：“晋国公室卑弱、政在家门的局面大约形成于晋平公在位，亦即赵武当政时期。诸卿族发展也逐渐由蚕食公室过渡到以相互间的兼并为主。”

【译文】

赵武接续赵氏宗族后的第二十七年，晋平公即位。

平公十二年，赵武做了晋国正卿。

平公十三年，吴国的延陵季子出使来到晋国，他说：“晋国的政权最后要落到赵武子、韩宣子、魏献子后代的手里。”赵武死后，谥号是文子。

文子生景叔①。景叔之时，齐景公使晏婴于晋②，晏婴与晋叔向语③。婴曰：“齐之政后卒归田氏④。”叔向亦曰：“晋国之政将归六卿⑤。六卿侈矣⑥，而吾君不能恤也⑦。”

【注释】

①景叔：名成。《左传》称之“赵成子”。

②齐景公：名杵臼，前547—前490年在位。晏婴：字仲，谥平，人称“晏平仲”，或称“晏子”，齐国大夫。其事详见《管晏列传》。按齐使晏婴于晋在晋平公十九年，前539年。

③叔向：名肸，氏羊舌，字叔向，晋国大夫。食邑于杨，故又称“杨肸”。

④田氏：也称“陈氏”，陈完的后代。齐景公时田氏家族的首领为田乞，其事详见《田敬仲完世家》。

⑤六卿：晋国六大权臣，即范氏、中行氏、知氏、韩氏、赵氏、魏氏。

⑥侈：放纵。

⑦恤：忧虑。

【译文】

赵文子生了景叔。景叔之时，齐景公派晏婴出使晋国，晏婴和叔向闲谈。晏婴说：“齐国的政权最终必将归于田氏。”叔向也说：“晋国的政权将会落到六卿的手里。六卿很猖狂，而我的国君却不加防备。”

赵景叔卒，生赵鞅，是为简子[①]。赵简子在位[②]，晋顷公之九年[③]，简子将合诸侯戍于周[④]。其明年[⑤]，入周敬王于周，辟弟子朝之故也[⑥]。

【注释】

①简子：即赵鞅，也名“志父”，“简”为其谥号，晋国正卿。王叔岷引《左传·哀公二年》疏引服虔云：“赵鞅入于晋阳以叛。既复，更名志父。”《谥法解》：“一德不懈曰简，平易不訾曰简。”

②赵简子在位：赵简子即位的确切年月史无明载。

③晋顷公之九年：前517年。晋顷公，名弃疾，晋平公之孙，晋昭公之子，前525—前512年在位。

④合诸侯戍于周：会合诸侯，出兵驻守于周国。据《周本纪》，周景王死后，子朝攻杀其长兄（名猛）而自立为王，“晋人攻子朝而立丐，是为敬王”。

⑤其明年，入周敬王于周：其明年，当指晋顷公十年、周敬王四年，前516年。入周敬王于周，指诸侯们以武力将周敬王送入周都洛阳。《周本纪》：“晋率诸侯入敬王于周，子朝为臣，诸侯城周。”

⑥辟弟子朝：驱逐其弟王子朝。辟，驱赶，驱逐。后文有“有人当道，辟之不去”，用法同此。据《周本纪》，早在周敬王元年（前519），赵简子等就已将周敬王送入周国，因其弟王子朝当时占据着都城洛阳，故周敬王只好暂居于泽邑。至周敬王四年（前516），晋人始驱逐公子朝而送敬王入洛阳。

【译文】

赵景叔去世，他生子赵鞅，这就是赵简子。赵简子执政期间，晋顷公九年，赵简子准备会合诸侯在周王室境内驻守。第二年，他们将周敬王送回周都洛阳，这是因为驱逐了其弟王子朝的缘故。

晋顷公之十二年①，六卿以法诛公族祁氏、羊舌氏②，分其邑为十县③，六卿各令其族为之大夫④。晋公室由此益弱。后十三年⑤，鲁贼臣阳虎来奔⑥，赵简子受赂，厚遇之⑦。

【注释】

①晋顷公之十二年：前514年。

②诛公族祁氏、羊舌氏：据《左传·昭公二十八年》，祁盈（祁奚之孙）欲杀其族人祁胜，祁胜贿赂荀跞（知氏），荀跞言之于晋顷公，于是将祁盈拘捕。祁盈的党人愤怒而杀祁胜，于是晋景公（实乃荀跞等）遂趁机将祁氏和与之交好的羊舌氏二族一齐灭掉。《晋世家》此处为“晋之宗家祁傒孙，叔向子（羊舌赤），相恶于君”，说法不同。公族，该国国君的宗室。

③分其邑为十县：祁氏家族的领地分为七县，羊舌氏家族的领地分为三县，共十县。

④六卿各令其族为之大夫：梁玉绳曰：“十县大夫，除赵朝、韩固、魏戊、知徐吾四姓外，其余六人者皆以贤举，岂尽六卿之子姓族属乎？《史》误。”按，《魏世家》《六国年表》亦同误。

⑤后十三年：晋定公十一年、鲁定公九年，前501年。

⑥阳虎：也称“阳货”，鲁国季孙氏的家臣，在鲁国作乱，失败之后先逃齐，齐不纳，于是又逃晋。

⑦赵简子受赂，厚遇之：泷川曰：“定九年《左传》云：‘阳虎自齐奔宋，遂奔晋。适赵氏。’未尝云‘赵氏受赂’。古钞本‘受’下无‘赂’字。”赂，泛指财物。

【译文】

晋顷公十二年，六卿依照法令诛杀了晋国宗族祁氏和羊舌氏，把他们的领地分为十个县，六卿分别让自家的族人去做大夫。晋国公室从此更加衰弱。此后的第十三年，鲁国的乱臣阳虎逃到晋国来，赵简子接受了阳虎的财物，对他厚礼相待。

赵简子疾，五日不知人，大夫皆惧。医扁鹊视之[①]，出，董安于问[②]。扁鹊曰："血脉治也[③]，而何怪[④]！在昔秦缪公尝如此，七日而寤[⑤]。寤之日，告公孙支与子舆曰[⑥]：'我之帝所[⑦]，甚乐。吾所以久者，适有学也[⑧]。帝告我："晋国将大乱，五世不安[⑨]；其后将霸，未老而死[⑩]；霸者之子且令而国男女无别[⑪]。"'公孙支书而藏之，秦谶于是出矣[⑫]。献公之乱，文公之霸，而襄公败秦师于殽而归纵淫[⑬]，此子之所闻。今主君之疾与之同[⑭]，不出三日疾必间[⑮]，间必有言也。"

【注释】

①扁鹊：姓秦，名越人，战国时名医。其事详见《扁鹊仓公列传》。

②董安于：赵氏的家臣。

③治：平安，正常。

④而：你。

⑤在昔秦缪公尝如此，七日而寤（wù）：从前秦缪公也曾这样，昏睡七天才醒过来。在昔，以前。秦缪公，一作"秦穆公"，名任好，前659—前621年在位。寤，睡醒。

⑥公孙支：也叫"子桑"，秦国大夫。子舆：梁玉绳曰："即子车氏也。"按，即《诗·黄鸟》中所写的"三良"。

⑦之帝所：前往上帝的住所。之，去，往。

⑧适：刚好，正好。

⑨晋国将大乱，五世不安：盖预言献公、奚齐、卓子、惠公、怀公。梁玉绳曰："'五世'当是'三世'，盖晋献公、惠公、怀公也。"晋国自献公末开始的长期动荡，见《左传》与《晋世家》。

⑩其后将霸，未老而死：其后将霸，指晋文公以后会成为霸主。未老而死，"老"字，据上下文当作"久"字。晋文公即位时年六十二，在位九年即去世。牛鸿恩则曰："文公返国年六十二，此《史记》说。《晋语四》：'晋公子生十七年而亡'，出亡十九年，则即位之年为三十六；在位九年方四十五，正是'未老而死'。"

⑪霸者之子且令而国男女无别：前人对此句理解不一，泷川曰："'令'字句。言霸者之子，将代父令于诸侯也。"而国男女无别，谢孝苹曰："男女无别，死于道路。"或作为一句读，指下述晋襄公淫乱事。

⑫谶（chèn）：谶语，一种迷信性质的预言。顾炎武曰："《秦本纪》：'燕人卢生使入海还，以鬼神事，因奏录图书曰"亡秦者胡也"。'然则谶记之兴，实始于秦人，而盛于西京之末也。"按，以上秦缪公做梦游天事，又见于《封禅书》《扁鹊仓公列传》，而《秦本纪》不载。

⑬襄公败秦师于殽（xiáo）而归纵淫：梁玉绳曰："《左传》不见晋襄'纵淫''无别'事，盖与《扁鹊传》同妄。"王叔岷认为，司马迁必别有所本，可以补《左传》之未备。殽，同"崤"，古地名。

⑭主君：指称赵简子。此时的赵简子当权，俨然是一国诸侯。

⑮疾必间：病必转好。间，痊愈。

【译文】

赵简子生病，五天不省人事，大夫们惶恐不安。名医扁鹊为赵简子诊视后，走出病室，赵氏家臣董安于询问病情。扁鹊说："血脉平和，你何必惊怪！从前秦缪公也曾这样，昏睡七天才醒过来。醒来的那天，他告诉公孙支和子舆说：'我到天帝那里去了，过得很快乐。我所以逗留这么久,是因为正好有东西要学。天帝告诉我说:“晋国将有大乱,五代都不得安宁;他们的后代将会称霸,但活不到老就会死去;称霸者的儿子还会让你们晋国的男女关系混乱。”’公孙支写下这些话,将它收藏起来,秦国的谶语由此传出。献公时的变乱,文公时的称霸,襄公在崤山打败秦军后,回国就放纵淫乱,这些都是您所知道的。如今你们主君的病与秦缪公一样,不出三天病就会好转,好转之后一定有话要讲。”

居二日半,简子寤。语大夫曰[①]:“我之帝所,甚乐。与百神游于钧天[②],广乐九奏万舞[③],不类三代之乐[④],其声动人心。有一熊欲来援我[⑤],帝命我射之,中熊,熊死。又有一罴来,我又射之,中罴,罴死[⑥]。帝甚喜,赐我二笥[⑦],皆有副[⑧]。吾见儿在帝侧,帝属我一翟犬[⑨],曰:‘及而子之壮也以赐之[⑩]。’帝告我:‘晋国且世衰[⑪],七世而亡[⑫],嬴姓将大败周人于范魁之西[⑬],而亦不能有也。今余思虞舜之勋[⑭],适余将以其胄女孟姚配而七世之孙[⑮]。’”董安于受言而书藏之。以扁鹊言告简子,简子赐扁鹊田四万亩[⑯]。

【注释】

①语(yù):告诉。

②与百神游于钧天:意即和百神在空中游玩。钧天,高天之中央。《吕氏春秋·有始》:“中央曰钧天。”注:“钧,平也。为四方主,故曰钧天。”

③广乐九奏万舞:那里广设各种音乐和舞蹈。有人曾将“广乐”“万舞”解释为固有的歌舞名,与后文不合。

④不类三代之乐:不像三代的音乐。意谓是一种从未听过的音乐和从未看过的奇妙歌舞。三代,指夏、商、周。

⑤援：扯，抓。

⑥中罴（pí），罴死：一只罴过来，我又射它，罴被射中，也死了。以上提到的被射死的熊、罴，暗指日后被其所灭的范氏、中行氏。罴，一种熊，俗称“人熊”或“马熊”。

⑦笥（sì）：盛食物或衣物的方形竹器。

⑧副：随带的小竹器。

⑨属（zhǔ）我：交给我。翟犬：少数民族牧人的猎狗。翟，同“狄”。代指少数民族。

⑩而子：你的儿子。而，你。

⑪且：将要。世衰：一代代衰落，越来越衰落。世，代。

⑫七世：预指后来的晋定公、出公、哀公、幽公、烈公、孝公、静公。

⑬嬴姓：指秦国。将大败周人于范魁之西：事实、地理皆不详。梁玉绳以为“妄言”。

⑭思虞舜之勋：思赵的先祖大费在虞舜时期所创的功勋。据《秦本纪》，大费曾佐禹平水土，又助舜驯服鸟兽，从而被舜赐姓嬴。

⑮适：合适、恰当之时。其胄女：舜的后代女。胄，指贵族的后嗣。孟姚：姚氏的长女，即娃嬴。其事详见下文。七世之孙：即赵武灵王。其事详见下文。梁玉绳曰：“简子至武灵十世，此讹‘七’字。”按，“七”字应作“十”。

⑯以扁鹊言告简子，简子赐扁鹊田四万亩：以上赵简子做梦游天事，亦见于《扁鹊仓公列传》。

【译文】

过了两天半，赵简子醒了过来。他对大夫们说：“我到天帝那里去了，过得很快乐。我和百神在空中游玩，那里广设各种音乐和舞蹈，不像是夏、商、周三代的音乐，那乐声非常动人。有一头熊要来抓我，天帝让我射它，熊被射中了，死了。又有一只罴过来，我又射它，罴被射中，也死了。天帝很高兴，给了我两只竹箱，还带着两只小箱子。我看见有个小孩在天帝身边，天帝把一只翟犬交给我，说：‘等你儿子长大后，就把这只翟犬赐给他。’天帝又告诉我说：‘晋国将越来越衰落，七代之后就将灭亡，嬴姓人会在范魁的西边大败周人，但他不可能占有那些地方。如今我思念虞舜的功勋，适当的时候，我将把他的后代女子孟姚许配给你的七代孙。’”董安于把听到的话记录下来，妥为收藏。他又把扁鹊的话告诉了赵简子，赵简子赏赐给扁鹊田地四万亩。

他日，简子出，有人当道[①]，辟之不去[②]，从者怒[③]，将刃之。当道者曰：“吾欲有谒于主君[④]。”从者以闻。简子召之，曰：“嘻，吾有所见子晢也[⑤]。”当道者曰：“屏左右[⑥]，愿有谒。”简子屏人。当道者曰：“主君之疾，臣在帝侧。”简子曰：“然，有之。子之见我何为[⑦]？”当道者曰：“帝令主君射熊与罴，皆死。”简子曰：“是，且何也[⑧]？”当道者曰：“晋国且有大难，主君首之[⑨]。帝令主君灭二卿[⑩]，夫熊与罴皆其祖也。”简子曰：“帝赐我二笥皆有副，何也？”当道者曰：“主君之子将克二国于翟，皆子姓也[⑪]。”简子曰：“吾见儿在帝侧，帝属我一翟犬，曰‘及而子之长以赐之’。夫儿何谓以赐翟犬[⑫]？”当道者曰：“儿，主君之子也。翟犬者，代之先也。主君之子且必有代。及主君之后嗣，且有革政而胡服[⑬]，并二国于翟[⑭]。”简子问其姓而延之以官[⑮]。当道者曰：“臣野人，致帝命耳。”遂不见。简子书藏之府。

【注释】

①当道：拦路。

②辟之不去：赶他，赶不走。辟，驱逐，使之让开。

③从者：跟随的人。

④谒（yè）：禀告，陈说。

⑤吾有所见子晳（zhé）也：《索隐》曰："是吾前梦所见，知其名曰子晳者。"王叔岷曰："有，犹'曾'也。下文'今公仲相赵于今四年，亦有进士乎？''有'亦与'曾'同义。"陈仁锡曰："晰，明也。"顾炎武亦曰"分明之义"。

⑥屏（bǐng）：屏退，支开。

⑦子之见我何为：底本原文作"子之见我，我何为"，崔适曰："各本重'我'字，衍也。"即"子之见我何为"。今据删一"我"字。

⑧是，且何也：是有那么回事，将意味着什么呢？

⑨主君首之：事情由主君您开头。指杀邯郸午事，详见下文。

⑩二卿：指范氏、中行氏。

⑪主君之子将克二国于翟，皆子姓也：主君之子，谓赵襄子。克二国于翟，《正义》曰："谓代及智氏也。"指灭代与知氏。代，在今山西东北部与相邻之河北西北部。按，知氏为子姓，未闻。疑"皆子姓也"当在下文"并二国于翟"后，因中山、楼烦可说"为子姓"。

⑫夫儿何谓以赐翟犬：为什么要赐给我儿子一只翟犬？夫，表示远指，那。何谓，此处同"何为"，为什么。

⑬革政而胡服：指赵武灵王改革政治、胡服骑射事，详见下文。革政，改革政治。胡服，改穿胡人的服装。

⑭并二国于翟：意谓吞并翟族的两个国家，指中山与楼烦。《正义》曰："武灵王略中山地至宁葭，西略胡地至楼烦、榆中是也。"

⑮延：聘请，招揽。

【译文】

有一天，赵简子外出，有人挡路，赶他不走，随从的人很生气，举刀要杀他。挡路人说："我有事要拜见主君。"随从的人报告了赵简子。赵简子召见那个拦路的人，说："嘻！我曾经见过你子晳呀。"挡路人说：

"请屏退身边人,我有事禀告。"赵简子屏退左右。挡路人说:"主君生病的时候,我在天帝的身旁。"赵简子说:"是有那么回事。你见我做什么呢?"挡路人说:"天帝让主君射熊射罴,熊罴都死了。"赵简子说:"是啊,将会怎么样呢?"挡路人说:"晋国将有大难,事情由主君开头。天帝让您灭掉两个权臣,熊和罴就是他们的祖先。"赵简子说:"天帝赐给我两个竹箱,又都带有副箱,这是什么意思?"挡路人说:"主君的儿子将在翟人聚居之地收服两个国家,他们的祖先都姓子。"赵简子说:"我看见一个小孩在天帝的身边,天帝把一只翟犬交给我,说'等你儿子长大以后赐给他'。为什么要送给我儿子一只翟犬呢?"挡路人说:"那小孩是主君的儿子。翟犬是代君的祖先。主君的儿子将来必定占有代国。主君的继承人将会改革政治,穿着胡人的服装,吞并翟人的两个国家。"赵简子问挡路人姓什么,想延请他做官。挡路人说:"我是村野之人,只是来传达天帝的命令。"说完话就不见了。赵简子把这些话记了下来,存藏在秘府中。

异日,姑布子卿见简子①,简子遍召诸子使相之②。子卿曰:"无为将军者。"简子曰:"赵氏其灭乎?"子卿曰:"吾尝见一子于路,殆君之子也③。"简子召子毋卹④。毋卹至,则子卿起曰:"此真将军矣!"简子曰:"此其母贱,翟婢也⑤,奚道贵哉⑥?"子卿曰:"天所授,虽贱必贵。"自是之后,简子尽召诸子与语,毋卹最贤。简子乃告诸子曰:"吾藏宝符于常山上⑦,先得者赏。"诸子驰之常山上,求,无所得。毋卹还,曰:"已得符矣。"简子曰:"奏之⑧。"毋卹曰:"从常山上临代⑨,代可取也。"简子于是知毋卹果贤,乃废太子伯鲁,而以毋卹为太子⑩。

【注释】

①姑布子卿：姓姑布，名子卿，当时的相面者。

②遍召诸子使相之：底本“相”上无“使”字，王叔岷曰：“《御览》七二九引‘诸’作‘其’，‘子’下有‘使’字。”按，有者是，今据增。

③殆（dài）：大概。

④毋卹：即赵襄子，“毋恤”为其名，一作“无恤”“太子毋恤”。赵鞅之子，为晋国六卿之一。赵鞅以其贤，废太子伯鲁而立之。

⑤翟婢：一个翟族的婢女。

⑥奚（xī）道：怎么说，为何说。奚，为何，怎能。

⑦宝符：古代朝廷可以用来做信物的符节。常山：原称“恒山”，在今河北曲阳西北。汉人为避汉文帝刘恒讳，改称“常山”。

⑧奏：进，呈。

⑨从常山上临代：从常山顶上往下看，能看到代国。代国处在恒山以北，意即攻取代国需要翻越常山。代国，其都即今河北蔚县东北之代王城，登恒山可以俯眺。临，登高视下。

⑩以毋卹为太子：梁玉绳曰：“简子，大夫也，而称其子为‘太子’，可乎？”按，取其意，即立以为继承人。泷川引《绎史》八十七云：“《韩诗外传》赵简子太子名伯鲁，小子名无恤。简子自为一书牍曰‘节用听聪，敬贤勿慢，使能勿贱’，亲自表之，与二子使诵之。三年，简子坐清台之上，问二书所在。伯鲁亡其表，令诵，不能得。无恤出其书于袖，令诵，习焉。乃出伯鲁，而立毋恤，是为襄子。”

【译文】

又有一天，姑布子卿来见赵简子，赵简子把儿子们都叫过来，请他看相。子卿说：“这里面没有一个能够当将军的。”赵简子说：“难道赵氏要灭绝了吗？”子卿说：“我曾在路上看到一个孩子，大概是您的儿子吧！”赵简子又叫来儿子毋卹。毋卹一到，子卿就站起来说：“这才是真正的将军呀！”赵简子说：“这孩子的母亲出身卑贱，是从翟国来的婢女，怎么说他尊贵呢?”子卿说:“上天赐给的,即使卑贱也定能显贵。”从此以后,赵简子把儿子们都叫来谈话,毋卹表现得最为贤能。赵简子于是对儿子们说:“我在常山顶上藏了一块宝符,谁先找到了有赏。”儿子们飞马奔上常山寻找,结果什么也没有找到。只有毋卹回来说:“我已经找到宝符了。”赵简子说:“交上来。”毋卹说:“从常山顶上往下看,能看到代国,代国可以攻取!”赵简子由此知道毋卹确实有才干,就废掉太子伯鲁,而立毋卹为太子。

后二年,晋定公之十四年[①],范、中行作乱。明年春,简子谓邯郸大夫午曰[②]:“归我卫士五百家,吾将置之晋阳[③]。”午许诺,归而其父兄不听,倍言[④]。赵鞅捕午,囚之晋阳。乃告邯郸人曰:“我私有诛午也,诸君欲谁立?”遂杀午。赵稷、涉宾以邯郸反[⑤]。晋君使籍秦围邯郸[⑥]。荀寅、范吉射与午善[⑦],不肯助秦而谋作乱,董安于知之。十月,范、中行氏伐赵鞅,鞅奔晋阳,晋人围之[⑧]。范吉射、荀寅仇人魏襄等谋逐荀寅[⑨],以梁婴父代之[⑩];逐吉射,以范皋绎代之[⑪]。荀栎言于晋侯曰[⑫]:“君命大臣,始乱者死。今三臣始乱而独逐鞅[⑬],用刑不均,请皆逐之。”十一月,荀栎、韩不佞、魏哆奉公命以伐范、中行氏[⑭],不克。范、中行氏反伐公,公击之,范、中行败走。丁未[⑮],二子奔朝歌[⑯]。韩、魏以赵氏为请[⑰]。十二月辛未[⑱],赵鞅入绛,盟于公宫[⑲]。其明年[⑳],知伯文子谓赵鞅曰[㉑]:“范、中行虽信为乱,安于发之,是安于与谋也[㉒]。晋国有法,始乱者死。夫二子已伏罪而安于独在。”赵鞅患之。安于曰:“臣死,赵氏定,晋国宁,吾死晚矣。”遂自杀。赵氏以告知伯,然后赵氏宁[㉓]。

孔子闻赵简子不请晋君而执邯郸午，保晋阳㉔，故书《春秋》曰“赵鞅以晋阳畔”㉕。

【注释】

①晋定公之十四年：前498年。晋定公，名午，晋顷公之子，前511—前475年在位。

②明年春，简子谓邯郸大夫午曰：明年，即定公十五年，前497年。邯郸大夫午，邯郸的行政长官，姓赵名午。《集解》引杜预注：“午，赵鞅同族，别封邯郸。”沈长云等《赵国史稿》曰：“邯郸午是赵夙子共孟的嫡传后嗣。共孟生赵穿，赵穿生赵旃，赵旃生赵胜，赵胜生赵午，即邯郸午。”邯郸，晋邑名。即今河北邯郸。

③归我卫士五百家，吾将置之晋阳：《集解》引服虔曰：“往年赵鞅围卫，卫人恐惧，故贡五百家，鞅置之邯郸，又欲更徙于晋阳。”晋阳，赵氏家族的都城，在今山西太原西南。古城南北长约四千五百米，早在赵氏被封侯以前就已成为赵氏都城，至赵献侯迁都中牟，先后为赵氏都城长达一百五十年。《山西省考古工作五十年》：“1987年以来，我们在太原南郊晋阳古城附近清理东周墓地，并发掘了晋国赵卿墓。后我们又在东侧发掘了一批东周墓，其中四座规模略比赵卿墓小……这批墓葬位置均在赵卿墓的下方向，器物的时代比赵卿墓的略晚，估计墓主都是赵卿的后代。所以该墓地应是晋国赵氏家族墓地。”

④倍言：违背诺言。倍，通“背”。

⑤赵稷（jì）：赵午之子。涉宾：赵午的家臣。

⑥晋君使籍秦围邯郸：按，邯郸人反赵氏，原与晋定公无关，晋定公所以派兵讨伐，是赵氏操纵晋定公的缘故。籍秦，《集解》引《左传》曰：“此时为上军司马。”《索隐》曰：“据《系本》，晋大夫籍游之孙，籍谈之子。”

⑦荀寅、范吉射与午善:荀寅,也称“中行文子”,当时中行氏家族的首领,晋国的“六卿”之一。范吉射,也称“士吉射”“范昭子”,当时范氏家族的首领,晋国的“六卿”之一。与午善,《集解》引《左传》曰:“午,荀寅之甥。荀寅,范吉射之姻。”

⑧晋人:此指范氏、中行氏所率领的人。

⑨范吉射、荀寅仇人魏襄等谋逐荀寅:泷川曰:“‘魏襄’下当依《左传》补‘子’字。襄子,魏舒孙曼多也。”魏襄子为魏氏家族的首领,亦“六卿”之一。

⑩梁婴父:中行氏家族的人,晋国大夫。

⑪范皋绎:《集解》引服虔曰:“范氏之侧室子。”

⑫荀栎:也作“荀跞”,即“荀文子”,当时知氏家族的首领,“六卿”之一。

⑬三臣始乱:指赵鞅、荀寅、士吉射三人挑起战乱,即赵鞅杀赵午,荀寅、士吉射围攻赵鞅。而独逐鞅:如果仅只驱逐赵鞅。而,如,若。

⑭韩不佞:也作“韩不信”,即韩简子,韩氏家族的首领,“六卿”之一。魏哆(chǐ):即魏曼多,名哆,一作“侈”。魏襄子。

⑮丁未:阴历十一月十八。

⑯二子:指荀寅、士吉射。朝歌:今河南淇县。当时属卫。

⑰以赵氏为请:请晋定公宽赦赵氏。《集解》引服虔曰:“以其罪轻于荀、范也。”

⑱十二月辛未:阴历十二月十二。

⑲赵鞅入绛,盟于公宫:沈长云等《赵国史稿》曰:“为了联合众卿对被驱逐在外的邯郸赵氏、范氏、中行氏及其国外的支持者继续展开斗争,赵鞅同国内有关政治力量进行了一系列的盟誓活动。……这些盟誓为近年我国考古工作者在山西侯马(即晋都新田)遗址发现的大批盟书所证实。1965年—1966年在侯马秦村所发现的这批盟书共五千余件,其中字迹较清楚的六百余件,

瘗藏于埋有牲畜的四十多个坑内，多数用朱笔书写，少数用墨笔书写在圭形或其他形状的玉石片上。”按，以上范氏、中行氏被晋国四家所逐事，详见《左传·定公十三年》与《晋世家》。晋之“六卿”，至此遂仅存其四。有关山西侯马出土赵鞅与诸家之盟书事，可参看山西省文物工作委员会所编之《侯马盟书》。入绛，来到晋国京城，今山西翼城东南。

⑳其明年：即晋定公十六年，前496年。

㉑知伯文子：即荀栎，谥曰“文”。

㉒“范、中行虽信为乱”三句：泷川曰：“定十三年《左传》云：‘范、中行将作乱，董安于闻之，告赵孟曰：“先备诸？”赵孟曰：“晋国有命，始祸者死，为后可也。”安于曰：“与其害民，宁我独死，请以我说。”’盖安于私为赵氏备，故文子诬以先发难也。”按，此知氏向赵氏寻衅之始。信，的确，确实。

㉓赵氏以告知伯，然后赵氏宁：以上董安于为赵氏献身事，见《左传·定公十四年》，《战国策·赵策》也载有他忠于赵氏事。

㉔保晋阳：据守晋阳。

㉕赵鞅以晋阳畔：按，定公十三年《春秋》之经文曰：“秋，晋赵鞅入于晋阳以叛。”相传此《春秋》即孔子所著。王叔岷曰：“《公羊传》云：‘晋赵鞅取晋阳之甲以逐荀寅与士吉射。荀寅与士吉射者，曷为者也？君侧之恶人也。此逐君侧之恶人，曷为以叛言之？无君命也。’……释简子之‘叛’，并不涉及执邯郸午事。”

【译文】

两年之后，即晋定公十四年，范氏、中行氏作乱。第二年春，赵简子对邯郸大夫赵午说：“把卫国的五百户士民还给我，我要把他们安置到晋阳。”赵午答应了，回到邯郸一说，他的父兄却不同意，赵午也只好违背诺言。赵鞅拘捕了赵午，把他囚禁在晋阳。于是通告邯郸人说：“我私自诛杀赵午，各位想立谁做邯郸大夫？”遂杀了赵午。赵午之子赵稷和家臣涉宾在邯郸反叛。晋国国君派籍秦率军包围邯郸。荀寅和范吉射跟赵午友善,不肯帮助籍秦,反而策划叛乱,这事被董安于知道了。十月,范氏和中行氏讨伐赵鞅,赵鞅逃到晋阳,晋人包围晋阳。范吉射、荀寅的仇人魏襄等谋划驱逐荀寅,让梁婴父取代他;驱逐范吉射,让范皋绎取代他。荀栎对晋定公说:“主君任命大臣,领头叛乱者处死。如今三位大臣都带头作乱,却单单驱逐赵鞅,这是用刑不公,请把他们全都驱逐。”十一月,荀栎、韩不佞、魏哆奉晋定公之命去讨伐范氏、中行氏,没能取胜。范氏、中行氏反过来攻打晋定公,晋定公率军反击,范氏、中行氏败走。丁未,范吉射、荀寅逃往朝歌。韩不佞、魏哆为赵鞅求情。十二月辛未这天,赵鞅进入绛城,在定公宫中盟誓。第二年,知伯文子对赵鞅说:“范氏、中行氏虽然确实发动了叛乱,但这是董安于挑起的,这就是董安于参与了策划。晋国有法,带头作乱者处死。那两个人已经受到处治,而唯独董安于还在。”赵鞅为此事忧虑。董安于说:“我死了,赵氏可以安定,晋国也能安宁,我死得太晚了。”于是就自杀了。赵鞅把这件事告诉了知伯,此后赵氏才得安宁。

孔子听说赵简子没向晋君请示,就擅自拘捕了邯郸大夫赵午,又凭借晋阳进行抵抗,所以便在《春秋》中写道“赵鞅以晋阳叛”。

赵简子有臣曰周舍,好直谏。周舍死,简子每听朝,常不悦,大夫请罪。简子曰:“大夫无罪。吾闻千羊之皮不如一狐之腋①。诸大夫朝②,徒闻唯唯,不闻周舍之鄂鄂③,是以忧也。”简子由此能附赵邑而怀晋人④。

【注释】

①千羊之皮不如一狐之腋:一千张羊皮也抵不上一只狐的腋下皮毛。狐腋,亦作“狐掖”。狐腋下的毛皮,最为珍贵。

②诸大夫朝：王叔岷引王念孙曰："'诸大夫朝'，《文选·辩亡论》注引此'朝'上有'在'字，于义为长。"

③唯唯、鄂鄂：唯唯，服从、赞同的声音。鄂鄂，也作"谔谔"，坚持、争辩的声音。

④附：使归附。王叔岷曰："附，借为'拊'。"意即抚慰。亦可。怀：使归心。

【译文】

赵简子有个家臣叫周舍，喜欢直言进谏。周舍死后，赵简子每当临朝听政，常常郁郁不乐，大夫们请求降罪。赵简子说："你们没有过错。我听说一千张羊皮也抵不上一只狐的腋下皮毛。你们在朝堂上，我只听到恭敬顺从的应答声，却听不到周舍那样的争辩之声了，因此我深感忧虑啊。"赵简子因此能使赵地的人顺从，并使晋人也归向他。

晋定公十八年，赵简子围范、中行于朝歌，中行文子奔邯郸①。明年，卫灵公卒②。简子与阳虎送卫太子蒯聩于卫③，卫不内，居戚④。

【注释】

①"晋定公十八年"三句：梁玉绳曰："荀寅奔邯郸，乃晋定二十年。"晋定公二十年，即鲁哀公三年，前492年。杨伯峻以为史书荀寅奔邯郸，则士吉射自然亦在其中。

②明年，卫灵公卒：明年，依史文指晋定公十九年，前493年。卫灵公，名元，前534—前493年在位。其国都楚丘，在今河南濮阳西南。

③送卫太子蒯聩（kuǎi kuì）于卫：据《左传》，卫灵公的太子蒯聩与灵公夫人南子有矛盾，图谋杀害南子未成，逃出国外。卫灵公死后，蒯聩的儿子（名辄）继位，是为卫出公。蒯聩为夺其子之位，故在赵鞅与阳虎的援助下返回卫国。

④卫不内，居戚：蒯聩返回卫国，卫国人不接纳，只能住到戚邑（今河南濮阳东北）。不内，不接受。内，同“纳”。按，以上蒯聩与其子卫出公争国事，详见《左传·哀公二年》与《卫康叔世家》。

【译文】

晋定公十八年，赵简子在朝歌包围了范氏和中行氏，中行文子突出包围，逃奔邯郸。第二年，卫灵公去世。赵简子和阳虎派兵护送逃亡在外的卫太子蒯聩回卫国，卫国人不接纳，蒯聩只能住到戚邑。

晋定公二十一年[①]，简子拔邯郸，中行文子奔柏人[②]。简子又围柏人，中行文子、范昭子遂奔齐[③]。赵竟有邯郸、柏人[④]。范、中行余邑入于晋[⑤]。赵名晋卿，实专晋权，奉邑侔于诸侯[⑥]。

【注释】

①晋定公二十一年：前491年。

②柏人：古邑名。在今河北隆尧西。

③中行文子、范昭子遂奔齐：据《左传》与《六国年表》，荀寅与士吉射之奔齐在晋定公二十二年，前490年。范昭子，即范吉射，或称“士吉射”，谥曰“昭”。

④竟：终于，最后。

⑤范、中行余邑：邯郸、柏人以外的其他范氏、中行氏的领地。

⑥奉邑：大夫的封地。奉，通“俸”。侔（móu）：相等，相当。

【译文】

晋定公二十一年，赵简子攻下了邯郸，中行文子等逃到了柏人邑。赵简子又包围柏人，中行文子、范昭子就逃奔齐国。邯郸、柏人遂为赵氏所有。范氏、中行氏的其他领地归晋国公室。赵简子名为晋国上卿，实际上独揽晋国政权，他的封地等同于诸侯。

晋定公三十年[①]，定公与吴王夫差争长于黄池[②]，赵简子从晋定公，卒长吴[③]。

定公三十七年卒，而简子除三年之丧，期而已[④]。是岁，越王句践灭吴。

晋出公十一年，知伯伐郑。赵简子疾，使太子毋卹将而围郑。知伯醉，以酒灌击毋卹。毋卹群臣请死之，毋卹曰："君所以置毋卹，为能忍诟。"然亦愠知伯。知伯归，因谓简子，使废毋卹，简子不听。毋卹由此怨知伯。

晋出公十七年，简子卒，太子毋卹代立，是为襄子[⑤]。

【注释】

①晋定公三十年：前482年。

②定公与吴王夫差争长于黄池：事见《左传·哀公十三年》与《晋世家》《吴太伯世家》。吴王夫差，吴王阖庐之子，前495—前473年在位。争长于黄池：在黄池争当诸侯的首领。争长，争当诸侯的首领。黄池，今河南封丘西南。

③卒长吴：最后以吴为诸侯之长。关于此次相争的结果，各处记载不一。《赵世家》《晋世家》皆曰"卒长吴"，而《左传》则曰"乃先晋人"。

④"定公三十七年简子卒"三句：意思是赵简子死前遗嘱，令其子孙改三年之丧，只服孝一年就成了。而底本于此作"定公三十七年卒，而简子除三年之丧，期而已"。于是就成了赵简子改变为晋国诸侯服丧三年的制度，只服一年就完了，似乎不合情理。虽晋定公亦的确死于此年，但这是《赵世家》，记载简子之死更为重要。今据改。

⑤"是岁，越王句践灭吴"以下至本段末：此段文字错乱。梁玉绳深

辨此段文字之误。其中“是岁,越王句践灭吴”语误。句践灭吴在晋出公二年(前473),非在“定公三十七年”。所谓“知伯伐郑”,杨宽《战国年表》系之于晋定公三十六年(前476),在赵简子死的前一年。其中所叙知伯与赵毋卹结怨事非常重要,是毋卹日后狠狠向知伯复仇的原因之一。梁玉绳曰:“至灌酒一节,《左传》末篇无其事,史公或别有所据,故《说苑》亦载之也。”其所谓“晋出公十七年,简子卒”,尤误。赵简子死于晋定公三十七年(前475),至晋出公十七年(前456),已是赵襄子十七年。诟(gòu),耻辱,侮辱。愠(yùn),怨恨,恼怒。

【译文】

晋定公三十年,定公与吴王夫差在黄池会盟中争当诸侯之长,赵简子跟随定公前往,最后让吴王当了诸侯之长。

晋定公三十七年赵简子去世,赵简子废除了守丧三年之礼,只服丧一年就行了。这一年,越王句践灭亡了吴国。

晋出公十一年,知伯率军讨伐郑国。赵简子有病在身,派太子毋卹率兵,跟随知伯前往围攻郑国。知伯喝醉了,用酒强灌毋卹,还打了他。随从毋卹的群臣要求与知伯拼命,毋卹说:“父亲之所以立我为太子,就是因为我能够忍受侮辱。”然而他内心也怨恨知伯。知伯回国后,就对赵简子讲了,让他废掉毋卹,赵简子没有听从。从此,毋卹更加痛恨知伯。

晋出公十七年,赵简子去世,太子毋卹继位,这就是赵襄子。

赵襄子元年①,越围吴②。襄子降丧食③,使楚隆问吴王④。

【注释】

①赵襄子元年:前475年。《六国年表》于此误书。沈长云曰:“司马迁在其所著《赵世家》中正是从襄子开始使用赵室纪年的,而在襄子以前,所有关于赵氏的活动也仍采取晋国纪年,这就表明司

马迁是将襄子的继立作为赵氏国家从晋国分出来的标志的。在襄子之前,包括简子在内,仍是晋臣的身份,尽管是名义上的;而从襄子开始,就名副其实是赵氏国家的君王了。”“至于前403年(赵烈侯六年)‘周威王赐赵、魏、韩皆命为侯’,那只是一种名义上的追认,现代学者既不把它当作战国时期开始的标志,也不认为赵、韩、魏三国至此才开始成立。”

②越围吴:据《吴太伯世家》:“(夫差)二十年,越王句践复伐吴。二十一年(前475),遂围吴。”

③降丧食:杨伯峻曰:“赵鞅当死于此年,毋恤继承卿位,在父丧中,古礼食品必须减杀;今因吴被围,有灭亡之势,而己不能救助,又降等于丧父之食。”

④楚隆:赵氏的家臣。问吴王:慰问吴王。《正义》曰:“简子在黄池之役,与吴王质言曰‘好恶同之’,故减祭馔及问吴王也。”

【译文】

赵襄子元年,越国包围吴国。襄子减少了守孝期间规定的饮食,派家臣楚隆去慰问吴王。

襄子姊前为代王夫人。简子既葬,未除服[①],北登夏屋[②],请代王。使厨人操铜枓以食代王及从者[③],行斟[④],阴令宰人各以枓击杀代王及从官[⑤],遂兴兵平代地[⑥]。其姊闻之,泣而呼天,摩笄自杀[⑦]。代人怜之,所死地名之为摩笄之山[⑧]。遂以代封伯鲁子周为代成君[⑨]。伯鲁者,襄子兄,故太子。太子蚤死[⑩],故封其子。

【注释】

①简子既葬,未除服:简子安葬以后,赵襄子还没有除去丧服。除

服,除去丧服。

②夏屋:山名。在今山西繁峙西北。

③铜枓(zhǎ):铜制的大勺子。食(sì):进食。

④行斟:依次行酒。

⑤阴:暗中。宰人各以枓击杀代王及从官:各,《集解》引徐广曰:"一作'雒'。"张照曰:"徐广说是。盖谓以枓击杀代王者,犹置剑鱼中之类。代王既死,其从官之被杀,固不必问其用何器矣。"王叔岷曰:"《列女传》作'阴令宰人各以一斗击杀代王及从者'。'以'下有'一'字,则是'令庖人尽持枓以为战具',文意不可移易矣。"宰人,官名。掌膳食。

⑥遂兴兵平代地:沈长云等曰:"代地并入赵国版图对赵国发展具有十分重要的意义,它大大扩张了赵国疆域的规模,从此代地的人力物力资源直接为赵国所用;代地出马,这对赵国武装部队的主力车骑来说,是最重要的装备资源。代东接燕,南接中山,北边匈奴,而与楼烦、林胡接壤,具有重要战略地位。"

⑦摩笄(jī)自杀:指摩笄自刺而死。后因以"摩笄"称后妃殉国自杀。摩笄,磨尖簪子。摩,通"磨"。笄,簪子。

⑧摩笄之山:在今河北蔚县东南。按,以上赵襄子嫁姊于代王,并趁机袭杀代王事,详见《吕氏春秋》。杨宽《战国史表》系之于赵简子刚死,赵襄子初即位尚未改元之前476年。

⑨伯鲁子周:伯鲁,是赵襄子之兄,为原太子。他的儿子名"周"。晋出公十七年(前458),赵襄子诱杀代王,攻占代地,封他为代成君。代成君:赵氏国内的封君。领地在代,"成"字是谥。

⑩蚤:通"早"。

【译文】

襄子的姐姐原是代王的夫人。简子安葬后,赵襄子还没有除去丧服,就北登夏屋山,宴请代王。他让厨师们拿着长柄铜勺给代王与其随从进羹，依次行酒时，暗中指使名叫各的厨师用铜勺打死了代王和他的随从，接着发兵平定了代国。襄子的姐姐听说后，痛哭呼天，用磨尖的发笄自刺而死。代国的百姓怜悯她，遂称她自杀的地方叫摩笄之山。襄子于是把代国封给伯鲁的儿子赵周，称之为代成君。伯鲁是襄子的兄长，原来的太子。太子早已去世，所以封他的儿子。

襄子立四年，知伯与赵、韩、魏尽分其范、中行故地①。晋出公怒，告齐、鲁，欲以伐四卿②。四卿恐，遂共攻出公。出公奔齐，道死③。知伯乃立昭公曾孙骄，是为晋懿公④。知伯益骄。请地韩、魏，韩、魏与之。请地赵，赵不与，以其围郑之辱⑤。知伯怒，遂率韩、魏攻赵。赵襄子惧，乃奔保晋阳⑥。

【注释】

①襄子立四年，知伯与赵、韩、魏尽分其范、中行故地：襄子立四年，前472年。梁玉绳曰："'其'字衍。"杨宽《战国史表》系此事于赵襄子十八年，即晋出公十七年，前458年。

②告齐、鲁，欲以伐四卿：告齐、鲁，当时为齐平公二十三年、鲁悼公八年，前458年。四卿，即知伯荀瑶、赵襄子毋卹、魏桓子驹、韩康子虎。

③出公奔齐，道死：《晋世家》说同。梁玉绳曰："据《纪年》，出公在位二十三年，奔齐之后六年始薨，非死于十七年奔齐时也。"杨宽曰："出公因灭知伯而出奔，非如晋、赵两世家所谓因分范、中行地而出奔。"

④是为晋懿公：《晋世家》于此作"是为哀公"。哀公元年为前456年，相当于赵襄子二十年。

⑤围郑之辱：即上文所述知伯以酒"灌击"赵襄子事。

⑥乃奔保晋阳：事在赵襄子二十一年，前455年。保，据守。

【译文】

襄子即位后的第四年，知伯和赵、韩、魏四家瓜分了原属于范氏、中行氏两家的全部领地。晋出公大怒，通告齐、鲁，请他们出兵讨伐晋国的四卿。四卿害怕，遂联手攻打晋出公。晋出公逃往齐国，死在半路上。知伯于是改立了昭公的曾孙姬骄，这就是晋懿公。知伯越来越骄横。他要求韩、魏两家割让领地，韩、魏两家给了他。要求赵氏割地，赵襄子不给，因为在包围郑国时知伯侮辱过他。知伯恼怒，就率领韩、魏两家进攻赵氏。赵襄子害怕，就逃奔到晋阳固守。

原过从，后[①]，至于王泽[②]，见三人，自带以上可见，自带以下不可见。与原过竹二节，莫通[③]。曰："为我以是遗赵毋卹[④]。"原过既至[⑤]，以告襄子。襄子齐三日[⑥]，亲自剖竹，有朱书曰[⑦]："赵毋卹，余霍泰山山阳侯天使也[⑧]。三月丙戌[⑨]，余将使女反灭知氏[⑩]。女亦立我百邑，余将赐女林胡之地[⑪]。至于后世，且有伉王，赤黑[⑫]，龙面而鸟噣，鬓麋髭髯[⑬]，大膺大胸[⑭]，修下而冯[⑮]，左衽界乘[⑯]，奄有河宗[⑰]，至于休溷、诸貉[⑱]，南伐晋别[⑲]，北灭黑姑[⑳]。"襄子再拜，受三神之令[㉑]。

【注释】

①原过从，后：家臣原过跟着赵襄子出奔晋阳，落在后边。原过，赵襄子的家臣。后，落在了后面。

②王泽：水泽名。在今山西新绛东南。

③莫通：竹筒的两端都有隔断。

④以是：把这个。遗（wèi）：给。

⑤既至：到了以后。

⑥齐：同“斋”，斋戒。

⑦朱书：红色的字。

⑧余霍泰山山阳侯天使：梁玉绳曰：“当依《风俗通》卷一作‘余霍太山阳侯大吏’。”霍太山，山名。在今山西霍州东南。王叔岷认为，天，应作大。

⑨三月丙戌：二年以后的“三月丙戌”，即阴历三月初八。

⑩女：通“汝”。

⑪女亦立我百邑，余将赐女林胡之地：立我百邑，在百邑给我立庙。百邑，古邑名。在今山西霍州东南，当时的霍泰山之东。林胡，古族名。当时游牧于今内蒙古东胜一带。按，“女亦立我百邑，余将赐汝林胡之地”，连神也与人做权地交易，史家书此，感慨深矣。

⑫伉（kàng）王，赤黑：高大的君主，面色赤黑。冈白驹曰：“谓武灵王也。”伉，高貌。

⑬鬓麋髭髯（zī rán）：有人以鬓角、眉毛、短髭、长须四者分释，冈白驹曰：“麋，与‘眉’同；髯，颊须也。”如此则此句无谓语，需加“粗”“黑”等字样补足。

⑭大膺（yīng）大胸：即胸脯宽阔。膺、胸，二词同义。

⑮修下而冯：李笠曰：“当作‘修下而冯上’，即下身修长，上身魁梧。冯，冯隆，高貌。”王叔岷曰：“‘修下’与‘冯上’相对成义……则‘冯’当训‘迫’（犹短），不当训高。”

⑯左衽界乘（chéng）：衣襟左开，披甲骑马。界，方苞曰：“通‘介’，甲。此指武灵王变服习骑射事。”

⑰奄有河宗：广泛地占有龙门以北的黄河两岸地区。《正义》曰：“《穆天子传》云：‘河宗之子孙栢絮。’按：盖在龙门河之上游，岚、胜二州之地也。”奄有，广泛占有。

⑱休溷（hún）：北方的少数民族名，大约活动在今内蒙古河套一带。

诸貉：泛称北方的各少数民族。貉，同“貊（mò）”，北方民族名。

⑲晋别：晋国的其他城邑。《正义》曰：“谓韩、魏之邑也。”

⑳黑姑：北方民族名。方位不详。

㉑襄子再拜，受三神之令：襄子拜了两拜，接受了三位神人的旨令，即原过所见的三个半截人的指令。谢孝苹曰：“陈胜鱼腹丹书，固非始作俑者，原过已为之先。”

【译文】

家臣原过跟着赵襄子出奔晋阳，落在后边，在王泽附近，他看见三个人，但只能见到腰带以上，却看不见腰带以下。三人给了原过一个两节竹筒，两端都封闭着。说：“请替我把这个竹筒带给赵毋卹。”原过到了晋阳后，把情况告诉给赵襄子。赵襄子斋戒三日，亲自剖开竹筒，里面用红笔写着：“赵毋卹，我们是霍泰山山阳侯的天使。三月丙戌，我们将让你反过来灭掉知氏。你也要在百邑为我们立庙，我们将把林胡之地赐给你。到你的后代，将有一位高大强壮的君王，他皮肤赤黑，龙面鸟嘴，浓鬓粗眉、髭髯满腮，胸脯宽厚，下身修长而上身魁伟，他衣襟左开，披甲骑马，占有龙门以北黄河两侧的广阔土地，直到休溷、诸貉等民族聚居的地方，向南攻取晋国的其他城邑，向北消灭黑姑民族。”襄子拜了两拜，接受了三位神人的旨令。

三国攻晋阳，岁余①，引汾水灌其城②，城不浸者三版③。城中悬釜而炊④，易子而食⑤。群臣皆有外心，礼益慢⑥，唯高共不敢失礼⑦。襄子惧，乃夜使相张孟同私于韩、魏⑧。韩、魏与合谋，以三月丙戌，三国反灭知氏，共分其地⑨。于是襄子行赏，高共为上。张孟同曰：“晋阳之难，唯共无功。”襄子曰：“方晋阳急，群臣皆懈，惟共不敢失人臣礼，是以先之⑩。”于是赵北有代，南并知氏，强于韩、魏。遂祠三神于百邑，使原过主霍泰山祠祀⑪。

【注释】

①三国攻晋阳，岁余：梁玉绳曰："《国策》作'三年'。"王叔岷曰："《韩非子·十过》篇亦作'三年'。"

②引汾水灌其城：汾水，源于今山西西北部之宁武西南，南流经太原、临汾、侯马，西折入黄河。其城，指上文的晋阳，在今山西太原西南，汾水流经其侧。按，知伯所引以灌晋阳之水实为晋水，晋水源于今山西太原西南之悬瓮山，东北流经晋阳，于晋阳城东南汇入汾水。知伯引晋水灌晋阳，正居高临下。《水经·晋水注》："昔在战国，襄子保晋阳，智氏防山以水之，城不没者三版，与韩、魏望叹于此，故智氏用亡。其渎乘高，东北注入晋阳城，以周园溉。……即是处也。东南出城流，注于汾水也。"杨宽《战国史料编年辑证》有详说。

③城不浸者三版：不浸，不被水淹没。王念孙曰："'浸'字当作'没'。《文选·辩亡论》注、《太平御览·治道部》引此并作'没'。"三版，六尺。版，古代筑墙所用的夹板，一块的高度为二尺。一尺约当现在的23.1厘米。

④悬釜而炊：地上到处是水，只好把锅吊起来做吃的。《战国策·赵策》于此作"城中巢居而处，悬釜而炊"。釜，一种锅具。

⑤易子而食：和别家交换着孩子来吃。

⑥礼益慢：谓群臣对待赵襄子的礼节越来越简慢。

⑦高共：一作"高赫"。梁玉绳认为，"共"乃"赫"之讹脱，《韩非子·难一》《淮南·氾论训》及《人间训》，《说苑·复恩》及《汉书·古今人表》并作"赫"。

⑧张孟同：《索隐》曰："《战国策》作'张孟谈'。'谈'者，史迁之父名，迁例改为'同'。"私于韩、魏：私下与韩、魏商谈、串通。

⑨三国反灭知氏，共分其地：按，以上知伯率韩、魏围晋阳，韩、魏倒戈与赵氏共灭知伯事，在襄子二十三年，前453年，详见《战国策·赵策》。沈长云等曰：“至此，晋国领土实际上被三家瓜分殆尽，晋国已是名存实亡，晋君则反而沦为三国的附庸。《晋世家》记载，至前433年晋幽公继位之时，所拥有地盘仅止有绛、曲沃二邑。在国际上，由于三家的分晋，使战国七雄并立的形势最终形成。目前学术界有人据此认为我国的战国时期应从前453年三家分晋开始，应当说，这种看法是有一定道理的。”

⑩是以先之：以上赵襄子封赏高共事，详见《韩非子·难一》。韩非于此评之曰：“为人臣者，乘事而有功则赏，今赫仅不骄侮，而襄子赏之，是失赏也。明主赏不加于无功，罚不加于无罪。今襄子不诛骄侮之臣，而赏无功之赫，安在襄子之善赏也！”

⑪使原过主霍泰山祠祀：《正义》引《括地志》曰：“三神祠，今名原过祠，今在霍山侧也。”

【译文】

知伯与韩、魏三国围攻晋阳，一年多后，他们引来汾水灌入晋阳城，露出水面的城墙只有三版高。城中百姓只能吊起锅来做饭，互换子女杀吃充饥。群臣都有了外心，对襄子的礼节越来越怠慢，唯有高共不敢失礼。赵襄子忧惧不安，于是派他的国相张孟同夜间出城私下与韩、魏结盟。韩、魏与张孟同合谋后，在三月丙戌这天，三家反过来灭掉了知氏，共同瓜分了知伯的领地。于是襄子进行封赏，高共得到上等赏赐。张孟同说：“晋阳有难期间，只有高共没功劳。”襄子说：“在晋阳危难之际，群臣对我都很怠慢，只有高共不敢有失臣下的礼节，所以首先重赏他。”这时赵氏北边拥有代国之地，南边并吞了知氏的领土，比韩、魏两家都强大。于是襄子在百邑给三神立庙祭祀，派原过主持霍泰山神庙的祭祀。

其后娶空同氏①，生五子。襄子为伯鲁之不立也，不肯立子，且必欲传位与伯鲁子代成君。成君先死，乃取代成君子浣立为太子[②]。襄子立三十三年卒[③]，浣立，是为献侯[④]。

【注释】

①空同氏：西部地区的古部族名。当时居住在今宁夏固原南，因其地近空同山，故名。

②代成君子浣：代成君的儿子名叫“浣”，论行辈，当为赵襄子之孙。

③襄子立三十三年卒：赵襄子在前425年去世，在位却非三十三年，而是五十一年，此与《六国年表》并误。

④浣立，是为献侯：梁玉绳曰：“‘献侯’是追尊，不当称‘侯’。”按，应称“献子”。

【译文】

后来，赵襄子娶了空同氏的女子，生了五个儿子。赵襄子因为哥哥伯鲁没有立为太子，因而不愿立自己的儿子为太子，而一定要将自己的爵位传给伯鲁的儿子代成君。但代成君已经去世，于是便把代成君的儿子赵浣立为太子。襄子在位三十三年去世，赵浣继位，这就是赵献侯。

献侯少即位，治中牟[①]。襄子弟桓子逐献侯[②]，自立于代，一年卒[③]。国人曰桓子立非襄子意，乃共杀其子而复迎立献侯。

十年[④]，中山武公初立[⑤]。

十三年[⑥]，城平邑[⑦]。

十五年，献侯卒，子烈侯籍立[⑧]。

【注释】

①治中牟：治在中牟，即以中牟（今河南鹤壁西）为都城。中牟在春

秋时期已经筑城，战国时成为重要都市。其地有牟山，中牟城即在其侧。杨宽曰："献侯自晋阳迁此，盖图谋向中原发展。"

②襄子弟桓子：《索隐》引《世本》作"襄子子桓子"。

③自立于代，一年卒：时为前424年。代，在今河北蔚县东北。

④十年：献侯十年，前414年。

⑤中山武公：中山是少数民族鲜虞人在春秋时期建立的国家名。国都顾，即今河北定州。其国君的姓氏来历，无从说清。"中山武公"应是"中山文公"之子，据河北平山中山王墓出土的铜器可以证明"武公"之前有"文公"。

⑥十三年：献侯十三年，前411年。

⑦平邑：古邑名。在今山西大同东南。

⑧"十五年"三句：十五年，赵献侯去世，他的儿子烈侯赵籍即位。十五年，前409年。献侯，沈长云等曰："赵献侯算得上是一位守成之君，在他统治的赵国，边防巩固，国泰民安，政治经济亦相对发展。但其在位期间似乎也没有很大的作为，未见有政治制度上的更张与变革。相对于同时期在魏文侯统治下厉行改革的魏国，赵国显然是逐渐落后了。"烈侯籍，名籍，"烈"字是其谥号。

【译文】

献侯年少继位，以中牟为都城。赵襄子的弟弟桓子赶走赵献侯，在代地自立为君，一年后死去。赵国人说桓子即位不合襄子的意愿，就联合起来杀掉了他的儿子，又迎回献侯即位。

献侯十年，中山国的武公即位。

献侯十三年，修建平邑城。

献侯十五年，赵献侯去世，他的儿子烈侯赵籍即位。

烈侯元年，魏文侯伐中山，使太子击守之①。

六年，魏、韩、赵皆相立为诸侯，追尊献子为献侯②。

【注释】

①“烈侯元年”三句:魏文侯遣派乐羊伐灭中山国,而使太子击守其地。烈侯元年,前408年。魏文侯,名斯,前445—前396年在位。伐中山,攻打中山国。当时的魏将为乐羊,其事详见《乐毅列传》。太子击,即日后之魏武侯。

②“六年”三句:六年,前403年。这一年,魏、韩、赵都相继立为诸侯,在此以前,韩、赵、魏三家虽都已俨然为大国,而究其性质仍属自立;此年周威烈王乃正式策命三家为诸侯,使之与燕、秦、齐、楚等诸国相并列,此亦历史上之一大事。缪文远《战国史系年辑证》曰:“三晋称侯,乃由上年周王命三晋伐齐有功而起,故本年周王命三家为侯,实具有酬庸性质。”按,据杨宽考证,三晋胜齐的战斗,即“王命韩景子、赵烈子、翟员伐齐,入长城”。见载于《纪年》,《吕览》之《下贤》《不广》及《淮南子·人间训》等,而《史记》不载,是重大遗漏。追尊献子为献侯,“献”字是其谥号,《谥法解》:“聪明睿哲曰献,知质有圣曰献。”

【译文】

烈侯元年,魏文侯攻打中山国,派太子魏击前往驻守。

烈侯六年,魏、韩、赵都相继立为诸侯,赵烈侯追尊赵献子为赵献侯。

烈侯好音[①],谓相国公仲连曰[②]:“寡人有爱,可以贵之乎[③]?”公仲曰:“富之可,贵之则否[④]。”烈侯曰:“然。夫郑歌者枪、石[⑤],二人,吾赐之田,人万亩。”公仲曰:“诺。”不与[⑥]。居一月,烈侯从代来,问歌者田。公仲曰:“求,未有可者。”有顷[⑦],烈侯复问。公仲终不与,乃称疾不朝。番吾君自代来[⑧],谓公仲曰:“君实好善,而未知所持[⑨]。今公仲相赵[⑩],于今四年,亦有进士乎[⑪]?”公仲曰:“未也。”番吾君曰："牛畜、荀欣、徐越皆可。"公仲乃进三人。及朝，烈侯复问："歌者田何如？"公仲曰："方使择其善者。"牛畜侍烈侯以仁义，约以王道⑫，烈侯逌然⑬。明日，荀欣侍以选练举贤，任官使能。明日，徐越侍以节财俭用，察度功德⑭。所与无不充⑮，君说⑯。烈侯使使谓相国曰："歌者之田且止。"官牛畜为师，荀欣为中尉，徐越为内史⑰，赐相国衣二袭⑱。

【注释】

①好音：喜欢音乐。

②相国：即丞相，有时称"相国""相邦"，或称"相""宰相"。为百官之首，协助天子或君主治理全国政务。战国时始置。公仲连：赵国大臣。

③寡人有爱，可以贵之乎：寡人有喜爱的人，能让他尊贵起来吗？王叔岷曰："有，犹'所'也。"贵之，指提高其爵位、官品。

④富之可，贵之则否：使他富有还可以，让他尊贵就不好办了。富之，使富有，使富贵。

⑤郑歌者枪、石：郑国的两个歌手，一个名枪，一个名石。春秋以来，郑国的俗曲较为闻名。

⑥不与：没有给予。

⑦有顷：不久。

⑧番吾君：番吾的封君。番吾，赵邑名。在今河北平山东南。

⑨持：把握，运用。

⑩公仲相赵：李笠曰："番君对言公仲，不当指斥其名，'仲'字衍。"

⑪亦有进士乎：曾向朝廷举荐过人才吗？王叔岷曰："有，犹'曾'也。"进士，荐举人才。

⑫约：约束。

⑬逌（yóu）然：冈白驹曰："颜色宽舒貌，盖言能纳而不拒也。"

⑭察度：考查衡量。

⑮与：肯定，赞成。充：冈白驹曰："当也。"

⑯说：同"悦"。

⑰"官牛畜为师"三句：杨宽曰："此为赵之重要改革。在讲究'仁义'与'王道'的同时，推行'任官使能''节财俭用'的政策。'师'为掌教化之官，牛畜侍以仁义，约以王道，因而官以为师。'尉'是掌选拔人才之官，《礼记·月令》谓太尉'赞杰俊，遂贤良，举长大'。荀欣侍以选练举贤，任官使能，因而官以为中尉。'内史'主管全国田租之收入与开支，乃掌管财政之官。徐越侍以节财俭用，察度功德，所与无不充，因而官以为内史。"师，略同于"太师"，帝王的辅导官。中尉，主管选拔人才的长官。内史，都城及其郊区的行政长官。

⑱衣二袭：两套、两身衣服。袭，衣服全套称"袭"。

【译文】

烈侯喜好音乐，他对相国公仲连说："寡人有喜爱的人，能让他尊贵起来吗？"公仲连说："使他富有还可以，让他尊贵就不好办了。"烈侯说："好吧。有来自郑国的两个歌手，一个名枪，一个名石，我要赐给他们田地，每人一万亩。"公仲连说："好吧。"可是没给。过了一个月，烈侯从代地回来，问起给歌手赏赐田地的事。公仲连说："正在找地，但还没有找到合适的地方。"又过了些时候，烈侯又问。公仲连始终不给，接着就称说有病不上朝了。番吾的封君从代地来京，对公仲连说："国君其实喜欢善政，只是不知道怎样实行。现在您任赵相，至今已有四年，曾举荐过人才吗？"公仲连说："没有。"番吾君说："牛畜、荀欣、徐越都可以。"公仲连就举荐了这三个人。等到上朝的时候，烈侯又问："给歌手田地的事，办得怎么样了？"公仲连说："正在派人去寻找好的地方。"这时牛畜便以仁义开导烈侯，用王道约束烈侯，烈侯的态度越来越温和。第二天，荀欣陪侍时，建议精选起用贤才，任命官吏要使用能干的人。第三天，徐越陪侍，建议节约财物，俭省用度，考察评估官吏们的功绩德行。他们所讲的道理没有不充分的，赵烈侯很高兴。烈侯派人对相国说："给歌手赐田的事暂时停止。"于是任命牛畜为太师，荀欣为中尉，徐越为内史，赐给相国衣服两套。

九年，烈侯卒，弟武公立。武公十三年卒，赵复立烈侯太子章，是为敬侯①。是岁，魏文侯卒②。

【注释】

①"九年"数句：据现代战国史家杨宽等考证，赵国无"武公"其人，九年"烈侯"亦未死，并一直在位至"敬侯"元年。《六国年表》亦同误。杨宽曰："余疑《赵世家》乃牵合中山武公之记载而误多武公者。当司马迁著《史记》时，赵之记载犹有存者。中山为赵之邻国，并为赵所灭，因而中山之事常附见于赵之记载中。"杨氏之说卓矣，今将这段文字整理作"烈侯二十二年卒，太子章立，是为敬侯"。

②是岁，魏文侯卒：据现代战国史家考证，魏文侯已于九年前去世，此时为魏武侯九年。《六国年表》亦同误。

【译文】

烈侯九年，烈侯去世，他的弟弟武公继位。武公在位十三年去世，赵国复立烈侯的太子赵章为君，这就是赵敬侯。这一年，魏文侯去世。

敬侯元年①，公子朝作乱②，不克③，出奔魏④。赵始都邯郸⑤。

二年⑥，败齐于灵丘⑦。

三年，救魏于廪丘，大败齐人[8]。

四年[9]，魏败我兔台[10]。筑刚平以侵卫[11]。

五年，齐、魏为卫攻赵，取我刚平[12]。

六年[13]，借兵于楚伐魏[14]，取棘蒲[15]。

八年[16]，拔魏黄城[17]。

九年，伐齐。齐伐燕，赵救燕[18]。

十年[19]，与中山战于房子[20]。

十一年，魏、韩、赵共灭晋，分其地[21]。伐中山，又战于中人[22]。

十二年，敬侯卒[23]，子成侯种立。

【注释】

①敬侯元年：前386年。

②公子朝：底本作“武公子朝”，“武公”既无其人，则此“子朝”疑是敬侯之弟。“武”字衍文，应删。《魏世家》于此作“子朔”，非，应为“子朝”。

③不克：没能成功。

④出奔魏：当时的魏国都城在安邑，在今山西夏县西北。

⑤赵始都邯郸：在此以前，赵先后曾都于赵城、耿、原、晋阳、中牟，至此乃迁于邯郸，即今河北邯郸。沈长云等曰：“公子朝叛乱时，赵国的都城尚在中牟，中牟地近魏国，公子朝得到了魏国的支持，这也许是敬侯迁都的直接原因。另外，迁都邯郸是在赵朝作乱之后，也可以推测赵朝之乱可能使中牟这一自春秋以来的名都大邑遭到破坏，因此赵国君臣决定迁都邯郸。”

⑥二年：前385年。据《六国年表》，“败齐于灵丘”事在赵敬侯九年。《田敬仲完世家》同。

⑦灵丘:齐邑名。在今山东高唐南。

⑧“三年”三句:三年,前384年。当时齐人攻魏廪丘(今山东鄄城东北),赵救之,遂大破齐。

⑨四年:前383年。

⑩兔台:赵邑名。应在今河北南部,方位不详。

⑪刚平:赵邑名。在今河南清丰西南,当时卫都濮阳之正北。

⑫“五年”三句:《战国策·齐策五》苏代谓齐闵王:“赵氏袭卫,车不舍,人不休,傅卫国,城刚平。”杨宽曰:“‘傅卫国’,谓赵攻卫都濮阳,采用缘登城墙而围攻之战术。……‘城刚平’,谓赵在刚平筑城作为进攻之基地。……由于卫得魏之助,魏‘挑赵索战’,卫得以收余甲而向北反攻,取得‘残刚平,堕中牟之郭’之胜利。”五年,当时为田齐侯剡三年、魏武侯十四年,前382年。

⑬六年:前381年。

⑭借兵于楚:当时为楚悼王二十一年,前381年。

⑮棘蒲:魏邑名。在今河北魏县南。

⑯八年:杨宽以为当作“七年”,即魏武侯十六年,前380年。

⑰黄城:魏邑名。在今河南开封东北。

⑱“九年”四句:九年,杨宽曰:“二字衍。”以下所叙仍为赵敬侯七年,田齐侯剡五年(前380)事。伐齐,齐伐燕,赵救燕,梁玉绳曰:“是当移书于八年以前,而补之曰‘七年齐伐燕,赵救燕伐齐,至桑丘’,于九年则补书曰‘伐齐,至灵丘’,庶几得之。”

⑲十年:前377年。

⑳与中山战于房子:中山国原都于顾(今河北定州),三十年前被魏文侯所灭。后又复国,改都于灵寿(今河北平山北)。房子,赵邑名。在今河北高邑西南。

㉑“十一年”三句:梁玉绳曰:“是时但分其地,而未灭晋也。”据考证,此年魏、韩、赵瓜分晋地后,乃将晋桓公迁于屯留(今山西屯

留南）。晋最终灭亡事见后注。十一年，前376年。

㉒中人：古邑名。在今河北唐县西南。

㉓十二年，敬侯卒：杨宽曰："《晋世家》之《索隐》引《竹书纪年》说：'韩哀侯、赵敬侯并以（晋）桓公十五年卒。'即公元前374，较《六国年表》迟一年。陈梦家《六国年表》、平势隆郎《新表》依《纪年》。"十二年，前375年。

【译文】

敬侯元年，公子朝作乱，没有成功，出逃魏国。赵国开始以邯郸为都城。

敬侯二年，赵军在灵丘打败齐军。

敬侯三年，赵军在廪丘救援魏军，大败齐军。

敬侯四年，赵军在兔台被魏军打败。赵国修筑刚平城，以便进攻卫国。

敬侯五年，齐、魏为卫攻赵，夺取了刚平。

敬侯六年，赵国向楚国借兵攻打魏国，夺取了棘蒲。

敬侯八年，赵军攻取了魏国的黄城。

敬侯九年，赵军伐齐。同年齐军伐燕，赵军救燕。

敬侯十年，赵军与中山之军战于房子。

敬侯十一年，魏、韩、赵三国灭了晋国，瓜分了晋国的土地。赵军进攻中山国，与中山军战于中人。

敬侯十二年，赵敬侯去世，他的儿子成侯赵种继位。

成侯元年①，公子胜与成侯争立②，为乱。

二年六月，雨雪③。

三年④，太戊午为相⑤。伐卫，取乡邑七十三⑥。魏败我蔺⑦。

四年⑧，与秦战高安⑨，败之。

五年[10]，伐齐于鄄[11]。魏败我怀[12]。攻郑，败之，以与韩，韩与我长子[13]。

六年[14]，中山筑长城[15]。伐魏，败涿泽，围魏惠王[16]。

七年[17]，侵齐，至长城[18]。与韩攻周[19]。

八年[20]，与韩分周以为两[21]。

九年[22]，与齐战阿下[23]。

十年[24]，攻卫，取甄[25]。

十一年[26]，秦攻魏，赵救之石阿[27]。

十二年[28]，秦攻魏少梁[29]，赵救之。

十三年[30]，秦献公使庶长国伐魏少梁[31]，虏其太子、痤[32]。魏败我浍[33]，取皮牢[34]。成侯与韩昭侯遇上党[35]。

十四年[36]，与韩攻秦[37]。

十五年[38]，助魏攻齐[39]。

【注释】

①成侯元年：前374年。

②公子胜：疑是成侯之弟。

③二年六月，雨雪：二年，前373年。因气候极端反常，故书之于史。

④三年：前372年。

⑤太戊午：梁玉绳曰："《人表》作'大成午'……《韩策》'大成午从赵来'是也。"

⑥乡邑：乡一级的小镇。乡是县以下的行政区划名，县下有乡，乡下有亭。

⑦蔺：赵邑名。在今山西离石西。

⑧四年：当秦献公十四年，前371年。

⑨高安：赵邑名。具体方位不详，大约在山西西部邻近黄河处；也有说在今山西临猗西南。

⑩五年：亦田齐之桓公五年、魏武侯二十六年，前370年。

⑪鄄（juàn）：卫邑名。在今山东鄄城北。

⑫怀：魏邑名。在今河南武陟西南。

⑬“攻郑”四句：泷川引《大事纪》解题云：“郑灭六年矣，安得复攻郑？意者韩灭郑之时，赵与有劳焉，至是韩始以地酬其功与。”泷川曰：“盖追叙往事。”按，此说法勉强可通，然梁玉绳深以其为非。杨宽曰：“盖是时赵、韩乘魏乱而攻魏，又乘魏乱而迁晋君于屯留，赵以某地与韩，而韩以长子与赵。”长子，古邑名。在今山西长子西南，离赵国较近。

⑭六年：前369年。

⑮中山筑长城：河北石家庄境内发现多处古长城遗址，“最早修筑的长城是战国时期中山国的古长城，其位置起于河北平山和山西交界处，纵贯恒山，从太行山南下，长约二百五十公里。因当时的长城多用土筑成，仅留下少量遗址”。

⑯伐魏，败湪泽，围魏惠王：据《魏世家》，此次为韩、赵“合军并兵以伐魏，战于浊泽，魏氏大败，魏君围”。湪泽，应作“浊泽”，沼泽名。在今山西运城西南，离魏都安邑不远。魏惠王，名䓨，武侯之子，前369—前319年在位。此次战役在魏惠王元年。

⑰七年：亦田齐之桓公七年，前368年。

⑱侵齐，至长城：齐长城西起平阴（今山东平阴东北），东行经泰山北麓，再东行，至琅邪（今山东胶南西南）海边。赵军侵齐至长城，应指至平阴一带。

⑲与韩攻周：此时的韩国都于新郑，其时为韩懿侯七年（前368）；此时的周王室仅有洛阳、巩等少数几地，时为周显王元年。

⑳八年：相当于周显王二年，前367年。

㉑分周以为两：将仅存的周又分成了以巩为中心的“东周”和以王城为中心的“西周”两块。此事的过程是，周考王（前440—前426年在位）时，自己都于成周（即古洛阳，今洛阳东北），将其弟桓公封于王城（今洛阳）。至周显王二年，桓公之子威公卒，威公少子根与太子（惠公）争位，得韩、赵之助，据巩自立，是为东周惠公。从此，周天子遂越来越成为虚名，而东周、西周分治的局面开始形成。都于巩的称“东周君”，都于王城的称“西周君”。可参看《周本纪》。

㉒九年：当田齐之桓公九年，前366年。

㉓阿下：阿邑城下，阿邑在今山东阳谷东北。当时属齐。

㉔十年：前365年。

㉕攻卫，取甄（juàn）：时当卫成侯七年，其时卫国土地已所剩无几。甄，同“鄄”，卫邑名。在今山东鄄城北，当时卫都濮阳的正东偏北。

㉖十一年：当秦献公二十一年、魏惠王六年，前364年。

㉗石阿：魏邑名。《正义》以为当在“石、隰等州界”，即今山西西部的临近黄河一带；也有人说在今山西隰县北。

㉘十二年：秦献公二十二年、魏惠王七年，前363年。

㉙少梁：魏邑名。在今陕西韩城西南。

㉚十三年：秦献公二十三年、魏惠王八年，前362年。

㉛秦献公：名连，一名师隰，前384—前362年在位。秦于献公时已将国都由雍东迁至栎阳（今陕西西安之阎良区）。庶长国：庶长名国，史失其姓。庶长，官名。战国时秦国始设。有左庶长、右庶长、大庶长三种，左庶长是秦爵二十级中的第十级，右庶长是第十一级，大庶长是第十八级。

㉜虏其太子、痤：《六国年表》于此谓“虏我太子”，《秦本纪》《魏世家》皆谓“虏其（我）将公孙痤”。王叔岷以为应作虏魏太子及将公孙痤。梁玉绳以为“太子痤”应作“公孙痤”，此役无太子被

虏事，魏国似不宜有两“太子”连续被虏。

㉝浍（huì）：水名。流经今山西翼城南，西流至侯马入汾水。

㉞皮牢：赵邑名。在今山西翼城东北。

㉟韩昭侯：韩懿侯之子，前362—前333年在位。遇：会晤。上党：韩、赵两国当时都有上党郡，韩之上党郡约当今山西长治地区的南半部；赵之上党郡约当今长治地区的北部与晋中地区的东南部。

㊱十四年：前361年。

㊲与韩攻秦：时当秦孝公元年、韩昭侯二年，前361年。

㊳十五年：前360年。

㊴助魏攻齐：时当魏惠王十年、田齐桓公十五年，前360年。时魏国的都城已由安邑东迁至大梁（今河南开封）。

【译文】

成侯元年，公子胜与成侯争位，发动叛乱。

成侯二年六月，天降大雪。

成侯三年，太戊午任赵国的相国。赵军攻打卫国，夺取了七十三个乡邑。魏军在蔺邑打败了赵军。

成侯四年，赵军与秦军战于高安，打败了秦军。

成侯五年，赵军进攻齐国的鄄邑。魏军在怀邑打败赵军。赵军进攻郑国，打败郑国，把获取的土地给了韩国，韩国把长子邑给了赵国。

成侯六年，中山国修筑长城。赵军伐魏，在涿泽打败魏军，并包围了魏惠王。

成侯七年，赵军伐齐，直抵齐国的长城下。赵军又与韩军联合攻打周。

成侯八年，赵国与韩国把周一分为二。

成侯九年，赵军与齐军战于阿邑城下。

成侯十年，赵军进攻卫国，夺取了甄邑。

成侯十一年，秦国攻打魏国，赵军前往石阿救魏。

成侯十二年，秦军进攻魏国的少梁，赵国派兵往救。

成侯十三年，秦献公派庶长国进攻魏国的少梁，俘虏了魏国的太子和魏将公孙痤。魏军在浍水打败赵军，夺取了皮牢。赵成侯与韩昭侯在上党会晤。

成侯十四年，赵军与韩军共同进攻秦国。

成侯十五年，赵军助魏军攻打齐国。

十六年，与韩、魏分晋，封晋君以端氏①。

十七年，成侯与魏惠王遇葛孽②。

十九年③，与齐、宋会平陆④，与燕会阿⑤。

二十年⑥，魏献荣椽⑦，因以为檀台⑧。

二十一年⑨，魏围我邯郸⑩。

二十二年⑪，魏惠王拔我邯郸，齐亦败魏于桂陵⑫。

二十四年⑬，魏归我邯郸，与魏盟漳水上⑭。秦攻我蔺⑮。

二十五年⑯，成侯卒。公子緤与太子肃侯争立⑰，緤败，亡奔韩⑱。

【注释】

①“十六年”三句：十六年，前359年。按，赵敬侯十一年，韩、赵、魏三国已经瓜分晋地，此处是第二次瓜分。至于“封晋君以端氏”，钱穆以为晋国首次被瓜分后，晋桓公乃被迁之于屯留（今山西屯留南）。《水经·浊漳水注》引《纪年》云：“梁惠成王十二年，郑（即韩）取屯留、尚子、涅。”钱氏考证曰：“前韩、赵迁桓公于屯留，至此十一年，而韩取屯留，可证晋君迁端氏之说不诬也。又《赵世家》：‘肃侯元年，夺晋君端氏，徙处屯留。’前韩、赵分晋，取屯留，封晋君端氏（今山西沁水东北），至此又十年。《晋世家》之

《索隐》引《赵世家》:‘列侯(即成侯)十六年,与韩分晋,封晋君端氏,其后十年,肃侯徙晋于屯留。’即谓此也。是晋自屯留徙端氏,又自端氏徙屯留也。又考《韩世家》:‘昭侯十年,韩姬弑其君悼公。’是年正赵肃侯元年,疑悼公乃晋君。前十年韩取屯留而迁端氏,今赵取端氏而复迁屯留,韩大夫遂弑之也。然则晋自‘桓公’后尚有‘悼公’,或即《晋世家》之所谓静公矣。”

②十七年,成侯与魏惠王遇葛孽:十七年,当魏惠王十二年,前358年。遇葛孽,在葛孽会晤。葛孽,赵邑名。在今河北肥乡西南。据《六国年表》,韩、赵两国君主当会于鄗,在今河北高邑东南。

③十九年:当齐威王元年、燕文公六年,前356年。

④与齐、宋会平陆:赵成侯与齐威王、宋桓侯(《宋微子世家》作“辟公”)在平陆会晤。平陆,齐邑名。在今山东汶上北。

⑤与燕会阿:与燕文公在阿会晤。阿,在今山东阳谷东北。

⑥二十年:当魏惠王十五年,前355年。

⑦荣椽(chuán):《索隐》:“荣椽是良材,可为椽,斫饰有光荣。”《正义》:以为“荣”“椽”分别是两种木料,“荣”用于飞檐,“椽”用于檩上。《正义》引郑玄云:“荣,屋翼也。”

⑧檀台:赵台名。《集解》引徐广曰:“襄国县有檀台。”襄国即今河北邢台。《正义》引《括地志》云:“檀台在洺州临洺县北二里。”以为在今河北永年。沈长云等以为即“后来有名的信宫,是一处大型宫殿建筑”。

⑨二十一年:当魏惠王十六年,前354年。

⑩魏围我邯郸:据杨宽《战国年表》,这一年,赵伐卫,攻取漆、富丘;魏救卫,进围赵都邯郸。

⑪二十二年:当魏惠王十七年、齐威王四年,前353年。

⑫魏惠王拔我邯郸,齐亦败魏于桂陵:即“桂陵之役”。魏将庞涓率军包围邯郸,赵向齐求救,齐将田忌、孙膑率军进攻魏都大梁,庞

涓等回军援救大梁，中途被齐军大败于桂陵。其事详见《孙子吴起列传》。桂陵，魏邑名。在今河南长垣北。

⑬二十四年：当魏惠王十九年，前351年。

⑭魏归我邯郸，与魏盟漳水上：沈长云等曰："桂陵之战魏丧失十万之众，再加上秦国、楚国乘机蚕食，强盛一时的魏国再也没有力量应付两方面作战的压力，也没有余力继续有效地占领邯郸。为了摆脱不利的困境，魏惠王只好向魏国大夫翟翦谢罪，接受翟翦的谋略，听取赵国义士唐尚的游说（《吕氏春秋·务大》），同赵国议和，答应归还邯郸。公元前351年，魏、赵双方在漳河之上订立盟约，正式归还邯郸。"漳水，源于今山西昔阳西南，东南流经今河北磁县南，复东北流，汇入黄河，当时为赵国南境。

⑮秦攻我蔺：时当秦孝公十一年，前351年。蔺，赵邑名。在今山西离石西，临近黄河。

⑯二十五年：即前350年。

⑰公子緤（xiè）：赵成侯之子，赵肃侯之弟。太子肃侯：泷川引中井积德曰："宜曰'太子语'。"肃侯，赵成侯之子，名语，前349—前326年在位。

⑱緤败，亡奔韩：事当韩昭侯十三年，即350年。

【译文】

成侯十六年，赵国与韩国、魏国瓜分晋国，把端氏封给晋君。

成侯十七年，赵成侯与魏惠王在葛孽会晤。

成侯十九年，赵成侯与齐威王、宋桓侯在平陆会晤，又与燕文公在阿邑会晤。

成侯二十年，魏国向赵国进献优质木椽，赵成侯遂用来建造了檀台。

成侯二十一年，魏军包围了赵国的都城邯郸。

成侯二十二年，魏惠王攻占了邯郸，齐军也在桂陵打败了魏军。

成侯二十四年，魏国把邯郸归还赵国，赵成侯与魏惠王在漳河边订立盟约。秦军进攻赵国的蔺邑。

成侯二十五年，赵成侯去世。公子緤与太子肃侯争位，公子緤失败，逃往韩国。

肃侯元年①，夺晋君端氏，徙处屯留②。

二年③，与魏惠王遇于阴晋④。

三年⑤，公子范袭邯郸，不胜而死⑥。

四年⑦，朝天子⑧。

六年⑨，攻齐，拔高唐⑩。

七年⑪，公子刻攻魏首垣⑫。

十一年⑬，秦孝公使商君伐魏，虏其将公子卬⑭。赵伐魏。

十二年，秦孝公卒，商君死⑮。

十五年⑯，起寿陵⑰。魏惠王卒⑱。

【注释】

①肃侯元年：前349年。

②夺晋君端氏，徙处屯留：晋桓公于十年前被由屯留（今山西屯留南）迁于端氏（今山西沁水东北），今赵夺端氏，又将晋桓公逐于屯留。

③二年：当魏惠王二十二年，前348年。

④阴晋：魏邑名。在今陕西华阴东。

⑤三年：前347年。

⑥公子范袭邯郸，不胜而死：公子范，赵肃侯之弟。赵成侯死，赵肃侯立，公子范图谋争位。赵肃侯三年（前347），起兵袭击邯郸，兵败被杀。

⑦四年：当周显王二十三年，前346年。

⑧朝天子：此时朝见的天子为周显王（前368—前321年在位）。

⑨六年：当齐威王十三年，前344年。

⑩高唐：齐邑名。在今山东高唐东北。

⑪七年：当魏惠王二十七年，前343年。

⑫公子刻：赵肃侯之弟。首垣：魏邑名。在今河南长垣东北。

⑬十一年：当秦孝公二十四年，前339年。

⑭秦孝公使商君伐魏，虏其将公子卬：秦孝公派商鞅攻打魏国，商鞅骗公子卬在阵前叙旧，伏兵将其袭捕，大破魏军。其事详见《商君列传》。秦孝公，名渠梁，秦献公之子，前361—前338年在位。商君，名鞅，原卫人。入秦之后，辅佐秦孝公变法，使秦国富强。公子卬，魏惠王之子。

⑮“十二年”三句：十二年，前338年。秦孝公去世，在位共二十四年。秦孝公死后，秦国贵族政变，商鞅潜逃未果，被秦国贵族所杀。其事详见《商君列传》。

⑯十五年：前335年。

⑰起寿陵：指赵肃侯开始为自己预建陵墓。寿陵，古代君王生前预修的坟墓。据《正义》，赵肃侯的“寿陵”在常山，即真定，今河北石家庄东北。

⑱魏惠王卒：赵肃侯之十五年，相当于魏惠王之三十五年。明年魏惠王因改“侯”称“王”，于是改年号称“惠王元年”。司马迁误以为魏惠王死于此年，于是相应的世家与年表中的叙事遂皆误。又明年始称“魏惠王元年”，则前此之三十五年例应称“魏惠侯”，史家为记事方便，于是以后来之号统称以前，亦犹秦始皇之前二十六年例应称“秦王”，因后来做了皇帝，于是人们便也称其前半曰“秦始皇”了。

【译文】

肃侯元年，赵国夺取了晋君所在的端氏，将晋君迁居到屯留。

二年，赵肃侯与魏惠王在阴晋会晤。

三年，公子范袭击邯郸，失败而死。

四年，赵肃侯朝见周显王。

六年，赵军攻打齐国，占领了高唐。

七年，赵国派公子刻率军攻打魏国的首垣。

十一年，秦孝公派商鞅攻打魏国，俘虏了魏国的大将公子卬。赵军攻打魏国。

十二年，秦孝公去世，商鞅去世。

十五年，赵肃侯开始兴建寿陵。魏惠王去世。（按，此年相当于魏惠王三十五年。明年魏惠王改侯称王，改年号称惠王元年。史公误以为惠王卒于此年。）

十六年[①]，肃侯游大陵[②]，出于鹿门[③]，大戊午扣马曰[④]："耕事方急[⑤]，一日不作，百日不食[⑥]。"肃侯下车谢[⑦]。

十七年[⑧]，围魏黄[⑨]，不克[⑩]。筑长城[⑪]。

十八年[⑫]，齐、魏伐我，我决河水灌之[⑬]，兵去。

二十二年[⑭]，张仪相秦[⑮]。赵疵与秦战[⑯]，败，秦杀疵河西[⑰]，取我蔺、离石[⑱]。

二十三年[⑲]，韩举与齐、魏战[⑳]，死于桑丘[㉑]。

二十四年[㉒]，肃侯卒。秦、楚、燕、齐、魏出锐师各万人来会葬[㉓]。子武灵王立[㉔]。

【注释】

①十六年：即魏惠王后元元年，前334年。

②大陵：赵邑名。在今山西文水东北。

③出于鹿门：经由鹿门。出，经由，到。鹿门，《正义》曰："并州盂县

西有白鹿泓，源出白鹿山南渚，盖鹿门在北山水之侧也。”以为在盂县（今山西阳曲东北）西北。

④大戊午：即上文之“太戊午”，曾为赵成侯之相。“大”“太”古常通用。扣马：拉住马缰绳，不让前行。

⑤方：正。

⑥一日不作，百日不食：一天不耕作，就要百天没饭吃。不作，不从事生产。不食，没得吃。

⑦谢：认错，道歉。

⑧十七年：前333年。

⑨围魏黄：围攻魏国的黄邑，时间应当是魏惠王后元二年。黄，也称“小黄”，在当时的大梁（今河南开封）城东。

⑩克：攻取。

⑪筑长城：此指赵国在南部边境修筑长城。赵国南部的长城东起今河北肥乡南，西南行，经河北磁县南折向西北，止于今河北武安西南。

⑫十八年：当齐威王二十五年、魏惠王后元三年，前332年。

⑬河水：即黄河水。当时的黄河自今河南西部流经今滑县、濮阳、德州，北至今沧州东北之黄骅入海，大体流经当时赵国的东南境。

⑭二十二年：当秦惠文王十年，前328年。

⑮张仪相秦：陈仁锡曰：“纪各国必书‘张仪相秦’，见仪之用，亦六国存亡之关键云。”张仪，战国时期著名的纵横家，其事详见《张仪列传》。

⑯赵疵：赵国将领。

⑰河西：指今山西、陕西交界的黄河以西。

⑱离石：赵邑名。即今山西离石，在当时的蔺邑之东。

⑲二十三年：当齐威王三十年、魏惠王后元八年，前327年。

⑳韩举：赵将名。当时韩国亦有“韩举”，与此并非一人。

㉑桑丘：齐邑名。在今山东兖州西。一说在今河北徐水，恐齐军难

得至此。

㉒二十四年：前326年。

㉓秦、楚、燕、齐、魏：指秦惠文王、楚怀王、燕易王、齐威王、魏惠王。出锐师：派出精兵。会葬：参加葬礼。

㉔武灵王：名雍，赵肃侯之子，前325—前299年在位。

【译文】

肃侯十六年，赵肃侯要到大陵巡游，经鹿门而出。老相国大戊午拦着马头说："现是正是春耕大忙季节，一天不耕作，就要百天没饭吃。"肃侯下车认错。

肃侯十七年，赵军围攻魏国的黄邑，没能攻下。赵国开始修筑长城。

肃侯十八年，齐、魏联合攻打赵国，赵国决开黄河，水淹齐、魏联军，齐、魏联军退去。

肃侯二十二年，张仪任秦国相。赵疵率军与秦军作战失败，秦军杀死赵疵于河西，夺取了赵国的蔺与离石二地。

肃侯二十三年，赵将韩举与齐军、魏军作战，战死于桑丘。

肃侯二十四年，肃侯去世。秦惠文王、楚怀王、燕易王、齐威王、魏惠王各领精兵上万人前来参加葬礼。肃侯之子武灵王继位。

武灵王元年[①]，阳文君赵豹相[②]。梁襄王与太子嗣[③]，韩宣王与太子仓来朝信宫[④]。武灵王少，未能听政，博闻师三人[⑤]，左右司过三人[⑥]。及听政，先问先王贵臣肥义[⑦]，加其秩[⑧]；国三老年八十[⑨]，月致其礼。

三年[⑩]，城鄗[⑪]。

四年[⑫]，与韩会于区鼠[⑬]。

五年[⑭]，娶韩女为夫人。

八年[⑮]，韩击秦，不胜而去[⑯]。五国相王，赵独否[⑰]，曰：

"无其实，敢处其名乎⑱！"令国人谓己曰"君"⑲。

【注释】

①武灵王元年：前325年。按，平势隆郎以为武灵王是赵国第一个逾年改元的，他定武灵王元年为前324年。

②赵豹：赵武灵王的相国，封"阳文君"。

③梁襄王与太子嗣：应作"梁惠王与太子嗣"。梁惠王即魏惠王，因魏国于惠王九年（前361）迁都到大梁，故人们称魏也作"梁"。太子嗣，即日后的梁襄王，名嗣。

④韩宣王：韩昭侯之子，前332—前312年在位。太子仓：即日后的韩襄王，名仓。信宫：赵宫名。《正义》曰："在洺州临洺县也。"在今河北永年。

⑤博闻师：帮帝王扩充见闻的官员。

⑥司过：官名。主管纠正过失之官，随时提醒帝王，使其少犯错误。

⑦问：慰问。肥义：姓肥，名义。

⑧加其秩：并给他提高俸禄。秩，官吏的俸禄。

⑨国三老："三老"在当时为官名。指从乡民中选择有声望年五十以上者，让其掌教化，帮助推行政令，类似周时曾设的"三老""五更"。这里特别标出"国"字，是因为郡、县、乡皆有这种性质的人。"三老""五更"都是一种科目、资历的名称，每种设一个人。服虔所谓"三老者，工老、商老、农老"，与事实不合。

⑩三年：前323年。

⑪城鄗（hào）：给鄗邑筑城墙。鄗，赵邑名。在今河北高邑东南。杨宽曰："赵于鄗筑城，盖用以防中山。"

⑫四年：当韩宣王十一年，前322年。

⑬区（ōu）鼠：赵地名。方位不详。

⑭五年：当韩宣王十二年，前321年。

⑮八年：当韩宣王十五年、秦惠文王后元七年，前318年。按，此秦惠文王之所谓“后元七年”也是指改称“公”为“王”的第七年。

⑯韩击秦，不胜而去：据《六国年表》，此年为“五国共击秦，不胜而还”。牛鸿恩曰：“此年合纵攻秦的五国是魏、赵、韩、燕、楚，楚怀王为纵长，发动者为公孙衍，实际出兵参战的只有赵、魏、韩三国。”

⑰五国相王，赵独否：梁玉绳曰：“称王者，燕、秦、楚、齐、赵、魏、韩及宋、中山九国，楚僭王在春秋前，不在其列，其余称王皆不在武灵八年，吾不知所谓‘五国’者谁乎？……然则相王非‘五国’也，赵不肯王在三年，非‘八年’也。而‘八年’，乃武灵称王之时。”按，杨宽《战国史》引吕祖谦《大事记解题》，以为“五国相王”果有其事，在周显王四十六年，亦即赵武灵王三年，前323年。此“五国”为赵、魏、燕、韩、中山，而赵武灵王在三年的确未敢称王。杨宽又曰：“是年秦相张仪与齐、楚等国大臣会于啮桑，盖欲连横而斗诸侯，而魏将公孙衍合魏、赵、韩、燕、中山‘五国相王’，盖欲广结与国，合纵抗秦。战国时代合纵连横斗争之局势于是展开。”

⑱处：居。

⑲令国人谓己曰“君”：诸侯国内的小领主曰“君”，如孟尝君、平原君、商君等是也。

【译文】

武灵王元年，阳文君赵豹出任国相。梁襄王和太子嗣、韩宣王和太子仓来到赵国的信宫朝贺。武灵王年少，还不能处理政事，设有博闻师三人，左右司过官三人。到处理朝政的时候，首先问候先王的贵臣肥义，并给他晋升官阶；国中年过八十的三老，每月都给他们致礼慰问。

武灵王三年，修筑鄗城。

武灵王四年，与韩宣王在区鼠会见。

武灵王五年，武灵王娶韩国宗亲之女为夫人。

武灵王八年，韩国进攻秦国，没有取胜就撤离了。五国相互推尊称王，只有赵武灵王不称王，他说："没有称王的实力，怎么敢占用这个名号呢！"下令赵国人都称他为"君"。

九年[①]，与韩、魏共击秦，秦败我，斩首八万级[②]。齐败我观泽[③]。

十年[④]，秦取我中都及西阳[⑤]。齐破燕。燕相子之为君，君反为臣[⑥]。

十一年[⑦]，王召公子职于韩[⑧]，立以为燕王[⑨]，使乐池送之[⑩]。

十三年[⑪]，秦拔我蔺，虏将军赵庄[⑫]。楚、魏王来过邯郸[⑬]。

十四年[⑭]，赵何攻魏[⑮]。

【注释】

①九年：当韩宣王十六年、魏襄王二年、秦惠文王后元八年，前317年。

②"与韩、魏共击秦"三句：《秦本纪》曰："韩、赵、魏、燕、齐帅匈奴共攻秦。秦使庶长疾与战修鱼，虏其将申差，败赵公子渴、韩太子奂，斩首八万二千。"

③齐败我观泽：事在赵武灵王九年、齐宣王三年，前317年。《六国年表》谓此役乃齐败赵、魏联军于观泽。杨宽《战国史表》曰："齐联宋攻魏，打败魏于观泽。"未言与赵有何关系。观泽，赵邑名。在今河南清丰南。

④十年：前316年。

⑤秦取我中都及西阳：黄本原作"秦取我西都及中阳"，而《秦本纪》与《六国年表》作中都、西阳，故底本依《秦本纪》《六国年表》改黄本。梁玉绳曰："《赵世家》作'西都''中阳'是也。考《汉

志》,地属西河郡。若中都,属太原;西阳,属山阳,名异地殊,未可相混。”按,“西都”之方位不详,“中阳”或即今山西之中阳。

⑥“齐破燕”三句:燕国此乱前后长达五年。燕王哙三年,即前318年,将君位“禅让”给子之,自己反为臣子。子之在位三年,燕国大乱,齐宣王乘乱大举伐燕,占领并大肆掠夺燕国。其事详见《燕召公世家》。

⑦十一年:前315年。

⑧公子职于韩:公子职,为燕王哙的儿子。当时在韩国做人质。

⑨立以为燕王:《燕召公世家》所记与此不同,而谓“燕子之亡二年,而燕人共立太子平,是为燕昭王”。《集解》《索隐》皆从《燕召公世家》为说,以为《赵世家》所云为非。今人唐兰、杨宽等皆据《赵世家》以公子职为燕昭王,其说详见《先秦诸子系年》与《战国纵横家书》所附文,其考辨可谓信而有征。

⑩使乐池送之:派乐池以武力把他送回燕国。乐池,赵将。原为中山之相,秦惠王更元七年一度入秦为相。其事见《秦本纪》。

⑪十三年:当秦惠文王后元十二年,前313年。

⑫赵庄:有人以为即阳文君赵豹,也称“庄豹”。

⑬楚、魏王来过邯郸:“来”“过”二字连读,即“来访”的意思。按,是年为楚怀王、魏襄王来邯郸访问。底本于此标点为:“楚、魏王来,过邯郸。”将“来”“过”二字分开,于理不合。

⑭十四年:当魏襄王七年,前312年。

⑮赵何:赵将。因赵惠文王即位乃在十三年之后,而此时年尚幼,故此处的赵何与日后之赵惠文王名“何”者并非一人。

【译文】

武灵王九年,与韩、魏一起进攻秦国,秦国打败三国军队,斩杀了八万人。齐国在观泽打败赵军。

武灵王十年,秦军夺取赵国的中都和西阳。齐国打败攻破燕国。燕国国相子之做了国君，燕王哙反而称臣。

武灵王十一年，武灵王把燕国公子职从韩国召来，立他为燕王，派乐池把他送回燕国。

武灵王十三年，秦军攻下赵国的蔺，俘虏了将军赵庄。楚王、魏王前来，访问赵国邯郸。

武灵王十四年，赵国将军赵何进攻魏国。

十六年[①]，秦惠王卒[②]。王游大陵，他日[③]，王梦见处女鼓琴而歌诗曰[④]："美人荧荧兮，颜若苕之荣[⑤]。命乎命乎，曾无我嬴[⑥]！"旦日[⑦]，王饮酒乐，数言所梦[⑧]，想见其状。吴广闻之[⑨]，因夫人而内其女娃嬴，孟姚也[⑩]。孟姚甚有宠于王，是为惠后[⑪]。

十七年[⑫]，王出九门[⑬]，为野台[⑭]，以望齐、中山之境[⑮]。

十八年[⑯]，秦武王与孟说举龙文赤鼎，绝膑而死[⑰]。赵王使代相赵固迎公子稷于燕[⑱]，送归，立为秦王，是为昭王[⑲]。

【注释】

①十六年：前310年。

②秦惠王卒：据《六国年表》，秦惠文王乃卒于赵武灵王十五年，即前311年，在位共二十七年。

③王游大陵，他日：谢孝苹曰："赵肃侯游大陵亦在十六年，甚巧合，此处'王游大陵'四字疑重出。"

④处女：待在家中不出门的女子。古代闺女不出门，居室中，故名。处，居。

⑤美人荧荧兮，颜若苕（tiáo）之荣：荧荧，光彩照人的样子。史珥曰："'荧荧'二字极奇辟，极生动，可括《硕人》次章七句矣。"苕之

荣,紫云英开的花。苕,也称“凌霄”“紫葳”“紫云英”。荣,花。

⑥命乎命乎,曾无我嬴:意思是慨叹自己无人欣赏。嬴,此处义同“盈”,指体态轻盈窈窕之貌。

⑦旦日:底本原作“异日”,王念孙曰:“‘异日’之文,与上‘他日’相复,‘异日’本作‘旦日’,字之误也。旧本《北堂书钞·乐部二》引此正作‘旦日’,《太平御览·乐部八》同。”王说是,今据改。

⑧数:多次,屡次。

⑨吴广:赵人。

⑩因夫人而内其女娃嬴,孟姚也:通过夫人把女儿娃嬴送入宫中,娃嬴就是孟姚。陈仁锡曰:“君见梦,臣雕琢其女以进,畏哉!”方苞曰:“广因王梦中之歌曰‘曾无我嬴’故特名其女曰‘嬴’,而实非嬴姓,故仍著其实曰‘孟姚’。”郭嵩焘曰:“武灵王之梦,与赵简子之梦遥相映和。《赵世家》写武灵王极精彩,而于孟姚之原始亦写得精彩,盖皆武灵王当时用以诳其臣民之辞也。”因,通过。内,同“纳”。

⑪是为惠后:此女因为后来生了赵惠文王,人们称之曰“惠后”,非武灵王时即有此称。

⑫十七年:前309年。

⑬出:行经,到达。九门:古邑名。《集解》引徐广曰:“在常山。”

⑭野台:《集解》引徐广曰:“野,一作‘望’。”《正义》引《括地志》曰:“野台,一名‘义台’,在定州新乐县西南六十三里。”在今河北新乐西北,在当时的九门的西北方。

⑮以望齐、中山之境:齐在野台的东南方,中山在野台的西南方。窥测其地,欲以胜之、灭之也。杨宽曰:“若如其说,九门、野台皆在当时中山之境内,当赵未灭中山之前,武灵王不能到此登台,且不能由此瞭望齐境。疑此‘野台’乃‘丛台’之误。赵都邯郸外郭有丛台……今遗址在邯郸市东北部中华路南侧人民公园内,高达

二十六米。……《正义》引《战国策》云：'本有宫室而居，赵武灵王改为九门。'盖此地原为赵之宫室所在，赵之宫室原建于'大城'东北部……其后在'大城'西南建筑宫、城，即今所谓赵王城，于是此地之宫室不用，赵武灵王用以改建为苑囿，'九门'当即新建苑囿之名。'丛台'乃赵武灵王新建于苑囿中供游乐之台。"

⑯十八年：前308年。

⑰秦武王与孟说举龙文赤鼎，绝膑（bìn）而死：秦武王至周都洛阳以观周鼎，因逞力举鼎而被压死事，详见《秦本纪》《樗里子甘茂列传》。又，据《秦本纪》与《六国年表》，秦武王之绝膑死在秦武王四年、赵武灵王十九年，即前307年。秦武王，名荡，秦惠文王之子，前310—前307年在位。孟说，一说即"孟贲"，生有勇力，与任鄙、乌获齐名。绝膑而死，因举鼎被压断腿而死。

⑱代相：代国之相。代，为赵国的附属国，国都在今河北蔚县东北，代王为赵王的宗族。公子稷：一名"则"，惠文王之子。原在燕国做人质。

⑲"送归"三句：秦昭王是秦惠文王之子、秦武王的异母弟。秦武王死后，秦昭王靠着其母宣太后、其舅穰侯，与外部赵国的力量清除对手，夺得王位。其事详见《秦本纪》与《穰侯列传》。按，秦武王之死与迎立秦昭王，皆在秦武王四年，相当于赵武灵王十九年。平势隆郎即依此将武灵王之元年定于前324年，而将赵肃侯之在位年限增加了一年，如此则秦武王之死，与赵之送秦昭王入立正在赵武灵王十八年。送归，以武力强行送入。

【译文】

武灵王十六年，秦惠王去世。武灵王游览大陵，有一天，武灵王梦见一位少女边弹琴边唱歌："美人光彩艳丽啊，容貌宛若紫葳花。命运啊，命运啊，竟不眷顾我嬴！"次日，武灵王饮酒很高兴，屡次谈起他所做的梦，想像着梦中少女的美貌。吴广听说后，通过夫人把女儿娃嬴送入宫中，娃嬴就是孟姚。孟姚特别受武灵王的宠爱，她就是惠后。

武灵王十七年，武灵王来到九门，修筑野台，用以瞭望齐国和中山国的国境。

武灵王十八年，秦武王和力士孟说比赛举龙纹赤鼎，折断膝盖骨死去。赵武灵王派代相赵固到燕国接秦国的公子稷，送他回国，立为秦王，这就是秦昭王。

十九年春正月[①]，大朝信宫。召肥义与议天下，五日而毕[②]。王北略中山之地[③]，至于房子[④]，遂之代[⑤]，北至无穷[⑥]，西至河，登黄华之上[⑦]。召楼缓谋曰[⑧]："我先王因世之变，以长南藩之地[⑨]，属阻漳、滏之险，立长城[⑩]，又取蔺、郭狼[⑪]，败林人于荏[⑫]，而功未遂。今中山在我腹心[⑬]，北有燕，东有胡[⑭]，西有林胡、楼烦、秦、韩之边[⑮]，而无强兵之救，是亡社稷[⑯]，奈何？夫有高世之名，必有遗俗之累[⑰]。吾欲胡服[⑱]。"楼缓曰："善。"群臣皆不欲。

【注释】

①十九年：前307年。

②毕：完结，结束。

③略：巡行，巡视。这里即指沿着赵与中山两国的边境巡视。

④房子：古邑名。在今河北高邑西南，当时属中山。

⑤遂：接着，于是。下文"遂"为完成、成功的意思。

⑥无穷：方苞曰："门名，赵襄子所建。"无穷之门，其确切位置不详，据文意大概在今山西东北部与河北西北部之邻近地区。梁玉绳等人皆以为"无穷"即"无终"。仓修良以为"无终"是春秋时山戎国名。"原在今天津蓟县，后迁至今河北张家口以至崇礼一

带”，与“无穷之门”所指之地亦相近。沈长云等以为在今河北之张北南。

⑦黄华:《正义》曰:“盖西河侧之山名也。”约在今山西西北部之近黄河处，具体方位不详。

⑧楼缓:原赵国人，支持赵武灵王改革。后离赵至秦，被秦昭襄王任为相。其事详见《秦本纪》《穰侯列传》《平原君虞卿列传》等篇。

⑨以长南藩之地:意即做南藩之地的君长。南藩，亦作“南蕃”，犹“南疆”。

⑩属阻漳、滏之险，立长城:沿着漳、滏二水的险要地势修筑长城。属，连。阻，凭，仗恃。二字连用，意即倚仗。漳、滏，二水名。漳水在南，滏水在北，皆流经今河北磁县南，赵国的长城正好修在漳、滏二水之间。

⑪蔺:古邑名。在今山西离石西。郭狼:也称“皋狼”，在今山西离石西北。

⑫林人:亦称“林胡”“儋林”，古族名。是当时居住在今陕西东北部和与之邻近的内蒙古东胜一带的少数民族。荏:具体方位不详，大约在今山西、陕西、内蒙古三省交界地区。

⑬中山在我腹心:当时重建的中山国在今河北石家庄以西，都灵寿，离赵都邯郸不远，整个中山国在赵国的环抱之中。据考古发掘，“中山灵寿故城址位于平山县北七公里处的三汲村附近，城址平面呈不规则形，东西宽约四公里，南北最长处约45公里，分东、西两城，中央有一道隔墙。东城的中部和北部是宫殿区，西部是手工业作坊区;东城和西城的南部是一般居民区”。

⑭北有燕，东有胡:赵国国土的北部是燕国，东北部是今河北任丘一带，其地与东北方的东胡、乌桓等少数民族相距不远。

⑮楼烦:古族名。当时居住在今山西西北部，西与林胡相接。秦、韩之边:今山西、陕西中部的黄河一线，当时是韩、赵、秦三国轮番拉

锯的地带。

⑯而无强兵之救，是亡社稷：意谓这些遥远的边境地区如遇紧急状况，国家无强兵救援。而，若，如果。是，则。

⑰有高世之名，必有遗俗之累：凡要赢得高出世人的名声，必会遭到背离世俗的非议。按，《商君列传》有所谓“有高人之行者，固见非于世；有独知之虑者，必见敖于民”，意思与此相同。

⑱胡服：改用胡人（北方少数民族）的服饰。

【译文】

武灵王十九年春正月，赵武灵王在信宫举行盛大朝会。他召见肥义共商天下大事，商议了五天才结束。武灵王到北边巡视中山国的地界，到达房子，接着前往代国，向北到达无穷，向西到达黄河，登上黄华山顶。然后召见楼缓商议说：“我们先王顺应世事的变化，做了南边领地的君长，沿着漳河、滏水的险要之处修筑长城，又夺取了蔺、郭狼，在荏邑打败了林胡，可是功业尚未完成。现在中山国处于我们的腹心，北有燕国，东有东胡，西接林胡、楼烦、秦国、韩国的边境，如果我们没有强大的军队支援，我们的国家就要灭亡，你说怎么办呢？凡要赢得高出世人的名声，必会遭到背离世俗的非议。我想让国人改穿胡服。”楼缓说：“好。”但群臣都不愿意。

于是肥义侍[①]，王曰：“简、襄主之烈，计胡、翟之利[②]。为人臣者，穷有孝悌顺明之节[③]，通有补民益主之业，此两者臣之分也[④]。今吾欲继襄主之迹，开于胡、翟之乡，而卒世不见也[⑤]。为敌弱[⑥]，用力少而功多，可以毋尽百姓之劳，而序往古之勋[⑦]。夫有高世之功者，负遗俗之累；有独智之虑者，任骜民之怨[⑧]。今吾将胡服骑射以教百姓，而世必议寡人，奈何？”肥义曰：“臣闻疑事无功，疑行无名[⑨]。王既定负遗俗之虑[10]，殆无顾天下之议矣[11]。夫论至德者不和于俗，成大功者不谋于众[12]。昔者舜舞有苗，禹袒裸国[13]，非以养欲而乐志也[14]，务以论德而约功也[15]。愚者暗成事，智者睹未形[16]，则王何疑焉？”王曰：“吾不疑胡服也，吾恐天下笑我也。狂夫之乐，智者哀焉；愚者所笑，贤者察焉[17]。世有顺我者，胡服之功未可知也。虽驱世以笑我，胡地中山吾必有之[18]。”于是遂胡服矣。

【注释】

①于是：这时，当此时。

②简、襄主之烈，计胡、翟之利：意谓简、襄两位先君的重大功业之一，就是估量了胡人、翟人的利益。《战国策·赵策》作“念简、襄之迹，计胡、狄之利乎”。烈，功业，业绩。

③穷有孝悌顺明之节：底本原文作“宠有孝悌长幼顺明之节”。泷川曰：“‘宠’，当依《策》作‘穷’。”泷川引中井积德曰：“‘长幼’二字疑衍。”按，两家说是，今改“宠”作“穷”，并删“长幼”二字。意谓当一个人官运不亨通时，在家庭中仍能表现出极好的伦理道德。

④此两者臣之分也：此处“臣”字乃武灵王自指，以对其父祖而言。

⑤开于胡、翟之乡，而卒世不见也：开胡、翟之乡，意即向着胡、翟的方向开疆拓土。张文虎曰：“‘于’字疑衍。”按，《战国策》无“于”字。而卒世不见，《正义》曰：“卒，子律反，尽也。言尽世间不见补民益主之忠臣也。”鲍彪曰：“卒世，犹举世，言举世无能察此。”意思可通，但释“卒世”为“举世”，略生。吴师道曰：“犹言‘没世’。”按，如依吴说，则“卒世”前应增“恐”字读，盖谓恐终己一生亦难得见到完成。

⑥为敌弱：为了使敌人削弱。《正义》曰：“我为胡服，敌人必困弱也。”

⑦序往古之勋：取得前所未有的功勋。王叔岷引王念孙曰："当依《赵策》作'享往古之勋'。……享，受也，言不劳百姓而坐受往古之功也。"序，列。

⑧"夫有高世之功者"四句：见《商君书·更法》，亦见于《商君列传》，前文已引。此外《新序·善谋》篇、《越绝书·外传记范伯》篇亦有类似成语。智，通"知"。《淮南子·兵略》："独知者，知人所不知。"任，受到。骜，通"傲"，轻视，傲慢。

⑨疑事无功，疑行无名：以上二句亦见于《商君书·更法》与《商君列传》。

⑩王既定负遗俗之虑：既然决定采取违背世俗的大谋虑。泷川曰："'负'字由上文而衍。"

⑪殆：几乎。

⑫论至德者不和于俗，成大功者不谋于众：此二句亦见于《商君书·更法》与《商君列传》。论，通"抡"，选取，选择。至德，盛德，最高的道德。

⑬舜舞有苗，禹袒裸国：意谓舜到了有苗，见苗人舞于是也跟着起舞；禹到了裸人国，见人家都裸身露体，于是也脱光了自己的衣服。舜舞干戚以平有苗之乱事，详见《韩非子·五蠹》，原意与此处不合。禹脱衣入裸人国事，详见《吕氏春秋·贵因》。

⑭非以养欲而乐志也：并不是为了自己的舒服、顺心。

⑮务以论德而约功也：为的是追求一种更高的道德，获取一种更大的成功。约，求取。《战国策》"约功"作"要功"，要，邀，求取。

⑯愚者暗成事，智者睹未形：此二句亦见《商君书·更法》与《商君列传》。

⑰"狂夫之乐"四句：《商君书·更法》于此作"愚者笑之，智者哀焉。狂夫之乐，贤者丧焉"。

⑱虽驱世以笑我，胡地中山吾必有之：徐孚远曰："武灵王胡服，本以

收胡地，而实欲图秦，今此不及，正其深谋也。”驱世，让全社会的人。驱，使。

【译文】

这时肥义在旁陪侍，武灵王说：“简、襄两位先君的功业，就在于估量了胡人、翟人的利益。作为臣子，官运不亨通时应有明孝悌、顺从明理的德操，通达时应有既可利民又能益君的功业，这两者都是臣子的职分。如今我想继承襄主的事业，开发胡人、翟人居住的地区，但我担心一辈子也没有人理解我的用心。倘若我们胡服骑射，使敌人削弱，就可以用力少而收效大，不使百姓疲惫，也能取得两位先君的功勋。凡是有盖世功业的人，必然会承受背弃世俗的指责；有独到见解的人，必然会遭受狂傲之人的怨恨。如今我要用胡服骑射来教导百姓，国人一定会反对我，你看怎么办呢？”肥义说：“我听说做事犹疑就不会成功，行动犹豫就不会成名。您既然考虑决定承受背弃风俗的责难，那么就无须顾虑天下的非议。凡是追求至德的人不去附和世俗的意见，成就大功的人不会找众人商议。从前舜对有苗氏执干戚而舞，禹到裸国脱去衣服，他们并不是想放纵情欲，怡乐心志，而是力求借此宣扬道德，求取成功。愚蠢的人在事情办成之后还不明白，而聪明的人却在事情发生之前就能觉察，大王您还有什么可疑虑的呢？”武灵王说：“我不是对胡服骑射有什么顾虑，我是担心天下人讥笑我。狂夫快乐的事情，智者为之悲哀；愚人讥笑的事情，贤者则会细察。如果国人能够顺从我，那么胡服骑射的功效将难以估量。即使使世人都来笑我，胡地和中山国我也一定要占有。”于是就穿起了胡服。

使王緤告公子成曰①：“寡人胡服，将以朝也，亦欲叔服之。家听于亲而国听于君，古今之公行也。子不反亲，臣不逆君，先王之通义也②。今寡人作教易服而叔不服③，吾恐天下议之也。制国有常，利民为本；从政有经[④]，令行为上。明德先论于贱，而行政先信于贵[⑤]。今胡服之意，非以养欲而乐志也；事有所止而功有所出[⑥]，事成功立，然后善也。今寡人恐叔之逆从政之经，以辅叔之议[⑦]。且寡人闻之，事利国者行无邪，因贵戚者名不累[⑧]，故愿慕公叔之义[⑨]，以成胡服之功。使緤谒之叔[⑩]，请服焉。"公子成再拜稽首曰[⑪]："臣固闻王之胡服也。臣不佞[⑫]，寝疾[⑬]，未能趋走以滋进也[⑭]。王命之，臣敢对[⑮]，因竭其愚忠。臣闻中国者[⑯]，盖聪明徇智之所居也，万物财用之所聚也，贤圣之所教也，仁义之所施也，《诗》《书》礼乐之所用也，异敏技能之所试也，远方之所观赴也，蛮夷之所义行也[⑰]。今王舍此而袭远方之服[⑱]，变古之教，易古之道[⑲]，逆人之心，而佛学者[⑳]，离中国，故臣愿王图之也[㉑]。"使者以报。王曰："吾固闻叔之疾也，我将自往请之。"

【注释】

①王緤：《战国策》作"王孙緤"，或即前文与赵肃侯争立的公子緤，赵武灵王之叔，前曾逃于韩者。公子成：赵肃侯之弟，赵武灵王之叔。

②先王之通义也：底本原文作"兄弟之通义也"，王叔岷曰："'兄弟'为'先王'之误。"梁玉绳曰："当依《国策》作'先王'。"今据改。

③作教易服：下令改穿胡服。作教，制定教令。教，令。

④经：指常规、常法。

⑤明德先论于贱，而行政先信于贵：胡三省注《资治通鉴》以上四句曰："德欲其下及，故先论于贱；卑贱者感其德，则德广所及可知矣。法行自贵近始，故先信于贵；贵近者奉法，则法之必行可知

矣。”明德，彰明德行。信，信从。

⑥止：终，成。出：由，建立。

⑦逆从政之经，以辅叔之议：意谓担心叔叔违反从政的原则，因此来帮助叔父考虑。逆，违背。辅，助。

⑧因：借助。

⑨愿：希望。慕：仰仗。公叔：泷川引关修曰：“曰‘叔’，曰‘公叔’，语有轻重耳。”按，称“公叔”，表示郑重、严肃；称“叔”，表示亲切。义：同“仪”，威仪。

⑩谒：陈述，禀告。

⑪再拜：拜了两拜。稽（qǐ）首：一种叩拜礼节。《尚书·舜典》疏：“顿首者，为空首之时引头至地，首顿地即举，故名顿首。稽首者，稽谓稽留之，头至地多时则为稽首也。”

⑫不佞（nìng）：犹言“不肖”“不才”，自谦之词。

⑬寝疾：卧病在床。

⑭未能趋走以滋进也：意谓没有能经常地到你面前给你请安。趋走，小步快走。滋进，指入朝进见。

⑮敢对：犹如今之所谓“让我斗胆地说说”。自谦之词。

⑯臣闻中国者：底本原文“臣闻”上有“曰”字，与上下文不相连属，《战国策》亦无此“曰”，今删。中国，指中原地区，与周围少数民族相对而言。

⑰“盖聪明徇智之所居也”八句：泷川曰：“连用八‘也’字。”吴师道曰：“似《周官·大司徒》文。”聪明徇智，《战国策》作“聪明睿智”。徇，思虑敏捷。义行，同“仪刑”，做榜样，做模范。义，同“仪”。

⑱袭：穿。

⑲易：改变。

⑳佛（bèi）学者：与有识之士对着干。佛，通“悖”，违反，悖逆。

㉑图：考虑。

【译文】

武灵王派王孙緤去告诉公子成说："我改穿胡服了，而且将要穿着它上朝，想请叔叔也穿胡服。在家中听命于父母，在朝廷听命于君主，这是古今通行的准则。子女不反对父母，臣子不违背君主，这是先王定下的规矩。现在我已下令改穿胡服，如果叔叔不穿，我担心天下人会议论这件事。治理国家有原则，有利于民为根本；处理政事有常规，政令通行为首要。所以修明德政要先从百姓谈起；而推行政令，须先使贵族信从。如今改穿胡服的用意，不是为了放纵情欲和愉悦心志；而是为了事有所成，功有所建，等到事成功立，然后才算是妥善。现在我担心叔叔违反从政的原则，因此来帮助叔父考虑。况且我听说，办事有利于国家，行为不会偏邪；依靠贵戚的支持，名声不会受损害。所以我希望能仰仗叔叔的大义，来成就改穿胡服的功绩。现派王孙緤求见叔叔，请叔叔改穿胡服。"公子成再拜叩首说："我本已听说大王要穿胡服的事了。我没啥出息，卧病在床，不能奔走效力多多进言。大王既然有命，我就斗胆回答，以此竭尽我的愚忠。我听说中原地区是聪明睿智之人所居住的地方，是万物财用所汇聚的地方，是圣贤进行教化的地方，是仁义可以施行的地方，是《诗》《书》礼乐畅行的地方，是奇巧技能所展示的地方，是远方异域之人前来观光的地方，是四方蛮夷乐于效法的地方。如今大王舍去这些而穿起远方异族的服装，变更古来的教化，改易古时的正道，违背众人的心意，背弃有识之士的教导，远离中原固有的习俗，所以我希望大王认真考虑。"使者把公子成的意见向武灵王作了禀报。武灵王说："我本来就知道叔父有病，我要亲自去请求他。"

王遂往之公子成家，因自请之，曰："夫服者，所以便用也；礼者，所以便事也。圣人观乡而顺宜①，因事而制礼，所以利其民而厚其国也。夫剪发文身，错臂左衽，瓯越之民也[②]。黑齿雕题，却冠秫绌，大吴之国也[③]。故礼服莫同，其便一也。乡异而用变，事异而礼易。是以圣人果可以利其国，不一其用；果可以便其事，不同其礼[④]。儒者一师而俗异，中国同礼而教离[⑤]，况于山谷之便乎[⑥]？故去就之变，智者不能一[⑦]；远近之服，贤圣不能同。穷乡多异，曲学多辩[⑧]。不知而不疑，异于己而不非者，公焉而众求尽善也。今叔之所言者俗也，吾所言者所以制俗也。吾国东有河、薄洛之水[⑨]，与齐、中山同之[⑩]，无舟楫之用。自常山以至代、上党[⑪]，东有燕、东胡之境[⑫]，而西有楼烦、秦、韩之边[⑬]，今无骑射之备。故寡人无舟楫之用，夹水居之民，将何以守河、薄洛之水；变服骑射，以备燕、三胡、秦、韩之边[⑭]。且昔者简主不塞晋阳以及上党[⑮]，而襄主并戎取代以攘诸胡[⑯]，此愚智所明也。先时中山负齐之强兵[⑰]，侵暴吾地，系累吾民[⑱]，引水围鄗，微社稷之神灵[⑲]，则鄗几于不守也。先王丑之[⑳]，而怨未能报也。今骑射之备，近可以便上党之形[㉑]，而远可以报中山之怨。而叔顺中国之俗以逆简、襄之意，恶变服之名以忘鄗事之丑，非寡人之所望也。"公子成再拜稽首曰："臣愚，不达于王之义，敢道世俗之闻，臣之罪也。今王将继简、襄之意以顺先王之志[㉒]，臣敢不听命乎！"再拜稽首。乃赐胡服。明日，服而朝。于是始出胡服令也[㉓]。

【注释】

①观乡而顺宜：圣人观察乡俗而因地制宜。

②"夫剪发文身"三句：剪断头发，身刺花纹，两臂交错而立，衣襟开在左边，那是瓯越人的习惯。剪发文身，义同《吴太伯世家》之

"文身断发"。错臂,《索隐》曰:"以丹青错画其臂。"吴师道曰:"既言'文身',则'画臂'为复。'错'或'袒'字之误。"鲍彪曰:"两臂交错而立,言无礼容。"瓯越,古族名。也称"东瓯",居住在今浙江温州一带,因其地有瓯江,故称"瓯越"。《东越列传》所记即这个民族。

③"黑齿雕题"三句:染黑牙齿,刺饰面额,戴大针粗线缝制的粗葛布帽子,那是大吴一带的风俗。黑齿雕题,把牙齿涂黑,在脑门上画文采。题,前额。却冠秫(shù)绌,戴鱼皮帽子,穿粗制衣服。却冠,《战国策》作"鳀冠","鳀"是鲇鱼,"鳀冠"即用其皮制成的帽子。秫绌,大针粗线缝制的粗葛布帽子。秫,通"铽",长针。大吴,春秋末期的国家名。吴太伯的后代所创建,国都即今苏州,后被越国所灭。其事详见《吴太伯世家》。

④"是以圣人果可以利其国"四句:语出《商君书·更法》:"苟可以强国,不法其故;苟可以利民,不循其礼。"《商君列传》亦略同。一其用,一成不变地总用一种方式。

⑤儒者一师而俗异,中国同礼而教离:儒者,此处义同"学者",非单指孔丘一派,当时称庄周等人也叫"儒"。一师而俗异,《战国策》作"一师而礼异",较此为长。同礼而教离,《战国策》于此作"同俗而教离"。

⑥况于山谷之便乎:意思不明,根据上下文意,此"便"字应指风俗习惯而言。

⑦一:专一,固定。

⑧曲学:偏颇鄙陋的学说。

⑨河、薄洛之水:黄河与薄洛水。薄洛水,《集解》引徐广曰:"安平经县西有漳水,津名薄洛津。"《水经注》:"漳水又历经县故城西,水有故津,谓之薄落津。"按,薄洛津是漳水上的渡口名,在东汉时的经县城西,今河北广宗西北,钜鹿东南。这里即用以指漳水。

⑩与齐、中山同之：诸祖耿《战国策集注汇考》引顾祖禹曰："河近齐，薄洛水近中山。《策》意本谓河与齐同，洛水与中山同也。"

⑪自常山以至代、上党：意谓自常山（今河北曲阳西北）北至代国，西南至上党郡。代国是赵国的附属国，赵国的上党郡相当于今山西和顺、左权一带。

⑫东有燕、东胡之境：王叔岷曰："《通鉴》'东有'作'北有'。"燕，西周以来的诸侯国名。都蓟，即今北京。其疆域在赵国的东北部。东胡，古族名。当时活动在今辽宁西部与河北东北部。

⑬西有楼烦、秦、韩之边：今山西中部地区当时亦属赵国，其地之西北临近楼烦，其西与秦国接壤，其南部临近韩之上党郡。

⑭"故寡人无舟楫之用"五句：泷川曰："数句欠明畅。若移'故寡人'三字于'之水'下，'变服'上添'将'字，则其义始明。"凌稚隆引董份曰："'无舟楫''将何以守'者，反言也；'变服''以备'者，正言也。战国先秦文字多如此。"夹水，在水的两岸。三胡，指东胡、林胡、楼烦。

⑮不塞晋阳以及上党：鲍彪曰："志在远略。"徐孚远曰："盖为攻计，非为守计者。"塞，筑塞。

⑯襄主并戎取代以攘诸胡：指赵襄子并吞戎地，灭掉代国，以便攘除诸胡。攘诸胡，指出击东胡、林胡等部族。攘，击逐。

⑰负齐：倚仗齐国。负，倚仗，仗恃。当时中山与齐国相亲。

⑱系累：束缚，捆绑。

⑲微：无，没有。

⑳丑：以为羞耻。

㉑近可以便上党之形：近可以使上党的战备得到加强。

㉒顺：伸，实现。

㉓于是始出胡服令也：泷川曰："语气与《商君传》'卒定变法之令'同。"

【译文】

武灵王于是来到公子成家，亲自请求他，说："大凡衣服是为了便于穿着，礼仪是为了便于行事。圣人观察乡俗而因地制宜，根据实际情况制定礼仪，这是为了富国利民。剪断头发，身刺花纹，两臂交错而立，衣襟开在左边，那是瓯越人的习惯。染黑牙齿，刺饰面额，戴鱼皮帽子，穿粗制衣服，那是大吴一带的风俗。所以礼制服装各地不同，而为了方便却是一致的。地方不同，衣着就会有所变化；国情不同，礼仪就会有所改易。因此圣人认为，如果可以利于国家，衣着不必一致；如果可以便于行事，礼制不必相同。儒者同一师承而习俗有别，中原礼仪相同而教化互异，何况是为了荒山僻谷的方便呢？所以风俗礼制的变异取舍，即使智者也不能整齐划一；远方近处的服饰选择，即使圣贤也难以使其一致。越是偏僻闭塞的地方，古怪的东西越多；越是学识浅陋的学究，诡辩的能力越强。自己不知道的事情不随便怀疑，不同于自己的主张不轻易非议，这才是公正兼容、追求尽善的态度。如今叔父所讲的是承袭习俗，而我所讲的是改变习俗。我们赵国的东边有黄河与漳水，与齐国、中山国共同拥有，可是没有舟船可用。从常山直到代地、上党，东边是燕国、东胡的国境，西边有楼烦、秦国、韩国的边界，如今没有骑射的装备。所以我认为如果没有舟船的设施，夹河而居的民众，将用什么守卫黄河、漳水呢？改变服装、练习骑射，就是为了防守同燕、三胡、秦、韩相邻的边境。况且过去简主不在晋阳和上党筑塞固守，而襄主并吞戎地，灭掉代国，以便攘除诸胡，开疆拓土，这是不分贤愚都明白的道理。先前中山国倚仗齐国的强大兵力，侵略我国土，掳掠我百姓，引水围灌鄗城，如果没有社稷神灵的保佑，鄗城就几乎失守。先王引以为耻，而此仇还没有报复。如今有了骑射的装备，近可以使上党的战备得到加强，远可以报中山国当年的入侵之仇。可是叔父却只顾顺从中原的习俗而不惜违背简主、襄主的遗志，只顾厌恶变服的名声而不惜忘掉鄗城被困的耻辱，这不是我所希望的啊。"于是公子成再拜叩首说："我很愚蠢，没能理解大王的深意，竟敢乱说世俗的见解，这是我的罪过。如今大王要继承简主、襄主的遗志，顺从先王的意愿，我怎敢不听从王命呢！”公子成再拜叩首。武灵王于是赐给他胡服。第二天，公子成便穿着胡服上朝。这时武灵王才正式颁布了改穿胡服的命令。

赵文、赵造、周袑、赵俊皆谏止王毋胡服，如故法便[①]。王曰：“先王不同俗，何古之法？帝王不相袭[②]，何礼之循？虙戏、神农教而不诛[③]，黄帝、尧、舜诛而不怒[④]。及至三王[⑤]，随时制法，因事制礼。法度制令各顺其宜，衣服器械各便其用。故理世不必一道，而便国不必古[⑥]。圣人之兴也不相袭而王，夏、殷之衰也，不易礼而灭[⑦]。然则反古未可非，而循礼未足多也[⑧]。且服奇者志淫，则是邹、鲁无奇行也[⑨]；俗辟者民易，则是吴、越无秀士也[⑩]。且圣人利身谓之服，便事谓之礼。夫进退之节，衣服之制者，所以齐常民也，非所以论贤者也。故齐民与俗流[⑪]，贤者与变俱。故谚曰‘以书御者不尽马之情，以古制今者不达事之变’[⑫]。循法之功，不足以高世；法古之学，不足以制今[⑬]。子不及也[⑭]。”遂胡服，招骑射[⑮]。

【注释】

①赵文、赵造、周袑（shào）、赵俊皆谏止王毋胡服，如故法便：赵文、赵造、周袑、赵俊，四人皆赵国贵族。《战国策·赵策二》，写四人之谏辞甚详，可参看。周袑，赵大夫。如，按照，遵行。

②不相袭：不相因袭法度、礼仪。《商君列传》曰：“圣人苟可以强国，不法其故；苟可以利民，不循其礼。”又曰：“三代不同礼而王，五

伯不同法而霸。”与此意同。

③虙戏：同“伏羲”，又称“庖犠”“庖羲”等，传说中的远古帝王。画八卦，造书契，作琴瑟，正姓氏。并结绳为网，教民佃渔畜牧等。神农：传说中的远古帝王，始教民为耒耜，务农业，故称“神农氏”。诛：惩罚，刑罚。

④黄帝：上古“五帝”之首。其发明创作甚多，为华夏民族的共祖。尧、舜：黄帝的后裔，上古“五帝”中人物。诛而不怒：只杀其本人，不株连其家族。怒，高亨曰：“当读为‘孥’，一人有罪，妻子连坐为‘孥’。”孥，通“奴”，变为奴隶。

⑤三王：指夏禹、商汤、周文王与周武王。

⑥理世不必一道，而便国不必古：《商君书·更法》有所谓“治世不一道，便国不法古”，即此所本。底本“理世”原作“礼也”，王念孙曰：“当依《国策》作‘理世不必一道’。今本‘理世’讹作‘礼也’。”王氏说是，今据改。“理”即“治”，唐人为避高宗李治讳改“治”为“理”。不必古，不必拟古。

⑦夏、殷之衰也，不易礼而灭：此二句所本《商君书·更法》有所谓“汤武之王也，不修古而兴；夏殷之灭也，不易礼而亡。”《商君列传》略同。夏、殷，指夏桀与殷纣。不易礼而灭，没有改变礼法，但国家却在他们手里灭亡了。

⑧反古未可非，而循礼未足多：此二句所本《商君书·更法》有所谓“反古者未可非也，循礼者未足多也。”非，非难，批评。多，赞美，称赞。

⑨服奇者志淫，则是邹、鲁无奇行也：王叔岷引王念孙曰：“此言服正者未必正，服奇者未必淫。若谓服奇者志必淫，则邹鲁之士儒冠儒服，必无奇邪之行也。”服奇，服装奇形怪状。志淫，思想放荡。奇行，邪恶的行为。

⑩俗辟者民易，则是吴、越无秀士也：吴师道曰：“赵造言‘服奇者志

淫，俗辟者乱民，莅国者不袭奇辟之服，中国不近蛮夷之行'，故此举其言而诘之。"辟，邪。易，放纵，不严肃。吴、越，皆为春秋时期的国名。吴国，国都即今江苏苏州。越国，国都即今浙江绍兴。

⑪齐民与俗流：一般的百姓总是依照风俗而行动。王叔岷："'齐民'疑本作'常民'，涉上'齐'字而误。"

⑫以书御：按着书本上讲的教条赶车。御，赶车。达：通达。这里即指处理、解决。

⑬"循法之功"四句：意即遵循古法的功效，不可能成就超凡的国君；效法古代的学说，不可能治理当代的国事。

⑭子不及也：你无法理解这些。不及，达不到。按，《战国策》于此作"子其勿反也"，意即请你不要再说啦。

⑮遂胡服，招骑射：以上赵武灵王胡服骑射事，见《战国策·赵策二》。

【译文】

赵文、赵造、周袑、赵俊都来进谏劝阻武灵王不要改穿胡服，依照原来的法度更适宜。武灵王说："先王的习俗各不相同，哪种古法可以仿效？帝王的礼仪互不因袭，哪种礼制可以遵循？伏羲、神农注重教化，不行诛罚；黄帝、尧、舜使用刑罚，但不株连。下及三王，也都是随时制法，因事定礼。各种法规政令都顺应当时的需要，各种服饰器械都便于当时的使用。所以治理国家不必只用一种方式，而便利国家也不必效法古代。圣人的兴起，不相因袭却称王天下；夏、殷的衰败，未变礼制也终于灭亡。这样看来，那么违背古制不一定就该非议，而遵循旧礼不一定就该赞赏。如果说衣着奇特的人心志浮荡，那么邹、鲁一带就不该有奇特行为的人；如果说风俗邪辟的地方百姓都轻率，那么吴、越一带也就不会有出众的人才。况且圣人认为，只要有利于身体就可以叫作衣服，只要便利于行事就可以称为礼法。至于进退的礼节，衣服的制度，是为了管教民众，而不是用作衡量贤人的标准。故而平民总是和流俗相伴，贤人却是同变革同步。所以谚语说'按照书本教导赶车的人，不能完全发挥马的能力；用古时礼法来治理国家的人，无法应对已经发生变化的事物’。遵循古法的功效，不可能成就超凡的国君；效法古代的学说，不可能治理当代的国事。你们不懂这个道理啊。”于是推行胡服，招募士兵练习骑射。

二十年[①]，王略中山地[②]，至宁葭[③]；西略胡地，至榆中[④]。林胡王献马。归[⑤]，使楼缓之秦，仇液之韩，王贲之楚，富丁之魏，赵爵之齐[⑥]。代相赵固主胡[⑦]，致其兵[⑧]。

【注释】

①二十年：前306年。

②略：开拓，攻取。

③宁葭（jiā）：中山邑名。在今河北石家庄西。

④榆中：地区名。相当于今陕西榆林以北至内蒙古之东胜一带，为“榆柳之薮”。当时属于林胡。

⑤归：谓赵武灵王自榆中回到邯郸。

⑥“使楼缓之秦”五句：楼缓之秦，时当秦昭王元年（前306）。仇液之韩，时当韩襄王六年（前306）。仇液，也作“仇郝”“仇赫”，赵臣。王贲之楚，时当楚怀王二十三年（前306）。王贲，赵臣，秦将王翦之子也叫“王贲”，与此同名。富丁之魏，时当魏襄王十三年（前306）。赵爵之齐，时当齐宣王十四年（前306）。杨宽曰：“赵武灵王谋攻灭中山，尝遣其臣至各国，设法孤立中山。”即指上述五臣所为。

⑦主胡：因林胡当时已归附于赵，故让代相赵固掌管胡地。

⑧致：招致，招募。

【译文】

武灵王二十年，武灵王巡察中山国地势，到达宁葭；往西巡察胡人地势，到达榆中。林胡王进献马匹。回来后，派楼缓出使秦国，仇液出使韩国，王贲出使楚国，富丁出使魏国，赵爵出使齐国。让代相赵固掌管胡地，招募胡地士兵。

二十一年[①]，攻中山。赵袑为右军，许钧为左军，公子章为中军[②]，王并将之[③]。牛翦将车骑[④]，赵希并将胡、代。赵与之陉，合军曲阳[⑤]，攻取丹丘、华阳、鸱之塞[⑥]。王军取鄗、石邑、封龙、东垣[⑦]。中山献四邑和[⑧]，王许之，罢兵[⑨]。

二十三年[⑩]，攻中山。

二十五年[⑪]，惠后卒[⑫]。使周袑胡服傅王子何[⑬]。

二十六年[⑭]，复攻中山，攘地北至燕、代[⑮]，西至云中、九原[⑯]。

【注释】

①二十一年：前305年。

②公子章：赵武灵王的长子。中军：依春秋时军制，诸侯大国三军，上中下，或左中右，中军最尊。

③并：一起。将之：统领他们。

④牛翦将车骑：由此句可知前述中军、上军、下军皆骑兵也。牛翦，赵将。车骑，战车组成的军团，仍与春秋时期的军队略似。

⑤赵与之陉（xíng），合军曲阳：赵希与诸军通过井陉隘口，到曲阳会师。之，到，前往。陉，陉邑，今河北无极东北。合军曲阳，谓与牛翦、赵希之军相汇于曲阳。曲阳，中山邑名。在今河北曲阳城西。

⑥丹丘：中山之邑。在今曲阳西北。华阳：也称“恒山”，在今河北曲阳西北，涞源西南。鸱（chī）之塞：《集解》引徐广曰：“‘鸱’，一作‘鸿’。”鸿之塞，即鸿上塞，在华阳东北，相隔不远。

⑦石邑:中山邑名。在今河北石家庄西南。封龙:中山邑名。在今河北石家庄西南,当时石邑的南面,相距不远。东垣:中山邑名。后称真定,在今河北石家庄东北。

⑧献四邑:除赵国自行攻取者之外,另外献出了四个城邑。

⑨罢兵:停战,结束战争。

⑩二十三年:前303年。

⑪二十五年:前301年。

⑫惠后:即上文"娃嬴",武灵王的宠妃,王子何的生母。

⑬傅:辅佐,教导。王子何:赵武灵王宠妃娃嬴所生之子。

⑭二十六年:前300年。

⑮攘地:扩张领土,开拓疆土。攘,侵夺。北至燕、代:在代国边境继续向北扩张,攻取燕、代之地。

⑯云中:地区名。相当于今之内蒙古托克托一带。九原:在今内蒙古包头西。按,在今内蒙古包头西北的大青山与乌拉山之间已经发现赵武灵王当年所修筑的长城遗址,现存遗址东西长二百六十多华里,最高者尚有五米多,低者一米左右。夯土筑成,层次清晰。

【译文】

武灵王二十一年,进攻中山国。赵袑率右军,许钧率左军,公子章率中军,武灵王统率三军。牛翦率领战车骑兵,赵希率领胡、代兵马。赵希与诸军通过井陉隘口,到曲阳会师,攻占了丹丘、华阳、鸱上关塞。武灵王率军夺取了鄗城、石邑、封龙、东垣。中山国献出四城求和,武灵王应允,收兵而还。

武灵王二十三年,再次进攻中山国。

武灵王二十五年,惠后去世。派周袑穿胡服教导王子赵何。

武灵王二十六年,再次进攻中山国,夺取的土地北至燕、代一带,西至云中、九原。

二十七年五月戊申[①]，大朝于东宫[②]，传国[③]，立王子何以为王。王庙见礼毕[④]，出临朝。大夫悉为臣，肥义为相国，并傅王。是为惠文王[⑤]。惠文王，惠后吴娃子也。武灵王自号为主父[⑥]。

【注释】

①二十七年：前299年。五月戊申：据方诗铭、方小芬编《中国史历日和中西历日对照表》，前299年阴历五月无“戊申”日，最邻近五月的“戊申”日是四月二十五。

②大朝：大会群臣。

③传国：传递王位，让新君掌国专政。

④庙见：即位的新君拜谒祖庙，为新君就位必行之礼。

⑤惠文王：前298—前266年在位。“惠文”二字是其谥号。

⑥自号为主父：顾炎武曰：“《左传》：‘晋景公有疾，立太子州蒲为君，会诸侯伐郑。’《史记》：‘赵武灵王传国于子惠文王，自称主父。’此内禅之始。”

【译文】

武灵王二十七年五月戊申，在东宫举行盛大朝会，武灵王传位，立王子赵何为王。新即位的赵王在太庙祭祖之后，出来临朝听政。大夫全都是大臣，肥义任相国，并且是新王的师傅。这就是惠文王。惠文王是惠后吴娃的儿子。武灵王自称为主父。

主父欲令子主治国，而身胡服将士大夫西北略胡地，而欲从云中、九原直南袭秦，于是诈自为使者入秦[①]。秦昭王不知[②]，已而怪其状甚伟[③]，非人臣之度[④]，使人逐之，而主父驰已脱关矣[⑤]。审问之[⑥]，乃主父也。秦人大惊。主父所以入秦者，欲自略地形，因观秦王之为人也[⑦]。

【注释】

①诈自为使者入秦：意指自己乔装成赵国使者进入秦国。

②秦昭王不知：秦昭王没有觉察。此时为秦昭王八年（前299）。

③已而：不久，后来。

④非人臣之度：不是人臣的气度。

⑤脱关：出了关口。指秦国东境的函谷关，在今河南灵宝东北。

⑥审问：仔细查问。审，仔细。

⑦欲自略地形，因观秦王之为人也：想亲自察看秦国的地形，并趁机观察秦王的为人。略，巡行，巡视。因观秦王之为人也，史珥曰："主父斯时气吞西陲，固一世之雄也，子长摹写英风，至今凛然，未可以变生衽席而抹杀之。"

【译文】

主父想让儿子主持国政，而自己身着胡服，率领士大夫向西北经略胡地，并想从云中、九原一带向南方直袭秦国，于是他乔装成赵国使者进入秦国。秦昭王开始并没有觉察，后来惊怪他的状貌特别魁伟，不是人臣的气度，待派人追赶时，主父早已飞马出了秦国的关口。经过仔细查问，才知道来人是赵主父。秦人大惊。主父所以要进入秦国，是想亲自察看秦国的地形，并趁机观察秦王的为人。

惠文王二年[①]，主父行新地[②]，遂出代，西遇楼烦王于西河而致其兵[③]。

三年，灭中山，迁其王于肤施[④]。起灵寿，北地方从，代道大通[⑤]。还归[⑥]，行赏，大赦，置酒，酺五日[⑦]，封长子章为代安阳君[⑧]。章素侈[⑨]，心不服其弟所立[⑩]。主父又使田不礼相章也[11]。

【注释】

①惠文王二年：前297年。

②行：巡视，巡行。

③西河：此指今山西西北部与内蒙古东胜地区交界处的黄河。致其兵：收编了他们的军队。杨宽曰："赵在降服林胡、楼烦之后，尝收编其附近林胡、楼烦之兵，因而赵之兵力大为加强。"

④"三年"三句：梁玉绳曰："赵灭中山之岁，吴师道断其在武灵二十五年，自不可易，正与《乐毅传》所云'武灵王时复灭中山'者合也。……盖以武灵二十五年灭者，以得其国为灭，言其实也。以惠文王三年灭者，以得其君为灭，重在君也。……吴师道曰：'攘地之时，中山已定，而未废其君，后四年始迁其君，如西周既灭，次年迁其君于单狐之类。'"三年，前296年。肤施，赵邑名。在今陕西榆林东南。沈长云等曰："千乘之国的中山被赵独吞，赵国国力大增，在诸侯中的地位大大提高，《战国策·秦策》评论说：'中山之地方五百里，赵独擅之，功成名立利附，天下莫能害。'"按，1974—1978年考古在平山中山国王陵区发掘了一号、六号两座王陵，"墓主身份依铜器铭文推断，应是中山王昔"。

⑤"起灵寿"三句：杨宽曰："'代道'是往代之道。'起灵寿'谓以灵寿为起点，因灭中山得灵寿，代道得以大通。"也有说"起灵寿"是赵武灵王为自己预建陵墓。赵武灵王的陵墓在今山西灵丘。

⑥还归：指武灵王由西河还归邯郸。

⑦置酒，酺（pú）五日：全国聚饮五天。国家因某事特许的大聚饮，谓之"酺"。

⑧代安阳君：代郡安阳邑的封君。安阳，在今河北阳原东南，当时代国都城的西北。

⑨素侈：一向骄奢傲慢。素，平素，向来。侈，放纵骄奢。

⑩不服其弟所立：泷川曰："枫山、三条本'立'作'为'。"

⑪田不礼：《吕氏春秋·当染》作"田不禋"。相章：做公子章的相。

【译文】

惠文王二年，主父北上巡视新占领的土地，于是从代地西出，在西河与楼烦王相会，收编了楼烦的军队。

惠文王三年，赵国灭了中山国，把它的国王迁置到肤施。武灵王为自己建造陵墓，名曰灵寿。这时，北方地区开始归属赵国，通往代地的道路大为通畅。武灵王返回国都后，奖赏群臣，实施大赦，设酒宴聚会欢饮五天，封长子赵章为代地的安阳君。赵章平素放纵，心中不服弟弟被立为王。主父又派田不礼为赵章的国相。

李兑谓肥义曰[①]："公子章强壮而志骄[②]，党众而欲大，殆有私乎？田不礼之为人也，忍杀而骄[③]。二人相得，必有谋阴贼起，一出身儌幸[④]。夫小人有欲，轻虑浅谋，徒见其利而不顾其害[⑤]，同类相推，俱入祸门。以吾观之，必不久矣。子任重而势大，乱之所始，祸之所集也，子必先患。仁者爱万物而智者备祸于未形，不仁不智，何以为国？子奚不称疾毋出[⑥]，传政于公子成？毋为怨府[⑦]，毋为祸梯[⑧]。"肥义曰："不可。昔者主父以王属义也[⑨]，曰：'毋变而度，毋异而虑[⑩]，坚守一心，以殁而世。'义再拜受命而籍之[⑪]。今畏不礼之难而忘吾籍，变孰大焉[⑫]。进受严命，退而不全，负孰甚焉。变负之臣，不容于刑[⑬]。谚曰'死者复生，生者不愧'[⑭]。吾言已在前矣，吾欲全吾言，安得全吾身[⑮]！且夫贞臣也难至而节见[⑯]，忠臣也累至而行明[⑰]。子则有赐而忠我矣[⑱]，虽然[19]，吾有语在前者也，终不敢失。”李兑曰：“诺，子勉之矣！吾见子已今年耳[20]。”涕泣而出。李兑数见公子成，以备田不礼之事[21]。

【注释】

①李兑：赵国大臣。因封地在奉阳，故也称“奉阳君”。其主要活动在赵武灵王末年与赵惠文王初年。沈长云等曰：“李兑是战国时期的著名人物，古代史书及诸子百家的著作对他屡有提及。由于太史公作《苏秦列传》时出现很多错误，与苏秦同时并与之关系密切的李兑也被错误地记载成赵肃侯时人，并与肃侯之弟公子成误为一人。由于《战国纵横家书》的出土，蒙于苏秦身上的迷雾已被学者们揭开，李兑的身世也开始变得明朗起来。”

②强壮：强硬，蛮横。

③忍杀：残忍，不把杀人当成一回事。

④必有谋阴贼起，一出身徼（jiǎo）幸：二句词语不顺，崔适以为“谋阴贼起”应作“阴贼谋起”。下句“一”字，似应作“以”；《资治通鉴》改“谋阴贼起”作“阴谋”。意谓他们为了实现其非分之想定将不顾一切地豁出去干。出身，挺身而出，豁出命去。徼幸，即侥幸，谋求意外的幸运。

⑤徒：只，仅仅。

⑥奚：为何。

⑦怨府：众怨所归之处。府，集中之所。

⑧祸梯：犹言“祸阶”，灾祸必经之处。

⑨属（zhǔ）：托付。

⑩毋变而度，毋异而虑：不要变更你的态度，不要改变你的心志。而，你的。

⑪籍：《索隐》曰：“录也。谓当时即记录，书之于籍。”

⑫孰：哪一个。

⑬变负之臣，不容于刑：变节违背道义之臣，什么样的刑罚也不足以惩治他的罪过。负，违背道义。不容于刑，泷川引中井积德曰："罪大而刑小，不足相容。盖喻器盛物也。"

⑭死者复生，生者不愧：据《晋世家》，晋献公废长立幼，临死前托孤于荀息，荀息发誓曰："使死者复生，生者不惭。"泷川引中井积德曰："赐命之君，既死而复生，受命之臣无所愧，以其不违命也。是谚于献公、荀息为切，以献公死而难作也。于主父、肥义有未切者，以主父未死难作也。"

⑮吾欲全吾言，安得全吾身：泷川曰："《国语·晋语》荀息答里克曰：'吾言既往矣，岂能欲行吾言，而又爱吾身乎？'肥义所本。"

⑯见：同"现"。

⑰累：牵累，连累。

⑱赐：恩。忠我：对我有恩。

⑲虽然：即使这样，虽然如此。

⑳吾见子已今年耳：泷川引胡三省曰："已，止也。言肥义命止今年也。"

㉑数见公子成，以备田不礼之事：屡次去见公子成，以防备田不礼作乱的事。

【译文】

李兑对肥义说："公子章强壮并且心志骄狂，党徒众多而很野心大，恐怕会有私下打算吧！田不礼的为人，残忍嗜杀并且傲慢。这两个人互相投合，一定会有阴谋作乱的事情发生，一旦挺身作乱就希图侥幸成功。小人有了野心，就会思虑轻率而谋划短浅，只见利益而不顾危害，同类之人互相推助，就会一起制造祸乱。据我看来，事情不久就会发生。您负有重任又执掌大权，祸乱会从您那里开始，灾难会在您那里集中，您必定最先受害。仁者博爱于万物，智者防患于未然，若是不仁不智，怎能治理国家？您何不声称有病，不出家门，把政事移交给公子成呢？不要成为怨恨汇集的地方，不要做祸乱发生的阶梯。”肥义说：“不行。当初主父把大王托付给我的时候说：‘不要变更你的态度，不要改变你的心志，坚持一心，直到你去世。’我再拜受命并把它记录下来。如今因为惧怕田不礼作乱而忘记我记录过的王命，还有什么罪过比这种变节更大呢！上朝接受了庄严的王命，退朝后就不全心全意，还有什么错误比这种负心更重！变节负心之臣，什么样的刑罚也不足以惩治他的罪过啊。谚语说‘倘若死去的人能够复生，活着的人面对他也不感到惭愧’。我已经有言在先，我就要完全实现我的诺言，哪能顾及身躯的保全！况且坚贞之臣，当灾难临头时气节就会显现；忠良之士，在祸患到来时德行才能彰明。您已对我赐教并给我忠告，尽管如此，我已有言在先，始终不敢违背。”李兑说：“那好，您多保重吧！我能看到您也就只有今年了。”说完就流着眼泪出去了。此后李兑多次去见公子成，对他讲要防备田不礼作乱的事。

异日，肥义谓信期曰①：“公子与田不礼甚可忧也。其于义也声善而实恶，此为人也不子不臣②。吾闻之也，奸臣在朝，国之残也③；谗臣在中④，主之蠹也⑤。此人贪而欲大，内得主而外为暴⑥。矫令为慢，以擅一旦之命⑦，不难为也，祸且逮国⑧。今吾忧之，夜而忘寐，饥而忘食。盗贼出入，不可不备。自今以来，若有召王者必见吾面，我将先以身当之⑨，无故而王乃入。”信期曰：“善哉，吾得闻此也！”

【注释】

①信期：即下文之高信。

②不子：指公子章，为人之子却不像儿子，即言不孝。不臣：指田不礼。为人臣的不像大臣，即言不忠。

③残：贼，祸害。

④谗臣：好以谗言害人的奸臣。

⑤蠹（dù）：蛀虫。

⑥内得主：在内得到主上的宠信。

⑦矫令为慢，以擅一旦之命：意即肆意假传主父的命令，专擅一时的朝命。矫令，假传命令。慢，放肆，无节制。一旦，一时，一朝，形容时间短。

⑧逮：及，至。

⑨当：挡。

【译文】

后来有一天，肥义对高信说："公子章和田不礼的情况很是令人担忧。他们对我说得好听而实怀险恶，他们为人是不子不臣，不孝不忠。我听说，奸臣在朝，是国家的祸害；谗臣在宫，是君主的蠹虫。这种人极为贪婪并且野心很大，在内得到主上的信任，在外则横行暴虐。他们行事放纵，倘若假传主父的命令，专擅一时的朝命，是不难做出来的，这样就会殃及全国。如今我为此忧虑，夜里忘记睡觉，饥饿忘记吃饭。对盗贼的出没，不可不加防备。从今天起，倘若主父有令召见大王，你一定要先告诉我，我要先进去阻挡一下，没有变故大王才能进去。"高信说："好极了，我能听到这样的话！"

四年[①]，朝群臣，安阳君亦来朝[②]。主父令王听朝[③]，而自从旁观窥群臣宗室之礼[④]。见其长子章傫然也[⑤]，反北面为臣，诎于其弟[⑥]，心怜之，于是乃欲分赵而王章于代[⑦]，计未决而辍。

【注释】

①四年：前295年。

②安阳君：即公子章。

③听朝：临朝听政。

④观窥：暗中观察。

⑤儽（lěi）然：形容颓丧的样子。《正义佚文》："低垂貌。儽，失意也。《孔子世家》：'儽然若丧家之狗。'"

⑥诎（qū）：屈从，屈服。

⑦王章于代：意即封公子章为代王。

【译文】

惠文王四年，群臣前来朝贺，安阳君也来了。主父让惠文王在殿上听政，自己在旁暗中观察群臣与宗室的行礼情状。他见长子赵章满脸颓丧，反而北向为臣，屈居于弟弟之下，心生怜悯，于是就想把赵国一分为二，让赵章在代地称王，主意尚未拿定，暂且搁置起来。

主父及王游沙丘[①]，异宫。公子章即以其徒与田不礼作乱，诈以主父令召王。肥义先入，杀之。高信即与王战[②]。公子成与李兑自国至[③]，乃起四邑之兵入距难[④]，杀公子章及田不礼，灭其党贼而定王室。公子成为相，号安平君[⑤]，李兑为司寇[⑥]。公子章之败，往走主父，主父开之[⑦]，成、兑因围主父宫[⑧]。公子章死，公子成、李兑谋曰："以章故围主父，即解兵[⑨]，吾属夷矣[⑩]。"乃遂围主父。令宫中人"后出者夷"，宫中人悉出[⑪]。主父欲出不得，又不得食，探爵鷇而食之[⑫]，三月余而饿死沙丘宫[⑬]。主父定死，乃发丧赴诸侯[⑭]。

【注释】

①沙丘：原为殷纣王的离宫名，战国时，赵又筑为离宫，在今河北平乡东北。

②高信即与王战：胡三省曰："高信以王与公子章之徒战也。"崔适曰："'王'当作'章'。"高信，即上文所谓"信期"。

③自国至：从都城邯郸率兵前来。

④四邑之兵：四周诸邑之兵。入距难：进入沙丘宫以抵抗叛乱。此处即消灭叛乱。距，通"拒"，抗拒，抵御。

⑤公子成为相，号安平君：公子成接替肥义为相，号安平君，封地即今河北安平。

⑥司寇：官名。主管缉捕盗贼，维持全国治安。

⑦往走主父，主父开之：逃到主父的住处，主父收留了他。走，逃跑。开，《索隐》曰："谓开门纳之。"按，"开"字如此用者又见于《淮阴侯列传》之"水上军开入之"，意本通畅；然此句之"开"字有本作"闭"，《索隐》曰："谯周及孔衍皆作'闭之'。"王念孙力主应作"闭"，以作"开"者为误。其实作"开"、作"闭"皆可通。

⑧因：于是。

⑨即：若，倘若。

⑩夷：平，诛灭。

⑪悉：尽，全。

⑫爵鷇（kòu）：鸟窝里的乳雏。爵，通"雀"。

⑬三月余而饿死沙丘宫：《集解》引应劭曰："武灵王葬代郡灵丘县。"《正义》引《括地志》曰："赵武灵王墓在蔚州灵丘县东三十里。"

⑭赴诸侯：报丧于各诸侯国。赴，同"讣"，发讣告，以丧事告人。

【译文】

随后，主父和惠文王到沙丘游览，各住一所宫殿。公子章就利用他的党徒和田不礼一起发动叛乱，诈传主父命令召见惠文王。肥义首先进去，结果被杀。高信即与惠文王一起作战。公子成和李兑从国都赶来，调集四周各邑的军队前来戡乱，杀死了公子章和田不礼，消灭了他们的党徒，安定了王室。公子成当了国相，号称安平君，李兑任司寇。当初公子章被打败的时候，他逃到了主父那里，主父收留了他，公子成与李兑因而包围了主父的宫室。公子章死后，公子成和李兑商议说："因为公子章的缘故，我们包围了主父，即使撤兵，我们这些人也要灭族啊！"于是就继续包围主父宫室。命令宫中的人"后出来的人灭族"，宫里的人全出来了。主父想出宫但出不来，又得不到食物，只好去掏雏雀充饥，三个多月以后饿死在沙丘宫。主父之死已确定无疑，这才发丧告知各国诸侯。

是时王少，成、兑专政[①]，畏诛，故围主父。主父初以长子章为太子，后得吴娃，爱之，为不出者数岁，生子何，乃废太子章而立何为王。吴娃死，爱弛，怜故太子，欲两王之，犹豫未决，故乱起，以至父子俱死[②]，为天下笑，岂不痛乎！

【注释】

①成、兑专政：公子成与李兑专擅国政。

②俱：全，都。

【译文】

这时赵王年幼，公子成与李兑专擅国政，他们害怕自己被杀，所以围困饿死了主父。主父当初以长子赵章为太子，后来得到吴娃，很爱她，为此好几年没有出宫。吴娃生了儿子赵何，主父便废了太子赵章而立赵何为王。吴娃死后，主父对赵何的爱心有所减弱，又怜悯起故太子赵章。他想让两个儿子都当王，为此犹豫不决，所以引发祸乱，以至于父子都不得好死，成为天下人的笑柄，岂不令人痛惜！

五年[①]，与燕鄚、易[②]。

八年[③]，城南行唐[④]。

九年，赵梁将，与齐合军攻韩[⑤]，至鲁关下，反[⑥]。

十年[7]，秦自置为西帝[8]。

十一年[9]，董叔与魏氏伐宋[10]，得河阳于魏[11]。秦取梗阳[12]。

十二年[13]，赵梁将攻齐[14]。

十三年[15]，韩徐为将[16]，攻齐。公主死[17]。

十四年，相国乐毅将赵、秦、韩、魏、燕攻齐，取灵丘[18]。与秦会中阳[19]。

十五年，燕昭王来见[20]。赵与韩、魏、秦共击齐，齐王败走[21]，燕独深入，取临菑[22]。

【注释】

①五年：前294年。

②与燕鄚（mào）、易：将鄚、易二邑划归燕国。时为燕昭王十八年。与，给予。鄚，即日后之鄚州，州治在今河北任丘城北。易，易邑，在今河北雄县西北。

③八年：前291年。

④南行唐：赵邑名。在今河北行唐北。

⑤“九年”三句：其事时为齐湣王十一年、韩釐王六年，即前290年。赵梁，赵将。

⑥至鲁关下，反：鲁关，韩国关塞名。在今河南鲁山西南。反，底本原文皆作“及”，不成文义。梁玉绳曰：“‘及’乃‘反’之讹，各本以‘及’字属下文，误。”梁说是，今据改。

⑦十年：前289年。

⑧秦自置为西帝：春秋时期各国诸侯皆称“公”，惟周天子称王。战国以来，各国诸侯势力逐渐强大，亦先后称“王”，于是齐、秦两个大国又不甘心与其他诸侯等列，即相约彼此称“帝”，齐为“东帝”，秦为“西帝”。按，据《秦本纪》《六国年表》，齐、秦称“帝”

乃在赵惠文王十一年，此系于十年，误也。

⑨十一年：前288年。

⑩董叔：赵将。与魏氏伐宋：时当魏昭王八年（前288）。宋，西周以来的诸侯国名。其都彭城，即今江苏徐州。此时已积贫积弱，行将灭亡。

⑪得河阳于魏：从魏国手里得到河阳邑。赵国出兵助魏伐宋，故魏国将离赵国较近的河阳割给了赵国。河阳，魏邑名。在今河南孟州西北。

⑫秦取梗阳：时当秦昭王十九年（前288）。梗阳，赵邑名。即今山西清徐。

⑬十二年：前287年。

⑭赵梁将攻齐：杨宽曰："是时齐、魏正分别攻宋，争夺宋地。魏相孟尝君、赵将韩徐为正约燕昭王共伐齐。赵于此年首先开始攻齐，当在五国攻秦无功而罢于成皋之后，成为此后五国合纵伐齐之先声。"

⑮十三年：当齐湣王之十五年，前286年。

⑯韩徐：赵将。

⑰公主死：《索隐》曰："盖吴娃女，惠文王之姊。"泷川引中井曰："公主之死无书者，此何特书也？"泷川曰："依赵史之旧也。"谢孝苹曰："三字疑是衍文。"

⑱"十四年"三句：十四年，时为齐湣王之十六年，前285年。据《乐毅列传》，乐毅时为联军统帅，赵惠文王曾"以相国印授乐毅"，故此称"相国乐毅"。灵丘，齐邑名。在今山东高唐南。

⑲与秦会中阳：杨宽曰："会于中阳，共谋合纵破齐之举。""秦"下似应增"王"字读，即秦昭王，时为秦昭王二十二年（前285）。中阳，赵邑名。即今山西中阳。

⑳十五年，燕昭王来见：当燕昭王二十八年，前284年。燕昭王来见，共谋并力伐齐也。

㉑赵与韩、魏、秦共击齐，齐王败走：即乐毅率五国联军大破齐军于济西事，详见《燕召公世家》《乐毅列传》。齐王，齐湣王，名地，前300—前284年在位。齐湣王逃出临淄，辗转至莒，被淖齿所杀事，详见《田敬仲完世家》《田单列传》。时为齐湣王之十七年。沈长云等曰："五国破齐之战使赵国得到济西之地，赵河东之地得保安然，强齐对赵的威胁不复存在，赵国成为名副其实的东方最强国。"

㉒燕独深入，取临菑：燕军孤军深入，攻占临淄城。燕国决意灭齐，而其他国家则只是想教训一下齐湣王，因此在济西大捷以后，诸国便撤回了各自的兵力，继续长驱攻齐者便只剩了燕国。临菑，齐国都城。即今山东淄博临淄区北。

【译文】

惠文王五年，赵国把鄚、易划归燕国。

八年，修筑南行唐城。

九年，赵梁为将，率军与齐军联合进攻韩国，打到鲁关之下，撤军而还。

十年，秦昭王自称为西帝。

十一年，董叔和魏氏征讨宋国，从魏国得到河阳。秦国夺取梗阳。

十二年，赵梁领兵进攻齐国。

十三年，赵将韩徐为统帅，进攻齐国。公主去世。

十四年，燕国相国乐毅统率赵、秦、韩、魏、燕五国联军进攻齐国，夺取了灵丘。赵王与秦王在中阳相会。

十五年，燕昭王前来会见赵王。赵国与韩、魏、秦联合攻齐，齐王败逃，燕军孤军深入，攻占临淄城。

十六年，秦复与赵数击齐①，齐人患之。苏厉为齐遗赵王书曰②：

臣闻古之贤君，其德行非布于海内也，教顺非洽于民人也③，祭祀时享非数常于鬼神也④，甘露降，时雨至⑤，年谷丰孰⑥，民不疾疫，众人善之，然而贤主图之⑦。

【注释】

①十六年：前283年。秦复与赵数击齐：梁玉绳曰："惠文十六，即齐襄保莒之岁，田单守即墨未下，余地尽入燕，则当时之齐仅存二城，秦何利而数击之？秦即欲击，复何畏而必共赵击之？秦果欲共赵击齐，赵又何敢谢之？其谬不辨自明也。"牛鸿恩以为此"秦与赵数击齐"，即上文十四年（前285）多国攻齐取灵丘事件之误重出。

②苏厉为齐遗（wèi）赵王书：中井积德曰："苏厉之书，当在惠文十五年赵方伐齐之时，而此书不效也。史误在次年。书中不言齐之倾覆，其证明甚。"缪文远曰："赵惠文王十四年，'相国乐毅将赵、秦、韩、魏、燕攻齐'，其事当在此时，《赵世家》误将此书置于赵惠文王十六年，且改'苏秦'为'苏厉'，皆非也。"牛鸿恩曰："苏厉遗赵王书在《赵策一》、在《帛书》为二十一章。此处之'苏厉'应作'苏秦'。唐兰定于惠文王十四年，前285年，见《战国纵横家书》所附之《苏秦事迹简表》。杨宽说同。"按，诸家之说是也。按司马迁，苏厉为苏秦之弟，其事见《苏秦列传》。遗，给，致。

③教顺：同"教训"。"训""顺"二字古常通用。洽：周遍。

④时享：此指四时进献的祭祀之物。数常于鬼神：总能获得鬼神的欢心福佑。数，屡次。常，《战国策》作"当"，"当于鬼神"即合于鬼神的心意。也为一解。

⑤甘露降，时雨至：甘露普降，下雨及时，意指风调雨顺。

⑥年谷：一年之中所种谷物。孰：同"熟"。

⑦众人善之，然而贤主图之：意即国君本没有做好事，而一连串的

"好结果"却频繁降临，这难道不令人深思、警惕吗？众人，普通人，一般人。贤主图之，泷川引中井积德曰："图者，惧思之意。无德而得福，贤主所惧，以喻无功德而得秦之亲厚。"《战国策》与《战国纵横家书》于此皆作"贤主恶之"。《左传》写晋败楚师于鄢陵后，范文子立于戎马之前曰："君幼，诸臣不佞，何以及此？君其戒之。《周书》曰'惟命不于常'，有德之谓。"即此"贤主图之"之意也。图，思虑，思考。

【译文】

惠文王十六年，秦又多次联合赵军进攻齐国，齐人十分忧惧。苏厉替齐王写信给赵王说：

我听说古代的贤君，其德行并非广布于海内各地，教化也并非普及百姓万民，四时的祭祀也不是常能让鬼神满意。可是甘露普降，下雨及时，五谷丰收，民无疫病，众人都对此赞颂，然而贤主却要深思。

今足下之贤行功力，非数加于秦也[①]；怨毒积怒，非素深于齐也[②]。秦赵与国，以强征兵于韩[③]，秦诚爱赵乎？其实憎齐乎[④]？物之甚者，贤主察之[⑤]。秦非爱赵而憎齐也，欲亡韩而吞二周[⑥]，故以齐啖天下[⑦]。恐事之不合，故出兵以劫魏、赵[⑧]。恐天下畏己也[⑨]，故出质以为信[⑩]。恐天下亟反也[⑪]，故征兵于韩以威之。声以德与国[⑫]，实而伐空韩，臣以秦计为必出于此。夫物固有势异而患同者，楚久伐而中山亡[⑬]，今齐久伐而韩必亡。破齐，王与六国分其利也。亡韩，秦独擅之。收二周，西取祭器[⑭]，秦独私之。赋田计功[⑮]，王之获利孰与秦多？

【注释】

①数加于秦:犹言"数施于秦",意即经常布施于秦国。数,屡次,多次。

②素深于齐:谓对齐向来有仇恨。

③秦、赵与国,以强征兵于韩:秦、赵两国交好结盟,靠着武力强大逼迫韩国出兵攻齐。与,交往。以强,靠着武力强大。

④秦诚爱赵乎?其实憎齐乎:秦国真是偏爱赵国吗?它确实憎恨齐国吗?诚,确实,实在。

⑤物之甚者,贤主察之:事情如果反常得厉害,贤主就应该认真审视。甚,太,过分。

⑥二周:指都于巩(今河南巩义西)的东周君和都于王城(今河南洛阳)的西周君。

⑦啖(dàn):吃。

⑧以劫魏、赵:指出兵胁迫魏国和赵国以进攻齐国。

⑨畏已:《战国策》直作"疑已"。

⑩质:人质。

⑪亟(jí)反:迅速反秦。亟,疾,快。

⑫声以德与国:声称是为了盟国好,指帮着赵国伐齐。德,施恩德。与国,盟国。这里指赵。

⑬楚久伐而中山亡:鲍彪曰:"楚受秦伐,赵无秦患,故破中山灭之。"据《六国年表》,赵武灵王二十五年,秦、韩、魏、齐联兵伐楚,败楚将唐昧于重丘,而赵国却乘机进攻中山国,数年后中山被灭。

⑭祭器:周王室宗庙祭祀的礼器,被视为传国之宝。

⑮赋田:授给田地。计功:计算功勋、功绩。

【译文】

如今您的贤德和功力,并非经常布施于秦国;积蓄的怨恨和怒气,也并非素来深凌于齐国。秦、赵两国交好结盟,靠着武力强大逼迫韩国出兵攻齐,秦国真是偏爱赵国吗?它确实憎恨齐国吗?事情如果反常得厉害，贤主就应该认真审视。秦国并非偏爱赵国而憎恨齐国，只是想要灭亡韩国而吞并二周，所以才拿齐国来利诱天下。秦国唯恐事情不能成功，所以出兵胁迫魏国和赵国与之同行。又担心天下各国怀疑自己，所以派出人质以便取得信任。还恐怕天下各国很快要反对它，所以在韩国征兵以示威胁。表面上说是对盟国有好处，实际上是要征讨空虚的韩国，我认为秦国的计谋一定是从这方面考虑的。事情本来就有形势不同而祸患相同的，就像楚国长年受到攻伐而中山国却灭亡了，如今齐国连年被攻伐而韩国必定也会灭亡。攻破齐国，大王您和六国共分其利。灭亡韩国，秦国就独自占有它。收拾东西二周，周室祭器西去，亦归秦国私有。计算一下所得的土地和实际功业，大王您和秦国相比谁得的多？

说士之计曰："韩亡三川[①]，魏亡晋国[②]，市朝未变而祸已及矣[③]。"燕尽齐之北地，去沙丘、钜鹿敛三百里[④]，韩之上党去邯郸百里[⑤]，燕、秦谋王之河山，间三百里而通矣[⑥]。秦之上郡近挺关，至于榆中者千五百里[⑦]，秦以三郡攻王之上党，羊肠之西，句注之南[⑧]，非王有已。逾句注，斩常山而守之[⑨]，三百里而通于燕，代马胡犬不东下，昆山之玉不出，此三宝者亦非王有已[⑩]。王久伐齐，从强秦攻韩，其祸必至于此。愿王孰虑之[⑪]。

【注释】

①亡：丢失，丢掉。三川：指今河南西部的宜阳、新城等一带，因其地有黄河、伊水、洛水，故称"三川"。

②魏亡晋国：魏国丢掉了原来晋国的心腹地带。鲍彪曰："谓安邑。"

③市朝未变而祸已及矣：市朝未变，《战国纵横家书》作"市朝未

罢”，意即一场集市还没结束，极言其时间之短。祸已及矣，指秦国对赵国的军事威胁。因韩失“三川”，魏失“晋国”后，赵国就临秦国很近了。市朝，市场。

④去：距离。钜鹿：今河北平乡西南。敛三百里：不足三百里。

⑤韩之上党：韩国的上党郡，约当今山西长治地区的中部与南部。

⑥燕、秦谋王之河山，间三百里而通矣：《正义》曰：“言破齐灭韩之后，燕之南界，秦之东界，相去减三百里，赵国在中间也。”间，隔。

⑦秦之上郡近挺关，至于榆中者千五百里：上郡，秦郡名。郡治肤施，在今陕西榆林东南。挺关，赵国的关塞名，也叫“扞关”“遗遗之门”。在今陕西榆林之西北，神木之正西。榆中，古地区名。指今东胜以南的内蒙古与山西交界地区，当时这一带属于赵国。按，上郡之北境距榆中决无“千五百里”，此句不知所谓。

⑧“秦以三郡攻王之上党”三句：三郡，指秦国准备先后占领的三川郡、河东郡与韩之上党郡。上党，赵国的上党郡，指今山西和顺、左权等一带，南与韩国的上党郡相邻。羊肠，羊肠坂，太行山的山路名。在今山西平顺东南。当时属赵。句注，山名。在今山西代县西北，朔县南，当时属赵。按，所谓“羊肠之西，勾注之南”，指赵国辖有的今山西省内地区。

⑨逾句注，斩常山：翻越勾注山南下，占据常山天险。常山，即“恒山”，汉人为避文帝讳而改称，在今河北涞源西北。

⑩“代马胡犬不东下”三句：代马胡犬从此不再东入赵国，昆山之玉也无法运送过来，这三种宝物也就不再为大王所有了。意即因为中间已被秦国阻断，这些代马、胡犬等北方特产及昆山之玉等宝物不再送给赵国。三宝，指代马、胡犬、昆山之玉。

⑪孰：仔细。

【译文】

游说之士议论说：“如果韩国失去三川，魏国失去晋地，市朝还没有什么变化，赵国的灾祸就已来到。”燕国全部占领齐国北部土地之后，离沙丘、钜鹿就不足三百里，韩国的上党离邯郸一百里。如果燕国、秦国共谋夺取大王的河山，两国经小路三百里就可串通。秦国的上郡靠近挺关，到达榆中有一千五百里，秦国如果依托三川、河东与韩之上党三郡进攻赵国的上党，那么羊肠坂以西、句注山以南的土地就不再为大王您所有了。如果秦军越过句注山南下，截断常山并驻守在那里，仅三百里路就可直达燕国，代马胡犬从此不再东入赵国，昆山之玉也无法运送过来，这三种宝物也就不再为大王所有了。大王连年攻打齐国，跟随强秦进攻韩国，祸患必定会达到这种地步。希望大王您仔细考虑。

且齐之所以伐者，以事王也[①]；天下属行[②]，以谋王也。燕、秦之约成而兵出有日矣[③]。五国三分王之地[④]，齐倍五国之约而殉王之患[⑤]，西兵以禁强秦，秦废帝请服，反高平、根柔于魏[⑥]，反subordinate分、先俞于赵[⑦]。齐之事王，宜为上佼[⑧]，而今乃抵罪，臣恐天下后事王者之不敢自必也[⑨]。愿王孰计之也。

今王毋与天下攻齐，天下必以王为义。齐抱社稷而厚事王，天下必尽重王。秦义，王以天下善秦；秦暴，王以天下禁之，是一世之名宠制于王也[⑩]。

于是赵乃辍，谢秦不击齐[⑪]。

王与燕王遇[⑫]。廉颇将[⑬]，攻齐昔阳[⑭]，取之。

【注释】

①事王：泷川引中井积德曰：“与赵王亲交。”

②属行（háng）：方苞曰：“属行，相属而起兵也。”集结军队。

③约成：缔结成盟约。

④五国三分王之地：《战国策》句首有“昔者”二字。此指秦昭王十九年、齐湣王十三年（前288）的旧事，当时秦与齐两国约定同时称“帝”，并联合韩、魏、燕以瓜分赵国。五国，指秦、齐、燕、韩、魏。三分，谢孝苹曰：“五国谋攻赵，各有所图，不可能三分赵地。《战国纵横家书》作‘疏分’。‘疏分’义同‘瓜分’。”

⑤齐倍五国之约而殉王之患：时齐湣王用苏秦之谋，自己废去“帝”号，并联合赵国共同反秦。其事详见《田敬仲完世家》。倍，通“背”，背叛。殉，以死相从。

⑥反高平、根柔于魏：把高平、根柔还给魏国。反，归还。高平，也称“向”，古邑名。在今河南济源西南。根柔，也称“枳”，古邑名。在今河南济源东南。二地原属魏，后来被秦国占领。

⑦反丕（xíng）分、先俞于赵：依《正义》“丕分”当作“陉山”，即“西陉山”，也称“句注山”，在今山西代县西。先俞，《集解》引徐广曰：“《尔雅》曰西俞，雁门是。”当作“西俞”，即雁门山。以上二地原属赵，后来被秦国占领。

⑧上佼：王念孙曰：“‘佼’与‘交’同。上佼，上等之交。”按，《战国策》与《战国纵横家书》皆作“上交”。

⑨自必：自己坚信，自己认为必然。

⑩“齐抱社稷而厚事王”七句：泷川曰：“古钞本，枫山、三条本‘义’上‘王’下有‘秦’字，当依补。‘秦义’与下文‘秦暴’对言。”按，水泽利忠《校补》又谓南化本、掖本、梅本亦有“秦”字。今据改。善秦，与秦国交好。名宠，威名，荣耀。按，以上苏厉为齐致书赵王事，详见《战国策·赵策一》，致书者原作“苏秦”，此作“苏厉”，乃司马迁误改。

⑪谢：谢绝。

⑫王与燕王遇：此恐亦十五年（前284）“燕昭王来见”之误重出。

⑬廉颇：赵国名将。其事详见《廉颇蔺相如列传》。

⑭昔阳：《廉颇蔺相如列传》曰："赵惠文王十六年，廉颇为赵将伐齐，大破之，取阳晋。"梁玉绳引《索隐》云："当作'阳晋'。"阳晋，齐邑名。在今山东郓城西。

【译文】

况且齐国所以被攻伐，就是由于它侍奉了大王；各国军队集结在一起，就是为了加祸于大王。燕秦两国的盟约一旦订立，出兵的日子就不远了。五国想把大王的领地一分为三，齐国背弃了五国盟约而为解除赵国之祸牺牲自己，向西进兵抑制强秦，使秦国废除帝号请求屈服，把高平、根柔还给魏国，把巠分、先俞还给赵国。齐国侍奉大王，应该说是最上等的交情了，如今却让齐国抵罪，我担心以后侍奉大王的国家不敢那么坚决了。希望大王仔细考虑。

如果大王您不与天下各国一道进攻齐国，天下各国都会认为您恪守信义。齐国将捧着江山社稷更尽心地侍奉大王，天下各国一定都会敬重大王的正义。要是秦国讲求信义，您就带领各国与秦国友善；要是秦国强横暴虐，您就率领天下抵制它。这样一来，世间的威名荣耀都归到大王的头上了。

于是赵国就停止进兵，谢绝秦国，不再进攻齐国。

惠文王与燕昭王会晤。廉颇领兵进攻齐国的昔阳，将其占领。

十七年，乐毅将赵师攻魏伯阳①。而秦怨赵不与己击齐，伐赵，拔我两城②。

十八年③，秦拔我石城④。王再之卫东阳⑤，决河水，伐魏氏。大潦⑥，漳水出。魏冉来相赵⑦。

十九年⑧，秦败我二城⑨。赵与魏伯阳。赵奢将，攻齐麦丘⑩，取之。

二十年[11]，廉颇将，攻齐[12]。王与秦昭王遇西河外[13]。

二十一年[14]，赵徙漳水武平西[15]。

二十二年[16]，大疫。置公子丹为太子[17]。

【注释】

①十七年，乐毅将赵师攻魏伯阳：杨宽曰："时乐毅身兼赵、燕两国之相，当能将赵师攻魏伯阳。"十七年，前282年。伯阳，魏邑名。在今河南安阳西北，当赵、魏之交界。泷川引中井积德曰："'伯阳'下疑脱'取之'二字。"

②拔我两城：杨宽《战国史表》曰："秦攻赵，取蔺、祁二城。"

③十八年：前281年。

④石城：胡三省以为即今山西之离石。

⑤东阳：古邑名。原属卫，今属赵，在今山东武城东北。当时黄河流经其南侧。

⑥大潦（lǎo）：谓雨水存积成泽。

⑦魏冉来相赵：梁玉绳曰："是岁为惠文十八年，秦昭二十六年，冉复为秦相，安得相赵之事哉？误矣。《大事记》谓'相赵未几，复归相秦'，非也。"杨宽亦曰："是时秦、赵正不合，魏冉无缘为赵相，更不能兼为秦、赵之相。"魏冉，秦国宰相，秦昭王之舅。其事详见《穰侯列传》。

⑧十九年：前280年。

⑨败我二城：即《秦本纪》所云"取代光狼城"。

⑩赵奢将，攻齐麦丘：赵奢率军，围攻齐国的麦丘。梁玉绳曰："是时齐亦尚止二城，麦丘属燕……未知此何以言之？"赵奢，赵国名将。其事详见《廉颇蔺相如列传》。麦丘，即今山东商河。

⑪二十年：前279年。

⑫廉颇将，攻齐：梁玉绳曰："是时乐毅尚在齐，次年田单始败燕军，

复有七十余城，此时齐无可攻。”谢孝苹曰：“燕下齐七十余城，力不能全守，惠文王十九年赵奢攻齐麦丘，麦丘自非燕所守。可见齐人仍在燕无兵戍守处起义兵抗燕、赵，廉颇攻齐，与赵奢攻齐麦丘正相类。”

⑬王与秦昭王遇西河外：《廉颇蔺相如列传》作“会于西河外渑池”。西河外，河外的西部地区。战国之际人们多称今河南境内之黄河以北曰“河内”，黄河以南曰“河外”。渑池，在今河南渑池西，在河外地区之西部，故称“西河外渑池”。其事详见《廉颇蔺相如列传》，叙此渑池之会极为生动。遇，会晤。

⑭二十一年：前278年。

⑮武平：《正义》以为在今河北文安北。按，文安与漳水相隔遥远，其说定非。还有说在今河南鹿邑者，更不可能。疑此“武平”乃“武安”之变称，“武安”在今河北武安西南。胡三省引《水经》曰：“（浊漳水）东至武安县与清漳会，谓之交漳口。”

⑯二十二年：前277年。

⑰公子丹：即日后的赵孝成王。

【译文】

惠文王十七年，乐毅率领赵军攻打魏国的伯阳。秦国因怨恨赵国不和它一起进攻齐国，因而起兵攻赵，占领了赵国的两座城池。

惠文王十八年，秦军又攻占了赵国的石城。赵王两次前往卫国的东阳，决黄河水以灌魏氏。此年，赵国大雨成灾，漳水泛滥。秦相魏冉来赵国任国相。

惠文王十九年，秦军打败赵军，夺去两座城池。赵国把伯阳归还魏国。赵奢率军，攻占了齐国的麦丘。

惠文王二十年，廉颇率军，攻打齐国。赵惠文王与秦昭王于西河外举行会晤。

惠文王二十一年，赵国把漳水改道武平西。

惠文王二十二年，赵国发生大瘟疫。立公子丹为太子。

二十三年[①]，楼昌将[②]，攻魏幾[③]，不能取。十二月，廉颇将，攻幾，取之。

二十四年[④]，廉颇将，攻魏房子[⑤]，拔之，因城而还[⑥]。又攻安阳[⑦]，取之。

二十五年[⑧]，燕周将[⑨]，攻昌城、高唐[⑩]，取之。与魏共击秦。秦将白起破我华阳，得一将军[⑪]。

二十六年[⑫]，取东胡欧代地[⑬]。

【注释】

①二十三年：当魏安釐王元年，前276年。

②楼昌：赵将。

③幾：魏邑名。在今河北大名东南。

④二十四年：当魏安釐王二年，前275年。

⑤房子：应依《廉颇蔺相如列传》作"防陵"，在今河南安阳西南。"房子"在今河北高邑西南，乃赵邑。

⑥因：于是，乃。城：筑城。

⑦安阳：魏邑名。在今河南安阳西南。

⑧二十五年：当齐襄王十年，前274年。

⑨燕周：赵将。

⑩昌城：齐邑名。在今河北冀州西北。高唐：齐邑名。在今山东高唐东北。

⑪秦将白起破我华阳，得一将军：《白起王翦列传》系此事于下一年，谓"白起攻魏，拔华阳，走芒卯，而虏三晋将，斩首十三万。与赵将贾偃战，沈其卒二万于河中"。时为秦昭王三十四年，前

273年。白起，秦国名将。其事详见《白起王翦列传》。华阳，韩邑名。在今河南新郑北，郑州东南。得一将军，据《白起王翦列传》，此赵将名贾偃。

⑫二十六年：前273年。

⑬取东胡欧代地：《索隐》曰："东胡叛赵，驱略代地人众以叛，故取之也。"欧代地，《正义》曰："今营州也。"指今辽宁西部地区。按，杨宽以为"欧代"即"欧脱"，也作"区脱"，此指东胡与匈奴交界线上的隔离地带。

【译文】

惠文王二十三年，楼昌领兵，进攻魏国的幾邑，未能夺取。十二月，廉颇领兵，再攻幾邑，占领了它。

惠文王二十四年，廉颇领兵，进攻魏国的房子，将其拔取，筑起城墙而回。又进攻安阳，将其夺取。

惠文王二十五年，燕周领兵，进攻昌城、高唐，将其夺取。赵国和魏国共击秦国。秦将白起在华阳击破赵军，俘虏一名赵将。

惠文王二十六年，夺回被东胡胁迫叛离的代地。

二十七年①，徙漳水武平南。封赵豹为平阳君②。河水出，大潦。

二十八年③，蔺相如伐齐④，至平邑⑤。罢城北九门大城⑥。燕将成安君公孙操弑其王⑦。

二十九年⑧，秦赵相攻，而围阏与⑨。赵使赵奢将，击秦，大破秦军阏与下⑩，赐号为马服君⑪。

三十三年⑫，惠文王卒⑬，太子丹立，是为孝成王⑭。

【注释】

①二十七年：前272年。

②赵豹：赵惠文王之弟，即上文封为阳文君的赵豹，此时又封为平阳君。《战国策·赵策》谅毅见秦王有所谓“赵豹、平原君，亲寡君之母弟也”。平阳君：封地平阳，在今山西临汾西南。

③二十八年：当齐襄王十三年，前271年。

④蔺相如：赵国名臣。其事详见《廉颇蔺相如列传》。

⑤平邑：齐邑名。在今河南南乐东北。

⑥城：筑城。北九门：即上文赵武灵王所过之“九门”，赵邑名。在今河北石家庄东北。因其地处邯郸之北，故也称“北九门”。

⑦成安君公孙操弑其王：《燕召公世家》之《索隐》云：“是年燕武成王元年，武成即惠王子，则惠王为成安君弑明矣。此不言者，燕远，讳不告，或太史公之说疏也。”按《索隐》意，似谓武成王即燕惠王之子。燕惠王，燕昭王之子，前278—前272年在位。武成王，燕惠王之子，前271—前258年在位。成安君公孙操，燕国大臣。燕惠王时任相，封成安君。

⑧二十九年：当秦昭王三十七年，前270年。

⑨秦赵相攻，而围阏（yù）与：底本原文于此作“秦韩相攻，而围阏与”，“韩”字应作“赵”，今改。阏与本是赵邑，此役本是秦、赵相攻，可参见《秦本纪》《白起王翦列传》《廉颇蔺相如列传》。

⑩大破秦军阏与下：秦将胡伤率军围赵之阏与，赵奢大破秦军于阏与事，详见《廉颇蔺相如列传》。马非百曰：“阏与战争后，国际间所生影响实甚巨大，信陵君说魏王曰：‘夫越山逾河绝韩之上党而攻强赵，则是复阏与之事也，秦必不为也。’当日秦在阏与战争所受创伤之深盖可想见。又《秦策》言：‘天下之士合从相聚于赵，而欲攻秦。’然则自阏与战争后，赵之邯郸且一跃而为合从谋秦之国际中心矣。”

⑪马服君:《正义》曰:“因马服山为号也。”按,马服山在今河北邯郸西北。

⑫三十三年:前266年。

⑬惠文王卒:按,位于河北邯郸、永年两县交界地带。共有五座陵墓,三座在邯郸境内,两座在永年境内。高踞在土山上,陵台保护完好,被誉为“东方金字塔”。据《大清一统志》,葬于今邯郸境内的三座赵王墓分别是赵惠文王、赵孝成王与赵悼襄王。由于三王陵墓所处的高丘被称为三陵台,于是附近的几个村庄便被称为“姜三陵”“陈三陵”等。

⑭孝成王:名丹,前265—前245年在位。

【译文】

惠文王二十七年,又把漳水改道在武平以南。封赵豹为平阳君。黄河泛滥,造成大灾。

惠文王二十八年,蔺相如征伐齐国,打到平邑。停止修建北边九门的大城。燕将成安君公孙操杀了燕惠王。

惠文王二十九年,秦与赵相攻,秦军包围了阏与。赵国派赵奢领兵,袭击秦军,在阏与城下大败秦军,赵王赐其号马服君。

惠文王三十三年,惠文王去世,太子丹即位,这就是孝成王。

孝成王元年①,秦伐我,拔三城②。赵王新立,太后用事③,秦急攻之。赵氏求救于齐④,齐曰:“必以长安君为质⑤,兵乃出。”太后不肯,大臣强谏。太后明谓左右曰:“复言长安君为质者,老妇必唾其面。”左师触龙言愿见太后⑥,太后盛气而胥之⑦。入,徐趋而坐⑧,自谢曰⑨:“老臣病足,曾不能疾走⑩,不得见久矣。窃自恕⑪,而恐太后体之有所苦也,故愿望见太后。”太后曰:“老妇恃辇而行耳⑫。”曰:

“食得毋衰乎[13]？”曰：“恃粥耳。”曰：“老臣间者殊不欲食，乃强步[14]，日三四里，少益嗜食，和于身也[15]。”太后曰：“老妇不能。”太后不和之色少解[16]。左师公曰：“老臣贱息舒祺最少[17]，不肖[18]，而臣衰，窃怜爱之，愿得补黑衣之缺以卫王宫[19]，昧死以闻[20]。”太后曰：“敬诺[21]。年几何矣？”对曰：“十五岁矣。虽少，愿及未填沟壑而托之[22]。”太后曰：“丈夫亦爱怜少子乎[23]？”对曰：“甚于妇人[24]。”太后笑曰：“妇人异甚。”对曰：“老臣窃以为媪之爱燕后贤于长安君[25]。”太后曰：“君过矣，不若长安君之甚。”左师公曰：“父母爱子，则为之计深远。媪之送燕后也，持其踵[26]，为之泣，念其远也，亦哀之矣。已行，非不思也，祭祀则祝之曰‘必勿使反’[27]，岂非计长久，为子孙相继为王也哉？”太后曰：“然。”左师公曰：“今三世以前，至于赵主之子孙为侯者，其继有在者乎[28]？”曰：“无有。”曰：“微独赵[29]，诸侯有在者乎？”曰：“老妇不闻也。”曰：“此其近者祸及其身，远者及其子孙。岂人主之子侯则不善哉？位尊而无功，奉厚而无劳[30]，而挟重器多也[31]。今媪尊长安君之位，而封之以膏腴之地[32]，多与之重器，而不及今令有功于国，一旦山陵崩[33]，长安君何以自托于赵？老臣以媪为长安君之计短也[34]，故以为爱之不若燕后。”太后曰：“诺，恣君之所使之。”于是为长安君约车百乘[35]，质于齐，齐兵乃出。子义闻之[36]，曰：“人主之子，骨肉之亲也，犹不能持无功之尊[37]，无劳之奉，而守金玉之重也，而况人臣乎[38]？”

【注释】

①孝成王元年：当秦昭王四十二年，前265年。

②秦伐我，拔三城：具体何城不详。

③太后：赵惠文王后，即赵威后。赵惠文王死后，赵孝成王年幼，由她执政。用事：主事，掌权。

④求救于齐：时为齐襄王十九年（前265）。

⑤长安君：赵威后少子的封号。取其名美，非以封地相称。为质：到齐国当人质。

⑥左师：帝王的辅导官。《资治通鉴》胡三省注："春秋时宋国之官有左、右师，上卿也。赵以触龙为左师，盖冗散之官，以优老臣者也。"

⑦胥（xū）：等待。

⑧徐趋而坐：泷川曰："枫山、三条本'坐'作'至'。"王叔岷曰："《赵策》'坐'变作'至'。"徐趋，缓慢地小步疾走。所谓"趋"是臣子在君父面前的一种礼节性的走路姿势。

⑨谢：谢罪，道歉。

⑩曾不：根本不。曾，犹今之所谓"根本""实在是"，加强否定语气。

⑪窃：谦辞。私下里。自恕：自忖，自己思量。

⑫恃辇（niǎn）：靠坐车。恃，依靠。

⑬得毋：即"得无"，难道，难道没有。

⑭间（jiàn）者殊不欲食，乃强步：有时也特别不想吃东西，就勉强走走。间者，间或，偶尔。强步，强制自己走路。

⑮少（shāo）益嗜（shì）食，和于身也：渐渐地就想吃饭了，身体也好起来了。少，稍微，渐渐。益，增加。和，适，舒服。

⑯少解：稍微缓解。

⑰贱息：对自己儿子的谦称。息，子。

⑱不肖：不类其父，即通常所说的"没出息""不成才"。

⑲补黑衣之缺：婉言请让其子充当一名王宫的卫士。黑衣，指王宫卫士，因当时的王宫卫士身着黑衣，故云。杨宽曰："盖为少子求为侍卫国君之郎。郎具有候补官员之性质，国君常从郎官中选拔人才。"

⑳昧死：犹"冒死"。

㉑敬诺：应答之词，表示遵行。

㉒填沟壑：对死的婉言说法。古人谦言自己的死曰"填沟壑"，婉称他人的死曰"捐馆舍"，称帝王之死曰"弃群臣"或"山陵崩"，等等。

㉓丈夫：古代对男子的尊称。

㉔甚：胜过。

㉕媪（ǎo）：对老妇人的一种称呼。此称赵太后。燕后：赵威后之女，嫁与燕王为后者。贤：胜过，强于。

㉖送燕后也，持其踵：送燕后，送燕后出嫁。持其踵，拉着她的脚，盖其女坐在车上，其车欲行，故母亲得"持其踵"。

㉗必勿使反：千万别让她回来。古代凡是嫁与帝王的女子，除被休弃以外，通常是不能回家的。

㉘"今三世以前"三句：语略不顺，《战国策》于此作"今三世以前，至于赵之为赵，赵主之子孙侯者，其继有在者乎"，较此清晰。

㉙微独：不仅。微，不，非。

㉚奉：通"俸"，俸禄。

㉛重器：宝器。鲍彪曰："名位金玉。"按，据下文"重器"的用法，鲍说似不可从。

㉜膏腴（yú）：肥沃。

㉝山陵崩：婉称帝王之死。这里指赵太后死。

㉞计短：考虑得少。

㉟约车：准备车，套车。百乘（shèng）：百辆。古称一车四马为一乘。

㊱子义：《索隐》曰："赵之贤人。"

㊲持：保持，拥有。

㊳况人臣乎：底本原文作“况于予乎”，梁玉绳曰：“‘予’字非，一本作‘子’字尤非，《国策》作‘人臣’是也。”梁说是，今据改。按，以上触龙说赵太后事，见《战国策·赵策》。凌稚隆引鲍彪曰：“触龙谅毅，从容纳说而取成功，与夫强谏于廷，怒骂于坐，发上冲冠，自待必死者，力少而功倍矣。”锺惺曰：“左师悟太后，不当在言语上看之，全在进退举止，有关目，有节奏，一段迂态软语，字字闲语，步步闲情，与本事全不相粘，而一字一步不可省。又妙在一字一步俱从妇人性情体贴出来，老臣一片为国苦心，诚则生巧。”凌稚隆曰：“《战国策·燕策二》载燕太后不肯以少子质齐，因陈翠爱少子之说而许，与赵太后爱少子事相类。”

【译文】

孝成王元年，秦军攻赵，占取了三座城池。这时孝成王刚刚即位，太后主持朝政，秦军加紧攻打赵国。赵国向齐国求救，齐王说：“必须用长安君来做人质，援兵才能派出。”太后不答应，大臣强力劝谏。太后明确地对身边的近臣说：“谁再说让长安君去做人质，我一定朝他的脸上吐唾沫。”左师触龙说希望进见太后，太后满脸怒气地等着他。触龙进殿后，缓慢地走到太后跟前坐下，道歉说：“我的腿有毛病，竟连疾走都不能，很久没能来看您了。私下里自我思量，又总担心太后的贵体有什么不舒适，所以想来看望您。”太后说：“我全靠坐车走动了。”触龙问：“您每天的饮食该不会减少吧？”太后说：“靠喝粥罢了。”触龙说：“我有时也特别不想吃东西，就勉强走走，每天走上三四里，渐渐地就想吃饭了，身体也好起来了。”太后说：“我做不到。”太后的怒色稍微消解了些。左师公触龙说：“我的儿子舒祺，年纪最小，没啥出息；而我又老了，私下里心疼他，希望能让他替补上黑衣卫士的空额，来保卫王宫。我冒着死罪禀告太后。”太后说：“可以。年龄多大了？”触龙说：“十五岁了。虽然年纪还小，但希望趁我入土之前把他托付给您。”太后说：“你们男人也这么心疼小儿子吗？”触龙说：“比女人厉害。”太后笑着说：“还是女人心疼得更厉害。”触龙回答说：“我私下认为，您疼爱燕后就超过了疼爱长安君。”太后说：“您错了，不如疼爱长安君多。”左师公触龙说：“大凡父母疼爱子女，就得为他们考虑长远些。当初您送燕后出嫁的时候，您握着她的脚后跟，为她哭泣，这是惦念她的远嫁，为她伤心啊。她出嫁以后，您也不是不想念她，可在祭祀的时候，您却总是祷告说‘千万别让她回来’，您这不就是替她考虑长远，希望她所生的子孙能相继为王吗？”太后说：“是这样。”左师公触龙说：“从这一辈往上推到三代以前，甚至到赵国建立，赵国君主赐封为侯的那些子孙，现在他们还有后人继承爵位吗？”太后说：“没有了。”触龙说：“不单是赵国，其他诸侯国君赐封为侯的子孙还有后继人吗？”太后说：“没听说过。”触龙说：“他们当中祸患来得早的就会降临到自己头上，祸患来得晚的就降临到子孙头上。难道国君的子孙一旦为侯就变得不好了吗？这是因为他们地位尊贵而无功勋，俸禄优厚却无劳绩，占有的宝器又特别多的缘故呀。如今您给了长安君很高的爵位，又封给他很多肥沃的土地，赏给他很多的宝物。假如不趁现在这个时机让他为国立功，一旦您百年之后，长安君凭什么在赵国立足呢？我觉得您替长安君打算得不够长远，因此我认为您疼爱他比不上疼爱燕后。”太后说：“好吧，任凭您指派他吧。”于是就替长安君准备了一百辆车子，送他到齐国去做人质，齐国的救兵才出动。子义听说了这件事，说：“国君之子，骨肉之亲，尚且不能依仗没有功勋的高位，没有劳绩的俸禄，来守住那些金玉之类的重器，更何况臣下呢？”

齐安平君田单将赵师而攻燕中阳[①]，拔之。又攻韩注人[②]，拔之。二年[③]，惠文后卒[④]。田单为相[⑤]。

【注释】

①安平君田单：齐国名将。乐毅率燕、秦、韩、赵、魏五国之兵伐齐，

大败齐军，齐湣王被杀，田单固守即墨，大破燕军，被拥立为将军，因功封为安平君。其事详见《田单列传》。将赵师：其事发生于何时《田单列传》未载。《战国策·赵策》有燕军攻赵，平原君向赵太后建议用济东三城换取齐国安平君田单为赵将事。中阳：《正义》曰："燕无中阳。"《括地志》云："中山故城一名中人亭，在定州唐县东北四十一里，尔时属燕国也。"以为应作"中人"。中人，燕邑名，在今河北行唐西南。

②攻韩注人：时当韩桓惠王八年，前265年。注人，韩邑名。在今河南汝州西北。

③二年：前264年。

④惠文后：即赵威后，赵孝成王之母。

⑤田单为相：田单任赵国相。

【译文】

这年，原齐国的安平君田单率领赵军，攻占了燕国的中阳。随后又攻占了韩国的注人。孝成王二年，惠文后去世。田单做了赵国的国相。

四年①，王梦衣偏裻之衣②，乘飞龙上天，不至而坠，见金玉之积如山。明日，王召筮史敢占之③，曰："梦衣偏裻之衣者，残也④。乘飞龙上天不至而坠者，有气而无实也⑤。见金玉之积如山者，忧也。"

【注释】

①四年：当秦昭王四十五年，前262年。

②偏裻（dú）之衣：即"偏衣"，语见《国语·晋语》与《左传·闵公二年》。杜预注："偏衣，左右异色，其半似公服。"杨伯峻注："裻，背缝也，在背之当中，当脊梁所在。自此中分，左右异色，故云'偏裻之衣'。"

③筮史敢：筮史，官名。主管占卜和记述史实。其名为“敢”，史失其姓。

④残：残破。指下文被秦打败。

⑤有气而无实：徒有虚名却无实力。指下文得韩之上党。

【译文】

四年，孝成王做梦穿着左右两色的衣服，乘飞龙上天，没到天上就坠落下来，看见金玉堆积如山。第二天，孝成王召见名叫敢的筮史官来占卜，他说：“梦见穿左右两色衣服，象征国家残缺。乘飞龙上天没有到天上就坠落下来，象征国家徒有虚名却无实力。看见金玉堆积如山，象征国家的忧患。”

后三日，韩氏上党守冯亭使者至[①]，曰：“韩不能守上党，入之于秦[②]。其吏民皆安为赵[③]，不欲为秦。有城市邑十七[④]，愿再拜入之赵，财王所以赐吏民[⑤]。”王大喜，召平阳君豹告之曰：“冯亭入城市邑十七，受之何如？”对曰：“圣人甚祸无故之利。”王曰：“人怀吾德[⑥]，何谓无故乎？”对曰：“夫秦蚕食韩氏地，中绝不令相通[⑦]，固自以为坐而受上党之地也。韩氏所以不入于秦者[⑧]，欲嫁其祸于赵也。秦服其劳而赵受其利，虽强大不能得之于小弱，小弱顾能得之于强大乎？岂可谓非无故之利哉！且夫秦以牛田，之水通粮，蚕食上乘，倍战者裂上国之地[⑨]，其政行，不可与为难，必勿受也。”王曰：“今发百万之军而攻，逾年历岁未得一城也[⑩]。今以城市邑十七币吾国[⑪]，此大利也。”

【注释】

①上党：约当今山西长治地区的西北部与山西之中南部一带地区，

共有十七邑。

②韩不能守上党，入之于秦：秦昭王四十五年，即赵孝成王之四年，前262年。秦兵占领韩国的野王（今河南沁阳）后，韩国无法救助上党地区，遂放弃，令其自行降秦。

③皆安为赵：都乐意归降赵国。韩、赵、魏三国都是由晋国分出，韩国的上党军民愿意归赵而不愿降秦，并不虚假；但此中也有冯亭的计谋在，《白起列传》叙述冯亭当时的想法说："郑道已绝，韩必不可得为民。秦兵日进，韩不能应，不如以上党归赵。赵若受我，秦怒，必攻赵。赵被兵，必亲韩。韩赵为一，则可以当秦。"

④有城市邑十七：城市邑，《资治通鉴》胡注："言邑之有城市者，指言大邑也。"十七，梁玉绳曰："《策》作'七十'，是也。此与下文同误为'十七'。"

⑤财王所以赐吏民：意谓将它分赐给吏民。殿本、泷川本皆作"听王所以赐吏民"。财，通"裁"，裁度。

⑥怀：感念，感荷。

⑦中绝不令相通：指秦国蚕食韩国的野王（今河南沁阳），斩断上党与韩国都城新郑的联络。

⑧韩氏所以不入于秦者：此处"不入于秦者"的"韩氏"指冯亭所率领的上党军民。

⑨"且夫秦以牛田"四句：诸家断句、解释皆不一。此四句大意说秦国的粮食丰足，漕运便利，能及时地供应上党前线。吴师道曰："牛耕积谷，水漕通粮，秦从渭水漕运入河洛。"蚕食上乘，即不断地侵削东方各国的领土。王叔岷曰："'上乘'，谓兵车强盛之国也。"倍战者裂上国之地，《战国策》作"其死士皆列之于上地"。泷川曰："此言秦裂所取之国以为功臣死士食邑也。"王叔岷曰："'倍战者'，即《赵策》所谓'死士'也。"杨宽曰："指秦按军功分割田宅以赏赐之二十等爵制。"

⑩逾年历岁：意指经过一定年月，形容经历时间较长。

⑪以城市邑十七币吾国：《正义》曰："冯亭将十七邑入赵，若币帛之见遗。"按，《正义》说可通，疑"币"意同"畀（bì）"，赠送。

【译文】

三天之后，韩国上党郡守冯亭的使者来到赵国，说："韩国已经守不住上党，上党即将并入秦国。但上党的官吏百姓都愿意归属赵国，不想归属秦国。上党有城有市的大邑有十七座，我请求将它进献给赵国，赵王可以将它分赐给您的吏民。"孝成王大喜，召见平阳君赵豹告诉他说："冯亭向我们进献城邑十七座，接受它怎么样？"赵豹回答说："圣人把无缘无故的利益看作是大祸害。"孝成王说："那里的吏民都感念我们的恩德，怎么说是无缘无故呢？"赵豹回答说："秦国蚕食韩国的土地，斩断了上党和韩国都城的联系，本来他已经认为可以坐收上党了。韩国人之所以不把上党献给秦国，是想嫁祸给赵国。秦国付出辛劳而赵国获得利益，即使是强大的一方也不能坐享弱者的这种便宜，而我们弱小的一方又怎么能去抢占强大一方的便宜呢？这难道还不是无缘无故的好处吗？况且秦国用牛耕田，粮食丰足，漕运便利，能及时供应前线粮食，不断侵削东方各国领土，将夺取的土地分给功臣作为食邑，它的政令已经施行，不能和它为敌，一定不要接受。"孝成王说："如今出动百万大军进攻，经年历岁也得不到一座城池。现在人家把十七座城邑当礼物送给我国，这可是大利呀！"

赵豹出，王召平原君与赵禹而告之[①]。对曰："发百万之军而攻，逾岁未得一城，今坐受城市邑十七，此大利，不可失也。"王曰："善。"乃令赵胜受地，告冯亭曰："敝国使者臣胜，敝国君使胜致命，以万户都三封太守，千户都三封县令，皆世世为侯，吏民皆益爵三级[②]，吏民能相安，皆赐之六金[③]。”冯亭垂涕不见使者，曰：“吾不处‘三不义’也[④]：为主守地，不能死固[⑤]，不义一矣；入之秦，不听主令[⑥]，不义二矣；卖主地而食之，不义三矣[⑦]。”赵遂发兵取上党。廉颇将军军长平[⑧]。

【注释】

①平原君：即赵胜，赵惠文王之弟，赵孝成王之叔。其事详见《平原君列传》。赵禹：赵国贵族。《史记》中仅此一见。

②吏民皆益爵三级：泷川曰：“以级定爵，诸国未闻，但秦有之，赵亦仿之邪？”陈直曰：“赵国有爵若干级，亦与秦制相同。”按，秦国自商鞅变法后，定封爵为二十级，凡在战场立功或从事农业生产有贡献者，皆授之以爵，故秦国的平民亦可有级别。有爵级即有特权，可以受赏，可以折合免罪，还可以转让、出卖。

③金：秦时称黄金一镒（二十两）为一金。

④不处“三不义”：谓不居“三不义”之地，或不做“三不义”之人。处，居。“三不义”具体所指见下文。

⑤不能死固：泷川曰：“‘固’字，枫山、三条本作‘国’。《策》无。”

⑥入之秦，不听主令：王念孙曰：“‘入之秦’当作‘主入之秦’，谓韩王入上党于秦，而冯亭不听也。脱去‘主’字则文意不明。《赵策》作‘主纳之秦，不顺主命’，是其证。”

⑦卖主地而食之，不义三矣：杨宽曰：“《赵策一》言冯亭辞封而入韩，而《白起列传》谓赵封冯亭为华阳君。《汉书·冯奉世传》云：‘赵封亭为华阳君，与赵将括拒秦，战死于长平。宗族由是分散，或在赵。在赵者为官师将，官师将子为代相，及秦灭六国，而冯亭之后冯无择、冯去疾、冯劫皆为秦将相焉。汉兴，冯唐即代相之子也。’《赵世家·集解》曾引此为证。《后汉书·冯衍传》亦有相同

之记载。”

⑧廉颇将军军长平：廉颇领兵进驻长平。将军，率领军队。长平，古邑名。治在今山西高平西北。按，廉颇驻守长平在赵孝成王五年、秦昭王四十六年，前261年。

【译文】

赵豹走后，孝成王召见平原君和赵禹，跟他们说这件事。这俩人说：“发动百万军队去作战，经年历岁也得不到一座城池，现在坐享其利，白得十七座城邑，这么大的好事不能错失。”孝成王说：“好。”于是派赵胜去接受献地，赵胜告诉冯亭说：“我是赵国使者赵胜，敝国君主派我传达命令，封赐太守万户的城邑三座，封赐各县县令千户的城邑三座，全都世代为侯，官吏百姓全部晋爵三级，官吏百姓能平安相处，都赏赐六金。”冯亭流着眼泪不看赵国使者，说：“我不能处于三不义的境地：为君主守卫国土，不能拼死固守，这是一不义；韩王把上党献给秦国，我不听君主的命令，这是二不义；出卖君主的土地而得到封赏，这是三不义。”赵国于是发兵占领上党。廉颇领兵进驻长平。

七月，廉颇免而赵括代将①。秦人围赵括，赵括以军降②，卒四十余万皆坑之③。王悔不听赵豹之计，故有长平之祸焉。

王还，不听秦④，秦围邯郸⑤。武垣令傅豹、王容、苏射率燕众反燕地⑥。赵以灵丘封楚相春申君⑦。

【注释】

①七月，廉颇免而赵括代将：黄善夫本、金陵局本皆作“七年”。“七年”二字亦误，应作“六年”。所谓“七月”也只能是六年之七月。但前文未出“六年”，忽出“七月”，亦不知为何年之七月。关于赵

括其人，与秦施反间计使赵国罢掉廉颇、任用赵括事，详见《廉颇蔺相如列传》《白起王翦列传》。

②赵括以军降：泷川引中井积德曰："据传，括战死也，非降。"沈家本曰："疑'以'字乃'死'字之讹。"

③卒四十余万皆坑之：白起坑赵卒事，在秦昭王四十七年、赵孝成王六年，前260年。《正义佚文》引《括地志》曰："头颅山一名白起台，在泽州高平县西五里。"又引《上党记》曰："秦坑赵兵，收头颅筑台于垒中，因山为台，崔嵬桀起，今号白起台也。"

④王还，不听秦：崔适曰："'王还不听秦'五字，不知所谓，当是衍文。"杨宽以为"王还"指赵王回到邯郸。"不听秦"指不接受秦国进一步要求割地的条件。

⑤秦围邯郸：《集解》引徐广曰："在九年。"杨宽曰："（长平战后）赵王入朝于秦，请割地求和。一度赵王为秦所留，其后秦'许之媾'，而许其归国。赵王归国后与群臣商讨'割六城而媾'之事。秦使人索六城于赵，不能得，因而秦再攻赵，围邯郸。"

⑥武垣令傅豹、王容、苏射率燕众反燕地：傅豹等乃率其县民反燕以归赵也。武垣，燕邑名。在今河北肃宁东南。按，一县岂能有三人为县令？"傅豹"下应增"及"字读。

⑦赵以灵丘封楚相春申君：谢孝苹曰："春申君黄歇有救赵之功，赵以灵丘封之。"按，依谢说则此句应移至下文"秦围邯郸乃解"句下。灵丘，赵邑名。治即今山西灵丘东固城。春申君，楚国公子。其事详见《春申君列传》。

【译文】

七年，廉颇被免，赵括接替廉颇为将。秦军包围赵括，赵括率军投降，四十多万士兵都被坑杀。孝成王后悔不听赵豹的意见，因此才有长平之祸。

孝成王回到都城邯郸，不答应秦国的割地要求，于是秦军围困邯郸。

武垣令傅豹和王容、苏射率领县民反燕以归赵。赵国把灵丘封给了楚相春申君。

八年[①]，平原君如楚请救[②]。还，楚来救[③]，及魏公子无忌亦来救[④]，秦围邯郸乃解[⑤]。

十年[⑥]，燕攻昌壮[⑦]，五月拔之。赵将乐乘、庆舍攻秦信梁军[⑧]，破之。天子死[⑨]。而秦攻西周，拔之[⑩]。徒父祺出[⑪]。

十一年[⑫]，城元氏[⑬]，县上原[⑭]。武阳君郑安平死[⑮]，收其地。

十二年[⑯]，邯郸廥烧[⑰]。

十四年，平原君赵胜死[⑱]。

【注释】

①八年：应作“九年”，前257年。

②平原君如楚请救：其事详见《平原君列传》。

③楚来救：春申君黄歇率兵救援事，详见《春申君列传》。

④魏公子无忌亦来救：魏公子无忌窃符夺晋鄙军以救赵事，详见《魏公子列传》。

⑤秦围邯郸乃解：泷川引中井积德曰：“‘邯郸’二字疑衍。”

⑥十年：当齐王建之九年，前256年。

⑦昌壮：《正义》曰：“‘壮’字误，当作‘城’。”昌城，赵邑名。治在今河北冀州西北。

⑧乐乘：乐毅的族人，原为燕将，被廉颇所俘，遂降赵，为赵将。庆舍：赵将。原齐人。信梁：《正义》曰：“盖王龁号也。《秦本纪》云：‘昭襄王五十年，王龁从唐拔宁新中，宁新中更名安阳。’今相州理县也。年表云‘韩、魏、楚救赵新中军，秦兵罢’，是也。”

⑨天子死:《集解》引徐广曰:“是年周赧王卒,或者‘太子’云‘天子’乎?”按,《集解》说是,“太子”乃“天子”之误。今据改。

⑩秦攻西周,拔之:《秦本纪》云:“于是秦使将军摎攻西周。西周君走来自归,顿首受罪,尽献其邑三十六,口三万。”西周从此遂灭,时为秦昭王五十一年,前256年。西周君的国都王城,即今河南洛阳。

⑪徒父祺出:《正义》曰:“赵见秦拔西周,故令徒父祺将兵出境也。”杨宽曰:“秦拔西周,天子绝灭,故赵使徒父祺出访邻国,图谋联合挽救。”徒父祺,赵将。

⑫十一年:前255年。

⑬元氏:赵邑名。治在今河北元氏西北,西汉时为常山郡郡治。

⑭县上原:设置上原县,在今河北元氏西。

⑮武阳君郑安平死:郑安平,原秦国将领,后降赵。杨宽曰:“郑安平降赵后,虽封为武阳君而有封地,二年后即不得意而死,与王稽、范雎死于同年。”

⑯十二年:前254年。

⑰邯郸廥(kuài)烧:《索隐》曰:“廥,积刍藁之处,为火所烧也。”

⑱十四年,平原君赵胜死:梁玉绳曰:“年表、列传在十五年,此误。”十四年,前252年。

【译文】

孝成王八年,平原君到楚国请求派兵援救。平原君回国后,楚国果然派兵前来援救,魏公子无忌也率兵前来援救,秦国见势撤兵,邯郸之围遂得解除。

孝成王十年,燕军攻打昌城,五个月后攻取。赵将乐乘、庆舍率军进攻秦将信梁,赵军获胜。天子去世。秦军攻打西周,西周被灭。赵国派徒父祺率军出境,做出援救西周之状。

孝成王十一年,修筑元氏城,设置上原县。降赵的秦将武阳君郑安平去世,收回其封地。

孝成王十二年，邯郸堆放柴草的房舍被烧。

孝成王十四年，平原君赵胜去世。

十五年[①]，以尉文封相国廉颇为信平君[②]。燕王令丞相栗腹约欢[③]，以五百金为赵王酒[④]，还归，报燕王曰："赵氏壮者皆死长平[⑤]，其孤未壮[⑥]，可伐也。"王召昌国君乐间而问之[⑦]。对曰："赵，四战之国也[⑧]，其民习兵，伐之不可。"王曰："吾以众伐寡，二而伐一，可乎？"对曰："不可。"王曰："吾即以五而伐一，可乎？"对曰："不可。"燕王大怒。群臣皆以为可。燕卒起二军，车二千乘[⑨]，栗腹将而攻鄗，卿秦将而攻代[⑩]。廉颇为赵将，破杀栗腹，虏卿秦，乐间奔赵[⑪]。

【注释】

①十五年：当为齐王建十四年，前251年。

②尉文：赵邑名。具体方位说法不一，有说即代郡之蔚州，有说在今河北无极西，有说即今河北广平。信平君：廉颇的封地在尉文，封号为信平君。《正义》曰："言笃信而平和也。"

③燕王：指燕王喜，前254—前222年在位。栗腹：燕将。此时为燕相。约欢：约为友好之国。此处乃为"约欢"而出使。

④以五百金为赵王酒：意即为赵王献上五百金而贺酒。

⑤赵氏壮者皆死长平：王念孙曰："'氏'当为'民'，字之误也。《燕世家》及《燕策》皆作'民'。"王叔岷曰："《燕策》作'民'，《燕世家》作'王'。《廉颇蔺相如列传》《通鉴》并无'氏'字。"

⑥孤：少而无父为"孤"。

⑦昌国君乐间：乐间是燕国名将乐毅之子，被燕国封为昌国君，以承袭其父乐毅的封号。有关乐间之事，详见《乐毅列传》。

⑧四战之国：胡三省曰："言其四境皆邻于强敌，四面拒战也。"

⑨卒（cù）起二军，车二千乘：突然出动了两支军队，两千辆战车。《战国策·燕策三》作"遽起六十万以攻赵"。卒，同"猝"，突然。

⑩卿秦：燕将。姓卿名秦。

⑪"破杀栗腹"三句：底本原文于此作"破杀栗腹，虏卿秦、乐间"。徐孚远曰："乐间以谏燕王不听，自归赵，非战败被虏也。"梁玉绳曰："'乐间'下缺'奔赵'二字，《燕策》作'入赵'，《燕世家》《乐毅传》作'奔赵'，可证。"按，梁氏说是，"乐间"下应补"奔赵"二字。以上栗腹怂恿燕王伐赵而被赵国破杀事，详见《战国策·燕策三》与《燕召公世家》。

【译文】

孝成王十五年，将尉文邑封给相国廉颇，封号为信平君。燕王喜让丞相栗腹与赵国修好，献上金五百斤为赵王贺酒。栗腹回国后向燕王报告说："赵国的壮丁都死于长平，他们的遗孤还没长大，可以趁机进攻它。"燕王喜召见昌国君乐间征求意见。乐间说："赵国是四面临敌的国家，它的民众惯于作战，不可攻打。"燕王喜说："我以众伐寡，两个打一个，可以吗？"乐间说："不可。"燕王喜说："我用五个打他一个，可以吗？"乐间说："不可。"燕王大怒。群臣都认为可以。燕国突然出动了两支军队，两千辆战车，一支由栗腹率领去进攻鄗邑，一支由卿秦带领去进攻代地。这时廉颇为赵国大将，他打败并杀死了栗腹，俘虏了卿秦，乐间逃往赵国。

十六年①，廉颇围燕②。以乐乘为武襄君③。

十七年④，假相大将武襄君攻燕⑤，围其国⑥。

十八年⑦，延陵钧率师从相国信平君助魏攻燕⑧。秦拔我榆次三十七城⑨。

十九年⑩，赵与燕易土⑪：以龙兑、汾门、临乐与燕，燕以葛、武阳、平舒与赵⑫。

【注释】

①十六年：当燕王喜五年，前250年。

②廉颇围燕：据《燕召公世家》，燕将栗腹、卿秦率军侵赵，被廉颇打败后，廉颇遂率赵军进围燕都蓟城，直至燕王派出亲赵的将渠为相求和，赵始退兵。

③武襄君：封号。《正义》曰："襄，举也，上也。言乐乘功最高也。"

④十七年：前249年。

⑤假相：代理宰相。这里只是"加官"，空有其位号而已，当时赵国的宰相是廉颇。

⑥国：指国都。

⑦十八年：当魏安釐王二十九年、燕王喜七年，前248年。

⑧延陵钧：赵将。姓延陵，名钧。

⑨秦拔我榆次三十七城：杨宽《战国史表》曰："秦攻取赵榆次、新城、狼孟等三十七城。"事在赵孝成王十九年、秦庄襄王三年，前247年。榆次，赵邑名。即今山西榆次。

⑩十九年：当燕王喜八年，前247年。

⑪易土：交换土地。易，交换。

⑫以龙兑、汾门、临乐与燕，燕以葛、武阳、平舒与赵：龙兑，在今河北满城北。汾门，又称"长城门"，乃燕国在其南境靠易水所建长城的主要城门之一，在今河北徐水西北。临乐，在今河北固安西南。葛，燕邑名。在今河北高阳东北。武阳，即燕下都，在今河北易县东南，是燕国西南方向的重要门户，也是具有军事重镇性质的别都。平舒，燕邑名。在今河北大城东。

【译文】

孝成王十六年，廉颇包围燕国。赵国封前来归顺的乐乘为武襄君。

孝成王十七年，带有赵国国相虚衔的大将武襄君乐乘率赵军攻打燕国，包围了燕国的都城。

孝成王十八年，赵将延陵钧率军跟随相国信平君廉颇助魏军进攻燕国。秦军攻占了赵国的榆次等三十七座城池。

孝成王十九年，赵国和燕国交换土地：赵国把龙兑、汾门、临乐给燕国；燕国把葛、武阳、平舒给赵国。

二十年①，秦王政初立②。秦拔我晋阳③。

二十一年④，孝成王卒。子偃立，是为悼襄王⑤。廉颇将，攻繁阳⑥，取之。使乐乘代之，廉颇攻乐乘，乐乘走，廉颇亡入魏⑦。

【注释】

①二十年：前246年。

②秦王政：秦王嬴政，即日后的秦始皇，前246—前210年在位。梁玉绳曰："'政'字应作'正'。"参见《秦本纪》注。

③秦拔我晋阳：梁玉绳曰："事在十九年，非二十年也。"晋阳，赵邑名。在今山西太原西南。

④二十一年：前245年。

⑤子偃立，是为悼襄王：按，此句通行本原放在"廉颇亡入魏"后，梁玉绳说"子偃立，是为悼襄王"八字应移至上句，与"孝成王卒"四字相接，梁说有理，今据改。悼襄王，前244—前236年在位。

⑥繁阳：魏邑名。在今河南内黄西北。

⑦"使乐乘代之"四句：悼襄王信谗令乐乘代廉颇，廉颇不服而攻乐乘，已而奔魏事，详见《廉颇蔺相如列传》。

【译文】

孝成王二十年，秦王嬴政即位。秦军攻占了赵国的晋阳。

孝成王二十一年，孝成王去世。其子赵偃继位，这就是悼襄王。廉颇率军，进攻繁阳，将其占领。悼襄王派乐乘接替廉颇，廉颇攻打乐乘，乐乘逃走,廉颇逃奔魏国。

悼襄王元年[①],大备魏,欲通平邑、中牟之道,不成[②]。

二年[③],李牧将[④],攻燕,拔武遂、方城[⑤]。秦召春平君[⑥],因而留之。泄钧为之谓文信侯曰[⑦]:“春平君者,赵王甚爱之而郎中妒之[⑧],故相与谋曰‘春平君入秦,秦必留之’[⑨],故相与谋而内之秦也[⑩]。今君留之,是绝赵而郎中之计中也。君不如遣春平君而留平都[⑪]。春平君者言行信于王[⑫],王必厚割赵而赎平都。”文信侯曰:“善。”因遣之[⑬]。城韩皋[⑭]。

【注释】

①悼襄王元年:前244年。

②“大备魏”三句:《正义》于“备”下断句,谓“大备”为“行大备之礼”,将“魏”字连下句读,作“魏通平邑、中牟之道不成”。《周季编略》云:“‘大备魏’,句。赵欲以平邑通中牟,事不成而备之也。”杨宽曰:“《周季编略》所读为是。中牟在今河南鹤壁西,原为赵之旧都,现被魏人占领。平邑为赵邑,下文‘傅抵将,居平邑’,可证。平邑在今河南南乐县。赵于上年攻魏取得繁阳,繁阳在今河南内黄县北,正当平邑之西,由此渡黄河向西经黄城、荡阴可达中牟。是年赵大备魏,盖大修战备,欲开通自平邑向西直通至中牟之道路,以备进军之用,未得成功。”按,赵之紧急防备魏国,似乎尚与廉颇之刚刚逃入魏国有关。

③二年:当燕王喜十二年,前243年。

④李牧:赵国名将。其事详见《廉颇蔺相如列传》。

⑤武遂:燕邑名。在今河北徐水西。方城:燕邑名。在今河北固安南。按,《廉颇蔺相如列传》系此事于悼襄王元年,杨宽以为当是

事情起于元年,而终于二年。

⑥春平君:《战国策》作“春平侯”,陈直引《小校经阁金文》亦作“春平侯”。《正义》以为是赵国太子。泷川引中井积德曰:“据‘甚爱’‘妒之’‘言行信’等语,春平君必王之亲臣矣,非太子。且太子未闻有君号者。”杨宽曰:“春平侯与平都侯当如平原君、平阳君,同为公子而封为君侯者,故可以作为留秦之人质。《正义》以春平侯为悼襄王之太子,不确。《六国表》‘太子从质秦归’,‘太子’疑是‘公子’之误。春平侯又长期为相邦,由赵孝成王晚年直至悼襄王八九年。所见春平侯矛剑,既有十五年、十七年者,又有元年至八年者。”

⑦泄钧:鲍彪曰:“秦人。”当时的一个说客。文信侯:即吕不韦,时为秦相。其事详见《吕不韦列传》。

⑧郎中:官名。帝王身边的侍卫近臣。

⑨相与:一起。

⑩内:同“纳”。

⑪遣春平君:放回春平君。平都:鲍彪曰:“春平与平都皆赵人。”梁玉绳曰:“《策》作‘平都侯’,此似脱‘侯’字。”按,平都侯事迹不详。王骏图曰:“疑即春平君之副使也。”

⑫言行信于王:言与行都受赵王信任。

⑬因遣之:于是放回了春平君。因,于是。以上泄钧说吕不韦遣归春平君事,详见《战国策·赵策四》。

⑭韩皋:赵邑名。方位不详。

【译文】

悼襄王元年,紧急防备魏国入侵。赵国想修通自平邑至中牟的道路,没有成功。

悼襄王二年,李牧为赵将,领兵攻燕,占领了武遂、方城。秦王召见春平君,借故把他扣留。泄钧为救春平君对文信侯吕不韦说:“春平君这个人，赵王特别喜爱而郎中们却忌妒他，所以郎中互相商议说‘春平君到秦国，秦国一定扣留他’，于是他们一起商量把春平君送到秦国。如今您把春平君扣留了，这是断绝和赵国的关系而中了郎中的奸计。您不如放回春平君，扣留他的副使平都侯。春平君的言行受到赵王信任，赵王一定会割让许多土地赎平都侯回去。”文信侯说：“好。”于是放回了春平君。赵国在韩皋筑城。

三年[①]，庞煖将[②]，攻燕，禽其将剧辛[③]。

四年[④]，庞煖将赵、楚、魏、燕之锐师，攻秦蕞[⑤]，不拔；移攻齐，取饶安[⑥]。

五年[⑦]，傅抵将，居平邑[⑧]；庆舍将东阳河外师[⑨]，守河梁[⑩]。

六年[⑪]，封长安君以饶[⑫]。魏与赵邺[⑬]。

九年[⑭]，赵攻燕，取貍、阳城[⑮]。兵未罢，秦攻邺，拔之[⑯]。悼襄王卒，子幽缪王迁立[⑰]。

【注释】

①三年：当燕王喜十三年，前242年。

②庞煖（xuān）：赵将。

③禽：同“擒”。剧辛：燕将。

④四年：当秦王政六年，前241年。

⑤将赵、楚、魏、燕之锐师，攻秦蕞（zuì）：梁玉绳曰：“此失书韩。”盖五国联军共攻秦也。《始皇本纪》作“韩、魏、赵、卫、楚共击秦”，梁玉绳以为“卫”乃“燕”之误。蕞，秦邑名。在今陕西临潼北。

⑥移攻齐，取饶安：五国既西攻秦，又转而东攻齐者，因秦国施行“远交近攻”政策，齐国转而亲秦的缘故。饶安，齐邑名。在今山东庆云西北。

⑦五年:前240年。

⑧傅抵将,居平邑:傅抵为赵将,率军驻扎平邑。

⑨东阳:赵邑名。在今山东武城东北。河外师:即驻扎在东阳一带的赵国军队,因东阳地处当时的黄河东面,从赵都邯郸而言是在“河外”。战国与秦汉时期,人们习惯称今河南之黄河以北地区曰“河内”,称黄河以南地区曰“河外”。

⑩河梁:黄河上的桥梁、渡口。

⑪六年:前239年。

⑫长安君:杨宽曰:“此‘长安君’乃秦王政之弟成蟜,因降赵而受封,非孝成王之弟长安君也。”饶:赵邑名。县治在今河北饶阳东北。

⑬邺:魏邑名。在今河北临漳西南。

⑭九年:当燕王喜十九年,前236年。

⑮貍:燕邑名。治在今河北任丘北。阳城:燕邑名。在今河北保定西南。

⑯秦攻邺,拔之:《六国年表》作“秦拔我阏与、邺,取九城”。杨宽《战国史表》作“秦派王翦、桓、杨端和攻赵,攻取阏与、橑阳、邺、安阳等九城”。其《战国史料编年辑证》又云:“赵王于上年入朝于秦,秦王置酒咸阳接待,于是秦赵相合,秦许赵攻燕;后因燕使者进说秦王,秦又起兵救燕而攻赵,拔赵九城。”时为秦王政十一年。

⑰幽缪王迁:名迁,前235—前228年在位。“幽”“缪”二字都是谥号。《谥法解》:“壅遏不通曰幽,早孤铺位曰幽,动祭乱常曰幽。”“名与实爽曰缪。”《集解》引徐广曰:“《年表》及《史考》赵迁皆无谥。”《索隐》曰:“盖秦灭赵之后,人臣窃追谥之。”陈子龙曰:“或武臣、张耳之时追谥。”

【译文】

悼襄王三年,庞煖为赵将,率军攻燕,俘获燕将剧辛。

悼襄王四年,庞煖率领赵、楚、魏、燕四国的精锐部队进攻秦国的蕞邑，未能攻下；于是转攻齐国，夺取了饶安邑。

悼襄王五年，傅抵为赵将，率军驻扎平邑；庆舍率领驻扎在黄河以南东阳邑的赵军，守卫黄河的桥梁、渡口。

悼襄王六年，把饶邑封给了长安君成蟜。魏国把邺邑割给了赵国。

悼襄王九年，赵军进攻燕国，夺取了貍邑与阳城邑。战事尚未结束，秦军就攻占了邺邑。悼襄王去世，他的儿子幽缪王赵迁即位。

幽缪王迁元年[①]，城柏人[②]。

二年[③]，秦攻武城[④]，扈辄率师救之，军败，死焉[⑤]。

三年[⑥]，秦攻赤丽、宜安[⑦]，李牧率师与战肥下，却之[⑧]。封牧为武安君[⑨]。

四年[⑩]，秦攻番吾[⑪]，李牧与之战，却之[⑫]。

五年[⑬]，代地大动[⑭]，自乐徐以西[⑮]，北至平阴[⑯]，台屋墙垣太半坏[⑰]，地拆东西百三十步[⑱]。六年，大饥[⑲]，民讹言曰[⑳]：“赵为号，秦为笑。以为不信，视地之生毛[㉑]。”

【注释】

①幽缪王迁元年：前235年。

②城柏人：修筑柏人城。柏人，赵邑名。在今河北隆尧西。

③二年：当秦王政十三年，前234年。

④武城：赵邑名。在今河北磁县西南。梁玉绳曰：“不及‘平阳’，略也。”按，“平阳”在今河北磁县东南，当时的武城东北，两地相距不远。

⑤“扈辄（hù zhé）率师救之”三句：扈辄，赵将。其事又见《廉颇蔺相如列传》。不同处是说扈辄被杀于“武遂”，似应作“武城”。军败，死焉，《六国年表》作：“桓齮击平阳，杀赵扈辄，斩首十万。”

杨宽《战国史表》作:"秦将桓攻赵之平阳、武城,杀赵将扈辄。"

⑥三年:当秦王政十四年,前233年。

⑦赤丽:赵邑名。大约在今河北藁城境内。宜安:赵邑名。在今河北藁城。

⑧李牧率师与战肥下,却之:杨宽《战国史表》于此作:"桓继续攻赵赤丽、宜安,被赵将李牧大破于肥,桓出奔。"肥下,肥邑城下。肥邑在今河北藁城东南。

⑨封牧为武安君:封李牧为武安君。"武安君"是封号,未必其封地即在"武安",战国时称"武安君"的多有,如苏秦、白起皆是。

⑩四年:当秦王政十五年,前232年。

⑪番(pó)吾:也作"鄱吾",赵邑名。在今河北平山西北。

⑫李牧与之战,却之:《六国年表》于此作"秦拔我狼孟、鄱吾,军邺"。杨宽《战国史表》作:"秦大举攻赵,一军攻到邺;一军太原攻到番吾,为赵将李牧所败。"史珥曰:"二年之间两纪战功,喜牧也,亦惜牧也,言外有无限痛赵自毁长城意。"

⑬五年:前231年。

⑭代地大动:代地发生了大地震。

⑮乐徐:赵邑名。在今河北涞源东南。

⑯平阴:赵邑名。在今山西阳高东南。

⑰太半:大半。

⑱地坼(chè)东西:地面裂为东、西两块。坼,裂开。百三十步:指裂缝的长度为一百三十步。史文记此,盖以为是赵国灭亡之先兆。

⑲六年,大饥:六年,当秦王政十七年,前230年。此年韩国被秦所灭。大饥,大灾荒。

⑳讹言:谣言。李笠曰:"'讹'盖'谣'字之误,《风俗通·六国》篇作'童谣',可证。"

㉑"赵为号"四句:杨宽曰:"所谓'赵为号,秦为笑',盖秦可乘赵大

饥而灭赵，次年赵即为秦灭。”号，号哭。以为不信，假如认为不可信。地之生毛，泷川曰：“言不生五谷。毛，草也。”

【译文】

幽缪王赵迁元年，修筑柏人城。

幽缪王二年，秦军进攻武城，赵将扈辄率军往救，兵败身死。

幽缪王三年，秦军进攻赤丽、宜安二地，李牧率军与秦军战于肥城下，击退秦军。赵王封李牧为武安君。

幽缪王四年，秦军进攻番吾，李牧率军与之交战，又击退了秦军。

幽缪王五年，代地大地震，自乐徐以西，北到平阴，楼台、房屋、墙垣大半被毁，地面裂为东、西两块，裂沟长达一百三十步。六年，大饥荒，百姓谣传说：“赵人哭，秦人笑。要是不相信，请看地里长的草。”

七年①，秦人攻赵，赵大将李牧、将军司马尚将②，击之。李牧诛，司马尚免③，赵怱及齐将颜聚代之④。赵怱军破，颜聚亡去⑤。以王迁降。

八年十月⑥，邯郸为秦⑦。

【注释】

①七年：当秦王政十八年，前229年。

②秦人攻赵，赵大将李牧、将军司马尚将：秦国主将为王翦。司马尚，赵将。其事见《廉颇蔺相如列传》。

③李牧诛，司马尚免：《廉颇蔺相如列传》云：“秦使王翦攻赵，赵使李牧、司马尚御之。秦多与赵王宠臣郭开金，为反间，言李牧、司马尚欲反。赵王乃使赵葱及齐将颜聚代李牧。李牧不受命，赵使人微捕得李牧，斩之。废司马尚。”按，关于李牧之死，《战国策·赵策》与此叙述相同，而《秦策》有异说，详见《廉颇蔺相如列传》注。

④赵忽：赵王的族人。时为赵将。颜聚：曾为齐将，后归赵国。

⑤赵忽军破，颜聚亡去：《廉颇蔺相如列传》于此云："后三月，王翦因急击赵，大破杀赵葱，虏赵王迁及其将颜聚，遂灭赵。"按，《秦始皇本纪》系"王翦、羌瘣尽定取赵地东阳，得赵王"于秦王政十九年，即赵王迁八年，今系于七年下，误。

⑥八年十月：赵王迁八年即秦王政十九年，前228年。

⑦邯郸为秦：邯郸成为秦国的领地。按，邯郸陷落与赵王迁被虏同在此年，不当分系于两年。

【译文】

幽缪王七年，秦人进攻赵国，赵国大将李牧与将军司马尚率兵，迎击秦军。李牧被赵王所杀，司马尚被免职，赵忽和齐国将军颜聚接替了他们的职务。赵忽战败，颜聚逃走。赵王迁被俘投降。

幽缪王八年十月，邯郸成为秦国的领地。

太史公曰：吾闻冯王孙曰[①]："赵王迁，其母倡也[②]，嬖于悼襄王[③]。悼襄王废適子嘉而立迁[④]。迁素无行[⑤]，信谗，故诛其良将李牧，用郭开[⑥]。"岂不缪哉[⑦]！秦既虏迁，赵之亡大夫共立嘉为王[⑧]，王代六岁，秦进兵破嘉，遂灭赵以为郡[⑨]。

【注释】

①吾闻冯王孙曰：冯王孙，名遂，字王孙，冯唐之子。其人亦见于《张释之冯唐列传》。按，此"吾闻冯王孙曰"之"吾"，顾颉刚、赵生群以为是司马谈，不是司马迁，因为司马迁的生年要比冯王孙晚五六十年，可参看《张释之冯唐列传》注。

②倡：歌女。

③嬖：受宠爱，受宠幸。

④適子嘉：原来嫡系继承人名嘉。適，同“嫡”。

⑤素：向来，一向。

⑥诛其良将李牧，用郭开：诛杀了良将李牧，而重用宦者郭开。郭开，赵国末期的宦者，曾谗害过廉颇。其事详见《廉颇蔺相如列传》。

⑦岂不缪哉：唐顺之曰：“太史公论《赵世家》独及王迁者，以迁信谗诛将，赵宗以覆，盖罪之也。太史公凡于美刺，但揭其要者，此殆一端耳。”王叔岷曰：“《赵策》《李牧传》《冯唐传》并称‘王迁信郭开谗，斩李牧’。《列女传》又称倡后‘多受秦赂，而使王诛其良将武安君李牧’。是迁之斩李牧，兼信倡后之谗矣。”缪，通“谬”，错误。

⑧亡大夫：亡国之后的诸大夫。立嘉为王：立故太子嘉为代王，都于代邑，今河北蔚县东北。代王嘉事，又见于《燕召公世家》与《刺客列传》。

⑨“王代六岁”三句：王代六岁，前222年，秦进兵破嘉，据《秦本纪》，秦将王贲灭燕后，“还攻代，虏代王嘉”，事在秦王政二十五年，前222年。遂灭赵以为郡，灭赵后在赵地设立了邯郸、恒山、代、巨鹿、上党、太原、九原、云中等郡。徐孚远曰：“嘉既王代，亦赵之余也，不可不记，故附于赞语中。”史珥曰：“非独补传所遗，亦特揭以示戒也。”杨宽曰：“当作‘遂灭代以为郡’。”按，赵国自前403年被正式策立为诸侯，至前222年被秦所灭，共立国一百八十一年。

【译文】

太史公说：我听冯王孙说：“赵王迁的母亲是个歌女，深得悼襄王的宠爱。悼襄王废掉了嫡子赵嘉而让赵迁为太子。赵迁向来品行不正，轻信谗言，所以诛杀了良将李牧，而重用宦者郭开。”这难道不荒谬吗！秦军俘虏了赵迁后，赵国逃亡的大夫们共同拥立赵嘉为王，在代地称王六年。秦国进兵攻破赵嘉的军队，终于灭了赵国，把它改设为郡。

【赵国诸侯世系表】

赵襄子（前475—前425）——桓子（襄子弟，前424）——献侯（襄子子，前423—前409）——烈侯（献侯子，前408—前387）——敬侯（烈侯子，前386—前375）——成侯（敬侯子，前374—前350）——肃侯（成侯子，前349—前326）——武灵王（肃侯子，前325—前299）——惠文王（武灵王子，前298—前266）——孝成王（惠文王子，前265—前245）——悼襄王（孝成王子，前244—前236）——王迁（悼襄王子，前235—前228）——代王嘉（悼襄王子，前227—前222）被秦所灭。

【集评】

茅坤曰："次赵衰所由始及所由中绝与简子所由兴如画。而武灵王胡服以招骑，其所北却林胡、楼烦，并中山以西，通云中、九原，于以窥秦，可谓英武矣。惜哉，不幸中殂，至于两立公子分王其地，遂亡沙丘宫，悲夫！"（《史记钞》）

苏辙曰："赵于战国，强国也，非大失计未遽亡也。孝成王贪上党之利，不听赵豹而听赵胜，以致秦怒，一失矣；使廉颇拒秦长平，听秦之间而使赵括代颇，再失矣；赵括既败，邯郸被围，虞卿请以重宝附楚魏，以援国示秦，则秦媾可合，王不能用，而听赵豹使郑朱入秦求媾，由此莫肯救赵，三失矣。……由此观之，非秦独能败赵，而赵之所以自败者多矣。"（《古史》）

李景星曰："《赵世家》是一篇极奇肆文字，在诸世家中特为出色。通篇如长江大河，一波未平，一波复起，令览之者应接不暇，故不觉其长。用笔节节变化，有移步换形之妙。如叙程婴、公孙杵臼存赵孤事，以淋漓激昂胜；叙武灵王议胡服事，以纵横跌宕胜；叙公子章等作乱，公子成、李兑等兴兵围主父事，以历落缠绵胜。尤其妙者，在以四梦为点缀，使前后骨节通灵：赵盾之梦，为赵氏中衰，赵武复兴伏案也；赵简子之梦，为灭中行氏、灭智伯等事伏案也；赵武灵王之梦，为废嫡立幼，以致祸乱伏案也；赵孝成王之梦，为贪地受降，丧师长平伏案也。以天造地设之事为埋针伏线之笔，而演出神出鬼没之文，那不令人拍案叫绝！赞语刺诋赵王迁，为千古泄愤，傲岸权奇，雅与前称。”(《史记评议》)

【评论】

《赵世家》是战国时期东方六国“世家”纪事最详尽、也最具体、生动的篇章。从结构上说，它以赵盾、赵简子、赵武灵王、赵孝成王的四个梦境为线索，贯穿了整个赵国的发展史。这种写法，使得文章一波未平，一波又起，回环勾连，引导读者在“解梦”的探奇与兴奋中往下阅读，《赵世家》虽为长篇却并不让人觉得长。这种写法也使赵国历史的发展进程带有了一种宿命色彩，增强了文章的传奇性，颇似后代的传奇小说。

从人物塑造上来说，本篇重点写了赵盾、赵简子、赵襄子和赵武灵王，每个人物都性格鲜明，各具特色。赵盾是赵氏家族第一个独揽晋国政权的人物，在他之前晋国还没有哪个大臣有这样的权力，《史记》突出的就是他权臣的独断专行的一面。赵简子为赵国的建立奠定了基础，他与知氏、韩氏、魏氏联合灭掉了范氏、中行氏，挑选了襄子作为继承人，是位极具魄力的人物。赵襄子是赵氏国家的实际创建者，他的性格特点是坚忍而有谋略。知伯侮辱他，他对手下群臣说：“君所以置毋卹。为能忍询。”在晋阳被围的三年中，他坚持不降，终于等到了与韩、魏联合打败知伯的机会。而他在赵简子选择继承人时，识破赵简子让诸子往常山寻宝的谜题，以“从常山上临代，代可取也”回复赵简子，显出他胸怀不俗，智谋超群。赵武灵王是司马迁最为欣赏的人物之一，他的人物形象也是四人中最为丰满的。他有勇有谋，锐意进取，“胡服骑射”是对传统观念、习俗的大挑战与革新，打破了中原文化内部循环的封闭状态，为中原文化植入了新的文化因子，对后世产生了深远的影响，尽显其恢宏的气度和魄力；将赵国的发展战略方向从南面的中原转到北面的中山、胡地，则反映出他作为一个战略家的高瞻远瞩和雄才伟略；至于假扮使者入秦以窥虚实，则可见其敢想敢做、英雄霸气的性格。而他最后因废长立幼又不忍心长子受委屈，优柔寡断，被公子成、李兑等兴兵围困，竟至饿死于沙丘宫，其结局之悲惨，与齐桓公死后因诸子争立而六十七日无人收尸，“尸虫出于户”一样，教训也是十分深刻的，他是司马迁笔下最令人痛惜的悲剧英雄之一。

《赵世家》的传奇性、故事性强，其中最著名的就是“赵氏孤儿”事件。但这个事件不见于《左传》《国语》，前辈学者已指出了它的诸多不可信，它应该是司马迁依据民间传说所加工独创的作品。如梁玉绳说：“晋方鼎盛，乌容擅兵相杀，横索宫闱，诸大夫竟结舌袖手，任其专恣无忌耶？匿孤报德，视死如归，乃战国侠士、刺客所为，春秋之世无此风俗。则斯事固妄诞不可信，而所谓屠岸贾、程婴、杵臼，恐亦无其人也。”赵翼说：“按《春秋》经文及《左》《国》，俱但云‘晋杀赵同、赵括’，未尝有赵朔也。其时朔已死，……而《史记》谓朔与同、括同日被杀，已属互异；武从姬氏畜于公宫，则被难时已有武，并非庄姬入宫后始生，而《史记》谓是‘遗腹子’，又异。以理推之，晋景公未失国政，朔妻其姊也，公之姊既在宫中生子，贾何人竟敢向宫中索之，如曹操之收伏后乎？况其时尚有栾武子、知庄子、范文子，及韩献子共主国事，区区一屠岸贾，位非正卿，官非世族，乃能逞威肆虐一至此乎？”这段故事张扬了司马迁的人生观、价值观是显而易见的，这就是“士为知己者死”，同时它也充分表现了司马迁的“好奇”，为了突出他的意图而不惜舍弃事实、采用传说的大胆做法。但我们更应该注意这个故事背后所显现的晋国公室与晋国权臣之间的斗争。晋国的权臣执政是从晋文公时代开始；到晋灵公时代，赵盾已经大权独揽。赵盾原想废掉晋灵公，未成，从而形成了幼主与权臣的矛盾，后来晋灵公被赵氏所杀。公室对权臣的愤怒是可以想象的。到晋景公时代，晋国公室曾以讨伐杀晋灵公之贼而灭掉了赵氏的一批人，史谓“下宫之难”。再过一些年，晋厉公杀了郤氏等一批强悍不驯的权臣，跟着执政的权臣栾书又杀了晋厉公。就这样此起彼伏，晋国公室在这种循环中逐渐衰弱，直到赵、魏、韩三家分晋。所以我们看这个故事，不能只停留在司马迁所渲染的“忠与奸的斗争”或“为家族复仇”的层面上。

赵襄子的故事也很精彩。首先是他的出场亮相。姑布子卿遍相赵简子诸子，都不成材，偏说身份卑贱的翟婢之子毋卹是“真将军”，还说“天所授，虽贱必贵”。之后，“简子尽召诸子与语，毋卹最贤”，又识破简子常山寻宝的用意，表现出有谋略、有智勇的不俗才气。这一段与《孟尝君列传》写孟尝君的亮相相似，都是一个不被待见的孩子表现出超群的才智而终得赏识，只不过孟尝君所显示的是一种才思机敏、口角凌厉，而赵襄子则显示了远见卓识的英主之风。另一个故事是赵襄子处理与知伯矛盾的故事：“知伯醉，以酒灌击毋卹。毋卹群臣请死之，毋卹曰：‘君所以置毋卹，为能忍询。’然亦愠知伯。知伯归，因谓简子，使废毋卹，简子不听。毋卹由此怨知伯。”这里表现的是赵襄子的隐忍识大局。同时，这段史实也是后来赵、魏、韩三家灭掉知伯后，赵襄子将知伯的头制作成饮器以为报复之深恨的由来。又因赵襄子这种极端的行为，引出了《刺客列传》中豫让的反复行刺赵襄子。

赵国在战国初、中期可称强国，在赵武灵王、赵惠文王时期，东控强齐，西按强秦，对战国格局产生了重要影响，可是在赵孝成王之后就迅速衰落，其中的教训也十分深刻。司马迁在论赞中提到了赵王迁无行信谗，杀李牧，用郭开，自毁长城，为此叹惋不已，这是赵国败亡的原因之一。事实上赵孝成王贪图上党才是赵国崩溃的关键。赵孝成王贪上党而利令智昏，引起长平之战，战时又中反间计用纸上谈兵的赵括换下老成持重的廉颇，导致四十余万赵军被杀，既而邯郸被围，赵国几乎灭亡。虽然诸侯施以援手，但赵国元气大伤，灭亡已是早晚的事了。所以赵孝成王的贪婪、自大，在决策中连续犯下严重错误，也是赵国败亡的重要原因。苏辙说："非秦独能败赵，而赵之所以自取败者多矣。"足以发人深省。

本篇纪年错误较多。比较重要的如赵襄子元年。本篇："定公三十七年简子卒，除三年之丧，期而已。""晋出公十七年，简子卒，太子毋卹代立，是为襄子。""赵襄子元年，越围吴。"这里有两个时间点：晋定公三十七年与越围吴之年，都是前475年，而晋出公十七年，是前456年。《六国年表》定赵襄子元年在前457年。司马迁原意，赵襄子在位共三十三年，其元年为前457年，其卒年为前425年；但据杨宽等学者考证，赵襄子卒于前425年，而实在位五十一年，其元年为当前475年。

再如："九年，烈侯卒，弟武公立。武公十三年卒，赵复立烈侯太子章，是为敬侯。"实则据钱穆、杨宽等学者考证，赵无武公，当司马迁著《史记》时，赵之记载犹有存者，中山为赵之邻国，并为赵所灭，因而中山之事常附载于赵之记载中，司马迁把中山武公当作赵武公了，所以这段史事记载有误。事实是赵烈侯在位二十二年，去世后太子章继位，即赵敬侯。

史记卷四十四

魏世家第十四

【释名】

《魏世家》记述了魏氏家族在晋国的发展壮大,后与韩、赵三分晋室建立魏国,直至战国末被秦所灭的历史。全文以魏文侯即位为界,分为两部分。第一部分,主要记述春秋时期魏氏家族在晋国的史事。主要事件有:毕万事晋献公,受封魏地;魏武子事重耳,成为晋国执政大臣之一;魏绛事晋悼公,助晋悼公复霸;魏献子事晋昭公,成为执政正卿,魏氏益强;魏桓子与韩、赵共灭知伯,分其地。第二部分,为本篇主体,记述魏国在战国时期的史事。战国初期,魏文侯灭中山,礼贤下士,魏国大治;至魏惠王时,迁都大梁,魏国霸业达到鼎盛,但由于在马陵、桂陵两次大败于齐,又败于秦,魏国由盛转衰;至魏安釐王时,在合纵、连横中几经反复,不听信陵君公子无忌之计,魏地日削,至魏王假三年(前225)被秦所俘,魏国灭亡。篇末论赞,对魏国不用信陵君致使国家灭亡表达了深深感慨。

魏之先,毕公高之后也。毕公高与周同姓①。武王之伐纣②,而高封于毕,于是为毕姓③。其后绝封④,为庶人⑤,或在中国,或在夷狄⑥。其苗裔曰毕万⑦,事晋献公⑧。

【注释】

①毕公高与周同姓：毕公，名高，周文王之子，周武王灭商之后，封在毕，即今陕西咸阳东北。与周同姓，谓皆姓姬。梁玉绳曰："《左传》富辰说文王之子十六国，有毕，此云'与周同姓'，似不用左氏之说。马融亦云'毕、毛，文王庶子'。"又曰："《书·顾命》疏王肃亦云'文王庶子'，而《唐表》魏氏世系云'文王第十五子'。"按，富辰语见《左传·僖公二十四年》。

②武王之伐纣：其事详见《殷本纪》《周本纪》，《夏商周年表》将周武王灭商之年推定为前1046年。

③高封于毕，于是为毕姓：毕公高在周武王伐纣与周国初建时事，详见《周本纪》。当周武王灭纣后入纣宫祭天时，"武王弟叔振铎奉陈常车，周公旦把大钺，毕公把小钺，以夹武王"；当建立周初的秩序时，周武王"乃使其弟管叔鲜、蔡叔度相禄父治殷，已而命召公释箕子之囚，命毕公释百姓之囚，表商容之间"。毕，其都在今陕西咸阳东北。

④其后绝封：他的后代中断了封爵。绝，断。

⑤庶人：平民。

⑥或在中国，或在夷狄：中国，指中原地区。夷狄，泛指当时的少数部族地区。周初建国时，周王国与其所封的各个诸侯国与原来的各少数部族错落相处，犬牙交错，非如后世之华夏在中原，少数民族处四裔也。

⑦苗裔：后代子孙。

⑧晋献公：名诡诸，晋武公之子，前676—前651年在位。

【译文】

魏氏的祖先，是毕公高的后代。毕公高和周天子同姓。周武王征伐商纣王的时候，高被封在毕邑，于是就以毕为姓。他的后代中断了封爵，变成了平民，有的居住在中原，有的流落到夷狄。他的后代子孙有个叫毕万的，侍奉晋献公。

献公之十六年[①]，赵夙为御，毕万为右[②]，以伐霍、耿、魏[③]，灭之。以耿封赵夙，以魏封毕万，为大夫[④]。卜偃曰[⑤]："毕万之后必大矣。万，满数也[⑥]；魏，大名也[⑦]。以是始赏，天开之矣[⑧]。天子曰兆民，诸侯曰万民[⑨]。今命之大[⑩]，以从满数，其必有众[⑪]。"初，毕万卜事晋[⑫]，遇《屯》之《比》[⑬]。辛廖占之[⑭]，曰："吉。《屯》固，《比》入[⑮]，吉孰大焉，其必蕃昌[⑯]。"

【注释】

①献公之十六年：前661年。

②赵夙（sù）为御，毕万为右：赵夙任御夫，毕万为车右。赵夙，晋文公臣赵衰的祖父。御，此处指御者，驾车、赶车的人。右，车右，也作"骖乘"，古代乘车站在车右者，以充当警卫。

③霍、耿、魏：皆为当时的小国。霍，在今山西霍州西南；耿，在今山西河津东南；魏，在今山西芮城北。

④大夫：古代职官名。周代在国君之下有卿、大夫、士三等。有自己的领地。

⑤卜偃：晋国掌占卜的大夫，"偃"为其名。

⑥万，满数也：《晋世家》之《集解》引服虔曰："数从一至万为满。"

⑦魏，大名也：《晋世家》之《集解》引服虔曰："魏，喻'巍'，巍，高大也。"

⑧天开之矣：犹言上天开启了其家族的兴旺和昌盛的福祉，即上天福佑的意思。开，《左传》原文作"启"，司马迁避汉景帝刘启讳改用"开"字。

⑨天子曰兆民，诸侯曰万民：天子的黎民百姓称作"兆民"，诸侯的

黎民百姓称作“万民”。杨伯峻引沈彤曰:“《尚书·吕刑》所称‘兆民赖之’,《鲁颂·閟宫》之美僖公曰‘万民是若’是也。但《盘庚》云‘汝万民乃不生生’,则天子亦有称‘万民’者。”

⑩命之大:谓以大数名之。命,名,起名。

⑪有众:拥有众多的人民。意谓日后将成为大国。

⑫卜事晋:占卜前往奉事晋君是否可行。

⑬遇《屯》之《比》:先得到《屯卦》,后变化成《比卦》。《晋世家》之《集解》引贾逵曰:“震下坎上《屯》,坤下坎上《比》。《屯》初九变之《比》。”

⑭辛廖:杜预谓之“晋大夫”者非,“若在晋国而筮,何得云‘筮仕于晋’? 又有‘辛甲’‘辛有’并是周人”。杨伯峻引刘炫说以为周大夫。

⑮《屯》固,《比》入:杜预曰:“屯,险难,所以为坚固;比,亲密,所以得入。”泷川曰:“云雷结而不散,故屯有‘固’义;地上有水,渗入之象,故比有‘入’义。”

⑯蕃昌:兴旺昌盛。按,以上毕万起家事,详见《左传·闵公元年》及《晋世家》。

【译文】

晋献公十六年,赵夙任御夫,毕万为车右,护卫晋献公讨伐霍、耿、魏,灭掉了这三个小国。晋献公将耿地封给了赵夙,将魏地封给了毕万,二人都成了大夫。卜偃说:“毕万的后代必定会强大起来啊! 万是满数,魏是高大的名号。以此作为最初的奖赏,这是上天为他开启了福祉呀。天子的黎民百姓称作兆民,诸侯的黎民百姓称作万民。现在封他的名号是大数,后边又跟着满数,他一定会拥有众多的民众。”当初,毕万占卜事奉晋君是否可行,得到的是从《屯》卦变为《比》卦。辛廖推断说:“吉利。《屯》卦象征坚固,《比》卦象征进入,还有什么比这个更吉利呢,其后代必定繁衍昌盛。”

毕万封十一年[1]，晋献公卒，四子争更立，晋乱[2]。而毕万之世弥大[3]，从其国名为魏氏[4]。生武子[5]。魏武子以魏诸子事晋公子重耳[6]。

晋献公之二十一年[7]，武子从重耳出亡[8]。十九年反，重耳立，为晋文公[9]，而令魏武子袭魏氏之后封[10]，列为大夫[11]，治于魏[12]。

【注释】

①毕万封十一年：晋献公二十六年，前651年。

②“晋献公卒”三句：晋献公受其宠妃骊姬的挑动，杀害了太子申生，并驱逐了公子夷吾、重耳等人。晋献公死后，骊姬之子奚齐即位，大臣里克杀奚齐；荀息又立奚齐之弟悼子，里克又杀悼子，而迎立公子夷吾，是为晋惠公。晋惠公在位十四年去世，其子晋怀公即位，这时重耳在秦国的武力援助下返回晋国，杀死晋怀公，取得君位，是为晋文公。奚齐、悼子、夷吾、重耳四人争夺君位，更相取代，晋国内乱一直没有间断。其事详见《左传》与《晋世家》。更，更换，轮换。

③毕万之世：毕万的后代。世，代。弥大：更加壮大。弥，更，益。

④从其国名为魏氏：依从他的封地之名，遂以“魏”为其姓氏。

⑤生武子：据司马迁，武子犨即为毕万之子。梁玉绳曰：“《世本》，毕万生芒季，芒季生武仲州，即武子犨，故杜预云‘毕万，魏犨祖父’。此言万生武子，恐非。又此世家叙世次多缺名及谥，疏也。”武子，名犨，故称“武子犨”；后封于魏，又称“魏犨”。

⑥诸子：皆非嫡长子。晋公子重耳：即日后的晋文公。

⑦晋献公之二十一年：前656年。

⑧重耳出亡：重耳为避祸逃亡国外十九年事，详见《左传·僖公二

十三、四年》与《晋世家》。

⑨“十九年反”三句：重耳逃亡十九年，先后到过翟、卫、曹、齐、宋、郑、楚，最后由秦国以武力护送回国登君位，其事在晋怀公元年，前636年，详见《左传·僖公二十三、四年》及《晋世家》。在此前一年晋惠公去世，次年为其子晋怀公元年，此年正月重耳回国杀晋怀公即位，于是历史上遂称此年为“文公元年”。反，同“返”。

⑩令魏武子袭魏氏之后封：令魏武子继承了魏氏家族的封爵与领地。袭，继承。魏犨不是嫡长子，本无此继承权，但晋文公以他随自己出亡有功，遂令他承袭下来。

⑪列为大夫：似应作“封为列大夫”，意即让他成为诸执政大臣之一。

⑫治于魏：以魏邑为都城。魏邑，在今山西芮城西北。

【译文】

毕万受封十一年后，晋献公去世，四子相争，更迭即位，晋国内乱。而毕万的子孙却更加壮大，依据他的封地之名，姓魏氏。毕万生魏武子。魏武子以魏氏庶子的身份侍奉晋公子重耳。

晋献公二十一年，魏武子跟随重耳出国流亡。十九年后返回晋国，重耳即位为晋文公，让魏武子承袭魏氏后代的封爵，置身于大夫的行列，治所设在魏邑。

生悼子①。魏悼子徙治霍②。生魏绛③。魏绛事晋悼公④。悼公三年⑤，会诸侯。悼公弟杨干乱行⑥，魏绛僇辱杨干⑦。悼公怒曰：“合诸侯以为荣，今辱吾弟！”将诛魏绛⑧。或说悼公⑨，悼公止。卒任魏绛政，使和戎翟⑩，戎翟亲附。

悼公之十一年⑪，曰：“自吾用魏绛，八年之中，九合诸侯，戎、翟和，子之力也。”赐之乐，三让，然后受之。徙治安邑[12]。魏绛卒，谥为昭子。生魏嬴。嬴生魏献子[13]。

【注释】

①生悼子：《索隐》曰："《世本》云'武仲生庄子绛'，无悼子。"

②魏悼子徙治霍：魏悼子将治所由魏邑迁到了霍邑，今山西霍州西南。《索隐》曰："《系本·居》篇曰：'魏武子居魏，悼子徙霍。'……则是有悼子，《系本》卿大夫代自脱耳。"

③魏绛：对晋悼公称霸有着重大贡献的人物，其事详见下文及《左传》。绛，《世本》作"降"。

④晋悼公：名周，又称"周子""孙周""公子周"，前572—前558年在位。

⑤悼公三年：前570年。

⑥杨干：《左传》《国语》作"扬干"。乱行（háng）：扰乱军阵。

⑦魏绛僇（lù）辱杨干：指魏绛杀了杨干的车夫以示惩戒。僇、辱，二词同义，羞辱，侮辱。

⑧诛：惩罚。

⑨或：有人。说（shuì）：劝说。

⑩使和戎翟：派他去与戎翟修好。戎、翟，古代称西方少数民族为"戎"，称北方少数民族为"翟"。翟，同"狄"。

⑪悼公之十一年：前562年。

⑫徙治安邑：魏绛将治所迁到了安邑，今山西垣曲西。

⑬魏献子：名舒，谥献。

【译文】

魏武子生悼子。悼子将治所迁到了霍邑。悼子生魏绛。魏绛奉事晋悼公。晋悼公三年，与诸侯会盟。晋悼公的弟弟杨干扰乱了军阵秩序，魏绛杀了杨干的车夫羞辱杨干。晋悼公大怒，说："我本以会合诸侯为荣，如今我的弟弟却受到侮辱！"就要惩罚魏绛。有人劝阻晋悼公，晋悼公才罢手。最终晋悼公任用魏绛当政,派他去与戎翟修好,戎翟纷纷亲近归附晋国。

悼公十一年,晋悼公说:“自从我任用了魏绛,八年之中,九次会合诸侯,戎、翟也与我国和睦相处,这全靠您的努力呀!”于是赐给魏绛女乐歌钟,魏绛再三谦让,然后才接受赏赐。魏绛将治所迁到了安邑。魏绛去世后,谥为昭子。他生有魏嬴。魏嬴生了魏献子。

献子事晋昭公①。昭公卒而六卿强,公室卑②。晋顷公之十二年③,韩宣子老④,魏献子为国政⑤。晋宗室祁氏、羊舌氏相恶⑥,六卿诛之,尽取其邑为十县⑦,六卿各令其子为之大夫⑧。献子与赵简子、中行文子、范献子并为晋卿⑨。

其后十四岁而孔子相鲁⑩。后四岁⑪,赵简子以晋阳之乱也⑫,而与韩、魏共攻范、中行氏⑬。魏献子生魏侈⑭。魏侈与赵鞅共攻范、中行氏⑮。

魏侈之孙曰魏桓子⑯。与韩康子、赵襄子共伐灭知伯,分其地⑰。

【注释】

①晋昭公:名夷,晋悼公之孙,晋平公之子,前531—前526年在位。

②六卿强,公室卑:晋国的六卿强盛了起来,公室衰微了下去。泷川曰:“‘六卿强,公室卑’,据昭十六年《左传》鲁人子服昭伯语。”六卿,指韩氏、赵氏、魏氏、范氏、中行氏、智氏六个家族,长期以来在晋国把持政权。卑,与“强”相对,衰弱的意思。

③晋顷公之十二年:前514年。晋顷公,名弃疾,晋昭公之子,前515—前512年在位。

④韩宣子老:韩宣子,名起,韩厥之子,“宣”为其谥号。老,致仕,退

休。梁玉绳曰:“按昭二十八年《左传》,‘宣子卒’,非‘老’也。”

⑤为国政:治理国政,执政。即魏献子此时被任命为相。

⑥晋宗室祁氏、羊舌氏相恶:据《左传·昭公二十八年》,祁盈欲杀其族人祁胜,祁胜贿赂荀跞,荀跞言之于晋顷公,反而将祁盈捉起。祁盈的党人愤而杀祁胜,于是晋顷公(实乃六卿)遂将祁氏和与之交好的羊舌氏一起灭掉。“相恶”者乃祁盈与祁胜,非祁氏与羊舌氏。《晋世家》作“祁傒孙、叔向子,相恶于君”,皆司马迁误读。祁氏、羊舌氏,晋国的两家宗室贵族,祁氏的首领叫祁盈(祁奚之孙),羊舌氏的首领叫杨食我(叔向之子)。相恶,相互结怨,相互攻击。

⑦尽取其邑为十县:包括祁氏的领地七个县,羊舌氏的领地三个县,共十个县。

⑧六卿各令其子为之大夫:梁玉绳曰:“十县大夫除赵朝、韩固、魏戊、知徐吾四姓外,其六人者皆以贤举,岂尽六卿之子姓族属乎?《史》误。”

⑨赵简子:名鞅,赵武之孙。中行文子:荀寅,荀偃之孙,荀吴之子。范献子:范吉射,士鞅之子。并为晋卿:中井积德曰:“六卿不数智、韩氏者,脱文耳。”

⑩其后十四岁:当晋定公十二年,前500年。孔子相鲁:《鲁周公世家》《六国年表》等皆载此事,多数史家认为夹谷之会,孔子只是以“傧相”的身份参与,从未做过鲁国之相,而司马迁乃俨然将孔子书为鲁国之相,且著于《秦本纪》与春秋时代之诸国“世家”、《伍子胥列传》等篇,实大误。

⑪后四岁:梁玉绳曰:“‘四’当作‘三’。”即晋定公十五年,前497年。

⑫晋阳之乱:赵简子杀赵午所引发晋阳之乱事,详见《左传·定公十三年》及《晋世家》《赵世家》。晋阳,在今山西太原西南。当时为赵氏家族的都城。

⑬与韩、魏共攻范、中行氏：知伯想打击范氏、中行氏，遂以讨伐叛乱为名率领韩氏、魏氏进攻范氏、中行氏，将范氏、中行氏逐出了国外。其事详见《左传·定公十三年》与《晋世家》《赵世家》。此处行文不提“知伯”，似乎是赵简子“与韩、魏共攻范、中行氏”，似欠明晰。

⑭魏献子生魏侈：梁玉绳曰：“按《世本》，‘献子生简子，简子生襄子’，故杜云‘襄子，魏舒孙曼多也’。此少简子一代。”魏侈即魏襄子。

⑮魏侈与赵鞅共攻范、中行氏：冈白驹曰：“上文所谓‘与韩、魏共攻范、中行氏者’。”按，此句乃补叙上文。

⑯魏桓子：名驹。

⑰与韩康子、赵襄子共伐灭知伯，分其地：事在周定王十六年，前453年。范、中行氏二族被逐出晋国后，在所剩的四大贵族中，知氏的势力最强。知伯向赵襄子索取土地，赵襄子不给，知伯遂挟持韩、魏二族共同讨伐赵氏。赵襄子暗中拉拢韩、魏两族倒戈，三家遂灭掉知氏而将其领地瓜分。其事详见《战国策·赵策》与《赵世家》。韩康子，名虎，见《韩世家》之《索隐》，此文之《索隐》曰“名虔”者误。赵襄子，名“毋卹”，一作“无恤”，赵简子之子。知伯，也作“智伯”，名瑶，知氏家族的首领。

【译文】

魏献子奉事晋昭公。晋昭公去世后，晋国的六卿强盛了起来，公室衰微了下去。晋顷公十二年，韩宣子告老致仕，魏献子执掌国政。晋国宗族祁氏和羊舌氏互相攻击，六卿将他们诛杀，全部收回他们的封邑，分为十个县，六卿分别派儿子去十县为大夫。魏献子与赵简子、中行文子、范献子共同担任晋卿。

这之后的第十四年，孔子出任鲁国的傧相。四年后，赵简子因为晋阳之乱，而与韩氏、魏氏一起进攻范氏、中行氏。魏献子生魏侈。魏侈与赵鞅共同攻打范氏、中行氏。

魏侈的孙子叫做魏桓子。魏桓子与韩康子、赵襄子共同讨伐消灭了知伯,瓜分了他的封地。

桓子之孙曰文侯都[1]。魏文侯元年[2],秦灵公之元年也[3]。与韩武子、赵桓子、周威王同时[4]。

六年[5],城少梁[6]。

十三年[7],使子击围繁、庞[8],出其民。

十六年[9],伐秦,筑临晋、元里[10]。

十七年,伐中山,使子击守之[11],赵仓唐傅之[12]。子击逢文侯之师田子方于朝歌[13],引车避[14],下谒[15]。田子方不为礼[16]。子击因问曰[17]:"富贵者骄人乎[18]?且贫贱者骄人乎?"子方曰:"亦贫贱者骄人耳。夫诸侯而骄人则失其国,大夫而骄人则失其家[19]。贫贱者,行不合,言不用,则去之楚、越[20],若脱蹝然[21],奈何其同之哉!"子击不怿而去[22]。西攻秦[23],至郑而还[24],筑雒阴、合阳[25]。

【注释】

①文侯都:《世本》与《六国年表》皆作"斯",此作"都"者误。又,《世本》称文侯斯乃魏驹之子,与此称"桓子之孙"者异。

②魏文侯元年:据《六国年表》推定,其年为前424年。但现代学者陈梦家、杨宽等据《竹书纪年》推算,魏文侯元年应是周定王二十四年,即前445年,前424年已是魏文侯之二十二年。杨宽以为此年乃魏文侯"自称为侯而改元之年"。陈、杨氏说是。按,《史记》有关魏国诸侯的系年,多有讹误,今于《魏世家》与《六国年表》皆随文注明之。

③秦灵公:名失考,一作“肃灵”,前424—前415年在位。

④韩武子:名启章,韩虎之子,前424—前409年在位。赵桓子:名嘉,毋卹之子,前424年在位。周威王:也称“周威烈王”,前425—前402年在位。

⑤六年:应作“二十七年”,当秦灵公六年,前419年。

⑥少梁:后也称“夏阳”,在今陕西韩城西南。

⑦十三年:应作“三十四年”,当秦简公三年,前412年。

⑧子击:名击,魏文侯的太子,即日后的魏武侯。繁、庞:皆秦邑名。在今陕西韩城东南。

⑨十六年:应作“三十七年”,当秦简公六年,前409年。

⑩临晋:在今陕西大荔东南。元里:在今陕西澄城东南。

⑪“十七年”三句:杨宽曰:“魏文侯伐灭中山,乃借道于赵,赵不得已而借之。”又曰:“魏文侯谋伐中山,当在攻取秦之西河之后。既以乐羊为主将而攻中山,又命吴起率战胜于西河之师,会合进攻中山,更命太子击监督而主其事。”十七年,应作“三十八年”,前408年。中山,春秋后期鲜虞人所建国名。其都顾,即今河北定州。

⑫赵仓唐傅之:乐羊攻灭中山后,魏文侯派他的太子击前往镇守,让赵仓唐辅助他。傅,辅佐,辅助。

⑬田子方:字无择,战国时儒生,曾师从孔子的弟子子夏,被魏文侯尊以为师。《庄子》《吕氏春秋》《儒林列传》中都有关于他的一些记载。朝歌:魏邑名。今河南淇县。

⑭引车避:把车子驱到旁路以让出正路,以表示对来者的敬意。

⑮下谒:下车拜见。谒,拜见,进见。

⑯不为礼:不还礼。

⑰因:于是,就。

⑱骄人:傲视人,对人傲慢。

⑲大夫而骄人则失其家：大夫要是对人傲慢就会亡家。而，若。失其家，丧失其封地与爵号。古代天子分封诸侯曰“建国”，诸侯分封大夫曰“建家”。大夫之“家”包括领地、封爵与其人众等。

⑳去之楚、越：离开而前往楚、越之地。楚、越之地，当时被认为是尚未开化的地方。

㉑脱躧（xǐ）：脱掉破鞋子。极言不吝惜。躧，草鞋。

㉒不怿（yì）：不快，不高兴。按，此故事又见于《韩诗外传》《说苑·尊贤》，而其框架又与《战国策·齐策》之颜斶对齐宣王大致相同。

㉓西攻秦：当在秦简公之七年，前408年。

㉔郑：秦邑名。今陕西渭南华州区。西周后期郑国初建时即都于此，故称“郑”。

㉕筑雒阴、合阳：杨宽曰：“魏于上年与此年连续伐秦，先后攻取临晋、元里、雒阴、郃阳（即合阳）等地，并筑城，并曾长驱直入至郑，于是秦之河西地区全为魏所占有。秦乃退守洛水，沿洛水修筑防御工事，即谓‘堑洛’，并在重泉筑城防守。”雒阴，古邑名。即今陕西大荔，原属秦。合阳，古邑名。在今陕西合阳东南，原属秦。

【译文】

魏桓子的孙子是文侯魏斯。魏文侯元年，也就是秦灵公元年。魏文侯与韩武子、赵桓子、周威王同时。

文侯六年，修筑少梁邑。

文侯十三年，派子击围攻繁、庞，驱逐居民而占有其地。

文侯十六年，进伐秦国，在新获取的临晋、元里两邑筑城。

文侯十七年，攻灭中山国，派子击镇守中山，让赵仓唐辅佐他。子击在朝歌遇见文侯的老师田子方，子击引车避让，下车拜谒。田子方没还礼。子击就问他说：“是富贵之人可以对人傲慢呢，还是贫贱之人可以对人傲慢呢？”田子方说：“当然是贫贱之人可以对人傲慢了。诸侯要是对人傲慢就会亡国，大夫要是对人傲慢就会亡家。贫贱之人，如果行为不相投合，意见不被采纳，就会离开这里到楚国、越国去，如同脱掉破鞋一样。怎么能同富贵之人相提并论呢！”子击不悦而去。魏国向西攻打秦国，一直打到郑邑才撤兵，在洛阴、合阳筑城据守。

二十二年，魏、赵、韩列为诸侯①。

二十四年②，秦伐我，至阳狐③。

二十五年④，子击生子罃⑤。文侯受子夏经艺⑥，客段干木，过其闾，未尝不轼也⑦。秦尝欲伐魏，或曰⑧：“魏君贤人是礼，国人称仁，上下和合⑨，未可图也⑩。”文侯由此得誉于诸侯⑪。任西门豹守邺⑫，而河内称治⑬。

【注释】

①二十二年，魏、赵、韩列为诸侯：此年周威烈王正式策命三家为诸侯。缪文远《战国史系年辑证》曰：“三晋称侯，乃由上年周王命三晋伐齐有功而起，故本年周王命三家为侯，实具有酬庸性质。”按，据杨宽考证，三晋胜齐的战斗，即“王命韩景子、赵烈子、翟员伐齐，入长城”。见载于《纪年》，《吕览》之《下贤》《不广》，《淮南子·人间训》等，而《史记》不载，是重大遗漏。二十二年，应作“四十三年”，前403年。

②二十四年：应作“四十五年”，当秦简公十四年，前401年。

③阳狐：魏邑名。仓修良以为在今山西垣曲东南。按，此说可疑，当时临晋、郑邑等河西诸地皆为魏国占有，秦兵何得贸然东出至垣曲东南？《正义》乃以为在魏州元城东北（今河北大名东），则更为离奇。

④二十五年：应作“四十六年”，前400年。

⑤子罃（yīng）：即日后的魏惠王。

⑥受子夏经艺：向子夏学习儒家经典。受，受教，学习。子夏，姓卜名商，字子夏，孔子弟子，以文学见称。孔子去世后，他居西河（今山西临汾）。魏文侯任为太常，以师事之。其事详见《仲尼弟子列传》。经艺，指儒家经典。儒家用以讲学之《诗》《书》《礼》《乐》《易》《春秋》"六经"，也称"六艺"。

⑦"客段干木"三句：《正义》引《吕氏春秋》云："魏文侯见段干木，立倦而不敢息；及见翟璜，踞于堂而与之言。翟璜不悦，文侯曰：'段干木，官之则不肯，禄之则不受。今汝欲官则相至，欲禄则上卿至，既受吾赏，又责吾礼，无乃难乎？'"客，视之为客，即尊敬的意思。段干木，姓段干，名木，当时有名的高士。《吕氏春秋》《淮南子》《儒林列传》中都有关于他的一些记载。闾，里巷的大门。轼，颜师古曰："车前横木。古者立乘，凡言'轼车'者，谓俯首抚轼，以礼致人。"

⑧或曰：王叔岷曰："《淮南子·修务》篇作'司马庾谏曰'，高注：'庾，秦大夫也。或作"唐"。'作'唐'与《吕氏春秋·期贤》篇合。《新序·杂事》五作'司马唐且'。"

⑨和合：和睦同心。

⑩图：图谋。

⑪得誉于诸侯：得到诸侯的称誉。誉，称誉，称誉赞美。

⑫西门豹：姓西门名豹，当时有名的地方官。按，西门豹治邺时，曾有整治地方恶俗之所谓"河伯娶妇"及大力兴修水利的故事，详见褚少孙补《滑稽列传》。邺：魏邑名。在今河北临漳西南。

⑬河内：地区名。即指今河北临漳、磁县和与之邻近的河南安阳一带，因其处于当时的古黄河西北，故称"河内"。《正义》曰："古帝王之都多在河东、河北，故称河北为'河内'，河南为'河外'。又云河从龙门南至华阴，东至卫州，折东北入海，曲绕冀州，故言

‘河内’也。”

【译文】

文侯二十二年，魏、赵、韩三家列入诸侯谱籍。

文侯二十四年，秦国前来进犯，到达阳狐。

文侯二十五年，子击生子䓨。魏文侯曾向子夏学习儒家经典，他以贵客之礼对待段干木，每次经过段干木的里门时，未曾不俯首抚轼。秦国曾想攻伐魏国，有人劝谏秦君说：“魏君礼贤下士，国人称颂他的仁德。魏国上下和睦，团结一心，不可图谋呀。”魏文侯由此得到诸侯的赞誉。魏文侯任命西门豹守邺县，因而河内号称清平安定。

魏文侯谓李克曰[①]：“先生尝教寡人曰：‘家贫则思良妻，国乱则思良相。’今所置非成则璜[②]，二子何如？”李克对曰：“臣闻之，卑不谋尊，疏不谋戚[③]。臣在阙门之外[④]，不敢当命[⑤]。”文侯曰：“先生临事勿让[⑥]。”李克曰：“君不察故也[⑦]。居视其所亲，富视其所与，达视其所举，穷视其所不为，贫视其所不取[⑧]。五者足以定之矣，何待克哉[⑨]！”文侯曰：“先生就舍[⑩]，寡人之相定矣[⑪]。”李克趋而出[⑫]，过翟璜之家[⑬]。翟璜曰：“今者闻君召先生而卜相[⑭]，果谁为之[⑮]？”李克曰：“魏成子为相矣。”翟璜忿然作色曰：“以耳目之所睹记，臣何负于魏成子[⑯]？西河之守[⑰]，臣之所进也。君内以邺为忧，臣进西门豹。君谋欲伐中山，臣进乐羊[⑱]。中山以拔，无使守之，臣进先生[⑲]。君之子无傅，臣进屈侯鲋[⑳]。臣何以负于魏成子！”李克曰：“且子之言克于子之君者[㉑]，岂将比周以求大官哉[㉒]？君问而置相‘非成则璜，二子何如’[㉓]？克对曰：‘君不察故也。居视其所亲，富视其所与，达视其所举，穷视其所不为，贫视其所不取。五者足以定之矣，何待克哉！’是以知魏成子之为相也。且子安得与魏成子比乎[24]？魏成子以食禄千钟[25]，什九在外，什一在内[26]，是以东得卜子夏、田子方、段干木。此三人者，君皆师之。子之所进五人者，君皆臣之。子恶得与魏成子比也[27]？”翟璜逡巡再拜曰[28]：“璜，鄙人也[29]，失对[30]，愿卒为弟子[31]。”

【注释】

①李克：一作“李悝”。辅佐魏文侯进行变法。他的改革措施促进了经济的发展，使魏国成为战国初期的强国之一。由此处对话魏文侯称李克“先生”，以及李克对翟璜称魏文侯为“子之君”看，李克此时似乎还不是魏臣。杨宽以为“李克”与“李悝”不是一个人，见《战国史》。

②成：即公子成，魏文侯之弟，即下文的“魏成子”。璜：即翟璜，魏国大臣。

③卑不谋尊，疏不谋戚：意谓地位卑贱的人不替地位尊贵的人谋划，关系疏远的人不替关系亲近的人谋划。

④阙（què）门：指宫门或宫城之门。因宫门前往往有左、右各一的阙，故称。

⑤当命：应命。

⑥让：推让，辞让。

⑦君不察故也：您自己没有留心观察的缘故。

⑧“居视其所亲”五句：泷川曰：“《吕氏春秋·论人》篇云：‘凡论人之道，通则观其所礼，贵则观其所进，富则观其所养，听则观其所行，止则观其所好，习则观其所言，穷则观其所不受，贱则观其所不为。’盖本李克语。”王叔岷曰：“《晏子春秋·内篇问上》：‘通

则视其所举，穷则视其所不为，富则视其所分，贫则视其所不取。'《尸子·劝学》：'观其富之所分，达之所进，穷之所不取。'《鹖冠子·道端》篇：'富者观其所予，足以知仁；贵者观其所举，足以知忠；……贱者观其所不为，足以知贤。'《淮南子·氾论》篇：'贵则观其所举，富则观其所施，穷则观其所不受，贱则观其所不为，贫则观其所不取。'此盖古语，诸书所记略有出入。《吕氏春秋·论人》篇云云，未必即本李克语也。"居，平时家居。与，交往。达，职位显达。

⑨五者足以定之矣，何待克哉：梁玉绳曰："《吕览·举难》《新序》四述李克云'君若置相，则问乐腾与王孙苟端孰贤'，盖传闻异辞耳，故《说苑·臣术》所载略同。"

⑩就舍：意即回家去吧。就，返回，归。舍，屋舍，府第。

⑪寡人之相定矣：我的国相已经确定了。

⑫趋：在君父前小步疾行，是古人的一种礼节，以示敬意。

⑬过翟璜之家：到翟璜家中拜访。过，访。

⑭卜相：选择谁来做相。卜，选择。

⑮果：究竟，终究。

⑯臣何负于魏成子：我哪一点比不上魏成子。负，亏，不足。

⑰西河之守：西河郡的郡守。此指吴起，其事详见《孙子吴起列传》。西河郡，指今陕西东部邻近黄河的大荔、澄城、韩城等一带，当时属魏。

⑱乐羊：魏将，乐毅先祖。其伐中山事，详见《乐毅列传》。

⑲"中山以拔"三句：上文明言"使子击守之"，此曰"臣进先生"，前后失联络。以，通"已"。

⑳君之子无傅，臣进屈侯鲋：上文明作"赵仓唐傅之"，今乃曰"臣进屈侯鲋"，前后失联络。侯鲋，魏吏。由翟璜举荐，做了太子击的傅。

㉑且：此处用同"夫"，句首发语词。

㉒比周：结党，勾结。即今之所谓“狼狈为奸”。

㉓而：按，“而”字不顺，似应削。

㉔安：怎能，哪里能。

㉕食禄：享受俸禄。钟：古代的称量单位，六斛（石）四斗为一钟。

㉖什九在外，什一在内：十分之九用于家庭以外，十分之一用于家庭之内。

㉗恶得：如何能够。恶，也写作“乌”，怎么，如何。

㉘逡（qūn）巡：徘徊、迟疑的样子。再拜：拜了两拜。

㉙鄙人：浅薄、鄙陋之人。自谦之词。

㉚失对：此处指话说得不得体。

㉛愿卒为弟子：凌稚隆引陈沂曰：“李克再述对文侯之言，意完而文自郑重。”卒，指终身。

【译文】

魏文侯对李克说：“先生曾经教导寡人说：‘家贫则思贤妻，国乱则思贤相。’如今要任命国相，不是魏成子就是翟璜，你觉得这两个人谁更合适？”李克回答说：“我听说，地位卑贱的人不替地位尊贵的人谋划，关系疏远的人不替关系亲近的人谋划。我的职责在宫门之外，不敢承担这个使命。”文侯说：“先生面对事情就不要推让了。”李克说：“这是您没有留心观察的缘故。平时看他亲近哪些人，富有时看他结交哪些人，显贵时看他推举哪些人，失意时看他不做哪些事情，贫贱时看他不要哪些东西。有这五条就足能决定选谁了，哪里还用得着问我呢！”文侯说：“先生请回吧，我的国相已经确定了。”李克快步走出宫门，来到翟璜家中拜访。翟璜说：“听说君主今天召见先生去选择国相人选，终究是谁当国相呢？”李克说：“魏成子当国相了。”翟璜一听变了脸色，生气地说：“就凭耳目的所见所闻，我哪一点输于魏成子？西河守将吴起，是我推荐的。国君忧虑邺县的问题，我举荐了西门豹。国君要灭中山，我又举荐了乐羊。中山攻取之后，无人镇守，我又向国君推举了您。国君的太子没有合适的师傅，我举荐了屈侯鲋。我哪一点输于魏成子！”李克说：“您把我推荐给您的君主，难道就是为了结党营私、谋求做大官吗？君主问我设置国相的事，说‘不是魏成子就是翟璜，这两个人谁更合适呢’？我回答说：‘这是您没有留心观察的缘故。平时看他亲近哪些人，富有时看他结交哪些人，显贵时看他推举哪些人，失意时看他不做哪些事情，贫贱时看他不要哪些东西。有这五条就足能决定选谁了，哪里还用得着问我呢！’因此我知道魏成子要做国相了。再说，您怎么能和魏成子相比呢？魏成子食禄千钟，其中的十分之九是用在家族之外，只有十分之一用在自己家里，所以他从东方得到了卜子夏、田子方、段干木。这三位贤者，国君都尊之为师。而您所推荐的五个人，国君只是把他们当作臣子。您怎么能和魏成子相比呢？”翟璜怅然若失地向李克拜了两拜说：“我是个粗陋浅薄的人，刚才的话说得不对，我甘愿终身做您的弟子。”

二十六年，虢山崩，壅河①。

三十二年②，伐郑③。城酸枣④。败秦于注⑤。

三十五年⑥，齐伐取我襄陵⑦。

三十六年⑧，秦侵我阴晋⑨。

三十八年⑩，伐秦，败我武下，得其将识⑪。是岁，文侯卒⑫，子击立，是为武侯。

【注释】

①二十六年，虢（guó）山崩，壅河：按，古代视山崩、地震等为重大灾变，以为预示人世将有严重灾祸，故书之于史。二十六年，应作“四十七年”，前399年。虢山，《正义》引《括地志》曰：“虢山在陕州陕县（今河南三门峡陕州区西北）西二里，临黄河。今临河有冈阜，似是颓山之余也。”按，此地即古虢国之旧都，所谓上阳

者是也。壅河,堵塞了黄河。

②三十二年:应作“武侯三年”,当秦惠公七年,前393年。魏文侯于前396年去世,在位共五十年。

③伐郑:讨伐郑国。当时郑国的国君为郑康公,国都即今河南新郑。

④城酸枣:修筑酸枣城。酸枣,魏邑名。在今河南延津西南。

⑤败秦于注:钱穆、仓修良皆以为“注”即“注人”,在今河南汝州西北。按,汝州偏东,疑当时秦兵难以至此。杨宽《战国年表》以为“注”乃“汪”之讹。汪,秦邑名。在今陕西澄城西南。杨说近是。

⑥三十五年:应作“武侯六年”,当齐康公十五年,前390年。

⑦襄陵:魏邑名。即今河南睢县。

⑧三十六年:应作“武侯七年”,当秦惠十一年,前389年。

⑨阴晋:魏邑名。在今陕西华阴东。

⑩三十八年:应作“武侯九年”,当秦惠公十三年,前387年。

⑪败我武下,得其将识:黄式三曰:“既获秦将,又言败我,疑有讹夺。”王叔岷曰:“秦虽败魏,魏亦得秦一将,固可能之事,此文无讹夺。”武下,武城城下。武城,秦邑名。在今陕西渭南华州区东。将识,秦将。其名为“识”,史失其姓。

⑫是岁,文侯卒:按,文侯卒于周安王六年,前396年,此言“是岁文侯卒”,误。苏辙曰:“魏文侯非战国之君也,内师事卜子夏,友田子方,敬段干木,被服儒者,身无失德。用吴起、西门豹、李悝,尽力耕战,民赖以富,而敌不敢犯。外以礼与信交接诸侯,与韩、赵无怨,终其身魏人不知战国之患。虽非盛德之主,使当平世得行其志,虽西汉文帝不能远过也,一时诸侯无足言者矣。”

【译文】

文侯二十六年,虢山崩塌,壅塞了黄河河道。

文侯三十二年,魏国讨伐郑国。在酸枣筑城。又在注城打败秦军。

文侯三十五年,齐军入侵魏国,攻占了襄陵。

文侯三十六年，秦军进犯魏国的阴晋。

文侯三十八年，魏军伐秦，在武城城下被秦军打败，但是魏国也俘获了秦将识。这年，魏文侯去世，子击即位，这就是魏武侯。

魏武侯元年①，赵敬侯初立②，公子朝为乱③，不胜，奔魏，与魏袭邯郸，魏败而去④。

二年⑤，城安邑、王垣⑥。

七年⑦，伐齐，至桑丘⑧。

九年⑨，翟败我于浍⑩。伐齐，至灵丘⑪。齐威王初立⑫。

十一年，与韩、赵三分晋地，灭其后⑬。

十三年⑭，秦献公县栎阳⑮。

十五年⑯，败赵北蔺⑰。

十六年⑱，伐楚，取鲁阳⑲。武侯卒⑳，子䓨立，是为惠王㉑。

【注释】

①魏武侯元年：应作“武侯十年”，前386年。

②赵敬侯：名章，赵烈侯之子，前386—前375年在位。按，赵国于赵敬侯元年将国都由中牟迁到邯郸。

③公子朝为乱：底本“朝”原作“朔”。梁玉绳曰：“《年表》及《赵世家》并作‘公子朝’，是也。此‘朔’字讹。‘朔’为赵氏远祖，何故名之？”梁说是，今据改。按，据《赵世家》，赵烈侯临终传位于其弟赵武公，赵武公临终又还位于赵烈侯之子章，赵武公之子朝不平，遂作乱。据杨宽考订，赵国无“武公”其人，此作乱之公子朝，即赵敬侯之弟。参见《赵世家》。

④与魏袭邯郸，魏败而去：泷川曰：“此赵、魏开衅之始。”

⑤二年：应作“十一年”，前385年。

⑥城安邑、王垣:修筑安邑、王垣二城。安邑,魏国都城,在今山西夏县西北。王垣,也称“垣”“武垣”,在今山西垣曲东南。

⑦七年:应作“十六年”,当齐田和十六年,前380年。

⑧桑丘:齐邑名。在今山东兖州西。

⑨九年:应作“十八年”,前378年。

⑩翟:同“狄”,当时居住在今山西西北部与陕西北部的少数部族。浍(huì):浍水。流经今山西翼城南,西经曲沃,汇入汾水。

⑪伐齐,至灵丘:底本原文作“使吴起伐齐,至灵丘”。按,吴起已于武侯十五年(楚悼王二十一年,前381)因在楚变法而遭杀害,《六国年表》但言“伐齐,至灵丘”,而不言“吴起”。王叔岷曰:“‘使吴起’三字衍。”今据删“使吴起”三字。灵丘,齐邑名。在今山东高唐南。

⑫齐威王初立:齐威王,名因齐,前356—前320年在位。其“初立”尚在二十二年之后。

⑬“十一年”三句:十一年,应作“二十年”,当韩哀侯元年、赵敬侯十一年,前376年。《晋世家》:“静公二年,魏武侯、韩哀侯、赵敬侯灭晋后而三分其地,静公迁为家人,晋绝不祀。”按,参照《赵世家》《韩世家》,此年为魏、赵、韩三国第一次瓜分晋国之余地,将晋桓公迁至屯留。

⑭十三年:应作“二十二年”,当秦献公十一年,前374年。

⑮秦献公:名师隰,前384—前362年在位。县栎阳:在栎阳设县。栎阳,在今陕西西安之阎良区。梁玉绳曰:“献公徙都栎阳,不应以为县,疑‘县’字乃‘徙’之误。盖二年城之,至是始徙居耳。”按,《集解》于《秦本纪》秦献公二年之“城栎阳”下亦有“徙都之”之语。《六国年表》书“城栎阳”于秦献公二年,书“县栎阳”于秦献公十一年。而《秦本纪》中无秦徙都栎阳之语。今战国史家皆从《集解》说,定秦国徙都栎阳之年为秦献公二年。

⑯十五年：应作“二十四年”，当赵成侯三年，前372年。

⑰北蔺：赵邑名。在今山西离石西。

⑱十六年：应作“二十五年”，当楚肃王十年，前371年。

⑲鲁阳：楚邑名。即今河南鲁山。

⑳武侯卒：《索隐》曰：“按《纪年》，武侯二十六年卒。”

㉑子䓨立，是为惠王：此魏武侯二十六年事。按，叙事如此，则似子䓨为合法继承人，其实不是。《通鉴》于此书作“魏武侯薨，不立太子，子䓨与公中缓争立，国内乱”；司马光《稽古录》改“不立太子”作“无嫡子”，皆较此明晰。

【译文】

魏武侯元年，赵敬侯初即位，公子朝作乱，没有成功，逃到了魏国，与魏军一起袭击邯郸，魏军失败后撤离。

武侯二年，在安邑、王垣筑城。

武侯七年，魏军进攻齐国，打到了桑丘。

武侯九年，翟人在浍水打败魏军。魏武侯派吴起进攻齐国，打到了灵丘。齐威王初即位。

武侯十一年，魏与韩、赵三分晋地，灭了晋的后代。

武侯十三年，秦献公设置栎阳县。

武侯十五年，魏军在北蔺打败赵军。

武侯十六年，魏军进攻楚国，占领了鲁阳。武侯去世，子䓨即位，这就是魏惠王。

惠王元年[①]。初，武侯卒也，子䓨与公中缓争为太子[②]。公孙颀自宋入赵[③]，自赵入韩，谓韩懿侯曰[④]：“魏䓨与公中缓争为太子，君亦闻之乎？今魏䓨得王错[⑤]，挟上党[⑥]，固半国也。因而除之[⑦]，破魏必矣，不可失也。”懿侯说[⑧]，乃与赵成侯合军并兵以伐魏[9]，战于浊泽[10]，魏氏大败，魏君围。赵谓韩曰："除魏君，立公中缓，割地而退，我且利。"韩曰："不可。杀魏君，人必曰暴；割地而退，人必曰贪。不如两分之[11]。魏分为两，不强于宋、卫[12]，则我终无魏之患矣。"赵不听。韩不说，以其少卒夜去[13]。惠王之所以身不死，国不分者，二家谋不和也。若从一家之谋，则魏必分矣。故曰："君终无適子，其国可破也[14]。"

【注释】

①惠王元年：应作"武侯二十六年"，前370年。

②公中缓：一作"公仲缓"，魏武侯之子，魏惠王之弟。

③公孙颀（qí）：宋国策士。宋，西周以来的诸侯国名。微子为其开国君主。春秋时为大国，此时已行将灭亡，国都睢阳（今河南商丘城南）。据钱穆、杨宽等考据，此时的宋国已迁都彭城。

④韩懿侯：韩哀侯之子，前374—前363年在位。

⑤王错：魏臣。

⑥上党：韩郡名。相当于今山西长治地区的南半部。

⑦因：趁机。除之：《正义》曰："除魏罃与王错也。"

⑧说：同"悦"，高兴。

⑨赵成侯：名种，赵敬侯之子，前374—350年在位。

⑩浊泽：郑邑名。在今河南新郑西南。

⑪两分之：意即将魏国一分为二，魏惠王与公中缓同时并立为君。

⑫魏分为两，不强于宋、卫：魏国分为两国之后，不会比宋国、卫国还强。意即使魏国变成和宋、卫一样的小国。卫，西周以来的诸侯国名。周武王之弟康叔为其始封君，春秋时尚为中等国家，此时已行将灭亡。史珥曰："此谋甚毒，主父之推恩分王，金人之立刘

豫，均此意。”

⑬以其少卒夜去：带领军队连夜离去。意谓此次韩、赵联军，韩国来的人数本来不多，于是将全部撤回。以，将，引。

⑭君终无適（dí）子，其国可破也：《索隐》曰：“此盖古人之言及俗说，故云‘故曰’。”杨宽曰：“是时魏罃与公仲缓争为太子而继立，公仲缓至邯郸以发难，魏罃则据邺以争胜。《竹书纪年》所谓‘邺师’，当即魏罃之主力军，邺与上党相近，故公孙颀曰：‘今魏罃得王错，挟上党，固半国也。’疑王错时为上党守。魏罃初为赵、韩大败，因赵、韩不和，韩先退兵，赵又战败，于是魏罃得战胜公仲缓而自立。魏罃既自立为君，因而未逾年改元，是年即为惠王元年。”適，同“嫡”，法定继承人，通常指嫡长子。

【译文】

惠王元年。当初，武侯去世的时候，子罃和公中缓争做太子。公孙颀从宋国到赵国，又从赵国到韩国，对韩懿侯说：“魏罃与公中缓争做太子，您也听说了吧？如今魏罃得到了王错的辅佐，拥有上党，本来就算半个国家了。趁着这个机会除掉他，打败魏国是一定的，不可失去这个机会。”韩懿侯很高兴，就跟赵成侯合兵一起进攻魏国，在浊泽交战，魏国大败，魏君被围困。赵成侯对韩懿侯说：“除掉魏君，让公中缓即位，割地后我们退兵，对我们有利。”韩懿侯说：“不能这样。杀掉魏君，人们必定指责我们残暴；割地退兵，人们必定指责我们贪婪。不如把魏国分成两半。魏国分为两国，不会比宋国、卫国还强，我们就永远也不会有魏国的忧患了。”赵成侯不同意。韩懿侯不高兴，带领军队连夜离去。魏惠王没有死，魏国没分裂的原因，就在于韩、赵两家的意见不合。如果听从一家的意见，魏国就一定被分裂了。所以说：“君主死了没有嫡子继承，这个国家就可能被攻破。”

二年①，魏败韩于马陵②，败赵于怀③。

三年[④]，齐败我观[⑤]。

五年[⑥]，与韩会宅阳[⑦]。城武堵[⑧]。为秦所败。

六年[⑨]，伐取宋仪台[⑩]。

九年[⑪]，伐败韩于浍[⑫]。与秦战少梁，虏我将公孙痤[⑬]，取庞[⑭]。秦献公卒，子孝公立[⑮]。

【注释】

①二年：应作“惠王元年”，前369年。

②马陵：此“马陵”为韩邑名。在今河南新郑东南。

③怀：韩邑名。在今河南武陟西南。

④三年：应作“二年”，当田齐桓公七年，前368年。

⑤观：魏邑名。在今河南清丰西南。

⑥五年：应作“四年”，当韩懿侯九年，前366年。

⑦宅阳：今河南荥阳东北。

⑧武堵：方位不详，据文意应属秦地，或魏地之近秦者，有注以山东武城当之，荒远不足取。牛鸿恩以为或者即上文之“武下”，即武城，在今陕西渭南华州东，当时属魏，后属秦。

⑨六年：应作“五年”，前365年。

⑩仪台：也写作“义台”，宋邑名。在今河南虞城西南。

⑪九年：应作“八年”，当韩昭侯元年、秦献公二十三年，前362年。

⑫伐败韩于浍：谓伐韩败之于浍水。

⑬虏我将公孙痤（cuó）：《集解》引徐广曰：“《年表》云‘虏我太子’也。”按，《赵世家》作“虏其太子痤”。杨宽以为乃“公孙痤”之讹。泷川曰：“是役见虏者，太子与公孙痤也。”

⑭庞：梁玉绳以为即上文所说之“繁庞”（今陕西韩城东南），离少梁邑不远。

⑮孝公：名渠梁，前361—前338年在位。秦孝公元年，相当于魏惠王九年，即前361年。

【译文】

惠王二年，魏军在马陵打败韩军，在怀县打败赵军。

惠王三年，齐军在观县打败魏军。

惠王五年，魏惠王与韩懿侯在宅阳相会。魏国修筑武堵城。魏军被秦军打败。

惠王六年，魏军讨伐攻占了宋国的仪台。

惠王九年，魏军在浍水进攻并打败了韩军。魏军在少梁邑与秦军交战，秦军俘虏了魏将公孙痤，并夺取了庞城。这年，秦献公去世，他的儿子秦孝公即位。

十年[①]，伐取赵皮牢[②]。彗星见[③]。

十二年[④]，星昼坠，有声[⑤]。

十四年[⑥]，与赵会鄗[⑦]。

十五年，鲁、卫、宋、郑君来朝[⑧]。

十六年[⑨]，与秦孝公会杜平[⑩]。侵宋黄池[⑪]，宋复取之。

十七年[⑫]，与秦战元里，秦取我少梁。围赵邯郸[⑬]。

十八年[⑭]，拔邯郸[⑮]。赵请救于齐，齐使田忌、孙膑救赵，败魏桂陵[⑯]。

十九年[⑰]，诸侯围我襄陵[⑱]。筑长城，塞固阳[⑲]。

二十年[⑳]，归赵邯郸，与盟漳水上[㉑]。

二十一年[㉒]，与秦会彤[㉓]。赵成侯卒[㉔]。

二十八年，齐威王卒[㉕]。中山君相魏[㉖]。

【注释】

①十年:应作“九年”,当赵成侯十四年,前361年。

②皮牢:赵邑名。在今山西翼城东北。

③见:同“现”,出现。

④十二年:应作“十一年”,当赵成侯十六年,前359年。

⑤星昼坠,有声:此与上文之“彗星见”,皆古人所认为的“灾变”现象,故书之于史。

⑥十四年:应作“十三年”,当赵成侯十八年,前357年。

⑦鄗(hào):在今河北高邑东南。

⑧十五年,鲁、卫、宋、郑君来朝:十五年,应作“十四年”,前356年。《索隐》曰:“按《纪年》,鲁恭侯、宋桓侯、卫成侯、郑釐侯来朝,皆在十四年,是也。‘郑釐侯’者,韩昭侯也。韩哀侯灭郑而徙都之,改号曰‘郑’。”按,“韩”可以称“郑”,犹如“魏”之可以称“晋”。“韩昭侯”之所以也称“郑釐侯”者,因其谥为“昭”“釐”二字。《庄子·让王》、《吕览》之《任数》《审为》《处方》等皆称之为“昭釐侯”可证。

⑨十六年:应作“十五年”,当秦孝公七年,前355年。

⑩杜平:秦邑名。在今陕西澄城东。

⑪黄池:宋邑名。在今河南封丘西南。

⑫十七年:应作“十六年”,当秦孝公八年,前354年。

⑬围赵邯郸:杨宽《战国史表》写此曰:“魏救卫,进围赵都邯郸。”

⑭十八年:应作“十七年”,当赵成侯二十二年,前353年。

⑮拔邯郸:魏惠王十六年,赵伐卫,攻取漆、富丘,魏救卫,进围赵国邯郸。魏惠王十七年,魏攻占邯郸。

⑯齐使田忌、孙膑救赵,败魏桂陵:田忌、孙膑,皆齐国名将。有关田忌、孙膑的生平与其破魏将庞涓于桂陵事,详见《孙子吴起列传》。桂陵,魏邑名。在今河南长垣西北。按,此文叙“桂陵之

战”而未及魏之主将为谁。而1972年出土于山东临沂银雀山之《孙膑兵法》中有《擒庞涓》一篇,即叙桂陵之战事,则魏之主将为庞涓明矣。

⑰十九年:应作“十八年”,前352年。

⑱诸侯围我襄陵:梁玉绳曰:“按《国策》,围襄陵者止有一齐;即据《竹书》会齐者止宋、卫二小国,不得统言‘诸侯’也。襄陵之役,因赵为魏所攻,求救于齐,故齐围魏襄陵,在齐败魏桂陵前数月,皆魏惠王十八年事。……又考魏文侯三十五年齐取襄陵,中间不闻复归于魏,何以《策》《史》《纪年》俱言齐围襄陵?至惠王改元十二年又有楚败魏襄陵之事,或者魏仍取于齐,《史》缺而不书与?”

⑲筑长城,塞固阳:修筑长城,在固阳设要塞。魏长城南起华山,北经大荔、澄城、洛川,至今甘泉西南。固阳,《正义》以为即今内蒙古包头东之稒阳,似乎过于悬远;仓修良怀疑应作“合阳”(今陕西合阳东南),此距当时的魏长城比较近。

⑳二十年:应作“十九年”,当赵成侯二十四年,前351年。

㉑漳水:发源于山西东南部之太行山,流经今河北磁县、肥乡,东北流入黄河。

㉒二十一年:应作“二十年”,当秦孝公十二年,前350年。

㉓与秦会彤:与秦在彤县会晤。杨宽曰:“前年秦卫鞅将兵围魏安邑而降之,次年卫鞅又围魏固阳而降之,此乃乘魏正与齐、赵相战之时机。及魏与齐、赵先后结盟讲和,魏即向秦反攻。据《齐策五》苏代所述,魏在‘从十二诸侯朝天子’之前,曾西围秦之定阳,定阳在今陕西延安东南,盖魏由上郡西攻,安邑当已为魏所收复。是年魏与秦相会于彤,已迫使秦与会修好。”彤,秦邑名。在今陕西渭南华州西南。

㉔赵成侯:名种,在位二十五年。

㉕二十八年，齐威王卒：此误，此年为齐威王十四年（前343）。二十八年，应作“二十七年”，前343年。

㉖中山君相魏：中山国于前408年被魏文侯所灭。黄式三曰：“魏灭中山守之，封其后以数邑，服于魏。至周安王末年与赵战，则中山必强矣。至是为魏相，如靖郭君相齐之例，其国必益强矣，然犹臣于魏也。”杨宽曰：“其说非是。据《说苑·奉使》篇，魏文侯灭中山，使太子击守之。三年后，文侯乃封少子挚于中山，而复太子击，击即魏武侯。……此时之中山君，当为挚之子。”中山君，中山国的国君。

【译文】

惠王十年，魏军攻占了赵国的皮牢。彗星出现。

惠王十二年，白天陨星坠落，有声响。

惠王十四年，魏惠王与赵成侯在鄗邑相会。

惠王十五年，鲁国、卫国、宋国和郑国的君主来朝见魏惠王。

惠王十六年，魏惠王与秦孝公在杜平相会。魏国侵占了宋国的黄池，宋国又把黄池夺回。

惠王十七年，魏军与秦军在元里交战，秦军夺取了魏国的少梁。魏军包围了赵国的邯郸。

惠王十八年，魏军攻下邯郸。赵国向齐国请求救援，齐国派田忌、孙膑救赵，在桂陵打败了魏军。

惠王十九年，诸侯联合包围魏国的襄陵。修筑长城，将固阳设为要塞。

惠王二十年，魏国把邯郸归还赵国，魏惠王与赵成侯在漳水之滨会盟。

惠王二十一年，与秦君在彤邑相会。赵成侯去世。

惠王二十八年，齐威王去世。中山君任魏国相。

三十年[①]，魏伐赵，赵告急齐[②]。齐宣王用孙子计[③]，救赵击魏[④]。魏遂大兴师，使庞涓将[⑤]，而令太子申为上将军[⑥]。过外黄[⑦]，外黄徐子谓太子曰[⑧]："臣有百战百胜之术。"太子曰："可得闻乎？"客曰[⑨]："固愿效之[⑩]。"曰："太子自将攻齐，大胜并莒，则富不过有魏，贵不益为王。若战不胜齐，则万世无魏矣[⑪]。此臣之百战百胜之术也[⑫]。"太子曰："诺，请必从公之言而还矣。"客曰："太子虽欲还，不得矣。彼劝太子战攻，欲啜汁者众[⑬]。太子虽欲还[⑭]，恐不得矣。"太子因欲还，其御曰[⑮]："将出而还，与北同[⑯]。"太子果与齐人战，败于马陵[⑰]。齐虏魏太子申[⑱]，杀将军涓[⑲]，军遂大破。

【注释】

①三十年：应作"二十九年"，当赵肃侯九年、齐威王十六年，前341年。

②魏伐赵，赵告急齐：《正义》曰："《孙膑传》云'魏与赵攻韩，韩告急齐'，此文误耳。魏伐赵，赵请救齐，齐使孙膑救赵，败魏桂陵，乃在十八年（应作"十七"）也。"杨宽曰："《魏世家》所述马陵之役起因不确，乃与桂陵之役混为一谈。"

③齐宣王：应作"齐威王"，是年为齐威王十六年。齐宣王即位尚在此二十二年之后。孙子：即孙膑。

④救赵击魏：应作"救韩击魏"。

⑤庞涓：魏将。其事详见《孙子吴起列传》。

⑥太子申：名申，魏惠王的太子。上将军：非正式官名。只表示为军中最高统帅。

⑦外黄：古邑名。在今河南兰考东南。《集解》曰："时属宋。"

⑧徐子：徐先生，史失其名。王叔岷以为或者即贾谊《过秦论》所谓"于时六国之士有宁越、徐尚、苏秦、杜赫之属为之谋"之所谓"徐

尚”。

⑨客曰：前称“徐子”，此又称“客”，为同指一人。

⑩效：呈献，进献。

⑪“太子自将攻齐”六句：《左传・闵公二年》晋太子申生为将，诸臣即以此意谏阻太子为将。莒，当时齐国最有名的大县之一。不过有魏，不会超过占有魏国。不益为王，不会比当魏王更多什么。益，超过。万世无魏，意即永远失去接替做魏王的资格。

⑫此臣之百战百胜之术也：指让其收兵回去。泷川引横田惟孝曰：“还，则无战败之患，而终能有魏。”

⑬彼劝太子战攻，欲啜汁者众：中井积德曰：“主人啖肉羹，从者自得啜汁，以喻使太子立功，而从者亦得班赏也。”彼，谓太子部下的诸将。啜汁，吃剩汤，比喻跟着沾光。

⑭虽：即使。

⑮御：驭手，车夫。

⑯将出而还，与北同：统兵出征，不战而撤回，与战败而回相同。北，败。

⑰败于马陵：庞涓、太子申被孙膑大破于马陵事，详见《孙子吴起列传》。关于马陵的位置，众说不一。《正义》引虞喜说以为应在今河南濮阳附近；钱穆以为应在今范县西南，此二说皆可考虑。至于有说在今河北大名东南者，则似过远；还有说在今山东郯城者，似无须考虑。又，关于马陵之战的过程，据《孙子吴起列传》，孙膑所采取的是“进兵减灶”，故可逐日减员；而后世兵家用此典故，乃将其说成“退兵减灶”，与史文不合。“进兵”“退兵”，实涉及马陵之方位究在何处。

⑱虏魏太子申：此次战役，太子申被虏杀。《孟子・梁惠王》：“及寡人之身，东败于齐，长子死焉。”

⑲杀将军涓：据《孙膑兵法・擒庞涓》，乃谓庞涓被齐人所擒于桂陵之役，在此十一年前。然则庞涓此次又为魏将，是上次齐人于桂陵

之战后将庞涓放回，或是被魏人赎回，马非百、杨宽等皆有所推测。

【译文】

惠王三十年，魏军进攻赵国，赵国向齐国求救。齐宣王用孙膑的计策，进击魏国援救赵国。魏国于是大举兴兵，派庞涓率领，而让太子申为上将军。魏军经过外黄的时候，外黄徐子对太子申说："我有百战百胜的方法。"太子说："可以让我听听吗？"徐子说："本来就是要献给您的。"他说："太子亲自领兵攻齐，即使大胜并占领莒地，富也不过是拥有魏国，贵也不过是做魏王。如果不能战胜齐国，那您就永远得不到魏国了。这就是我百战百胜的方法。"太子申说："好吧，我一定会听从您的意见回国去。"徐子说："太子虽然想回去，已经不可能了。那些劝太子打仗，想从中得利的人太多了。太子即使想回去，恐怕不可能了。"太子于是想回去，他的车夫却说："将军领兵刚出来就回去，和打败仗是一样的。"太子申果然同齐军交战，在马陵战败。齐军俘虏了魏太子申，杀死了将军庞涓，魏军于是一败涂地。

三十一年①，秦、赵、齐共伐我，秦将商君诈我将军公子卬而袭夺其军②，破之。秦用商君，东地至河③，而齐、赵数破我④，安邑近秦，于是徙治大梁⑤。以公子赫为太子⑥。

三十三年，秦孝公卒⑦。商君亡秦归魏，魏怒，不入⑧。

三十五年，与齐宣王会平阿南⑨。

惠王数被于军旅⑩，卑礼厚币以招贤者⑪。邹衍、淳于髡、孟轲皆至梁⑫。梁惠王曰⑬："寡人不佞⑭，兵三折于外⑮，太子虏，上将死，国以空虚，以羞先君宗庙社稷，寡人甚丑之⑯。叟不远千里⑰，辱幸至弊邑之廷⑱，将何以利吾国？"孟轲曰："君不可以言利若是。夫君欲利则大夫欲利，大夫欲利则庶人欲利，上下争利，国则危矣。为人君，仁义而已矣，何以利为[19]！”

三十六年[20]，复与齐王会甄[21]。是岁，惠王卒，子襄王立[22]。

【注释】

①三十一年：应作“三十年”，前340年。时为秦孝公二十二年、赵肃侯十年、齐威王十七年。

②秦将商君诈我将军公子卬而袭夺其军：秦将商鞅诈骗，要与公子卬在军前会晤而俘虏了公子卬，其事详见《商君列传》。商君，即商鞅，公孙氏，名鞅，卫国公族，故曰“公孙鞅”“卫鞅”。后因功受封于商（今陕西商洛商州区东南），号商君，故又称“商鞅”。秦孝公推重他，实行变法，秦国逐渐强大。

③东地至河：秦国的土地向东扩展，发展到了黄河边上。

④数（shuò）：屡次，多次。

⑤徙治大梁：将魏国的国都由安邑（今山西夏县西北）东迁到了大梁（今河南开封）。关于魏国迁都事，《魏世家》系于惠王三十一年（应作“三十年”），《六国年表》不载，《商君列传》之《索隐》以为在惠王二十九年。《魏世家》之《集解》引《汲冢纪年》以为应在惠王九年，秦孝公元年（前361），今杨宽《战国年表》从此说。朱右曾《竹书纪年存真》曰：“惠王之迁都非畏秦也，欲与韩、赵、齐、楚争强也。安邑迫于中条、太行之险，不如大梁平坦，四方所走集，车骑便利，易与诸侯争衡。”若魏国于秦孝公元年即已迁都大梁，则魏国迁都与商君变法、秦国富强无关。乔吉祥《中国历史文物常识》：“（大梁）在今河南开封西北部，地势平坦，交通便利，魏惠王为了控制中原地区和回避秦国威胁，于前362年将都城从安邑（今山西夏县西北七公里禹王村）迁到这里。据记载，当年大梁有十二个城门，今天可以找到线索的只有两个了。一个是大梁的东门，当时叫夷门，在今开封北门一带；再一个是大梁

的西门，当时叫高门，在今开封城西约五里的东陈庄。”治，治所。此指国都所在地。

⑥公子赫：即日后之魏襄王。马陵之败，前太子申被虏杀，所以改立公子赫为太子。

⑦三十三年，秦孝公卒：秦孝公在位共二十四年。三十三年，应作“三十二年”，前338年。

⑧“商君亡秦归魏”三句：秦孝公死后，秦国贵族作乱，欲杀商鞅，商鞅欲逃亡魏国，魏人以其前曾袭捕公子卬，故愤不接纳，商君回秦后被杀，其事详见《商君列传》。

⑨三十五年，与齐宣王会平阿南：三十五年，应作“三十四年”，前336年。魏惠王三十四年相当于齐威王二十一年，此与会者应是齐威王，齐宣王上台尚在此十六年之后。平阿，齐邑名。在今安徽怀远西南。或曰即指“东阿”，在今山东阳谷东北。

⑩惠王数被于军旅：魏惠王屡次遭受军事上的失败。被，遭受。

⑪卑礼：礼节谦卑。厚币：礼物丰厚。币，礼品。通常指珪、璧、帛、马等。

⑫邹衍、淳于髡（kūn）、孟轲皆至梁：邹衍、淳于髡、孟轲都来到魏国。邹衍，一作“驺衍”，又称“驺子”，齐国人，战国时期阴阳家代表人物。其事详见《孟子荀卿列传》。据钱穆《先秦诸子系年考辨》，邹衍是战国末期人，不与孟子同时。淳于髡，齐国大臣，以滑稽善辩闻名。其事详见《孟子荀卿列传》《滑稽列传》。孟轲，孟孙氏，名轲，字子舆，人称“孟子”，儒派学者。其事详见《孟子荀卿列传》。梁，此指魏国的首都大梁（今河南开封）。据江永《群经补义》考证，孟子至梁应在魏惠王末年。钱穆以为孟子至梁在魏惠王后元十五年（前320）。

⑬梁惠王：即魏惠王。因魏国都于大梁，魏国又称“梁国”、魏王又称“梁王”，故魏惠王有是称。

⑭不佞（nìng）：不肖，不才。

⑮三折：屡次受挫败。三，泛指多次。或谓即指《孟子·梁惠王》中所说的“东败于齐”“西丧地七百里”及“南败于楚”。

⑯丑：耻辱。

⑰叟：老人。对长者的尊称。

⑱辱幸：谦词。意谓使你蒙辱，使我有幸。

⑲何以利为：以上孟子与梁惠王言利语，详见《孟子·梁惠王上》。王充《刺孟》云：“夫利有二，有货财之利，有安吉之利。惠王曰‘何以利吾国’，何以知不欲安吉之利？……而孟子答以货财之利，失对上之旨，违道理之实也。”

⑳三十六年：应作“三十五年”，当齐威王二十二年，前335年。

㉑甄：同“鄄（juàn）”，齐邑名。在今山东鄄城北。

㉒是岁，惠王卒，子襄王立：《索隐》曰：“按《纪年》，惠成王三十六年改元称一年，未卒也。”襄王之立尚在此十六年后。

【译文】

惠王三十一年，秦国、赵国、齐国共同讨伐魏国，秦将商鞅诈骗并俘虏了魏国将军公子卬，而后又袭击夺取了他的军队，打败了魏军。秦国任用商鞅，使秦国的国境向东扩展到了黄河沿岸，而齐国、赵国又屡次打败魏国，由于魏国的都城安邑靠近秦国，于是魏国就把都城迁到大梁。公子赫被立为太子。

惠王三十三年，秦孝公去世。商鞅从秦国出逃，投奔魏国，魏人恼怒商鞅，拒不接纳。

三十五年，魏惠王与齐宣王在平阿南边会晤。

惠王屡次遭受军事上的失败，就用谦恭的礼节和优厚的礼物来招纳贤人。邹衍、淳于髡、孟轲都来到魏国。魏惠王说：“寡人无能，使得军队三次在国外受挫折，太子被俘，上将战死，国内因而空虚，让祖先宗庙社稷蒙受羞辱，寡人非常惭愧。老先生不远千里，屈尊亲临敝国朝廷，将用什么方法使我国得利呢？”孟轲说：“君主不可以像这样谈论利益。如果君主想获利，那么大夫也想获利；大夫想获利，那么百姓也想获利。上上下下都来争利，那国家就危险了。作为一国君主，只要施行仁义就行了，何必要谈利呢？”

惠王三十六年，魏惠王又与齐王在鄄城会晤。这一年，魏惠王去世，子襄王即位。

襄王元年①，与诸侯会徐州，相王也②。追尊父惠王为王③。

五年④，秦败我龙贾军四万五千于雕阴⑤，围我焦、曲沃⑥。予秦河西之地⑦。

六年⑧，与秦会应⑨。秦取我汾阴、皮氏、焦⑩。魏伐楚，败之陉山⑪。

七年⑫，魏尽入上郡于秦。秦降我蒲阳⑬。

八年⑭，秦归我焦、曲沃。

十二年⑮，楚败我襄陵⑯。诸侯执政与秦相张仪会啮桑⑰。

十三年⑱，张仪相魏⑲。魏有女子化为丈夫⑳。秦取我曲沃、平周㉑。

十六年，襄王卒，子哀王立㉒。张仪复归秦㉓。

【注释】

①襄王元年：应作“惠王后元元年”，前334年。

②与诸侯会徐州，相王也：在逢泽之会上，魏已称王，而这次诸侯大会徐州，实际是魏尊齐为王，是对齐国委曲求全，表明此时齐国已取代魏国成为中原地区最强大的国家。其事详见《战国策·魏策》。徐州，也作“俆（shū）州”“舒州”，也称“薛县”，在今山东滕州南。与后来之称“彭城”者不是一地。

③追尊父惠王为王：梁玉绳曰："惠生而为王，何俟'追尊'？"此因司马迁误以魏惠王改元为魏惠王死，以为魏之首先称王者为魏襄王造成的，故于此加"追谥"以自圆。

④五年：惠王后元五年，当秦惠文王八年，前330年。

⑤龙贾：魏将。雕阴：魏邑名。在今陕西甘泉南。

⑥焦：魏邑名。在今河南三门峡西。曲沃：魏邑名。在今河南三门峡西南。有以山西闻喜东北之曲沃当之者，非。

⑦河西之地：泷川曰："'河西'即'西河之外'，今陕西大荔、宜川等县地。"

⑧六年：惠王后元六年，当秦惠文王九年，前329年。

⑨应：魏邑名。在今河南鲁山东。

⑩汾阴：魏邑名。在今山西河津西南。皮氏：魏邑名。即今山西河津。焦：梁玉绳曰："'焦'下脱'曲沃'二字。"

⑪陉（xíng）山：楚山名。在今河南漯河东。

⑫七年：惠王后元七年，当秦惠文王十年，前328年。

⑬魏尽入上郡于秦。秦降我蒲阳：梁玉绳曰："按《张仪传》，秦取蒲阳而复归之，故魏入上郡为谢也。"乃此"倒其文曰'魏尽入上郡于秦，秦降蒲阳'，则所书之事不全，且似秦既得上郡，又降蒲阳也。夫魏岂无故而献地耶？"上郡，魏郡名。约当今陕西甘泉、延安、延长、绥德等一带地区。蒲阳，魏邑名。即今山西隰县。

⑭八年：惠王后元八年，当秦惠文王十一年，前327年。

⑮十二年：惠文王后元十二年，当楚怀王六年，前323年。

⑯襄陵：魏邑名。即今河南睢县。

⑰诸侯执政与秦相张仪会齧（niè）桑：杨宽曰："是年秦相张仪与齐、楚等国大臣会于齧桑，盖欲连横而斗诸侯；而魏将公孙衍合魏、赵、韩、燕、中山'五国相王'，盖欲广结与国，合纵抗秦，战国时代合纵连横斗争之局势于是焉开。"张仪，姬姓，张氏，魏公族

庶子。秦惠王九年(前329)入秦,采用连横策略,使秦国土地日广,后封为武信君。其事详见《张仪列传》。据杨宽《战国史表》,张仪为秦相自秦惠文王十年(前328)开始。啮桑,齐邑名。在今江苏沛县西南。

⑱十三年:惠王后元十三年,前322年。

⑲张仪相魏:指张仪到魏国来为秦国做奸细。据《张仪列传》云:"其后二年,使与齐、楚之相会啮桑,东还而免相,相魏以为秦。"

⑳有女子化为丈夫:古人往往把这种事情视为妖异、灾变,故书之于史。

㉑曲沃:魏邑名。在今山西闻喜东北。平周:魏邑名。在今山西介休西。

㉒"十六年"三句:梁玉绳曰:"'襄'当作'惠','哀'当作'襄'。"是年梁惠王死,其子赫立,是为襄王。十六年,惠王后元十六年,前319年。

㉓张仪复归秦:张仪在魏国数年,游说魏惠王、魏襄王,二王皆不采纳,只好离去。

【译文】

襄王元年,与诸侯在徐州会晤,是为了互相称王。襄王追尊他的父亲惠王为王。

襄王五年,秦军在雕阴打败龙贾率领的魏军四万五千人,围困魏国焦城和曲沃。把河西之地割给秦国。

襄王六年,魏王与秦王在应城会晤。秦军夺取魏国汾阴、皮氏和焦城。魏军伐楚国,在陉山打败楚军。

襄王七年,魏国把上郡全部给了秦国。秦军迫使魏国的蒲阳归降。

襄王八年,秦国把焦城、曲沃归还魏。

襄王十二年,楚军在襄陵打败魏军。各诸侯执政与秦相张仪在啮桑会晤。

襄王十三年,张仪任魏相。魏有女子变成男子。秦军攻取魏的曲沃、平周。

襄王十六年,襄王去世,他的儿子哀王即位。张仪又回到秦国。

哀王元年①,五国共攻秦②,不胜而去。

二年③,齐败我观津④。

五年⑤,秦使樗里子伐取我曲沃⑥,走犀首岸门⑦。

六年⑧,秦来立公子政为太子⑨。与秦会临晋⑩。

七年,攻齐⑪。与秦伐燕⑫。

【注释】

①哀王元年:应为“襄王元年”,前318年。陈梦家、杨宽等皆认为魏国无“哀王”其人。

②五国共攻秦:《正义》曰:“韩、魏、楚、赵、燕也。”

③二年:应为“襄王二年”,当齐宣王三年,前317年。

④观津:梁玉绳曰:“‘津’乃‘泽’之误。”观泽,魏邑名。在今河南清丰南。

⑤五年:应为“襄王五年”,当秦惠文王后元十一年,前314年。

⑥樗(chū)里子:名疾,秦惠文王之弟,秦国谋臣,因居樗里而为号。其事详见《樗里子甘茂列传》。伐取我曲沃:此指三门峡西南之曲沃,惠王后元八年曾将“焦、曲沃”归还魏国,今又攻取下来。

⑦走犀首岸门:在岸门赶跑了犀首。此为三晋又一次大败于秦,亦是犀首合纵抗秦策略的又一次大失败。犀首,即公孙衍。或说“犀首”是公孙衍的别号,《吕览·开春论》高诱注:“犀首,魏人公孙衍也。”而《索隐》以为是“官名”。《庄子·则阳》引司马彪注:“若今虎牙将军,公孙衍为此官。”岸门,韩邑名。在今河南长葛南。

⑧六年:应为“襄王六年”,前313年。

⑨秦来立公子政为太子：秦国来人强迫魏国立公子政为太子。

⑩与秦会临晋：黄式三曰："《张仪传》云'魏复事秦'即此年事也。"临晋，秦邑名。在今陕西大荔东。

⑪七年，攻齐：《六国年表》曰："击齐，虏声子于濮。"七年，应为"襄王七年"，当齐宣王八年，前312年。

⑫与秦伐燕：齐国趁燕相子之篡位之乱进攻燕国，魏与秦也趁机一起伐燕。时为燕王哙九年。

【译文】

哀王元年，魏、韩、楚、赵、燕五国联合伐秦，没有取胜就撤退了。

哀王二年，齐军在观泽打败魏军。

哀王五年，秦国派樗里子攻取魏国的曲沃，并在岸门赶跑了犀首公孙衍。

哀王六年，秦国来人强迫魏国立公子政为太子。魏王与秦惠文王在临晋会晤。

哀王七年，魏军进攻齐国。同秦军一起征讨燕国。

八年，伐卫[①]，拔列城二[②]。卫君患之[③]。如耳见卫君曰[④]："请罢魏兵，免成陵君[⑤]，可乎？"卫君曰："先生果能[⑥]，孤请世世以卫事先生[⑦]。"如耳见成陵君曰："昔者魏伐赵，断羊肠[⑧]，拔阏与[⑨]，约斩赵，赵分而为二[⑩]，所以不亡者，魏为从主也[⑪]。今卫已迫亡[⑫]，将西请事于秦。与其以秦醳卫，不如以魏醳卫[⑬]，卫之德魏[⑭]，必终无穷。"成陵君曰："诺。"如耳见魏王曰："臣有谒于卫[⑮]。卫故周室之别也[⑯]，其称小国，多宝器。今国迫于难而宝器不出者，其心以为攻卫醳卫不以王为主[⑰]，故宝器虽出必不入于王也。臣窃料之[⑱]，先言醳卫者必受卫者也[⑲]。"如耳出，成陵君入，以其言见魏王[20]。魏王听其说，罢其兵，免成陵君，终身不见[21]。

【注释】

①八年，伐卫：魏伐卫，当时卫国的都城在濮阳，今河南濮阳西南。八年，应为“襄王八年”，前311年。

②列城：毗连的城邑，临近的城邑。

③卫君：指卫嗣君，前337—前296年在位。患：担心，忧虑。

④如耳：卫国大夫。

⑤免成陵君：黄式三曰：“谋伐卫者，盖成陵君。”故让魏国免去成陵君之职。

⑥果：如果，假使。

⑦孤：古代诸侯君王的自称。

⑧羊肠：羊肠坂，太行山路名。其南端为今山西晋城，北端为今山西壶关。

⑨阏（yù）与：赵邑名。即今山西和顺。

⑩赵分而为二：赵国被分割成了东、西两部分。

⑪所以不亡者，魏为从（zòng）主也：所以没有灭亡，是因为魏国是合纵的盟主。意即魏国当时主事，不想把赵国逼得太急。梁玉绳曰：“《史》《策》皆不载此事，无从考也。”从主，诸侯合纵的首领。从，同“纵”。

⑫迫：近，接近。

⑬与其以秦醳（shì）卫，不如以魏醳卫：与其由秦国来解救卫国，不如由魏国来宽释卫国。意即在秦国的干涉下魏国不得已放弃吞卫计划，只好自己撤兵。醳，通“释”。

⑭德：感激，感恩。

⑮有谒于卫：意即我有关于卫国的事向您陈述。谒，陈述。

⑯周室之别：卫国的始封君为周武王的弟弟康叔姬封，故称卫君是

“周室之别”，即周室的分支的意思。

⑰不以王为主：不由大王做主。意思是下面的执政大臣说了算。

⑱窃：私下里。

⑲受卫：指接受卫国的贿赂。

⑳以其言见魏王：照如耳所说的话报告魏王。

㉑免成陵君，终身不见：免去了成陵君的职位，终身不再见他。冈白驹曰：“疑受卫赂也。”徐孚远曰：“魏君本意欲释围耳，何恨乎成陵君而欲免之？盖如耳害（恨）成陵君，故假卫事而谗之。”按，如耳之计绝妙，可谓一举两得，既解自己之围，又除掉魏之用事者。然此事今本《战国策》不载，不知司马迁采自何处。

【译文】

哀王八年，魏伐卫，攻占两座城邑。卫君非常忧虑。卫大夫如耳去见卫君说：“让我去使魏国收兵，并免去成陵君，可以吗？”卫君说：“先生假若能做到，我愿世代以卫奉事先生。”如耳见了成陵君说：“从前魏军攻赵，切断羊肠坂，攻克阏与城，准备割裂赵国，赵国一分为二，所以没有灭亡，是因为魏国是合纵的盟主。如今卫国已濒临灭亡，势必西去请求奉事秦国。与其由秦国来解救卫国，不如由魏国来宽释卫国。这样，卫国一定会永远感激魏国的恩德。”成陵君说：“行。”如耳又去见魏王说：“臣曾去拜见卫君。卫国本来是周室的分支，它虽号称小国，但宝器非常多。如今国家濒临危难，可是宝器还不献出来，原因是他们心里认为进攻卫国或宽释卫国都不由大王做主，所以宝器即使献出来，也一定不会落入大王手中。臣私下里猜测，最先建议宽释卫国的人，一定是接受了卫国贿赂的人。”如耳出去后，成陵君进来，照如耳所说的话报告魏王。魏王听了他的意见，撤回了魏军，同时也免去了成陵君的职位，终身不再见他。

九年[①]，与秦王会临晋。张仪、魏章皆归于魏[②]。魏相田需死[3]，楚害张仪、犀首、薛公[4]。楚相昭鱼谓苏代曰[5]："田需死，吾恐张仪、犀首、薛公有一人相魏者也。"代曰："然相者欲谁而君便之？"昭鱼曰："吾欲太子之自相也[6]。"代曰："请为君北[7]，必相之。"昭鱼曰："奈何？"对曰："君其为梁王，代请说君。"昭鱼曰："奈何？"对曰："代也从楚来，昭鱼甚忧，曰：'田需死，吾恐张仪、犀首、薛公有一人相魏者也。'代曰：'梁王，长主也[8]，必不相张仪。张仪相，必右秦而左魏[9]。犀首相，必右韩而左魏[10]。薛公相，必右齐而左魏[11]。梁王，长主也，必不便也。'王曰：'然则寡人孰相？'代曰：'莫若太子之自相。太子之自相，是三人者皆以太子为非常相也[12]，皆将务以其国事魏，欲得丞相玺也。以魏之强，而三万乘之国辅之，魏必安矣。故曰莫若太子之自相也。'"遂北见梁王，以此告之。太子果相魏[13]。

【注释】

①九年：应为"襄王九年"，当秦武王元年，前310年。

②张仪、魏章皆归于魏：秦惠文王死后，秦武王即位，诸臣谗害张仪，张仪遂再次离秦入魏。魏章，原魏人，初为魏将，后与张仪至秦事秦惠文王。秦惠文王死后，与张仪皆被逐，返魏。

③田需：魏臣。其事见《张仪列传》。

④楚害张仪、犀首、薛公：意谓楚国担心张仪、犀首、薛公这三人当中任何一个继田需为魏相。薛公，即孟尝君田文，齐宗室，齐相田婴庶子。其事详见《孟尝君列传》。梁玉绳否认孟尝君曾于此时入魏。但今之战国史家多认为田文曾于魏襄王时入魏为相，其事详见《战国策·魏策》。吴师道曰："田文为魏相，盖犀首约结于婴，

召其子而相之也，……事宜在襄王时，非文奔魏相昭王事也。”

⑤昭鱼：也称“昭奚恤”，楚国的宗室大臣。《集解》引徐广曰：“楚相国。”除本文外，还略见于《韩世家》。苏代：其事见《苏秦列传》。司马迁认为苏代乃苏秦之弟。

⑥太子之自相：太子亲自做相。太子，指太子遬，即日后的魏昭王。

⑦请为君北：请让我北上见魏王。北，谓向北行，至魏国。

⑧长主：冈白驹曰：“犹云‘贤主’。”

⑨右秦而左魏：把秦国放在前面，把魏国放在后面。因为张仪是亲秦派。右，古代崇右，故以右为高、为上、为贵；“左”“右”即分辨其高低。

⑩右韩而左魏：把韩国放在尊位，而把魏国放在其次。因为犀首是亲韩派。

⑪右齐：把齐国放在尊位。因为田文是齐国的宗室重臣。

⑫太子为非常相也：不能长期为相，因其日后要做魏王。常，固定不变。

⑬太子果相魏：徐孚远曰：“前代未有用太子为相者，后以太子录尚书及为尚书令，盖本此也。”缪文远曰：“此章与事实不合，乃晚出拟托之作。此章载苏代曰‘君其为梁王，代请说君’，则已类戏剧矣。”以上苏代巧说魏王任太子为相事，详见《战国策·魏策》。

【译文】

哀王九年，魏王与秦武王在临晋会晤。张仪、魏章都归附魏国。魏相田需去世，楚国唯恐张仪、犀首或薛公做魏相。楚相昭鱼对苏代说：“田需死了，我担心张仪、犀首、薛公三人中，有一人做魏相。”苏代说：“那么谁做魏相对您有利呢？”昭鱼说：“我想让魏国太子亲自做相。”苏代说：“请允许我为您北上，一定会让他做相。”昭鱼说：“您准备怎么做呢？”苏代回答说：“您来扮作梁王，请让我向您游说。”昭鱼说：“您怎么说？”苏代回答说：“我从楚国来，昭鱼非常担忧，他说：‘田需去世了，我担心张仪、犀首、薛公三人中有一人要做魏相了。’我说：‘梁王是一位贤君，一定不会让张仪做相。张仪做了相，一定会把秦国利益放在前头，把魏国利益放在后头。犀首做了相，也一定把韩国利益放在前头，把魏国利益放在后头。薛公做了相，也一定把齐国利益放在前头，把魏国利益放在后头。梁王是一位贤君，一定会知道这样对魏国不利。’魏王会说：‘那么寡人应该让谁做相呢？’我说：‘不如让太子亲自做相。太子亲自做相，这三个人都会认为太子不会长期任相，都将尽力让他们原来的国家侍奉魏国，想借此得到丞相的地位。以魏国的强大，再加上三个大国的辅助，魏国一定会安定的。所以说不如让太子亲自做相。’”于是北上见到魏王，把这些话告诉他。魏国太子果然做了相。

十年，张仪死①。

十一年②，与秦武王会应③。

十二年④，太子朝于秦⑤。秦来伐我皮氏，未拔而解⑥。

十四年，秦来归武王后⑦。

十六年⑧，秦拔我蒲反、阳晋、封陵⑨。

十七年⑩，与秦会临晋。秦予我蒲反。

十八年⑪，与秦伐楚⑫。

二十一年⑬，与齐、韩共败秦军函谷⑭。

二十三年⑮，秦复予我河外及封陵为和⑯。哀王卒⑰，子昭王立⑱。

【注释】

①十年，张仪死：十年，应为“襄王十年”，前309年。张仪于此年死于魏国。

②十一年：应为“襄王十一年”，当秦武王三年，前308年。

③秦武王：名荡，秦惠文王之子，前310—前307年在位。

④十二年：应为“襄王十二年”，前307年。

⑤太子朝于秦：魏太子到秦国朝见秦王。意即魏国地位沦丧到向秦国称臣地步。

⑥未拔而解：没攻下就罢兵了。解，休止，停止。此指罢兵。

⑦十四年，秦来归武王后：十四年，应为“襄王十四年”，前305年。即为秦昭王二年。秦武王死后，他的异母弟公子则依靠其母宣太后与其舅穰侯的力量夺得王位，为排除异己，故将其嫂“武王后”逐出秦国。武王后原是魏女，故曰“来归”。

⑧十六年：应为“襄王十六年”，当秦昭王四年，前303年。

⑨蒲反：即“蒲坂”，魏邑名。在今山西永济西的黄河边上。阳晋：魏邑名。在当时的蒲坂南。封陵：即今山西黄河拐角之风陵渡。

⑩十七年：应为“襄王十七年”，当秦昭王五年，前302年。

⑪十八年：应为“襄王十八年”，当秦昭王六年、楚怀王二十八年，前301年。

⑫与秦伐楚：齐派匡章、魏派公孙喜、韩派暴鸢共同进攻楚方城，杀楚将唐眛，韩、魏攻取宛、叶以北之地。

⑬二十一年：应为“襄王二十一年”，当齐湣王三年、秦昭王九年，前298年。

⑭函谷：即函谷关，在今河南灵宝东北。时为秦国东部的关塞。

⑮二十三年：应为“襄王二十三年”，当秦昭王十一年，前296年。

⑯秦复予我河外及封陵：梁玉绳曰：“事在二十一年，‘河外及’三字衍。”意即只将封陵归还了魏国。今战国史研究者皆不取梁氏说，杨宽《战国史表》曰：“齐合韩、魏而攻秦入函谷关，迫使秦归还韩河外及武遂，归还魏河外及封陵。”

⑰哀王卒：应作“襄王卒”。

⑱子昭王立：魏昭王，名遬，前295—前277年在位。

【译文】

哀王十年，张仪去世。

哀王十一年，魏王与秦武王在应邑会晤。

哀王十二年，魏太子到秦国朝见秦王。秦国派军队攻打魏国的皮氏县，没攻下就撤走了。

哀王十四年，秦国将秦武王的王后送回了魏国。

哀王十六年，秦国攻占了魏国的蒲反、阳晋、封陵。

哀王十七年，魏王与秦昭王在临晋会晤。秦国将蒲反归还给魏国。

哀王十八年，魏国与秦国共同攻打楚国。

哀王二十一年，魏国与齐国、韩国联合，在函谷关打败了秦军。

哀王二十三年，秦国为了和解，将河外之地及封陵归还魏国。哀王去世，他的儿子魏昭王即位。

昭王元年①，秦拔我襄城②。

二年③，与秦战，我不利④。

三年⑤，佐韩攻秦，秦将白起败我军伊阙二十四万⑥。

六年⑦，予秦河东地方四百里⑧。芒卯以诈重⑨。

七年⑩，秦拔我城大小六十一⑪。

八年⑫，秦昭王为西帝，齐湣王为东帝⑬，月余，皆复称王归帝⑭。

九年⑮，秦拔我新垣、曲阳之城⑯。

【注释】

①昭王元年：当秦昭王十二年，前295年。

②襄城：古邑名。即今河南襄城。当时属魏。

③二年：当秦昭王十三年，前294年。

④与秦战,我不利:谢孝苹曰:"《通鉴·周纪四》'秦败魏师于解',故云不利。"

⑤三年:当秦昭王十四年、韩釐王三年,前293年。

⑥秦将白起败我军伊阙二十四万:《白起王翦列传》云:"白起为左更,攻韩、魏于伊阙,斩首二十四万,又虏其将公孙喜,拔五城。"白起,秦国名将。其事详见《白起王翦列传》。我军,应作"韩、魏联军",《韩世家》亦言"秦败我二十四万",似又败韩军"二十四万"者,亦误。伊阙,山口名。在今河南洛阳东南,因其地两山对立如门,中有伊水通过,故称"伊阙"。

⑦六年:当秦昭王十七年,前290年。

⑧河东:魏郡名。约当今山西之临汾、侯马、运城等一带,因其地处黄河以东而得名。

⑨芒卯以诈重:凌稚隆曰:"按《魏策》,芒卯诈以郱事赵,令闭关绝秦,秦、赵大恶。赵王恐魏乘秦之怒,割五城以合于魏而支秦。"按,凌说见《战国策·魏策》,此外芒卯又联秦攻齐,得齐地二十二县;又有劝赵王割地于秦,借秦力以获得在赵为将事,尤见其狡诈倾危。芒卯,也作"孟卯",魏将。

⑩七年:当秦昭王十八年,前289年。

⑪拔我城大小六十一:也见于《白起王翦列传》。

⑫八年:当秦昭王十九年、齐湣王十三年,前288年。

⑬秦昭王为西帝,齐湣王为东帝:春秋时期各国诸侯皆称"公"、称"侯",惟周天子称王。战国以来,周天子成为傀儡,各国诸侯势力逐渐强大,亦先后称"王",于是齐、秦两个大国又不甘心与其他诸侯等列,即相约彼此称"帝",齐为"东帝",秦为"西帝"。齐湣王,名地,齐宣王之子,前300—前284年在位。

⑭皆复称王归帝:都去掉了帝号恢复称王。据《战国策》与《田敬仲完世家》,齐国采纳苏秦的建议,首先取消了帝号;秦国见齐国

去掉帝号，于是也去掉了帝号。马非百以为秦、齐之去“帝”号与吕礼的活动颇有关系，说见《秦集史》。

⑮九年：当秦昭王二十年，前287年。

⑯新垣、曲阳：杨宽曰：“是年秦攻魏，当在五国攻秦无功而罢于成皋之后。当齐约赵发动五国合纵攻秦之初，秦为缓解五国攻势，废除帝号，并将温、轵、高平归还于魏。及五国罢于成皋，秦又继续分兵两路攻魏，一路攻河内，拔新垣、曲阳；曲阳在今河南济源县西，新垣即在曲阳附近。……曲阳、新垣皆在轵、高平之西。秦兵另一路攻河东之安邑，次年魏被迫献纳安邑及河内之地。”

【译文】

昭王元年，秦军攻占了魏国的襄城。

昭王二年，魏军又与秦军交战，魏军不利。

昭王三年，魏国帮助韩国攻打秦国，秦将白起在伊阙大败魏军二十四万。

昭王六年，魏国将河东方圆四百里的领土割给秦国。芒卯以善用诈谋在魏国受到重用。

昭王七年，秦国夺取了魏国大小城邑六十一座。

昭王八年，秦昭王称西帝，齐湣王称东帝。一个多月以后，又都去掉帝号恢复称王。

昭王九年，秦国攻占魏国的新垣、曲阳二城。

十年①，齐灭宋，宋王死我温②。

十二年③，与秦、赵、韩、燕共伐齐，败之济西④，湣王出亡⑤。燕独入临菑⑥。与秦王会西周⑦。

十三年⑧，秦拔我安城。兵到大梁，去⑨。

十八年⑩，秦拔郢⑪，楚王徙陈⑫。

十九年[13]，昭王卒，子安釐王立[14]。

【注释】

①十年：当齐湣王之十五年，前286年。

②齐灭宋，宋王死我温：齐国灭掉宋国之后，宋王死在魏国的温县。宋国的亡国之君名偃，前328—前286年在位。其事详见《宋微子世家》。温，魏邑名。在今河南温县西南。

③十二年：当齐湣王之十七年，前284年。

④与秦、赵、韩、燕共伐齐，败之济西：即燕将乐毅率五国联军伐齐，大破齐军于济西事，详见《乐毅列传》《田单列传》《燕召公世家》。济西，济水以西，即今山东聊城、茌平、高唐一带。当时的"济水"大致相当于今天黄河的流向，经过今山东济南的西南、西部、北部，东北流入海。

⑤湣王出亡：据《鲁仲连列传》，齐湣王逃出临淄后，曾到过卫、鲁、邹诸小国，均未被接纳，最后回到莒县，被楚将淖齿所杀。见《田单列传》。

⑥燕独入临菑（zī）：五国联军破齐军于济西后，秦、魏、赵、韩以为教训齐湣王的目的已经达到，遂撤军回国，只有燕国为报当年齐宣王破燕之仇，而长驱深入，攻占齐国都城临淄，并扫荡全齐。

⑦与秦王会西周：与秦昭王在王城会晤。西周，战国后期的诸侯小国名。东周式微，周天子至战国时代已逐渐成为傀儡，其领土只剩有王城、巩县与其周边的几个县。至周显王时，仅存的一点领土又落入其手下的两个贵族之手，一个占据王城（今河南洛阳），称西周君；一个占据巩县（今河南巩义），称东周君。从此以后，周天子（周慎靓王、周赧王）遂成为寄人篱下的仰头仰尾的傀儡。其事详见《周本纪》。按，《秦本纪》于此作"王与魏王会宜阳"，与本文所谓"会西周"略有不同。"宜阳"原来属韩，秦武王时被

秦国所占，其地在王城西南，离王城不远。

⑧十三年：当秦昭王二十四年，前283年。

⑨秦拔我安城，兵到大梁，去：《秦本纪》云："秦取魏安城，至大梁，燕、赵救之，秦军去。"较此明晰。安城，魏邑名。在今河南原阳西南。

⑩十八年：当秦昭王二十九年、楚顷襄王二十一年，前278年。

⑪秦拔郢（yǐng）：此役秦军的统帅为大将白起，其事详见《秦本纪》《白起王翦列传》。郢，楚国国都。即今湖北荆州之纪南城。

⑫楚王徙陈：楚顷襄王将都城迁移到陈县，在今河南淮阳。楚王，即楚顷襄王，名横，楚怀王之子，前298—前263年在位。

⑬十九年：前277年。

⑭安釐（xī）王：魏安釐王，名圉，信陵君无忌之兄，前276—前242年在位。釐，也作"僖"。

【译文】

昭王十年，齐国灭掉宋国，宋王死在魏国的温县。

昭王十二年，魏与秦、赵、韩、燕共同讨伐齐国，在济西大破齐军，齐湣王出逃。燕国单独攻入临淄。魏昭王与秦昭王在西周会晤。

昭王十三年，秦军攻占了魏国的安城。秦兵东至大梁而回。

昭王十八年，秦军攻占楚国的郢都，楚顷襄王迁都到陈县。

昭王十九年，去世，其子安釐王继位。

安釐王元年，秦拔我两城①。

二年②，又拔我二城，军大梁下，韩来救，予秦温以和③。

三年，秦拔我四城，斩首四万④。

四年⑤，秦破我及赵，杀十五万人⑥，走我将芒卯⑦。魏将段干子请予秦南阳以和⑧。苏代谓魏王曰⑨："欲玺者段干子也[10]，欲地者秦也。今王使欲地者制玺，使欲玺者制地，魏氏地不尽则不知已[11]。且夫以地事秦，譬犹抱薪救火，薪不尽，火不灭。”王曰：“是则然也[12]。虽然[13]，事始已行，不可更矣[14]。”对曰：“王独不见夫博之所以贵枭者[15]，便则食[16]，不便则止矣。今王曰‘事始已行，不可更’，是何王之用智不如用枭也[17]？”

九年[18]，秦拔我怀[19]。

十年[20]，秦太子外质于魏死[21]。

十一年[22]，秦拔我郪丘[23]。

【注释】

①安釐王元年，秦拔我两城：安釐王元年，当秦昭王三十一年，前276年。据《秦本纪》，是年“白起伐魏，取两城”。

②二年：当秦昭王三十二年，前275年。

③韩来救，予秦温以和：据《六国年表》“暴鸢救魏，为秦所败，走开封”，魏将温地送给秦国以求和。按，据《穰侯列传》，破暴鸢的秦国将领为秦相魏冉，是役斩韩、魏军四万，得魏三邑。温，魏邑名。在今河南温县西南。

④“三年”三句：三年，当秦昭王三十三年，前274年。据《秦本纪》与《穰侯列传》，“斩首四万”与破韩将暴鸢是一件事，皆在上一年；拔魏四城是另一件事，在本年，此役秦军的将领是客卿胡阳，所取四城为卷、蔡、中阳、长社。

⑤四年：当秦昭王三十四年，前273年。

⑥秦破我及赵，杀十五万人：底本原文作“秦破我及韩、赵，杀十五万人”，梁玉绳曰：“‘韩’字衍。”此即“华阳之战”，赵、魏攻韩华阳，秦救韩而伐赵、魏，故不当言秦破“韩”。《穰侯列传》云：

“穰侯与白起、客卿胡阳复攻赵、韩、魏,破芒卯于华阳下,斩首十万。”亦衍“韩”字。今皆删。

⑦走我将芒卯:《秦本纪》作“击芒卯华阳,破之,斩首十五万”。芒卯,也写作“孟卯”,魏将。

⑧段干子请予秦南阳以和:泷川曰:“段干欲得秦封,故请魏割地。”段干子,据《战国策》,此人名崇。南阳,地区名。约当今河南之济源、武陟一带,当时属魏。因其地处黄河之北、太行山之南,故称“南阳”。

⑨苏代谓魏王曰:《战国策》“苏代”作“孙臣”。王叔岷曰:“《春秋后语》《通鉴》并作‘苏代’,本《世家》也。”

⑩欲玺:指想要得到秦国的爵赏。

⑪魏氏地不尽则不知已:魏国的土地不割让没了就不会终结。不尽,不割让完毕。不知已,不知停止,即没个完。已,终止,结束。

⑫是则然也:这样说确实有道理。

⑬虽然:即使这样。

⑭更:改变。

⑮夫:那。博:赌戏。贵枭(xiāo):喜欢得到枭。《正义》曰:“博头有刻为枭鸟形者,掷得枭者合食其子,若不便则为余行也。”

⑯食:吃掉对方的棋子。

⑰何王之用智不如用枭:大王用智谋决定国家大事为什么不像赌博中使用枭一样灵活呢。不如,不像。以上苏代为魏王拆穿段干子阴谋事,见《战国策·魏策》。而说话者为“孙臣”,不是“苏代”。

⑱九年:前268年。

⑲怀:魏邑名。在今河南武陟西南。

⑳十年:当秦昭王四十年,前267年。

㉑秦太子外质于魏死:《秦本纪》曰:“悼太子死魏,归葬芷阳。”外质,在国外做人质。

㉒十一年：当秦昭王四十一年，前266年。

㉓秦拔我郪丘：《年表》作“廪丘”，《秦本纪》曰：“攻魏，取邢丘、怀。”洪颐煊曰：“以下文‘秦固有怀、茅、邢丘’句证之，当作‘邢丘’为是。”邢丘，魏邑名。在今河南温县东北。

【译文】

安釐王元年，秦军攻取魏国两座城池。

安釐王二年，秦军又攻取魏国两座城池，陈兵大梁城下，韩国派兵前来救援，魏国将温县割给秦国以求和。

安釐王三年，秦军攻下魏国四座城池，斩杀四万人。

安釐王四年，秦军打败魏军和赵军，杀死十五万人，赶跑了魏将芒卯。魏将段干子请求把南阳割给秦国求和。苏代对魏王说：“想得到爵赏的是段干子，想得到土地的是秦国。如今大王让想得土地的人控制爵赏，让想得到爵赏的人控制土地，魏国的土地不送光了就不会终结。况且用土地侍奉秦国，就好像往火里抛着柴薪来救火，柴薪不烧完，火就不会熄灭。”魏王说：“这样说确实有道理。尽管如此，可是割地求和之事已经开始执行，不能更改了。”苏代回答说：“大王难道没见过玩六博的人特别看重枭子吗？有利的时候就出枭吃掉对方的子，不利的时候就停下来。如今大王却说什么‘割地求和之事已经开始执行，不能更改了’，难道大王在运用智谋决断国家大事上还不如玩六博时的用枭吗？”

安釐王九年，秦国夺取了魏国的怀县。

安釐王十年，在魏国做人质的秦国太子死在魏国。

安釐王十一年，秦国占领了魏国的郪丘。

秦昭王谓左右曰：“今时韩、魏与始孰强[①]？”对曰：“不如始强。”王曰：“今时如耳、魏齐与孟尝、芒卯孰贤[②]？”对曰：“不如。”王曰：“以孟尝、芒卯之贤，率强韩、魏以攻秦，犹无奈寡人何也[③]。今以无能之如耳、魏齐而率弱韩、魏以伐秦，其无奈寡人何亦明矣。”左右皆曰：“甚然。”中旗冯琴而对曰[④]：“王之料天下过矣。当晋六卿之时[⑤]，知氏最强，灭范、中行，又率韩、魏之兵以围赵襄子于晋阳，决晋水以灌晋阳之城[⑥]，不湛者三版[⑦]。知伯行水[⑧]，魏桓子御[⑨]，韩康子为参乘[⑩]。知伯曰：‘吾始不知水之可以亡人之国也，乃今知之。汾水可以灌安邑，绛水可以灌平阳[⑪]。’魏桓子肘韩康子，韩康子履魏桓子，肘足接于车上，而知氏地分，身死国亡，为天下笑[⑫]。今秦兵虽强，不能过知氏；韩、魏虽弱，尚贤其在晋阳之下也[⑬]。此方其用肘足之时也，愿王之勿易也[⑭]！”于是秦王恐[⑮]。

【注释】

①今时韩、魏与始孰强：现在的韩国、魏国和当初的韩国、魏国相比，哪个更强大。孰，谁，哪一个。

②如耳：原魏人，前曾仕卫，此时仕韩。魏齐：魏国宗室。此时为魏相。魏齐其事，又见于《范雎蔡泽列传》《平原君虞卿列传》。孟尝：孟尝君田文，魏襄王时曾为魏相。前注中已提及。

③犹：还。

④中旗：《战国策·秦策》作“中期”，高诱注：“中期，秦辩士也。”王叔岷曰：“《韩非子·难三》：‘中期之所官，琴瑟也。’盖谓中期此人为琴瑟之官。”杨宽说同。冯琴：停止抚琴，双手搭在琴上。冯，通“凭”，依靠。《战国策》于此作“推琴”。

⑤晋六卿：晋国范氏、中行氏、知氏、韩氏、赵氏、魏氏六大权臣。

⑥晋水：古水名。源于今山西太原西南之悬瓮山，东流经古晋阳（今山西太原西南，当时赵氏家族的都城）侧入汾水。《水经·晋

水注》:“昔在战国,襄子保晋阳,智氏防山以水之,城不没者三版,与韩、魏望叹于此,故智氏用亡。其渎乘高,东北注入晋阳城,以周灌溉,……即是处也。东南出城流,注于汾水也。”

⑦不湛者三版:只差三版就把晋阳淹没了。不湛,不被水泡。湛,同“沉”,沉没。三版,六尺高。《战国策》高诱注以为古代筑墙用的版高度为二尺(鲍彪以为高三尺)。按,古时尺小,一尺相当于今之六寸多。

⑧行水:视察水情。行,巡视,巡查。

⑨御:驾车,赶车。

⑩参乘:即“骖乘”,古代乘车居于车右之人,起警卫作用。

⑪汾水可以灌安邑,绛水可以灌平阳:汾水源于山西北部的神池南,向南流经今太原、临汾、侯马,西折入黄河。绛水源于今山西绛县,至闻喜以下改称涑水,经当时的魏氏都城安邑西北向西流入黄河。平阳,韩氏家族的都城,在今山西临汾西南。因平阳靠近汾水,安邑靠近绛水下游的涑水,而相反平阳距绛水远,安邑距汾水远,故梁玉绳等都怀疑应作“汾水可以灌平阳,绛水可以灌安邑”。今人亦多从之。又,以上二句有人理解为写史者之补叙形势,徐孚远曰:“知伯虽骄汰,然‘汾水’二语不必出知伯也。”今底本亦将其置于知伯说话的引号外;郭嵩焘曰:“知伯以骄致亡,二语聊以自豪耳,正其骄气之溢于不自知者也。韩、魏方与知伯攻赵氏,而忽反攻知伯灭之,自非无因,徐氏云非知伯语,误也。”

⑫“魏桓子肘韩康子”六句:用比喻言韩、魏串通、倒戈之快,以及三家联合打败知氏之易。

⑬尚贤其在晋阳之下也:还是比在晋阳城下的时候强大。尚,犹,还。贤,强过,胜过。

⑭勿易:不要轻视,即不要对形势掉以轻心。易,轻视。

⑮于是秦王恐:王维桢曰:“引知氏首末以悟秦王,叙述委切,警动人

心。”杨慎曰：“告君述古人事，而以今之事比而断之，如子胥谏吴王引有过灭夏后氏之类，皆用此法。”中井积德曰：“此一条宜入《秦本纪》，不当在《魏世家》也。”以上中旗谏秦昭王事，见《战国策·秦策》。

【译文】

秦昭王问左右侍臣说：“现在的韩国、魏国和当初的韩国、魏国相比，哪个更强大？”左右都说：“不如当初的韩、魏强大。”秦王又问：“现在的如耳、魏齐与过去的孟尝君、芒卯相比，谁更贤能？”大臣们都说：“不如当年的孟尝君、芒卯贤能。”秦王说：“过去用孟尝、芒卯那样贤能的人率领强大的韩、魏军队攻打秦国，对我都无可奈何；如今让如耳、魏齐这样的无能之辈率领疲弱的韩、魏军队攻打秦国，其无奈我何就更显而易见了。”左右侍臣都说：“太对了。”中旗倚着琴回答说：“大王对天下形势的估计是错误的。当年晋国六卿执政的时候，知伯最为强大。他先消灭了范氏、中行氏；又率领韩氏、魏氏之兵在晋阳围攻赵襄子，决开晋水淹灌晋阳城，晋阳的城墙只差三版就被淹没了。知伯乘车察看水势，魏桓子在中间赶车，韩康子在车右陪侍。知伯对二人说：‘我早先不知道水还可以灭亡别人的国家，现在知道了。汾水可以淹灌魏都安邑，绛水可以淹灌韩都平阳。’魏桓子用肘碰了一下韩康子，韩康子则用脚踩了一下魏桓子。当二人用肘和脚在车上暗中示意后，知伯的封地就被瓜分了，强大的知伯身死国亡，被天下人所耻笑。如今秦国虽然强大，还超不过当时的知氏；韩、魏虽然弱小，还是比在晋阳城下的时候强大。现在正是他们用足肘暗通消息的时候，希望大王不要把形势看得太简单了！”于是秦王有些惊恐。

齐、楚相约而攻魏[①]，魏使人求救于秦，冠盖相望也[②]，而秦救不至。魏人有唐雎者，年九十余矣，谓魏王曰[③]：“老臣请西说秦王[④]，令兵先臣出[⑤]。”魏王再拜，遂约车而遣之[⑥]。唐雎到，入见秦王。秦王曰："丈人芒然乃远至此[⑦]，甚苦矣！夫魏之来求救数矣，寡人知魏之急已。"唐雎对曰："大王已知魏之急而救不发者，臣窃以为用策之臣无任矣[⑧]。夫魏，一万乘之国也，然所以西面而事秦，称东藩[⑨]，受冠带，祠春秋者[⑩]，以秦之强足以为与也[⑪]。今齐、楚之兵已合于魏郊矣[⑫]，而秦救不发，亦将赖其未急也。使之大急，彼且割地而约从[⑬]，王尚何救焉？必待其急而救之，是失一东藩之魏而强二敌之齐、楚，则王何利焉？"于是秦昭王遽为发兵救魏[⑭]。魏氏复定[⑮]。

【注释】

①齐、楚相约而攻魏：司马迁系此事于魏安釐王十一年（前266）至十九年（前258）之间，其时齐则为齐襄王或齐王建，楚则为楚顷襄王或楚孝烈王。

②冠盖相望：使者所戴的帽子和所乘坐车子的车盖，后面的可以望见前面的，形容派出的使者络绎不绝。

③"魏人有唐雎者"三句：梁玉绳曰："此时为安釐王十一年，迨魏之亡凡四十二年，而《国策》载魏亡后唐且为安陵君说秦始皇，岂雎寿至一百三十余岁乎？"按，此章可以不置疑，而其"为安陵君说秦王"一节则断然不足信。缪文远称其为"辩士之寓言"，说："唐且胁始皇之语类皆天人感应之谈，荒唐悠缪之说，以始皇之雄略，安肯便长跪而谢？即安陵尚存，秦但遣偏师一支，便可旦夕而下，何须卑辞以求易地？世人但赏其文辞，而不悟其为拟托也。"唐雎，《战国策》作"唐且"，音同。

④说（shuì）：游说，劝说。

⑤令兵先臣出：让秦国的救兵在我离秦之前出发。极言自己办事成

功的把握之大。

⑥约车:套车,准备车。约,收拾,备办。

⑦丈人:对老者的敬称。芒然:《孟子·公孙丑》"芒芒然归",赵岐注:"罢(疲)倦之貌。"

⑧用策:犹言"用事",专断政权。无任:《战国策》高诱注:"任,能也。"按,旧注以"无能"释"无任",似与文意不合。冈白驹曰:"用策之臣,不事事也。"即今之所谓"不管事""不负责任"。

⑨称东藩:自称是秦国东部的藩篱。即自认是秦国属下的一个侯国。

⑩受冠带,祠春秋:接受秦国赐予的冠带,春秋两次向秦国供奉祭品。《苏秦列传》之《索隐》曰:"冠带制度,皆受秦之法;春秋贡奉,以助秦祭祀。"按,此数句乃后人假托之"苏秦"合纵六国语,非此时已有之事。前254年《秦本纪》始有魏对秦"委国听命""韩王入朝"事。

⑪足以为与:能作为可依赖的盟国。与,《正义佚文》:"党与也。"这里即盟国,结好之国。

⑫合:聚集。

⑬约从:谓转而与东方诸国结盟合纵,共同对付秦国。

⑭遽(jù):立即,马上。

⑮魏氏复定:徐孚远曰:"唐雎之说,一时救急计耳,不若劝魏合齐、楚为算长也。"按,以上唐雎为魏说秦昭王出兵事,见《战国策·魏策》。

【译文】

齐、楚两国联合攻打魏国,魏国派人向秦国求救,派出的使者络绎不绝,而秦国的救兵就是不到。魏国有个叫唐雎的人,有九十多岁了,他对魏王说:"老臣请求西行说服秦王,让秦国的救兵在我离秦之前出发。"魏王拜了两拜,为他安排车辆,派他出使秦国。唐雎到了秦国,入宫拜见秦王。秦王说:"老人家风尘仆仆地远路来到这里,太辛苦了!魏国多次派人前来求救，我已经知道魏国的危急了。”唐雎说：“大王既然知道魏国的危急，却不肯发兵相救，我私下认为这是为您出谋划策的大臣不负责任。魏国是一个拥有万乘兵车的国家，它之所以西来侍奉秦国，自称是秦国东部的藩篱，接受秦国赐予的冠带，春秋两次向秦国供奉祭品，还不是因为秦国强大，可以给魏国做依靠么？现在齐、楚的军队已经在魏都郊外会师，而秦国的救兵还没出发，也就是依仗魏国还不太危急吧。假使到了特别危急的时候，魏国就将向齐、楚割地求和，与齐、楚相约合纵，那时大王还去救什么呢？一定要等到魏国危急了才去救它，那就等于失掉了一个可做东方屏障的魏国，而使齐、楚两个敌对国家强大起来，这对大王您又有什么好处呢？”于是秦昭王马上发兵救魏。魏国重又获得安定。

赵使人谓魏王曰：“为我杀范痤，吾请献七十里之地。”①魏王曰：“诺。”使吏捕之，围而未杀。痤因上屋骑危②，谓使者曰：“与其以死痤市③，不如以生痤市。有如痤死，赵不予王地，则王将奈何？故不若与先定割地④，然后杀痤。”魏王曰：“善。”痤因上书信陵君曰⑤：“痤，故魏之免相也⑥，赵以地杀痤而魏王听之，有如强秦亦将袭赵之欲⑦，则君且奈何？”信陵君言于王而出之⑧。

【注释】

①“赵使人谓魏王曰”三句：据《战国策·赵策》，虞卿对赵王说，魏国所以能成为东方诸侯的盟主就在于曾任用范痤，若能让魏国杀掉范痤，赵国就能成为诸侯盟主，于是赵王向魏国献地以求魏国杀范痤。范痤，魏人。曾为魏相，后退居家中。

②骑危：骑在屋脊上。危，屋脊。

③以死痤市：意即拿一个死范痤去做交易。市，交易，交换。

④先定割地：意即让赵国先割让应允的七十里土地。

⑤信陵君：名无忌，魏昭王之子，魏安釐王之弟。其事详见《魏公子列传》。

⑥故魏之免相也：先前免职的国相。故，原先，以前。

⑦袭赵之欲：模仿赵国，要求魏国杀死信陵君。凌稚隆曰："此有以深中信陵之畏矣，是以信陵言于王而免之。"缪文远曰："范痤由己身遭遇，以地位相同则处境可能相似之说进信陵君而得免难，可称善说。"袭，因袭，模仿。

⑧言于王而出之：以上范痤机智地为自己解围事，详见《战国策·赵策》。不同之处是"范痤"作"范座"；"骑危"谓使者语，乃是"献书魏王曰"，司马迁的这一改动增强了生动性。

【译文】

赵国派人对魏王说："为我杀掉范痤，我愿献上七十里土地。"魏王说："行。"于是派官吏去抓捕范痤，围而未杀。范痤于是爬上屋顶，骑在屋脊上，对前来抓捕他的人说："与其拿一个死范痤去做交易，不如用活的范痤去做交易。假如我范痤死了，而赵国不给大王土地，那么大王将怎么办呢？所以不如让赵国先割让土地，然后再杀范痤。"魏王说："好。"范痤于是上书给信陵君说："范痤是魏国先前免职的国相，赵国用割地为条件要求杀我，而魏王竟听从了，如果强秦也沿用赵国的办法对待您，那么您将怎么办？"于是信陵君劝说魏王，将范痤释放了。

魏王以秦救之故，欲亲秦而伐韩，以求故地[①]。无忌谓魏王曰：

秦与戎翟同俗[②]，有虎狼之心，贪戾好利无信[③]，不识礼义德行。苟有利焉，不顾亲戚兄弟，若禽兽耳，此天下之所识也，非有所施厚积德也[4]。故太后母也，而以忧死[5]；穰侯舅也，功莫大焉，而竟逐之[6]；两弟无罪[7]，而再夺之国[8]。此于亲戚若此，而况于仇雠之国乎[9]？今王与秦共伐韩而益近秦患，臣甚惑之。而王不识则不明[10]，群臣莫以闻则不忠。

【注释】

①以求故地：鲍彪曰："盖尝丧地于韩，今欲取之。"

②戎翟：古代西部少数民族称"戎"，北部少数民族称"翟"。此处泛指少数民族。翟，同"狄"。

③贪戾（lì）：贪婪暴戾。戾，乖张，喜怒无常。

④施厚：姚宏云："厚，刘作'惠'。应据改。"施厚，即"施惠"。

⑤太后母也，而以忧死：太后，即宣太后，秦昭王之母。秦昭王继位之初，宣太后把持政权，后经范雎进说，秦昭王遂夺其权，至于宣太后是否"忧死"，史无明载。

⑥"穰侯舅也"三句：穰侯，即魏冉，为宣太后异父弟、秦昭王之舅。秦昭王异母兄秦武王去世后，秦昭王依靠宣太后与穰侯的力量夺权上位；秦昭王即位后，穰侯多年为相，在秦国开疆拓土上也有巨大功劳，权倾一时。后因专权跋扈，于秦昭王四十一年（前266）被罢相。次年，宣太后卒，他被遣赴封邑。其事详见《穰侯列传》。

⑦两弟：指泾阳君公子市、高陵君公子悝，皆秦昭王之弟。后均被逐出关。

⑧再夺之国：或谓双双被剥夺了封地。按，据《穰侯列传》《范雎列传》皆未云剥夺其封地，而只云令其"出关"，因而此处的"之国"似应解释为"就国"，即解除职务，离开朝廷，到自己的封地上去。

⑨仇雠（chóu）：仇敌，仇人。

⑩而王不识：如果大王自己看不出来。而，若，如果。

【译文】

魏王因为秦国曾经援救的缘故，想要亲近秦国，攻伐韩国，以便收回原来被韩国攻占的土地。魏公子无忌对魏王说：

秦人与夷狄的风俗相同，有虎狼一样的心肠，它贪婪残暴，喜好功利，不守信用，不懂礼仪，不讲道德。只要有利可图，就不顾亲戚兄弟，像禽兽一样，这是天下人都知道的，他们从来不曾施厚恩，积大德。已故的宣太后是秦王的母亲，却被逼得忧伤而死；穰侯是秦王的舅舅，论功劳没有谁比得上，而最后却被放逐；秦王的两个弟弟根本没有过错，也被双双削去职权，赶回封地。对待亲戚尚且如此，更何况对待敌对的国家呢？现在您要与秦国共同讨伐韩国，就会更加接近秦国的祸患，我特别感到迷惑不解。如果您认识不到此理，那是不明；群臣没把其中的危害说给您听，那就是不忠。

今韩氏以一女子奉一弱主①，内有大乱②，外交强秦魏之兵③，王以为不亡乎？韩亡，秦有郑地④，与大梁邻⑤，王以为安乎？王欲得故地，今负强秦之亲⑥，王以为利乎？

【注释】

①以一女子奉一弱主：韩国靠着一个女人辅佐一个幼弱的君主。吕祖谦曰："《韩世家》不载其事，必是时韩王少，母后用事也。"当时韩国的国君是韩桓惠王，魏安釐王十一年，相当于韩桓惠王七年，前266年。

②内有大乱：《韩世家》未提及是什么内乱。

③外交强秦魏之兵：外边要与秦、魏的强兵交战。

④郑地：指韩国土地。韩灭郑之后，郑地以入韩，且都于新郑，故当时也以“郑”称韩国。

⑤与大梁邻：与魏国接壤。按，底本原文于此作“与大梁邺”。《索隐》曰：“《战国策》‘邺’作‘邻’字，为得。”王叔岷曰：“景祐本南宋补版、黄善夫本、殿本‘邺’并作‘邻’。”诸说是，今据改。

⑥负强秦之亲：倚靠和强秦的亲近攻伐韩国。负，倚仗，倚靠。

【译文】

如今韩国靠着一个女人辅佐一个幼弱的君主，国内动荡不安，外边要与秦、魏的强兵交战，大王以为它还会不亡吗？韩国灭亡后，秦国必将占有韩国的土地，与大梁相邻，大王以为能安宁吗？大王想得到原来的土地，就要倚靠和强秦的亲近，大王以为这会有利吗？

秦非无事之国也①，韩亡之后，必将更事②，更事，必就易与利③，就易与利，必不伐楚与赵矣④。是何也？夫越山逾河⑤，绝韩上党而攻强赵⑥，是复阏与之事⑦，秦必不为也。若道河内⑧，倍邺、朝歌⑨，绝漳、滏水⑩，与赵兵决于邯郸之郊，是知伯之祸也⑪，秦又不敢。伐楚，道涉谷⑫，行三千里而攻冥陒之塞⑬，所行甚远，所攻甚难，秦又不为也。若道河外⑭，倍大梁，右上蔡、召陵⑮，与楚兵决于陈郊，秦又不敢。故曰秦必不伐楚与赵矣，又不攻燕与齐矣⑯。

【注释】

①无事：不生事端。

②更事：再生事端。

③必就易与利：一定索取容易占领和有利可图之地。

④必不伐楚与赵：一定不会去攻打楚国和赵国。这其中的原因是楚、赵两国都比魏国强大，且地理形势也比魏国险要。

⑤山、河："山"指太行山，"河"指漳河。

⑥绝韩上党：穿过韩国的上党地区。绝，越过，穿过。上党，即今山西东南一带。

⑦复阏与之事：意谓重复阏与之战的失败。秦昭王三十八年，前269年，秦将胡阳率军在阏与围攻赵军，赵派赵奢率军驰援，大破秦军于阏与。其事详见《赵世家》及《廉颇蔺相如列传》。阏与，赵邑名。即今山西和顺。

⑧道河内：取道河内北上。河内，即今河南新乡、淇县一带。

⑨倍邺、朝歌：背对邺县、朝歌，即将其甩在后面，意谓穿过邺县、朝歌。倍，通"背"，背对，背向。邺，魏邑名。在今河北临漳西南。朝歌，魏邑名。即今河南淇县。

⑩绝漳、滏水：横渡漳水、滏水。漳水，源于山西和顺西，东南流经当时的邺县，向东北流入黄河。滏水，源于今河北武安南，向东南流经今磁县，至肥乡汇入漳水。二水皆在赵都邯郸南。

⑪是知伯之祸也：这是当年知伯那样的灾祸。

⑫道涉谷：取道涉谷。涉谷，险路名。具体方位不详。《战国纵横家书》注引张琦《战国策释地》云："此即春申君所谓随水右壤，广川大水，山林谿谷，不食之地也。出武关东南，即至宛、邓。"

⑬冥阸（è）之塞：冥阸塞，古隘道名。在今河南信阳南。《正义》引刘伯庄云："秦兵向楚有两道，涉谷是西道，河外是东道。从褒斜入梁州，即东南至申州攻石城山，险厄之塞也。"

⑭道河外：取道黄河以南，即由函谷关出兵，经由今之郑州一带杀向楚都陈县。河外，指今黄河以南的郑州、开封等一带地区，因当时称与此相对的黄河北岸地区为"河内"，故遂称此为"河外"。

⑮右上蔡、召陵：底本作“右蔡左召陵”。梁玉绳曰：“余考《策》作‘右上蔡召陵’，则‘蔡左’二字当作‘上蔡’，传写讹耳。”梁说是，今据改。按，上蔡、召陵都在楚都陈县的西侧，秦兵由北而南，故称上蔡、召陵曰“右”。上蔡，楚邑名，在今河南上蔡西南。召陵，楚邑名，在今河南漯河东。

⑯又不攻燕与齐矣：底本“燕”作“卫”。《正义》曰：“卫、齐皆在韩、赵、魏之东，故秦不伐也。”按，《战国纵横家书》于此作“燕与齐”。“卫”在春秋时代尚属于二等国家，至战国后期则已行将灭亡，不宜与“齐”并称，似应作“燕”为是。今据改。

【译文】

秦国不是一个不生事端的安分国家，韩国灭亡后，秦国必定再生事端，再生事端一定索取容易占领和有利可图之地，索取容易占领和有利可图之地，一定不会去攻打楚国和赵国。为什么呢？因为越山跨河，穿过韩国的上党去进攻强大的赵国，这是重复阏与之战的失败，秦国一定不会那样做。如果取道河内，穿过邺县和朝歌，横渡漳水、滏水，与赵军决战于邯郸郊外，这就会遇到知伯那样的灾祸，秦国又不敢这样做。如果进攻楚国，就要取道涉谷，行军三千里去攻打冥阸关塞，走的路太远，攻打的地方太难，秦国也不会这样做。如果取道河外，那就得背向大梁，右边有上蔡左边有召陵，与楚军在陈县郊外决战，秦国也不敢这么做。所以说秦国一定不会进攻楚国和赵国，也不会攻打燕国和齐国。

夫韩亡之后，兵出之日，非魏无攻已[①]。秦固有怀、茅、邢丘[②]，城垝津以临河内[③]，河内共、汲必危[④]；有郑地，得垣雍[⑤]，决荧泽水灌大梁[⑥]，大梁必亡。王之使者出过而恶安陵氏于秦[⑦]，秦之欲诛之久矣[⑧]。秦叶阳、昆阳与舞阳邻[⑨]，听使者之恶之[⑩]，随安陵氏而亡之[⑪]，绕舞阳之北[⑫]，以东临许[⑬]，南国必危[⑭]，国无害已？

【注释】

①非魏无攻已：除去魏国，就没有可进攻的目标了。已，相当于“了”。

②秦固有怀、茅、邢丘：秦本来占据了怀、茅、邢丘。怀，古邑名。在今河南武陟西南。茅，古邑名。在今河南获嘉西北。邢丘，古邑名。在今河南温县东北。以上三地原均属魏，现已属秦。

③城垝（guǐ）津：在垝津筑城。垝津，也称“白马津”，黄河渡口名。在今河南浚县的古黄河上。

④共：魏邑名。即今河南辉县。汲：魏邑名。在今河南汲县西。

⑤有郑地，得垣雍：《战国策·魏策》“有”上有“秦”字，意即如果秦国据有韩地，则得到垣雍城。垣雍，古邑名。在今河南原阳西南，原属韩。

⑥决荧泽水灌大梁：袁黄曰：“秦竟用此策而梁果亡。太史公曰：‘吾适故大梁之墟，墟中人曰：秦之败梁，引河沟而灌大梁，三月城坏，王请降。’信陵之先见如此，惜王不用耳。”荧泽，古湖泊名。在当时的垣雍西南，魏国的首都大梁以西，今河南郑州西北之古荥镇以北。

⑦王之使者出过而恶安陵氏于秦：谢孝苹将“出过”二字连读，以为是“大过”之讹，《战国策·魏策》于此作“王之使者大过矣，乃恶安陵氏于秦”。谢氏的说法较顺。恶，诽谤，中伤。安陵氏，安陵县的封君，在今河南鄢陵北，是魏国的附属小国，但也有其相对的独立性。《魏策》载有“唐且为安陵君说秦王”一段，然其事不可信，说详见缪文远《战国策新校注》。凌稚隆曰：“安陵，魏人，不欲攻韩，与群臣异，故恶之。”不知何据。

⑧欲诛之：意即欲讨灭之。《魏策》作“欲许之”，《战国纵横家书》作“欲许”。

⑨叶阳：也称“叶县”。《战国纵横家书》无“阳”字，在今河南叶县

西南，当时已属秦。昆阳：古邑名。即今河南叶县，当时已属秦。舞阳：魏邑名。在今河南舞阳西北。

⑩听：放任不管。恶之：诽谤叶县与舞阳。

⑪随安陵氏而亡之：会随着安陵氏被灭亡。

⑫绕舞阳之北：谓秦军就会绕过舞阳北边东出。

⑬许：魏邑名。在今河南许昌东，当时的昆阳之东北。

⑭南国：指魏国的南部地区。《正义》以为即指“许”。

【译文】

韩国灭亡之后，秦国出兵的时候，除去魏国就没有可进攻的目标了。秦国本来就已占领了我们的怀邑、茅邑、邢丘，如果它一旦在垝津筑城，威逼河内，那么河内的共邑、汲邑必定危险；如果秦国据有韩地，得到垣雍城，决开荧泽，水淹大梁，大梁必定失陷。大王的使者犯了一个大错，竟向秦国中伤安陵氏，秦国早就想诛灭他们了。秦国的叶阳、昆阳与魏国的舞阳相邻，听任使臣毁谤安陵氏，也就会随着安陵氏被灭亡，秦军就会绕过舞阳北边，向东逼近许县，这样我国的南部地区就要告急，这不是我们国家的巨大危害吗？

夫憎韩不爱安陵氏可也，夫不患秦之不爱南国非也[①]。异日者，秦在河西[②]，晋国去梁千里[③]，有河山以阑之[④]，有周、韩以间之[⑤]。从林乡军以至于今[⑥]，秦七攻魏，五入囿中[⑦]，边城尽拔，文台堕，垂都焚[⑧]，林木伐，麋鹿尽，而国继以围。又长驱梁北，东至陶、卫之郊[⑨]，北至平监[⑩]。所亡于秦者，山南山北[⑪]，河外、河内[⑫]，大县数十，名都数百[⑬]。秦乃在河西，晋去梁千里，而祸若是矣。又况于使秦无韩，有郑地[⑭]，无河山而阑之，无周、韩而间之，去大梁百里，祸必由此矣[⑮]。

【注释】

①不患秦之不爱南国:《战国纵横家书》作“不患秦,不爱南国”。之,结构助词,无实意。

②秦在河西:意谓当初秦国的疆域只在黄河以西。

③晋国去梁千里:魏国的旧都安邑与后来的国都大梁相距千里。晋国,此指魏国旧都。底本原文以上二句标点作“秦在河西晋国去梁千里”,不知所云,今改。

④河山:即黄河、崤山(或华山)。或谓黄河与太行山、王屋山。阑:阻隔,阻挡。

⑤有周、韩以间之:又有周、韩两国隔离。间,间隔,隔绝。

⑥从林乡军以至于今:自从林乡之战一直到现在。林乡军,指“林乡战役”。林乡,地名。也称“林”“林中”,在今河南尉氏西。关于“林乡战役”,《战国纵横家书》注以为在秦昭王二十四年、魏昭王十三年,即前283年,然《秦本纪》《魏世家》《六国年表》均不载,而《苏秦列传》之“苏代约燕王”与《战国策·燕策》皆提到“兵困于林中”。《编年纪》于秦昭王二十四年下载有“攻林”之语。此役秦国先困后胜,魏国求和,以公子延为质于秦。

⑦囿中:《索隐》《正义》皆以为即“圃田”。“圃田”是薮泽名,在今河南中牟西北。而《战国策》于此作“国中”,“五入国中”即五次攻入国都大梁,于事实不合。杨宽以为“囿中”指梁囿,在大梁城西北。

⑧文台堕(huī),垂都焚:《战国纵横家书》注与《战国策新校注》都以为“文台”“垂都”皆是“圃中”的台名;泷川以为“文台”在今山东菏泽西北,《索隐》以为“垂都”是魏邑名,仓修良以为在今山东鄄城东南。就上下文看,“文台”“垂都”似不应解释为在“圃中”。堕,毁坏,损毁。

⑨陶:魏邑名。在今山东定陶西北。卫:其国都在今河南濮阳西南。

⑩北至平监:《战国策》作“北至乎阚”,《战国纵横家书》同。“平”盖“乎”字之讹。“监”“阚”二字古通用。阚,古邑名。在今山东汶上西南。

⑪山南山北:中井积德曰:“山者,河东之山,太行、王屋一带也,即上文所谓‘河山’之‘山’,不当远指华山。”

⑫河外、河内:中井积德曰:“河外,泛指河之南;河内,泛指河之北。”

⑬大县数十,名都数百:《战国策》作“大县数百,名都数十”。

⑭无韩,有郑地:灭掉了韩国,占据了韩国的全部土地。无,通“亡”,灭亡。

⑮祸必由此矣:《战国策》《战国纵横家书》皆作“祸必百此矣”,谓百倍于此,文义较长。

【译文】

憎恶韩国、不喜欢安陵氏是可以的,不担心秦国不爱我国南部地区就不行了。当初秦国远在河西之外,魏国的旧都安邑与大梁相距千里,中间有黄河、大山遮挡,又有周、韩两国隔离。自从林乡之战一直到现在,秦国七次攻打魏国,五次进入囿中,边界城邑全部被占,文台被摧毁,垂都被焚烧,林木被砍伐,麋鹿被杀尽,而国都大梁又被包围。秦军长驱直入,攻击大梁以北,向东打到了陶县、卫国的城郊;向北打到了阚县。被秦国占领的国土有山南山北、河内河外,大县几十个,都城数百座。这些还都是发生在秦国远在河西之外,魏国的旧都安邑与大梁相距千里的时候,其祸害已如此之大了。更何况让秦国灭掉韩国,占有韩国的土地,秦与魏国之间再没有黄河、大山相阻隔,再没有周、韩两国隔在中间,到那时秦国的东界离大梁只剩下百里之遥,魏国的亡国之祸必定由此而起。

异日者,从之不成也[①],楚、魏疑而韩不可得也[②]。

今韩受兵三年，秦桡之以讲[③]，识亡不听，投质于赵[④]，请为天下雁行顿刃[⑤]，楚、赵必集兵，皆识秦之欲无穷也，非尽亡天下之国而臣海内，必不休矣。是故臣愿以从事王[⑥]，王速受楚、赵之约，赵挟韩之质以存韩[⑦]，而求故地[⑧]，韩必效之[⑨]。此士民不劳而故地得，其功多于与秦共伐韩，而无与强秦邻之祸也[⑩]。

【注释】

①从：同“纵”，合纵。指东方六国间联盟抗秦。

②楚、魏疑而韩不可得也：意指合纵没成功，是由楚国、魏国怀疑动摇，韩国又不肯加入造成的。楚、魏虽也与秦国接壤，但国力较强，地域辽阔，故能时而连衡、时而合纵；而韩国因为弱小又与秦国相邻，故不敢跟着东方诸国一起反秦。

③秦桡（náo）之以讲：秦国想迫使它屈服媾和。桡，压之使屈服。讲，媾和，讲和。

④识亡不听，投质于赵：知道要亡国，就不再答应秦国的条件，送人质到赵国。不听，不听任。

⑤请为天下雁行顿刃：意即愿意跟着东方诸国一道抗秦。此语亦见于《韩世家》。雁行，以喻序列，此指加入序列。顿刃，把兵器都磨钝了，指拚命作战。顿，通“钝”。

⑥臣愿以从事王：意即臣愿意用合纵的主张报效大王。

⑦挟韩之质以存韩：泷川曰：“挟韩之质，以上党为质也，事见下文。”

⑧而求故地：如果要求韩国归还以往占去的土地。而，若，如果。

⑨效：呈献，奉上。

⑩而无与强秦邻之祸也：底本原文作“而又与强秦邻之祸也”，文气不顺。王念孙、梁玉绳等皆引《战国策》以为应作“无与强秦邻

之祸”,《战国纵横家书》“又”字亦作“无”。今据改。

【译文】

从前,合纵所以没有成功,就是因为楚国、魏国怀疑动摇,韩国又不肯加入造成的。如今韩国遭受兵祸已经三年,秦国想迫使它屈服媾和。韩国知道这样下去必将亡国,因而不再答应秦国的条件,而是送人质到赵国,表示愿跟东方诸侯一道与秦国死战。楚国、赵国必定集结军队,同韩国一道攻击秦国。因为他们都知道秦国的贪欲是无休无止的,除非把天下各诸侯国完全灭亡,使海内之民都臣服于秦国,它是绝不会罢休的。因此臣愿意用合纵的主张报效大王,大王应尽快接受楚国和赵国的盟约,赵国挟持韩国的人质来保全韩国,然后再索取故地,韩国一定会送还。这样做军民不受劳苦就可得回旧地,其功效要超过与秦国一起去进攻韩国,而且没有与强秦为邻的祸患。

夫存韩安魏而利天下,此亦王之天时已①。通韩上党于共、甯②,使道安成,出入赋之③,是魏重质韩以其上党也④。今有其赋,足以富国。韩必德魏爱魏重魏畏魏⑤,韩必不敢反魏,是韩则魏之县也。魏得韩以为县,卫大梁,河外必安矣。今不存韩,二周、安陵必危⑥,楚、赵大破,燕、齐甚畏⑦,天下西乡而驰秦入朝而为臣不久矣⑧。

【注释】

①天时:《战国策》与《战国纵横家书》皆作“大时”,即大好时机。诸家皆以此处之“天”字为讹。

②通韩上党于共、甯:意谓开通共邑、甯邑与韩国上党地区之间的道

路。共，即今河南辉县。甯，即今河南获嘉。

③使道安成，出入赋之：派人取道安成，到上党地区征收赋税。安成，也作“安城”，魏邑名。在今河南原阳西。赋，收取赋税。

④是魏重质韩以其上党也：这就等于魏国又把韩国的上党做了抵押。重，重新，又。质，做抵押。

⑤德：感激，感恩。

⑥二周：谓东周、西周两个小国。见《周本纪》及前注。

⑦燕、齐甚畏：底本作“卫、齐畏甚”。《战国纵横家书》作“燕、齐甚卑”。按，应依前例作“燕、齐”为是，今据改。

⑧天下西乡而驰秦入朝而为臣不久矣：以上公子无忌说魏王勿亲秦伐韩事，见《战国策·魏策》与《战国纵横家书》。关于这段文字，锺惺曰：“信陵君上书魏王，所谓涕泣而道之者也。其旨与苏秦合纵无大异，而立言之意不同，苏秦规其利，羁旅之人，事成分其利，故其言夸；信陵规其害，同姓之臣，国亡与共其戚，故其言苦。信陵此论不入本传，而载《魏世家》中，见魏之存亡系乎此也，可谓观其大矣。”乡，通“向”。

【译文】

保存韩国、安定魏国而有利于天下，这也是上天赐给大王的大好时机。开通共邑、甯邑到韩国上党的道路，让这条路经过安成，到上党地区征收赋税，这就等于魏国又把韩国的上党作为抵押。如果有了这些税收就足能使国家富足。韩国必定要感激魏国、爱戴魏国、尊崇魏国、惧怕魏国，韩国一定不敢反叛魏国，这样韩国就成为魏国的属县了。魏国一旦把韩国变为属县，防卫大梁，河外地区必将获得安定。如果不保全韩国，东西二周、安陵必定危险，楚国、赵国就会被秦国打败，燕君、齐君就会越发恐惧，天下诸侯都向西奔赴秦国去朝拜称臣的日子也就不远了。

二十年[①]，秦围邯郸，信陵君无忌矫夺将军晋鄙兵以救赵[②]，赵得全。无忌因留赵[③]。

二十六年，秦昭王卒[④]。

三十年，无忌归魏[⑤]，率五国兵攻秦，败之河外，走蒙骜[⑥]。魏太子增质于秦，秦怒，欲囚魏太子增。或为增谓秦王曰[⑦]："公孙喜固谓魏相曰[⑧]：'请以魏疾击秦，秦王怒，必囚增。魏王又怒，击秦，秦必伤[⑨]。'今王囚增，是喜之计中也。故不若贵增而合魏[⑩]，以疑之于齐、韩[⑪]。"秦乃止[⑫]。

三十一年[⑬]，秦王政初立[⑭]。

三十四年[⑮]，安釐王卒，太子增立，是为景湣王[⑯]。信陵君无忌卒[⑰]。

【注释】

①二十年：当秦昭王五十年、赵孝成王九年，前257年。

②信陵君无忌矫夺将军晋鄙兵以救赵：信陵君魏无忌盗兵符矫夺晋鄙兵而救赵事，详见《魏公子列传》。矫，假托君命。晋鄙，魏将。

③无忌因留赵：其事详见《魏公子列传》。

④二十六年，秦昭王卒：二十六年，前251年。秦昭王去世，在位共五十六年。秦昭王卒后，其子秦孝文王继位。

⑤三十年，无忌归魏：中井积德曰："按《信陵君传》：'秦闻公子在赵，日夜出兵伐魏，魏王患之，使使往请公子。'此不可少者。"三十年，当秦庄襄王三年，前247年。

⑥败之河外，走蒙骜：据《秦本纪》，是年"蒙骜攻魏高都（今山西晋城）、汲（今河南汲县西南），拔之。攻赵榆次、新城、狼孟，取三十七城。四月日食，王龁攻上党，初置太原郡。魏将无忌率五国兵

击秦,秦却于河外,蒙骜败,解而去”。蒙骜,秦国名将。蒙恬的祖父。

⑦或为增谓秦王:《索隐》曰:“《战国策》作‘苏秦为公子增谓秦王’。”泷川曰:“今本《战国策》无此文。”秦王,秦庄襄王,名子楚,前249—前247年在位。

⑧公孙喜:据《穰侯列传》,秦昭王十四年,白起攻韩、魏于伊阙,虏魏将公孙喜,至此已四十六年,魏国不应再有“公孙喜”。《集解》曰:“《战国策》作‘公孙衍’。”按,公孙衍即“犀首”,与张仪同时,更不可信。魏相:不知何人,据文意乃与太子增为敌者。

⑨秦必伤:谓秦国必定会加害于太子增。

⑩合魏:与魏国联合。

⑪疑之于齐、韩:使齐、韩两国疑魏,以离间其联盟关系。

⑫秦乃止:底本原文作“秦乃止增”。中井积德曰:“‘止’下‘增’字疑衍。”泷川曰:“今本《战国策》无此文。”今据删“增”字。

⑬三十一年:前246年。

⑭秦王政:即日后之秦始皇,秦庄襄王子楚之子,前246—前210年在位。

⑮三十四年:前243年。

⑯景湣王:名增,据《索隐》所引《世本》此人又名“午”。“景”“湣”二字都是谥号。

⑰信陵君无忌卒:据《魏公子列传》,魏公子救赵返国后,遭到魏安釐王的猜疑,罢去了兵权,魏公子乃“谢病不朝,与宾客为长夜饮,饮醇酒,多近妇女,日夜为乐饮者四岁,竟病酒而卒”。

【译文】

安釐王二十年,秦军包围赵都邯郸,信陵君无忌假传王命夺取了将军晋鄙的军权,率领魏军救赵,赵国得到保全。魏无忌也因此留在了赵国。

安釐王二十六年,秦昭王去世。

安鳌王三十年，魏无忌回到魏国，率领五国军队进攻秦国，在黄河以南打败秦军，赶跑了秦将蒙骜。当时魏国的太子增在秦国当人质，秦王发怒，要囚禁魏太子增。有人替太子增对秦王说："公孙喜本来就对魏相说过：'请让魏军赶快攻秦，秦王一怒，必定要囚禁太子增。这又会使魏王发怒，再攻打秦国，秦国必定伤害太子增。'现在大王要把魏太子增囚禁起来，这是公孙喜的计谋得逞了。所以，不如优待太子增而与魏国和好，以便让齐国、韩国对魏国产生怀疑。"秦王于是打消了囚禁太子增的念头。

安鳌王三十一年，秦王嬴政始即位。

安鳌王三十四年，安鳌王去世，太子增即位，这就是魏景湣王。魏公子无忌去世。

景湣王元年[①]，秦拔我二十城，以为秦东郡[②]。

二年[③]，秦拔我朝歌。卫徙野王[④]。

三年[⑤]，秦拔我汲[⑥]。

五年[⑦]，秦拔我垣、蒲阳、衍[⑧]。

十五年[⑨]，景湣王卒，子王假立[⑩]。

王假元年[⑪]，燕太子丹使荆轲刺秦王，秦王觉之[⑫]。

三年[⑬]，秦灌大梁，虏王假[⑭]，遂灭魏以为郡县。

【注释】

①景湣王元年：当秦王政五年，前242年。

②秦拔我二十城，以为秦东郡：《秦始皇本纪》云："将军蒙骜攻魏，定酸枣、燕、虚、长平、雍丘、山阳城，皆拔之，取二十城，初置东郡。"东郡，秦郡名。郡治即下年所攻占之卫都濮阳，在今河南濮阳西南。杨宽曰："是年秦攻取魏二十城，不在同一地区。……秦

初置东郡不过数城,其后秦继续向东进攻,使东郡逐步扩大。”

③二年:当秦王政六年,前241年。

④卫徙野王:《秦始皇本纪》云:“拔卫,迫东郡,其君角率其支属徙居野王,阻其山以保魏之河内。”野王,魏邑名。即今河南沁阳。按,有关卫君角其人与其迁野王事,见《卫康叔世家》。

⑤三年:当秦王政七年,前240年。

⑥汲:魏邑名。今河南汲县西南。

⑦五年:秦王政九年,前238年。

⑧垣:在今山西垣曲东南。蒲阳:即今山西隰县。衍:在今河南郑州北。以上三者皆魏邑名。

⑨十五年:当秦王政十九年,前228年。

⑩王假:魏王名假,亡国之君无谥,故以名称之。

⑪王假元年:当秦王政二十年、燕王喜二十八年,前227年。

⑫燕太子丹使荆轲刺秦王,秦王觉之:太子丹使荆轲刺秦王未成事,详见《刺客列传》。荆轲之行刺不成,乃因其剑术疏,非因秦王“觉之”。燕太子丹,燕王喜之太子,名丹。

⑬三年:当秦王政二十二年,前225年。

⑭秦灌大梁,虏王假:谢孝苹曰:“魏公子无忌于安釐王十四年上书曾预言:秦如有郑,将决荧泽水灌大梁,大梁必亡。时历三十八年,秦果引河水灌大梁亡魏。”

【译文】

景湣王元年,秦军拔取了魏国的二十座城池,设置为秦国的东郡。

景湣王二年,秦军拔取魏国的朝歌。卫国从濮阳迁到野王。

景湣王三年,秦军拔取魏国的汲县。

景湣王五年,秦军拔取魏国的垣、蒲阳、衍三个城邑。

景湣王十五年,去世,他的儿子魏王假即位。

魏王假元年,燕国太子丹派荆轲刺杀秦王,被秦王发觉。

魏王假三年，秦军引水灌入大梁，俘虏了魏王假，最终灭了魏国，设置为郡县。

太史公曰：吾适故大梁之墟①，墟中人曰："秦之破梁，引河沟而灌大梁②，三月城坏，王请降，遂灭魏。"说者皆曰魏以不用信陵君故，国削弱至于亡，余以为不然③。天方令秦平海内，其业未成，魏虽得阿衡之佐，曷益乎④？

【注释】

①适：去，往。墟：废墟，旧址。

②河沟：即鸿沟，古运河名。由魏国开通，自河南荥阳城北的黄河中引水东下，至开封折向南流，经淮阳入颍水。

③不然：不是这样。

④"天方令秦平海内"四句：王若虚曰："此大谬之说也，魏之亡既迫于秦兴，而非人谋之所能救；则秦之亡亦迫于汉兴，而无可为者也。而迁于本纪乃取贾生之论以'不任忠贤'罪二世何哉？"翁元圻曰："《信陵传》曰：'秦闻公子死，日夜出兵东伐魏，十八年而虏魏王，屠大梁。'盖深惜信陵君之以毁废，而咎魏王之自毁长城也。合观此赞，史公意自见。"阿衡，即伊尹，商汤的贤臣。其事详见《殷本纪》。曷益，有什么用。曷，何。

【译文】

太史公说：我曾经到过大梁城的旧址，住在那里的人说："秦军攻破大梁，是引鸿沟之水而淹灌大梁城，经过三个月，城墙倒塌，魏王请求投降，于是魏国灭亡。"议论的人都说，因为魏王不重用信陵君的缘故，魏国才逐渐削弱以至于灭亡，我认为不是这样。天意正是让秦国平定海内，它的功业尚未成，魏国即使得到阿衡那样的贤臣辅佐，又有什么用呢？

【魏国诸侯世系表】

文侯（前445—前396）——武侯（文侯子，前395—前370）——惠王（武侯子，前369—前319）——襄王（惠王子，前318—前296）——昭王（襄王子，前295—前277）——安釐王（昭王子，前276—前243）——景湣王（釐王子，前242—前228）——王假（景湣王子，前227—前225）被秦所灭（按，《魏世家》与《六国年表》中谱列魏国诸侯世袭错误甚多，今依杨宽《战国史表》重新谱列。）

【集评】

苏辙曰："魏文侯非战国之君也，内师事卜子夏，友田子方，敬段干木，被服儒者，身无失德。用吴起、西门豹、李悝，尽力耕战，民赖以富，而敌不敢犯。外以礼与信交接诸侯，与韩、赵无怨，终其身魏人不知战国之患。虽非盛德之主，使当平世得行其志，虽西汉文帝不能远过也，一时诸侯无足言者矣。至子武侯，稍已侵暴邻国；至孙惠王，藉父祖之业，结怨韩、赵，齐乘其弊，杀庞涓，虏太子申，秦人因之，遂取西河地，魏由此衰。不然以全魏之力，据山河之固，秦岂能动之哉？"（《古史》）

吕祖谦曰："信陵君之言，深切综练，识天下之大势，使魏王能用其计，纠率楚、赵竭力助韩，则韩不至于失上党，赵不至于败长平，六国亦不至为秦所吞矣。谋既不用，又以矫杀晋鄙流落于外。秦已灭周，六国垂亡，魏始再用之，犹能收合诸疾，折强秦之锋；若用之于上党、长平未败之前，天下雌雄之势，殆未可量也。"（《大事记》）

陈仁锡曰："魏与秦接境，盖相为强弱者也。魏自徙大梁之后，其地日以削，并于秦。太史公叙襄王曰'予秦河西之地''尽入上郡于秦'；叙昭王曰'予秦河东地方四百里''秦拔我城大小六十一'；叙安釐王曰'秦拔我两城''秦拔我四城'；叙景闵王曰'秦拔我二十城'，盖城尽而国继以亡矣。"（《史记评林》）

茅坤曰："佐晋文之霸者，魏武子也；佐晋悼之霸者，魏绛也；及文侯，

则浸浸乎贤君矣。……而末造得一公子无忌，然卒为谗言所间，不得任国政，而魏随以亡，悲夫。”（《史记钞》）

【评论】

吴见思在《史记论文》中说：《魏世家》“前后亦只平叙，提纲中间摭数事出色。其删润处，是史公笔力”。而这几件被司马迁着意叙写的事，也正是本篇的主旨所在。这几件事，在《太史公自序》中说得很清楚：“毕万爵魏，卜人知之。及绛戮干，戎翟和之。文侯慕义，子夏师之。惠王自矜，齐秦攻之。既疑信陵，诸侯罢之。卒亡大梁，王假厮之。”毕万封魏、王假覆亡，是魏之始建与灭亡，虽然重要，但篇中并未展开，而其余魏绛之和戎、魏文侯之盛德、魏惠王之由盛转衰、魏安釐王不用信陵君，都是篇中重点描写的段落。

魏绛是魏氏家族发展史上极其重要的人物之一，他辅佐的晋悼公，也是晋国自晋文公以后稀有的英明君主。魏绛与晋悼公同时出现在春秋中后期，可以说是珠联璧合。他们既使晋国的霸主地位为之一振，同时也使魏氏家族在晋国的强族中具有了更坚实的地位。《魏世家》中写魏绛的段落只有一百多字，压缩了《左传》相关内容，但晋悼公所说的“自吾用魏绛，八年之中，九合诸侯，戎、翟和，子之力也”，基本总结了魏绛和辑诸戎，辅佐晋悼公建立霸业的功劳。魏绛是带有司马迁理想光辉的“良臣”形象。对于魏绛执法严明，惩罚悼公弟杨干的事，本篇只说悼公怒，“将诛魏绛。或说悼公，悼公止”，而《左传》写得更为详细精彩。当时劝说晋悼公的是羊舌赤，魏绛上书并准备以死谢罪，被制止，晋悼公读过上书，光着脚从屋子里奔出来以向魏绛道歉，写得极其生动，而那种君明臣贤的情景，着实感人。

如果说魏绛是理想的“良臣”，那么魏文侯就是富有理想色彩的“明君”。本篇突出地记述了他的一系列政治活动。苏辙说：“魏文侯非战国之君也。内师事卜子夏，友田子方，敬段干木，被服儒者，身无失德。用吴起、西门豹、李悝，尽力耕战，民赖以富，而敌不敢犯。外以礼与信交接诸侯，与韩、赵无怨，终其身魏人不知战国之患。虽非盛德之主，使当平世得行其志，虽西汉文帝不能远过也，一时诸侯无足言者矣。”（《古史》）魏文侯尊贤下士，内得民心，外服强敌，使魏国成为战国初期最开明、最强大的国家。司马迁在他身上寄寓了自己的社会理想。

魏国的衰落是从魏惠王开始的。魏惠王继位初期，巩固霸业，使魏国发展达到鼎盛。他即位的第九年（秦孝公元年），将魏国的都城由山西安邑东迁到大梁。这时秦国尚未开始变法，所以他的迁都是主动行为，与壮大魏国、提高魏国在当时诸国间的地位是大有关系的。朱右曾《竹书纪年存真》说：“惠王之迁都非畏秦也，欲与韩、赵、齐、楚争强也。安邑迫于中条、太行之险，不如大梁平坦，四方所走集，车骑便利，易与诸侯争衡。”到了十四年，鲁、卫、宋、郑都来魏国朝见，魏惠王成为中原诸国领袖。但由于他过于好战，使国家受到削弱，尤其严重的是在桂陵、马陵两次战役中惨败于齐，从此遂使魏国一蹶不振。苏辙说他“藉父祖之业，结怨韩、赵，齐乘其弊，杀庞涓，虏太子申，秦人因之，遂取西河地，魏由此衰。不然以全魏之力，据山河之固，秦岂能动之哉”，点破了魏惠王对魏国由盛转衰负有不可推卸的责任。

茅坤在《史记钞》中说道：“佐晋文之霸者，魏武子也；佐晋悼之霸者，魏绛也；及文侯，则浸浸乎贤君矣。……而末造得一公子无忌，然卒为谗言所间，不得任国政，而魏随以亡，悲夫。”在对比中表达了对魏安釐王不用信陵君，终致魏国回天无术，在苟延残喘中走向灭亡的悲哀。信陵君是使司马迁深感痛惜的人物之一。他在《魏公子列传》中主要写他的礼贤下士，能得贤人之助，写他以国家利益为重的高尚道德；在这篇《魏世家》中，则收录了一篇告诫魏王不要亲秦的长文，以表现信陵君的远见卓识。这篇文章见于《战国策》，主名不是信陵君，但司马迁出于对信陵君的喜爱，且从他的行为中看出他反秦合纵的坚决，所以就把这篇长文作为信陵君的言论了。魏安釐王不用信陵君，更多是出于对信陵君才能的猜忌，怕他威胁自己的王位。而这点自私和狭隘，使得东方诸国失去最后的联合抗秦、以维持自己独立的机会，魏国也就此走向灭亡。当我们将本篇与《魏公子列传》结合来看时，就可以更清晰地看出魏安釐王的自毁长城。如果说司马迁把魏国衰落的责任归给魏惠王，那么他实际上是把魏国灭亡的责任归给了魏安釐王。

本篇中不少段落有着战国说辞的风格，典型的如田子方对魏武侯论贫贱者骄人一段、李克为魏文侯论择相一段、李克对翟璜论魏成子与翟璜优劣一段、如耳为卫君请罢魏兵一段、苏代赞同昭鱼请立太子为魏相一段等。其中比较有意义的，是李克为魏文侯论择相。李克给出了择相的“五视”，即“居视其所亲，富视其所与，达视其所举，穷视其所不为，贫视其所不取”。平时看他所亲近的人，富贵时看他所交往的人，显达时看他所举荐的人，困窘时看他不做的事，贫贱时看他不要的东西。从这些方面就可以看出一个人的品德操守，不仅是择相，对于一般人在与人相处时也是有指导意义的。

本篇所谱列的魏国诸侯的世系与年代错误很多，魏文侯、武侯、惠王、襄王的纪年都错乱严重。如本篇记魏文侯元年是秦灵公之元年（前424），但陈梦家、杨宽等学者据《竹书纪年》推算，魏文侯元年应是周定王二十四年（前445）。魏文侯在位五十年，魏武侯元年应是前395年；魏武侯在位二十六年，魏惠王元年应是前369年。本篇云：“三十六年，……惠王卒，子襄王立。”“襄王元年，……追尊父惠王为王。”这里是大错特错。魏惠王三十六年改元为后元元年，并开始称王，根本不是去世。魏襄王继位要在十六年后的前318年。而魏本无哀王，因为把惠王后元的十六年给了襄王，就多出了一个哀王，而把襄王的二十三年给了哀王。直到魏昭王，魏国的纪年才正确起来。产生这种错误的原因主要是由于秦始皇烧掉了全部六国史料，司马迁可利用的资料太少了甚至还可能是错误的。对此我们阅读时需要多加注意。

史记卷四十五

韩世家第十五

【释名】

《韩世家》记述了韩氏由晋国贵族逐步发展成一个独立诸侯国，中经战国一百八十多年，最后被秦所灭的历史。本篇以韩景侯为界分为两部分。前半部分是韩氏家族在晋国兴起、权势逐渐扩大的过程，主要记述了韩厥保护赵氏孤儿并助其恢复赵氏地位，韩宣子参与瓜分晋国卿大夫封地，扩大自己势力，韩康子与赵氏、魏氏共灭知伯，又瓜分晋国领土，为韩氏建国奠定基础等事件。后半部分是本篇主体，谱列自韩景侯受封建立韩国，历十一世，日益衰落，至韩王安时最先灭于秦的历史。主要讲到韩昭侯任用申不害变法取得一定功效，韩宣惠王与秦伐楚，韩襄王时公子咎与公子虮虱争为太子等事。篇末论赞将韩氏之所以能受封建国并能维持统治一百多年，做了抒情性的解释，将之归为韩厥救赵孤的阴德。

韩之先与周同姓，姓姬氏①。其后苗裔事晋，得封于韩原，曰韩武子②。武子后三世有韩厥③，从封姓为韩氏④。

【注释】

①韩之先与周同姓，姓姬氏：《索隐》曰："《左氏传》云：'邗、晋、应、韩，武之穆。'是武王之子，故《诗》称'韩侯出祖'，是有韩而先

灭。今据此文,云‘其后裔事晋,封于韩原,曰韩武子’,则武子本是韩侯之后,晋又封之于韩原,即今之冯翊韩城是也。”按,以上《索隐》引《左传》语见僖公二十四年。然《索隐》又谓:“按《系本》及《左传》旧说,皆谓韩万是曲沃桓叔之子,即是晋之支庶。又《国语》叔向谓韩宣子能修武子之德,起再拜谢曰:‘自桓叔已下,嘉吾子之赐。’亦言桓叔是韩之祖也。”二说盖不同。

②得封于韩原,曰韩武子:韩武子,名万,“武”字是其谥号。《谥法解》:“刚强直理曰武;威强睿德曰武;克定祸乱曰武;刑民克服曰武;大志多穷曰武。”据《晋世家》,春秋初期晋国曲沃武公为乱,当时韩万为其部将,佐曲沃武公篡晋有功而被封于韩原。其事详见《晋世家》。韩原,晋地名。在今陕西韩城南。

③武子后三世有韩厥:《索隐》引《世本》云:“万生赇伯,赇伯生定伯简,简生舆,舆生献子厥。”则是四世,与司马迁说法不同。梁玉绳曰:“‘三世’当曰‘四世’。”韩厥,晋景公(前599—前581年在位)时的大臣。

④从封姓为韩氏:依从其封地姓韩氏。中井积德曰:“史公明言‘从封姓为韩氏’,何假于韩侯、韩万?可知封韩之前别自有姓氏矣,但无所考耳。”按,前已云韩万有功封于韩“曰韩武子”,今又称其四世孙韩厥“从封姓为韩氏”,前后矛盾。

【译文】

韩的祖先与周同姓,姓姬氏。他的后代奉事晋国,被封在韩原,称为韩武子。武子再传三世而有韩厥,韩厥随其封邑姓韩氏。

韩厥,晋景公之三年[①],晋司寇屠岸贾将作乱[②],诛灵公之贼赵盾[③]。赵盾已死矣[④],欲诛其子赵朔[⑤]。韩厥止贾,贾不听。厥告赵朔令亡[⑥]。朔曰:“子必能不绝赵祀[⑦],死不恨矣[⑧]。”韩厥许之[⑨]。及贾诛赵氏,厥称疾不出。程婴、公孙杵臼之藏赵孤赵武也⑩，厥知之。

【注释】

①晋景公之三年：前597年。晋景公，名据，晋成公之子，前599—前581年在位。

②司寇：官名。掌缉捕盗贼，维持治安。屠岸贾：姓屠岸，名贾。《左传》无屠岸贾其人，更无后述程婴、公孙杵臼其事；《晋世家》亦不载，惟此《韩世家》与《赵世家》言之。

③诛灵公之贼赵盾：讨伐赵盾当年杀害晋灵公的罪行。诛，讨伐。灵公，晋灵公，名夷皋，晋襄公之子，前620—前607年在位。贼，杀人为“贼”。据《左传》载，晋襄公死时，晋灵公年幼，赵盾本不打算立晋灵公。晋灵公的母亲求助于诸大臣，赵盾才不得不立。晋灵公即位后行事多荒唐，常被赵盾阻谏，曾几次想杀赵盾，结果被赵盾的族人赵穿弑杀。此事实则是赵盾为主谋，故此处称其为“灵公之贼”。其事详见《左传》与《晋世家》。赵盾，晋国的权臣，晋文公的佐命大臣赵衰之子，从晋襄公七年（前621）起执掌晋政二十多年。

④赵盾已死：赵盾的死年不详，《赵世家》称“晋景公时而赵盾卒”，据《晋世家》，晋景公三年（前597）“晋使荀林父将中军”，下列诸帅名氏，无赵盾，而有赵朔，是赵盾已死于晋景公三年之前。

⑤欲诛其子赵朔：据《左传·成公八年》，“下宫之难”时，赵朔已死，被杀者为赵同、赵括。《晋世家》同。惟《赵世家》乃增出“屠岸贾”其人，又说所诛者为“赵朔”。

⑥亡：逃亡，逃跑。

⑦子必能不绝赵祀：您若能保住我们赵氏的香火不绝，意即留下后代。必，倘若，如果。

⑧恨：遗憾。

⑨韩厥许之：韩厥答应了他。许，答应，同意。

⑩程婴、公孙杵臼：赵氏家族的门客，然《左传》《晋世家》不载其人。藏赵孤赵武：据《左传》，赵武之母乃晋景公之姑，即所谓“赵庄姬”。赵氏家族遇难时，怀孕的赵庄姬正在晋景公宫中，从未遇险。而前后所说韩厥救助赵氏事，亦皆子虚乌有。赵武，即赵文子，赵朔之子，后于晋平公（前557—前533在位）时执掌晋政。按，关于屠岸贾诛灭赵氏家族，与程婴、公孙杵臼救援赵氏孤儿事，详见《赵世家》。

【译文】

韩厥，晋景公三年，晋国司寇屠岸贾要发动叛乱，说讨伐杀害晋灵公的贼臣赵盾。当时赵盾已死，便要杀他的儿子赵朔。韩厥阻止屠岸贾，屠岸贾不听。韩厥便告诉赵朔，让他逃走。赵朔说：“如果你能不让赵氏绝后，我就死而无憾了。”韩厥答应了他。等到屠岸贾诛灭赵氏的时候，韩厥推说有病，没有出门。但程婴、公孙杵臼藏匿赵氏孤儿赵武的事，韩厥是知道的。

景公十一年，厥与郤克将兵八百乘伐齐，败齐顷公于鞌，获逢丑父①。于是晋作六军②，而韩厥在一卿之位，号为献子③。

【注释】

①“景公十一年”四句：韩厥随郤克败齐师于鞌时，在战场上遇到了齐顷公的车子。由于逢丑父化装成齐顷公，掩护其主子逃跑，韩厥误将逢丑父当作齐顷公俘获。其事详见《左传·成公二年》与《齐世家》。景公十一年，当于齐顷公十年，前589年。郤（xì）克，即郤献子，晋国大臣。齐顷公，名无野，前598—前582年在位。鞌（ān），齐邑名。在今山东济南西北。逢丑父，齐顷公的车右。

②晋作六军：底本原文曰“晋作六卿”，误。底本在《晋世家》中已改为“晋作六军”，而《韩世家》仍袭黄本、金陵局本之误，非。今据改。事在景公十二年，前588年。《左传·成公三年》：“晋作六军，韩厥、赵括、巩朔、韩穿、荀骓、赵旃皆为卿。”春秋初期，周天子有六军，诸侯大国最多只能有三军，而晋国此时首建“六军”，以见其强而不守旧礼。有六军则有六套将、佐，将、佐在当时都是卿职，有战事则统兵为将，无战事则在朝为卿。此时晋国已具十二卿。

③号为献子：《谥法解》：“聪明睿智曰献；知质有圣曰献。”郭嵩焘曰：“‘献子’，韩厥之谥。《左传》称谥皆在其死后以代其名，史公云生号‘献子’，误也。”

【译文】

晋景公十一年，韩厥与郤克率领八百乘战车攻打齐国，在鞌邑打败齐顷公，俘获逢丑父。这时晋建六军，韩厥位居一卿，号为献子。

晋景公十七年[①]，病，卜，大业之不遂者为祟[②]。韩厥称赵成季之功[③]，今后无祀[④]，以感景公[⑤]。景公问曰：“尚有世乎[⑥]？”厥于是言赵武[⑦]，而复与故赵氏田邑，续赵氏祀[⑧]。

晋悼公之七年[⑨]，韩献子老[⑩]。献子卒，子宣子代[⑪]。宣子徙居州[⑫]。

【注释】

①晋景公十七年：前583年。

②卜，大业之不遂者为祟：占卜，卜辞告知的意思是“大业子孙中的不顺心者为祟”。大业，据《秦本纪》，帝颛顼的孙女女修，吞玄鸟陨卵生子大业，曾佐禹平水土有功，为秦、赵氏的祖先。其事详

见《秦本纪》。不遂者,即指被屠岸贾所诬杀的赵朔诸人。不遂,不顺心,不顺意,有志不获骋,有冤不能伸。祟,鬼神作怪,害人称“祟”。

③赵成季:即赵衰,赵朔的祖父,“成季”是其谥号。赵衰从重耳出亡,凡十九年,佐助晋文公历经险难终成霸主事,详见《左传》《晋世家》《赵世家》。

④今后无祀:有本“无”上有“绝”字。无祀,无人祭祀,意即断子绝孙。

⑤以感景公:凌稚隆引邵宝曰:“厥知武久矣,何不特言景公,而必待病且卜神?深哉乎机,非智者不足以及此。予尝谓婴也杵也蛰九地,厥也雷九天,蛰非雷不起,雷非时不鸣,深哉乎机,非时者不足以及此。”感,打动。

⑥尚有世乎:还有后代吗?世,嗣,后代。

⑦厥于是言赵武:《左传·成公八年》:“韩厥言于晋侯曰:‘成季之勋、宣孟(赵盾)之忠而无后,为善者其惧矣。三代之令王皆数百年保天之禄,夫岂无辟王?赖前哲以免也。’乃立武而反其田焉。”《赵世家》略同。

⑧续赵氏祀:让他接续赵氏的祭祀。意即重建赵氏家族,恢复了赵氏家族在晋国的地位。

⑨晋悼公之七年:前566年。晋悼公,名周,晋襄公曾孙,前573—前558年在位。栾书弑杀晋景公的儿子晋厉公后,朝臣乃迎公子周而立之,是为晋悼公。

⑩老:致仕,退休。

⑪献子卒,子宣子代:具体年月不详。宣子,名起,《左传》作“士起”,“宣”是其谥号。《谥法解》:“圣善周闻曰宣。”代,父子相继。

⑫宣子徙居州:韩宣子将韩氏迁居州邑。泷川曰:“《左传》昭三年云:‘郑简公如晋,公孙段相,晋平公赐以州田。’昭七年云:‘段

死，郑子产致州田于韩宣子，宣子受之，以告晋侯，晋侯以与宣子。”州，州邑，旧址在今河南温县东北之武德镇乡。

【译文】

晋景公十七年，得了重病，占卜，结果是蒙冤的大业子孙在作祟。韩厥就赞扬赵衰的功劳，并说他如今无人祭祀，以此感动景公。晋景公问："他还有后代吗？"韩厥于是说出了赵武，晋景公因而把赵氏原有的田邑重新给予赵武，让他接续赵氏的祭祀。

晋悼公七年，韩献子告老。韩献子死后，他的儿子韩宣子继位。韩宣子将韩氏迁居州邑。

晋平公十四年[①]，吴季札使晋[②]，曰："晋国之政卒归于韩、魏、赵矣[③]。"

晋顷公十二年，韩宣子与赵、魏共分祁氏、羊舌氏十县[④]。

晋定公十五年，宣子与赵简子侵伐范、中行氏[⑤]。宣子卒，子贞子代立[⑥]。贞子徙居平阳[⑦]。

【注释】

①晋平公十四年：前544年。晋平公，名彪，晋悼公之子，前557—前532年在位。

②吴季札使晋：吴国的公子季札出使晋国。吴，西周以来的诸侯国名。其国都在今江苏苏州。季札，吴王寿梦少子，又称“季子”“季子札”；《左传》作“公子札”，封于延陵（今江苏常州），故又称“延陵季子”。以博学多闻著称。季札北使鲁、齐、晋等国事，详见《左传》与《吴太伯世家》。

③卒归于韩、魏、赵：据《左传·襄公二十九年》，季札适晋，嘉赏评论赵文子（武）、韩宣子（起）、魏献子（舒）三人说：“晋国其萃于

三族乎?”此等“预言”自然是后人附会,因为当时晋国最强大的贵族还不是韩、赵、魏三家。

④晋顷公十二年,韩宣子与赵、魏共分祁氏、羊舌氏十县:据《左传·昭公二十八年》,祁盈欲杀其族人祁胜,祁胜贿赂荀跞,荀跞言之于顷公,反而将祁盈捉起。祁盈的党人愤而杀祁胜,于是顷公(实乃六卿)遂将祁氏和与之交好的羊舌氏一起灭掉。将其地十县收归晋国,由朝廷派出十人,分别为各县的大夫。此云韩、赵、魏三家分此十县,与《左传》不同。而《晋世家》则说:“六卿欲弱公室,乃遂以法尽灭其族,而分其邑为十县,各令其子为大夫。”又与此处、与《左传》皆不同。晋顷公十二年,前514年。晋顷公,名弃疾,晋平公之孙,晋昭公之子,前525—前512年在位。

⑤晋定公十五年,宣子与赵简子侵伐范、中行氏:其事详见《左传·定公十四年》与《晋世家》。晋定公十五年,当鲁定公十三年,前497年。梁玉绳曰:“定十六年与赵简子伐范、中行者,韩简子不信(人名)也,是时宣子已卒十九年矣,《左传》及晋、赵世家可证。此误‘十六年’为‘十五年’,误‘简子’为‘宣子’。”晋定公,名午,晋顷公之子,前511—前475年在位。赵简子,名鞅,景叔之子,赵武之孙,“简”是其谥号。《谥法解》:“一德不懈曰简;平易不訾曰简。”

⑥宣子卒,子贞子代立:贞子,名须,“贞”为其谥号。《谥法解》:“清白守节曰贞;大虑克就曰贞;不隐无屈曰贞。”梁玉绳曰:“《索隐》引《世本》谥‘平子’,《说苑·敬慎》有韩平子与叔向问答语。而《人表》又作‘悼子’,岂须有三谥乎?”

⑦徙居平阳:韩氏家族的大本营又改迁到平阳。平阳,晋邑名。在今山西临汾西南。

【译文】

晋平公十四年,吴国的公子季札出使晋国,说:“晋国的政权最终将归于韩、魏、赵三家。”

晋顷公十二年，韩宣子与赵、魏两家瓜分了祁氏、羊舌氏的十个县。

晋定公十五年，韩宣子同赵简子侵伐范氏、中行氏。韩宣子死后，他的儿子韩贞子继位。贞子将韩氏迁居平阳。

贞子卒，子简子代①。简子卒，子庄子代②。庄子卒，子康子代③。康子与赵襄子、魏桓子共败知伯，分其地④，地益大⑤，大于诸侯⑥。

【注释】

①简子：名不信，《赵世家》作“不佞”。按，此文写韩简子无任何事迹，然1978年在河南温县故城东北发现盟誓遗址，出土石圭与石简万余片，其上有墨书盟誓，据专家考证主盟人可能是韩简子。温县盟书是继山西侯马盟书之后的又一重要发现。

②庄子：名庚，“庄”字是其谥号。《谥法解》：“兵甲亟作曰庄；睿圉克服曰庄；胜敌志强曰庄。”

③康子：名虎，“康”字是其谥号。《谥法解》：“渊源流通曰康；温柔好乐曰康；安乐抚民曰康；合民安乐曰康。”

④康子与赵襄子、魏桓子共败知伯，分其地：事在周定王十六年，前453年。晋国的四大家族瓜分范氏、中行氏两家后，知氏最为强大。知氏与赵氏矛盾尖锐，联合韩、魏共同伐赵；赵氏反而策动韩、魏两家反抗知氏，三家联合最终灭掉知氏。其事详见《赵世家》。赵襄子，名毋恤，赵鞅之子，“襄”字是其谥号。《谥法解》：“辟地有德曰襄；甲胄有劳曰襄。”前475—前425年在位。魏桓子，名驹，魏侈之孙，“桓”字是其谥号。《谥法解》：“辟土服远曰桓；克敬动民曰桓；辟土兼国曰桓。”知伯，又作“智伯”，名瑶。

⑤益：增加，扩大。

⑥大于诸侯：意谓韩、赵、魏三家瓜分知伯的土地之后，他们的领地比起当时晋侯的领地还要多。

【译文】

贞子死后，他的儿子简子继位。简子死后，他的儿子庄子继位。庄子死后，他的儿子康子继位。韩康子与赵襄子、魏桓子一起打败知伯，瓜分了知伯的领地，地盘增大，超过了晋侯。

康子卒，子武子代①。武子二年②，伐郑，杀其君幽公③。

十六年④，武子卒，子景侯立⑤。

景侯虔元年，伐郑，取雍丘⑥。

二年⑦，郑败我负黍⑧。

六年，与赵、魏俱得列为诸侯⑨。

九年⑩，郑围我阳翟⑪。景侯卒，子列侯取立⑫。

列侯三年，聂政杀韩相侠累⑬。

九年⑭，秦伐我宜阳，取六邑⑮。

十三年⑯，列侯卒，子文侯立⑰。是岁魏文侯卒⑱。

【注释】

①武子：韩武子，名启章，前424—前409年在位。“武”字是其谥号。《吕氏春秋·审分览·任数》高诱注有所谓“武子都宜阳”。

②武子二年：前423年。

③伐郑，杀其君幽公：幽公，郑幽公，名巳，郑共公之子，也称“康公”。在位一年，被韩武子所杀。其事详见《郑世家》。

④十六年：当周威烈王十七年，前409年。

⑤景侯：韩景侯，名虔。梁玉绳曰：“景侯一名‘处’。”前408—前400年在位。

⑥“景侯虔元年”三句：景侯虔元年，当郑缧公十五年，前408年。雍丘，郑邑名。即今河南杞县。

⑦二年：前407年。

⑧负黍：韩邑名。在今河南登封西南。

⑨六年：当周威烈王二十三年，前403年。与赵、魏俱得列为诸侯：在此之前，韩、赵、魏三家的势力虽大，但在名义上仍是晋侯属下的大夫；这一年，“周威烈王赐赵、韩、魏皆命为诸侯”，从此三家正式成为诸侯。缪文远《战国史系年辑证》曰：“三晋称侯，乃由上年周王命三晋伐齐有功而起，故本年周王命三家为侯，实具有酬庸性质。”牛鸿恩曰：“三晋胜齐的战斗，即‘王命韩景子、赵烈子、翟员伐齐，入长城’。见载于《纪年》,《吕览》之《下贤》《不广》,《淮南子·人间训》等，而《史记》不载，是重大遗漏。”

⑩九年：韩景侯九年，当郑缧公二十三年，前400年。

⑪阳翟：即今河南禹州，当时韩国的都城。梁玉绳曰：“《吕览·任数》注谓武子都宜阳，景侯徙阳翟。”按，阳翟故城在今河南禹州之八里营村北侧，城垣周长三千余米，其东北角尚有一段地面残留。

⑫列侯取：韩列侯，名取。“列”字也作“烈”。《索隐》曰：“《系本》作‘武侯’。”

⑬列侯三年，聂政杀韩相侠累：据《刺客列传》，则谓聂政乃韩严所收买的杀手，为韩严杀了宰相韩傀。据《战国策·韩策》，又谓聂政为严仲子往刺其相韩傀时，韩君哀侯亦在座。“韩傀走抱哀侯，聂政刺之，兼中哀侯”。牛鸿恩说：“聂政刺韩傀，亦即严遂弑韩哀侯，二者为一事。今人均据《竹书纪年》定于魏武侯二十二年，亦即韩哀侯三年（前374）。《韩策二》《韩非子·内储下》均为韩哀侯，与《纪年》所载相符。平势隆郎即亦以为在前374年。”列侯三年，前397年。

⑭九年：韩列侯九年，亦即秦惠公九年，前391年。

⑮秦伐我宜阳，取六邑：秦军攻打韩国的宜阳，占领了六座城邑。宜阳，韩国早期的都城。六邑，杨宽曰："六个较大的村落。商鞅在秦变法时，曾合乡、邑、聚为县。聚为小村落，邑乃较大之村落。"

⑯十三年：前387年。

⑰列侯卒，子文侯立：《索隐》曰："《纪年》无'文侯'，《系本》无'列侯'。"韩文侯史失其名。

⑱是岁魏文侯卒：魏文侯，名斯，前445—前396年在位。卒于韩列侯四年。韩列侯十三年乃魏武侯九年。《史记》叙战国时事，于魏国、齐国诸侯的系年多有错误，《六国年表》亦同，今参考战国史家的研究成果随文为之注明。

【译文】

康子死后，他的儿子武子继位。武子二年，征伐郑国，杀了郑国的国君幽公。

武子十六年，去世，他的儿子景侯继位。

景侯虔元年，攻打郑国，占领了雍丘。

景侯二年，韩氏在负黍被郑国打败。

景侯六年，韩虔与赵烈侯、魏文侯同时被周天子策命为诸侯。

景侯九年，郑国围攻韩国的阳翟。景侯去世，其子列侯取继位。

列侯三年，聂政刺杀了韩相侠累。

列侯九年，秦军攻打韩国的宜阳，夺取了六座城邑。

列侯十三年，去世，他的儿子文侯继位。这年魏文侯去世。

文侯二年①，伐郑，取阳城②。伐宋，到彭城，执宋君③。

七年④，伐齐，至桑丘⑤。郑反晋⑥。

九年，伐齐，至灵丘⑦。

十年，文侯卒，子哀侯立⑧。

哀侯元年，与赵、魏分晋国⑨。

二年，灭郑，因徙都郑⑩。

【注释】

①文侯二年：相当于郑君乙十一年，前385年。

②阳城：郑邑名。在今河南登封东南。

③“伐宋”三句：按，是年韩伐宋至彭城执宋君，盖宋已由睢阳（今河南商丘）迁都彭城（今江苏徐州）。宋，西周初期以来的诸侯国名。其都商丘（今河南商丘城南）。彭城，宋邑名。即今江苏徐州。宋君，泷川曰：“休公。”据《宋世家》，休公名田，宋悼公之子，在位二十三年。杨宽曰：“所执宋君当是宋悼公，悼公即卒于是年，此悼公之所以谥为悼矣。”

④七年：韩文侯七年，当齐康公二十五年、田氏侯剡五年，前380年。

⑤伐齐，至桑丘：当时齐军攻燕之桑丘，韩、赵、魏三国救燕，遂击齐军于桑丘。桑丘，燕邑名。在今河北徐水西南。

⑥郑反晋：梁玉绳曰：“《表》作‘败晋’，是。”泷川曰：“言郑不服晋而来伐也。《表》云‘郑败晋’，‘败’疑‘叛’之讹。”按，所谓“晋”，此处即指韩。当时常以“晋”称韩，或称魏，晋侯早已名存实亡。

⑦九年，伐齐，至灵丘：九年，当田齐侯剡七年，前378年。灵丘，齐邑名。在今山东高唐南。

⑧十年，文侯卒，子哀侯立：十年，前377年。哀侯，韩哀侯史失其名。

⑨哀侯元年，与赵、魏分晋国：《晋世家》云：“静公二年，魏武侯、韩哀侯、赵敬侯灭晋后而三分其地，静公迁为家人，晋绝不祀。”哀侯元年，当魏武侯二十年、赵敬侯十一年，前376年。

⑩“二年”三句：韩国此前的国都为阳翟，即今河南禹州；灭郑后，于是将都城迁于郑，即今河南新郑。按，韩郑故城在今河南新郑城

关附近的双洎河（古称洧水）与黄水交汇处。故城的周长19公里，城墙的大部分至今尚存，最高处尚余18米。西城的中部有小城，是统治者的宫殿区。二年，当郑君乙二十一年，前375年。

【译文】

文侯二年，韩国征伐郑国，夺取阳城。征伐宋国，打到彭城，俘获了宋国国君。

文侯七年，征伐齐国，打到桑丘。郑国背叛晋国。

文侯九年，韩军征伐齐国，打到灵丘。

文侯十年，去世，他的儿子哀侯继位。

哀侯元年，与赵敬侯、魏武侯瓜分了晋国。

哀侯二年，韩国灭了郑国，于是迁都新郑。

六年①，韩严弑其君哀侯②，而子懿侯立③。

懿侯二年，魏败我马陵④。

五年，与魏惠王会宅阳⑤。

九年，魏败我浍⑥。

十二年⑦，懿侯卒，子昭侯立⑧。

昭侯元年，秦败我西山⑨。

二年，宋取我黄池。魏取朱⑩。

六年，伐东周，取陵观、邢丘⑪。

八年⑫，申不害相韩⑬，修术行道⑭，国内以治，诸侯不来侵伐⑮。

【注释】

①六年：战国史家考据应作“三年”，前374年。韩哀侯在位只有三年。而且这“三年”二字也无从表示，因为新即位者当年就改称

“懿侯元年”了。

②韩严弑其君哀侯:《索隐》曰:“《纪年》云:‘……韩山坚贼其君哀侯,而立韩若山。’若山即懿侯也,则韩严为韩山坚也。”梁玉绳曰:“此疑即庄侯韩山坚,一言为‘严’,二言为‘山坚’也。或云是名、字之异。”韩严,即《刺客列传》所说之“严仲子”。

③子懿侯立:《六国年表》作“庄侯”,无“懿侯”,则“庄侯”即“懿侯”。《史记》中有关韩国诸侯的系年也从此混乱。

④懿侯二年,魏败我马陵:懿侯二年,前373年。《六国年表》《魏世家》均系此事于魏惠王二年、韩庄侯二年。按,司马迁旧表混乱,今依战国史家的研究厘定为,魏败韩于马陵在韩懿侯六年、魏惠王元年,前369年。马陵,韩邑名。在今河南新郑东南。

⑤五年,与魏惠王会宅阳:五年,前370年。《魏世家》《六国年表》所书与此同。按,旧表混乱,今据战国史家的研究厘定为,韩、魏两国会于宅阳在韩懿侯九年、魏惠王四年,前366年。宅阳,也称“北宅”,韩邑名。在今河南郑州北。

⑥九年,魏败我浍(huì):九年,前366年。据杨宽《战国史表》,魏败韩、赵联军在韩昭侯元年、魏惠王八年,前362年。浍,水名。在今山西曲沃东,向西流入汾水。

⑦十二年:前363年。

⑧昭侯:史失其名。

⑨昭侯元年,秦败我西山:昭侯元年,当秦献公二十三年,前362年。据杨宽《战国史表》,秦败韩于西山事在韩昭侯五年、秦孝公四年,前358年。西山,胡三省曰:“自宜阳熊耳东连嵩高,南至鲁阳,皆韩之‘西山’。”

⑩“二年”三句:二年,前361年。据杨宽《战国史表》,宋取韩黄池、魏取韩朱事,在韩昭侯六年、魏惠王十三年,前357年。黄池,韩邑名。在今河南封丘南。朱,韩邑名。钱穆以为“当在今沁阳县

境”。

⑪“六年”三句：六年，前357年。东周，指东周君，都于巩（今河南巩义西南）。关于战国中期之“东周”“西周”的由来，见《周本纪》。陵观、邢丘，胡三省曰：“当时邑聚之名，史无所考。”按，应距今河南巩义不远，有以今河南温县东北之“封丘”当之者，绝非。王叔岷曰：“陵观，无考，若廪丘，是齐地。时属于赵。邢丘，是魏地，后入于秦。俱非东周之地，韩安得取之？东周止有巩耳，疑所书误。”按，邢丘，《六国年表》作“廪丘”，《资治通鉴》胡注同。

⑫八年：前355年。

⑬申不害：亦称“申子”，与商鞅同时代的法家学派人物。其事详见《老子韩非列传》。杨宽系申不害以法治韩在昭侯八年，牛鸿恩以为在昭侯十二年，前351年。

⑭修术行道：即运用君主驾驭群臣的阴谋权术，实行法家的治国之道。术，法术，权术。详见《韩非子·定法》。道，法家的治国之道。李光缙引《战国策》云：“魏之围邯郸也，申不害始合于韩王，然未知王之所欲也，恐言而未必中于王也。王问申子曰：‘吾谁与而可？’对曰：‘此安危之要，国家之大事也，臣请深惟而苦思之。’乃微谓赵卓、韩晁曰：‘子皆国之辩士也，夫为人臣者，言可必用，尽忠而已矣。’二子因各进议于王以事，申子微视王之所说以言于王，王大悦之。”

⑮国内以治，诸侯不来侵伐：按，《老子韩非列传》有所谓“终申子之身国治兵强，无侵韩者”。《论衡·效力》亦谓：“韩用申不害，行其《三符》，兵不侵境，盖十五年。”

【译文】

哀侯六年，韩严杀了他的国君韩哀侯，哀侯的儿子懿侯继位。

懿侯二年，魏军在马陵打败韩军。

懿侯五年，与魏惠王在宅阳会晤。

懿侯九年，魏军在浍水打败韩军。

懿侯十二年，去世，他的儿子昭侯继位。

昭侯元年，秦军在西山打败韩军。

昭侯二年，宋国占领了韩国的黄池。魏军夺取了韩国的朱邑。

昭侯六年，韩军征讨东周国，占领了陵观、邢丘。

昭侯八年，申不害任韩国相，运用君主驾驭群臣的阴谋权术，实行法家的治国之道，国内得到安定，各诸侯国不敢前来侵犯。

十年，韩姬弑其君悼公①。

十一年，昭侯如秦②。

二十二年，申不害死③。

二十四年，秦来拔我宜阳④。

二十五年，旱，作高门⑤。屈宜臼曰⑥："昭侯不出此门⑦。何也？不时。吾所谓时者，非时日也⑧，人固有利不利时。昭侯尝利矣，不作高门。往年秦拔宜阳，今年旱，昭侯不以此时恤民之急⑨，而顾益奢，此谓'时绌举赢'⑩。"

二十六年，高门成，昭侯卒⑪，果不出此门。子宣惠王立⑫。

【注释】

①十年，韩姬弑其君悼公：十年，前353年。此"悼公"是晋国的末代国君。晋国被韩、赵、魏瓜分后，晋君被迁到屯留；十年后又由屯留被迁到端氏；又十年后，再次由端氏被迁到屯留，至此乃被韩人所杀，晋国彻底灭亡。韩姬，即指韩国，因其姬姓，故称。

②十一年，昭侯如秦：十一年，前352年。是年为秦孝公十年，秦国的都城在栎阳（今陕西西安之阎良区）。牛鸿恩以为韩昭侯如秦应在韩昭侯十五年，前348年。

③二十二年,申不害死:二十二年,前341年。牛鸿恩以为应在韩昭侯二十六年,前337年。

④二十四年,秦来拔我宜阳:二十四年,相当于秦孝公二十三年,前339年。梁玉绳曰:"甘茂拔宜阳,在秦武王四年,此时安得先拔之?疑'拔'乃'攻'字之误。"按,杨宽《战国史表》系秦攻韩宜阳在韩昭侯二十八年、秦惠文王三年,前355年。

⑤二十五年,旱,作高门:二十五年,前338年。牛鸿恩以为作高门应在韩昭侯二十九年,前334年。作高门,修建宫殿的高门。作,兴建。高门,视前后文,此处当是宫殿之门。

⑥屈宜臼:《集解》引许慎曰:"楚大夫,在魏也。"

⑦昭侯:此及下两"昭侯",陈仁锡曰:"俱当作'君侯'。"盖谓韩昭侯尚在,尚无谥可称。泷川曰:"《年表》亦讹作'昭侯'。"

⑧时日:时辰和日子。阴阳家所讲的"吉时良辰"。

⑨昭侯不以此时恤民之急:韩昭侯不在此时抚恤百姓的苦难。恤,体恤,救济。

⑩时绌(chù)举赢:《集解》引徐广曰:"时衰耗而作奢侈。"时绌,时机不好。绌,不足,不良。王叔岷引《资治通鉴》胡注曰:"言国家多难而势诎,此时宜恤民之急,而举事反若有盈余者,失其所以为国之道矣。'时诎举赢'盖古语也。"

⑪"二十六年"三句:此与《六国年表》均谓韩昭侯卒于其即位之二十六年,然依战国史家考据,韩昭侯乃卒于其即位之三十年(前333),还继续在位四年。二十六年,前337年。

⑫子宣惠王立:事在前333年。韩宣惠王元年相当于秦惠文王六年,前332年。此后韩国诸侯的系年,又趋于准确。

【译文】

昭侯十年,韩国弑杀了晋国的君主晋悼公。

昭侯十一年,前往秦国。

昭侯二十二年，申不害去世。

昭侯二十四年，秦军攻占了韩国的宜阳。

昭侯二十五年，韩国发生了旱灾，昭侯还要修建宫殿的高门。楚人屈宜臼说："韩昭侯出不了这座门。为什么呢？因为不合时宜。我所说的时，不是指时日，人的时运本来就有顺利与不顺利的区别。昭侯曾经顺利过，那时他没有修建高门。等到去年秦国攻占了宜阳，今年又遭遇大旱，昭侯不在此时抚恤百姓的急难，反而奢侈浪费，这就是所谓的'时绌举赢'。"

昭侯二十六年，高门建成，昭侯去世，果然没能出这座大门。其子宣惠王继位。

宣惠王五年，张仪相秦①。

八年②，魏败我将韩举③。

十一年，君号为王④。与赵会区鼠⑤。

十四年，秦伐败我鄢⑥。

【注释】

①宣惠王五年，张仪相秦：张仪，为当时著名的纵横家。其相秦事，详见《张仪列传》。陈仁锡曰："纪各国而必书张仪相秦，见仪之用，亦六国存亡之所系。"宣惠王五年，相当于秦惠文王十年，前328年。

②八年：相当于魏惠王后元十年，前325年。

③韩举：此为韩国将领，当时赵国亦有名"韩举"者，说见梁玉绳《史记志疑》。

④十一年，君号为王：春秋时期只有周天子可以称王，各国诸侯只能称"公"。到战国时期，周天子式微，而各国诸侯则先后皆改号称

“王”，韩国的改侯称王即从本年开始。十一年，前322年。按，杨宽《战国史表》于韩宣惠王十年书曰：“公孙衍发起燕、赵、中山和魏、韩‘五国相王’。”韩宣惠王十年为前323年。

⑤与赵会区（ōu）鼠：与会的赵王是赵武灵王（前325—前299年在位）。区鼠，赵邑名。在今河北大名东北。

⑥十四年，秦伐败我鄢：十四年，相当于秦惠文王后元六年，前319年。秦伐败我鄢，秦进攻韩国，并在鄢打败韩军。“伐”“败”二动词连用。鄢，韩邑名。在今河南鄢陵北。

【译文】

宣惠王五年，张仪任秦国相。

宣惠王八年，魏军打败韩将韩举。

宣惠王十一年，韩国君主改号称王。宣惠王与赵武灵王在区鼠会晤。

宣惠王十四年，秦国进攻韩国，在鄢打败韩军。

十六年①，秦败我脩鱼②，虏得韩将鲠、申差③。秦、韩战于浊泽④，韩氏急，公仲谓韩王曰⑤：“与国非可恃也⑥。今秦之欲伐楚久矣，王不如因张仪为和于秦，赂以一名都⑦，具甲⑧，与之南伐楚，此以一易二之计也⑨。”韩王曰：“善。”乃警公仲之行⑩，将西购于秦⑪。

【注释】

①十六年：当秦惠文王后元八年，前317年。

②脩鱼：韩邑名。在今河南原阳西南。

③韩将鲠（sōu）、申差：《索隐》曰：“鲠、申差，二将。”按，《六国年表》云“得将军申差”，无“鲠”字。

④秦、韩战于浊泽：底本原文无“秦、韩战”三字，而将“于浊泽”三

字与上句相连，作“秦败我脩鱼，虏得韩将鲗、申差于浊泽”。杨宽曰：“是年秦将樗里疾大败三晋于脩鱼，虏得韩将申差等人，《秦本纪》与《六国表》相同，与浊泽之战无关。脩鱼在今河南原阳县西南，浊泽在今河南长葛县西北，相距有一百六十里以上，不可能在脩鱼大败三晋之军，而在浊泽虏得韩将申差等人。《韩世家》‘于浊泽’上当脱‘秦、韩战’三字，《韩策一》可以比证，系记别一战役，说明岸门之战大败的原因。”杨说甚是。《战国策·秦策》于此正作“秦、韩战于浊泽，韩氏急，公仲谓韩王曰”云云，今依杨氏说增“秦、韩战”三字。

⑤公仲：《索隐》曰：“韩相国，名侈。”按，《战国策》叙此作“公仲朋”，与《韩非子·十过》同。牛鸿恩曰：“《战国纵横家书》‘侈’字作‘倗’。韩侈、韩倗、公仲侈、公仲倗同是一人。”

⑥与国：同盟国。此指东方诸国。与，交好，亲附。恃：依靠，靠得住。

⑦赂以一名都：给它一座大城。赂，赠送财物。名，大。

⑧具甲：即前所说名都的全部军备。

⑨以一易二：《索隐》曰：“‘一’，谓名都也；‘二’，谓使不伐韩而又与之伐楚也。”易，交换。

⑩警公仲之行：为公仲出行预做警备。警，起。

⑪购：通“媾”，求和，讲和。中井积德曰：“‘购’‘媾’‘讲’通，和也。”

【译文】

宣惠王十六年，秦军在脩鱼打败韩军，俘获了韩国将领鲗和申差。秦、韩又在浊泽交战，韩王着了急，公仲侈对韩王说：“那些盟国是靠不住的。如今秦国想征伐楚国已经很久了，大王不如通过张仪向秦王求和，送给它一座大城，以及城中全部军备，和秦军一起向南征伐楚国，这是用一失换二得的计策。”韩王说：“好。”于是让公仲行动，要他西去与秦媾和。

楚王闻之大恐[①]，召陈轸告之[②]。陈轸曰："秦之欲伐楚久矣，今又得韩之名都一而具甲[③]，秦韩并兵而伐楚[④]，此秦所祷祀而求也。今已得之矣，楚国必伐矣。王听臣为之警四境之内[⑤]，起师言救韩，命战车满道路，发信臣[⑥]，多其车，重其币[⑦]，使信王之救己也。纵韩不能听我，韩必德王也[⑧]，必不为雁行以来[⑨]，是秦韩不和也[⑩]。兵虽至，楚不大病也[⑪]。为能听我绝和于秦[⑫]，秦必大怒，以厚怨韩。韩之南交楚，必轻秦；轻秦，其应秦必不敬：是困秦、韩之兵而免楚国之患也[⑬]。"楚王曰："善。"乃警四境之内，兴师言救韩。命战车满道路，发信臣，多其车，重其币。谓韩王曰："不穀国虽小[⑭]，已悉发之矣[⑮]。愿大国遂肆志于秦[⑯]，不穀将以楚殉韩[⑰]。"

【注释】

①楚王：楚怀王，名槐，前328—前299年在位。

②陈轸：为当时著名的纵横家。由秦至楚，后又复秦。其事详见《张仪列传》。

③又得韩之名都一而具甲：《战国策》用语与此同。《韩非子·十过》叙此事作："秦得韩之都一，驱其练甲。"

④并兵：合并兵力。

⑤警四境之内：意即在全国范围内发动兵力。警，驱动。

⑥信臣：忠诚可靠之使臣。

⑦币：礼物。泛指车马、皮帛、玉器等。

⑧德：感激。

⑨必不为雁行以来：一定不会列队同心协力前来攻楚了。雁列队而

行,用以比喻同心协力,一致对敌。

⑩秦韩不和:韩对秦不唯命是听,这样秦、韩就不同心了。

⑪兵虽至,楚不大病:即使他们还来进攻,楚国也不致遭受太大的危害。因其两国之间已有矛盾。

⑫为能听我:如果韩国听信我们。为,李笠曰:"犹'如'也。说在《经传释词》。"

⑬困秦、韩之兵:底本原文作"因秦、韩之兵",李笠曰:"《韩策》'因'作'困',谓困顿秦、韩之兵,是也。"牛鸿恩曰:"《战国纵横家书》亦作'困'。"今据改。

⑭不穀:帝王自称的谦词。意谓不善。

⑮悉:尽其所有。

⑯遂肆志于秦:能随心所欲地对秦开战。肆志,随心,纵情。

⑰以楚殉韩:意即楚国将为韩国死战,二国同生死、共存亡。殉,《索隐》曰:"从死也。言以死助韩。"

【译文】

楚怀王听说后大为震恐,招来陈轸,和他说了这件事。陈轸说:"秦国想攻打楚国已经很久了,如今又得到了韩国的一座大城,并且还为他们准备好了盔甲武器,秦、韩合兵攻伐楚国,这是秦国祈祷祭祀梦寐以求的事。如今竟得实现,楚国被攻打是一定的了。大王您要是听我的话,就先在全国范围内驱动兵力,扬言要出兵救助韩国,让战车布满道路,然后派遣信臣,多给他配备车辆,让他带上丰厚的礼物,让韩国相信大王是真要援救他们。即使韩王仍不能听信我们,他也一定会感激大王的恩德,一定不会列队前来攻楚,这样秦、韩就不和睦了。即使日后他们还来进攻,楚国也不致遭受太大的危害。如果韩国听信我们,停止向秦求和,秦国必定恼怒,因而对韩国的怨恨加深。韩国南交楚国,必定怠慢秦国;怠慢秦国,应酬秦国时必定不很恭敬:这就是困顿秦、韩军队来消除楚国的祸患。"楚王说:"好。"于是在全国发动军力扬言要救援韩国。让战车布满道路,然后派出信臣,给他配备很多车辆,让他带着厚礼到韩国。信臣对韩王说:“我们楚国虽然不大,但已经把军队全派出来了。希望贵国能随心所欲地对秦开战,我们楚国将同韩国一起死战。”

韩王闻之大说①,乃止公仲之行②。公仲曰:“不可。夫以实伐我者秦也,以虚名救我者楚也。王恃楚之虚名,而轻绝强秦之敌③,王必为天下大笑。且楚韩非兄弟之国也,又非素约而谋伐秦也④。已有伐形⑤,因发兵言救韩,此必陈轸之谋也。且王已使人报于秦矣⑥,今不行,是欺秦也。夫轻欺强秦而信楚之谋臣,恐王必悔之。”韩王不听,遂绝于秦。秦因大怒,益甲伐韩⑦,大战,楚救不至⑧。十九年,大破我岸门⑨。太子仓质于秦以和⑩。

【注释】

①说:同“悦”,高兴。

②止公仲之行:意即不向秦国求和了。

③轻绝强秦之敌:随随便便地和强敌秦国绝交。轻,轻易,随便。

④素约:旧约,早先的约定。

⑤已有伐形:我们已有了联秦攻楚的行迹。

⑥报于秦矣:通报秦国。

⑦益甲伐韩:增加兵力讨伐韩国。益,增加。

⑧楚救不至:底本原文作“楚救不至韩”,王叔岷曰:“‘韩’字盖涉上文‘伐韩’字而衍。”王说是,今据删。

⑨十九年,大破我岸门:以上韩王不用公仲之言,被陈轸愚弄招致丧败事,详见《战国策·韩策》,亦见于《战国纵横家书》与《韩非子·十过》,后二者文字略简。鲍彪曰:“二子皆‘亿中’之材也。

宣惠诛于其言，惑于重币，虽有公仲之谋固难以入；至于非兄弟、非素约而以虚名救我，此言岂不明著矣乎，如之何弗听也？”吴师道曰：“鲍尝谓陈轸少捭阖之气，故此以‘亿中’称之。此策非‘捭阖’而何？”缪文远曰：“公仲朋欲移祸于楚，陈轸则教楚以空言救韩诳之，此章言韩之所以败者，过听于陈轸，失计于韩朋也。”十九年，当秦惠文王后元十一年，前314年。岸门，韩邑名。在今河南许昌北。

⑩太子仓质于秦以和：黄式三曰：“据《秦纪》，韩太子质秦在前年石章之役，与此异。”梁玉绳曰：“《秦纪》言‘败韩太子奂’，乃韩宣王十六年事，而此称‘仓’者，盖‘奂’败没而别立太子也。”

【译文】

韩王听闻后非常高兴，就取消了派公仲侈到秦国议和的行动。公仲侈说：“不能这样做。凭实力来攻打我们的是秦国，用空话来救援我们的是楚国。您倚仗着楚国的这些空话，就轻易地和强敌秦国绝交，大王必定要被天下大加嘲笑。况且楚与韩并非兄弟之国，又不是早有盟约，共同谋划过伐秦之事。我们已有了联秦攻楚的迹象，楚国才发兵扬言救韩，这一定是陈轸的计谋。况且大王已经派人通报秦国了，如今不去，这是欺骗秦国。轻慢地欺骗强大的秦国而听信楚国的谋臣，恐怕大王必定要后悔的。”韩王不听劝告，终于与秦国绝交。秦王因而大怒，增加兵力讨伐韩国，秦、韩大战而楚国坐视不救。十九年，秦军大破韩军于岸门。韩王只好派太子仓到秦国当人质，来向秦国求和。

二十一年①，与秦共攻楚，败楚将屈匄②，斩首八万于丹阳③。是岁，宣惠王卒，太子仓立，是为襄王④。

襄王四年⑤，与秦武王会临晋⑥。其秋，秦使甘茂攻我宜阳⑦。

五年，秦拔我宜阳，斩首六万[8]。秦武王卒[9]。

六年[10]，秦复与我武遂[11]。

九年[12]，秦复取我武遂。

十年[13]，太子婴朝秦而归[14]。

十一年[15]，秦伐我，取穰[16]。与秦伐楚，败楚将唐昧[17]。

【注释】

①二十一年：当楚怀王十七年，前312年。

②屈匄：亦作“屈丐”，楚将。

③斩首八万于丹阳：秦军大破楚军于丹阳事，详见《楚世家》。丹阳，丹水之阳。丹水源于今陕西商洛商州区西北，向东南流至湖北均县汇入汉水。此所谓“丹阳”，即指丹水以北的今河南内乡、西峡一带。

④是为襄王：也称“襄哀王”，张良祖父张开地所事之君。其事详见《留侯世家》。

⑤襄王四年：前308年。

⑥秦武王：名荡，秦惠文王之子，前310—前307年在位。临晋：古邑名。在今陕西大荔东。原来属韩，此时已属秦。

⑦甘茂：原楚人，后为秦相。其事详见《樗里子甘茂列传》。

⑧“五年”三句：五年，当秦武王四年，前307年。甘茂拔韩宜阳事，详见《战国策·秦策》与《樗里子甘茂列传》。

⑨秦武王卒：秦武王举鼎绝膑而卒，其事详见《秦本纪》。

⑩六年：当秦昭王元年，前306年。

⑪武遂：古邑名。在今山西垣曲东南。原属韩，后被秦占。也有说在今山西临汾西南者，疑前说为是，以其与宜阳邻近，而《秦本纪》有“拔宜阳，斩首六万，涉河城武遂”之语。

⑫九年：当秦昭王四年，前303年。

⑬十年：前302年。

⑭太子婴朝秦而归：《六国年表》作“太子婴与秦王会临晋，因至咸阳而归”。

⑮十一年：当秦昭王六年，前301年。

⑯穰（ráng）：韩邑名。今河南邓州。

⑰败楚将唐眛：杨宽《战国史表》谓此役齐将匡章、魏将公孙喜、韩将暴鸢，三国联军进攻楚方城，杀死楚将唐眛（或作“唐蔑”），宛、叶以北的土地也为韩、魏所取得。唐眛，也写作“唐蔑”。

【译文】

宣惠王二十一年，韩国与秦国联合攻楚，打败了楚将屈匄，在丹水之北斩首楚兵八万。这年，宣惠王去世，太子仓继位，这就是韩襄王。

襄王四年，与秦武王在临晋会晤。这年秋天，秦国派甘茂攻打韩国的宜阳。

襄王五年，秦军占领宜阳，斩首韩军六万。秦武王去世。

襄王六年，秦把武遂归还给韩国。

襄王九年，秦又攻占了武遂。

襄王十年，韩太子婴朝见秦王后回到韩国。

襄王十一年，秦军进攻韩国，占领了穰县。韩国与秦国联合攻打楚国，打败了楚将唐眛。

十二年[①]，太子婴死。公子咎、公子虮虱争为太子[②]。时虮虱质于楚[③]。苏代谓韩咎曰[④]：“虮虱亡在楚，楚王欲内之甚[⑤]。今楚兵十余万在方城之外[⑥]，公何不令楚王筑万室之都雍氏之旁[⑦]，韩必起兵以救之[⑧]，公必将矣。公因以韩楚之兵奉虮虱而内之，其听公必矣[⑨]，必以楚、韩封公也[⑩]。”韩咎从其计[11]。

【注释】

①十二年：前300年。

②公子咎、公子虮虱：皆韩襄王之子。虮虱，也作“几瑟”。

③虮虱质于楚：泷川曰：“虮虱亡在楚，非质于楚也，下文及《策》可证。”

④苏代：梁玉绳曰：“《策》作‘冷向’，是也。”苏代，《苏秦列传》以为是苏秦之弟。韩咎：有人认为即“公子咎”，但在本文于情理不合。吴师道以为应作“公仲”。徐孚远以为“韩咎”与“公子咎”是两个人，“韩咎”即前文出现过的“公仲”。

⑤楚王欲内之甚：指楚王很想以武力送其回国为太子。内，同“纳”。

⑥方城之外：方城山以北。方城，山名。在今河南方城北。当时是楚国的北境，并筑有楚之长城。

⑦筑万室之都雍氏之旁：意将立虮虱于此为韩君。雍氏，韩邑名。在今河南禹州东北，韩都新郑之西南。

⑧起兵以救之：谓救雍氏，不让楚人在这里筑城。按，《战国策》于此作“起兵以禁之”，较此显豁。

⑨其：指韩王与韩之执政诸臣。《战国策》于此作“德公”，主语则变为“虮虱”。

⑩必以楚、韩封公：意谓虮虱一定会因这次楚、韩联合的结果而封赏您。

⑪韩咎从其计：按，以上“苏代”为韩咎设谋立虮虱事，见《战国策·韩策》。

【译文】

襄王十二年，太子婴去世。公子咎与公子虮虱争做太子。当时公子虮虱正在楚国做人质。苏代对韩咎说:“虮虱流亡在楚国,楚王非常想送他回国当太子。如今十多万楚兵在方城山的北面驻扎,您何不让楚王在雍氏城的旁边,修建一座容纳万户的城邑,韩王一定会出兵去救雍氏,而您一定是这支部队的统帅。您趁机以韩、楚之兵拥戴虮虱,把他接回韩国,韩王和他的执政大臣肯定会听您的,虮虱一定会因这次楚、韩联合的结果而封赏您。”韩咎采纳了他的计谋。

楚围雍氏[①],韩求救于秦。秦未为发,使公孙昧入韩[②]。公仲曰:“子以秦为且救韩乎?”对曰:“秦王之言曰‘请道南郑、蓝田,出兵于楚以待公’[③],殆不合矣[④]。”公仲曰:“子以为果乎[⑤]?”对曰:“秦王必祖张仪之故智[⑥]。楚威王攻梁也[⑦],张仪谓秦王曰[⑧]:‘与楚攻魏[⑨],魏折而入于楚,韩固其与国也[⑩],是秦孤也。不如出兵以到之[⑪],魏楚大战,秦取西河之外以归[⑫]。’今其状阳言与韩,其实阴善楚[⑬]。公待秦而到,必轻与楚战[⑭]。楚阴得秦之不用也[⑮],必易与公相支也[⑯]。公战而胜楚,遂与公乘楚[⑰],施三川而归[⑱]。公战不胜楚,楚塞三川守之[⑲],公不能救也。窃为公患之。司马庚三反于郢[⑳],甘茂与昭鱼遇于商於[㉑],其言收玺[㉒],实类有约也[㉓]。”公仲恐,曰:“然则奈何?”曰:“公必先韩而后秦,先身而后张仪[㉔]。公不如亟以国合于齐楚[㉕],齐楚必委国于公[㉖]。公之所恶者张仪也,其实犹不无秦也[㉗]。”于是楚解雍氏围[㉘]。

【注释】

①楚围雍氏:楚国此举与上文“苏代”为韩咎设谋事不相连贯,或以

为中有舛误，其说见后。

②使公孙昧入韩：郭嵩焘曰："公孙昧亦当时说士，非秦使也。为秦使，不应尽输秦之隐情以使韩自结于齐、楚。"

③道南郑、蓝田，出兵于楚：谓取道南郑、蓝田两路出兵伐楚。道，取道，经由。南郑，即今陕西汉中。其兵可顺汉水而下。蓝田，秦邑名。在今陕西蓝田西。其兵可出武关。

④殆（dài）不合矣：大概不是直接出兵雍氏与韩合力抗楚。或谓，指秦王的"言行不合"，即空言救韩，实际不想出兵。又，王骏图以为指"不合于理"。据前后文意，似第一说为好。

⑤果：果然，果真如此。

⑥祖张仪之故智：沿用张仪的老办法。祖，承袭，沿用。故智，原来的计谋。

⑦楚威王攻梁：其事见《战国策·秦策》。楚威王，名商，楚怀王之父，前339—前329年在位。梁，即魏国，因其后来迁都于大梁（今河南开封），故魏国也称梁国。

⑧秦王：当时的秦王为秦惠文王，前337—前311年在位。

⑨与楚攻魏：联合楚国攻打魏国。与，结合，联合。

⑩固：本来，原本。与国：同盟国。

⑪出兵以到之：意指表面出兵，实际并不援魏。《索隐》曰："到，欺也。"梁玉绳曰："赵太常云'当是颠倒意，谓惑之也'。余谓赵丈说为胜。"又引陈太仆云："'到'者，但至其处，而从壁上观耳。"按，训"但到其处"，可与下文"待秦之到"相贯通。《战国策》于此作"劲"，其义为"加强"，意亦可通。

⑫魏楚大战，秦取西河之外以归：以上即所谓"张仪故智"，缪文远以为事在秦惠文王八年，前330年；杨宽《战国史年表》同。西河之外，今陕西东部的黄河以西地区，如大荔、宜川等城邑，当初属魏，此次遂被秦所占。

⑬今其状阳言与韩,其实阴善楚:如今秦国表面上佯言是联合韩国,实际上暗中与楚国交好。阳言,佯言,假装说。阳,假装。阴,暗中,私下里。

⑭必轻与楚战:一定会轻率地同楚国开战。轻,轻率。

⑮楚阴得秦之不用:楚国暗中知道秦国不会助韩。不用,缪文远引吴曾祺曰:"不为韩用。"

⑯必易与公相支也:一定不怕与韩国对抗了。相支,相持,相对抗。

⑰乘楚:凌驾楚国之上。乘,凌驾。

⑱施三川:施恩三川,即施惠于韩,因当时黄河、伊水、洛水流域的今河南西部地区主要属于韩国。而《正义》则曰:"施,犹设也;三川,周天子都也。言韩战胜楚,则秦与韩驾御于楚,即于天子之都张设救韩之功,行霸王之迹,加威诸侯,乃归咸阳也。"中井积德曰:"施,言扬威也。"后说可备参考。

⑲楚塞三川守之:王念孙曰:"'楚'字疑衍,此谓秦塞三川而守之,非谓楚也。《韩策》无下'楚'字。"按,此"楚"字或为"秦"字之讹。而所谓"守之"者,即将三川地区据为秦有,故下文有所谓"公不能救也"。

⑳司马庚:《战国策》作"司马康",秦国使者。三反于郢:多次地往来于秦、楚两国之间。反,同"返"。郢,楚国都城。

㉑昭鱼:也称"昭奚恤",楚国的宗室大臣。《集解》引徐广曰:"楚相国。"遇于商於(wū):在商於地区举行会谈。遇,会晤。商於,指今陕西商南、武关等一带地区。

㉒收玺:意即欲制止楚国去攻打韩国。《索隐》曰:"诈言昭鱼来秦,欲得秦官之印玺。"玺,军符。

㉓实类有约:鲍彪曰:"疑秦、楚约攻韩。"

㉔先韩而后秦,先身而后张仪:吴师道曰:"先韩者,急图其国;后秦者,不望其救;先身者,善己之谋;后仪者,不堕人之诈。"

㉕亟（jí）：赶快。

㉖委国：把国政交给别人。

㉗公之所恶者张仪也，其实犹不无秦也：凌稚隆曰："虽合齐、楚，图国事耳，秦无辞怨之。"中井积德曰："所恶在张仪之计也。言其实非敢疏秦也。"犹不无秦，《战国策》作"犹不失秦"。

㉘于是楚解雍氏围：以上楚围雍氏，公孙昧设谋使韩得以解围事，详见《战国策·韩策》。沈家本曰："此一段乃错简也，上文书'公子咎、公子虮虱争为太子，苏代谓韩咎'云云，下文'又谓'云云，其文势相接，不应中间插入楚围雍氏之事，其为错简甚明，第不知当何属耳。"沈氏之说，或当然也。

【译文】

楚军包围了雍氏，韩国向秦国请求援助。秦国没出兵，只派了公孙昧前来韩国。公仲侈问道："您认为秦国将会援助韩国吗？"公孙昧说："秦王说'请求取道南郑和蓝田，出兵于楚国，在那里等待您的到来'，大概不准备与你们会合。"公仲侈说："您认为秦王真会这样做吗？"公孙昧说："秦王必然会沿用张仪的老办法。当年楚威王进攻魏国，张仪对秦王说：'和楚国一道进攻魏国，魏国失败就会倒向楚国，而韩国本来就是楚的盟国，这样秦国就孤立了。不如出兵来为魏国壮胆，让魏国和楚国大战，秦国可坐收渔利，趁机夺取西河以外的土地而回。'如今秦国表面上说是援助韩国，其实暗地里与楚国交好。您靠着秦军壮胆，必然会轻率地同楚国开战。楚国暗中已经得知秦国不会为韩国效力，也就不怕与韩国对抗了。如果您战胜了楚国，秦国就和您一起凌驾于楚国之上，白落一个施恩三川的名声。如果战胜不了楚国，秦国便会趁机阻塞三川而固守，您想援救都来不及。我实在是替您担心。秦人司马庚多次往返于郢都，秦相甘茂和楚相昭鱼已在商於会晤，说是为了劝说楚国收回攻韩楚军的印信，其实像是订立密约。"公仲侈一听就慌了，说："这样的话，该怎么办呢？"公孙昧说："您一定要考虑韩国自身的力量，然后再考虑秦国是否来救援；先想好自救的对策，然后再考虑对付张仪旧计的办法。您不如赶快让韩国跟齐、楚二国联合，齐、楚二国必定会把国事托付给您。您所厌恶的只是张仪那种欺诈的计谋，其实还是不能无视秦国呀！”于是楚国解除了对雍氏的围困。

苏代又谓秦太后弟芈戎曰[1]：“公叔、伯婴恐秦楚之内虮虱也[2]，公何不为韩求质子于楚[3]？楚王听入质子于韩[4]，则公叔、伯婴知秦楚之不以虮虱为事，必以韩合于秦楚。秦楚挟韩以窘魏[5]，魏氏不敢合于齐[6]，是齐孤也。公又为秦求质子于楚，楚不听，怨结于韩[7]。韩挟齐魏以围楚，楚必重公[8]。公挟秦楚之重以积德于韩，公叔、伯婴必以国待公[9]。”于是虮虱竟不得归韩。韩立咎为太子。齐、魏王来[10]。

【注释】

①秦太后：即宣太后，芈姓，号“芈八子”，为秦昭王之母。秦昭王即位之初，专擅国政。芈戎：原楚人，宣太后之弟，靠其姊在秦贵盛，号新城君。所谓“四贵”之一。

②公叔、伯婴恐秦楚之内虮虱也：公叔、伯婴，应作“公叔、公子咎”。伯婴，即太子婴，前已死，与虮虱争位者乃公子咎。泷川引中井积德曰：“改‘伯婴’为‘公子咎’，则前后文相应。”

③求质子于楚：意即请求让在楚做人质的虮虱返回韩国。

④听入质子于韩：听任让虮虱返回韩国。中井积德曰：“‘入质子’与前文‘内虮虱’意不同。‘入’者只是放还矣；‘内’者以兵护送，必立为太子也。”

⑤窘魏：让魏国陷入困境。

⑥魏氏不敢合于齐：魏国就不敢同齐国联合。意即势必也得依附于

秦、楚。

⑦"公又为秦求质子于楚"三句：金正炜曰："此《策》文多殽误，故致义不可通。……疑当作'公又令魏求质子于楚，楚不听则怨结于魏，秦挟韩、魏以畛楚，楚王必重公矣'。若如原文，秦求质而楚不听，何为怨结于韩？且韩亦恶能挟齐、魏以畛楚哉？"

⑧楚必重公：《正义》曰："楚必尊重芈戎以求秦救矣。"

⑨必以国待公：按，以上苏代说芈戎事，详见《战国策·韩策》。《韩策》未云说者为谁，而司马迁乃冠之以"苏代"。前段为韩咎（即公仲）设谋者，乃虮虱一党；此段劝芈戎行事者，乃公子咎一党。司马迁皆冠以"苏代"之名，则"苏代"前后自相违戾。

⑩齐、魏王来：梁玉绳曰："此上缺书'十三年'，表可证。"

【译文】

苏代又对秦国宣太后的弟弟芈戎说："公叔、伯婴唯恐秦、楚护送虮虱回到韩国，您何不替韩国请求楚国放回质子虮虱呢？楚王如果听任把质子虮虱放回韩国，那么公叔、伯婴就会认为秦、楚两国没有立虮虱的打算，就一定会以为韩国听命于秦、楚。秦、楚挟持韩国让魏国陷入窘境，魏国就不敢同齐国联合，这样齐国就孤立了。而后您再为秦国要求楚国向魏国派出质子，楚国不同意，必然结怨于韩。这时韩国再挟持齐、魏两国去围攻楚国，楚国必然会看重您。到那时，您就可以倚仗秦、楚两个大国对韩国略施小恩，则公叔、伯婴必将拿整个国家来侍奉您。"因此虮虱终究未能回到韩国。韩国立公子咎为太子。十三年，齐王、魏王来到韩国。

十四年①，与齐、魏王共击秦，至函谷而军焉②。

十六年，秦与我河外及武遂③。襄王卒，太子咎立，是为釐王。

釐王三年④，使公孙喜率周、魏攻秦⑤。秦败我二十四万，虏喜伊阙[⑥]。

五年，秦拔我宛[⑦]。

六年，与秦武遂地二百里[⑧]。

十年[⑨]，秦败我师于夏山[⑩]。

十二年[⑪]，与秦昭王会西周而佐秦攻齐[⑫]。齐败，湣王出亡[⑬]。

十四年，与秦会两周间[⑭]。

二十一年，使暴鸢救魏，为秦所败，鸢走开封[⑮]。

【注释】

①十四年：当齐湣王三年、魏襄王二十一年、秦昭王九年，前298年。

②与齐、魏王共击秦，至函谷而军焉：此指齐孟尝君田文率韩、魏伐秦，至函谷关之事。《六国年表》及《田敬仲完世家》皆有，《秦本纪》无。函谷，函谷关，秦国的东部要塞，在今河南灵宝东北。吴师道引苏辙云："秦昭王欺楚怀王，要之割地，诸侯熟视，无敢一言问秦者。唯田文怨秦，借楚为名，与韩、魏伐秦。自山东难秦，未有若此其壮者也。惜其听苏代之计，临函谷而无攻，以求楚东国，而名义索然以尽。"诸祖耿引黄式三曰："秦之强，未有能抑之者，孟尝君有此豪举，非他人所能及也。旧史或讥其至函谷而遽反，岂知秦之强，函谷未易入哉！"

③十六年，秦与我河外及武遂：杨宽《战国史料编年辑证》曰："齐、魏、韩三国攻秦函谷前后三年之久，此年得胜，攻入函谷，秦割地求和。"又，其《战国史表》曰："又以齐合韩、魏而攻秦入函谷关，迫使秦归还韩河外及武遂，归还魏河外及封陵。"十六年，当秦昭王十一年，前296年。

④釐王三年：当魏昭王三年、秦昭王十四年，前293年。

⑤公孙喜:魏将。其事见《穰侯列传》《秦本纪》。但有的地方也写得像是韩国之将,故《资治通鉴》也于《周纪》书作“韩公孙喜、魏人伐秦”。率周、魏攻秦:梁玉绳曰:“此时之周岂能从伐秦乎?可疑也。”

⑥秦败我二十四万,虏喜伊阙:破杀韩、魏联军二十四万,虏得公孙喜的秦将即武安君白起。其事详见《白起王翦列传》。秦败我二十四万,似应作“秦败我,斩首二十四万”。梁玉绳曰:“《秦纪》及《穰侯传》并言‘秦败韩、魏伊阙,斩首二十四万’。秦《表》上似脱‘韩魏’二字,乃合韩、魏两国之兵言也,此《表》与楚、魏、韩三世家各言‘二十四万’,失其实矣。”伊阙,山口名。在今河南洛阳西南。

⑦五年,秦拔我宛:杨宽《战国史表》于此年书曰“秦白起攻韩取宛”。五年,当秦昭王十六年,前291年。宛,韩邑名。即今河南南阳。

⑧六年,与秦武遂地二百里:按,与此同时,魏亦献给秦国河东地四百里。六年,当秦昭王十七年,前290年。

⑨十年:当秦昭王二十一年,前286年。

⑩夏山:《正义》曰:“未详。”或谓在今山西夏县附近。

⑪十二年:当秦昭王二十三年、齐湣王十七年,前284年。

⑫与秦昭王会西周:杨宽《战国史表》书作“秦昭王和韩釐王在新城(今河南伊川西南)相会”。西周,此指西周君的国都王城,即今河南洛阳。佐秦攻齐:此即燕昭王二十八年,乐毅率五国军队大破齐军于济西事,详见《燕召公世家》《田敬仲完世家》《乐毅列传》。

⑬齐败,湣王出亡:五国联军大破齐军于济西后,四国各自撤军,唯独燕军长驱直入,攻破临淄,齐湣王先出逃至卫、邹、鲁,后回至齐国的莒县,被前来援齐的楚将淖齿所杀。其事详见《田敬仲完世

家》《田单列传》。

⑭十四年,与秦会两周间:十四年,当秦昭王二十五年,前282年。与秦会两周间,东周君的国都巩县之西,西周君的国都王城之东,约在当时的洛阳附近。

⑮“二十一年”四句:杨宽《战国史表》作“秦攻魏至大梁,韩派暴鸢往救,被秦大败,退走开封,魏献温给秦求和”。此次破韩、魏之秦将为穰侯,事见《秦本纪》《穰侯列传》。二十一年,当魏安釐王二年、秦昭王三十二年,前275年。暴戴(pù yuān),韩将名。开封,魏邑名。在今河南开封西南。戴,《六国年表》作“鸢”。

【译文】

襄王十四年,与齐湣王、魏襄王联合攻打秦国,进军至函谷关而驻扎下来。

襄王十六年,秦将河外地区及武遂县归还给韩国。襄王去世,太子咎继位,这就是釐王。

釐王三年,韩派公孙喜统领周、魏的联军进攻秦国。秦国大败韩军二十四万,公孙喜在伊阙山被俘。

釐王五年,秦军攻占宛邑。

釐王六年,韩国将武遂一带二百里的领土割给秦国。

釐王十年,秦军在夏山打败了韩军。

釐王十二年,与秦昭王在西周会晤,而后帮着秦国攻打齐国。齐国战败,齐湣王出逃。

釐王十四年,与秦昭王在西周与东周之间会晤。

釐王二十一年,派暴戴救援魏国,被秦国打败,暴戴逃奔开封。

二十三年[①],赵、魏攻我华阳[②]。韩告急于秦,秦不救。韩相国谓陈筮曰[③]:“事急,愿公虽病,为一宿之行[④]。”陈筮见穰侯[⑤]。穰侯曰:“事急乎?故使公来。”陈筮曰:“未急也。”穰侯怒曰：“是可以为公之主使乎[⑥]？夫冠盖相望[⑦]，告敝邑甚急[⑧]，公来言未急，何也？”陈筮曰：“彼韩急则将变而佗从[⑨]，以未急，故复来耳。”穰侯曰：“公无见王，请今发兵救韩。”八日而至，败赵、魏于华阳之下[⑩]。是岁，釐王卒，子桓惠王立。

【注释】

①二十三年：当赵惠文王二十六年、魏安釐王四年，前273年。

②华阳：韩邑名。在韩国都城新郑北。

③韩相国：不知何人。陈筮：也作“陈筌”，《战国策》作“田苓”。陈直曰：“陈筮必为齐人而仕韩者。”

④愿公虽病，为一宿之行：意谓虽然劳累，好在路还不甚远，希望您去出使一趟。病，疲惫，劳累。一宿，一夜。此指一夜的路程。或谓“一宿”即“一舍”，指三十里。

⑤穰侯：即魏冉，为宣太后异父弟、秦昭王之舅。秦昭王异母兄秦武王去世后，秦昭王依靠宣太后与穰侯的力量夺权上位；秦昭王即位后，穰侯多年为相，在秦国开疆拓土上也有巨大功劳，权倾一时。后因专权跋扈，于秦昭王四十一年（前266）被罢相。次年，宣太后卒，他被遣赴封邑。其事详见《穰侯列传》。

⑥是可以为公之主使乎：像您这样，难道还能为您的主子做使臣吗？牛鸿恩曰：“《韩策》‘可’字作‘何’。”则此句则意谓事情既然不急，你又为何来替你主子出使呢？公之主，你的主子。此指韩王。

⑦冠盖相望：冠冕、车盖都相互看得见，意即往来的使者非常多，络绎不绝。冠，指使者戴的帽子。盖，车辆的伞形篷盖。

⑧告敝邑甚急：都是向我们报告非常急迫。

⑨变而佗从：改换门庭，追随他国。佗，同“他”。

⑩败赵、魏于华阳之下：杨宽《战国史表》称此役为“赵、魏联合攻韩到华阳，秦派白起、胡阳救韩，大胜于华阳，打跑魏将孟卯，攻取卷、蔡阳等城，斩首十五万。又战败赵将贾偃，秦又围攻魏的大梁”。缪文远曰：“此与《韩策二·楚围雍氏五月章》文同，盖仿张翠事而拟作者。”张翠为雍氏之围而求救于甘茂事，用语与陈筮相同，司马迁作《甘茂传》竟未采入，而于此采入了陈筮事，去取态度盖与缪氏说异。又，陈筮、甘茂的这种说辞，与《左传》中之展喜犒齐师、吕甥说秦穆释惠公略相仿佛。以上陈筮为韩求救于穰侯事，详见《战国策·韩策》。

【译文】

釐王二十三年，赵、魏联合进攻韩国的华阳。韩国向秦国告急，秦国不出兵救援。韩国相对陈筮说：“事态急迫，虽然劳累，好在路还不甚远，也希望您出使一趟了。”陈筮来到秦国，见了穰侯。穰侯问：“事情很急吧？所以派您来了。”陈筮道：“还不急。”穰侯生气地说：“像您这样，难道还能为您的主子做使臣吗？你们的使臣冠盖相望，络绎不绝，都是来向我们告急的，您来了却说不急，这是怎么回事？”陈筮说：“韩国如果真的危急，就会改换门庭追随他国；正因为不危急，所以又派我来了。”穰侯说：“您不必去见秦王了，现在我发兵去救援韩国。”八天之后，秦国的救兵抵达韩国，在华阳山下打败了赵、魏联军。这年，釐王去世，他的儿子桓惠王继位。

桓惠王元年，伐燕[①]。

九年[②]，秦拔我陉[③]，城汾旁[④]。

十年，秦击我于太行，我上党郡守以上党郡降赵[⑤]。

十四年，秦拔赵上党，杀马服子卒四十余万于长平[⑥]。

十七年[⑦]，秦拔我阳城、负黍[⑧]。

二十二年，秦昭王卒[9]。

二十四年，秦拔我城皋、荥阳[10]。

二十六年，秦悉拔我上党[11]。

二十九年，秦拔我十三城[12]。

【注释】

①桓惠王元年，伐燕：是年为燕惠王七年，即前272年。

②九年：当秦昭王四十三年，前264年。

③陉（xíng）：韩邑名。在今山西曲沃东北。

④城汾旁：在汾水旁边另筑陉县新城。汾，指汾水。

⑤“十年”三句：韩国的上党郡约为今山西长治地区之南半部，秦国为夺得上党郡，先是派出军队夺取了上党郡南面的太行山路，隔断上党郡与韩国都城新郑之间的联系，继而进攻上党郡。上党郡郡守冯亭孤立无援，又不愿降秦，最终率上党军民投降了赵国。十年，当秦昭王四十四年，前263年。梁玉绳曰：“上党降赵，在十一年，非十年也。”太行，山名。此指今山西东南部与河南交界的太行山段。

⑥“十四年”三句：梁玉绳曰：“长平之事，在十三年，非十四年也。”按，韩桓惠王十三年，当秦昭王四十七年、赵孝成王六年，前260年。马服子，赵将赵括的称号。长平，古邑名。在今山西高平西北。原属韩，后归赵。秦将白起大破赵括于长平事，详见《白起王翦列传》《廉颇蔺相如列传》。

⑦十七年：当秦昭王五十一年，前256年。

⑧阳城：韩邑名。在今河南登封东南。

⑨二十二年，秦昭王卒：是年为秦昭王五十六年，前251年。

⑩二十四年，秦拔我城皋、荥阳：二十四年，当秦庄襄王元年，前249

年。城皋，通常作"成皋"，在今河南荥阳西北。荥阳，韩邑名。即今河南荥阳东北之古荥镇。

⑪二十六年，秦悉拔我上党：《秦本纪》之《正义》曰："上党又反，秦故攻之。"梁玉绳曰："前此昭王四十八年'尽有韩上党地，北定太原'，是时何烦再攻？疑前所定者惟降赵之城邑十七；今所攻者并其余城而攻拔之，故《韩世家》云'秦悉拔我上党'也。"杨宽曰："此说非是。《秦本纪》昭王四十八年既称'尽有韩上党'，必已尽取之。自魏、楚联军破秦军于邯郸，又大破秦军于河东之后，韩即参与合纵抗秦，秦相范雎之封邑应既为韩所收复，则上党亦必为韩所收复，盖与赵之收复太原同时。故是年秦在攻赵再定太原之后，继而攻韩，再悉拔韩之上党。"二十六年，当秦庄襄王三年，前247年。

⑫二十九年，秦拔我十三城：二十九年，当秦王政三年，前244年。秦拔我十三城，王叔岷曰："《年表》作'十二城'，《通鉴》同；《秦始皇本纪》《蒙恬列传》并作'十三城'，与此合。"

【译文】

桓惠王元年，韩国出兵讨伐燕国。

桓惠王九年，秦军攻陷了韩国的陉邑，在汾水边上另建新城。

桓惠王十年，秦军在太行山一带进击韩军，上党郡守冯亭率领全郡投降赵国。

桓惠王十四年，秦军攻陷赵国的上党，在长平坑杀马服子赵括的士卒四十余万。

桓惠王十七年，秦军攻陷了韩国的阳城和负黍二县。

桓惠王二十二年，秦昭王去世。

桓惠王二十四年，秦军攻陷了韩国的城皋与荥阳。

桓惠王二十六年，秦军全部占领韩国的上党郡。

桓惠王二十九年，秦军又攻陷了韩国十三座城池。

三十四年[①],桓惠王卒,子王安立[②]。

王安五年,秦攻韩,韩急,使韩非使秦[③],秦留非,因杀之[④]。九年[⑤],秦虏王安,尽入其地,为颍川郡[⑥]。韩遂亡[⑦]。

【注释】

①三十四年:当秦王政八年,前239年。

②子王安立:梁玉绳曰:"《魏世家》安釐王十二年信陵君曰:'今韩氏以一女子奉一弱主,内有大乱。'《大事记》云:'《韩世家》不载其事,必是时韩王少,母后用事。'余考魏安釐十二年当桓惠八年,是时秦宣太后、赵惠文后、齐君王后皆临朝用事,韩亦当然也。《古史》云:'信陵说魏王曰韩氏以一女子奉一弱主,李斯上书言赵高必为乱曰如韩玘之为韩安相。'此二事皆二人所亲见,而至汉太史公,不得其事矣。"

③"王安五年"四句:梁玉绳曰:"韩非使秦,《纪》《表》在六年。"王叔岷曰:"《通鉴》亦并在始皇十四年。"按,韩王安六年为前233年。韩非,韩国的公子,法家学派的代表人物,著有《韩非子》。其事详见《老子韩非列传》。

④秦留非,因杀之:关于韩非被杀之事,据《战国策·秦策》,韩非入秦乃是为了分化挑拨秦国的用事诸臣,因此被秦王所杀;而据《老子韩非列传》,则是由于李斯忌妒韩非之才,故谗之于秦王而杀之。二说不同,战国史家多以《史记》所云为非,其说详见《老子韩非列传》注。

⑤九年:当秦王政十七年,前230年。

⑥颍川郡:秦郡名。郡治阳翟,即今河南禹州。

⑦韩遂亡:《秦本纪》曰:"十七年,内史腾攻韩,得韩王安,尽纳其地,以其地为郡,命曰颍川。"按,韩氏自前403年韩虔受周天子策命为诸侯,至前230年韩王安亡国,共历十一世,共计一百七十三年。

【译文】

桓惠王三十四年，去世，他的儿子韩王安继位。

王安五年，秦军攻韩，韩国危急，派韩非出使秦国，秦国扣留了韩非，并借故将他杀害。

王安九年，秦军俘虏了他，把韩国的土地全部并入秦国，设置为颍川郡。韩国最终灭亡。

太史公曰：韩厥之感晋景公，绍赵孤之子武[①]，以成程婴、公孙杵臼之义[②]，此天下之阴德也[③]。韩氏之功，于晋未睹其大者也。然与赵、魏终为诸侯十余世，宜乎哉[③]！

【注释】

①绍赵孤之子武：梁玉绳引《史诠》曰："'孤'字当在'之'字下。"使赵氏孤儿赵武将家族的统祀承继了下来。绍，继承，接续。

②成程婴、公孙杵臼之义：成全了程婴和公孙杵臼的大义。程婴、公孙杵臼救赵氏孤儿之事，详见《赵世家》。前人多辨其不足信，说见《赵世家》注。

③阴德：暗中施德于人。

④终为诸侯十余世，宜乎哉：李景星曰："以韩之长世归厥之阴德，深得史家劝戒之意。"

【译文】

太史公说：韩厥感动了晋景公，使赵氏孤儿赵武家族的统祀承继了下来，成全了程婴和公孙杵臼的大义，这是天下少有的阴德。对于晋国来说，韩氏本没立下太大的功劳。然而却能和赵氏、魏氏一样，终于成为诸侯，绵延十几代之久，这是应该的呀！

【韩国诸侯世系表】

武子（前424—前409）——景侯（前408—前400）——烈侯（前399—前387）——文侯（前386—前377）——哀侯（前376—前375）——懿侯（前374—前363）——昭侯（前362—前333）——宣惠王（前332—前312）——襄王（前311—前296）——釐王（前295—前273）——桓惠王（前272—前239）——王安（前238—前230）被秦所灭（按，《韩世家》与《六国年表》谱列韩国诸侯世系有部分错误，今依杨宽《战国史表》更正）。

【集评】

司马光曰："韩以微弱之国，居天下之冲，首尾腹背莫不受敌，然犹社稷血食几二百年，岂非昭侯奉法之谨，赏不加无功，罚不失有罪，后世虽不肖，犹得蒙遗烈以自存乎?"（《稽古录》）

吴见思曰："此篇亦平平叙事耳，中间止与秦伐楚与韩咎争太子两段是出色处，俱用《国策》，姿致如游丝从风，袅袅云外，另成一种色泽。"（《史记论文》）

郝敬曰："商鞅、申不害、韩非三人学术同，鞅以其术强秦，申、韩二人先后无尺寸之效。孟子谓'以力假仁者必有大国'，商鞅倚秦强，危成危败；韩非身不自保，申不害全首领没，幸矣。韩小而据天下之冲，首尾腹背受敌，延祀垂二百年，二人之力也。子长归功于韩厥存赵孤阴德之报，苟存一大夫孤而食报千里之国二百年，天眷赵盾不多于尧舜乎?《春秋》且谓赵盾弑君也，愚信经而已。"（《史汉愚按》）

李景星曰："后人于《韩世家》多有异议，有谓其'撰次本末无可览'者，茅氏坤是也；有谓其'记载省略，多不明处'，又多'阙略失书法'处，又录用《国策》文有'事复而语倒'处，牛氏运震等是也；惟见思吴氏谓是篇'虽平平叙事，而姿致甚佳，如游丝从风，袅袅云外，另成一种色泽'，是说也于诸家之中所见独高。盖韩在六国中地最小，势最弱，无多事迹可述，太史公作《韩世家》，自首至尾多以简约之笔出之。惟中间‘与秦伐楚’一段，‘公子咎、虮虱争为太子’一段，点窜《国策》，尽情摹绘，遂如枯木逢春，饶有生意，此化淡为浓法也。得此两处，而前后皆活矣。”（《史记评议》）

【评论】

司马迁写战国时事，材料缺乏，而年代又多混乱，而《韩世家》则是突出简略的一篇。好在其诸侯系年错讹尚不算太多，大致可见其发展脉络。

韩国疆域覆盖今山西东南角和河南中部，介乎魏、秦、楚三国之间，是秦国进兵山东的必经之地，也是东方各国联合抗秦的主战场，所谓军事上的必争之地；而韩国在战国七雄中最为弱小，其首尾腹背受敌的狼狈之态可以想见。战国中期曾因韩昭侯任用申不害变法，一度达到“国内以治，诸侯不来侵伐”，这是韩国最好的时候，但申不害一死，变法也就烟消云散了，韩国勉强维持自立而已。韩宣惠王时始称王，但国势益下，在对外战争中几乎没取得过胜利，到韩桓惠王时，信陵君曾说当时韩国情况是“以一女子奉一弱主”，秦国对韩的侵伐愈加厉害，城将尽而国亡为时不远矣。至韩王安九年，秦虏王安，韩亡。韩以积弱而能支撑一百八十余年，司马迁认为这是韩厥掩护赵氏孤儿的“阴德”，后代学者多对此持不同意见。司马光认为这是由于韩昭侯“奉法之谨，赏不加无功，罚不失有罪，后世虽不肖，犹得蒙遗烈”，而明代郝敬则认为是韩昭侯与申不害之力，驳斥司马迁说：“苟存一大夫孤而食报千里之国二百年，天眷赵盾不多于尧、舜乎?”这无疑都是对的。但作为一个严肃的历史学家，司马迁为什么会这样说？钱锺书说这是司马迁自抒胸臆，“勿信天道却又主张阴德，说理固难自圆；而触事感怀，乍彼乍此，浑置矛盾于不顾，又人之常情恒态耳”。而他的这种“胸臆”，则是希望人们能够超越眼前利益，注重道德操守，积德行义，历史总会按照你所希望的样子前进。

自20世纪90年代以来，在河南新郑的郑韩故城遗址周边地区，相继发现了战国时期韩国的九世侯王陵墓群，其中的胡庄大墓，考古发现有三重地下围墙，棺椁外形是前所未见的带有三角斜坡屋顶的式样，车马坑出土的车具也颇为讲究，墓主很可能是韩桓惠王。他在位时，“九年，秦拔我陉，城汾旁”，“十年，秦击我于太行”，“十七年，秦拔我阳城、负黍”，“二十四年，秦拔我城皋、荥阳”，“二十六年，秦悉拔我上党”，“二十九年，秦拔我十三城”，这样的国势还如此讲排场，在他死后九年韩国就灭亡了，不也是应该的吗？

关于公子咎与公子虮虱争夺太子位的事，司马迁所记的两段都出自《战国策》，只是《战国策》并未指明说客是谁，而司马迁皆以之属苏代，导致苏代一时为公子咎，一时为公子虮虱，前后矛盾，中间还插入“楚围雍氏”一段，若非司马迁自己弄错，就是尚处在罗列资料，尚未处理完毕的状态。后人多欲为其弥缝，殊无必要。

篇中记：“列侯三年，聂政杀韩相侠累。”又：“（哀侯）六年，韩严弑其君哀侯。”一个小小的韩国，几年之间两次发生巨大政变，一是列侯三年，聂政杀相；一是哀侯六年，韩严弑君。而据《刺客列传》，则谓聂政乃韩严所收买的杀手，为韩严杀了宰相韩傀。据《战国策·韩策》，又谓聂政为严仲子往刺其相韩傀时，韩君哀侯亦在座，“韩傀走抱哀侯，聂政刺之，兼中哀侯”，则聂政杀韩相在哀侯时，遂并弑哀侯。《刺客列传》记聂政刺侠累也在哀侯时，但是在相府，并无兼中哀侯事。《战国策》与《史记》的说法，本身都有矛盾，后人更群说不一，缪文远《战国策考辨》《战国史系年辑证》以为乃一事，系之于哀侯三年（前374）；杨宽《战国史表》列聂政刺侠累在列侯三年，列韩山坚（即韩严）刺韩哀侯于哀侯三年。今人则据《竹书纪年》定于魏武侯二十二年，亦即韩哀侯三年（前374）。篇中所谓哀侯六年，也是不对的。韩哀侯在位只有三年。

本篇叙事最为疏略，大概是韩之史料所存最少。但在平平叙事中，于“与秦伐楚”“韩咎与虮虱争太子”两段则引用《战国策》之文，描写详细，吴见思说其“姿致如游丝从风，袅袅云外，另成一种色泽”，是看到了这里的不同之处，可见司马迁即便在史料缺乏的情况下仍想将文章写得精彩的良苦用心。

史记卷四十六

田敬仲完世家第十六

【释名】

《田敬仲完世家》记事起自陈完奔齐，至太公和列为诸侯，又六传至王建灭于秦，凡十六世，四百五十年，其中田氏齐国自田和起共历八世，总计一百八十余年。

本篇分四部分。第一部分写田完由陈逃到齐国后，其后代逐渐把持齐国政权，终至篡夺姜氏，建立田氏齐国。主要事件有：陈完奔齐；田乞收买人心，在齐景公新亡之际，除掉高昭子、国惠子两位世卿，拥立阳生为国君，专齐政；田常杀监止，弑齐简公；田和被周天子立为齐侯。第二部分写田氏齐国历桓公至威王、宣王，齐国达到鼎盛的情景。主要事件有齐威王整治内政，外御强敌，驺忌以鼓琴见用，在桂陵之战与马陵之战中两次大败魏军，兴稷下之学。第三部分写齐湣王骄盈好战，破国亡身，以及齐国日益衰落，被秦所灭的过程。主要事件有齐湣王放弃称帝，伐灭宋国，燕、秦与三晋联合攻齐，齐国国都临淄沦陷，齐湣王被杀；齐国军民合力反抗燕国侵略，收复失地，齐襄王重回临淄；齐王建取守境自保之策，听后胜之说，在内不修武备，对外不救诸侯，听任秦吞并五国，最终被秦所灭。篇末论赞是司马迁对田氏代姜齐一事的思考，无可奈何地将之归结为占卜的灵验，表现出很大程度的不可理解。

本篇应与《齐太公世家》《陈杞世家》《燕召公世家》《乐毅列传》等

参照阅读。

陈完者，陈厉公他之子也[①]。完生，周太史过陈[②]，陈厉公使卜完[③]，卦得《观》之《否》[④]："是为观国之光，利用宾于王[⑤]。此其代陈有国乎？不在此，而在异国乎？非此其身也，在其子孙。若在异国，必姜姓[⑥]。姜姓，四岳之后[⑦]。物莫能两大，陈衰，此其昌乎[⑧]？"

【注释】

①陈完者，陈厉公他之子也：司马迁认为陈厉公名他。但据《左传》，陈厉公和陈他是两个人。陈厉公是陈桓公之子，名跃，前706—前700年在位。陈他是陈桓公之弟，陈厉公之叔。陈桓公去世时，陈他杀了陈桓公的太子，自立为陈侯。蔡人出兵干涉，杀了陈他，改立陈桓公太子之弟陈跃为君，是为陈厉公。《陈杞世家》与《十二诸侯年表》的说法皆与本篇同误。既然"陈厉公"与"陈他"是两个人，那么陈完究竟是谁的儿子呢？《左传·庄公二十二年》云："陈厉公，蔡出也，故蔡人杀五父（即陈他）而立之，生敬仲。"可知陈完是陈厉公之子。陈，为西周以来的诸侯国名。其始封君为舜的后代名满，都城宛丘，即今河南淮阳。

②周太史：周朝史官。太史，官名。掌记载历史、编写史书、管理图籍以及天文、历法与占卜诸事。

③卜：占卜。

④《观》之《否》：杨伯峻《春秋左传注》曰："《观》卦为《坤》（下）、《巽》（上）两卦所组成，……《否》卦为《坤》下《乾》上，由《观》卦变而为《否》卦，当时术语谓之'《观》之《否》'。"意谓由《观》卦演化到《否》卦。之，到，至。

⑤观国之光，利用宾于王：二句为《观》卦《六四》的爻辞。杨伯峻曰："谓使者聘于他国，亦欲请观其国之光也。用，于也。'利用宾于王'，犹言利于为君主之上客。"

⑥姜姓：指齐国。周武王灭商之后，太公望吕尚因佐助有功而受封，创建齐国，国都临淄，旧址在今山东淄博临淄区西北。太公望吕尚，姓姜，故此处以姜姓代齐国。其事详见《齐太公世家》。

⑦姜姓，四岳之后：《齐太公世家》："太公望吕尚者，东海上人，其先祖尝为四岳。"关于四岳，历来有几种说法，一是尧舜时官名，掌管四时、方岳巡守之职；一是共工的后裔，因帮助大禹治水有功，被封于吕，并做了诸侯之长；一是尧臣羲和四子，分掌四方诸侯。

⑧陈衰，此其昌乎：当日后陈国衰亡时，他这一支就要昌盛起来。《正义》曰："陈湣公，周敬王四十一年为楚惠王所灭；齐简公，周敬王三十九年被田常所杀。"按，以上内容，最早见于《左传·庄公二十二年》，先后被司马迁采入本文与《陈杞世家》。

【译文】

陈完是陈厉公陈他的儿子。陈完出生时，周太史正好路过陈国，陈厉公让他为陈完占卜，得到的是从《观》卦变成《否》卦。周太史说："这个卦象的意思是：观看到国家的盛大光辉，有利于成为国君的上宾。这是说他要代替陈氏拥有国家吧？或许是不在陈国而是在别的国家吧？不是应验在这个孩子身上，而是应验在他的子孙身上。若是在别的国家，必定是在姜姓国家。姜姓是尧时四岳的后代。事物不能两个同时强大，当日后陈国衰亡时，他这一支就要昌盛起来吧？"

厉公者，陈文公少子也[①]，其母蔡女[②]。文公卒，厉公兄鲍立，是为桓公[③]。桓公与他异母。及桓公病，蔡人为他杀桓公鲍及太子免而立他，为厉公[④]。厉公既立，娶蔡女[⑤]。蔡女淫于蔡人，数归，厉公亦数如蔡[⑥]。桓公之少子林怨厉公杀其父与兄，乃令蔡人诱厉公而杀之[⑦]。林自立，是为庄公[⑧]。故陈完不得立，为陈大夫[⑨]。厉公之杀，以淫出国[⑩]，故《春秋》曰“蔡人杀陈他”，罪之也[⑪]。

【注释】

①厉公者，陈文公少子也：司马迁此语有误。据《左传》，“陈他”也称“五父”，是陈文公的少子，陈桓公之弟；而“陈厉公”乃陈文公之孙。陈文公，名圉，前754—前745年在位。

②其母蔡女：陈桓公的夫人、陈厉公的母亲，是蔡国国君之女。但陈文公的夫人，也就是陈桓公与陈他的母亲则并非“蔡女”。

③厉公兄鲍立，是为桓公：司马迁此语有误。当为“陈他之兄鲍立，是为桓公”。桓公，陈桓公，名鲍，陈文公之子，前744—前707年在位。至于“厉公”乃陈桓公之子。

④蔡人为他杀桓公鲍及太子免而立他，为厉公：据《左传》，陈桓公晚年有病。陈桓公死后，陈他发动政变，杀了陈桓公的太子免，自立为君。因太子免的母亲是蔡侯之女，故蔡人出兵干涉，杀死陈他，改立太子免的弟弟陈跃，是为陈厉公。

⑤厉公既立，娶蔡女：陈厉公并未娶蔡女。娶蔡女者乃其父陈桓公，陈厉公即蔡女所生。

⑥“蔡女淫于蔡人”三句：按，所说皆子虚乌有。

⑦桓公之少子林怨厉公杀其父与兄，乃令蔡人诱厉公而杀之：司马迁此二语亦误。杀陈桓公与其太子者乃“陈他”，非“厉公”。被蔡人所杀者为“陈他”。“厉公”名“跃”，乃陈林之兄。蔡人杀了“陈他”后，立陈跃为君，是为“厉公”（前706—前700年在位）。

⑧林自立，是为庄公：司马迁此语亦误。事实是，陈厉公在位七年卒，死后，其弟陈林继位，是为陈庄公（前699—前693年在位）。

⑨陈完不得立，为陈大夫：陈完是陈厉公之子，因其叔陈林继陈厉公

而立,故"陈完不得立"。不得,未能够。

⑩厉公之杀,以淫出国:二语甚误,说已见前。

⑪故《春秋》曰"蔡人杀陈他",罪之也:"蔡人杀陈他",的确不假;孔子斥责陈他的篡政乱国,也自有其理由;但司马迁误将"陈他"当成是"陈厉公",这就成了李代桃僵。罪,指责。

【译文】

陈厉公是陈文公的少子,母亲是蔡国之女。陈文公死后,厉公的兄长陈鲍即位,这就是陈桓公。陈桓公与陈厉公不是同母所生。陈桓公病重时,蔡国人替陈他杀掉了桓公陈鲍和太子陈免,而拥立陈他为君,这就是陈厉公。陈厉公做了国君后,娶了蔡国之女。这个女人与蔡国人私通,多次回蔡国与情人相会,陈厉公也屡次追随其夫人来到蔡国。陈桓公的少子陈林怨恨陈厉公杀死了他的父兄,就买通蔡国人将陈厉公诱骗出来杀了。陈林自立为君,这就是陈庄公。所以陈完没能当上陈国国君,而是做了陈国的大夫。陈厉公被杀,是由于淫欲而出国,所以《春秋》里说"蔡国人杀死了陈他",就是来责备他的。

庄公卒,立弟杵臼,是为宣公①。宣公二十一年②,杀其太子御寇③。御寇与完相爱,恐祸及己,完故奔齐。齐桓公欲使为卿④,辞曰:"羁旅之臣⑤,幸得免负檐⑥,君之惠也,不敢当高位。"桓公使为工正⑦。齐懿仲欲妻完⑧,卜之吉,曰⑨:"是谓凤皇于蜚,和鸣锵锵⑩。有妫之后,将育于姜⑪。五世其昌,并于正卿⑫。八世之后,莫之与京⑬。"卒妻完⑭。完之奔齐,齐桓公立十四年矣。

【注释】

①立弟杵臼,是为宣公:陈桓公之子共四人,长曰太子免;次即陈厉

公,名跃;又次为陈庄公,名林;又次为陈宣公,名杵臼,前692—前647年在位。

②宣公二十一年:当齐桓公十四年,前672年。

③杀其太子御寇:陈宣公有宠姬生子,故杀其故太子,“御寇”为故太子其名。其事详见《陈杞世家》。

④齐桓公欲使为卿:齐桓公任陈完为卿。此亦田氏建国后之追加粉饰,齐桓公未必即欲使一个逃亡者为“卿”。齐桓公,名小白,前685—前643年在位。

⑤羁旅:漂泊流离于外的人。

⑥免负檐(dàn):免去劳役。负檐,背物为“负”,挑物为“担”,代指劳役。檐,负荷。

⑦工正:《正义》曰:“工巧之长,若将作大匠。”

⑧齐懿仲:梁玉绳曰:“懿氏乃陈大夫,非齐也。《左传》追叙其事,故加‘初’字,此误为‘齐’耳。”

⑨卜之吉,曰:底本作“卜之,占曰”,词语不顺。泷川曰:“《艺文类聚》引《史》‘占’作‘吉’。《左传》作‘其妻占之,曰吉’。”按,应依泷川说,其断句应作“卜之吉,曰:‘……’”今据改。

⑩凤皇于蜚,和鸣锵锵(qiāng):以喻夫妻关系美好。凤皇,即凤凰,传说中的神鸟,雄称“凤”,雌称“凰”。于,语助词,无实义。蜚,通“飞”。和鸣,指凤凰雌雄相和而鸣。锵锵,形容凤鸣美好貌。

⑪有妫(guī)之后,将育于姜:妫姓的后代,将在姜姓的地方成长。杜预曰:“妫,陈姓。姜,齐姓。”有妫,即指“妫姓”,舜的后代。周武王灭殷后,封舜的后代名“满”者于陈国,故此称陈完与其后代亦曰“妫姓”。育,繁育。

⑫五世其昌,并于正卿:指五世孙陈桓子在齐国掌握政权。世,代。正卿,西周春秋时期执政的卿称“正卿”,又称“上卿”“政卿”。

⑬八世之后,莫之与京:指自田(陈)常开始,田氏在齐国独揽政权,

权力上没人能与他相比。八世,《正义》曰:"陈敬仲八代孙,田常之子襄子盘也。而杜以常为八代者,以桓子无宇生武子开,与釐子乞皆相继事齐,故以常为八代。"京,大。

⑭卒妻完:最后将他的女儿嫁给了陈完。按,据《左传》,此嫁女与陈完之"懿仲"乃陈国人,发生在陈完尚未逃离陈国时,司马迁将这些事件移至陈完入齐后,且称"懿仲"是齐人,殆误。

【译文】

庄公去世以后,他的弟弟杵臼即位,这就是陈宣公。陈宣公二十一年,杀了太子御寇。太子御寇和陈完相友爱,陈完害怕灾祸牵连到自己,所以就逃奔到了齐国。齐桓公想任他为卿,陈完推辞说:"一个寄居在外的小臣,能够有幸免除体力劳动,已经是您的恩惠了,我实在不敢窃居高位。"于是齐桓公就让他担任管理百工的工正。齐国的懿仲想把女儿嫁给陈完,为此进行占卜,得到的结果吉利,卦辞说:"凤凰比翼飞翔,鸣声和谐铿锵。有妫氏的后代,将在齐国这片姜姓的土地上成长。五代之后昌盛,位同正卿一样。八代以后的地位,没人能够比得上。"他终于把女儿嫁给陈完为妻。陈完逃到齐国的时候,齐桓公已在位十四年了。

完卒,谥为敬仲[①]。仲生穉孟夷[②]。敬仲之如齐[③],以陈字为田氏[④]。

田穉孟夷生湣孟庄[⑤],田湣孟庄生文子须无[⑥]。田文子事齐庄公[⑦]。

晋之大夫栾逞作乱于晋,来奔齐[⑧],齐庄公厚客之[⑨]。晏婴与田文子谏[⑩],庄公弗听[⑪]。

文子卒,生桓子无宇[⑫]。田桓子无宇有力,事齐庄公,甚有宠。

【注释】

①谥为敬仲：泷川曰："敬，其谥；仲，其字。"

②穉（zhì）孟夷：《索隐》曰："'穉'是名，'孟夷'字也。"

③如齐：前往齐国。如，去，前往。

④以陈字为田氏：《正义》曰："敬仲既奔齐，不欲称本国故号，故改'陈'字为'田氏'。"《索隐》曰："以'陈''田'二字声相近，遂以为'田氏'。"按，《集解》也有所谓"始食采地于田，由是改姓'田氏'"之语，但作为地名"田"的方位不详。梁玉绳曰："'陈'之改'田'，在春秋后，史公谓敬仲所改，并尽易经传'陈'字为'田'，谬也。"

⑤湣孟庄：依上文"穉孟夷"例，此"湣孟庄"乃名"湣"，字"孟庄"。

⑥文子须无：即田文子，名须无，谥为"文"。

⑦齐庄公：名光，齐灵公之子，前553—前548年在位。

⑧晋之大夫栾逞作乱于晋，来奔齐：栾逞，《左传》作"栾盈"，晋国大族栾书之孙，因家族矛盾，栾逞被逐出国外。栾逞先逃到楚国，后于次年转到齐国。事在晋平公六年、齐庄公二年，即前552年。栾逞在这件事上是受害者，而司马迁称其"作乱于晋"，与事实不合，详见《左传·襄公二十一年》。

⑨厚客之：齐庄公以优厚的待遇将他安置下来。

⑩晏婴：名婴，字平仲，齐国大臣。其事详见《管晏列传》与《齐太公世家》。后人整理其事为《晏子春秋》。

⑪庄公弗听：栾逞逃离晋国后，晋国通知各国不准接纳栾逞。晏婴与田文子即以此劝谏齐庄公，齐庄公不听。

⑫文子卒，生桓子无宇：张文虎曰："'卒'字疑衍，下'无宇卒'同。"桓子无宇，陈桓子名无宇，谥曰"桓"。

【译文】

陈完去世后，谥为敬仲。敬仲生子名穉字孟夷。陈完逃到齐国后，把陈氏改为田氏。

田稚孟夷生子名湣字孟庄，田湣孟庄生子名须无，谥号文。田文子侍奉齐庄公。

晋国大夫栾逞在晋国作乱失败，逃到齐国，齐庄公以优厚的待遇将他安置下来。晏婴和田文子都劝阻齐庄公，齐庄公不听。

田文子去世后，留下的儿子名无宇，谥号桓。田桓子无宇很有力气，奉事齐庄公，很受宠信。

无宇卒，生武子开与釐子乞[①]。田釐子乞事齐景公为大夫[②]，其收赋税于民以小斗受之，其禀予民以大斗[③]，行阴德于民[④]，而景公弗禁[⑤]。由此田氏得齐众心，宗族益强[⑥]，民思田氏[⑦]。晏子数谏景公[⑧]，景公弗听。已而使于晋，与叔向私语曰[⑨]："齐国之政其卒归于田氏矣[⑩]。"

【注释】

①武子开、釐（xī）子乞：为陈桓子二子。武子开，即田开，名开，谥曰"武"。釐子乞，即田乞，名乞，谥曰"釐"。釐，也作"僖"。

②齐景公：名杵臼，前547—前490年在位。

③收赋税于民以小斗受之，其禀予民以大斗：梁玉绳曰："'小斗''大斗'之言，即景公九年晏子与叔向语所谓'家量''公量'者，正桓子时事，此以为僖子，非。"禀予民，给百姓发放粮食。禀予，王念孙曰："犹给予也。"

④行阴德于民：暗中施惠于百姓。阴德，暗中做的惠民的事。

⑤景公弗禁：齐景公不去禁止他的这一做法。

⑥益：更加。

⑦民思田氏：意指百姓们感念田氏的恩德。思，感念，感戴。

⑧数谏景公：多次劝谏齐景公要提防田氏。

⑨叔向：姓羊舌，名肸（xī），晋国大夫。以博闻深识著称。私语：私下谈话，私底下说。

⑩齐国之政其卒归于田氏矣：齐国的政权最后要落入田氏之手。晏婴与叔向语田氏行阴德于民，并预言其将篡有齐国事，详见《左传·昭公三年》。

【译文】

田桓子无宇去世后，留下两个儿子，一个名开，谥号武；一个名乞，谥号釐。田釐子乞奉事齐景公，任大夫之职，在向百姓征收赋税的时候用小斗收进，在借给百姓粮食的时候用大斗放出，暗中向百姓施以恩惠，齐景公不加禁止。因此田氏在齐国越来越得人心，田氏宗族也更加兴盛，齐国百姓都感念田氏的恩德。晏婴多次劝谏齐景公，齐景公不听。后来，晏子出使来到晋国，私下对叔向说："齐国的政权最后要落入田氏之手。"

晏婴卒后，范、中行氏反晋[①]。晋攻之急，范、中行请粟于齐。田乞欲为乱，树党于诸侯，乃说景公曰："范、中行数有德于齐，齐不可不救。"齐使田乞救之而输之粟[②]。

【注释】

①范、中行氏反晋：事在晋定公十五年、齐景公五十一年，前497年。范，指范吉射。中行，指中行寅。二者皆是晋国的大贵族。赵鞅杀邯郸午之后，范氏、中行氏与邯郸午有姻亲关系，于是谋乱，起兵攻赵鞅，赵鞅逃往晋阳。知氏、韩氏、魏氏奉晋定公之命联合兵力反攻范氏、中行氏，二族败走，逃往朝歌（今河南淇县）。详见《左传·定公十三年》及《晋世家》《赵世家》。

②输之粟：《左传·哀公二年》："齐人输范氏粟。"事在齐景公五十

五年，前493年。

【译文】

晏婴去世后，范氏和中行氏反叛晋国。晋国军队迅猛地攻打他们，范氏和中行氏向齐国请求支援粮食。田乞准备在齐国发动政变，正想在诸侯中树立党羽，于是对齐景公说："范氏和中行氏多次对齐国有恩德，齐国不能不救他们。"齐景公就派田乞去救援范氏、中行氏，给他们送去了粮食。

景公太子死，后有宠姬曰芮子①，生子荼②。景公病，命其相国惠子与高昭子以子荼为太子③。景公卒④，两相高、国立荼，是为晏孺子。而田乞不说⑤，欲立景公他子阳生。阳生素与乞欢⑥。晏孺子之立也，阳生奔鲁⑦。田乞伪事高昭子、国惠子者⑧，每朝代参乘⑨，言曰："始诸大夫不欲立孺子。孺子既立，君相之，大夫皆自危，谋作乱。"又绐大夫曰⑩："高昭子可畏也⑪，及未发先之⑫。"诸大夫从之。田乞、鲍牧与大夫以兵入公室⑬，昭子闻之，与国惠子救公。公师败⑭。田乞之众追国惠子，惠子奔莒⑮，高昭子、晏圉奔鲁⑯。

【注释】

①芮（ruì）子：《集解》引徐广曰："一作'粥子'。"

②生子荼（tú）：生子曰"荼"，即下文提到的"晏孺子""孺子荼"，在位一年，前489年。

③相国惠子与高昭子：国惠子，名夏，"惠"字是其谥号。高昭子，名张，"昭"字是其谥号。国氏、高氏是齐国的两家世袭大族，世代为齐国之相。

④景公卒：事在景公五十八年，前490年。

⑤说：同“悦”。

⑥阳生素与乞欢：阳生与田乞向来关系友好亲密。欢，交往过密。

⑦阳生奔鲁：当时鲁国的国君为鲁哀公，前494—前466年在位。国都即今山东曲阜。

⑧伪事：假意地事奉。

⑨每朝代参乘（shèng）：泷川曰：“《左传》《齐世家》‘代’作‘必’。”即每次上朝时田乞总为高氏、国氏做骖乘。参乘，即“骖乘”，乘车时站在车的右侧，以充当警卫。乘，一车四马曰“乘”。这里即指车。

⑩绐（dài）：欺骗。

⑪高昭子可畏也：梁玉绳曰：“称‘昭子’非。”人还活着不可能称谥。泷川曰：“‘昭’当作‘国’，《左传》作‘二子’。”

⑫及未发先之：趁他还没动手，我们先发制人。发，发难。

⑬田乞、鲍牧与大夫以兵入公室：按，底本原文在“入公室”下有“攻高昭子”四字，中井积德曰：“四字疑衍。”按，中井说是，今据删四字。鲍牧，鲍叔牙的后代，齐国权臣。公室，齐国国君（即晏孺子）的宫室。

⑭公师败：意即高昭子、国惠子的军队被田乞、鲍牧所打败。

⑮莒：当时的小国名。国都即今山东莒县。

⑯高昭子、晏圉（yǔ）奔鲁：底本原文于此作“遂返杀高昭子。晏圉奔鲁”。《左传》于此作“国夏奔莒，遂及高张、晏圉、弦施来奔”。依此则此处之“遂返杀”三字衍文，应作“高昭子、晏圉奔鲁”。今据改。晏圉，晏婴之子。

【译文】

齐景公的太子早死，后来齐景公有个宠姬叫芮子，生下一个儿子名叫荼。齐景公病重的时候，令齐相国惠子和高昭子立荼为太子。齐景公去世后，两位齐相便立荼为君，这就是晏孺子。然而田乞对此很不高兴，他想立齐景公的另一个儿子阳生为君。因为阳生与田乞向来关系好。晏孺子即位后,阳生逃奔鲁国。田乞便假意奉事高昭子与国惠子。每当上朝,田乞总是代替骖乘陪侍左右,说:“起初大夫们都不愿意立孺子为君。孺子做了国君后,你们继续做相,大夫们都人人自危,商量着要作乱。”又去欺诈大夫们说:“高昭子太可怕了,趁他还没动手,我们先发制人吧。”大夫们都依从他。田乞、鲍牧和大夫们率兵攻入晏孺子的宫室,高昭子得到消息后,与国惠子领兵去救齐君。结果国君的军队被打败。田乞的部下追杀国惠子,国惠子逃到了莒国,高昭子、晏婴之子晏圉逃到了鲁国。

田乞使人之鲁[①],迎阳生。阳生至齐,匿田乞家。请诸大夫曰[②]:“常之母有鱼菽之祭[③],幸而来会饮[④]。”会饮田氏。田乞盛阳生橐中[⑤],置坐中央。发橐,出阳生,曰:“此乃齐君矣。”大夫皆伏谒[⑥],将盟立之[⑦]。田乞诬曰[⑧]:“吾与鲍牧谋共立阳生也。”鲍牧怒曰:“大夫忘景公之命乎[⑨]?”诸大夫欲悔,阳生乃顿首曰[⑩]:“可则立之,不可则已。”鲍牧恐祸及己[⑪],乃复曰[⑫]:“皆景公之子,何为不可!”遂立阳生于田乞之家,是为悼公[⑬]。乃使人迁晏孺子于骀,而杀孺子荼[⑭]。悼公既立,田乞为相,专齐政。

【注释】

①之鲁:到鲁国去。

②请诸大夫曰:句首应增“田乞”二字读。

③常之母:田乞之子田常的母亲,田乞以此称其妻。鱼菽(shū)之祭:泷川引何休曰:“齐俗妇人首祭事,言鱼豆者,示薄陋无所有也。”菽,豆类的总称。

④幸而来会饮:希望大家都能来相聚畅饮。家有祭祀而告人者,以祭祀后必有宴会,故请人出席。幸,希望。

⑤橐(tuó):口袋。

⑥伏谒(yè):伏地拜见。

⑦将盟立之:准备与诸大夫定盟,共立阳生为君。

⑧诬:欺骗,假说。

⑨大夫:此称田乞。景公之命:即嘱托高、国二相立晏孺子为君事。

⑩顿首:以头叩地。

⑪恐祸及己:担心阳生被田乞立为君主后,自己因为没有拥立而获罪。

⑫复:回答说。

⑬悼公:齐悼公,名阳生,前488—前485年在位。

⑭乃使人迁晏孺子于骀(tāi),而杀孺子荼:梁玉绳曰:"'晏孺子'即'孺子荼',两书其名,直似二人矣,不亦赘乎?当是'杀孺子母'之误。"李笠曰:"《齐世家》云:'使人迁晏孺子于骀,杀之幕下,而逐孺子母芮子。'是孺子母未尝杀也。依梁氏说亦当作'逐孺子母',不当云'杀'也。此盖亦在错杂之例。"按,以上田乞玩弄阴谋杀晏孺子改立阳生事,详见《左传·哀公六年》与《齐太公世家》。徐孚远曰:"叙晏孺子事前后参差,不如《齐世家》之审。"骀,齐邑名。顾栋高以为即今山东临朐。

【译文】

田乞派人到鲁国去,迎接阳生。阳生回到齐国,藏匿在田乞家中。田乞邀请大夫们说:"我儿子田常的母亲有鱼菽之祭后留下的酒食,希望大家都能来相聚畅饮。"于是大夫们都来到田乞家聚会饮酒。田乞事先将阳生装入囊袋,放于坐席中央。坐定后,田乞打开囊袋,放出阳生,说:"这才是齐国的国君呀。"大夫们都跪伏地上拜见,想要定盟拥立阳生。这时田乞又假说道:"立阳生为君是我和鲍牧一起商量的。"鲍牧生气地说:"大夫们忘记景公的遗命了吗?"大夫们想反悔,阳生向大家叩头说:“你们认为可以立我就立,认为不行就算了。”鲍牧害怕祸及己身,于是改口回复说:“都是景公的儿子,有什么不可以呢?”于是在田乞家立阳生为国君,这就是齐悼公。同时派人将晏孺子迁到骀邑,随后又将晏孺子杀掉。齐悼公即位后,田乞遂任齐相,专擅齐国政权。

四年①,田乞卒,子常代立②,是为田成子③。

鲍牧与齐悼公有郤,弑悼公④。齐人共立其子壬,是为简公⑤。田常成子与监止俱为左右相⑥,相简公。田常心害监止⑦,监止幸于简公,权弗能去⑧。于是田常复修釐子之政⑨,以大斗出贷⑩,以小斗收。齐人歌之曰:“妪乎采芑,归乎田成子⑪!”齐大夫朝,御鞅谏简公曰⑫:“田、监不可并也⑬,君其择焉。”君弗听。

【注释】

①四年:前485年。

②子常代立:其子田常继田乞之位做了田氏家族之首领,并继其父位专齐政。代立,即“代位”。立,通“位”。

③田成子:“成”字是田常的谥。田常也称“田恒”“陈恒”“陈常”。

④鲍牧与齐悼公有郤(xì),弑悼公:据《左传》,哀公八年即齐悼公三年(前487),齐悼公杀鲍牧;哀公十年,即齐悼公五年(前485),“齐人弑悼公”。司马迁于此竟作鲍牧弑杀齐悼公,大误。有郤,生嫌隙,有隔阂。

⑤简公:齐简公,名壬,齐悼公阳生之子,前484—前481年在位。

⑥监止:也作“阚止”,齐国贵族。

⑦心害:内心忌惮。

⑧监止幸于简公,权弗能去:因为监止受到齐简公宠信,田常暂且无

法将其排挤走。权，权且，暂且。

⑨复修：重新实行。

⑩出贷：借粮食给百姓。

⑪妪（yù）乎采芑（qǐ），归乎田成子：《索隐》曰："言妪之采芑菜，皆归入于田成子，以刺齐国之政将归陈。"刘知幾曰："人既物故，加谥以易名；田常见存而遽呼以谥，此之不实，明然可知矣。"史珥曰："时田常尚在，何遽有'成子'之号？要是后人追述耳，此盖力摹莱人一歌。"妪，老妇人。芑，一说指谷物。一说为野菜名。

⑫御鞅：齐简公之御者名鞅。御，车夫，驾车的人。

⑬不可并：意即不能同时存在。并，并立。

【译文】

悼公四年，田乞去世，他的儿子田常接替了他的职位，这就是田成子。

同年，鲍牧因与齐悼公有隔阂，杀了齐悼公。齐人共同拥立齐悼公的儿子姜壬，这就是齐简公。田成子常与监止分任左右相，共同辅佐齐简公。田常心中忌惮监止，监止受到简公宠信，自己暂且无力将他赶走。于是田常再次采用田釐子的做法，用大斗把粮食借出，用小斗收回。齐国百姓歌颂他说："老婆婆呀采芑菜，送呀送给田成子。"齐国大夫朝见时，御鞅劝谏简公说："田常、监止不可并立，请君主来选择吧！"简公不听。

子我者，监止之宗人也①，常与田氏有郤②。田氏疏族田豹事子我有宠③。子我曰："吾欲尽灭田氏適④，以豹代田氏宗⑤。"豹曰："臣于田氏疏矣。"不听。已而豹谓田氏曰⑥："子我将诛田氏，田氏弗先，祸及矣。"子我舍公宫⑦，田常兄弟四人乘如公宫⑧，欲杀子我。子我闭门。简公与妇人饮檀台⑨，将欲击田常。太史子馀曰⑩："田常非敢为乱，将除害。"简公乃止。田常出，闻简公怒，恐诛，将出亡。田子行曰[⑪]:“需,事之贼也[⑫]。”田常于是击子我。子我率其徒攻田氏,不胜,出亡。田氏之徒追杀子我及监止。

【注释】

①子我者,监止之宗人也:子我,《索隐》曰:“按《齐系家》‘子我夕’,贾逵云:‘即监止也。’寻其文意,当是监止。今云‘宗人’,盖太史误也。”按,此“子我”乃齐国大夫,与孔子弟子之“宰予”字“子我”者同名,而《仲尼弟子列传》乃误为一人,非。

②常:通“尝”,曾经。

③疏族:远族。疏,远。此指血缘关系疏远。

④田氏適(dí):田氏家族的合法继承人。適,同“嫡”,嫡子。

⑤代田氏宗:代替他们继之为田氏家族的宗主。

⑥已而:不久,随即。

⑦舍公宫:住在齐简公的宫里。舍,住。

⑧四人乘如公宫:泷川曰:“《左传》与《齐世家》无‘人’字。”四人乘,四辆兵车。或谓四人共乘一辆车。如,去,前往。

⑨檀台:齐宫内的亭台。

⑩太史子馀:齐国太史名子馀,史失其姓。

⑪田子行:为事先潜伏于齐简公身边的田常的党羽。

⑫需,事之贼也:《索隐》曰:“需者疑也,疑必致难,故云‘事之贼’也。”意即迟疑不决是成事的大敌。需,迟疑不决。贼,祸害。

【译文】

子我,是监止的同宗,曾经和田氏发生过矛盾。田氏的远房族人田豹奉事子我,受到子我宠信。子我说:“我想将田氏的嫡系子孙全部除掉,让你来接替他们继之为田氏家族的宗主。”田豹说:“我于田氏家族而言,只是远房支属。”没有答应。随后田豹对田氏说:“子我将要诛灭田氏,田氏不先下手,祸患就要临头。”子我住在齐简公宫中,田常兄弟四人驾车赶往宫中，要杀子我。子我关闭了宫门。这时，齐简公正和姬妾们在檀台饮酒，想要去攻打田常。太史子馀说："田常不敢作乱，他是来为国除害的。"齐简公于是停止了发兵。田常退出后，听说齐简公发怒，害怕自己被诛杀，想出逃他国。田子行劝谏说："犹疑不决是成事的大敌。"田常于是就去攻打子我。子我也率领部下来攻田氏，结果子我战败逃走。田氏的部下便追杀了子我与监止。

简公出奔①，田氏之徒追执简公于徐州②。简公曰："蚤从御鞅之言③，不及此难。"田氏之徒恐简公复立而诛己，遂杀简公④。简公立四年而杀。于是田常立简公弟骜，是为平公⑤。平公即位，田常为相。

【注释】

①出奔：出走，逃亡。

②徐州：也作"舒州"，即战国时期的薛邑，在今山东滕州南。

③蚤：通"早"。

④遂杀简公：以上田常杀监止及弑齐简公事，在齐简公四年，前481年，详见《左传·哀公十四年》与《齐太公世家》。据《左传》记载，孔子听说田常弑杀齐简公之后，曾请求鲁国出兵讨伐叛逆，说："陈恒弑其君，民之不与者半。以鲁之众加齐之半，可克也。"

⑤平公：齐平公，名骜，齐景公之子，前480—前456年在位。

【译文】

齐简公出逃，田氏的部下追到徐州，捉住了齐简公。齐简公说："我如果及早听从御鞅的话，就不会遭受这场灾难了。"田氏的部下害怕齐简公恢复君位后会杀他们，就杀了齐简公。齐简公在位共四年被杀。于是田常又立齐简公之弟骜为君，这就是齐平公。齐平公即位后，田常为齐相。

田常既杀简公[①]，惧诸侯共诛己[②]，乃尽归鲁、卫侵地[③]，西约晋韩、魏、赵氏[④]，南通吴、越之使[⑤]，修功行赏[⑥]，亲于百姓[⑦]，以故齐复定[⑧]。

田常言于齐平公曰："德施人之所欲，君其行之；刑罚人之所恶，臣请行之[⑨]。"行之五年，齐国之政皆归田常[⑩]。田常于是尽诛鲍、晏、监止及公族之强者[⑪]，而割齐自安平以东至琅邪[⑫]，自为封邑[⑬]。封邑大于平公之所食[⑭]。

田常乃选齐国中女子长七尺以上为后宫[⑮]，后宫以百数，而使宾客舍人出入后宫者不禁[⑯]。及田常卒，有七十余男[⑰]。

【注释】

①既：已经，之后。

②共诛己：一起讨伐自己。诛，讨伐。

③归鲁、卫侵地：将之前所侵占的鲁、卫两国的土地退还给两国。按，《左传》与《齐太公世家》皆无其事。鲁，西周以来的诸侯国名。国都在今山东曲阜。当时的鲁国国君为鲁哀公，前494—前466年在位。卫，西周以来的诸侯国名。国都在今河南濮阳西南。当时的卫君为卫庄公，名蒯聩，前480—前478年在位。

④西约晋韩、魏、赵氏：向西，与晋国的韩、魏、赵三家联合。梁玉绳曰："自从齐、晋更相侵伐未已，不见成子约晋之实。"按，当时晋国的政权由知氏、韩氏、赵氏、魏氏四家所把持。

⑤南通吴、越之使：向南，与吴、越通使节。吴、越，皆为春秋后期兴起的诸侯国。此时的吴国国君为吴王夫差，前495—前473年在位，国都于今江苏苏州；越国的国君为越王句践，前496—前464年在位，国都于今浙江绍兴。

⑥修功行赏：即建立功业，按功行赏。

⑦百姓：当时为古代百官贵族的总称。

⑧以故齐复定：因此齐国又恢复了平定。复，又，重新。

⑨“德施人之所欲”四句：《韩非子·二柄》：“田常上请爵禄而行之群臣，下大斗斛而施于百姓，此简公失德而田常用之也，故简公见弑。子罕谓宋君曰：‘夫庆赏赐予者，民之所喜也，君自行之；杀戮刑罚者，民之所恶也，臣请当之。’于是宋君失刑而子罕用之，故宋君见劫。”泷川曰：“此合二事归之于田恒，恐非。”凌稚隆引王维桢曰：“以刑罚自任者，德已布，而又欲施威以制之也。”又引余有丁曰：“昔市私恩，所以结人心；今专刑罚，所以笼威权也。”德施，施恩惠。

⑩齐国之政：指齐国的一切权力。

⑪尽诛鲍、晏、监止及公族之强者：徐孚远曰：“前已诛监止矣，此复及之者，盖尽其族类也。”崔适曰：“‘监止’下疑脱‘之族’二字。”公族，国君宗氏子弟。

⑫安平：齐邑名。在今山东淄博之临淄东北。琅邪：齐邑名。在今山东青岛黄岛区西南，地处东海之滨。

⑬自为封邑：划作自己的封地。

⑭食：食邑，封地。

⑮七尺：约当今之1.62米。当时的一尺约等于今之23.1厘米。为后宫：指入为田氏的姬妾。后宫，指姬妾。

⑯宾客：门客。依附于权贵之门的清客、食客等。舍人：门客之为主人充当役使者，或即权贵门下的亲信用人。出入后宫者不禁：让宾客、舍人出入后宫，不加禁止，以此增加其田氏私家的人口。

⑰及田常卒，有七十余男：《索隐》引谯周曰：“陈恒为人虽志大，负杀君之名，至于行事亦修整，故能自保固，非苟为禽兽之行。夫成事在德，虽有奸子七十，只以长乱，事岂然哉！”又鲍昱曰：“陈成子有数十妇，生男百余人。”与此异。吴见思曰：“忙中插此闲事，

正为田氏丑诋。夫吕易嬴、牛易马，安知未得齐前，田氏不先灭于他族哉？史公于乱臣贼子所以深恶之如此。”有井范平曰：“此节他人或所略，史公则详尽不遗，且其意含蓄不露，使人言外领取之，用笔灵妙。《索隐》云云，说愦愦矣。”

【译文】

田常杀了简公以后，害怕各国诸侯联合诛伐自己，就把侵占鲁国、卫国的土地全部归还，西边同晋国的韩氏、魏氏、赵氏订约，南方与吴国、越国互通使节，建立功业，按功行赏，亲近百官贵族，因此齐国重又安定。

田常对齐平公说：“施布恩德是人人都想做的，由您来施行；杀戮惩罚是人人所厌恶的，让我去执行。”这样做了五年，齐国的政权都归到田常手中了。于是田常把鲍氏、晏氏、监止和公族中较为强盛的人士全部诛杀，并把齐国从安平以东到琅邪的土地，划作自己的封地。他的封地比齐平公享有的领地还要大。

田常于是挑选身高七尺以上的齐国女子做姬妾，他的姬妾数以百计，并且让宾客、舍人出入后宫，不加禁止。到田常去世时，他的姬妾们生下七十多个儿子。

田常卒，子襄子盘代立①，相齐。常谥为成子②。

田襄子既相齐宣公③，三晋杀知伯，分其地④。襄子使其兄弟宗人尽为齐都邑大夫⑤，与三晋通使，且以有齐国⑥。

【注释】

①襄子盘：名盘，“襄”字是其谥号。

②常谥为成子：此句疑应在“田常卒”下，而句首“常”字衍。

③齐宣公：名积，齐平公之子，前455—前404年在位。

④三晋杀知伯，分其地：范氏、中行氏被消灭之后，晋国六卿剩下的韩、赵、魏、知氏四家族中，以知氏实力最强。知氏恃强向韩、赵、

魏三家勒索土地,三家合力共同灭掉了知氏,瓜分了他的土地。其事在晋出公二十二年、齐宣公三年,即前453年。其事详见《战国策·赵策》与《赵世家》。三晋,指韩、赵、魏三家。知伯,名瑶,知氏家族的首领。

⑤尽为齐都邑大夫:全部控制齐宣公治下的各个城邑。都邑大夫,所封城邑的大夫。

⑥且以有齐国:想借此来占有整个齐国。且,将要。以,凭,借。

【译文】

田常去世后,他的儿子襄子田盘接替他的职位,任齐国相。田常的谥号是成子。

田襄子出任齐宣公相后,晋国的韩、赵、魏三家杀死知伯,瓜分了知伯的领地。田襄子让他的兄弟和族人都去做齐国大小城邑的大夫,与三晋互通使臣,想借此来占有整个齐国。

襄子卒,子庄子白立①。田庄子相齐宣公。

宣公四十三年②,伐晋,毁黄城③,围阳狐④。明年,伐鲁、葛及安陵⑤。明年,取鲁之一城⑥。

【注释】

①庄子白:名"白",也作"伯","庄"字是其谥号。李笠曰:"'伯''白'义同字通也。"

②宣公四十三年:前413年。

③黄城:晋邑名。在今山东冠县南。

④阳狐:晋邑名。在今河北大名东北。

⑤明年,伐鲁、葛及安陵:明年,指齐宣公四十四年,即前412年。梁玉绳曰:"'葛'当作'莒','安陵'疑误。"按,《六国年表》作"伐鲁、葛及安阳"。安阳,在今河南安阳西南。安陵,在今河南鄢陵

北。当时为附属魏国的一个小封君的所在地。按,若作“安阳”,则是以两个国名和一个邑名并称,似不伦;作“安陵”者较合情理。杨宽《战国史表》作“齐伐取鲁的莒、安阳”,将莒列为鲁地,其说可疑。

⑥明年,取鲁之一城:取何城,史书无明确记载。明年,指齐宣公四十五年,即前411年。

【译文】

田襄子去世后,他的儿子庄子田白继承父位。田庄子担任齐宣公的国相。

齐宣公四十三年,齐国进攻晋国,毁灭黄城,围困阳狐。第二年,进攻鲁、葛和安陵。第三年,夺取鲁国一城。

庄子卒,子太公和立①。田太公相齐宣公。

宣公四十八年②,取鲁之郕③。明年④,宣公与郑人会西城⑤。伐卫,取毌丘⑥。

宣公五十一年卒⑦,田会自廪丘反⑧。

宣公卒,子康公贷立⑨。贷立十四年⑩,淫于酒、妇人⑪,不听政。太公乃迁康公于海上,食一城⑫,以奉其先祀⑬。明年⑭,鲁败齐平陆⑮。

三年⑯,太公与魏文侯会浊泽⑰,求为诸侯⑱。魏文侯乃使使言周天子及诸侯⑲,请立齐相田和为诸侯。周天子许之。康公之十九年⑳,田和立为齐侯,列于周室㉑,纪元年㉒。

【注释】

①庄子卒,子太公和立:太公和,“和”为其名,“太公”是田氏后人对他的称号。《索隐》曰:“按《纪年》齐宣公十五年,田庄子卒,

明年立田悼子；悼子卒，乃次立田和。”梁玉绳曰：“《索隐》谓《纪年》庄子后有悼子；田和后有田侯剡。《庄子》《鬼谷子》云：‘田成子杀齐君，十二代有齐国。’据《世本》《世家》，自成子至王建之灭，只十代。若如《纪年》，则悼子及侯剡，即有十二代，与《庄子》《鬼谷》说同。”按，今战国史家均已采用此说。并系悼子为前410—前405年执政。田和为前404—前384年在位（自前386年始称侯）。侯剡为前383—前375年在位。

②宣公四十八年：前408年。

③郕（chéng）：鲁邑名。在今山东宁阳东北。

④明年：指齐宣公四十九年，前407年。

⑤郑人：指郑繻（xū）公，前422—前396年在位。西城：方位不详。

⑥毌（guàn）丘：卫邑名。在今山东曹县西南。

⑦宣公五十一年：前405年。

⑧田会：也称“公孙会”，田和的族人，“田”和“公孙”同为其氏。廪丘：齐邑名。在今河南范县东南，鄄城东北。

⑨康公贷：齐康公，名贷，姜氏齐国的末代国君，前404—前379年在位。

⑩贷立十四年：即前391年。

⑪淫：过度放纵，无节制。

⑫迁康公于海上，食一城：以海边的一城作为齐康公的食邑。此海边一城未指明何处，齐国从此遂完全归入田和之手。又，《齐太公世家》《六国年表》皆曰“（康公）十九年，田常曾孙田和始为诸侯，迁康公海滨”，此云“十四年”，误。

⑬奉其先祀：继续供奉对其祖先的祭祀。按，姜氏祖先还可享受祭祀，意即其“国号”尚未被彻底废除。

⑭明年：指齐康公十五年，前390年。

⑮平陆：齐邑名。在今山东汶上西北。

⑯三年：《集解》引徐广曰“康公之十六年”，乃针对上文之“明年”

而言，前389年。《索隐》以为应指上文“明年”后的第三年，即康公十八年，前387年。中井积德以为应作“明年”，“明年”之“明年”，实际与《集解》说同，亦与《六国年表》相合，即康公十六年。

⑰太公与魏文侯会浊泽：按，浊泽之会在康公十六年，相当于魏武侯七年，即前389年，其时魏文侯已死多年，《魏世家》与《六国年表》亦皆误。魏文侯，名斯，前445—前396年在位。魏武侯，名击，魏文侯之子，前395—前370年在位。浊泽，魏邑名。或说在今山西运城解州西；或说在今河南长葛西北。

⑱求为诸侯：请求周天子立齐相田和为诸侯。

⑲魏文侯乃使使言周天子及诸侯：此“魏文侯”应作“魏武侯”。

⑳康公之十九年：前386年。

㉑列于周室：列于周天子的谱籍。

㉒纪元年：历史上称此年为田和称诸侯的元年。按，上文“太公乃迁康公于海上，食一城，以奉其先祀”三句，似应移置此处。

【译文】

田庄子去世后，他的儿子太公田和继承父位。田太公担任齐宣公的国相。

宣公四十八年，齐国夺取鲁国的郕邑。第二年，齐宣公与郑繻公在西城相会。齐国征伐卫国，占领了毌丘。

宣公五十一年，去世，田会在廪丘反叛。

齐宣公去世后，他的儿子康公贷即位。贷即位十四年，沉溺于酒色，不理政事。太公田和就把他迁到海滨，只给了一座城做食邑，以便供给对其祖先的祭祀。第二年，鲁军在平陆打败齐军。

第三年，齐太公田和与魏文侯在浊泽盟会，请求成为诸侯。魏文侯就派使臣报告周天子和各国诸侯，请求立齐相田和为诸侯。周天子答应了这一请求。齐康公十九年，田和正式成为齐侯，列名于周朝的诸侯谱籍，此年为田和称诸侯的元年。

齐侯太公和立二年[①]，和卒，子桓公午立[②]。

桓公午五年[③]，秦、魏攻韩，韩求救于齐[④]。齐桓公召大臣而谋曰[⑤]："蚤救之孰与晚救之[⑥]？"驺忌曰[⑦]："不若勿救。"段干朋曰[⑧]："不救，则韩且折而入于魏[⑨]，不若救之。"田臣思曰[⑩]："过矣君之谋也！秦、魏攻韩，楚、赵必救之[⑪]，是天以燕予齐也[⑫]。"桓公曰："善。"乃阴告韩使者而遣之[⑬]。韩自以为得齐之救，因与秦、魏战[⑭]。楚、赵闻之，果起兵而救之。齐因起兵袭燕国，取桑丘[⑮]。

【注释】

①太公和立二年：即前385年。

②和卒，子桓公午立：应作"和卒，子侯剡立"。《索隐》引《纪年》云："（康公）二十二年（前383），田侯剡立（杨宽《战国史表》系侯剡之立在齐宣公二十一年）。后十年（前374），田午弑其君及孺子喜而为公。"今战国史家多从《纪年》。视文意，齐桓公田午盖田侯剡之弟，乃弑其兄而即位者。

③桓公午五年：应作"侯剡五年"，当秦献公五年、魏武侯十六年、韩文侯七年，前380年。

④秦、魏攻韩，韩求救于齐：按，据梁玉绳等考证，是年无秦、魏攻韩事。《六国年表》记此年有韩、赵、魏"伐齐，至桑丘"。

⑤齐桓公召大臣而谋曰：此"齐桓公（田午）"应作"侯剡"。

⑥蚤：通"早"。孰与：比对方怎么样。

⑦驺忌：也作"邹忌"，齐国大臣。徐孚远曰："驺忌以鼓琴干齐威王，不宜桓公午时已与廷议。"

⑧段干朋：姓段干，名朋。《国策》作"段干纶"，齐国大臣。

⑨折而入于魏：转过来投向魏国。

⑩田臣思:《索隐》曰:“《战国策》作‘田期思’,《纪年》谓之‘徐州子期’,盖即田忌也。”田忌,齐国名将。其事又见于《孙子吴起列传》。

⑪楚、赵必救之:当时楚国的国君为楚肃王(前380—前370年在位)。赵国的国君为赵敬侯(前386—前375年在位)。

⑫天以燕予齐:上天把燕国送给齐国。意谓齐国正好趁机伐燕。当时燕国的国君为燕简公(前414—前373年在位)。

⑬阴告韩使者:暗中告诉韩国使者必救之。阴,暗中。

⑭因:于是,就。

⑮齐因起兵袭燕国,取桑丘:此事件司马迁系之于齐桓公五年,考据家皆以为非。钱穆曰:“此文殊可疑,史公于齐威王前事皆不能详,此独记载明备,一可疑也;吴师道辨之云:‘田臣思即田忌,与邹忌、段干朋皆仕威、宣,何于桓公时已预大政?’二可疑也;桓公时秦、魏攻韩,楚、赵救之,齐不救,因而袭燕。其后宣王时秦、魏伐韩,楚、赵救韩,齐不救,因而举燕,何其事之吻合,三可疑也;且田臣思之辞曰‘是天以燕予齐’,而仅为取桑丘乎?四可疑也。吴氏因谓‘《史》乃误以《国策》宣王伐燕章附之桓公’,其说甚是。”郭嵩焘曰:“此一事凡三见,于此为魏伐韩;再叙之威王二十六年,为魏围赵;又叙之宣王二年,亦为魏伐赵。而皆列驺忌、段干朋名,惟后作‘田忌’,而此作‘田臣思’耳。驺忌实为威王时人,前后两叙‘驺忌’,由史公汇次诸书所未经删定者也。”杨宽曰:“《田世家》此段记载全不可信。”因,趁机。桑丘,燕邑名。在今河北徐水西南。按,以上齐乘秦、魏伐韩,楚、赵救韩而趁机伐燕事,详见《战国策·齐策》。

【译文】

齐侯太公田和立为侯两年去世,他的儿子齐桓公田午即位。

齐桓公田午五年,秦、魏联合攻打韩国,韩国向齐国求救。齐桓公召集大臣商量说："早救韩国与晚救韩国，哪个更好？"驺忌说："不如不救。"段干朋说："如果不救，那么韩国被打败就会转投魏国，不如去救好。"田臣思说："你们的想法错了。秦、魏攻打韩国，楚、赵一定会去救它，这是上天把燕国送给了齐国。"齐桓公说："好极了！"于是就暗中告诉韩国使者一定去救韩国，把他送走。韩国以为得到了齐国的救援，于是与秦、魏交战。楚、赵两国听到消息，果然起兵救韩。齐国趁机发兵袭击燕国，攻占了桑丘。

六年[①]，救卫。桓公卒，子威王因齐立[②]。是岁，故齐康公卒，绝无后，奉邑皆入田氏[③]。

齐威王元年[④]，三晋因齐丧来伐我灵丘[⑤]。

三年[⑥]，三晋灭晋后而分其地[⑦]。

六年[⑧]，鲁伐我，入阳关[⑨]。晋伐我[⑩]，至博陵[⑪]。

七年[⑫]，卫伐我，取薛陵[⑬]。

九年[⑭]，赵伐我，取甄[⑮]。

【注释】

①六年：应作"侯剡六年"，当卫声公八年、齐康公二十六年，前379年。

②桓公卒，子威王因齐立：《索隐》曰："按《纪年》，梁惠王十二年当齐桓公十八年，后威王始见。"钱穆曰："《索隐》既云'齐桓公十八年而威王始见'，则桓公十八年卒也。"按，今战国史家多同此说，《田敬仲完世家》及《六国年表》均误。威王因齐，齐威王，名因齐，前356—前320年在位。

③奉邑：食邑。奉，通"俸"。谓收其赋税做俸禄，故名。

④齐威王元年：应作"侯剡七年"，当魏武侯十八年、韩文侯九年、赵

敬侯九年,前378年。

⑤三晋:指韩、赵、魏三国。因齐丧:齐国是年无丧事,司马迁误书。灵丘:齐邑名。在今山东高唐南。

⑥三年:应为“侯剡九年”,当魏武侯二十年、韩哀侯元年、赵敬侯十一年,前376年。

⑦三晋灭晋后而分其地:《六国年表》与《赵世家》均系韩、赵、魏三家分晋室于周安王二十六年,即田侯剡九年、赵敬侯十一年。且晋地于当时虽被三家所分,而晋祀绝灭则尚在被分地的十七年之后。

⑧六年:应作“桓公二年”,前373年。田齐桓公于侯剡十一年弑其君自立。是年当鲁共公四年、魏武侯二十三年。

⑨阳关:齐国关塞名。在今山东泰安东南。

⑩晋伐我:此“晋”指魏。

⑪博陵:齐邑名。在今山东高唐西南。

⑫七年:应作“桓公三年”,当卫成侯四年,前372年。

⑬薛陵:齐邑名。在今山东阳谷东北。

⑭九年:应作“桓公五年”,当赵成侯五年,前370年。

⑮甄(juàn):同“鄄”,齐邑名。在今山东鄄城北。

【译文】

侯剡六年,齐国出兵救卫。这年田齐桓公去世,他的儿子齐威王田因齐即位。这年,原齐康公姜贷去世,没有后嗣,封邑全部归入田氏。

威王元年,韩、魏、赵三国趁着齐国国丧,派兵来攻打灵丘。

威王三年,韩、魏、赵灭掉晋国后嗣,瓜分了晋国的领地。

威王六年,鲁军攻齐,进入阳关。魏军攻齐,抵达博陵。

威王七年,卫军攻齐,占领薛陵。

威王九年,赵军攻齐,夺取了鄄城。

威王初即位以来[①],委政卿大夫[②],九年之间,诸侯并伐，国人不治[③]。于是威王召即墨大夫而语之曰[④]："自子之居即墨也[⑤]，毁言日至[⑥]。然吾使人视即墨，田野辟[⑦]，民人给[⑧]，官无留事[⑨]，东方以宁[⑩]。是子不事吾左右以求誉也[⑪]。"封之万家[⑫]。召阿大夫语曰[⑬]："自子之守阿，誉言日闻[⑭]。然使使视阿，田野不辟，民贫苦。昔日赵攻甄，子弗能救[⑮]。卫取薛陵，子弗知[⑯]。是子以币厚吾左右以求誉也[⑰]。"是日，烹阿大夫，及左右尝誉者皆并烹之[⑱]。遂起兵西击赵、卫，败魏于浊泽而围惠王[⑲]。惠王请献观以和解[⑳]，赵人归我长城[㉑]。于是齐国震惧，人人不敢饰非，务尽其诚[㉒]。齐国大治。诸侯闻之，莫敢致兵于齐二十余年[㉓]。

【注释】

①威王初即位：齐威王即位在前356年，相当于秦孝公六年、魏惠王十四年、赵成侯十九年。司马迁谱之于前378年，误。此时齐威王尚未即位。

②委政卿大夫：把政事交给卿大夫们去处理。底本原文在此句上有"不治"二字。张文虎曰："二字涉下文而衍。"张说是，今据删二字。

③诸侯并伐，国人不治：此事未见记载。

④即墨大夫：即墨的行政长官。即墨，齐国的"五都"之一，在今山东平度东南。齐国的"都"相当于其他国家的"郡"。《山东风物志》：即墨故城在今山东平度的古岘乡大朱毛一带，俗名朱毛城。又因西汉胶东康王刘寄都此，故也称"康王城"。故城分内、外两城，东西约十里，南北约五里，现存城垣千余米，基四十米，全为夯土版筑，十分坚固。直到东汉时期，才逐渐废弃。

⑤子：您。

⑥毁言：诽谤之言。

⑦田野辟:田野开垦成良田。辟,开辟。

⑧民人给:百姓们供给富足。给,充裕。

⑨无留事:没有积压下来没被处理的事情。

⑩东方:指即墨一带。因即墨地处齐国东部,故云。

⑪是子不事吾左右以求誉也:这是你不会逢迎我的左右以求得赞扬。不事,不奉事,意即不逢迎。

⑫封之万家:意即封之为万户侯。

⑬阿大夫:阿都的行政长官。阿,齐国的"五都"之一,在今山东阳谷东北。

⑭誉言:赞美之言。

⑮赵攻甄,子弗能救:赵国打到鄄城,你不能援救。甄,同"鄄"。是阿都的所属邑,在阿之西南,相距不远,故齐王责其不救。

⑯卫取薛陵,子弗知:薛陵在阿邑西北,也是阿都的所属之县。薛陵被人所占而阿大夫坐视不管,故齐王责之。弗知,不过问。

⑰以币厚吾左右:用丰厚的礼物贿赂我的左右。币,礼品。通常指珪、璧、帛、马等。

⑱烹阿大夫,及左右尝誉者皆并烹之:阿大夫及左右曾经吹捧者都一起实施了烹煮的酷刑。徐孚远曰:"威王烹阿大夫,封即墨大夫,则居其官者务尽其职。"凌稚隆引杨循吉曰:"齐威之伯(霸)不在阿、即墨之断,而在毁誉者之刑。"

⑲败魏于浊泽而围惠王:据《六国年表》,败魏于浊泽并围魏王者乃赵;杨宽《战国史表》谓"韩、赵助魏公仲缓争立,围魏惠王于浊泽",与齐国无涉。浊泽,钱穆以为当作"观泽",也称作"观",魏邑名。在今河南清丰南。

⑳惠王请献观以和解:梁玉绳曰:"击赵、卫事无考;败魏浊泽与伐魏取观是两事,不得并为一端。且是齐伐而取之,非魏因败浊泽而献观以和也。"杨宽曰:"伐魏围浊泽者确为韩、赵,齐固不与也。

齐遣将围魏之观，迫使观降，乃次年事，与浊泽之役无关，《田世家》误为牵合也。”

㉑赵人归我长城：齐之长城，西起平阴北，东行经泰山北麓，直至胶南之琅邪台海边。此处所指为此前被赵所占领的西段长城。

㉒务尽其诚：力求竭尽忠诚。

㉓莫敢致兵于齐二十余年：《滑稽列传》载淳于髡以隐语说齐威王，语罢，齐威王“乃朝诸县令、长七十二人，赏一人，诛一人”，盖即指此即墨大夫与阿都大夫；又云“奋兵而出，诸侯振惊，皆还齐侵地，威行三十六年”，亦与此大体相同。泷川引《淮南·氾论训》云：“齐威王设大鼎于庭中，而数无盐令曰：‘子之誉日闻吾耳，察子之事，田野芜，仓廪虚，囹圄实，子以奸事我者也。’乃烹之。齐以此三十二岁道路不拾遗。”又与此烹阿大夫相似。杨宽曰：“《田世家》系此事于齐威王九年下，……此盖史公既将齐威王年世误前二十二年，因即取其时史事参入为说，其谓齐与浊泽之役既误，且参入此节，上下文反扞格不相通。”

【译文】

齐威王刚即位之初，就把政事交给卿大夫们去处理，九年之中，各国一起来进犯，百姓不得安宁。于是齐威王召见即墨大夫，对他说：“自从你到即墨任职，毁谤你的言论，我每天都有耳闻。然而我派人到即墨视察，看到田野得到开发，百姓衣食丰足，官府没有政事积压，齐国的东部因而得到安宁。这是你不会逢迎我的左右以求得赞扬啊！”于是封他为万户侯。又召见阿都大夫，对他说：“自从派你到阿任职，赞扬你的言论，我每天都有耳闻。然而我派人到阿都视察，看到田野一片荒芜，百姓生活困苦。先前当赵国打到鄄城，你不能援救。卫军攻占薛陵，你不过问。这是你用财物贿赂我的左右来求得赞扬吧！”当天就烹杀了阿都的大夫，并把左右曾经吹捧过他的人也都一起烹杀。于是起兵向西攻打赵、卫；在浊泽打败魏军，包围了魏惠王。魏惠王请求献出观邑以求和解，赵国也归还了齐国的长城。于是齐国上下震惊，谁都不敢文过饰非，务求竭尽忠诚。齐国变得政治清明，社会安定。诸侯听说后，二十多年间不敢对齐国用兵。

驺忌子以鼓琴见威王①，威王说而舍之右室②。须臾③，王鼓琴，驺忌子推户入曰④："善哉鼓琴！"王勃然不说⑤，去琴按剑曰："夫子见容未察⑥，何以知其善也？"驺忌子曰："夫大弦浊以春温者，君也；小弦廉折以清者，相也⑦；攫之深⑧，醳之愉者，政令也⑨；钧谐以鸣⑩，大小相益⑪，回邪而不相害者⑫，四时也⑬：吾是以知其善也。"王曰："善语音⑭。"驺忌子曰："何独语音，夫治国家而弭人民皆在其中⑮。"王又勃然不说曰："若夫语五音之纪⑯，信未有如夫子者也⑰。若夫治国家而弭人民，又何为乎丝桐之间⑱？"驺忌子曰："夫大弦浊以春温者，君也；小弦廉折以清者，相也；攫之深而舍之愉者，政令也；钧谐以鸣，大小相益，回邪而不相害者，四时也。夫复而不乱者⑲，所以治昌也；连而径者⑳，所以存亡也㉑：故曰琴音调而天下治㉒。夫治国家而弭人民者，无若乎五音者㉓。"王曰："善。"

【注释】

①驺忌子：即驺忌，也作"邹忌"。

②威王说（yuè）而舍之右室：齐威王高兴，将驺忌子安置在宫里的右室住下。说，同"悦"。舍，安置住宿。

③须臾（yú）：一会儿。

④户：门。古代一扇曰户，两扇曰门。

⑤勃然不说：突然就不高兴了。勃然，突然。说，同“悦”。

⑥见容未察：只看见了我弹琴的样子，并没有细品我的琴音.

⑦“夫大弦浊以春温者”四句：《集解》引《琴操》云：“大弦者，君也，宽和而温；小弦者，臣也，清廉而不乱。”《索隐》引蔡邕曰：“凡弦以缓急为清浊。琴，紧其弦则清，缦其弦则浊。”“大弦浊以春温者，君也”，指声音浑厚温和，如同君主的宽和气度。浊以春温，梁玉绳曰：“《索隐》本无‘春’字，故小司马云‘《春秋后语》“温”字作“春”，义亦相同。’盖后人附注异本，传写连为‘春温’，当衍‘春’字，下同。”“小弦廉折以清者，相也”，指声音清脆，如同辅相精明干练。廉折，高亢明快。

⑧攫：《集解》引徐广曰：“以爪持弦也。”即用手指抓弦。深：指抓得紧而有力。

⑨醳（shì）之愉者，政令也：手指勾弦用力，放弦舒缓，犹如国家政令的有张有弛，有缓有急。醳，通“释”，用手指向外拨弦。愉，音义皆同“舒”，舒缓，舒展。

⑩钧谐：均衡和谐。钧，通“均”。

⑪相益：意即声音的大小、轻重相互配合。

⑫回邪：泷川曰：“犹曲折也。”

⑬四时也：意谓就像春、夏、秋、冬四季，周而复始，往复不绝。

⑭善语音：擅长谈论音乐。

⑮弭（mǐ）人民：安抚百姓。弭，安抚。

⑯五音之纪：音乐方面的规律。五音，指宫、商、角、徵、羽。纪，准则，规律。

⑰信：的确，确实。

⑱丝桐：古代制琴多以桐木为琴，秫丝为弦，故以“丝桐”指代琴。这里指音乐。

⑲复而不乱：反复演奏而不混乱。复，这里指反复演奏。

⑳连而径：连续不断，前后贯通，形容乐音流畅。

㉑存亡：此指局面稳定。

㉒琴音调而天下治：懂得让音律协调，也就懂得了治理天下的道理。调，协调，和谐。

㉓无若乎五音者：没有一条恐怕不是音乐的道理。按，以上驺忌子以琴理说齐威王事，不见于今本《战国策》。

【译文】

驺忌子凭借善弹琴来觐见齐威王，齐威王很高兴，把他安置在宫中的右室住下。过了一会儿，齐威王弹起了琴，驺忌子推门而入说："您这琴弹得好啊！"齐威王突然就不高兴了，把琴推开，手按宝剑说："先生你只看见了我弹琴的样子，并没有细品我的琴音，怎么知道我弹得好呢？"驺忌子说："您弹琴时，大弦的声音浑厚温和，象征君主；小弦声音高亢清脆，象征辅相；手指勾弦用力，放弦舒缓，象征政令；琴声和谐而悠扬，大弦小弦互相助益，曲折婉转互不干扰，象征四时：我就是凭借这个知道您弹得好。"齐威王说："你很擅长谈论音乐。"驺忌子说："何止是谈论音乐，治理国家、安抚百姓的道理也都包含其中了。"齐威王又突然不高兴了，说："如果谈论五音的调理，确实没有人比得上先生。如果谈到治理国家、安抚百姓，与音乐又有什么关系呢？"驺忌子说："大弦的声音浑厚温和，象征君主；小弦声音高亢清脆，象征辅相；手指勾弦用力，放弦舒缓，象征政令；琴声和谐而悠扬，大弦小弦互相助益，曲折婉转互不干扰，象征四时。反复演奏而不混乱，显示着国家的政治昌明；琴声流畅而前后贯通，显示着国家局面由动荡转为安定：所以说懂得使音律协调，也就能懂得治理国家的道理。治理国家而安抚百姓，没有比五音的道理更相像的了。"齐威王说："讲得好。"

驺忌子见三月而受相印[①]。淳于髡见之曰[②]："善说哉！髡有愚志[③]，愿陈诸前[④]。"驺忌子曰："谨受教。"淳于髡曰："得全全昌[5]，失全全亡。"驺忌子曰："谨受令[6]，请谨毋离前[7]。"淳于髡曰："豨膏棘轴，所以为滑也，然而不能运方穿[8]。"驺忌子曰："谨受令，请谨事左右。"淳于髡曰："弓胶昔干，所以为合也，然而不能傅合疏罅[9]。"驺忌子曰："谨受令，请谨自附于万民。"淳于髡曰："狐裘虽敝，不可补以黄狗之皮[10]。"驺忌子曰："谨受令，请谨择君子，毋杂小人其间[11]。"淳于髡曰："大车不较，不能载其常任[12]；琴瑟不较，不能成其五音。"驺忌子曰："谨受令，请谨修法律而督奸吏。"淳于髡说毕，趋出[13]，至门，而面其仆曰："是人者，吾语之微言五[14]，其应我若响之应声[15]，是人必封不久矣[16]。"居期年[17]，封以下邳[18]，号曰成侯[19]。

【注释】

①相印：国相的印信。

②淳于髡：姓淳于，名髡，战国时期的智者。《滑稽列传》中对他多有描写。

③愚志：愚蠢的见解。谦称自己的想法。

④诸：之于。

⑤得全全昌：《索隐》曰："得全，谓人臣事君之礼全具无失，故云'得全'也；全昌者，谓若无失则身名获昌，故云'全昌'也。"

⑥谨受令：犹言谨慎牢牢记住你的教导。

⑦谨毋离前：《索隐》曰："谓佩服此言，常无离心目之前。"泷川曰："言常在王前无所失也。"

⑧"豨（xī）膏棘轴"三句：意谓用猪油涂抹枣木车轴，是为了润滑车轴；但若把圆形车轴插入方孔中，即使再润滑也无法转动。豨膏，猪油。豨，猪。棘轴，棘木做的车轴。方穿，方形的孔槽。

⑨“弓胶昔干”三句：意谓把胶涂在用久的弓干上，是为了让弓檠与弓干黏合在一起，却不能用来弥合裂缝。弓胶昔干，《索隐》曰：“昔，久旧也。干，弓干也。……言作弓之法，以胶被昔干，而纳诸檠中则是以势令合耳。”史珥曰：“‘昔’当如《考工记》‘老牛之角纷而错之’解，读如‘错’，盖弓胎之锯纹也。”不能傅合疏罅（xià），《索隐》曰：“言胶干可以势暂合，而久亦不能常傅合于疏罅隙缝，以言人臣自宜弥缝得所，岂待拘以礼制法式哉？故下云‘请自附于万民’是也。”中井积德曰：“久干之干，被之以胶，可以傅合。然削干平易，则可以胶矣；若削之不平，有疏罅，虽有胶不能合之。以喻立身正直，可以与民亲附；若法制礼际，不足恃也；权势恩德，不足怙也。”傅合，附着，弥合。疏罅，缝隙。

⑩狐裘虽敝，不可补以黄狗之皮：意谓狐皮袄即使破了，也不能用黄狗皮去补。敝，破旧。

⑪毋杂小人其间：不能让小人混入在朝的君子之间。

⑫大车不较，不能载其常任：意谓大车如果不矫正，就不能负载起正常的重量。较，调整。中井积德曰：“较，比也，是调匀之义。两轮一大一小，不可谓较。”载其常任，负荷其应当负荷起的重量。常任，平常负担的重量。

⑬趋出：小步疾行而出。以表示恭敬。趋，小步快走。

⑭微言：幽微之言，隐语。

⑮响之应声：如同回声一样应和，极言其反应之快。响，指回声。

⑯必封不久：不久一定会有土封君。

⑰居期年：过了一年。期年，一年。

⑱下邳：齐邑名。在今江苏睢宁西北。

⑲号曰成侯：杨宽曰：“驺子史称成侯，成，春秋国，……故城在兖北宁阳。又鲁有成邑，本孟孙氏邑，齐宣公四十八年田和取之，故城亦在宁阳。驺子称成侯，是必食封其地。史公谓驺忌封下邳，

号曰成侯，疑下邳乃初封，成侯乃晚号。”又曰：“驺忌由于淳于髡以‘微言’进说，决定对于国君‘请谨毋离前’，‘请谨事左右’；对于万民，‘请自附于万民’；对于选拔官吏，‘请谨择君子，毋杂小人其间’；对于国政，‘请谨修法律而督奸吏’。此乃驺忌在齐国进行之政治改革，其与商鞅在秦变法，申不害在韩讲究用‘术’统治，几乎同时。”按，以上淳于髡与驺忌子对答事，今本《战国策》不载。《新序》载有二人对答事，而内容与此不同。茅坤曰：“髡之善为讽，忌之善为悟，两奇也。”吴见思曰：“写两人机锋相当，心灵相照，语语奇妙，字字精湛。”按，司马迁所写的这些与齐威王有关的故事，自可看作齐威王时代之事，但所谱之年代不对，本世家与《六国年表》都将齐威王之在位向前提了二十二年。

【译文】

驺忌子见到齐威王仅三个月，就接受了齐国的相印。淳于髡来见驺忌子说：“您很善于说话呀！我有一些愚蠢的想法，想在您面前陈说。”驺忌子说：“敬请指教。”淳于髡说：“奉事国君，如能周全无误，身名就都能兴盛；稍有不周或失误，身名都要毁灭。”驺忌子说：“谨受指教，我要把您的话谨记在心。”淳于髡说：“用猪油涂抹枣木车轴，是为了使车轴润滑；但若把圆形车轴插入方孔中，即使再润滑也无法转动。”驺忌子说：“谨受指教，我要小心地与周围的人搞好关系。”淳于髡说：“把胶涂在用久的弓干上，是为了让弓檠与弓干黏合在一起，却不能用来弥合裂缝。”驺忌子说：“谨受指教，我要使自己依附于万民。”淳于髡说：“狐皮袄即使破了，也不能用黄狗皮去补。”驺忌子说：“谨受指教，我将谨慎地选拔君子，不让小人混杂其中。”淳于髡说：“大车如果不矫正，就不能负载起正常的重量；琴瑟如果不调弦，就不能弹奏出和谐的声音。”驺忌子说：“谨受指教，我将修明法令，督察奸吏。”淳于髡说完，就快步走出，到了门口，对着他的仆人说：“这个人，我对他讲了五句隐语，他回答我就像响之应声一样，这个人用不了多久就会受封。”过了一年，齐威王将下邳封给驺忌子，号之为成侯。

威王二十三年[1]，与赵王会平陆[2]。

二十四年[3]，与魏王会田于郊[4]。魏王问曰："王亦有宝乎？"威王曰："无有。"梁王曰[5]："若寡人国小也，尚有径寸之珠照车前后各十二乘者十枚[6]，奈何以万乘之国而无宝乎[7]？"威王曰："寡人之所以为宝与王异。吾臣有檀子者[8]，使守南城[9]，则楚人不敢为寇东取，泗上十二诸侯皆来朝[10]。吾臣有肦子者[11]，使守高唐[12]，则赵人不敢东渔于河[13]。吾吏有黔夫者[14]，使守徐州[15]，则燕人祭北门，赵人祭西门[16]，徙而从者七千余家[17]。吾臣有种首者[18]，使备盗贼，则道不拾遗。将以照千里，岂特十二乘哉[19]！"梁惠王惭，不怿而去[20]。

【注释】

①威王二十三年：应作"威王元年"，当赵成侯十九年，前356年。

②与赵王会平陆：据《六国年表》与《赵世家》，参加此次会晤的除齐威王、赵成侯外，还有宋桓侯。平陆，齐邑名。在今山东汶上西北。

③二十四年：应作"威王二年"，当魏惠王十五年，前355年。

④魏王：指魏惠王。会田：会同打猎。田，打猎。

⑤梁王：即上文的魏惠王。魏惠王九年（前361），魏国都城已由山西安邑东迁到大梁（今河南开封），故魏国也称"梁国"、魏王也称"梁王"。

⑥尚：还。径寸：直径一寸。照车前后各十二乘（shèng）：将前边、后边的各十二辆车都照得通明。

⑦万乘之国：指具备万辆兵车的国家。春秋时期用以称周天子的国家。当时诸侯国之大者称"千乘之国"。到战国中期，各诸侯相

继称“王”，于是也就称自己的国家或尊称人家的国家为“万乘之国”。乘，一车四马称“乘”。

⑧檀子：姓檀，史失其名。子，是古代对男子的敬称。

⑨南城：齐邑名。在今山东费县西南。胡三省所谓“城在齐之南境，故曰南城”者，似非。

⑩泗上十二诸侯：泗水流域的十二个小诸侯国。杨宽《战国史》曰：“当指宋、卫、鲁、邹、滕、薛、郳、莒、费、郯、任、邳等十二国。”泗上，泗水流域，泗水边上。泗水源于今山东泗水东，西流经今曲阜，南折入江苏，汇入淮水。

⑪肦（bān）子：姓田，名肦。齐臣。

⑫高唐：齐邑名。在今山东高唐东北。

⑬东渔于河：到赵国东境的黄河里打鱼。当时的黄河自今河南西部流来，经今河南濮阳东北、山东德州入河北，在今河北沧州东之黄骅入海。

⑭黔夫：人名。姓黔，名夫。

⑮徐州：有说在今山东滕州南，即古代的薛邑，此说与本文的意思不合；也有人说即今河北大城，似又过偏西北，当时齐国的势力不可能达到此地。观文意，此“徐州”大体应在今山东之西北部或河北之东南部一带，只有这一带能同时威胁到燕、赵两国。

⑯燕人祭北门，赵人祭西门：谓燕人、赵人纷纷遥望徐州之北门、西门祭祀，以祈求齐国不要由此出兵打他们。《集解》曰：“齐之北门、西门也。言燕、赵之人畏见侵伐，故祭以求福。”

⑰徙而从者：指燕、赵之人搬迁到徐州投奔黔夫。

⑱种（chóng）首：人名。姓种，名首。

⑲岂特：难道只是，何止。

⑳不怿（yì）而去：按，以上齐威王与魏惠王论宝事，见《韩诗外传》卷十，除齐威王作“齐宣王”外，其他文字与此全同。又，与此类

似的情节，亦见于《说苑・臣术》，文字与此出入较大。茅坤曰："览威王之论宝，其识远矣，所以能伯。"凌稚隆引杨维桢曰："齐威王宝四臣之论似矣，而未尽也。当时盍不曰：'岂特四臣之宝已哉，惧齐人之佻而诈也，宝之以信；野而荡也，宝之以礼；刻覈而残、侈汰而竞也，宝之以仁与俭，此又寡人传宝之大者。若大王之照十二乘，吾惧不照大王八尺之榻，而照大王四邻之寇也。'惠王闻之，且将惭惧投珠于汾水矣，何敢言宝！"不怿，不高兴，不快。因本欲向人炫耀，结果丢了面子。

【译文】

威王二十三年，与赵成侯在平陆会晤。

威王二十四年，与魏惠王一起在临淄郊外相会打猎。魏惠王问齐威王说："大王您有宝物吗？"齐威王说："没有。"魏惠王说："像我们这样的小国，还有十颗直径一寸、能照亮前后十二辆车的夜明珠，像齐国这样的万乘之国怎么能没有宝物呢？"齐威王说："我所认为的宝物和您所认为的不同。我有个大臣叫檀子，派他镇守南城，楚国人就不敢向东进犯掠夺，泗水之滨的十二诸侯都来朝拜。我有个大臣叫肦子，派他镇守高唐，赵国人就不敢到东边的黄河里捕鱼。我有个官吏叫黔夫，派他镇守徐州，燕国人就遥对着北门祭祀，赵国人就遥对着西门来祭祀，搬家去追随他的有七千多家。我有个大臣叫种首，派他防备盗贼，结果就道不拾遗。这些都将光照千里，岂止是照亮十二辆车呢！"魏惠王听后很惭愧，怏怏不乐地离开了齐国。

二十六年[①]，魏惠王围邯郸[②]，赵求救于齐。齐威王召大臣而谋曰："救赵孰与勿救？"驺忌子曰："不如勿救。"段干朋曰："不救则不义，且不利。"威王曰："何也？"对曰："夫魏氏并邯郸[③]，其于齐何利哉？且夫救赵而军其郊[④]，是赵不伐而魏全也[⑤]。故不如南攻襄陵以弊魏[⑥]，邯郸拔而乘魏之弊。”威王从其计[⑦]。

【注释】

①二十六年：应作“威王四年”，当魏惠王十七年、赵成侯二十二年，前353年。

②邯郸：赵国都城，即今河北邯郸。

③并：吞并。

④军其郊：泷川曰：“我师不战，但屯军其境耳。”军，驻军，屯兵。郊，此指冲要之处。

⑤赵不伐而魏全：赵国不被攻打，魏国见此形势而退兵，也会完好无损。

⑥襄陵：魏邑名。今河南睢县。弊魏：使魏国遭受损失。弊，通“敝”，指消耗，受损。

⑦威王从其计：以上段干朋为齐威王设谋敝魏事，详见《战国策·齐策》，段干朋作“段干纶”。《齐策》文末有“七月，邯郸拔，齐因承魏之弊，大破之桂陵”。

【译文】

威王二十六年，魏惠王围攻邯郸，赵成侯向齐国求救。齐威王召集大臣商议说：“救赵与不救赵，哪个更好？”驺忌子说：“不如不救好。”段干朋说：“不救就显得我们不义，而且对我们齐国也不利。”齐威王说：“为什么呢？”段干朋说：“假如魏国吞并了邯郸，这对齐国有什么好处呢？如果去救赵国，把军队驻扎在赵国冲要之地，这就使赵国不被攻伐而魏国也会完好无损。所以不如向南进攻魏国的襄陵使魏军疲惫，邯郸即使被攻下，我们也可以利用魏国的疲惫使它受挫。”齐威王听了他的计谋。

其后成侯驺忌与田忌不善[①],公孙阅谓成侯忌曰[②]:“公何不谋伐魏[③]? 田忌必将。战胜有功,则公之谋中也[④];战不胜,非前死则后北[⑤],而命在公矣。”于是成侯言威王,使田忌南攻襄陵[⑥]。十月,邯郸拔[⑦],齐因起兵击魏,大败之桂陵[⑧]。于是齐最强于诸侯,自称为王,以令天下[⑨]。

【注释】

①其后成侯驺忌与田忌不善:泷川引归有光曰:“‘其后’二字疑有误。”田忌,齐将。其事详见《孙子吴起列传》。

②公孙阅:《战国策》作“公孙闬”,缪文远以为应作“公孙闳”。

③谋伐魏:盖谓向齐王建言伐魏也。

④中:应验,实现。

⑤非前死则后北:不是前进战死,就是向后败逃。皆言田忌。北,败北,失败逃跑。

⑥成侯言威王,使田忌南攻襄陵:杨宽曰:“《齐策》无‘使田忌’三字。《水经·淮水注》引《纪年》,此年‘宋景敾、卫公孙仓会齐师围我襄陵’,列举会同作战之宋、卫将军姓名,但未记齐将之名。《水经·淮水注》引《纪年》,又谓次年‘惠成王以韩师败诸侯师于襄陵’,事在田忌大破魏军于桂陵之后,可知围攻襄陵之齐将必非田忌。”

⑦邯郸拔:赵国邯郸被魏军攻取下来。其事见《赵世家》《魏世家》。

⑧齐因起兵击魏,大败之桂陵:此即“桂陵之役”。桂陵之役魏国的统帅为庞涓;齐方则除田忌外,尚有孙膑。据《孙子吴起列传》,齐方设此围魏救赵之谋者,即为孙膑。桂陵,魏邑名。在今河南长垣西北。按,以上公孙阅助驺忌以倾田忌事,详见《战国

策·齐策》。

⑨“于是齐最强于诸侯”三句：此句似应移至后文齐破魏于马陵之下，盖魏国失败于桂陵后，其国力尚不低于齐国；至齐威王十六年（前341）魏军二次被破于马陵，将军庞涓被斩，太子申被齐人所俘，从此魏国一蹶不振，齐国乃一跃而成为当时的最强国。至齐威王二十三年（前334），魏惠王与齐威王在徐州相会，尊齐威王为“王”。在此之前，齐威王本来不是称“王”的，齐之称“王”实自齐威王二十三年始。

【译文】

后来成侯驺忌子与田忌不和，公孙阅对成侯驺忌子说：“您何不向齐王进言征讨魏国呢？那样，田忌一定领兵。如果战胜有功，那是您的计谋正确；如果没有获胜，田忌不是向前战死就是向后败逃，那时他的命运就掌握在您的手里了。”于是驺忌子向齐威王进言，派田忌南攻襄陵。十月，邯郸被魏国攻占。齐国趁机发兵攻打魏国，在桂陵大败魏军。于是齐国成为诸侯中最强的国家，自称为王，来号令天下。

三十三年[①]，杀其大夫牟辛[②]。

三十五年[③]，公孙阅又谓成侯忌曰：“公何不令人操十金卜于市[④]，曰‘我田忌之人也。吾三战而三胜，声威天下。欲为大事[⑤]，亦吉乎不吉乎’？”卜者出，因令人捕为之卜者，验其辞于王之所[⑥]。田忌闻之，因率其徒袭攻临淄，求成侯，不胜而奔[⑦]。

三十六年[⑧]，威王卒，子宣王辟彊立[⑨]。

【注释】

①三十三年：应作“威王十一年”，前346年。

②杀其大夫牟辛：梁玉绳曰："大夫，似当作'夫人'。"牟辛，齐威王夫人之字。《索隐》曰："王劭按《纪年》云：'齐桓公十一年杀其君母，宣王八年杀王后。'然则夫人之字，或如《纪年》之说。"

③三十五年：应作"威王十三年"，前344年。

④操十金卜于市：拿着黄金十镒到集市上去占卜，意即花重金去找人占卜。金，先秦时期称黄金一镒曰"一金"，相当于二十四两，或曰二十两。

⑤欲为大事：想做大事。指图谋篡夺齐王之位。

⑥验其辞于王之所：在齐威王那里，当着齐威王的面验证问卜之辞。

⑦"因率其徒袭攻临淄"三句：以上公孙阅帮着驺忌子诬陷田忌事，见《战国策·齐策》，与上段说成侯使田忌为将事连为一节。梁玉绳曰："田忌出奔在宣王二年战马陵后，不在威王三十五年。……此与《孟尝传》同误。然其误亦由《国策》也。《策》于威王时载'邹忌、田忌不相说'一章，有'田忌遂走'之语，史公谬以为据，因撰出袭攻临淄事。《索隐》谓'齐都临淄'，当依《孟尝君传》作'袭齐边邑'，而不知忌未尝袭齐耳。《国策》战马陵后，有'田忌为齐将'一章，言孙膑劝忌勿解兵入齐，可正齐君而走成侯，忌不听。以是观之，忌亦贤矣，奈何反以袭齐诬之邪？"钱穆亦以为"袭齐之事或无"。徐孚远曰："威王明主，而见欺于邹忌者，其功名已立，不如昔年见陵之时，故前明而后暗也。"

⑧三十六年：应作"威王十四年"，前343年。

⑨威王卒，子宣王辟彊立：此司马迁误书，《六国年表》亦同误。"宣王立"尚在二十三年之后。

【译文】

威王三十三年，杀了大夫牟辛。

威王三十五年，公孙阅又对成侯驺忌子说："您何不派人拿着黄金十镒到集市上去占卜，就说'我是田忌的家人。我们三战三胜，威震天下。

想要干件大事，你算算是吉利还是不吉利'?”问卜的人走了以后，驺忌子就派人逮捕了为他占卜的先生，在齐威王那里当面验证问卜之辞。田忌听说后，就率领部下袭击临淄，要抓捕成侯驺忌子，没有取胜，只好逃出了齐国。

威王三十六年，去世，他的儿子田辟彊即位，这就是齐宣王。

宣王元年①，秦用商鞅②。周致伯于秦孝公③。

二年④，魏伐赵。赵与韩亲，共击魏。赵不利，战于南梁⑤。宣王召田忌复故位⑥。韩氏请救于齐。宣王召大臣而谋曰：“蚤救孰与晚救⑦?”驺忌子曰：“不如勿救。”田忌曰：“弗救，则韩且折而入于魏，不如蚤救之。”孙子曰⑧：“夫韩、魏之兵未弊而救之，是吾代韩受魏之兵，顾反听命于韩也⑨。且魏有破国之志，韩见亡，必东面而诉于齐矣⑩。吾因深结韩之亲而晚承魏之弊⑪，则可重利而得尊名也。”宣王曰：“善。”乃阴告韩之使者而遣之⑫。韩因恃齐，五战不胜，而东委国于齐⑬。齐因起兵，使田忌、田婴将⑭，孙子为师⑮，救韩、赵以击魏⑯，大败之马陵⑰，杀其将庞涓，虏魏太子申⑱。其后三晋之王皆因田婴朝齐王于博望⑲，盟而去。

【注释】

①宣王元年：应作“威王十五年”，相当于秦孝公二十年，前342年。

②秦用商鞅：秦孝公用商鞅变法富强事，详见《商君列传》。

③周致伯（bà）于秦孝公：据《秦本纪》，“孝公十九年，天子致伯”，与此文所记相差一年。致伯，授予诸侯霸主的称号。伯，通“霸”，即“霸主”。秦孝公，名渠梁，秦献公之子，前361—前338年在位。

④二年：应作“威王十六年”，当魏惠王二十九年、赵肃侯九年、韩昭侯二十二年，前341年。

⑤赵不利，战于南梁：梁玉绳曰：“当云‘魏伐韩，赵与魏亲，共击韩，赵不利，败于南梁。韩氏请救于齐’。”南梁，韩邑名。在今河南汝州西。

⑥宣王：应作“威王”。召田忌复故位：田忌此时未奔他国，故此处亦不必言“复故位”。陈仁锡曰：“史载其奔在前，故谓‘召复位’。若忌既袭齐，岂得再复？”杨宽曰：“吴、梁二氏据《国策》纠《史记》，以田忌出奔在马陵战后，甚是；梁氏以史公杜撰田忌袭齐事，亦是。惟梁氏谓田忌之奔在宣王时，不在威王时，《史记》之误为威王时又由《国策》之误，则殊非。据《纪年》，马陵之役在齐威王之十四、五、六年间，田忌出奔在马陵战后，正当齐威王时，其时齐亦正邹忌为相而田忌为将。史公既误前威王之年，误系马陵之役于宣王二年，又见《长短书》载田忌之走由于齐相邹忌谗构，遂以意移忌奔于桂陵战后；又见马陵之役田忌为主将，遂又谓忌复位在马陵战前耳。”又曰：“田忌因参与马陵之战之计谋而著名，至于马陵之战以前二十九年桑丘之役田忌参与计谋，马陵之战以后二十七年齐宣王伐燕之役田忌又参与计谋，皆出于后人附会，不可信据。”

⑦蚤：通“早”。孰与：相比较哪个好。

⑧孙子：指孙膑，战国时齐国军事家。其事详见《孙子吴起列传》。

⑨顾反：“顾”“反”二字同义，意即反而、却。

⑩诉：诉求，求告。

⑪深结韩之亲而晚承魏之弊：意即与韩国结下亲密的关系，慨然答应相救，令其誓死抗魏，又可等到魏疲敝不堪时再出兵。茅坤曰：“孙膑之谋，巧于借魏胁韩，而因以自为功矣。”

⑫阴：暗中，私下里。

⑬委国于齐：将整个国家政权都交给齐国。

⑭田婴：齐将，孟尝君田文之父。

⑮孙子为师：即孙膑为军师。

⑯救韩、赵以击魏：梁玉绳曰："'赵'字衍。"

⑰马陵：险路名。其位置说法不一，或说在今河南范县西南，当时属魏；或说在今山东鄄城东北，当时属齐。两说的实地相距不远。元代的范县县令孟之普曾有《马陵道中》诗以咏其事曰："广衍东原境，势非峨眉巅。夹堤积冲撞，倾崩成大川。房屋多斜曲，岐路几回旋。奇哉孙子智，减灶擒庞涓。"至于魏国东境与大梁之间有无三日行军之路程，大梁以东的地区内有无"马陵道"那样的地形地貌，这也不能单凭现在的地形为依据，因为这一带是黄泛区，当时孙膑作战的地面早已被埋藏在几十米的黄沙之下了。要想确定马陵道在何处，必须有考古的实据做支撑。

⑱杀其将庞涓，虏魏太子申：按，以上齐军破魏于马陵事，详见《战国策·齐策》。《战国策》中设谋者为"田臣思"，田臣思即田忌，通篇却未出现"孙膑""庞涓"诸人，与此颇异。庞涓，魏将。其事详见《孙子吴起列传》。太子申，魏惠王的太子，名申。其事见《魏世家》。

⑲博望：齐邑名。在今山东茌平西北。

【译文】

宣王元年，秦国任用商鞅。周天子授予秦孝公诸侯霸主的称号。

宣王二年，魏军讨伐赵国。赵国与韩国友好，两国联兵反击魏国。赵军作战不利，在南梁战败。齐宣王召回田忌，恢复他原来的职位。这时韩国向齐国求救。齐宣王召集大臣商议说："早救韩与晚救韩相比较，哪个更有利？"驺忌子说："不如不救。"田忌说："如果不救，韩国就要失败而并入魏国，不如早去救援。"孙膑说："如果韩、魏的军队尚未疲惫就去援救，那就是我们代替韩国承受魏军的攻击，到头来我们反而要听命于韩国。况且魏国已有灭掉韩国的打算，韩国眼看就要灭亡，必定会东来向齐国告求救兵。我们趁机与韩国结下亲密的关系，又可稍晚去利用魏军的疲惫，这样就能既获得重大的实利，又赢得美好的名声。”齐宣王说：“很好。”于是暗中告诉韩国使者并把他送走。韩国于是指望齐国救援，结果五战都失败了，只好把国家托付给东方的齐国。齐国趁势出兵，派田忌、田婴为大将，孙膑为军师，进击魏军以救援韩、赵，在马陵大败魏军，杀死魏将庞涓，俘虏了魏太子申。此后，韩、赵、魏三国的君主都由田婴引见，在博望朝拜齐王，盟誓之后离去。

七年①，与魏王会平阿南②。明年，复会甄③。魏惠王卒④。明年，与魏襄王会徐州⑤，诸侯相王也⑥。

十年⑦，楚围我徐州。

十一年⑧，与魏伐赵，赵决河水灌齐、魏，兵罢。

十八年⑨，秦惠王称王⑩。

宣王喜文学游说之士⑪，自如驺衍、淳于髡、田骈、接予、慎到、环渊之徒七十六人⑫，皆赐列第，为上大夫⑬，不治而议论⑭。是以齐稷下学士复盛⑮，且数百千人⑯。

十九年⑰，宣王卒，子湣王地立⑱。

【注释】

①七年：应作“威王二十一年”，当魏惠王三十四年，前336年。

②平阿：齐邑名。在今安徽怀远西南。

③明年，复会甄：明年，应是齐威王二十二年，当魏惠王三十五年，前335年。甄，即“鄄”，齐邑名。在今山东鄄城北。杨宽曰：“《六国表》《田世家》《魏世家》以及《孟尝君列传》俱谓马陵之役以后，齐、魏会徐州相王之前，先有齐、魏平阿之会，又有齐、魏甄之会。

《孟尝君列传》以为出于田婴之策划。……《魏策二》第十一章亦云：'马陵之役齐大胜魏，魏惠王从惠施变服折节而朝齐之谋，愿臣畜而朝，田婴许诺，遂内魏王而与之并朝齐侯再三。'……足证甄之会魏惠王确已用朝礼，不仅徐州之会用朝礼也。"

④魏惠王卒：此年为魏惠王三十五年，"前元"的最后一年；下年为魏惠王之"后元元年"，非魏惠王卒，《魏世家》与《六国年表》同误。

⑤明年，与魏襄王会徐州：明年，应是齐威王二十三年，当魏惠王后元元年，前334年。与魏襄王会徐州，应作"与魏惠王会徐州"，魏襄王的上台尚在十六年之后，此年乃魏惠王"后元元年"。徐州，齐邑名。当时也称薛邑，在今山东滕州南。

⑥诸侯相王（wàng）：诸侯之间相互承认为王。其实当时称"王"的只有魏、齐两国。之前的逢泽之会，魏已称王，而这次"会徐州，相王"实际是魏国尊齐国为王，是对齐国委曲求全，表明此时齐国已取代魏国成为中原地区最强大的国家。

⑦十年：应作"威王二十四年"，当楚威王七年，前333年。

⑧十一年：应作"威王二十五年"，当魏惠王后元三年、赵肃侯十八年，前332年。

⑨十八年：应作"威王三十二年"，前325年。

⑩秦惠王称王：秦惠王原称惠公，秦孝公之子，前337年即位。据《六国年表》，此年的"四月戊午，君为王"，于明年改称元年。

⑪宣王喜文学游说之士：文学，当时指学术。文学之士，即指持儒、墨、道、法诸家学说的学者。游说之士，策士，指当时游走各国，陈说形势，以各派政治观点游说当权者的一批人。按《六国年表》，此时齐国仍是齐威王在位，但此处司马迁对齐宣王所做的历史评价仍为有效。

⑫驺衍：也作"邹衍"，阴阳五行学家。由于其言论"宏大不经"，被时人称为"谈天衍"。其事见《孟子荀卿列传》。田骈：道家。《正

义》曰:"齐人,游稷下,号'天口骈',作《田子》二十五篇也。"接予:泷川曰:"《孟荀列传》作'接子','予'盖其名。"《正义》曰:"齐人,《艺文志》有《接予》二篇,在道家流。"慎到:《正义》曰:"赵人,战国时处士,《艺文志》作《慎子》四十二篇也。"为法家学派。环渊:《正义》曰:"楚人,《孟子传》云环渊著书上、下篇也。"属道家学派。

⑬皆赐列第,为上大夫:《孟子荀卿列传》曰:"皆命曰列大夫,为开第康庄之衢,高门大屋,尊宠之。"列第,相毗邻的府第。上大夫,战国诸侯国卿之下,大夫分上、中、下三等,上大夫为居上位者,仅次于"卿"。

⑭不治而议论:不用处理政事,专门讨论学术。黄式三曰:"客卿之例如此,《孟子》所谓'无官守、无言责'也。"议论,评论是非。

⑮稷下学士复盛:徐孚远曰:"言'学士复盛',则先时已有之,至宣王而复修也。"中井积德曰:"前不录稷下,而此记'复盛',盖前文有阙耳。"稷下,《集解》引刘向曰:"齐有稷门,齐城门也。"《索隐》引虞喜曰:"齐有稷山,立馆其下以待游士。"按,若曰"稷山",则与"开第康庄之衢"者不合。作城门解略好。

⑯且:将近,几近。数百千人:数百人乃至上千人。

⑰十九年:应作"威王三十三年",前324年。

⑱宣王卒,子湣王地立:此司马迁误书,"宣王卒,子湣王立",尚在二十三年之后。

【译文】

宣王七年,齐宣王与魏惠王在平阿城南会晤。第二年,齐宣王又与魏惠王在鄄邑会晤。魏惠王去世。次年齐宣王与魏襄王在徐州会晤,彼此承认对方为王。

宣王十年,楚军围攻齐国的徐州。

宣王十一年,齐国联合魏国共同伐赵,赵国决黄河水淹齐、魏之军,齐、魏撤兵而回。

宣王十八年，秦惠王称王。

齐宣王喜好文章博学之徒与能言善辩的策士，闻声而至的有驺衍、淳于髡、田骈、接予、慎到、环渊等七十六人，都赏赐给宅第，任命为上大夫，让他们不用处理政事而专门讨论学术。因此齐国的稷下学士又多起来了，将近数百以至上千人。

宣王十九年，去世，他的儿子湣王田地即位。

湣王元年①，秦使张仪与诸侯执政会于啮桑②。

三年，封田婴于薛③。

四年④，迎妇于秦⑤。

七年⑥，与宋攻魏⑦，败之观泽⑧。

十二年⑨，攻魏⑩。楚围雍氏⑪，秦败屈匄⑫。苏代谓田轸曰⑬："臣愿有谒于公⑭，其为事甚完⑮，便楚利公⑯，成为福，不成亦为福。今者臣立于门⑰，客有言曰魏王谓韩冯、张仪曰⑱：'煮枣将拔⑲，齐兵又进，子来救寡人则可矣⑳；不救寡人，寡人弗能拔㉑。'此特转辞也㉒。秦、韩之兵毋东，旬余，则魏氏转、韩从㉓，秦逐张仪，交臂而事楚㉔，此公之事成也。"田轸曰："奈何使无东㉕？"对曰："韩冯之救魏之辞，必不谓韩王曰'冯以为魏'，必曰'冯将以秦韩之兵东却齐宋㉖，冯因抟三国之兵㉗，乘屈匄之弊㉘，南割于楚，故地必尽得之矣'㉙。张仪救魏之辞，必不谓秦王曰'仪以为魏'，必曰'仪且以秦韩之兵东距齐宋㉚，仪将抟三国之兵，乘屈匄之弊，南割于楚，名存亡国㉛，实伐三川而归㉜，此王业也'㉝。公令楚王与韩氏地㉞，使秦制和㉟，谓秦王曰'请与韩地，而王以施三川[36]，韩氏之兵不用而得地于楚[37]’，韩冯之东兵之辞且谓秦何[38]？曰‘秦兵不用而得三川[39]，伐楚韩以窘魏[40]，魏氏不敢东[41]，是孤齐也’。张仪之东兵之辞且谓何[42]？曰‘秦韩欲地而兵有案[43]，声威发于魏，魏氏之欲不失齐楚者有资矣’[44]。魏氏转，秦韩争事齐楚[45]，楚王欲而无与地[46]，公令秦韩之兵不用而得地，有一大德也。秦韩之王劫于韩冯、张仪而东兵以徇服魏[47]，公常执左券以责于秦、韩[48]，此其善于公而恶张子多资矣[49]。”

【注释】

①湣王元年：应作“威王三十四年”，当秦惠文王初更二年，前323年。

②张仪：姬姓，张氏，魏公族庶子。秦惠王九年（前329）入秦，采用连横策略，使秦土地日广，后封为武信君。其事详见《张仪列传》。时为秦相，据杨宽《战国史表》，张仪为秦相自秦惠文王十年（前328）开始。啮（niè）桑：齐邑名。在今江苏沛县西南。

③三年，封田婴于薛：三年，应作“威王三十六年”，前321年。《孟尝君列传》亦误书此事曰“湣王三年”。

④四年：应作“威王三十七年”，前320年。按，是年齐威王死，前文所谓之“威王卒，子宣王辟彊立”，应移于此。

⑤迎妇于秦：指从秦国迎娶王后。

⑥七年：应作“宣王三年”，当宋君偃十二年、魏襄王二年，前317年。

⑦与：联合。

⑧观泽：魏邑名。在今河南清丰南。

⑨十二年：应作“宣王八年”，当魏襄王七年、楚怀王十七年、韩宣惠王二十一年、秦惠文王后元十三年，前312年。

⑩攻魏：帛书《战国纵横家书》二十二章作“齐、宋攻魏”，是，与下

文相合。

⑪楚围雍氏：楚围雍氏之役，《韩世家》错简于韩襄王十二年，然其记事颇详尽，可参看。雍氏，韩邑名。在今河南禹州东北。

⑫秦败屈匄：这场战役，秦破楚军于丹阳，斩首八万，虏获楚将屈丐，夺取楚汉中地。其事详见《楚世家》与《屈原列传》。屈匄，亦作“屈丐”。

⑬苏代谓田轸：苏代，司马迁以为是苏秦之弟，今考据者皆以为不然。其事详见《苏秦列传》。田轸，即陈轸，《战国纵横家书》直作“陈轸”，当时的纵横家。其事详见《张仪列传》。此时正在楚为官。按，“苏代谓田轸”云云一段文字，今本《战国策》不载，而见于1973年长沙马王堆出土的《战国纵横家书》第二十二章，无说者主名，因文中有“今者秦立于门”之语，故各家皆以为是苏秦说陈轸之语。《战国纵横家书》对此篇即以“苏秦谓陈轸章”标名。

⑭谒：禀告，陈说。

⑮其为事甚完：意谓为您办一件大好事。

⑯便楚利公：底本原文作“使楚利公”。《战国纵横家书》作“便楚利公”，意即对楚国、对您都有好处。是也，今据改作“便”。

⑰臣立于门：《战国纵横家书》作“秦立于门”，“秦”字为苏秦自谓。

⑱韩冯：也写作“韩凭”，《战国纵横家书》作“韩倗”，即公仲侈。时为韩国宰相。

⑲煮枣将拔：煮枣将要被攻取。煮枣，魏邑名。在今山东菏泽西南。

⑳子来救：你们倘能来救，指韩、秦二国之兵。

㉑寡人弗能拔：《战国纵横家书》作“寡人不能支”，是。支，支撑，抵抗。

㉒转辞：婉转之辞。

㉓“秦、韩之兵毋东”三句：底本“韩从”下有“秦”字。《战国纵横家书》无“秦”字，整句作“秦、韩之兵毋东，旬余，则魏氏转、韩氏

从”，意思清楚，今据删“秦”字。转，《战国纵横家书》注：“改变策略，下文‘韩氏转’同。”

㉔交臂而事楚：底本原文作“交臂而事齐楚”，《战国纵横家书》无“齐”字，与齐无涉，今据删。交臂，两手相交合，即拱手。

㉕奈何使无东：意谓怎样才能让秦、韩的军队在十天之内不东出救魏。

㉖却：攻退。

㉗抟（tuán）：集聚，集结。

㉘乘屈匄之弊：趁屈匄战败后的疲惫。

㉙故地：指此前被楚国强占去的韩国土地。

㉚距：通“拒”，抵御。

㉛名存亡国：名义上是保存将要灭亡的魏国。

㉜伐三川：意即向韩国、周国炫耀武力。伐，炫耀，矜夸。三川，指今河南洛阳及洛阳西南的一带地区，因其地有黄河、洛水、伊水而得名，这些地区当时属于韩、周两国。

㉝王业：王者的事业，指以“仁义”服人。

㉞与韩氏地：割给韩国一些土地。

㉟制和：控制楚、韩之间的媾和。

㊱施三川：向韩国施恩德。

㊲韩氏之兵不用而得地于楚：意即韩国的军队没有动用就能从楚国得到土地。

㊳韩冯之东兵之辞且谓秦何：韩冯向东发兵的言辞会怎么对秦国说呢？

㊴秦兵不用而得三川：秦国不用出兵就能夺取三川，得到了韩、周两国的感谢。

㊵伐楚韩以窘魏：炫耀与楚、韩关系好而使魏国陷入困境。窘，让魏国陷入困境。

㊶魏氏不敢东：指因其周边国家都与秦国友好，魏国便不敢向东联合齐国。

㊷张仪之东兵之辞且谓何:张仪向东发兵的言辞会怎么说呢?

㊸秦韩欲地而兵有案:《战国纵横家书》作"韩欲地而兵按",无"秦""有"二字。案,即按兵不动,停止进军。

㊹魏氏之欲不失齐楚者有资矣:魏国不想失去和齐、楚的关系也就有了理由。资,凭借。

㊺魏氏转,秦韩争事齐楚:意即魏国的战略改变,即转而亲齐、楚,秦、韩也争相倒向齐、楚。

㊻楚王欲而无与地:《战国纵横家书》作"王欲无与地",无"楚""而"二字。与,给予。

㊼劫:威逼,胁迫。以徇服魏:使魏国顺服而使秦、韩付出代价。徇服,驯服。此处指出兵使之臣服。

㊽左券:古代的契书常分为两半,债权人与债务人各执其一作为凭证。左券为上,右券为下。债权人执有左券,即借代为债主。责于秦、韩:秦、韩两国的大债主。责,同"债"。

㊾此其善于公而恶张子多资矣:这就是对您(陈轸)有利,对张仪是多么不利。恶,不利。

【译文】

湣王元年,秦国派张仪和各国的执政大臣在啮桑会晤。

湣王三年,齐国将薛邑封给了田婴。

湣王四年,齐国从秦国迎娶王后。

湣王七年,齐国与宋国联合攻魏,在观泽打败了魏军。

湣王十二年,齐军攻打魏国。楚军围攻韩国的雍氏邑,秦国击败了楚将屈匄。苏代对楚国大臣田轸说:"我希望能向您陈述,为您办一件大好事,这件事对楚国和您个人都有好处,办成了对您是福,办不成对您也是福。今天我站在门口,有门客说到魏王曾对韩冯、张仪说:'煮枣将要被攻取,齐军又来进犯,您二位来救寡人,寡人就可以不败;若不来救寡人,寡人就抵抗不住了。'这只不过是转变策略的说辞。假使秦、韩两国十天之内不出兵救魏，那么魏国就得投靠楚国，韩国也将跟着投靠楚国。到那时，秦国就会驱逐张仪，也将老老实实归附楚国。这样您的事情就成功了。”田轸说：“我怎样才能让秦、韩的军队在十天之内不东出救魏呢？”苏代回答说：“韩冯救魏的言辞，一定不会对韩王说‘我是为了魏国’，必定说‘我将用秦、韩的兵力向东打退齐、宋，趁势集中韩、秦、魏三国之兵，利用屈匄战败后的疲惫，向南要求楚国割地，韩国失去的故地一定能全部收回’。张仪救魏的言辞也一定不会对秦王说‘我是为了魏国’，必定说‘我将用秦、韩的兵力向东打退齐、宋，趁势集中韩、秦、魏三国之兵，趁屈匄战败后的疲惫，向南要求楚国割地，我们名义上是保存将要灭亡的魏国，实际上是向韩国、周国炫耀武力，这可是成就王者的事业呀’。您让楚王割让给韩国土地，让秦国主持楚、韩议和，您对秦王说‘我们楚国愿意割让给韩国土地，我们将让韩国对大王您感恩戴德，韩国的军队没有动用就能从楚国得到土地’。韩冯向东发兵的言辞会怎么对秦国说呢？他会说‘秦国不用出兵就得到了三川的感谢，炫耀与楚、韩关系好而使魏国陷入困境，魏国便不敢向东联合齐国，这样就孤立了齐国’。张仪向东发兵的言辞会怎么说呢？他会说‘秦、韩原想攻打魏国获得土地，现在不用费力就从楚国得到了，于是停止了进军。声威震慑了魏国，魏国不想失去和齐、楚的关系也就有了理由’。魏国一旦离弃秦、韩而亲近齐、楚，秦、韩也就会争相转亲齐、楚，楚国到这时也就用不着再给韩国土地了，您使秦、韩不用发兵就得到土地，这对秦、韩已经是一种大恩德。秦、韩两国君王受张仪、韩冯的控制，向东发兵使魏国顺服而使秦、韩付出代价从今可以免除了，您简直就是这两个国家的大债主，这对您是多么有利而对张仪是多么不利呀。”

十三年，秦惠王卒①。

二十三年②，与秦击败楚于重丘③。

二十四年④，秦使泾阳君质于齐⑤。

二十五年[⑥]，归泾阳君于秦[⑦]。孟尝君薛文入秦，即相秦[⑧]。文亡去[⑨]。

二十六年[⑩]，齐与韩魏共攻秦，至函谷军焉[⑪]。

二十八年[⑫]，秦与韩河外以和[⑬]，兵罢。

二十九年[⑭]，赵杀其主父[⑮]。齐佐赵灭中山[⑯]。

【注释】

①十三年，秦惠王卒：十三年，应作“宣王九年”，当秦惠王二十七年，前311年。秦惠王，也称“秦惠文王”，秦孝公之子，前337—前311年在位。

②二十三年：应作“宣王十九年”，当秦昭王六年、楚怀王二十八年，前301年。

③与秦击败楚于重丘：这场战役为齐与韩、魏一同攻楚，杀楚将唐眛，秦并未参与其事，此处、《楚世家》皆误加入秦国。与，联合。重丘，楚邑名。在今河南泌阳东北。

④二十四年：应作“湣王元年”，当秦昭王七年，前300年。

⑤秦使泾阳君质于齐：据《孟尝君列传》，秦昭王所以派泾阳君入齐为质，乃是为了求使孟尝君入秦。泾阳君，名市，秦惠王之子，秦昭王之弟。与穰侯、高陵君、华阳君被称为秦国“四贵”。其事见《穰侯列传》《范雎列传》。质，做人质。当时盟国之间为加强信任，常以此为手段，所派之人通常为国君之子或国君之弟。

⑥二十五年：应作“湣王二年”，当秦昭王八年，前299年。

⑦归泾阳君于秦：齐畏秦，让泾阳君返回秦国。

⑧孟尝君薛文入秦，即相秦：即田文，齐将田婴之子，“孟尝君”是其封号。因其有封邑在薛，故也称“薛文”。其事见《孟尝君列传》。相秦，即到秦国任相。据《孟尝君列传》，孟尝君入秦后，秦昭王起初想让孟尝君为相，后听人挑拨，转而想杀他，与此说法不同。

⑨文亡去：孟尝君依靠鸡鸣、狗盗之力逃出函谷关，得回齐国事，详见《孟尝君列传》。

⑩二十六年：应作“湣王三年”，当韩襄王十四年、魏襄王二十一年、秦昭王九年，前298年。

⑪至函谷军：一直打到函谷关下。军，驻军。意即停止追击。函谷关，秦国东出中原的要塞，在今河南灵宝东北。

⑫二十八年：应作“湣王五年”，当秦昭王十一年、韩襄王十六年，前296年。

⑬秦与韩河外：秦国将先前所占领的黄河以南地区归还韩国。《韩世家》于此作“秦与我河外及武遂”。河外，当时指黄河以南地区。此即指上文所谓“三川”地带。

⑭二十九年：应作“湣王六年”，当于赵惠文王四年，前295年。

⑮赵杀其主父：主父，即赵武灵王。让位于其子赵何后，自号“主父”。赵武灵王将君位传给幼子赵何，封长子赵章于代，为安阳君。不久发生内讧，被困而饿死于沙丘宫。其事见《赵世家》。

⑯齐佐赵灭中山：中山，古国名。鲜虞人创建，建都于顾（今河北定州），前406年，被魏文侯所灭。后约于周安王二十四年（前378）复国，建都于灵寿（今河北灵寿西北），至此又被赵国所灭。按，《赵世家》书赵灭中山于赵惠文王三年（前296），杨宽《战国史表》从之，皆不言曾有齐国佐助，吴师道、梁玉绳皆以为误。齐趁赵灭中山时攻取邻近的中山土地是实，无助赵灭中山事。

【译文】

湣王十三年，秦惠文王去世。

湣王二十三年，齐军与秦军联合在重丘打败楚军。

湣王二十四年，秦国派泾阳君到齐国做质子。

湣王二十五年，齐国让泾阳君返回秦国。齐国的孟尝君薛文到秦国去做了国相。后来孟尝君从秦国逃了回来。

湣王二十六年，齐军与韩军、魏军联合攻秦，一直打到函谷关下。

湣王二十八年，秦国将前所占去的黄河以南地区归还韩国，两国讲和罢兵。

湣王二十九年，赵国杀害了赵主父。齐国帮助赵国灭掉了中山国。

三十六年[①]，王为东帝，秦昭王为西帝[②]。苏代自燕来[③]，入齐，见于章华东门[④]。齐王曰："嘻，善，子来！秦使魏冉致帝[⑤]，子以为何如？"对曰："王之问臣也卒[⑥]，而患之所从来微[⑦]，愿王受之而勿备称也[⑧]。秦称之，天下安之[⑨]，王乃称之，无后也[⑩]。且让争帝名[⑪]，无伤也。秦称之，天下恶之，王因勿称[⑫]，以收天下，此大资也[⑬]。且天下立两帝[⑭]，王以天下为尊齐乎？尊秦乎？"王曰："尊秦。"曰："释帝[⑮]，天下爱齐乎？爱秦乎？"王曰："爱齐而憎秦。"曰："两帝立约伐赵，孰与伐桀宋之利[⑯]？"王曰："伐桀宋利[⑰]。"对曰："夫约与秦为帝而天下独尊秦而轻齐[⑱]，释帝则天下爱齐而憎秦，伐赵不如伐桀宋之利，故愿王明释帝以收天下[⑲]，倍约宾秦[⑳]，无争重[㉑]，而王以其间举宋[㉒]。夫有宋，卫之阳地危[㉓]；有济西[㉔]，赵之河东国危[㉕]；有淮北[㉖]，楚之东国危[㉗]；有陶、平陆[㉘]，梁门不开[㉙]。释帝而贷之以伐桀宋之事[㉚]，国重而名尊，燕楚所以形服[㉛]，天下莫敢不听，此汤武之举也[㉜]。敬秦以为名[㉝]，而后使天下憎之，此所谓以卑为尊者也[㉞]。愿王孰虑之[㉟]。"于是齐去帝复为王，秦亦去帝位。

【注释】

①三十六年：应作"湣王十三年"，当秦昭王十九年，前288年。

②王为东帝，秦昭王为西帝：春秋时期各国诸侯皆称“公”，唯周天子称王。战国以来，各国诸侯势力逐渐强大，亦先后称“王”，于是齐、秦两个大国又不甘心与其他诸侯等列，即相约彼此称“帝”，齐为“东帝”，秦为“西帝”。遂有此同时称“帝”之举。

③苏代：《战国策·齐策》作“苏秦”，当从《齐策》。

④章华东门：《集解》引左思《齐都赋》注曰：“齐小城北门也。”

⑤秦使魏冉致帝：秦国派魏冉来尊齐为东帝。魏冉，即穰侯，为宣太后异父弟、秦昭王之舅。秦昭王异母兄秦武王去世后，秦昭王依靠宣太后与穰侯的力量夺权上位；秦昭王即位后，穰侯多年为相，在秦国开疆拓土上也有巨大功劳，权倾一时。后因专权跋扈，于秦昭王四十一年（前266）被罢相。次年，宣太后卒，他被遣赴封邑。其事详见《穰侯列传》。致，送某物、某名于人。

⑥卒（cù）：同“猝”，突然。

⑦患之所从来微：祸患总是逐渐产生的。微，不明。指不易被人注意。

⑧勿备称：《战国策》于此作“勿庸（义同“用”）称”。

⑨天下安之：天下安然，意即没有强烈反对的。

⑩无后也：也不算晚。

⑪且让争帝名：况且在争称帝号时谦让一下。

⑫因：趁着。

⑬以收天下，此大资也：以此收拢天下人心，这是很大的资本。

⑭且天下立两帝：《战国策·齐策》自此句开始为另一段，章首有“苏秦谓齐王曰”几字。

⑮释帝：放弃帝号不用。释，放。

⑯两帝立约伐赵，孰与伐桀宋之利：秦、齐两国联盟共同伐赵有利，还是独自讨伐像夏桀一样的宋国暴君有利。联合齐国伐赵，此即秦国“远交近攻”之方略。当时与秦相邻者以赵国为最强，赵国

一旦被破，则东方即再无可以抗秦者。桀宋，指宋国的末代国君宋王偃，《宋微子世家》说他荒淫残暴，诸侯皆称之曰“桀宋”。

⑰伐桀宋利：宋小国弱，且又邻齐，得地则归齐所有，故曰“利”。

⑱夫约与秦为帝：底本原文作“夫约钧，然与秦为帝”，张照曰：“去‘钧然’二字，文义自明。”泷川曰：“《策》姚本无‘钧然’二字。”按，诸说是，今据删“钧然”二字。

⑲明释帝：公开声明自己放弃称帝。

⑳倍约宾（bìn）秦：抛开与秦国称帝的约定，反过来摈斥秦国。倍，通“背”。宾，通“摈”，排斥。

㉑无争重：不要与秦争高低。

㉒以其间举宋：趁诸侯与秦国闹矛盾的机会攻取宋国。举，攻下，占领。

㉓夫有宋，卫之阳地危：占有了宋国，那卫国的地盘也就难保了。阳地，《集解》曰：“濮阳之地。”濮阳当时是卫国的都城。

㉔济西：相当于今山东之禹城、茌平、聊城一带，因其地处当时的济水以西，故云。当时的济水约当今之黄河的流向，流经今之梁山、东平、平阴、济南，流向东北，入渤海。

㉕赵之河东国危：底本原文作“赵之阿东国危”。梁玉绳曰：“《策》作‘河东’，谓赵河之东也，此误作‘阿’。”按，梁说是，今据改。“赵河东国”即今之河北大名与山东之临清、武城一带，都处于当时的黄河以东。当时的黄河流经赵国东部，在今河北黄骅入海。

㉖淮北：当时宋国的地盘，约当今之安徽北部与河南东南部一带地区。

㉗楚之东国：约当今之江苏北部一带。

㉘陶：魏邑名。在今山东定陶西北。平陆：齐邑名。在今山东汶上北。

㉙梁门不开：魏都大梁的城门不开，极言魏国受逼的恐惧之状。梁门，魏都大梁的城门。

㉚贷：推卸。

㉛形服：泷川曰："形，势也，畏势而服。"迫于形势而臣服。

㉜汤武之举：商汤伐桀、周武王伐纣一样的顺天应民之举。

㉝敬秦以为名：表面上说是敬重秦国称帝。

㉞以卑为尊：貌似卑怯，而实际所得的是更大的尊贵。

㉟愿王孰虑之：希望大王认真考虑。孰虑，仔细考虑。以上苏秦劝齐湣王放弃称帝事，见《战国策·齐策》。鲍彪曰："此策自为智则明，为人谋则忠，苏、张之巨擘也。"

【译文】

湣王三十六年，自称东帝，秦昭王自称西帝。苏代从燕国来到齐国，在章华东门拜见齐湣王。齐湣王说："嘿，好啊，你来了！秦国派魏冉来尊我为帝，你觉得怎么样？"苏代回答说："大王问我问得太突然了，我觉得祸患总是逐渐产生的，希望大王接受帝号，但不要马上使用。秦国称帝后，如果天下安然，大王再称帝，也不算晚。况且在争称帝号时谦让一下，也没什么坏处。如果秦王称帝以后，天下人都很憎恶，大王您就趁机不要称帝，以此收拢天下人心，这是很大的资本啊！再说天下并立两帝，大王认为天下会因此而尊崇齐国呢，还是尊崇秦国？"齐湣王说："尊崇秦国。"苏代说："如果放弃帝号不用，天下是敬爱齐国呢，还是敬爱秦国？"齐湣王说："敬爱齐国而憎恶秦国。"苏代又说："东、西两帝订立盟约进攻赵国有利，还是独自讨伐像夏桀一样的宋国暴君有利？"齐湣王说："独自讨伐像夏桀那样的宋国暴君有利。"苏代说："相约与秦国一起称帝，天下人就会尊重秦国而轻视齐国；放弃称帝则天下人就会敬爱齐国而憎恶秦国；讨伐赵国不如讨伐宋国暴君有利，所以我希望大王明确放弃帝号以收取天下的人心。抛开与秦国称帝的约定，反过来摈斥秦国，大王先不要与秦国争高论低，而是趁诸侯与秦国闹矛盾的机会攻取宋国。一旦占有了宋国，则卫国仅有的濮阳也就危急了；占有济水以西，赵国黄河以东的国土就危急了；占有淮水以北，楚国的东部领地就危急了；占有陶、平陆，魏都大梁的城门就不敢打开了。放弃称帝而代之以讨伐宋国暴君，齐国的地位就更重，大王的声望就更尊崇，燕国和楚国也会因形势所迫而来臣服，天下各国都不敢不听从齐国，这正是像商汤伐桀、周武王伐纣一样的顺天应民之举。名义上敬重秦国的称帝，然后让天下人都憎恶它，这就是所谓由卑下变为尊贵的办法。希望大王认真考虑。”于是齐湣王放弃帝号，重新称王，秦王见此也去掉了帝号。

三十八年[①]，伐宋[②]。秦昭王怒曰：“吾爱宋与爱新城、阳晋同[③]。韩聂与吾友也[④]，而攻吾所爱[⑤]，何也？”苏代为齐谓秦王曰[⑥]：“韩聂之攻宋，所以为王也。齐强，辅之以宋[⑦]，楚魏必恐，恐必西事秦，是王不烦一兵，不伤一士，无事而割安邑也[⑧]，此韩聂之所祷于王也。”秦王曰：“吾患齐之难知。一从一衡[⑨]，其说何也[⑩]？”对曰：“天下国令齐可知乎[⑪]？齐以攻宋[⑫]，其知事秦以万乘之国自辅[⑬]，不西事秦则宋治不安。中国白头游敖之士皆积智欲离齐秦之交[⑭]，伏式结轶西驰者，未有一人言善齐者也；伏式结轶东驰者，未有一人言善秦者也[⑮]，何则？皆不欲齐秦之合也。何晋楚之智而齐秦之愚也[⑯]！晋楚合必议齐秦，齐秦合必图晋楚，请以此决事。”秦王曰：“诺。”[⑰]于是齐遂伐宋，宋王出亡，死于温[⑱]。齐南割楚之淮北，西侵三晋，欲以并周室[⑲]，为天子。泗上诸侯邹鲁之君皆称臣[⑳]，诸侯恐惧。

【注释】

①三十八年：应作“湣王十五年”，当宋王偃四十三年、秦昭王二十一年，前286年。

②伐宋：《战国策·韩策》作“韩珉伐宋”。吴师道曰：“《韩策》云‘韩珉相齐’，盖韩珉为齐伐宋也。”伐，讨伐，攻打。

③吾爱宋与爱新城、阳晋同:新城,韩邑名。在今河南伊川西南。这里借指韩国。阳晋,卫邑名。在今山东郓城西。这里借指卫国。秦昭王此言的隐含意思是,这三个国家我都想要。

④韩聂:即《战国策》中"韩珉",时为齐湣王相。

⑤攻吾所爱:意即齐国攻打我想要的国家。

⑥苏代为齐谓秦王曰:苏代,《战国策·韩策》作"苏秦",是。苏秦为燕国到齐国行反间之计,劝齐伐宋,想以此消耗齐国,担心秦国败其事,故劝说秦王去制止。

⑦齐强,辅之以宋:意谓齐国本来强大,灭宋之后,则又给强齐加了一股力量。

⑧无事:没有战事,即不用战斗。安邑:魏国旧都。在今山西夏县西北。

⑨一从一衡:犹言一会儿合纵一会儿连横。从,同"纵"。

⑩其说何也:这该怎么解释。

⑪国:《战国策》"国"字作"固",本来,原本。

⑫以:通"已"。

⑬其知事秦以万乘之国自辅:齐国明白,事奉秦国就会得到万乘之国的力量辅助自己。

⑭中国:指中原地区。白头游敖之士:从事了一辈子奔走游说的人们。游敖之士,即游说之士。游敖,游说。积智:处心积虑。

⑮"伏式结轶(zhé)西驰者"四句:《孟尝君列传》有所谓"天下之游士冯轼结靷东入齐者,无不欲强齐而弱秦者;冯轼结靷西入秦者,无不欲强秦而弱齐",句子与此雷同。伏式结轶西驰,即乘车西驰入秦。伏式,身体凭靠在车厢前的横木上。这里即指乘车。式,通"轼"。结轶,义同"结辙",车迹纵横,络绎不绝。言车多。轶,通"辙",车行的轨迹。按,结轶,《战国策》作"结引",《孟尝君列传》作"结靷"。泷川曰:"引,驾牛马之具,在胸曰引,所以引之前行也。"

⑯晋：指韩、赵、魏三国。

⑰秦王曰"诺"：以上苏秦为齐说秦王许其伐宋事，详见《战国策·韩策》。唐兰曰："苏秦的一生，主要是为燕昭王作反间。"

⑱宋王出亡，死于温：宋微子自西周初年建立的宋国，历时七百余年，至此灭亡。其事详见《宋微子世家》与《战国策·宋卫策》。温，魏邑名。在今河南温县西南。

⑲并：吞并。

⑳泗上：泗水流域。邹鲁之君：邹、鲁等国的国君。邹、鲁，皆当时诸侯小国名。邹，也称"邾"，国都在今山东邹县南。鲁，国都即今山东曲阜。

【译文】

湣王三十八年，齐军攻打宋国。秦昭王发怒说："我喜爱宋国，与喜爱韩国的新城、卫国的阳晋是一样的。齐相韩聂是我的朋友，却去攻打我所喜爱的国家，这是为什么呢？"苏代为齐国对秦昭王说："韩聂攻打宋国，就是为了大王。齐国本就强大，加上宋国灭亡以后的助益，楚、魏一定感到害怕。他们害怕，就必定会西来奉事秦国，这样，大王不用一兵，不伤一卒，不用费事就会使魏国割让安邑，这就是韩聂所希望的呀。"秦昭王说："我担心齐国难以猜测。一会儿合纵，一会儿连横，这该怎么解释呢？"苏代回答说："天下各国的情况能让齐国都知道吗？齐国攻打宋国，知道事奉秦国就会有万乘之国的力量辅助自己，不向西侍奉秦国，它所占领的宋国也就不会安定。中原那些白发的游说之士都绞尽脑汁想离间齐、秦的联合，那些驾车纷纷向西奔驰的人士，没有一个是去谈论和齐国交好的；那些驾车纷纷向东奔驰的人士，也没有一个是去谈论同秦国交好的，为什么呢？就是因为他们都不希望秦、齐两国联合。为什么晋、楚之人那么聪明，而齐、秦之人就那么愚蠢呢！晋、楚联合必定商议攻打齐、秦，齐、秦联合也必定要谋划攻打晋、楚。这就是衡量对谁有利的标准。"秦王说："好。"于是齐国便起兵伐宋，宋王偃失败出逃，死在了魏国的温县。接着齐国又向南割取了楚国的淮北地区;向西侵入三晋,并想进而吞并周国,自己做天子。泗水沿岸的邹、鲁等国的国君都向齐国称臣,天下诸侯为此而惊恐不安。

三十九年①,秦来伐,拔我列城九②。

四十年③,燕、秦、三晋合谋,各出锐师以伐,败我济西④。王解而却⑤。燕将乐毅遂入临淄⑥,尽取齐之宝藏器⑦。湣王出亡,之卫⑧。卫君辟宫舍之⑨,称臣而共具⑩。湣王不逊,卫人侵之⑪。湣王去⑫,走邹鲁,有骄色,邹鲁君弗内⑬,遂走莒⑭。楚使淖齿将兵救齐,因相齐湣王⑮。淖齿遂杀湣王⑯,而与燕共分齐之侵地卤器⑰。

【注释】

①三十九年:应作"湣王十六年",当秦昭王二十二年,前285年。

②拔我列城九:杨宽《战国史表》曰:"秦将蒙骜攻齐,夺得九城。"列城,毗连的城。按,《秦本纪》与《六国年表》皆作"蒙武击齐",殆误,应作"蒙骜"。

③四十年:应作"湣王十七年",当燕昭王二十八年、秦昭王二十三年、赵惠文王十五年、韩釐王十二年、魏昭王十二年,前284年。

④"燕、秦、三晋合谋"三句:即乐毅率五国联军破齐于济西事,详见《燕召公世家》《乐毅列传》。底本作"燕、秦、楚、三晋合谋",合谋者为燕、秦、三晋五国,此曰有楚,误,今删。

⑤王解而却:齐湣王的军队溃散退却。指齐湣王的军队溃散,非谓齐湣王尚能主动撤退。解,溃败,离散。

⑥燕将乐毅遂入临淄:五国联军破齐军于济西后,其他四国皆撤军而回,独乐毅率燕军长驱破齐,攻入临淄。

⑦尽取齐之宝藏器:《乐毅列传》云:“珠玉财宝,车甲珍器,尽收入燕,齐器设于宁台,大吕陈于元英,故鼎反于磿室。”燕军残暴掠夺齐国的情形可以概见。关于齐湣王的这次惨败,与苏秦大有关系。杨宽《战国史》曰:“乐毅所以能够一举攻破齐国,主要有两个原因,首先由于乐毅兼为赵、燕两国的‘共相’,先以赵相名义率联军从赵出击,击溃了齐的主力军,因而能独率燕师乘胜长驱直入;其次由于齐湣王中了苏秦的反间计,苏秦原是燕昭王派入齐国的间谍,得到齐湣王重用而出任相国。苏秦在齐国发动五国攻秦,是为了使齐可以乘机攻灭宋国,更是为了使齐连年攻宋而国力大损,并使齐、赵的关系恶化,以便燕能借助秦、赵联合进攻而乘机攻破齐国。”缪文远《战国史系年辑证》曰:“燕军从北面长驱直入,兵抵齐都,苏秦此时反间阴谋暴露,被齐王车裂而死,魂断临淄。苏秦百折不回,终于帮着燕昭王完成了破齐复仇的宿愿。《孙子兵法·用间》说‘燕之兴也,苏秦在齐’,这是对苏秦活动的总结。”王阁森、唐致卿曰:“五国联合攻齐与燕破齐国,是战国时期的重要事件,齐国由此削弱,齐、秦两强东西对峙的局面结束,这在客观上为秦国控制六国、统一中国造成了有利条件。”

⑧湣王出亡,之卫:五国联军败齐于济西后,齐湣王出逃,先逃到了卫国。亡,逃亡。卫,此时的卫国都于濮阳,即今河南濮阳西南。

⑨卫君辟宫舍之:卫国国君打开宫室让他居住。当时的卫君为卫怀君,前324—前283年在位。辟,开。舍,安置,住。

⑩共(gōng)具:为齐湣王置办筵席。共,通“供”。

⑪湣王不逊,卫人侵之:齐湣王对卫君无礼,卫人给齐湣王以回击。侵,此指语言与态度上的反讥、回敬。

⑫去:离开。

⑬有骄色,邹鲁君弗内:据《战国策·赵策》与《鲁仲连邹阳列传》,齐湣王到鲁国时,曾要求人家比照“天子巡狩,诸侯辟舍,纳管

籥，摄衽抱机，视膳于堂下。天子已食，乃退而听朝”，结果“鲁人投其籥，不果纳”。齐湣王路经邹国时，值邹君死，齐湣王想入吊，他要求人家“天子吊，主人必将倍殡棺，设北面于南方，然后天子南面吊也”。结果人家不让他进城。以上皆鲁仲连在痛斥辛垣衍的说辞中所提及，未必属实，今司马迁竟叙为历史。弗内，不让其进城。内，同“纳”。

⑭莒：即今山东莒县。原为小国，此时已成为齐国的“五都”之一，齐国之“都”相当于他国之郡。按，莒邑旧城规模宏大，为今莒县城之六倍。《水经·沭水注》称“其城三重，并悉崇峻，惟南开一门，内城方十二里，郭周四十许里”。今外城西北角“城子口”一带尚有残垣，东西各长二百米，高三米；东南角与西南角之间也有断续的残垣，高者八九米。

⑮楚使淖（nào）齿将兵救齐，因相齐湣王：杨宽曰：“齐湣王因兵败出奔，经卫、邹、鲁等国，回国走莒，即依靠楚之援助。莒为齐五都之一，在齐长城之南，靠近楚国，据此可重建齐之政权，因而重用淖齿为相。”淖齿，楚将。

⑯淖齿遂杀湣王：据《战国策·齐策》，齐湣王至莒，淖齿数之以昏暴不听“天”“地”“人”之警告，遂“杀之于鼓里（地名）”。而旧注又有所谓“淖齿弑湣王而擢其筋，悬于庙梁，宿昔而死”之语。关于淖齿与齐湣王的矛盾，杨宽曰：“当时楚未参与合纵攻齐，派淖齿率军万人前来帮助，因而被齐湣王任为齐相。但是楚的主要目的在于收回过去被宋所取的淮北地，同时控制齐的政权，因而淖齿与齐湣王发生矛盾，齐湣王被淖齿杀死于莒的东庙，不久淖齿为齐王孙贾所杀。”按，淖齿作乱于齐，十五岁的王孙贾振臂呼市人讨杀淖齿事，义薄云天，见《战国策·齐策》。其文曰：“王孙贾年十五，事闵王。王出走，失王之所处。其母曰：‘女朝出而晚来，则吾倚门而望。女暮出而不还，则吾倚闾而望。女今

事王，王出走，女不知其处，女尚何归！’王孙贾乃入市中曰：‘淖齿乱齐国，杀闵王，欲与我诛之者，袒右！’市人从者四百人，与之诛淖齿，刺而杀之。”按，今山东淄博临淄区之淄河村南有“四王墓”，相传为齐威王、齐宣王、齐湣王、齐襄王之墓。四墓自西而东并列，绵延相连，封土高大，状若山丘。此地齐王陵寝极多，故有“齐陵”之称。

⑰与燕共分齐之侵地卤（lǔ）器：卤器，抢掠来的东西。卤，通“虏”。吴如嵩等曰：“战国中期以来，齐、秦两强东西对峙，势均力敌，谁要想在对抗中取胜，都必须因势利导，借助三晋和楚燕的力量，削弱并最终战胜对方。齐国曾有两次机会但都失去了。一次是周慎靓王三年（前318）公孙衍发动的魏、赵、韩、楚、燕五国合纵攻秦，当时齐国只作壁上观，未采取任何行动，坐失良机。另一次是周赧王二十八年（前287）齐国自己以‘攻秦去帝’为号召发动的齐、赵、魏、韩、燕五国的合纵伐秦。齐国目光短浅，只盯着灭宋这个眼前利益，却看不到借此良机削弱秦国将会带来的长远利益，以及灭宋后将会产生的严重后果，从而又一次失去了机会。秦国则能恰到好处地把握时机，利用齐灭宋之后与各国矛盾激化的战略态势，因势利导，以盟主身份策动联合伐齐，终于借助他国之力达到了削弱强大对手的战略目的。”“应该指出的是，各国为维持战略均势而合纵伐齐，结果却恰恰打破了秦、齐两强对峙的战略均势。齐国遭此重创，从此丧失了与秦国相抗衡，称雄天下的实力，使战国的战略格局又发生了变化，两强对峙的战略均势被打破，实力的天平倾向了秦国，一强独霸的局势逐渐形成，这就在客观上为秦国实施东进战略，最后横扫六合、统一天下准备了条件。”

【译文】

湣王三十九年，秦军东伐齐国，占领了齐国的九座城池。

湣王四十年,燕、秦、三晋合谋,各国都派出了精锐部队联合攻打齐国,在济水之西打败了齐国军队。齐王的军队溃散退却。燕将乐毅于是率军攻入临淄,将齐国的宝藏礼器全部掠走。齐湣王逃到卫国。卫国国君打开宫室让他居住,向他称臣并给他备办筵席。齐湣王却傲慢不逊,遭到卫人回击教训。齐湣王离开卫国,逃到了邹国、鲁国,仍然傲慢无礼,邹、鲁的国君都不收留他,于是又跑到莒邑。这时楚国派淖齿率兵救援齐国,淖齿做了齐湣王的相。最终淖齿杀了齐湣王,与燕国一起瓜分了齐国的土地,抢劫了齐国的宝器。

湣王之遇杀,其子法章变名姓为莒太史敫家庸①。太史敫女奇法章状貌,以为非恒人②,怜而常窃衣食之,而与私通焉③。淖齿既以去莒④,莒中人及齐亡臣相聚求湣王子⑤,欲立之。法章惧其诛己也,久之,乃敢自言"我湣王子也"。于是莒人共立法章,是为襄王。以保莒城而布告齐国中⑥:"王已立在莒矣。"

襄王既立⑦,立太史氏女为王后,是为君王后,生子建⑧。太史敫曰:"女不取媒因自嫁⑨,非吾种也,污吾世⑩。"终身不睹君王后。君王后贤,不以不睹故失人子之礼。

襄王在莒五年⑪,田单以即墨攻破燕军⑫,迎襄王于莒,入临菑。齐故地尽复属齐。齐封田单为安平君⑬。

十四年⑭,秦击我刚、寿⑮。

十九年⑯,襄王卒,子建立。

【注释】

①法章变名姓为莒太史敫(jiǎo)家庸:法章,齐湣王之子,即日后的

齐襄王,前283—前265年在位。据《田单列传》,他改姓埋名为太史敫家灌园。莒太史敫,莒邑的富人姓太史,名敫。庸,佣工,雇工。

②恒人:常人,一般的人。恒,常。

③窃衣食之,而与私通焉:偷偷地给他衣、食,与他私下交往。

④淖齿既以去莒:淖齿离开莒邑之后,实则是淖齿被王孙贾所杀之后。梁玉绳曰:"此不宜略。"以,通"已"。

⑤亡臣:战乱中逃匿起来的齐国群臣。求:寻找。

⑥保莒城:据守莒城。当时齐国未被燕军攻占的只有莒与即墨二城。保,据守。

⑦襄王既立:襄王元年为前283年。

⑧生子建:生子曰"建",即日后齐国的亡国之君"齐王建"。

⑨取媒:通过媒人婚嫁。因:就。

⑩污吾世:辱没了我们太史氏的门风。世,传统,统绪。

⑪襄王在莒五年:当燕昭王三十三年,前279年。

⑫田单以即墨攻破燕军:其事详见《田单列传》。田单,齐国名将。

⑬齐封田单为安平君:田单初露头角是在安平,故以此地相封。安平,齐邑名。在当时的临淄城东北。

⑭十四年:当秦昭王三十七年,前270年。

⑮秦击我刚、寿:此次战役所派秦将为"客卿灶"。刚、寿,皆齐邑名。刚,也作"纲",在今山东宁阳东北。寿,在今山东东平西南。

⑯十九年:当秦昭王四十二年、赵孝成王元年,前265年。

【译文】

齐湣王被杀以后,他的儿子法章改姓埋名,做了莒县太史敫家的佣工。太史敫的女儿看他相貌奇特,觉得他不是一个平常的人,怜悯他,经常偷偷给他一些衣物、食品,并和他暗中交往。淖齿离开莒邑后,莒人和齐国大臣都寻找齐湣王的儿子,想立他为齐王。法章害怕这些人杀自己，过了很久才说出自己“是齐湣王的儿子”。于是莒邑吏民共同拥立法章为齐王，这就是齐襄王。齐襄王等人固守莒城，向齐国全境宣布说：“新齐王已经在莒邑即位了。”

王即位后，封太史敫之女为王后，这就是君王后，君王后为襄王生子名建。太史敫说：“女儿不通过媒人而自己嫁人，这不是我的女儿，她玷污了我的门风。”他至死不去看望君王后。君王后为人贤惠，并不因为父亲不来看望而失掉自己做女儿的礼节。

齐襄王在莒邑即位的第五年，田单凭借即墨的力量打败了燕国的军队，从莒邑迎请齐襄王回到临淄。齐国的领土也全部被田单收复。齐襄王封田单为安平君。

襄王十四年，秦军攻打齐国的刚邑、寿邑。

襄王十九年，去世，他的儿子田建继位为王。

王建立六年①，秦攻赵②，齐楚救之③。秦计曰：“齐楚救赵，亲则退兵，不亲遂攻之④。”赵无食，请粟于齐，齐不听。周子曰⑤：“不如听之以退秦兵，不听则秦兵不却，是秦之计中而齐楚之计过也。且赵之于齐楚，捍蔽也⑥，犹齿之有唇也，唇亡则齿寒⑦。今日亡赵，明日患及齐楚。且救赵之务⑧，宜若奉漏瓮沃焦釜也⑨。夫救赵，高义也；却秦兵，显名也。义救亡国，威却强秦之兵，不务为此而务爱粟，为国计者过矣。”齐王弗听⑩。秦破赵于长平四十余万，遂围邯郸。

【注释】

①王建立六年：当秦昭王四十八年、赵孝成王七年、楚考烈王四年，前259年。

②秦攻赵：秦大破赵军于长平之后，继而围攻赵之邯郸，其事详见

《白起王翦列传》《廉颇蔺相如列传》。

③齐楚救之：当时救赵出力最大的是魏与楚，详见《魏公子列传》《平原君列传》《春申君列传》《六国年表》等篇。齐之救赵，仅于此处一见。又，魏、楚之救赵在前257年，即齐王建八年，非此所谓齐王建六年。梁玉绳以为此“王建立六年”应作“五年”，然而齐王建五年，秦、赵“长平之战”时，各篇均无“齐、楚救赵”事。

④亲则退兵，不亲遂攻之：意谓齐、楚联合救赵，如果他们的关系密切，我们就退兵；如果不密切，我们就集中力量攻赵。鲍彪曰：“亲，其交亲。”

⑤周子：齐国谋臣，史失其名。

⑥捍蔽：护卫的屏障。赵在齐之西面、秦齐之间，固无待言；即以楚国而言，当时国都已迁至今安徽寿县，秦不灭赵，亦无法向东灭楚。

⑦犹齿之有唇也，唇亡则齿寒：此语最早见于《左传·僖公十年》宫之奇谏虞君语，其后又见于《战国策·赵策》张孟谈谓韩、魏之君语，盖古谚也。

⑧务：鲍彪曰：“务，事也。”

⑨宜若：应当像。奉漏瓮沃焦釜：捧着漏水的瓮去浇烧焦的锅，极言其不容耽搁。奉，通“捧”，捧着。

⑩齐王弗听：徐孚远曰：“齐不救赵，非为爱粟，深结于秦，盖其本谋误也。”依本文所言，赵借粟于齐，齐人不应事，应在“长平之战”前，此叙于“齐、楚救赵”后，误。以上周子劝齐王助赵事，见《战国策·齐策》，“周子”《策》文作“苏秦”，然苏秦已死于是前五国伐齐时（前284），本文作“周子”是。

【译文】

齐王建即位六年，秦军攻打赵国，齐、楚两国发兵救援。秦国合计说：“齐、楚联合救赵，如果他们的关系密切，我们就退兵；如果不密切，我们就集中力量攻赵。”这时赵国缺少粮食，请求齐国支援，齐国没有答应。

周子说："不如答应支援赵国粮食，这样可以促使秦国退兵。如果不支援赵国粮食，秦国就不会撤兵，这会使秦国的计谋得逞而使齐、楚的计谋失败。况且赵国对于齐、楚来说，就是屏障啊，好像牙齿外面有嘴唇一样，嘴唇没有了，牙齿就会受寒。假如今天赵国灭亡了，明天灾祸就会降临到齐、楚头上。而且救赵之紧急，应该像捧着漏水的瓮去浇烧焦的锅一样。再说救援赵国，可以高标道义；击退秦兵，又能够彰显威名。仗义解救将亡的国家，扬威退却强秦的军队，不尽力去做此事而专注于吝惜粮食，从国家利益衡量，这是极端错误的。"齐王建不听劝谏。秦军在长平击破赵军四十万，并进而包围了赵都邯郸。

十六年，秦灭周①。君王后卒②。

二十三年③，秦置东郡④。

二十八年⑤，王入朝秦⑥，秦王政置酒咸阳⑦。

三十五年，秦灭韩⑧。

三十七年，秦灭赵⑨。

三十八年，燕使荆轲刺秦王，秦王觉，杀轲⑩。明年，秦破燕，燕王亡走辽东⑪。明年，秦灭魏⑫，秦兵次于历下⑬。

四十二年，秦灭楚⑭。明年，虏代王嘉，灭燕王喜⑮。

【注释】

①十六年，秦灭周：十六年，当秦庄襄王元年，前249年。梁玉绳曰："灭东周也，此失'东'字。"秦灭东周在秦庄襄王元年。周国早从显王（前368—前321年在位）时，其仅有的几个县又被其手下的两个大贵族所分而据之，其占据王城（今河南洛阳）者称"西周君"，其占据巩邑（今河南巩义西）者称"东周君"。从此以后的周慎靓王（前320—前315年在位）、周赧王（前314—前256

年在位),虽然名义上仍称“天子”,实际上都是寄人篱下的傀儡。秦昭王五十一年,即前256年,周赧王死,西周君被秦所灭;今秦庄襄王又灭东周君,则周武王灭纣所建立的周王朝至此遂彻底灭亡,共历时八百多年。

②君王后:齐襄王法章之妻,齐王建之母,是齐国后期政权的实际操纵者。其事见上文。

③二十三年:当秦王政五年,前242年。

④秦置东郡:秦在新攻取的魏国地盘上设置了东郡,治所濮阳,在今河南濮阳西南。

⑤二十八年:当秦王政十年,前237年。

⑥王入朝秦:齐王建到秦国朝见秦王。表明齐国亲附秦国。

⑦秦王政置酒咸阳:杨宽曰:“盖十月免吕不韦相之后,秦王政亲自主政,……是时齐王建与赵悼襄王入朝秦王政,秦王政置酒咸阳以接待。”咸阳,当时的秦国都城,在今陕西咸阳东北。秦国自献公时,将都城由雍邑东迁至栎阳。至孝公时,又由栎阳迁至咸阳。

⑧三十五年,秦灭韩:三十五年,当秦王政十七年、韩王安九年,前230年。是年秦灭韩,秦在韩国旧地设立颍川郡。

⑨三十七年,秦灭赵:三十七年,当秦王政十九年、赵王迁八年,前228年。是年秦攻破邯郸,赵王迁被虏后,其兄赵嘉逃至代郡,建立代国,又残存了一段时间。

⑩“三十八年”四句:三十八年,当秦王政二十年、燕王喜二十八年,前227年。是年燕太子丹派荆轲入秦行刺,不成,被秦人所杀。其事详见《燕召公世家》与《刺客列传》。

⑪“明年”三句:明年,当秦王政二十一年、齐王建三十九年,前226年。燕王,指燕王喜,燕国的末代国君,前254—前222年在位。辽东,燕郡名。相当于今之辽宁中部与东南部地区,因其地处辽河以东,故名。

⑫明年，秦灭魏：明年，指齐王建四十年，当秦王政二十二年、魏王假三年，前225年。是年秦灭魏。

⑬秦兵次于历下：秦驻兵于历下，意即秦军占领了齐国的西部地区。次，驻扎。历下，即今山东济南。

⑭四十二年，秦灭楚：四十二年，当秦王政二十四年、楚王负刍五年，前223年。是年秦灭楚。

⑮“明年”三句：明年，指齐王建四十三年，当秦王政二十五年、代王嘉六年、燕王喜三十三年，前222年。是年虏获代王嘉，赵国至此遂彻底灭亡；灭燕王喜，周武王之弟召公姬奭自周初受封建立的燕国至此遂彻底灭亡，共历时八百多年。

【译文】

齐王建十六年，秦国灭掉了东周。君王后去世。

齐王建二十三年，秦国设置东郡。

齐王建二十八年，齐王建到秦国朝见秦王，秦王嬴政在咸阳设宴招待齐王。

齐王建三十五年，秦国灭掉韩国。

齐王建三十七年，秦国灭掉赵国。

齐王建三十八年，燕国派荆轲谋刺秦王，秦王发现后，杀死了荆轲。第二年，秦国攻占了燕国，燕王逃奔辽东。第三年，秦国灭掉魏国，秦军兵临历下。

齐王建四十二年，秦国灭掉了楚国。第二年，秦国俘虏了代王嘉，消灭了燕王喜。

四十四年[①]，秦兵击齐。齐王听相后胜计[②]，不战，以兵降秦。秦虏王建，迁之共[③]。遂灭齐为郡[④]。天下壹并于秦[⑤]，秦王政立号为皇帝[⑥]。始，君王后贤，事秦谨[⑦]，与诸侯信[⑧]，齐亦东边海上，秦日夜攻三晋、燕、楚，五国各自救于秦[⑨]，以故王建立四十余年不受兵[⑩]。君王后死，后胜相齐，多受秦间金[⑪]，多使宾客入秦，秦又多予金，客皆为反间，劝王去从朝秦[⑫]，不修攻战之备，不助五国攻秦，秦以故得灭五国。五国已亡，秦兵卒入临淄[⑬]，民莫敢格者[⑭]。王建遂降，迁于共。故齐人怨王建不蚤与诸侯合从攻秦，听奸臣宾客以亡其国，歌之曰："松耶？柏耶？住建共者客耶[⑮]？"疾建用客之不详也[⑯]。

【注释】

①四十四年：当秦王政二十六年，前221年。

②后胜：齐国大臣，曾任齐王建的相。

③迁：迁徙，流放。共：秦邑名。即今河南辉县。

④灭齐为郡：秦灭齐后，在齐国的中部地区设立了齐郡，在齐国的东南部地区设立了琅邪郡。

⑤壹并：统一归并。

⑥秦王政立号为皇帝：秦王政自认为功高于古之"三皇""五帝"，故并称之"皇帝"。其事详见《秦始皇本纪》。

⑦事秦谨：奉事秦国谨慎。

⑧与诸侯信：与诸侯交往守信。

⑨各自救于秦：意即五国忙于对付秦国以自救，与秦国周旋，故秦无暇东攻齐国。

⑩故王建立四十余年不受兵：杨宽曰："此时燕尝攻齐，一度占有济北之聊城；魏尝攻取齐之平陆；楚尝攻齐之南阳。"吴师道曰："秦远交齐而善之，故齐事秦谨，不悟其计也。'与诸侯信'，此恐未然，《史》称'齐亦东边海上，秦日夜攻三晋、燕、楚，五国各自救，

以故四十余年不受兵’，此实录也。‘齐与诸侯信’，安得不助五国乎？”

⑪秦间金：秦国为行反间所用之金。泷川引《李斯传》曰：“‘秦王拜李斯为长史，听其计，阴遣谋士赍持金玉以游说诸侯，诸侯名士可下以财者，厚遗结之；不肯者，利剑刺之，离其君臣之计，秦王乃使其良将随其后。’王建亦陷其术也。”陈子龙曰：“时秦并诸侯之势成矣，犹行金间齐，使齐兵不出，为万全之策。固知秦之并天下，岂独兵力强哉，其谋深矣！”

⑫劝王去从朝秦：劝齐王脱离东方的合纵的阵营而朝拜、听命于秦。从，同“纵”。

⑬卒（cù）：同“猝”，突然。

⑭格：抵抗，抗拒。

⑮松耶？柏耶？住建共者客耶：据《战国策·齐策》，齐王建听客邪说而入秦，秦“处之共松柏之间，饿而死。先是，齐为之歌曰：‘松邪？柏邪？住建共者客耶？’”王骏图曰：“此盖齐人怆怀故国，深怨王建听宾客奸谋，以致国破而迁住于共，因借松柏以起兴作歌，亦犹乔木、黍离之感，三‘耶’字有无限慨叹艾怨之意。”住建共者，导致齐王建被迁住于共的人。客，为秦国当间谍之“客”，亦包括后胜之流。

⑯疾：恨，责难。不详：不仔细，不谨慎。

【译文】

齐王建四十四年，秦军攻打齐国。齐王建听从齐相后胜的意见，不加抵抗就率军投降了秦国。秦国俘虏了齐王建，把他放逐到共邑。齐国从此灭亡，成为秦国的郡县。天下完全被秦国所吞并，秦王嬴政建立称号叫做皇帝。起初，君王后为人贤惠，奉事秦国谨慎，与诸侯交往守信，再加上齐国东临大海，秦国日夜攻打三晋、燕、楚，五国忙于对付秦国以自救，因此齐王建在位四十余年没有遭受战争之苦。君王后死后，后胜做了齐国相。他接受了秦国间谍的许多金钱，派很多宾客到秦国，秦国又给这些宾客很多钱，这些宾客都反过来为秦国离间齐国，劝说齐王建放弃合纵，入秦朝见秦王，不做任何攻防的准备，不帮助五国抗秦，秦国因此得以灭掉五国。五国灭亡后，秦国的军队突然攻入临淄，齐国没人敢进行抵抗。于是齐王建便投降了秦国，被秦国放逐到了共县。所以齐国人都怨恨齐王不能及早与其他诸侯合纵抗秦，而是听信奸臣后胜及其宾客，从而导致国家灭亡。人们编了歌唱道："松树呢，还是柏树呢？让王建住到共城的不是宾客吗？"意思就是责备齐王建听信宾客的奸谋造成国家灭亡。

太史公曰：盖孔子晚而喜《易》①。《易》之为术，幽明远矣②，非通人达才孰能注意焉③！故周太史之卦田敬仲完，占至十世之后④；及完奔齐，懿仲卜之亦云⑤。田乞及常所以比犯二君⑥，专齐国之政，非必事势之渐然也⑦，盖若遵厌兆祥云⑧。

【注释】

①孔子晚而喜《易》：《论语·述而》："加我数岁，五十以学《易》，可以无大过矣。"《易》，古代的占卜书。

②幽明：从有形无形的物象中预知未来，远观世事之可见的与不易见的。

③通人达才：即博古通今明智达理的人才。注意：这里指用心思学好。

④占至十世之后：预见到十代之后的事情。世，代。

⑤及完奔齐，懿仲卜之亦云：梁玉绳曰："卜不在奔齐时，懿仲亦非齐大夫，说见前。"

⑥比犯二君:《正义佚文》曰:"乞杀悼公、田常杀简公也。"中井积德曰:"明云二君,是晏孺子与简公也。若悼公,田氏不主之也。"比,并。

⑦非必事势之渐然也:并不一定是事态逐渐发展造成的。

⑧盖若遵厌兆祥云:就像是遵循着一种命定的先兆似的。遵厌,遵循。兆祥,先兆预示的吉祥。王若虚曰:"史氏之评,因人事之善恶而正其是非,以示劝戒而裨教化,故可贵也。""而乃云'田乞及常所以比犯二君,专齐国之政,非必事势之渐然也,盖若遵厌兆祥云',则乱臣贼子皆得以'天命'自解而无所惩矣,岂史氏之所宜言乎?"中井积德曰:"太史公信妄诞而议论失正,使人作乱弑君,以遵厌兆祥,岂圣人喜《易》之意哉!"按,司马迁于此处表现了对田氏一群阴谋家也能建立国家并统治国家二百多年的不可理解。"盖若遵厌兆祥",即无"兆祥"可"遵厌",然而世界上居然竟有这等事,这究竟是怎么一种道理呢?按着"善有善报""福善祸淫"的老套,对此讲得通么?盖史公之疑问语。

【译文】

太史公说:孔子在晚年喜欢读《易》。《易》作为一门学问,从有形无形的物象中预知未来,道理很深奥,如果不是博古通今明智达理的人,谁能用心学习于它呢!所以周太史为田敬仲完占卜,能够预见到十世以后的事情;等到田敬仲完逃奔到齐国以后,齐懿仲为他占卜,说的也和周太史一样。田乞和田常之所以连续弑掉两个国君,独揽齐国政权,不一定是事态逐渐发展造成的,倒像是遵循某种命定的先兆一样。

【田齐诸侯世系表】

悼子(前410—前405)——和子(前404—前385)——侯剡(和子子,前384—前375)——桓公(侯剡弟,前374—前357)——威王(桓公子,前356—前320)——宣王(威王子,前319—前301)——湣王(宣王子,前300—前284)—襄王(湣王子,前283—前265)——王建(襄王子,前264—前221)被秦所灭(按,《田世家》与《六国年表》谱列齐国诸侯世系错误甚多,今依杨宽《战国史表》重新谱列。)

【集评】

司马光曰:“从横之说虽反复百端,然大要合从者,六国之利也。昔先王建万国,亲诸侯,使之朝聘以相交,飨晏以相乐,会盟以相结者,无他,欲其同心勠力以保家国也。曏使六国能以信义相亲,则秦虽强暴,安得而亡之哉?夫三晋者,齐楚之藩蔽;齐楚者,三晋之根柢。形势相资,表里相依。故以三晋而攻齐楚,自绝其根柢也;以齐楚而攻三晋,自撤其藩蔽也。安有撤其藩蔽以媚盗曰‘盗将爱我而不攻’,岂不悖哉!”(《资治通鉴》)

郭嵩焘曰:“秦之并诸侯成于商鞅远交近攻之策,亦知六国之心互相兼并,以求自私其国,无能规画天下大事为久远计者,是以更历威王、宣王之世曾无见难相救之心也。长平之败,赵以受韩上党地而激怒秦,又不用廉颇而使赵括将,非齐、楚之救所能及也。所云‘秦计’,亦战国策士虚张其事而为之辞。茅坤论之曰:‘惜君王后深入秦人之购,卒不救赵。’遽以为君王后受秦之购,未审也。”(《史记札记》)

吕祖谦引苏辙曰:“韩、魏、赵、楚与秦壤地相接,虽欲勉强抗秦,而干戈日至,势不可矣。如燕、齐负海,前有四国之限,燕弱不足言,如齐之强,使与四国合从,推其有余以补不足,时至而拯其亟,虽秦之暴,亦安能遂灭诸侯乎?然威、宣方以其力攻伐,诸侯不亲;湣王取宋破燕,求逞其欲,不暇及远;而王建媮安自守,徼幸秦之见容,与五国相随而亡,岂非天哉!然吾观六国之亡,其君无一人可以守国者:楚考烈王死,李园专国,负刍与王犹争立,仅能自定,而秦兵至;赵王迁信谗以诛李牧;魏景湣王用秦间以废信陵;韩王安制于韩玘,燕丹私怨始皇,欲以刺客毙秦,虽使秦寇不作,其势亦不能久安矣,而况秦乘其弊乎!”(《大事记》)

吴见思曰:“田敬仲自陈而来,以至相齐、移国,不得不与陈、齐之事合叙,故上半篇与《陈世家》《齐太公世家》大略相同而较为明净;后半篇纯用《国策》,笔仗更觉流丽波折,大破世家呆板之习。”(《史记论文》)

李景星曰:“《田齐世家》通体灵动,在诸世家中又是一格。以卜辞起,以歌辞终,首尾映带有趣。中间驺忌论鼓琴一段,淳于髡进驺忌隐语一段,尤觉活泼泼地无限神情。此外写其得国处,则托出种种阴谋;写其亡国处,则不禁语语呜咽;写威王之强国处,则似正似谲,夹叙夹议,绝不使一板重之笔,奇绝妙绝!”(《史记评议》)

【评论】

战国时期的田姓齐国是篡了姜姓齐国上位的,但过程相对和平,没有经过血腥的战争,对齐国的社会稳定和经济军事发展基本没有什么影响,所以在战国初期,齐国仍然是大国。虽然魏国经魏文侯、魏武侯的经营首先强大起来,到魏惠王初期强大到顶点,但齐国仍可以先后在桂陵、马陵两次战役中将其打得大败,从此由齐威王、齐宣王到齐湣王初期达到了强盛的顶点。司马迁对齐威王、齐宣王都是非常敬佩的,尤其是齐威王,也是一位带有社会理想色彩的“明君”形象。本篇通过几则故事展现了齐威王的贤明。他对即墨大夫和阿大夫的奖与惩,表现了看问题时看本质而不看表面现象,明智不受蒙蔽,奖惩分明;驺忌用鼓琴之道向他讲治国之道,他一听有理,三月即授予相印;他与魏惠王辩论贤人才是真正的“国宝”,显示了他的敬贤用贤;他采取行动前听取多方意见,从中做出正确选择,不独断专行;于是“齐最强于诸侯”。对于齐宣王,司马迁最欣赏的应该是他对众学者“皆命为列大夫,开第康庄之衢,高门大屋,尊宠之”,使“稷下学士复盛”。齐国有着厚实的“家底”,又有齐威王、齐宣王这样的贤君,国势一时盖过秦国强盛无比,可是它却最后被秦所灭,转折点就是齐湣王的好战,尤其是齐湣王的灭宋,引起了许多国家的警惕与不满,于是燕、赵、魏、秦、韩五国联合起来,以乐毅为统帅,大破齐军于济西，接着燕军长驱直入，攻克临淄，齐湣王也在出逃途中被杀，齐国几乎灭亡，从此一蹶不振。在其后的几十年中，齐国被秦国的“远交近攻”政策所迷惑，采取“孤立政策”，希求苟安，当秦国蚕食且逐个吞并三晋、燕、楚诸国时，齐国不加援助，听奸臣宾客去纵朝秦，终于难逃被秦灭亡的命运。司马光说：“夫三晋者，齐、楚之藩蔽；齐、楚者，三晋之根柢。形势相资，表里相依。故以三晋而攻齐、楚，自绝其根柢也；以齐、楚而攻三晋，自撤其藩蔽也。安有撤其藩蔽以媚盗曰：‘盗将爱我而不攻’，岂不悖哉！”即是对齐国整体政策失误所做的批评。齐国由盛而衰的历史教训是极为惨痛的。

本篇世家一开头就写了两次预言田氏在齐国兴起的占卜，论赞又提到这两次占卜，说“田乞及常所以比犯二君，专齐国之政，非必事势之渐然也，盖若遵厌兆祥云”，似乎承认了这种宿命，后代学者如王若虚等都对此提出了批评。田氏在齐国能够篡夺姜氏政权，靠的是田乞、田常搞阴谋收买民心、除掉有势力的世卿、公族，扫清夺权道路上的障碍，以及直接弑君，这些都是司马迁一直批判的行为。司马迁不能理解这样的家族怎么能兴旺以至于建立国家，而他所依据的史料《左传》中正好有田氏后代为神化自己而为其祖先所编造的“五世其昌”，“八世之后，莫之与京”的神秘预言，他也只好带着疑问引过来了。论赞中“盖……云”的句式，是一种表示疑以传疑的语气，并不是定论，正好说明司马迁对此事的困惑，有着与《伯夷列传》中同样的对天道的怀疑。

本篇的写法上也很有特色。李景星说它通体灵动，大概主要是因为文中穿插着不少故事，而故事中还有谜语、有卜辞、有歌谣，还有引自《战国策》的精彩说辞。这些内容融进记事之中，就消除了呆板之气，使得文章活泼而有意趣。

文中太史敫之女与落难的太子法章私定终身的故事，短小简洁，但它实际搭起了后来民间女子救助落难公子最后终成眷属并富贵荣华这一类才子佳人小说的框架。《史记》中，《游侠列传》《刺客列传》、“赵氏孤儿”“窃符救赵”的故事,都是“侠客小说”的源头;《伍子胥列传》《屈原贾生列传》等是“忠奸斗争小说”的源头;《吕太后本纪》《外戚世家》等是“宫闱秘事小说”的源头。吴曰法在《小说家言》中说:“小说家之神品,大都得力于《史记》者为多。”所以《史记》也是中国传奇小说的源头之一。

最后,说一下本篇中的几处误记。

首先是陈完的身世。本篇说:“陈完者,陈厉公他之子也。”又说:“厉公者,陈文公少子也,其母蔡女。文公卒,厉公兄鲍立,是为桓公。桓公与他异母。及桓公病,蔡人为他杀桓公鲍及太子免而立他,为厉公。厉公既立,娶蔡女。蔡女淫于蔡人,数归,厉公亦数如蔡。桓公之少子林怨厉公杀其父与兄,乃令蔡人诱厉公而杀之。林自立,是为庄公。故陈完不得立,为陈大夫。厉公之杀,以淫出国,故《春秋》曰‘蔡人杀陈他’,罪之也。”这两段与《陈世家》所叙之相关事实,皆为史公误读《左传》,所叙事实皆纰误之极甚者。今简述以上诸人之关系如下:

陈文公有二子:长曰陈桓公,名鲍;次曰陈他,字五父。

陈桓公有四子:长名免,为太子;次名跃,即日后之厉公;三名林,即日后之庄公;四名杵臼,即日后之宣公。

陈桓公病时,其弟陈他弑其兄,并杀太子免,而自立为君。太子免四兄弟的母亲都是蔡国人,因而蔡国出兵干涉。杀了作乱的陈他,立太子免的二弟陈跃为君,即所谓陈厉公。陈厉公死后,三弟陈林继任;陈林死后,四弟杵臼继任。故而厉公陈跃的儿子陈完,再无在陈国为君的机会,于是出逃去了齐国。

其次是齐简公时的权臣监止,字子我,因与田常争权被杀。《史记》此篇将其视作二人。孔子弟子宰予因其字与之相同,而司马迁在《仲尼弟子列传》中说“宰我为临淄大夫,与田常作乱,以夷其族,孔子耻之。”就把两个“子我”弄混了,让宰予无端背上了骂名。

史记卷四十七

孔子世家第十七

【释名】

《孔子世家》是中国历史上第一篇孔子传记。司马迁根据《论语》《左传》《孟子》《礼记》等书中的旧有材料加以排比、谱列而撰成此篇。现存先秦文献没有孔子传记或年谱一类书籍,《孔子世家》因而成为汉代以来研究孔子思想生平的最重要的依据之一,在我国学术史上有着极其重要的地位。全篇可分为七个部分,第一部分写孔子青少年时代的事情。重点写了孔子儿时好礼、慎重将父母合葬、孟釐子诫懿子等;第二部分写孔子居鲁为小吏,及适周、适齐的经过,着重记述了孔子尝为季氏史、孔子适周问礼、老子送孔子以言、齐景公问政孔子、晏婴评价孔子等;第三部分写孔子居鲁为中都宰、为司寇及摄行相事的经历,着重记述了季桓子请教孔子、吴使使问孔子、公山不狃使人召孔子、孔子在齐鲁夹谷之会摄行相事、孔子助定公堕三都、孔子由大司寇摄相事、孔子伤心离开鲁国等;第四部分写孔子周游卫、郑、陈、蔡诸国的经历,着重记述了孔子居十月去卫、卫灵公问孔子、匡人拘押孔子、孔子见卫灵公夫人南子、宋司马桓魋欲杀孔子、孔子过郑及郑人说孔子像丧家狗、陈湣公使使问孔子、蒲人扣留孔子、卫灵公问政孔子、佛肸使人召孔子、孔子鼓琴师襄子、孔子临河而叹、季桓子临终遗言、叶公问政孔子、孔子使子路问津、楚使人聘孔子、孔子与子路对话、子贡入见孔子、颜回入见孔子、楚昭王将以叔社地七百里封孔子、孔子论正名、冉有对季康子论孔子等；第五部分写孔子晚年归鲁，整理文献及写作春秋的经历；第六部分写孔子之死与其后代世系。最后一部分是“太史公曰”，司马迁在悠游唱叹的论赞中表现了对孔子的极端企慕与敬仰之情。

孔子生鲁昌平乡陬邑①。其先宋人也②，曰孔防叔③。防叔生伯夏，伯夏生叔梁纥④。纥与颜氏女野合而生孔子，祷于尼丘得孔子⑤。鲁襄公二十二年而孔子生⑥。生而首上圩顶⑦，故因名曰“丘”云⑧。字仲尼⑨，姓孔氏⑩。

【注释】

①鲁：周代诸侯国名，姬姓。故地在今山东兖州东南至江苏沛县、安徽泗县一带。《史记·周本纪》：“封弟周公旦于曲阜，曰鲁。”昌平乡：古乡聚名，在今山东泗水东南。《正义》引《括地志》云：“昌平山在泗水县南六十里，孔子生昌平乡，盖乡取山为名。”陬（zōu）邑：古邑名，在今山东曲阜东南南陬村。

②宋：周代诸侯国名，子姓。周武王灭商后，封纣王的儿子武庚于殷旧都（今河南商丘）。后武庚叛乱，又以其地封纣王的庶兄微子启，号宋公，为宋国。

③孔防叔：《索隐》引《孔子家语》：“孔子，宋微子之后。宋襄公生弗父何，以让弟厉公；弗父何生宋父周，周生世子胜，胜生正考父，考父生孔父嘉，五世亲尽，别为公族，姓孔氏。孔父生子木金父，金父生睾夷，睾夷生防叔，畏华氏之逼而奔鲁，故孔氏为鲁人也。”梁玉绳云：“叙孔子先世当始孔父嘉，不得始防叔。其所以始防叔者，岂缘防叔始奔鲁之故与？而孔氏之奔鲁实非防叔始。《潜夫论·志氏姓》云：‘防叔为华氏所逼，出奔鲁，为防大

夫。'……夫孔父为华督所杀，则孔氏应即避难出奔，奚待三世而后适鲁？……杜注昭七年传云：'孔父嘉为宋督所杀，其子奔鲁。'最为明确。……是奔鲁者乃孔子五代祖木金父，防叔之祖也。"

④叔梁纥（hé）：《左传》作"陬叔纥"，亦称"陬人纥"。春秋时鲁国大夫，勇猛善战。

⑤纥与颜氏女野合而生孔子，祷于尼丘得孔子：崔适云："此文疑应作'纥与颜氏女祷于尼丘，野合而生孔子'。"颜氏女，名"徵在"。《礼记·檀弓下》："二名不偏讳。夫子之母名徵在，言在不称徵，言徵不称在。"野合，不合礼仪的婚配。祷，向神祝告以祈求。尼丘，即今山东曲阜东南的尼山。

⑥鲁襄公二十二年：前551年。鲁襄公，春秋时期鲁国国君，名午，前572—前542年在位。《索隐》曰："《公羊传》：'襄公二十一年十有一月庚子，孔子生。'今以为二十二年，盖以周正十一月属明年，故误也。"

⑦首上圩（wéi）顶：头顶当中凹下去一块。圩，南方低洼地区防水护田的堤。用圩围起来的田也叫圩。

⑧因名曰"丘"云：梁玉绳引《白虎通·姓名》："孔子首类尼丘山，盖中低而四旁高，如屋宇之反。"泷川曰："云，未必之辞。史公未必信之，姑记所闻耳。"

⑨字仲尼：古人的名和字往往有关联，孔子的名"丘"和字"仲尼"，都因故乡的"尼丘"山而起，二者相互补充，"仲"是排行。

⑩姓孔氏："姓"与"氏"概念本不相同，古代凡出于同一祖先者曰"姓"，是不可改的；而一"姓"之中又可根据各种原因分成不同的"氏"，而且三世即可改。但到司马迁的时代，由于谱学已乱，"姓""氏"已混，在《史记》中往往将其连用或混用。

【译文】

孔子出生于鲁国昌平乡的陬邑。他的先祖是宋国人，曾祖父叫孔防叔。孔防叔生了儿子伯夏，伯夏生了儿子叔梁纥。叔梁纥与颜氏女子私通生了孔子，据说他们是在尼丘山祷告后生的孔子。孔子出生于鲁襄公二十二年。他生来头顶就中间凹四面高，因此取名叫“丘”。字仲尼，姓孔。

丘生而叔梁纥死[①]，葬于防山[②]。防山在鲁东，由是孔子疑其父墓处，母讳之也[③]。孔子为儿嬉戏，常陈俎豆[④]，设礼容。孔子母死，乃殡五父之衢[⑤]，盖其慎也。陬人挽父之母诲孔子父墓[⑥]，然后往合葬于防焉[⑦]。孔子要绖[⑧]，季氏飨士[⑨]，孔子与往[⑩]。阳虎绌曰[⑪]：“季氏飨士，非敢飨子也[⑫]。”孔子由是退。

【注释】

①丘生而叔梁纥死：《索隐》引《家语》曰：“生三岁而梁纥死。”

②防山：一名“笔架山”，在今山东曲阜东。

③孔子疑其父墓处，母讳之也：《索隐》曰：“谓孔子少孤，不的知父坟处，非谓不知其茔地。徵在笄年适于梁纥，无几而老死，是少寡，盖以为嫌，不从送葬，故不知坟处，遂不告耳，非讳之也。”《礼记·檀弓》郑玄注：“孔子之父陬叔梁纥与颜氏女徵在野合而生孔子，徵在耻焉，不告。”讳，隐晦，隐瞒。

④陈：陈列。俎（zǔ）豆：俎和豆。古代祭祀、宴飨时盛食物的两种礼器。俎的形状像几案，豆的形状像高足盘。

⑤殡：死者入殓后停柩以待葬。五父之衢：道路名，在今山东曲阜东南。

⑥挽父：人名，《礼记》作“曼父”。诲：教导。这里指告知。

⑦然后往合葬于防焉：孔子将其母与其父合葬事，见《礼记·檀弓》。

⑧要绖（dié）：系在腰间的麻带。这里指还穿着孝服。绖，古代丧服

用的麻带。扎在头上的称首绖,系在腰间的称腰绖。《索隐》曰:“一作‘要绖’。‘要绖’犹‘带绖’也,故刘氏云嗜学之意,是也。”

⑨季氏:即季孙氏,春秋后期执掌鲁国政权的大贵族。此时的当政者是季武子。飨士:《正义》曰:“季氏为馔饮鲁文学之士。”

⑩与往:与他人一起前往。

⑪阳虎:一作“阳货”。字货。初为季孙氏的家臣,事季平子。季平子死后,专鲁国国政。绌:通“黜”,斥退,贬退。

⑫季氏飨士,非敢飨子也:梁玉绳引方氏《补正》曰:“季氏飨士卒,欲用之。古者既葬,金革之事弗避。孔子所居在季氏分地,‘要绖’而往,‘庶人召之役则往役’之义也,故阳虎曰‘季士飨士,非敢飨子’。《正义》谓飨文学之士,误矣。”

【译文】

孔丘出生不久叔梁纥就死了,埋在防山。防山在鲁国东部,但是孔子始终不知道父亲埋在什么地方,因为他的母亲不告诉他。孔子小时候做游戏,就爱把玩具当作祭器摆设起来,模仿祭祀的礼仪。孔子的母亲死后,孔子就把她的灵柩暂时停放在五父之衢,没有正式埋葬,大概是因为没有找到父亲的墓地,想要谨慎地等待吧。陬邑人辀父的母亲告诉了孔子他父亲坟墓的地点,孔子才把母亲的灵柩运到防山与父亲合葬在了一起。孔子还在为母亲服丧期间,季孙氏大宴士人,孔子也和别人一起去了。阳虎拦住了孔子说:“季孙氏家宴请的是士人,没有请您。”于是孔子退了回来。

孔子年十七[①],鲁大夫孟釐子病且死[②],诫其嗣懿子曰[③]:“孔丘,圣人之后[④],灭于宋[⑤]。其祖弗父何始有宋而嗣让厉公[⑥]。及正考父佐戴、武、宣公[⑦],三命兹益恭[⑧],故鼎铭云[⑨]:‘一命而偻[⑩],再命而伛,三命而俯,循墙而走[⑪],亦莫敢余侮[12]。饘于是,粥于是,以糊余口[13]。'其恭如是。吾闻圣人之后,虽不当世[14],必有达者。今孔丘年少好礼,其达者欤？吾即没,若必师之。"及釐子卒,懿子与鲁人南宫敬叔往学礼焉[15]。是岁[16],季武子卒,平子代立[17]。

【注释】

①孔子年十七:时在鲁昭公七年,前535年。

②孟釐子病且死:《索隐》曰:"昭公七年《左传》云'孟僖子病不能相礼,乃讲学之。及其将死,召大夫'云云。按,谓'病'者,不能礼为病,非疾困之谓也。至二十四年僖子卒,贾逵云'仲尼时年三十五矣,是此文误也。"孟釐子诫懿子事,详见《左传·昭公七年》。孟釐子,名仲孙貜,鲁国正卿。鲁"三桓"之一。病卒,谥釐子。《左传》作"僖子"。

③嗣:帝王或诸侯的承嗣子,多为嫡长子。懿子:名何忌,谥懿子。

④圣人:指正考父。

⑤灭于宋:《集解》引杜预曰:"孔子六世祖孔父嘉为宋华督所杀,其子奔鲁也。"

⑥弗父何始有宋而嗣让厉公:《集解》引杜预曰:"弗父何,孔父嘉之高祖,宋湣公之长子,厉公之兄也。何嫡嗣当立,以让厉公也。"弗父何,西周时人,宋湣公之长子,宋厉公之兄。

⑦正考父:弗父何的曾孙。戴:戴公,春秋时宋国国君,前799—前766年在位。武:武公,春秋时宋国国君,戴公之子,前765—前748年在位。宣:宣公,武公之子,前747—前729年在位。

⑧命:出任官职的命令。兹益:越来越。兹,更加。

⑨鼎铭:正考父庙中鼎上的铭文。

⑩偻(lǚ):与下文"伛(yǔ)""俯",都指躬身弯腰。其弯腰程度依次

越来越深。

⑪循墙而走：指非常谨慎，不敢坦然行走于大路正中。循，沿着，顺着。

⑫亦莫敢余侮：李笠曰："'敢余'字疑误倒。"《集解》引杜预注："其恭如是，人亦不敢慢侮。"

⑬饘（zhān）于是，粥于是，以糊余口：《集解》引杜预曰："于是鼎中为饘粥。饘粥，餬属。言至俭也。"饘，煮稠粥。

⑭当世：当政，执政。

⑮懿子与鲁人南宫敬叔往学礼焉：《索隐》曰："敬叔与懿子皆孟釐子之子，不应更言'鲁人'，亦太史公之疏耳。"

⑯是岁：即鲁昭公七年，前535年。

⑰季武子卒，平子代立：事在昭公二十四年，前518年。季武子，即季孙宿，鲁国的正卿，谥武子。平子，季武子之孙，名意如，谥平子。代立，继立。梁玉绳曰："孟釐子卒，孔子时年三十四，《左传》载釐子将死之言于昭七年，终言之也。而此即叙于孔子年十七时，是史公疏处。"

【译文】

在孔子十七岁那年，鲁国大夫孟釐子得了重病，临死前告诫他的儿子孟懿子说："孔丘是圣人的后代，他的先祖在宋国受害所以后代才来到鲁国。他的十世祖弗父何本来应该做宋国国君而让给了宋厉公。弗父何的曾孙正考父先后辅佐过宋戴公、武公、宣公，三次受命越发恭谨，因此他庙中的鼎上刻有铭文说：'第一次听到任命我鞠躬而受，第二次听到任命我弯腰而受，第三次听到任命我躬身而受。我顺着墙根走路，到头来也没有谁敢欺侮我。我每天一碗稀饭一碗粥，就靠着这个糊口。'他就是这样谦恭。我听说凡是圣人的后代，即便不能为政治国，也一定会才德显达。现在孔丘从小就喜好礼仪，难道他不是才德显达的人吗？我就要死了，你一定要去拜他为师。"孟釐子死后，孟懿子和鲁国人南宫敬叔便一起前往孔子处学礼。这一年，季武子死了，季平子代立为卿。

孔子贫且贱，及长，尝为季氏史[①]，料量平[②]；尝为司职吏而畜蕃息[③]。由是为司空。已而去鲁，斥乎齐，逐乎宋、卫，困于陈蔡之间，于是反鲁。孔子长九尺有六寸，人皆谓之“长人”而异之。鲁复善待，由是反鲁[④]。

【注释】

①为季氏史：《索隐》曰：“有本作‘委吏’。按，赵岐曰：‘委吏，主委积仓库之吏。’”

②料量平：计算精准。《孟子·万章下》：“孔子尝为委吏矣，曰‘会计当而已矣’。”

③司职吏：管理牧场的小官。《周礼·地官·牛人》：“凡祭祀，共其享牛、求牛，以授职人而刍之。”注曰：“‘职’读为‘樴’，‘樴’谓之‘杙’，可以系牛。”《孟子》作“乘田”，赵岐注：“苑囿之吏也。”蕃息：生长繁盛。

④“由是为司空”几句：崔适曰：“‘由是为司空’五字，下文‘由中都宰为司空’之重文。”又曰：“‘已而去鲁’至‘于是反鲁’二十一字，及下文‘鲁复善待，由是反鲁’八字，皆定公十四年，去鲁后至反鲁之总结，重衍于此也。”译文从之。孔子长九尺有六寸，按，周朝的一尺大约相当于现在的六寸。

【译文】

孔子小时候既贫穷地位又低，等到长大后，先是给季孙氏当管理仓库的小官，料理钱粮的出入准确公平；又做过管理牧场的小官，牲畜繁殖得很好。孔子身高九尺六寸，人们都叫他“大个子”，对他另眼看待。

鲁南宫敬叔言鲁君曰：“请与孔子适周[①]。”鲁君与之一乘车，两马，一竖子俱[②]，适周问礼，盖见老子云[③]。辞去，而老子送之曰："吾闻富贵者送人以财，仁人者送人以言。吾不能富贵，窃仁人之号[4]，送子以言[5]，曰：'聪明深察而近于死者[6]，好议人者也。博辩广大危其身者[7]，发人之恶者也[8]。为人子者毋以有己，为人臣者毋以有己[9]。'"孔子自周反于鲁，弟子稍益进焉[10]。

【注释】

①适周：出使周国。孔子适周的时间说法不一。泷川曰："孔子问礼之有无且不可知，又何定其年之前后，阙疑可也。"

②竖子：僮仆。俱：偕同，同行。

③适周问礼，盖见老子云：泷川曰："曰'盖'曰'云'，未决之辞。孔子见老子，史公又载于《老子传》，而自疑其有无，故用'盖'字、'云'字。"老子，一说姓老名聃（dān），一说姓李名耳，曾任周朝的守藏史，即管理藏书的史官。

④窃：谦词。

⑤送子以言：泷川引《荀子·大略》篇云："曾子行，晏子从于郊，曰：'婴闻之，君子赠人以言，庶人赠人以财。晏贫无财，请假于君子，赠君以言。'"

⑥聪明深察：耳聪目明，能洞察幽微。

⑦博辩广大：雄辩又见多识广。

⑧发：揭发。

⑨毋以有己：不要表现自己。史珥曰："此必黄老之徒窜入。"

⑩益进：增多。

【译文】

南宫敬叔对鲁君说："请让我和孔子一同到周国去吧。"鲁君于是给了他们一乘车，两匹马，和一个仆人。他们一同到周国学习礼仪，据说还见到了老子。等到他们离开时，老子为他们送行说："我听说富贵的人临别送人钱财，仁人临别则是送上几句话。我不是富贵的人，窃居了仁人的称号，那就送您几句话吧：'耳聪目明且又爱追根究底的人之所以容易自寻死路，是因为爱议论别人。学识渊博能言善辩的人容易给自身带来危险，是因为他们好揭露别人的丑恶。做儿子的在父母面前不要显示自己的存在，做臣子的在国君面前也不要显示自己的存在。'"孔子从周国回到鲁国后，学生渐渐多起来了。

是时也，晋平公淫[①]，六卿擅权[②]，东伐诸侯；楚灵王兵强[③]，陵轹中国[④]；齐大而近于鲁。鲁小弱，附于楚则晋怒；附于晋则楚来伐；不备于齐，齐师侵鲁[⑤]。

【注释】

①晋平公：名彪，春秋时期晋国国君，前557—前532年在位。

②六卿：指春秋后期晋国的六家贵族，即范氏、中行氏、智氏、韩氏、赵氏、魏氏。擅权：专权，揽权。

③楚灵王：名围，春秋时楚国国君，前540—前529年在位。

④陵轹（lì）中国：梁玉绳曰："所说以为鲁昭二十年，孔子年三十之时，而晋乃顷公，去平公已二世；楚乃平王，灵王已死七年，皆误也。"陵轹，侵陵，欺压。中国，上古时代，我国华夏族建国于黄河流域一带，以为居天下之中，故称中国。

⑤"鲁小弱"几句：梁玉绳曰："按《左传》，自襄二十七年会宋弭兵以后，晋、楚之从交相见，无怒伐鲁之事，齐亦未尝侵鲁，此所言皆非实。"中井曰："晋、楚、齐之难无落著，盖错简。"方苞曰："首举天下大势，伤天下不能用孔子也。"

【译文】

这时候，晋国平公放纵胡为不理政事，六卿专权，不时出兵进攻东方的诸侯国;南方的楚国楚灵王强势,出兵侵陵中原各国;东方的齐国强大而且又邻近鲁国。鲁国既小且弱,如果依附楚国则晋国就会发怒;如果依附晋国则楚国就会来打;如果侍候齐国稍欠周到,齐国就要来侵略。

鲁昭公之二十年①,而孔子盖年三十矣。齐景公与晏婴来适鲁②,景公问孔子曰:“昔秦穆公国小处辟③,其霸何也?”对曰:“秦,国虽小,其志大;处虽辟,行中正。身举五羖④,爵之大夫,起累绁之中⑤,与语三日,授之以政。以此取之,虽王可也,其霸小矣⑥。”景公说。

【注释】

①鲁昭公之二十年:前522年。鲁昭公,名稠,春秋时期鲁国国君,前541—前510年在位。

②齐景公与晏婴来适鲁:泷川曰:“《齐世家》‘景公二十六年猎鲁郊,因入鲁,与晏婴俱问鲁礼’,《鲁世家》‘昭公二十年,齐景公与晏子狩境,因入鲁问礼’,或此时事。”梁玉绳曰:“齐、鲁两世家亦载此事,《孔子世家》并载景公与孔子问答语,而《左传》无之,未知何出?疑六国时人伪造,史公妄取入《史》。”齐景公,名杵臼,春秋后期的齐国国君,前547—前490年在位。晏婴,字平仲,齐景公时代大夫、政治家。事迹详见《管晏列传》。

③秦穆公:名任好,春秋时期秦国国君,前659—前621年在位。任用百里奚、蹇叔等为谋臣,奋发图强,努力东扩,国势日强。详见《秦本纪》。辟:偏僻。

④五羖(gǔ):指百里奚,春秋秦国大夫。本为虞人,虞亡时被晋国虏去。作为陪嫁之臣被押往秦国,中途逃走,被楚人捕获。秦穆公听说他贤明,用五张黑羊皮(羖)将他赎回,任为大夫,故称

“五羖大夫”。详见《秦本纪》。

⑤累绁（léi xiè）：捆绑囚犯的绳套枷锁。累，通“缧”，绳索。

⑥虽王可也，其霸小矣：泷川曰：“王霸之辩，孔子未言，言之自孟子始。梁氏以为六国人伪造，史公取以入《史》，大是。”王，以仁政治理天下。霸，指以武力称雄一方。

【译文】

鲁昭公二十年，孔子大约三十岁了。这一年齐景公和晏婴到鲁国来，齐景公问孔子说：“过去秦穆公时，秦国疆域又小，地理位置又偏僻，他为什么能够称霸呢？”孔子回答说：“秦国，国土虽小，可是国君志向远大；地理位置虽然偏僻，但国君行为中正无私。他亲自把五羖大夫百里奚从一个披枷带锁的奴隶提拔起来，封他为大夫，与他谈了三天话，就把国家大政交给了他。就从这点说，秦穆公即使称王也完全可以，称霸还委屈了他呢。”景公听了很高兴。

孔子年三十五[①]，而季平子与郈昭伯以斗鸡故得罪鲁昭公[②]，昭公率师击平子，平子与孟氏、叔孙氏三家共攻昭公[③]，昭公师败，奔于齐，齐处昭公乾侯[④]。其后顷之，鲁乱。孔子适齐，为高昭子家臣[⑤]，欲以通乎景公[⑥]。与齐太师语乐[⑦]，闻《韶》音[⑧]，学之，三月不知肉味，齐人称之。

【注释】

①孔子年三十五：时在鲁昭公二十五年，齐景公三十一年，前517年。

②季平子与郈（hòu）昭伯以斗鸡故得罪鲁昭公：《左传·昭公二十五年》记载为：“季、郈之鸡斗。季氏介其鸡，郈氏为之金距。”季氏和郈氏斗鸡，各自要手腕，季氏在自家鸡身上撒芥粉，郈氏给自家鸡爪子上裹金壳。两家因此结怨，互相攻伐，郈氏落败，于是

挑动鲁昭公出兵攻季氏。梁玉绳曰："昭伯怨平子，故劝昭公伐季氏，昭伯何曾得罪昭公？此误说。"郈昭伯，鲁国大夫，名恶。

③平子与孟氏、叔孙氏三家共攻昭公：昭公忌恨季氏权势太大，想借此机会消灭之；孟氏、叔孙氏本为局外人，但害怕一旦季氏被灭，自己也会遭遇同样的下场，因此帮助季氏攻打昭公。

④昭公师败，奔于齐，齐处昭公乾侯：据《鲁周公世家》，昭公最初逃往齐国，后又请求进入晋国，晋国将他安置在乾侯。乾侯，春秋晋邑，在今河北成安东南。

⑤高昭子：名张，谥昭子。齐国正卿。与国惠子共掌齐国国政。

⑥通：达，接近。

⑦太师：古代乐官之长。语：讨论，交谈。

⑧《韶》：相传是虞舜时的乐曲。

【译文】

孔子三十五岁时，季平子因为和郈昭伯斗鸡的事情惹怒了鲁昭公，鲁昭公率军攻打季平子，季平子就和孟孙氏、叔孙氏三家联合起来反击鲁昭公，将他打败，鲁昭公逃到齐国，齐国把鲁昭公安置在乾侯。此后不久，鲁国内乱。孔子于是离开鲁国去了齐国，给高昭子当家臣，想通过高昭子见到齐景公。孔子曾和齐国的太师谈论音乐，当他听到了《韶》乐时，就开始学习，入迷到一连三个月都吃不出肉味，齐国人都赞赏他。

景公问政孔子①，孔子曰："君君，臣臣，父父，子子②。"景公曰："善哉！信如君不君，臣不臣，父不父，子不子，虽有粟，吾岂得而食诸！"他日又复问政于孔子，孔子曰："政在节财③。"景公说，将欲以尼谿田封孔子④。晏婴进曰："夫儒者滑稽而不可轨法⑤；倨傲自顺⑥，不可以为下；崇丧遂哀⑦，破产厚葬，不可以为俗；游说乞贷⑧，不可以为国⑨。自大贤之息[10]，周室既衰，礼乐缺有间[11]。今孔子盛容饰，繁登降之礼、趋详之节[12]，累世不能殚其学[13]，当年不能究其礼[14]。君欲用之以移齐俗，非所以先细民也[15]。”后，景公敬见孔子，不问其礼。异日，景公止孔子曰[16]：“奉子以季氏[17]，吾不能，以季孟之间待之[18]。”齐大夫欲害孔子[19]，孔子闻之。景公曰：“吾老矣，弗能用也[20]。”孔子遂行，反乎鲁[21]。

【注释】

①问政：咨询为政之道。

②君君，臣臣，父父，子子：即各种身份的人都要各在其位，各司其职。《集解》引孔安国曰：“当此之时，陈恒制齐，君不君，臣不臣，故以此对也。”

③节财：节约财用。

④尼谿：齐地名，具体不详。

⑤滑稽：能言善辩，言辞流利。不可轨法：不能将之视为法则而遵照执行。

⑥倨傲自顺：傲慢不恭，自以为是。

⑦遂哀：哀而不止。遂，任意，放纵。

⑧乞贷：乞求借贷。谓依靠他国求职谋生存。

⑨为国：治理国家。

⑩大贤：指周文王、武王和周公。息：灭绝，消失。

⑪有间：有一段时间了。

⑫繁登降之礼、趋详之节：把登阶下阶、进退揖让和各种行走等礼节弄得特别繁琐。趋详，一作“趋翔”。趋，快走。翔，行而张拱，像鸟张开翅膀。

⑬累世：几世，几辈子。殚（dān）：尽，完。

⑭当年：指此生，这辈子。究：搞清楚。

⑮先：引导，教导。细民：平民，小百姓。按，以上晏婴评孔子的话见于《墨子·非儒》与《晏子春秋·外篇》。晏子对于儒家学说的迂腐无用，可谓批评得鞭辟入里。史公尊崇孔子，但对于晏子的认识是深为认同的，所以记载了晏子的这段话。

⑯止：挽留。

⑰奉子：对待你。以：如同，像。

⑱以季孟之间待之：孔安国曰："鲁三卿，季氏为上卿，最贵；孟氏为下卿，不用事。言待之以二者之间也。"泷川引伊藤维桢曰："此时孔子年三十六，名位未显，想无景公'以季孟待之'之理。"

⑲害：嫉恨。

⑳吾老矣，弗能用也：崔述曰："景公是时年仅四五十岁，其后复在位二十余年，岁会诸侯、赏战士，与晋争霸，亦不当云'老，不能用'也。"

㉑孔子遂行，反乎鲁：孔子居齐的年数，一说七年，一说一年。

【译文】

齐景公曾向孔子询问治国之道，孔子说："做国君的有国君样，做大臣的有大臣样，做父亲的有父亲样，做儿子的有儿子样。"齐景公说："讲得真好！要是国君没有国君样，大臣没有大臣样，父亲没有父亲样，儿子没有儿子样，那么即使有粮食，我能够吃得上吗！"另一天，他又向孔子询问治国之道，孔子说："治理国家重在节约财用。"齐景公很高兴，想把尼谿的一块地封给孔子。晏婴进谏说："那些儒家学者能言善辩混淆是非，他们的说法不能作为法度让人遵循；他们傲慢不恭，自以为是，不能做下属支使；他们特别推崇办丧事的仪礼不节制悲哀，倾家荡产也要追求厚葬，不能让这种做法成为风俗；他们到处游说求官，不能让这样的人来治理国家。自从大贤们去世之后，周王朝已经日益衰微，礼乐残缺了很多年了。现在孔子却极其讲究仪容服饰，认为一定要合乎礼；把登阶下阶以及各种行走的礼节弄得特别繁琐。几辈子也弄不清他的学说，一辈子也学不明白那些礼。您想用这些学说仪礼来改变齐国的风俗，但这些东西是没法子用来引导教育一般老百姓的。”这以后，齐景公只是很尊敬地接见孔子，再也不向他问礼了。过了些日子，齐景公挽留孔子说：“要是让我给您像季孙氏那样的待遇，我做不到，我给予您低于季孙氏而高于孟孙氏的待遇吧。”齐国的大夫们嫉恨孔子，孔子对此颇有耳闻。齐景公对孔子说：“我老了，不能任用您了。”于是孔子离开了齐国，回到了鲁国。

孔子年四十二①，鲁昭公卒于乾侯②，定公立③。定公立五年④，夏，季平子卒，桓子嗣立⑤。季桓子穿井得土缶，中若羊⑥，问仲尼，云“得狗”⑦。仲尼曰：“以丘所闻，羊也。丘闻之，木石之怪夔、罔阆⑧，水之怪龙、罔象⑨，土之怪坟羊⑩。”

【注释】

①孔子年四十二：时在鲁昭公三十二年，前510年。

②鲁昭公卒于乾侯：昭公奔齐后，齐国将他安置于郓；后入晋，晋六卿收受季孙的贿赂，将他安置在乾侯，后来昭公死在了这里。

③定公：名宋，昭公之弟，前509—前495年在位。

④定公立五年：郭嵩焘曰：“‘立’字衍文。”定公五年，前505年，是年孔子四十七。

⑤桓子：名斯，谥桓子。嗣立：谓继承其父职位，任鲁国上卿。

⑥得土缶，中若羊：李笠曰：“‘若’字疑当作‘有’。”泷川曰：“《鲁语》作‘获如土缶，其中有羊焉’。”

⑦问仲尼，云“得狗”：按，季氏误以为狗，所以说“得狗”。

⑧木石之怪：山中的怪物。《集解》引韦昭曰：“木石谓山也。”夔(kuí)：《索隐》曰：“一足兽，状如人也。”罔阆(wǎng liǎng)：同“魍

魆”,《集解》引韦昭曰:“山精,好学人声而迷惑人也。”

⑨罔象:《集解》引韦昭曰:“罔象食人,一名‘沐肿’。”

⑩坟羊:土怪。古代传说这是一种雌雄未成的怪物。崔述曰:“《论语》曰‘子不语怪力乱神’,果有此事,答以‘不知’可也,乃获一‘土怪’,而并木石、水之怪而告之,是孔子好语怪也。且土果有羊怪,则当不止一见;苟以前未有此事,则古人何由识之;既数有之,又何以此后二千余年更不复有穿井而得羊者?是可笑也。”

【译文】

孔子四十二岁那年,鲁昭公死在乾侯,鲁定公在国内即位。鲁定公五年夏天,季平子去世,季桓子继其位任卿。季桓子挖井时挖出了个瓦罐,瓦罐中有个羊一样的东西,他们到孔子那里说“挖到了一只狗”。孔子说:“以我所知,应该是只羊。我听说,山中的怪物叫夔、罔阆,水中的怪物叫龙、罔象,土里的怪物叫坟羊。”

吴伐越,堕会稽[①],得骨节专车。吴使使问仲尼:“骨何者最大?”仲尼曰:“禹致群神于会稽山[②],防风氏后至[③],禹杀而戮之[④],其节专车,此为大矣。”吴客曰:“谁为神[⑤]?”仲尼曰:“山川之神,足以纲纪天下,其守为神[⑥],社稷为公侯[⑦],皆属于王者。”客曰:“防风何守?”仲尼曰:“汪罔氏之君守封、禺之山[⑧],为釐姓[⑨]。在虞、夏、商为汪罔,于周为长翟,今谓之大人[⑩]。”客曰:“人长几何?”仲尼曰:“僬侥氏三尺[⑪],短之至也。长者不过十之,数之极也。”于是吴客曰:“善哉圣人!”

【注释】

①吴伐越,堕会稽:据《吴太伯世家》,阖庐五年(前510),“伐越,败

之"。孔子时年四十二岁。吴,古国名,姬姓。始祖为周太王之子吴太伯,都于吴(今江苏苏州)。至春秋末期阖庐、夫差两代时国力强盛。后被越所灭。越,古国名,姒姓,都于会稽(今浙江绍兴)。春秋时兴起,战国时灭于楚。堕(huī),损毁,破坏。

②禹:原为夏后氏部落领袖,奉舜命治理洪水。后成为舜的继承人,为夏朝的开国帝王。事迹详见《五帝本纪》《夏本纪》。致:召集。群神:指各路诸侯。《集解》引韦昭曰:"群神谓主山川之君为群神之主,故谓之'神'也。"

③防风氏:古国名。这里指其首领。

④禹杀而戮之:《集解》引韦昭曰:"防风氏违命后至,故禹杀之。陈尸为戮。"梁玉绳曰:"此事见《国语》。然禹未尝会诸侯于会稽,此《外传》之妄,假托仲尼语耳。"按,关于大禹召集各路诸侯会于会稽山,以及大禹死后葬会稽山的传说,参见《夏本纪》。

⑤谁为神:是针对上文孔子之"禹致群神于会稽山"而发问的。

⑥山川之神,足以纲纪天下,其守为神:山川之神足以治理天下,因此主持祭祀山川神灵的诸侯可以称为"神"。《集解》引韦昭曰:"足以纲纪天下,谓名山大川能兴云致雨以利天下也。"纲纪,治理,管理。其守为神,《集解》引王肃曰:"守山川之祀者为神,谓诸侯也。"

⑦社稷为公侯:《集解》引王肃曰:"但守社稷无山川之祀者,直为公侯而已。"

⑧汪罔氏:古国名,亦称"长翟(狄)"。《国语》韦昭注:"汪芒,长狄之国名也。"封、禺之山:二山名,在今浙江德清西南,两山相距二里。

⑨为釐(xī)姓:梁玉绳曰:"《鲁语》作'漆姓',《家语·辨物》、杜注文十一《传》同。"

⑩今谓之大人:《集解》引王肃曰:"周之初及当孔子之时,其名异也。"按,孔子生于春秋末,仍属"周"朝。

⑪僬侥（jiāo yáo）氏：传说中的矮人族。

【译文】

吴国讨伐越国，在毁掉会稽城的时候，得到有一辆车那么长的一节骨头。吴国派人来问孔子："什么人的骨头最大？"孔子说："当初大禹召集各路诸侯到会稽山，防风氏迟到了，大禹就杀了他并把他的尸体示众，他的一节骨头就有一辆车子那么长，这应该算是最大的。"吴使又问："谁是神呢？"孔子说："山川的神灵能够治理天下，而主管祭祀山川的诸侯就叫神，如果只是祭祀社稷的那就叫公、侯，他们都归属于天子。"吴使又问："防风氏主管祭祀什么呢？"孔子说："汪罔氏的君主主管祭祀的是封山和禺山，他们姓釐。在虞舜、夏朝、商朝时称为汪罔氏，在周朝初年叫长翟，到了今天又称大人。"吴使问："他们有多高？"孔子说："僬侥氏高三尺，这是最矮的人。最高的人也不能超过十倍，顶多也就是三丈高了。"于是吴使说："好啊，果然是圣人！"

桓子嬖臣曰仲梁怀[①]，与阳虎有隙。阳虎欲逐怀，公山不狃止之[②]。其秋，怀益骄，阳虎执怀。桓子怒，阳虎因囚桓子，与盟而醳之[③]。阳虎由此益轻季氏。季氏亦僭于公室[④]，陪臣执国政[⑤]，是以鲁自大夫以下皆僭离于正道[⑥]。故孔子不仕，退而修《诗》《书》《礼》《乐》[⑦]，弟子弥众，至自远方，莫不受业焉[⑧]。

【注释】

①嬖（bì）臣：受宠幸的近臣。仲梁：复姓。

②公山不狃（niǔ）：季孙氏家臣。公山氏，名不狃。《论语》作"公山弗扰"。

③与盟而醳（shì）之：签订盟约后将其释放。醳，通"释"。

④僭(jiàn):超越本分。公室:指诸侯。

⑤陪臣:指诸侯国的卿大夫,这些人是诸侯的"臣",他们对周天子自称"陪臣"。

⑥僭离:越分背离。

⑦孔子不仕,退而修《诗》《书》《礼》《乐》:梁玉绳曰:"时为定公五年,恐未曾修《诗》《书》《礼》《乐》也,疑衍。"

⑧受业:接受教育,从师学习。

【译文】

季桓子有个宠臣叫仲梁怀,与阳虎有矛盾。阳虎想赶走仲梁怀,被公山不狃劝阻了。到了这年秋天,仲梁怀更加骄横,阳虎拘押了他。季桓子大怒,阳虎于是把季桓子也拘禁了,强迫他订立了盟约后才放了他。阳虎因此就更加轻视季桓子。而季桓子也僭越礼法凌驾于鲁国国君之上,身为陪臣却执掌着鲁国的大权,所以鲁国自大夫以下,各层官吏都僭越礼法不守正道。因此孔子不再做官,回到家中整理《诗》《书》《礼》《乐》,学生越来越多,有的来自很远的地方,接受他的教育。

定公八年①,公山不狃不得意于季氏,因阳虎为乱②,欲废三桓之適,更立其庶孽阳虎素所善者③,遂执季桓子④。桓子诈之,得脱⑤。定公九年⑥,阳虎不胜,奔于齐⑦。是时孔子年五十⑧。

【注释】

①定公八年:前502年。这年孔子五十岁。

②因:求助,借助。阳虎此前和季氏有矛盾,曾经做过乱,所以公山不狃要借助他的力量对抗季氏。

③欲废三桓之適,更立其庶孽阳虎素所善者:为了控制三桓私家和

鲁国政权，公山不狃、阳虎采用了废嫡立庶的手段。《左传·定公八年》记载为："阳虎欲去三桓，以季寤更季氏，以叔孙辄更叔孙氏，己更孟氏。"適，同"嫡"，正妻所生之子。庶孽，庶出的子孙。

④遂执季桓子：据《左传》，阳虎等"将享季氏于蒲圃而杀之"。

⑤桓子诈之，得脱：详见《左传·定公八年》。

⑥定公九年：即齐景公四十七年，前501年。

⑦阳虎不胜，奔于齐：据《左传》，阳虎作乱失败后逃入齐国，被齐人拘押，逃脱后奔晋，做了赵鞅的家臣。

⑧是时孔子年五十：应是五十一岁。

【译文】

鲁定公八年，公山不狃在季桓子那里不得志，于是就跟阳虎勾结起来一起作乱，想废除"三桓"即季孙、叔孙、孟孙三家的嫡系继承人，而另立平日被阳虎所喜欢的庶子，于是就拘捕了季桓子。季桓子设计骗过他们，才得以脱身。到了定公九年，阳虎被季桓子打败，逃奔至齐国。这一年，孔子五十岁。

公山不狃以费畔季氏[①]，使人召孔子。孔子循道弥久[②]，温温无所试[③]，莫能己用，曰："盖周文、武起丰、镐而王[④]，今费虽小，傥庶几乎[⑤]！"欲往。子路不说，止孔子。孔子曰："夫召我者岂徒哉[⑥]？如用我，其为东周乎[⑦]！"然亦卒不行[⑧]。其后定公以孔子为中都宰[⑨]，一年，四方皆则之[⑩]。由中都宰为司空，由司空为大司寇[⑪]。

【注释】

①公山不狃以费（bì）畔季氏：赵翼曰："《左传·定公五年》，季桓子行野，公山不狃为费宰，出劳之，桓子敬之。而家臣仲梁怀不敬，

不狃乃族阳虎逐之。是时不狃但怒怀，而未怨季氏也。定公八年，季寤、公钽极、公山不狃皆不得志于季氏，叔孙辄无宠于叔孙氏，叔仲志又不得志于鲁。故五人因阳虎，欲去三桓，将享桓子于蒲圃而杀之。桓子以计入于孟氏，孟氏之宰公敛处父率兵败阳虎，阳虎遂逃于讙、阳关以叛，季寤亦逃而出。是时不狃虽有异志，然但阴构阳虎发难，而已实坐观成败于旁。故事发之后，阳虎、季寤皆逃，而不狃安然无恙，盖反形未露也。”凌稚隆引王鏊曰：“不狃叛季氏，非叛鲁也。孔子欲往，安知其不欲因之以张公室乎？”黄式三曰：“弗扰召孔子者，时孔子未仕，故得相召。依《左传》，事当在定公八年，《史记》以为在九年，或失之也。”又曰：“弗扰之畔季氏，以张公室为名；其召夫子也，必以为三桓归政，已亦归邑。以此来召，其词为顺。当时阳虎作乱，三桓之子孙微；弗扰之叛，亦在虎奔失援之时。夫子望其各有悔过之机而欲往。往而谋果行，一归政、一归邑，去‘大都耦国’之强，挽‘政逮大夫’之失，纲纪已肃，盛治可次第举矣。夫子仕鲁，以‘堕都’‘出甲’为先，亦此道耳。”费，古地名，春秋鲁邑，以赐季氏。在今山东费县。畔，通“叛”。

②循道：遵循正道。

③温温：柔和貌。泷川曰：“‘温’读作‘蕴’。”也解作郁闷、失意的样子。

④丰：地名，在今陕西西安西南。周文王旧都。镐：都邑名，在今陕西西安。周武王营建并迁都于此。

⑤今费虽小，傥庶几乎：费邑虽狭小，但如果真的能用我实行王道，或许能成就大业。傥，或许。庶几，差不多。

⑥徒：白白地。

⑦如用我，其为东周乎：《索隐》曰：“检《家语》及孔氏之书，并无此言，故桓谭亦以为诬也。”梁玉绳引《史记疑问》曰：“迁以孔子欲

费与不狃为可以文、武乎？是从叛也，何妄之甚。”泷川曰：“是时周室虽衰，天命未改，孔子不宜有此言，删之可也。”东周，东方的“周王朝”。

⑧卒：最终，最后。

⑨中都：古邑名，在今山东梁山东南。宰：春秋时期卿大夫的家臣。

⑩则：效法，学习。

⑪大司寇：主管刑狱之官。梁玉绳以为其爵为卿。

【译文】

这时公山不狃占据费邑反对季桓子，派人来请孔子。孔子遵行先王之道已经很久，郁闷没有机会施展，就说：“当初周文王、武王就是凭借着丰、镐这样的小城邑发展起来，最后拥有了天下，如今费邑虽小，也许也能成就大业吧！”很想去。子路很不满意，阻止孔子。孔子说：“那些人来请我，难道仅仅是装样子吗？如果他们重用我，我一定能在那里重建一个东方的周国！”但最后还是没有去。后来鲁定公任用孔子做了中都宰，一年之间就大见成效，周围城邑都仿效他。孔子也由中都宰被提升为鲁国朝廷的司空，又由司空晋升为大司寇。

定公十年春[①]，及齐平[②]。夏，齐大夫黎钼言于景公曰[③]：“鲁用孔丘，其势危齐。”乃使使告鲁为好会，会于夹谷[④]。鲁定公且以乘车好往[⑤]。孔子摄相事[⑥]，曰：“臣闻有文事者必有武备，有武事者必有文备[⑦]。古者诸侯出疆，必具官以从[⑧]，请具左右司马[⑨]。”定公曰：“诺。”具左右司马。会齐侯夹谷，为坛位[⑩]，土阶三等[⑪]，以会遇之礼相见[⑫]，揖让而登[⑬]。献酬之礼毕[⑭]，齐有司趋而进曰[⑮]：“请奏四方之乐[⑯]。”景公曰：“诺。”于是旍旄羽袚矛戟剑拨鼓噪而至[⑰]。孔子趋而进，历阶而登[⑱]，不尽一等[⑲]，举袂而言曰[⑳]：“吾两君为好会，夷狄之乐何为于此！请命有司！”有司却之，不去，则左右视晏子与景公[21]。景公心怍[22]，麾而去之[23]。有顷，齐有司趋而进曰：“请奏宫中之乐。”景公曰：“诺。”优倡侏儒为戏而前[24]。孔子趋而进，历阶而登，不尽一等，曰：“匹夫而营惑诸侯者罪当诛[25]！请命有司！”有司加法焉，手足异处[26]。景公惧而动，知义不若，归而大恐，告其群臣曰：“鲁以君子之道辅其君，而子独以夷狄之道教寡人，使得罪于鲁君，为之奈何[27]？”有司进对曰：“君子有过则谢以质[28]，小人有过则谢以文[29]。君若悼之[30]，则谢以质。”于是齐侯乃归所侵鲁之郓、汶阳、龟阴之田以谢过[31]。

【注释】

①定公十年：即齐景公四十八年，前500年。这年孔子五十二岁。

②平：指国与国之间为结束敌对状态而订立盟约。

③黎钼：《左传》作“犁弥”。

④会于夹谷：崔适曰：“昭公以前诸侯莫不事晋，自召陵会后，而晋渐以失诸侯，故定公之七年，齐侯、郑伯盟于咸，齐侯、卫侯盟于沙，独鲁事晋如故，不与诸侯之会，而又为晋讨郑讨卫，故齐使国夏再伐鲁，而鲁亦两侵齐。直至阳虎奔后，而鲁始与齐平，会于夹谷，明年又与郑平，故《左传》云‘始叛晋’也。然则鲁自因叛晋而与齐会，岂齐惧鲁之用孔子而与鲁会哉？”夹谷，古地名，春秋齐地。具体位置说法不一，有说在今山东莱芜南。

⑤乘车：供人乘坐之车，与“兵车”相对而言。好往：不加戒备地前去。好，指无敌意，不戒备。

⑥摄相事：代行国相职责。按，对“孔子摄相事”，评家说法不同。江永曰：“‘摄相’乃是相礼，如夹谷相会，《论语》‘趋进翼如，宾

退复命'，是其职也。若鲁相自是三卿，执政自是季氏，孔子是时但言之而从……未尝摄鲁相也。"郭嵩焘曰："'相'者，傧相之事，非'相国'也。时季氏专鲁政，鲁安得立相，而又使孔子相之？'相礼'乃襄一时之礼，与国政无关，此盖史公疏略失考处。"

⑦有文事者必有武备，有武事者必有文备：泷川曰："《穀梁传》叙夹谷之会，论之云：'因是以见虽有文事，必有武备，孔子于夹谷之会见之矣。'非孔子以此语说定公也。"

⑧具：配备，设置。

⑨具左右司马：崔述曰："春秋诸侯之会皆以兵车，唯齐桓公有衣裳之会，故孔子曰'桓公九合诸侯，不以兵车'，盖难之也。况此时齐、鲁新和，猜嫌未释，定公必无以乘车往之理。以传考之，鲁亦未尝有左右司马之官，盖《史记》因见《穀梁传》中'虽有文事，必有武备'之语，而误以传者论孔子之言为孔子之所自言；又因其有'命司马止之'之文，遂附会而增'具左右司马'之事，而不知其非也。"司马，武官名。

⑩坛位：犹坛席。除地为坛，上设席位。

⑪三等：三级。

⑫会遇之礼：《集解》引王肃曰："会遇之礼，礼之简略也。"会遇，会见，聚会。

⑬揖让：宾主相见的礼仪。

⑭献酬：饮酒时主客互相敬酒。献、酬，都是"敬酒"的意思。《诗·小雅·楚茨》："献酬交错，礼仪卒度，笑语卒获。"郑玄笺："始主人酌宾为献，宾既酌主人，主人又自饮酌宾曰酬。"

⑮趋而进：小步疾行向前，这是臣子觐见君主时的礼节性走姿。

⑯四方：指四境少数民族。

⑰旍旄羽袚（bō）矛戟剑拨（fá）：都是武舞中使用的道具。旍，同"旌"，用旄牛尾和彩色鸟羽作竿饰的旗，也用作旗的通称。旄，

古代旗竿头上用旄牛尾作的装饰,因而也用以指有这种装饰的旗帜。袯,五色帛制成的舞具。拨,大盾。鼓噪而至:《左传》记载为:"犁弥言于齐侯曰:'孔丘知礼而无勇,若使莱人以兵劫鲁侯,必得志焉。'齐侯从之。"《穀梁传》记载为:"齐人鼓噪而起,欲以执鲁君。"

⑱历阶:越阶而上,一步一级。泷川曰:"登阶之法,每阶聚足,以事急,故不聚足而历阶。"

⑲不尽一等:还有一层台阶没有上完。

⑳举袂而言曰:凌稚隆引王维桢曰:"见事急之状。"

㉑则左右视晏子与景公:泷川曰:"'则'犹言'于是';'左右视',孔子视也。"《穀梁传》记载为:"孔子历阶而上,不尽一等,而视归乎齐侯,曰:'两君合好,夷狄之民何为来为?'命司马止之。"张文《螺江日记续编》云:"夹谷之会,《史记·孔子世家》又添出晏子一人,实属诬罔。晏子代父桓子为大夫,在鲁襄十七年,是时孔子尚未生。乃阅五十六年,而实于夹谷时,孔子已五十有二,晏子恐未必尚在。左氏记晏子事极详,乃自鲁昭二十六年以后,竟无一言一事见于《内》《外》传,意其人在昭、定之间已经物故。"

㉒怍(zuò):惭愧。

㉓麾:犹"挥"。

㉔优倡:古代表演歌舞杂戏的艺人。侏儒:身材特别短小的人,古代往往充当杂伎艺人,供人玩赏。

㉕匹夫:指庶人,百姓。营惑:迷惑,惑乱。

㉖手足异处:《穀梁传》记载为:"罢会,齐人使优施舞于鲁君之幕下。孔子曰:'笑君者罪当死。'使司马行法焉,首足异门而出。"崔述曰:"幕下之舞,罪之小者耳,何至使之手足异处;鼓噪以劫鲁君,乃反麾而去之而遂已,何其刑罚轻重之颠倒耶?……穀梁氏之意以为会毕而舞于鲁之馆,故鲁司马得以行法;如《世家》所云

奏乐于会所，则齐君在前，鲁有司安得加法于齐人乎？”

㉗“鲁以君子之道辅其君”几句：据《穀梁传》记载，齐人“鼓噪而起，欲以执鲁君”被孔子制止后，齐侯“退而属其二三大夫曰：‘夫人率其君与之行古人之道，二三子独率我而入夷狄之俗，何为？’”鲁，这里指孔子。

㉘谢：道歉。质：具体，实在。

㉙文：与“质”相对，指花言巧语，或没什么用处的东西。

㉚悼：愧疚，愧悔。

㉛汶阳：古地名，在今山东泰安一带，因地处汶水之北而得名。龟阴：古地名，因位于龟山之北，故称。在今山东新泰西南。

【译文】

鲁定公十年春，鲁国同齐国签订了和平条约。这年夏天，齐国的大夫黎钼对齐景公说：“鲁国重用孔丘，势必危及齐国。”于是派人去邀请鲁定公来齐国进行友好会见，地点就在夹谷。鲁定公准备坐日常用的一般车驾不做戒备就前往。孔子这时为代理国相，陪伴同行，说：“我听说办文事也得有武力作后盾，办武事也得有文备。自古以来凡是诸侯离开国家，必须带齐必要的文武官员，请您带上左右司马一起去。”鲁定公说：“好。”于是带着左右司马一起出发了。鲁定公与齐景公在夹谷相会，夹谷筑好了土坛，坛上布列了两国国君的席位，台边有三级土台阶。鲁定公与齐景公按着诸侯间简略的会遇之礼见面，彼此揖让着登上土坛。互相敬过了酒，齐国有关官员小步疾行上前请示说：“请允许演奏四方的乐舞。”齐景公说：“好。”于是一群武士举着旗帜、弓弩、矛戟、宝剑等各种武舞器，喧嚷着拥到了台下。孔子立刻小步急速走到台前，又一步一级地登台，还有一级台阶没有上完，就一挥袖子说道：“我们两国君主进行友好会见，夷狄的乐舞在这里干什么！请有关官员赶快处理！”齐国的有关官员示意叫武士退下，可是他们不退，于是孔子就左右扫视着晏子和齐景公。齐景公心中惭愧，于是就挥手让那些人退了出去。过了一会儿,齐国的有关官员又小步疾行上前请示说:“请允许演奏宫中的乐舞。”齐景公说:“好。”于是一群歌舞艺人和侏儒表演着节目拥上前来。孔子又立刻小步急速走到台前,一步一级地登台,还有一级台阶没有上完,就说:“匹夫小人胆敢惑乱诸侯的论罪当杀,请有关官员迅速执法!”于是齐国的有关官员只好依法处理,把他们全斩了。齐景公大为震恐,知道自己的道义敌不住孔子,回去后非常害怕,他对群臣说:“鲁国的孔子是用君子之礼来辅佐他们的国君,而你们却用夷狄的方式叫我如此行事,让我得罪了鲁君,现在该怎么办?”齐国的有关官员上前应对说:“君子有了过错就用实际行动来表示悔改,小人有了过错就用花言巧语来谢罪。您如果心里真的愧悔,那就用具体行动来表示道歉吧。”于是齐景公下令把从前侵占的鲁国的郓、汶阳、龟阴等地还给了鲁国以表示歉意。

定公十三年夏①,孔子言于定公曰:“臣无藏甲②,大夫毋百雉之城③。”使仲由为季氏宰④,将堕三都⑤。于是叔孙氏先堕郈⑥。季氏将堕费,公山不狃、叔孙辄率费人袭鲁⑦。公与三子入于季氏之宫⑧,登武子之台⑨。费人攻之,弗克,入及公侧⑩。孔子命申句须、乐颀下伐之⑪,费人北⑫。国人追之⑬,败诸姑蔑⑭。二子奔齐⑮,遂堕费。将堕成⑯,公敛处父谓孟孙曰⑰:“堕成,齐人必至于北门⑱。且成,孟氏之保障⑲,无成,是无孟氏也。我将弗堕。”十二月,公围成,弗克。

【注释】

①定公十三年:据《左传》,孔子“堕三都”在定公十二年,前498年。孔子时年五十四岁。

②臣无藏甲:家臣不得私蓄武装力量。

③毋:不得。雉:城墙高一丈长一丈为一堵,三堵为一雉。

④仲由：字子路，名由。孔子的学生，性勇而直，喜闻过，事亲至孝，长于政事。事迹详见《仲尼弟子列传》。

⑤堕：毁坏，推倒。三都：即下文叔孙氏之郈、季孙氏之费、孟孙氏之成。

⑥郈（hòu）：春秋鲁邑，在今山东东平东南。

⑦袭鲁：此指袭击鲁国的都城曲阜。

⑧三子：指季孙氏、孟孙氏、叔孙氏。季氏之宫：季孙氏在曲阜的宫室。徐孚远曰："费人袭鲁，而公与三子入季氏之宫，则意三都之不堕，其家臣不欲，而三子不为异同。"陈子龙曰："身佯为恭顺，而令其下抗命，此后世藩镇强臣之习也。"

⑨武子之台：季武子所筑楼台。

⑩入及公侧：《集解》引服虔曰："人有入及公之台侧。"有研究者认为此"入"字是"矢"字之误。

⑪申句须、乐颀（qí）：人名。都是鲁国的大夫。

⑫费人：指公山不狃、叔孙辄等。北：败退。

⑬国人：都城里的人。国，国都。

⑭姑蔑：古邑名，春秋鲁地。在今山东泗水东南。

⑮二子：指公山不狃与叔孙辄。

⑯成：春秋鲁国孟氏邑，在今山东宁阳北。

⑰公敛处父：孟孙氏的家臣，当时任成宰。

⑱北门：指鲁国国都曲阜的北门。

⑲保障：起保护防卫作用的事物。

【译文】

鲁定公十三年夏，孔子对定公说："家臣不得私藏武器，大夫不能有百雉的城墙。"他让子路到季孙氏家做家臣，准备毁掉季孙、叔孙、孟孙三家封邑的城墙。这时叔孙氏率先把自家郈邑的城墙拆掉了。季孙氏也准备拆掉费邑的城墙，公山不狃和叔孙辄便带领着费邑人去袭击鲁国的都城。鲁定公同季孙、叔孙、孟孙三人一同躲到了季孙氏家中，登上季武子的高台。费邑人包围了高台攻打，虽然没有攻下来，但有人已经快到鲁定公的身边了。孔子命令申句须和乐颀下去与他们交战，费人被打败了。都城里的人们追击费人，在姑蔑打败了他们。公山不狃和叔孙辄逃到了齐国，于是费邑的城墙终于被毁掉了。接着又要拆毁成邑的城墙，公敛处父对孟孙氏说："如果毁掉成邑的城墙，那么齐国人就可以毫无阻拦地逼近鲁国国都的北门了。而且成邑是孟孙氏的保障，没有成邑也就没有孟孙氏，我绝不会毁掉成邑。"十二月，鲁定公发兵围攻成邑，没能攻克。

定公十四年[①]，孔子年五十六，由大司寇行摄相事，有喜色。门人曰："闻君子祸至不惧，福至不喜。"孔子曰："有是言也。不曰'乐其以贵下人'乎[②]？"于是诛鲁大夫乱政者少正卯[③]。与闻国政三月[④]，粥羔豚者弗饰贾[⑤]，男女行者别于涂[⑥]，涂不拾遗；四方之客至乎邑者不求有司[⑦]，皆予之以归。

【注释】

①定公十四年：前496年。

②乐其以贵下人：泷川曰："孔子不当有此言，先秦诸书亦无所记。"

③诛鲁大夫乱政者少正卯：按，孔子诛少正卯事，最早见于《荀子·宥坐》，原因是"一曰心达而险，二曰行辟而坚，三曰言伪而辩，四曰记丑而博，五曰顺非而泽"。后世学者怀疑并无此事。少正卯，名叫"卯"的少正。少正是官名。

④与闻：参与治理。

⑤粥（yù）羔豚者弗饰贾：《荀子·儒效篇》云："仲尼将为司寇……

鲁之粥牛马者不豫贾。”粥，同“鬻”，卖。羔豚，羊、猪。饰，虚增。贾，“价”的古字。

⑥别于涂：异途。涂，道路。

⑦不求有司：不用向有关部门提出请求。

【译文】

鲁定公十四年，孔子五十六岁，由大司寇代理国相，流露出很高兴的神色。他的学生们对他说：“听说君子在大祸临头时不会有惧色，在福禄降临时也不会有喜色。”孔子说：“是有这种说法。不是还有一种说法，‘君子占据了高位能以礼贤下士为乐’吗？”于是孔子执政后诛杀了扰乱鲁国政局的大夫少正卯。孔子参与治理鲁国仅仅三个月，鲁国那些贩卖猪、羊的人们不再虚抬价格，男女在路上也自觉地分道而行，东西丢在路上也没人拾取；从各处来到鲁国的客人，用不着到有关官员那里去求告，鲁国的百姓都能够使他们各得满足而回去。

齐人闻而惧，曰：“孔子为政必霸，霸则吾地近焉，我之为先并矣①，盍致地焉②？”黎钼曰：“请先尝沮之③；沮之而不可则致地，庸迟乎④！”于是选齐国中女子好者八十人，皆衣文衣而舞《康乐》⑤，文马三十驷⑥，遗鲁君。陈女乐、文马于鲁城南高门外⑦。季桓子微服往观再三，将受，乃语鲁君为周道游⑧，往观终日，怠于政事⑨。子路曰：“夫子可以行矣。”孔子曰：“鲁今且郊⑩，如致膰乎大夫⑪，则吾犹可以止。”桓子卒受齐女乐，三日不听政；郊，又不致膰俎于大夫。孔子遂行，宿乎屯⑫。而师己送⑬，曰：“夫子则非罪。”孔子曰：“吾歌可夫？”歌曰：“彼妇之口，可以出走；彼妇之谒，可以死败⑭。盖优哉游哉，维以卒岁⑮！”师己反，桓子曰："孔子亦何言？"师己以实告。桓子喟然叹曰⑯："夫子罪我以群婢故也夫！"

【注释】

①并：吞并。

②盍：何不。致地：指割地。

③尝：尝试。沮：败坏，毁坏。

④庸：岂，何。

⑤文衣：华美的服装。《康乐》：舞曲名。

⑥文马：毛色有文采的马。驷：古代称一车四马为"驷"。

⑦高门：鲁都曲阜的南门，本名稷门，鲁僖公二十年新作南门，"更高大之"，故曰"高门"。

⑧周道游：《索隐》："谓请鲁君为周偏道路游行，因出观齐之女乐。"

⑨往观终日，怠于政事：崔述曰："此盖因《论语》之言而附会为之者，其谋与秦穆公间由余之智略同，皆似秦汉以后诈伪人之所为……春秋时绝无此等事，独《史记》数数言之，不足信也。"

⑩郊：郊祀，在郊外举行的祭祀活动。

⑪致膰（fán）乎大夫：古代礼制，天子或诸侯要在祭祀后，把祭肉分发给大臣，以示尊重。膰，祭肉。

⑫孔子遂行，宿乎屯：崔述曰："孔子之去鲁当在定十二年秋冬之间，《孔子世家》误也。"屯，鲁邑名，在今山东曲阜南。

⑬师己：名叫"己"的鲁国乐师。

⑭彼妇之谒，可以死败：李笠曰："'谒''败'不叶，'谒'字义亦缺妥。《说苑·说丛》作'妇人之喙，可以死败'。"中井曰："女乐群婢，未必谗间，未必请谒，是歌特不相应。"谒，陈述，进言。死败，犹覆亡。

⑮卒岁：年终。

⑯喟（kuì）然：叹气的样子。

【译文】

齐国听说了很害怕，说："孔子治理国政鲁国就一定会称霸，鲁国一旦称霸，我们齐国离得最近，势必要首先被他们吞并。我们何不先割给他一些土地呢？"大夫黎钼说："我们先试着败坏他们，如果败坏不成再割地给他们，也不算迟吧！"于是他就在齐国挑选了八十个美丽的女子，穿上华丽的衣服，教会她们跳《康乐》舞；又挑了毛色斑纹特别漂亮的骏马一百二十匹，一同送给鲁君。到鲁国后他们把这些舞女和骏马先安置在鲁都城南的高门外。季桓子穿着便衣私下到那里去看了好几次，打算接受下来，就跟鲁君说一起外出去巡行视察，可他们实际是整天在那里观看，再无心过问政事了。子路对孔子说："先生可以离开这个国家了。"孔子说："鲁国很快就应到郊外去祭天，如果祭祀后还能把祭肉分送给大夫们，我们就还可以留下来。"季桓子最终接受了齐国送来的女乐和骏马，并且连着三天不过问朝政；等到郊外祭天的仪式结束后，又没把祭肉分送给大夫们。于是孔子就离开了鲁国，当晚他们寄宿在鲁城南面的屯邑。鲁国的乐师己给他送行，说："您可没有任何过错呀。"孔子说："我可以唱首歌吗？"于是唱道："妇人搬弄口舌，可以害得你出走；妇人诬蔑告状，可以叫你败亡。悠闲啊悠闲啊，我只能这样聊度岁月！"师己回去后，季桓子问他："孔子临走时说了什么？"师己如实相告。季桓子叹了一口气说："他是因为那群女乐怪罪我啊！"

孔子遂适卫[①]，主于子路妻兄颜浊邹家[②]。卫灵公问孔子[③]："居鲁得禄几何？"对曰："奉粟六万[④]。"卫人亦致粟六万。居顷之，或谮孔子于卫灵公。灵公使公孙余假一出一入[⑤]。孔子恐获罪焉，居十月，去卫。

【注释】

①卫:卫国。都城在今河南濮阳西南。

②主:寓居。

③卫灵公:姬姓,名元,春秋时卫国国君,前534—前493年在位。

④奉:俸禄。六万:《正义》曰:“六万小斗,计当今二千石,周之斗、升、斤、两皆用小也。”十升为一斗。

⑤公孙余假:春秋时卫国大夫,名“余假”。一出一入:《索隐》曰:“谓以兵仗出入,以胁夫子也。”

【译文】

孔子于是去了卫国,住在子路的妻兄颜浊邹的家里。卫灵公问孔子:“您在鲁国的俸禄是多少?”孔子回答说:“六万斗谷子。”于是卫国也给他六万斗谷子的俸禄。没过多久,有人在卫灵公面前诋毁孔子。于是卫灵公就指使公孙余假频繁出入孔子的住所。孔子害怕卫灵公加罪于他,于是只住了十个月,就离开了卫国。

将适陈①,过匡②,颜刻为仆③,以其策指之曰:“昔吾入此,由彼缺也。”匡人闻之,以为鲁之阳虎。阳虎尝暴匡人④,匡人于是遂止孔子⑤。孔子状类阳虎,拘焉五日。颜渊后⑥,子曰:“吾以汝为死矣。”颜渊曰:“子在,回何敢死⑦!”匡人拘孔子益急,弟子惧。孔子曰:“文王既没,文不在兹乎?天之将丧斯文也⑧,后死者不得与于斯文也⑨。天之未丧斯文也,匡人其如予何⑩!”孔子使从者为甯武子臣于卫,然后得去⑪。

【注释】

①陈:古国名,都城在今河南淮阳。

②匡：古邑名，故址在今河南长垣西南。当时属卫。

③颜刻：孔子弟子，不见于《仲尼弟子列传》。崔适以为应作“颜高”。仆：车夫。

④阳虎尝暴匡人：梁玉绳引毛奇龄《四书剩言》曰：“《春秋传》‘公侵郑取匡’在定公六年，季氏虽在军，不得专制。凡过卫不假道，反穿城而躏其地，其令皆出自阳虎。是虎实帅师，当侵郑时，匡本郑鄙邑，必欲为晋伐取以释憾，而匡城适缺，虎与仆颜剋就其穿垣而入之。”暴，施暴，侵害。

⑤止：拘捕，扣留。

⑥颜渊：名回，孔子弟子。事迹详见《仲尼弟子列传》。

⑦回何敢死：《集解》引包氏曰：“言夫子在，己无所致死也。”

⑧斯文：指礼乐教化、典章制度。

⑨后死者：孔子自指，与“既没”的文王相对而言。与：参与。

⑩天之未丧斯文也，匡人其如予何：按，以上孔子困于匡事，《论语·子罕》亦有记载。如予何，能把我怎么样呢。

⑪使从者为甯武子臣于卫，然后得去：梁玉绳引毛奇龄《四书索解》：“武子仕卫在僖公年，历文、宣、成、襄、昭五公，而后至定之十二年。是在甯武子时，孔子未生；在孔子畏匡时，则甯氏族灭已久。其间相去实百五六十年，而谓为其臣解难，直笑话也。”崔适以为“甯武子”或许是“孔文子”之误。甯武子，名俞，春秋时卫国大夫。

【译文】

孔子打算到陈国去，路过卫国的匡邑，当时颜刻给他赶车，用马鞭子指着城墙说：“过去我曾进过匡邑，就是从那个缺口进去的。”匡人听说了，误认为他们是鲁国的阳虎。阳虎曾经劫掠过匡邑人，于是匡人就把孔子围困起来。而孔子的相貌也像阳虎，于是匡人把他们一连围困了五天。颜渊随后赶到，孔子说：“我以为你已经死了。”颜渊说：“您还活着，我怎么敢随便赴死呢！”匡人围困孔子越来越急，弟子们都很害怕。孔子说：“文王死了之后，周代的礼乐不就在我们这里了吗？老天爷要是真想让周代的礼乐断绝，那就不会让我再学。老天爷要是不想让周代的礼乐断绝，匡人又能把我怎么样！”后来孔子让他的一个弟子去给卫国的甯武子做家臣，大家才得以离开。

去即过蒲①。月余，反乎卫，主蘧伯玉家②。灵公夫人有南子者③，使人谓孔子曰：“四方之君子不辱欲与寡君为兄弟者④，必见寡小君⑤。寡小君愿见。”孔子辞谢，不得已而见之。夫人在絺帷中⑥。孔子入门，北面稽首⑦。夫人自帷中再拜，环佩玉声璆然⑧。孔子曰：“吾乡为弗见⑨，见之礼答焉。”子路不说。孔子矢之曰⑩：“予所不者，天厌之！天厌之⑪！”居卫月余，灵公与夫人同车，宦者雍渠参乘⑫，出，使孔子为次乘⑬，招摇市过之⑭。孔子曰：“吾未见好德如好色者也。”于是丑之，去卫，过曹⑮。是岁⑯，鲁定公卒。

【注释】

①蒲：古邑名，在今河南长垣。当时属卫。

②蘧伯玉：名瑗，字伯玉，春秋时卫国大夫，与孔子交好。崔述曰：“孔子适卫之时，伯玉之亡固已久矣，孔子安得有主伯玉事乎？且卫之大夫未有贤于伯玉者，果存耶，孔子何以不主伯玉而主雠由？既主雠由矣，在外月余而反，忽易其主何也？……盖《论语》有‘伯玉使人于孔子’之语，故《史记》妄意孔子常主伯玉；又因其与《孟子》不合，故为去卫复返之说以两全之，而不知其误也。”

③南子：春秋时卫灵公的夫人，宋国贵族之女。

④不辱：不以为辱。谦词。寡君：臣下对别国谦称本国国君。

⑤寡小君：国君夫人向异邦的自我谦称。

⑥绨（chī）帷：用细葛布做成的帷帐。绨，细葛布。

⑦稽首：跪拜，前伏，头手停留于地。

⑧璆（qiú）然：佩玉相击声。郭嵩焘曰："按《聘礼》致圭币，君与夫人并同，孔子之见南子亦以宾礼接之也，不应绨帷中相与答拜。宋世垂帘听政，汉唐以上尚无此仪，不知史公何据而云然也。"璆，同"球"，美玉。

⑨乡：通"向"，一向，本来。为：将。

⑩矢：《论语》朱熹注："誓也。"

⑪予所不者，天厌之！天厌之：王骏图曰："子路之不悦，盖疑孔子有枉道干进之意，故夫子称天以誓之也。"按，《论语·雍也》亦记载了孔子见南子事，只是没有细节描述。梁玉绳云："《示儿编》曰：'圣人方以季桓子受女乐而去鲁，适卫而又为灵公南子骖乘，不知子长何所本而云然？'《史记疑问》曰：'欲通齐景，不耻家臣；欲媚夫人，帏中交拜。且使为次乘，俨同宦寺之流，过市招摇，不顾辱身之丑，小人之所不为也，而谓孔子为之乎？马迁诬圣，罪在难宽。'余谓《吕氏春秋·贵因篇》言孔子道弥子瑕见釐夫人，同妄也。"不，同"否"，假的。厌，厌弃，抛弃。

⑫参乘：古代乘车居车右之人。古代乘车之法，尊者居左，御者居中，随从人员居车之右，因古法尊左。

⑬次乘：第二辆车。

⑭招摇市过之：《孔子家语》作"游过市"。招摇，炫耀，张扬。

⑮曹：周初封国，姬姓，始封之君为周武王的弟弟叔振铎，都于陶丘（在今山东定陶）。

⑯是岁：即前495年。此年孔子五十七岁。

【译文】

孔子离开匡邑到了蒲邑。一个月后，又返回了卫国，住在蘧伯玉家。

卫灵公的夫人南子，派人去对孔子说："各国的君子不受侮辱，又想和我们国君建立交情、作为兄弟的人，必定来见我。现在我想见见您。"孔子开始推辞不去拜见，后来不得已只好去了。南子坐在细葛布做的帷帐后面。孔子进门，向着北面行稽首大礼。南子在帷帐后还礼，她身上的各种佩玉叮当作响。孔子回来对弟子们说："我本来不准备去见她，后来实在没法子才去和她见了个礼。"子路很不高兴。孔子发誓说："如果我说的不是真话，那就让老天爷抛弃我！让老天爷抛弃我！"过了一个多月，卫灵公外出，他和南子同坐一辆车，让宦官雍渠同车侍候，而让孔子坐在后面第二辆车子上，从大街上招摇而过。孔子说："我还真没见过有谁能爱好道德如同爱好美色一样。"为此感到羞耻，于是离开卫国去了曹国。这一年，鲁定公去世了。

孔子去曹适宋①，与弟子习礼大树下。宋司马桓魋欲杀孔子②，拔其树③。孔子去。弟子曰："可以速矣。"孔子曰："天生德于予，桓魋其如予何④！"

【注释】

①孔子去曹适宋：据《十二诸侯年表》，孔子在鲁哀公三年到宋国，应记于"吴败越王句践会稽"后。

②司马：三公之一，执掌全国兵事。桓魋（tuí）：春秋时宋国大夫，宋桓公的后代，一名"向魋"。

③拔其树：蒋建侯曰："'拔树'云云似不近情。桓魋为宋司马，方专横，欲杀孔子，径杀可矣，拔树何为？"

④天生德于予，桓魋其如予何：《集解》引包氏曰："'天生德'者谓授以圣性，德合天地，吉无不利，故曰'其如予何'。"朱熹《四书》注曰："天既赋我以如是之德，则桓魋其奈我何？言必不能违天害己。"

【译文】

后来孔子又离开曹国去了宋国，和弟子们在一棵大树下演习礼仪。宋国的司马桓魋想杀孔子，赶到后，孔子已经离开，他就派人把那棵大树拔掉了。弟子们催促说："我们还是走快点吧。"孔子说："老天爷已经把道德、责任赋予了我，桓魋又能把我怎么样呢？"

孔子适郑①，与弟子相失，孔子独立郭东门②。郑人或谓子贡曰③："东门有人，其颡似尧④，其项类皋陶⑤，其肩类子产⑥，然自要以下不及禹三寸⑦，累累若丧家之狗⑧。"子贡以实告孔子。孔子欣然笑曰："形状，未也⑨。而谓似丧家之狗，然哉⑩！然哉！"

【注释】

①郑：西周诸侯国名，姬姓，始封之君为周宣王的弟弟姬友，在今陕西渭南华州区。郑武公时都新郑（今河南新郑）。

②郭：外城。

③子贡：姓端木，名赐，字子贡，孔子弟子，擅于辞令，以言语见称。事迹详见《仲尼弟子列传》。

④颡（sǎng）：额头。

⑤项：脖子。皋陶（gāo yáo）：尧、舜时代的贤臣。事迹详见《五帝本纪》。

⑥子产：即公孙侨，春秋时郑国国相。事迹详见《史记·循吏列传》。

⑦要："腰"的古字。

⑧累累：不得志，沮丧的样子。

⑨未也：按，底本"未"作"末"。梁玉绳曰："《白虎通》《论衡》《家语》皆作'未'。"泷川曰："古抄本、枫山、三条本'末'作'未'，

义长。”今据改。

⑩然哉:说得很对。梁玉绳曰:“《韩诗外传》九说此事颇详,别未知何所本。《白虎通·寿命》《论衡·骨相》皆仍《史》。”蒋建侯曰:“适郑被嘲云云,全为戏谑之辞,殆所谓齐东野人之语与?然举世滔滔,所如不合,其皇皇然无所归,诚如丧家之狗也。”

【译文】

孔子到达郑国时,和弟子们走散了,他孤零零地站在外城的东门。有个郑国人对子贡说:“东门外有个人,他的前额有点像尧,他的脖子有点像皋陶,他的肩膀有点像子产,但是从腰以下比大禹短三寸,垂头丧气的活像一只丧家狗。”子贡找到孔子后如实把那人的话告诉了孔子。孔子反而开心地笑着说:“他所美言的相貌,我可真是不敢当。但说我像只丧家狗,真是对极了!真是对极了!”

孔子遂至陈,主于司城贞子家①。岁余,吴王夫差伐陈②,取三邑而去③。赵鞅伐朝歌④。楚围蔡,蔡迁于吴⑤。吴败越王句践会稽⑥。

【注释】

①司城贞子:春秋时陈国大夫。

②吴王夫差伐陈:战事发生在鲁哀公元年,吴王夫差二年,陈湣公八年,前494年。当时孔子五十八岁。夫差,春秋时吴国国君,阖庐之子,前495—前473年在位。即位后励精图治,吴国曾极盛一时。

③取三邑而去:梁玉绳曰:“吴无取三邑事。哀元年《传》及《年表》可证明。”

④赵鞅:即赵简子,春秋时晋国正卿。事迹详见《赵世家》。伐朝歌:详情参看《赵世家》。

⑤楚围蔡,蔡迁于吴:蔡国曾经帮助吴王阖庐破楚,楚昭王复国后,

发兵攻打蔡国。吴国因无法及时施救，所以让他们举国东迁至吴国的州来。梁玉绳曰："蔡下缺'请'字。"蔡，周初诸侯国名，初都上蔡（今河南上蔡西南），平侯时迁新蔡（今河南新蔡），昭侯时迁州来，谓下蔡（今安徽寿县）。

⑥吴败越王句践会稽：时在吴王夫差二年，越王句践三年，前494年。详见《吴太伯世家》《越王句践世家》。凌稚隆引邓以瓒曰："前骨节事当在此下，不然，入此'吴败越'无谓矣。"

【译文】

孔子到了陈国，住在司城贞子家。一年多以后，吴王夫差伐陈，夺走陈国的三个邑后退兵了。晋国的赵鞅攻打卫国的朝歌。楚国围攻蔡都，吴国让蔡国迁到了吴国境内。吴国在会稽打败了越王句践。

有隼集于陈廷而死①，楛矢贯之②，石砮③，矢长尺有咫④。陈湣公使使问仲尼⑤。仲尼曰："隼来远矣，此肃慎之矢也⑥。昔武王克商，通道九夷百蛮⑦，使各以其方贿来贡⑧，使无忘职业⑨。于是肃慎贡楛矢，石砮，长尺有咫。先王欲昭其令德⑩，以肃慎矢分大姬⑪，配虞胡公而封诸陈⑫。分同姓以珍玉⑬，展亲⑭；分异姓以远方职⑮，使无忘服⑯。故分陈以肃慎矢。"试求之故府⑰，果得之。

【注释】

①有隼（sǔn）集于陈廷而死：蒋建侯曰："肃慎去陈绝远，隼既贯楛矢，似不能飞至陈廷而死，此与坟羊及防风氏骨之对，同为流俗艳称孔子博物之故事。"隼，鹰鹞类猛禽。集，鸟栖息树上。陈廷，陈国的宫廷。

②楛（hù）矢：楛木作杆的箭。

③石砮(nǔ):石制的箭头。

④矢长尺有咫(zhǐ):箭杆长一尺八寸。矢,箭杆。有,通“又”。咫,八寸。

⑤陈湣公:名越,春秋陈国末代国君,前501—前479年在位,被楚国所灭。

⑥肃慎:古代部落名。商周时分布在今吉林、黑龙江一带。以狩猎为业。

⑦通道:开通道路。九夷百蛮:泛指四面八方众多的少数民族。九、百,概言其多。

⑧方贿:地方财物,土特产。

⑨职业:职分之内的任务,义务。这里指进贡。

⑩先王:指周武王。昭:显示。令德:美好的品德。

⑪大姬:西周武王的长女。

⑫配虞胡公而封诸陈:有关大姬婚配虞胡公,周封虞胡公于陈,详情见《陈杞世家》。配,婚配,嫁给。虞胡公,又称胡公满,名满,舜的后代。周武王灭商后所封。

⑬同姓:指同祖的兄弟,也即指武王的兄弟子侄等,如鲁、卫、燕、晋、曹、蔡等国。

⑭展亲:拉近亲族关系。《集解》引韦昭曰:“展,重也。”

⑮异姓:与“同姓”相对,指异姓功臣及受封的前朝旧族,如齐、宋、陈、杞等。远方职:远方部落送来的贡物。职,贡,贡献。

⑯无忘服:《集解》引王肃曰:“使无忘服从于王也。”

⑰故府:旧府。过去收藏各地贡物的府库。

【译文】

有一只隼落在陈国宫廷的一棵树上死了,一支楛木做的箭贯穿了它的身体,箭头是石制的,箭杆长一尺八寸。陈湣公派人来向孔子请教。孔子说:“这只隼是从很远的地方来的啊,这是肃慎部族的箭。当初周武王灭掉商朝后，曾跟各方的蛮夷部族都沟通了关系，让他们把各自的特产当作礼品向王朝进贡，使他们不要忘记对天子应尽的义务。当时肃慎人进贡的就是一种楛木杆、石箭头的箭，长一尺八寸。周武王想彰显美德，就把这种箭给了他的女儿大姬作陪嫁，把她嫁给了舜的后代胡公，把胡公封在了陈国。当时周王室把珍宝美玉分赐给同姓诸侯们，是为了表示关系亲密；把远方来的贡品分赐给异姓诸侯，是为了让他们不忘臣服于周朝。所以当时把肃慎箭分给了陈国。”陈湣公派人到府库里试着查看，果然找到了这种箭。

孔子居陈三岁①，会晋、楚争强，更伐陈②，及吴侵陈，陈常被寇③。孔子曰：“归与，归与！吾党之小子狂简④，进取不忘其初⑤。”于是孔子去陈。

【注释】

①孔子居陈三岁：自鲁定公十五年（前495）至鲁哀公二年（前493）。

②晋、楚争强，更伐陈：梁玉绳曰：“时为定十五年，哀元、二两年无晋、楚伐陈事，即三岁前后亦未尝伐陈，此妄也。”更，交替。

③吴侵陈，陈常被寇：据《十二诸侯年表》《吴太伯世家》，吴王夫差伐陈事发生在鲁哀公元年。

④吾党：我的同乡。党，乡党，乡里。狂简：志向高远而处事疏阔。

⑤进取不忘其初：《论语·公冶长》记载有：“归与，归与！吾党之小子狂简，斐然成章，不知所以裁之。”初，最初的志向，指之前接受的文武之道。

【译文】

孔子在陈国住了三年后，赶上晋国和楚国争强，两国轮流攻打陈国，后来吴国也来侵犯，陈国经常被劫掠。孔子说：“回家吧，回家吧！我们自己故乡的那些子弟们志向远大而处事疏阔，但他们都能积极进取而且不忘初心。”于是孔子离开了陈国。

过蒲，会公叔氏以蒲畔①，蒲人止孔子。弟子有公良孺者②，以私车五乘从孔子。其为人长贤③，有勇力，谓曰：“吾昔从夫子遇难于匡，今又遇难于此，命也已。吾与夫子再罹难④，宁斗而死。”斗甚疾。蒲人惧⑤，谓孔子曰：“苟毋适卫，吾出子。”与之盟，出孔子东门⑥。孔子遂适卫。子贡曰：“盟可负邪？”孔子曰：“要盟也⑦，神不听。”

【注释】

①公叔氏：即卫国大夫公叔戌。以蒲畔：按，据《左传·定公十四年》，公叔戌因被逐而逃到鲁国，无以蒲叛卫事。

②公良孺：妫姓，公良氏，字子正，孔子弟子。

③长：泷川曰：“长，长大也。”

④再：又一次。罹（lí）难：遭遇祸难。罹，遭遇。

⑤斗甚疾。蒲人惧：《索隐》：“《家语》云‘我宁斗死，挺剑而合众，将与之战，蒲人惧’是也。”

⑥出孔子东门：让孔子从蒲邑东门离开。意思是让他向东去鲁国，不要往北到卫国。

⑦要盟：要挟对方而结盟。

【译文】

孔子路过卫国的蒲邑时，正赶上公叔氏在蒲邑发动叛乱，蒲邑人扣留了孔子。孔子有一个叫公良孺的弟子，他带着他私家的五乘车跟随孔子。公良孺身材高大有才干，勇力过人，对孔子说：“我过去跟着先生在匡邑遇到过危难，今天又在这里遇到危难，这就是命啊。我与其跟着先生再一次陷入困境，宁愿跟他们搏斗而死。”说罢就奋力战斗。蒲邑人害怕了，对孔子说：“如果答应我们不去卫国，我们就放你们走。”孔子就和他们盟誓，蒲邑人让孔子从东门出去。孔子紧接着就去了卫国。子贡说：“盟誓难道可以背弃吗?”孔子说：“受胁迫订立的盟誓，神是不理睬的。”

卫灵公闻孔子来，喜，郊迎。问曰：“蒲可伐乎？”对曰：“可。”灵公曰：“吾大夫以为不可。今蒲，卫之所以待晋、楚也[①]，以卫伐之，无乃不可乎？”孔子曰：“其男子有死之志[②]，妇人有保西河之志[③]。吾所伐者不过四五人。”灵公曰：“善。”然不伐蒲[④]。灵公老，怠于政，不用孔子。孔子喟然叹曰：“苟有用我者，期月而已，三年有成[⑤]。”孔子行。

【注释】

①蒲，卫之所以待晋、楚也：蒲是卫国西南方的屏障，可以防备抵御晋、楚之军的攻击。卫灵公这话是想说明蒲邑的军事力量强大，足以依赖。待，防备，抵御。

②有死之志：指宁可死也不愿意跟从公叔氏作乱。

③保西河之志：有死保家乡、不随叛乱者迁到他乡的志气。西河，古地区名。春秋卫地。《索隐》：“此西河在卫地。”盖指今河南滑县、浚县及其南北一带，当时黄河沿岸地区。

④然不伐蒲：崔述曰：“蒲在卫西，陈在卫南，自陈来，不由蒲也，孔子过蒲何为焉？要盟神固不听，然既许之，甫出而即背之，亦岂圣人之所为耶？蒲，卫之属邑耳，灵公好战，屡伐晋，而独不敢伐一蒲；孔子不对灵公之问阵，而于灵公之不伐蒲独力劝其伐，不亦先后矛盾矣乎？此乃战国人之所伪撰，非孔子之事。”

⑤“苟有用我者”几句:《论语·子路》亦有记载,但没有提及是针对何人何事而发。期(jī)月而已,指一年之内可使治理大大改观。期月,指一周年。成,有成效,成功。

【译文】

卫灵公听说孔子来了,非常高兴,到郊外迎接他。他问孔子说:“蒲邑可以征伐吗?”孔子说:“可以。”卫灵公说:“可是我的大夫们都说不可以。如今蒲邑是卫国防御晋、楚的屏障,如果我们讨伐它,恐怕不行吧?”孔子说:“那里的男人们宁可被杀而不从公叔氏为乱,那里的女人们都发誓不离西河故土。我们去讨伐的叛乱者顶多不过四五个人。”卫灵公说:“说得对。”但他并没有出兵伐蒲。这时卫灵公年老,懒于过问政事,不能重用孔子。孔子感慨地说:“如果有人能起用我,一年就能初见效果,三年就会大有所成。”孔子只好又离开了。

佛肸为中牟宰[①],赵简子攻范、中行,伐中牟[②]。佛肸畔[③],使人召孔子,孔子欲往。子路曰:“由闻诸夫子,‘其身亲为不善者,君子不入也’[④]。今佛肸亲以中牟畔,子欲往,如之何?”孔子曰:“有是言也。不曰坚乎,磨而不磷;不曰白乎,涅而不淄[⑤]。我岂匏瓜也哉[⑥],焉能系而不食[⑦]?”

【注释】

①佛肸(bì xī):春秋时期晋国大夫范氏的家臣。中牟宰:中牟地区的主管官员。中牟,晋邑名,在今河南中牟城东。

②赵简子攻范、中行,伐中牟:晋国的范氏、中行氏在与赵氏、韩氏、魏氏的政治斗争中失败后,被迫逃到朝歌、邯郸,后又被逼入齐境。在这场斗争中,中牟宰佛肸支持范氏、中行氏,所以赵氏又攻伐佛肸。

③佛肸畔：按，当时诸侯国内大夫互相攻击，本不应称“叛”，只是因为赵简子假名公室，所以称佛肸反击赵氏为“叛”。

④君子不入：《集解》引孔安国曰：“不入其国。”

⑤不曰坚乎，磨而不磷；不曰白乎，涅（niè）而不淄：不是说，真正坚硬的东西是磨不薄的，真正洁白的东西是染不黑的。磷，薄，减损。涅，染黑，污染。淄，黑。

⑥匏瓜：葫芦之属。对半剖开，可做舀水的瓢。

⑦焉能系而不食：这里用匏瓜只能挂着不能食用，比喻自己的不去从事政治活动。按，以上佛肸召孔子事亦见于《论语·阳货》。崔述曰：“佛肸以中牟叛，是乱臣贼子也。孔子方将作《春秋》以治之，肯往而助之乎？佛肸与公山不狃皆家臣也；孔子，鲁大夫也。孔子往，将臣二人乎？抑臣于二人乎？臣二人则其势不能，臣于二人则其义不可，孔子将何居焉？夫坚者诚不患于磨，然未有恃其坚而故磨之者也；白者诚不患于涅，然未有恃其白而故涅之者也；圣人诚非小人之所能污，然未有恃其不能污而故入于小人之中者也。……故‘不磷’‘不缁’之说为见阳货解则可；为往赴不狃、佛肸之召解则断不可。”蒋建侯曰：“佛肸以中牟叛乃赵襄子时事，而赵襄子之立在孔子卒后五年，则佛肸之叛，孔子卒久矣。”

【译文】

晋国的佛肸是中牟邑宰，赵简子在打败了范氏、中行氏后，进而去攻伐中牟。佛肸带领邑人叛晋，并且派人邀请孔子去中牟，孔子想去。子路说：“以前我听您说过，‘凡是亲自干不好事情的人，君子是不会到他那里去的’。现在佛肸在中牟叛晋，而您却想去，这是为什么？”孔子说：“的确有这样的话。不是说，真正坚硬的东西是磨不薄的，真正洁白的东西是染不黑的。我难道是个匏瓜呢，怎么能只是让它挂在那里不吃呢？”

孔子击磬[①]。有荷蒉而过门者[②]，曰："有心哉，击磬乎[③]！硁硁乎[④]，莫己知也夫而已矣[⑤]！"

孔子学鼓琴师襄子[⑥]，十日不进[⑦]。师襄子曰："可以益矣。"孔子曰："丘已习其曲矣[⑧]，未得其数也[⑨]。"有间，曰："已习其数，可以益矣。"孔子曰："丘未得其志也[⑩]。"有间，曰："已习其志，可以益矣。"孔子曰："丘未得其为人也[⑪]。"有间，曰有所穆然深思焉[⑫]，有所怡然高望而远志焉[⑬]。曰："丘得其为人：黯然而黑[⑭]，几然而长[⑮]，眼如望羊[⑯]，如王四国[⑰]，非文王其谁能为此也！"师襄子辟席再拜[⑱]，曰："师盖云《文王操》也[⑲]。"

【注释】

①磬（qìng）：古代打击乐器。状如曲尺。用玉、石或金属制成。

②荷：背着。蒉（kuì）：用草编织的盛器。

③有心哉，击磬乎：朱熹曰："圣人之心未尝忘天下，此人闻其磬声而知之。"有心，何晏曰："谓契契然也。"指牵挂、不能释怀的样子。

④硁硁（kēng）：击磬声。这里意谓敲得很响，唯恐别人不知道自己，一语双关。

⑤莫己知也夫而已矣：没有人了解自己么，那就算了吧！按，以上孔子击磬事，《论语·宪问》记载为："曰：'有心哉，击磬乎！'既而曰：'鄙哉，硁硁乎！莫己知也，斯已而已矣，深则厉，浅则揭。'子曰：'果哉，末之难矣。'"俞樾曰："荷蒉者之意以为人既莫己知，则但当为己，不必更为人。"

⑥师襄子：鲁国乐师，其名为襄。

⑦不进：没有再学新的曲子，一直在复习之前所学。

⑧习其曲：练熟了它的曲调。

⑨数：泷川引冈白驹曰："节奏之数。"也指方法，技术。

⑩未得其志：还没有理解乐曲所表达的意思。

⑪未得其为人：还没能理解乐曲中所塑造的形象。

⑫穆然：默然，凝思的样子。

⑬怡然：安适自在，平和愉悦的样子。远志：追忆遥远的年代。志，忆也。

⑭黯然：黝黑的样子。

⑮几然而长：身材修长的样子。《集解》引徐广曰："诗云'颀而长兮'。"《索隐》："'几'与注'颀'，并音祈，《家语》无此四字。"

⑯望羊：仰视的样子，远视的样子。

⑰如王四国：是一位统有天下的帝王。如，而。

⑱辟席：避席，离开座位，表示对人尊敬。

⑲师盖云《文王操》也：老师告诉我这或许是《文王操》。崔述曰："此其事之有无盖不可知，且其所云'眼如望羊，如王四国'之语皆不雅驯……盖后人所托。"史珥曰："得文王为人可矣，何得并形貌颜色而得之？诞漫不经。"蒋建侯曰："孔子嗜乐之笃，学习之专，不欲躐等而进、浅尝即止，均于此可见。"盖，语气助词，表示推断。《文王操》，古琴曲名，相传为周文王所作。

【译文】

有一天孔子正在屋里击磬。有一个背着草筐的人从门口经过，听到磬音说："是有心事啊，所以才击磬吧！听这硁硁的磬声，没有人了解自己就算了吧！"

孔子跟着师襄学弹琴，一个曲子一连练了十天还不向下学。师襄说："可以学些新的了。"孔子说："我只是练熟了它的曲调，还没有掌握弹奏的技巧。"又过了几天，师襄说："已经掌握技巧了，可以学点新的了。"孔子说："我还没有理解乐曲表达的思想感情。"又过了几天，师襄说："已经理解了乐曲的思想感情，可以学点新的了。"孔子说："我还没有弄清乐曲所表现的人物形象。”又过了些天，孔子有了一种严肃深刻的理解，产生了一种心情舒畅追忆遥远年代的感觉。他说：“我已经弄清楚乐曲所歌颂的那个人了：他有着黑黑的肤色，个子很高，眼睛炯炯有神地望着远方，是一位统有天下的帝王，这个人如果不是周文王还能是谁呢？”师襄离开座位向孔子拜了两拜说：“我老师说这个曲子或许就是《文王操》。”

孔子既不得用于卫，将西见赵简子。至于河而闻窦鸣犊、舜华之死也①，临河而叹曰：“美哉水，洋洋乎②！丘之不济此，命也夫！”子贡趋而进曰：“敢问何谓也？”孔子曰：“窦鸣犊、舜华，晋国之贤大夫也。赵简子未得志之时，须此两人而后从政；及其已得志，杀之乃从政③。丘闻之也，刳胎杀夭则麒麟不至郊④，竭泽涸渔则蛟龙不合阴阳⑤，覆巢毁卵则凤皇不翔。何则？君子讳伤其类也⑥。夫鸟兽之于不义也尚知辟之⑦，而况乎丘哉！”乃还息乎陬乡⑧，作为《陬操》以哀之⑨。而反乎卫，入主蘧伯玉家⑩。

【注释】

①至于河：当时卫都濮阳位于黄河东面，晋国在黄河西面，孔子从卫国到晋国去需要渡河。窦鸣犊、舜华：二人事迹不详。《索隐》曰：“《家语》云‘闻赵简子杀窦犨鸣犊及舜华’，《国语》云‘鸣铎窦犨’，则‘窦犨’字‘鸣犊’，声转字异，或作‘鸣铎’。”

②洋洋：水势盛大的样子。

③及其已得志，杀之乃从政：按，“乃从政”三字衍。

④刳（kū）胎杀夭：剖挖母胎，杀死小兽。谓凶残不义，赶尽杀绝。刳，剖，挖。

⑤竭泽涸渔：犹竭泽而渔。即排尽池水，然后在干枯的池塘里捉鱼。比喻尽其所有而不留余地。蛟龙不合阴阳：《索隐》："有角曰蛟龙。龙能兴云致雨，调和阴阳之气。"蛟龙因为生气渔人捕鱼手段太绝，不留余地，不再调合阴阳。

⑥君子讳伤其类也：按，"君子"二字衍。

⑦辟：退避，躲开。

⑧陬乡：应指卫地"陬乡"，而非孔子的故乡"陬邑"。

⑨作为《陬操》：《家语》作《槃操》。梁玉绳曰："殆取'考槃'之义与？"

⑩入主蘧伯玉家：按，以上孔子欲渡河见赵简子，《左传》《论语》没有记载。崔述曰："定八年，赵鞅使涉佗盟卫侯，挼其手及腕；十三年，入于晋阳以叛；哀三年，杀周苌宏，弱王室，侮诸侯而叛其君。春秋之大夫罪未有大于鞅者也……不知孔子何取于鞅而欲见之？至窦鸣犊、舜华之死，抑末矣，鞅之善恶亦不在于此二人之生死也，何为临河而遽返耶？晋大夫见于传者多矣，微但大夫也，即赵氏之家臣董安于、尹铎、邮无恤之伦，皆得以其才见于传。两人果贤大夫，传记何为悉遗之乎？且鞅，卫之仇雠也。孔子虽未受职于卫……亦有宾主之义焉，无故去之而往见其仇，于义似亦有未安者。往而不遂，复返于卫，不知何以对灵公；灵公亦安能待之如旧耶？……此必战国时人之所伪托，非孔子之事。"

【译文】

孔子在卫国得不到重用，准备向西到晋国去见赵简子。刚走到黄河边就听到了窦鸣犊和舜华被害的消息，于是孔子面对着黄河感慨道："多么美的黄河呀，浩浩荡荡！我这辈子不能渡水西行，真是命里注定的吧！"子贡听到就过来问道："请问您这么说是什么意思呢？"孔子说："窦鸣犊和舜华，都是晋国的贤大夫。赵简子没有得势时，是靠这两个人的帮助才把持了晋国的大权；等到他得了势，却杀了这两个人。我听说，有人剖腹取胎,麒麟就不会去那里的郊野;有人抽干了水捕鱼,蛟龙就不给那里下雨;有人捅翻鸟巢毁掉鸟蛋,凤凰就不会飞翔在那里的天空。为什么呢?就因为厌恶看到自己的同类受害。鸟兽对于不仁义的事情还知道躲开,更何况我孔丘呢!"于是他退回陬乡,谱写了一曲《陬操》来哀悼窦鸣犊和舜华。而后又回到了卫国,住在了蘧伯玉家。

他日,灵公问兵陈①。孔子曰:"俎豆之事则尝闻之②,军旅之事未之学也③。"明日,与孔子语,见蜚雁④,仰视之,色不在孔子。孔子遂行,复如陈⑤。

【注释】

①兵陈:古指作战队伍的行列及组合方式。

②俎豆之事:指祭祀之事。"俎""豆"都是祭祀中要用到的器具。在儒家所尊奉的"礼"中,祭祀是非常重要的部分,所以孔子特别重视。

③军旅:《集解》引郑玄曰:"万二千人为军,五百人为旅。"

④蜚雁:即飞雁。蜚,通"飞"。

⑤孔子遂行,复如陈:《索隐》曰:"此鲁哀二年也。"按,即前493年,此年孔子五十九岁。崔述曰:"《世家》孔子于灵公时凡四去卫而再适陈,其二皆未出境而反。其初适陈也,以定公卒之岁,乃定公十五年,适宋遭桓司马之难;至陈主于司城贞子,盖本之《孟子》。其再适陈也,以灵公卒之春,乃鲁哀公二年,而误以为三年;因灵公问阵而遂行盖本之于《论语》。余按《论语》《孟子》所记乃一时事……《世家》误分为二……其谬一也。《论语》云'子在陈曰:归与归与,吾党之小子狂简……';《孟子》云'孔子在陈曰:盍归乎来,吾党之士狂简……',此两章亦一时之语,而所传异词,《世家》亦分以为二……其谬二也。过匡之役,以恐获罪而去,未出

境也，无故而反；临河之役，无故而去，亦未出境也……仆仆于道途而不惮其烦也，其谬三也。”

【译文】

有一天，卫灵公向孔子询问排兵布阵之事。孔子说：“祭祀方面的事情，我曾经学过；排兵布阵之事，我没有学过。”第二天，卫灵公在和孔子交谈的时候，看到天上大雁飞过，仰头注视，神色心思根本不在孔子身上。于是孔子便离开卫国，又来到了陈国。

夏，卫灵公卒，立孙辄，是为卫出公①。六月，赵鞅内太子蒯聩于戚②。阳虎使太子绕，八人衰绖，伪自卫迎者，哭而入，遂居焉③。冬，蔡迁于州来④。是岁鲁哀公三年，而孔子年六十矣⑤。齐助卫围戚⑥，以卫太子蒯聩在故也。夏，鲁桓、釐庙燔⑦，南宫敬叔救火⑧。孔子在陈，闻之，曰：“灾必于桓、釐庙乎？⑨”已而果然。

【注释】

①卫灵公卒，立孙辄，是为卫出公：按，卫灵公的太子叫蒯聩。蒯聩和灵公的夫人南子有矛盾，想杀掉南子，没能成功，便逃到晋国依附赵简子。如今灵公死，卫人立蒯聩的儿子辄为君，即“卫出公”。详见《左传·哀公二年》。

②内太子蒯聩于戚：为助蒯聩向其子出公夺取政权，晋国将蒯聩强行送回卫国，居于戚邑。内，“纳”的古字，使进入，送入。戚，卫邑名，在今河南濮阳北。靠近黄河，是当时吴、楚、晋、郑几国间的交通要冲。

③“阳虎使太子绕（wèn）”几句：详细描述蒯聩入戚的过程。为避免卫国边防军阻止蒯聩入境，阳虎让蒯聩穿着丧服，还特意让八

个人也穿着丧服，假装是卫国前来迎接的使者。蒯聩得以顺利入境，居于戚地。绕，古丧服之一，以麻布包裹发髻。衰绖，丧服。衰用粗麻布制成，有斩衰、齐衰之分。绖，麻带，系于头的叫首绖，围在腰间的叫腰绖。国君死，大夫皆衰绖。

④蔡迁于州来：与前文"楚围蔡，蔡迁于吴"相呼应。

⑤是岁鲁哀公三年，而孔子年六十：梁玉绳曰："蔡迁州来之岁，孔子年五十九，哀公二年也，此误。'是岁'当作'明岁'。"崔适曰："《春秋》'蔡迁于州来'以上，皆在哀公二年；'齐助卫围戚'以下，乃在三年。此文'是岁'以上有缺文，本不谓一年之事，故上文已言'冬'，下文复言'夏''秋'也。"鲁哀公二年，前493年。

⑥齐助卫围戚：据《左传》，事在鲁哀公三年。

⑦鲁桓、釐庙燔（fán）：鲁国宗庙遭遇火灾，鲁桓公、鲁釐公的木主被烧焚毁。鲁桓公，名允，一作"子允"，前711—前694年在位。鲁釐（一作"僖"）公，名申，亦作"子申"，前659—前627年在位。庙，木主，神主。即宗庙里供奉的灵牌。

⑧南宫敬叔：孟孙氏，名说，鲁国大夫孟僖子之子。

⑨灾必于桓、釐庙乎：桓公是谋杀其兄隐公后自立为君的；釐公乃庶出，而且是在庆父杀闵公又出逃后得立的，孔子认为他们都没资格享受祭祀，所以当他在陈听到鲁庙被焚，就已经推断出被焚毁的是桓、釐二公的木主了。按，以上孔子料定桓、釐二木主被毁事，《左传·哀公三年》亦有记载。

【译文】

这年夏天，卫灵公去世，他的孙子辄即位，这就是卫出公。六月，晋国赵鞅把卫灵公的太子蒯聩送进了卫国的戚邑。阳虎让蒯聩穿着丧服，让跟随他的八个人也都穿上孝服，假装是从卫国都城前来迎接蒯聩的使者，哭着进了戚邑，并在那里住了下来。这年冬天，蔡国把都城由新蔡迁到了州来。这一年是鲁哀公三年，孔子整六十岁。齐国出兵帮助卫国包围了戚邑，因为卫国的太子蒯聩住在这里。同年夏天，鲁国宗庙遭遇火灾，桓公、釐公的木主被焚毁，南宫敬叔负责救火。这时孔子正在陈国，他听到鲁国失火的消息就说："被焚毁的一定是桓公、釐公的木主吧？"事后证明果然如此。

秋，季桓子病，辇而见鲁城[①]，喟然叹曰："昔此国几兴矣，以吾获罪于孔子[②]，故不兴也。"顾谓其嗣康子曰[③]："我即死[④]，若必相鲁；相鲁，必召仲尼。"后数日，桓子卒，康子代立。已葬，欲召仲尼。公之鱼曰[⑤]："昔吾先君用之不终，终为诸侯笑。今又用之，不能终，是再为诸侯笑。"康子曰："则谁召而可？"曰："必召冉求[⑥]。"于是使使召冉求。冉求将行，孔子曰："鲁人召求，非小用之，将大用之也。"是日，孔子曰："归乎归乎！吾党之小子狂简[⑦]，斐然成章[⑧]，吾不知所以裁之[⑨]。"子赣知孔子思归[⑩]，送冉求，因诫曰"即用，以孔子为招"云。

【注释】

①辇而见鲁城：坐着人抬的轿子或者是人力拉着的车子巡视鲁国都城。辇，人拉的车子或肩舆。后世专称帝王所乘的车。

②获罪：得罪。此指季桓子当年接受齐国女乐及骏马，孔子失望离开鲁国事。

③康子：季孙氏，名肥，鲁国正卿。

④即：将近，靠近。

⑤公之鱼：姬姓，公之氏，季氏的家臣。

⑥冉求：字子有，孔子弟子，多才艺，善理财，以政事见称。事迹详见《仲尼弟子列传》。

⑦狂简：志向高远而处事疏阔。

⑧斐然：很有文采的样子。

⑨吾不知所以裁之：《集解》引孔安国曰："孔子在陈，思归欲去，曰：'吾党之小子狂者进取于大道，妄穿凿以成章，不知所以裁制，当归以裁耳。'"中井曰："'裁'字由'章'字而生，是以锦衣彩缎为喻也，夫子盖欲归而裁之以就人才也。"《索隐》曰："此系家再有'归与'之辞者，前辞出《孟子》，此辞见《论语》，盖止是一称'归与'，二书各记之。今前后再引，亦失之也。"

⑩子赣：即子贡。

【译文】

这年秋天，鲁国季桓子病重，他坐辇车巡视鲁都的城墙，感慨地说："过去这个国家几乎要兴旺起来了，因为我得罪孔子使他离开了这里，所以鲁国就没能振兴。"他回头看着继承人季康子说："我将要死了，你一定会接替我做鲁国的国相；你做了国相之后，一定要召回孔子。"几天后，季桓子去世了，季康子继任鲁国的国相。他办完了季桓子的丧事，就想要召回孔子。公之鱼拦阻说："当初我们的老国相任用孔子而没能善始善终，最终被诸侯们耻笑。今天我们又要任用他，如果不能善始善终，那就要再次被诸侯们耻笑了。"季康子说："那我们可以召谁回来呢？"公之鱼说："一定要召他的弟子冉求回来。"于是季康子就派了人去召冉求。冉求准备动身，孔子对他说："鲁国人召你回去，一定不会小用你，他们一定会大用你的。"这一天，孔子说："回去吧，回去吧！我家乡的那些学生们志向高远而处事疏阔，他们下笔成章文采斐然，我都不知道该怎么教导他们才好。"子贡明白这是孔子想要回鲁国去，就去为冉求送行，趁机告诫他说："你一旦被任用，就要接先生回去。"

冉求既去，明年[①]，孔子自陈迁于蔡[②]。蔡昭公将如吴[③]，吴召之也。前昭公欺其臣迁州来[④]，后将往，大夫惧复迁，公孙翩射杀昭公[⑤]。楚侵蔡[⑥]。秋，齐景公卒[⑦]。

【注释】

①明年：鲁哀公四年，前491年。此年孔子六十一岁。

②孔子自陈迁于蔡：此时蔡国已经将国都迁到了州来（今安徽寿县）。《乡党图考》曰："孔子自陈如蔡，就叶公耳，与蔡国无涉。"

③蔡昭公：即蔡昭侯，姬姓，名申，前518—前491年在位。楚昭王伐蔡，迁都于州来。将如吴：将要到吴国都城（今江苏苏州）去。时在吴王夫差五年。

④欺其臣迁州来：据《管蔡世家》，蔡国原是楚国的附庸国，吴国联合蔡国打败楚国后，蔡国又依附于吴国。后楚昭王伐蔡，吴、蔡两国相距遥远，吴军无法及时救援，便让蔡举国迁移到了吴国的州来。蔡昭侯没有跟大夫商议，便做出了迁移的举动，所以称之为"欺"。

⑤公孙翩射杀昭公：《管蔡世家》记载为"大夫恐其复迁，乃令贼利杀昭侯"。公孙翩，蔡大夫。据《左传》哀公四年载，射杀昭侯的并不是他。

⑥楚侵蔡：梁玉绳曰："考《春秋》及《史》，是时无楚侵蔡事。"

⑦齐景公卒：齐景公卒年，在鲁为哀公五年，前490年。

【译文】

冉求离开的第二年，孔子从陈国迁居蔡国。蔡昭公正准备去吴国，因为吴王召他去。前些年蔡昭公曾欺骗他的大臣把国都迁到了州来，这次他又要去吴国，大臣们害怕他亲近吴国再把国都往东迁，于是公孙翩就射死了蔡昭公。不久，楚国发兵侵蔡。这年秋天，齐景公去世了。

明年，孔子自蔡如叶[①]。叶公问政[②]，孔子曰："政在来远附迩[③]。"他日，叶公问孔子于子路，子路不对。孔子闻之,曰:"由,尔何不对曰'其为人也,学道不倦,诲人不厌,发愤忘食,乐以忘忧,不知老之将至云尔'④?"

【注释】

①如:到,去。叶(shè):春秋楚邑名,在今河南叶县南。

②叶公:即沈诸梁,字高,沈尹戌之子。春秋末楚国大夫。因其封在叶,故号为"叶公"。

③附:归附。迩:近。

④云尔:用于语尾,表述如此而已。按,以上孔子对自己的评价,《论语·述而》也有记载:"叶公问孔子于子路,子路不对。子曰:'女奚不曰,其为人也,发愤忘食,乐以忘忧,不知老之将至云尔。'"又有:"子曰:'若圣与仁,则吾岂敢?抑为之不厌,诲人不倦,则可谓云尔已矣。'"又有:"子曰:'默而识之,学而不厌,诲人不倦,何有于我哉?'"

【译文】

第二年,孔子由蔡国来到楚国的叶邑。叶公向孔子咨询治理国家的方法,孔子说:"治理国家的关键在于能让远方的人都来归附,让近处的人都能拥护。"另一天,叶公向子路打听孔子是个什么样的人,子路没有回答。孔子听说了,就对子路说:"仲由,你为什么不回答他'他是这样的人,他学习道德不知疲倦,教诲别人不会厌倦,发愤读书时可以忘记吃饭,常常开心得忘记了忧愁,没有感觉到自己就要老了'。"

去叶,反于蔡。长沮、桀溺耦而耕①,孔子以为隐者,使子路问津焉②。长沮曰:"彼执舆者为谁③?"子路曰:"为孔丘。"曰:"是鲁孔丘与?"曰:"然。"曰:"是知津矣④。"桀溺谓子路曰:"子为谁?"曰:"为仲由。"曰:"子,孔丘之徒与?"

曰："然。"桀溺曰："悠悠者天下皆是也[5]，而谁以易之？且与其从辟人之士[6]，岂若从辟世之士哉[7]！"耰而不辍[8]。子路以告孔子，孔子怃然曰[9]："鸟兽不可与同群[10]，天下有道，丘不与易也[11]。"

【注释】

①长沮、桀溺：有人认为都是人名，是春秋时楚国的隐士。金履祥以为"盖以物色而名之，如'荷蒉''晨门''荷篠丈人'之类。其一人长而沮洳，一人桀然高大而涂足"。耦（ǒu）：郑玄曰："二耜为耦。"

②津：渡口。

③执舆者：驾车人。

④是知津矣：《集解》引马融曰："言数周流，自知津处。"言外之意是他知道渡口在哪里，不需要来问我们。

⑤悠悠者天下皆是也：《集解》引孔安国曰："悠悠者，周流之貌也。言当今天下治乱同，空舍此适彼，故曰'谁以易之'。"言外之意是到处都是一样的黑暗混乱。

⑥从：跟随。辟人之士：躲开坏人去另寻好人的人，指孔子。

⑦岂若从辟世之士哉：《集解》引何晏曰："士有辟人之法，有辟世之法。长沮、桀溺谓孔子为士，从辟人之法者也；己之为士，则从辟世之法也。"辟世之士，避开乱世之人。王骏图曰："此桀溺讽子路，欲其舍孔子而从己等游也。"

⑧耰（yōu）而不辍：《集解》引郑玄曰："耰，覆种也。辍，止也。覆种不止，不以津告也。"用以表示不想再说话了。

⑨怃然：怅然失意的样子。

⑩鸟兽不可与同群：不能跟鸟兽同群。意即不能离开人类社会。

⑪天下有道，丘不与易也：朱熹曰："天下若已平治，则我无用变易

之。正为天下无道，故欲以道易之耳。”按，向长沮、桀溺问津事，《论语·微子》亦有记载。易，变革，改变。

【译文】

他们离开叶邑，又回到了蔡国。途中遇到长沮、桀溺两人在田间并肩耕作，孔子认为他们是隐士，就让子路去向他们询问渡口在哪里。长沮说：“那车上拉着缰绳的是谁？”子路说：“是孔丘。”长沮说：“是鲁国的那个孔丘吗？”子路说：“正是。”长沮说：“那他应该知道渡口在哪儿。”桀溺问子路：“你是谁？”子路说：“我是仲由。”桀溺说：“你是孔丘的弟子吗？”子路说：“正是。”桀溺说：“天下哪里都是动荡不安的，谁能加以改变？你与其跟着躲避坏人的人，还不如跟着躲避整个社会的人呢！”一边说着一边不停地撒种子盖土。子路把他们的话告诉了孔子，孔子伤心地说：“我们不能同飞禽走兽一起生活，如果天下都合乎了正道，那我也就不会想去改变它了。”

他日，子路行，遇荷蓧丈人①，曰：“子见夫子乎？”丈人曰：“四体不勤②，五谷不分③，孰为夫子④！”植其杖而芸⑤。子路以告，孔子曰：“隐者也。”复往，则亡⑥。

【注释】

①蓧（diào）：古代除田中草所用的工具。

②四体不勤：指不劳动。四体，四肢。

③五谷不分：分不清各种粮食作物。五谷，所指不一，一说指黍、麦、豆、稷、麻。

④孰为：怎么能，凭什么说是。

⑤植其杖而芸：《集解》引孔安国曰：“植，倚也。除草曰‘芸’。”即一手拄杖，一手除草。王骏图曰：“植，通‘置’，谓置其杖于地而芸草也。”译文从王说。

⑥复往，则亡：《集解》引孔安国曰："子路反至其家，丈人出行不在。"按，子路遇荷蓧丈人事，《论语·微子》亦有记载，情节较此丰富，还有荷蓧丈人邀请子路去了他家，杀鸡做饭招待子路。

【译文】

又有一天，子路走在路上，遇见一个背着除草农具的老人。子路问："您见到我们先生了吗？"老人说："有人不从事劳动，连五谷也分不清，那算是什么先生？"说罢就把拐杖立在一旁锄起草来。子路把经过告诉了孔子，孔子说："是位隐士啊。"子路再去找他，老人早已不见了。

孔子迁于蔡三岁[①]，吴伐陈。楚救陈，军于城父[②]。闻孔子在陈、蔡之间，楚使人聘孔子[③]。孔子将往拜礼[④]，陈、蔡大夫谋曰："孔子贤者，所刺讥皆中诸侯之疾。今者久留陈、蔡之间，诸大夫所设行皆非仲尼之意[⑤]。今楚，大国也，来聘孔子。孔子用于楚，则陈、蔡用事大夫危矣。"于是乃相与发徒役围孔子于野[⑥]。不得行，绝粮。从者病[⑦]，莫能兴，孔子讲诵弦歌不衰。子路愠[⑧]，见曰："君子亦有穷乎[⑨]？"孔子曰："君子固穷[⑩]，小人穷斯滥矣[⑪]。"子贡色作[⑫]。孔子曰："赐，尔以予为多学而识之者与[⑬]？"曰："然。非与？"孔子曰："非也。予一以贯之[⑭]。"孔子知弟子有愠心，乃召子路而问曰："《诗》云'匪兕匪虎，率彼旷野[⑮]'。吾道非邪[⑯]？吾何为于此？"子路曰："意者吾未仁邪[⑰]？人之不我信也。意者吾未知邪[⑱]？人之不我行也。"孔子曰："有是乎！由，譬使仁者而必信，安有伯夷、叔齐[⑲]？使知者而必行，安有王子比干[⑳]？"子路出，子贡入见。孔子曰："赐，《诗》云'匪兕匪虎，率彼旷野'。吾道非邪？

吾何为于此?”子贡曰:“夫子之道至大也[21],故天下莫能容夫子。夫子盖少贬焉[22]?”孔子曰:“赐,良农能稼而不能为穑[23],良工能巧而不能为顺[24]。君子能修其道,纲而纪之,统而理之[25],而不能为容[26]。今尔不修尔道而求为容[27],赐,而志不远矣!”子贡出,颜回入见。孔子曰:“回,《诗》云‘匪兕匪虎,率彼旷野’。吾道非邪?吾何为于此?”颜回曰:“夫子之道至大,故天下莫能容。虽然,夫子推而行之,不容何病[28],不容然后见君子[29]!夫道之不修也,是吾丑也。夫道既已大修而不用,是有国者之丑也。不容何病?不容然后见君子!”孔子欣然而笑曰:“有是哉颜氏之子[30]!使尔多财,吾为尔宰[31]。”于是使子贡至楚[32],楚昭王兴师迎孔子[33],然后得免。

【注释】

①孔子迁于蔡三岁:即哀公六年,前489年。此年孔子六十三岁。

②楚救陈,军于城父:按,以上事详见《十二诸侯年表》。城父,陈邑名,在今河南宝丰东。

③聘:以财物迎请。

④拜礼:行拜谢或者是致敬之礼。

⑤设行:施行,实施。

⑥乃相与发徒役围孔子于野:梁玉绳引全祖望《经史问答》曰:“当时楚与陈睦,而蔡全属吴,迁于州来,与陈远。且陈事楚,蔡事吴,则仇国矣,安得二国之大夫合谋乎?且哀公六年,吴志在灭陈,楚昭至誓死以救之,陈之仗楚何如,感楚何如,而敢围其所用之人乎?乃知陈、蔡兵围之说,盖《史记》之妄。而绝粮,则以陈之被兵,孔注可信。然则楚昭之聘,亦为虚语。”徒役,服劳役的人。

这里指士兵。

⑦病：躺倒。兴：起来，站立。

⑧愠（yùn）：恼怒，气愤。

⑨穷：困厄，困窘，无计可施。

⑩固穷：宁愿处于困境，也能坚守节操，不去为非作歹。

⑪穷斯滥矣：一旦处于穷困就要为非作歹了。斯，则。滥，指没有操守，胡作非为。

⑫色作：改变脸色。

⑬多学而识之：学习涉猎广泛，记得又全面。识，记住，记忆。

⑭一以贯之：指孔子将忠恕之道贯穿在一切事务中。据《论语·里仁》："子曰：'参乎，吾道一以贯之。'……曾子曰：'夫子之道，忠恕而已矣。'"崔述曰："'多识''一贯'之文，与'绝粮''固穷'之义毫不相蒙，自当别为一章。……《世家》连而及之，非是。"

⑮匪兕（sì）匪虎，率彼旷野：语出《诗·小雅·何草不黄》。大意为，我们又不是什么野兽，为什么让我们沿着旷野奔跑？孔子以此来比喻自己奔波之艰苦辛劳。匪，同"非"。兕，古代兽名，似牛。率，顺着，沿着。

⑯非：错误，不正确。

⑰意者：表示揣度，大概，或许。

⑱未知：智慧不够。知，聪明，智慧。

⑲伯夷、叔齐：商朝孤竹君的两个儿子，因互相推让君位，先后逃离孤竹国去了周国。听闻周武王举兵伐纣，他们叩马劝阻，武王不听。武王灭商后，伯夷、叔齐耻食周粟，隐居首阳山，采薇而食，饿死于首阳山。伯夷、叔齐事迹详见《伯夷列传》。

⑳王子比干：子姓，名比干，商王太丁之子，商纣王的叔叔。有贤名。因劝阻殷纣王的残暴而被剖心，事迹详见《殷本纪》。

㉑至大：顶大，最大。

㉒盖少贬焉：为什么不稍微减损一点呢？盖，通“盍”，何不，为什么不。

㉓能稼而不能为穑：《集解》引王肃曰：“种之为稼，敛之为穑。言良农能善种之，未必能敛获之。”能把土地耕种好，却不一定能有好的收成。稼，耕种。穑，收获。

㉔能巧而不能为顺：《集解》引王肃曰：“言良工能巧而已，不能每顺人之意。”意思是良工能保证自己的工艺精巧，但无法保证完工后总能符合别人的要求。

㉕纲而纪之，统而理之：指其理论学说系统而周密，纲目严整，一以贯之。

㉖不能为容：不被接受、接纳。

㉗尔：你。

㉘病：损害，损失。

㉙不容然后见君子：吴汝纶曰：“此篇以‘道大莫能容’为主。”见，“现”的古字，显露，显现。

㉚有是哉：表示惊喜，相当于“真行啊”“真有你的”。

㉛使尔多财，吾为尔宰：如果你很有钱，我就为你打理去。《集解》引王肃曰：“宰，主财者也。为汝主财，言志之同也。”崔述曰：“陈蔡之围经传未有言者，独《庄子》书数数言之。后人相传之言盖本于此，不知庄子特讥孔子之好言礼义以自困其身……其言既皆寓言，则其事亦安得遂以为事实也？《世家》《家语》之文采之《庄》《列》者半，当其在《庄》《列》也，犹见有一二人以为异端而不信者；及其在《世家》《家语》也，则虽名儒亦信之矣。”

㉜使子贡至楚：让子贡前去楚国求救。

㉝楚昭王兴师迎孔子：《朱子语类》：“昭王之招无此事，邹、鲁间陋儒尊孔子之意如此。”楚昭王，芈姓，名珍，一作“轸”。平王之子，前515—前489年在位。

【译文】

孔子到蔡国的第三年，吴国讨伐陈国。楚国援救陈国，驻兵于城父。楚王听说孔子在陈、蔡两国之间，就派人带着财物去请孔子。孔子准备前去拜见，陈、蔡两国的大夫们一起商量：“孔子是个贤人，他的批评都能切中那个国家的要害。如今他住在我们陈、蔡两国之间很久了，我们的章程行事都不合乎孔子的思想。楚国是个大国，如今来请孔子了。如果孔子在楚国被重用，那我们陈、蔡两国掌权的大夫们可就危险了。”于是他们就共同发兵把孔子一行包围在陈、蔡之间的一片荒郊野地里。孔子一行想走走不了，带的干粮也都吃完了。孔子的随行弟子都饿得躺倒在地，站不起来了，而孔子却讲诗书、读文章、弹琴唱歌，精神不减。子路心里生气，见孔子说：“君子难道也会走投无路吗？”孔子说：“君子到了困窘的时候能够坚守节操，而小人到了困窘的时候就会胡作非为了。”子贡也露出不高兴的神色。孔子说：“赐啊，你认为我是博学而强记的人吗？”子贡说：“是的。难道您不是这样吗？”孔子说：“不是的。我是能用一个基本的思想把所学贯穿起来。”孔子知道学生们都有怨气，就把子路叫来问道：“《诗》里说‘既不是犀牛，又不是老虎，可是却整天沿着原野奔跑’。是我的道义不对吗？我为什么会落到这步田地呢？”子路说：“莫非是我们还没有达到仁人的标准吗？所以人们对我们还不够信任。莫非是我们的聪明智慧还欠缺吗？所以我们的仁道才不能畅行于世。”孔子说：“有你说的这种道理吗？仲由，假如够仁人的标准就能让别人相信，那怎么还会有伯夷、叔齐呢？假如聪明智慧无所欠缺的人就一定能使仁道通行无阻，那怎么还会有王子比干呢？”子路出去后，子贡进来了。孔子说：“赐啊，《诗》里说‘既不是犀牛，又不是老虎，可是却整天沿着原野奔跑’。是我的道义不对吗？我为什么会落到这步田地呢？”子贡说：“先生您的道义太崇高伟大了，因此天下才无法容纳您。先生为什么不把标准降低点呢？”孔子说：“赐啊，好的农民能保证把地种好，但不能保证一定能获得丰收；能工巧匠能保证把东西做得精巧绝伦，但不能保证符合买主的心意。君子能够尽力使自己的道义趋于完善,使它纲目严整,一以贯之有条有理,但不能保证一定能让世人接受。现在你不是修养自己的道义而只求取得世人的接纳,你的志向可不够远大!”子贡出去后,颜回进来了。孔子说:“回啊,《诗》里说‘既不是犀牛,又不是老虎,可是却整天沿着原野奔跑’。是我的道义不对吗?我为什么会落到这步田地呢?”颜回说:“先生的道义太崇高伟大了,因此天下才无法容纳。尽管是这样,先生您坚持不懈地推行它,不被容纳又有什么损害呢,不被容纳才更显示出君子的伟大!道义学说不完美,是自己的耻辱。如果道义学说已经完美无缺而只是不能被世人容纳,那就是当权者们的耻辱了。不被容纳有什么损害?不被容纳才显示出君子的伟大!”孔子称心地笑着说:“真有你的,颜家小子!假如你很有钱,我愿意去做你的管家。”后来孔子派子贡去楚国求救,楚昭王派兵来迎接孔子,孔子师徒才摆脱了困境。

昭王将以书社地七百里封孔子①,楚令尹子西曰②:“王之使使诸侯有如子贡者乎?”曰:“无有。”“王之辅相有如颜回者乎?”曰:“无有。”“王之将率有如子路者乎③?”曰:“无有。”“王之官尹有如宰予者乎④?”曰:“无有。”“且楚之祖封于周⑤,号为子、男五十里⑥。今孔丘述三五之法⑦,明周、召之业⑧,王若用之,则楚安得世世堂堂方数千里乎⑨?夫文王在丰,武王在镐,百里之君,卒王天下。今孔丘得据土壤,贤弟子为佐,非楚之福也⑩。”昭王乃止。其秋,楚昭王卒于城父⑪。

【注释】

①书社地七百里:《索隐》曰:“古者二十五家为里,里则各立社,则

书社者，书其社之人名于籍。盖以七百里书社之人封孔子也。"泷川曰："盖书社，书名于里社之籍也，犹曰居民也。书社十，即十户。书社百，即百户。古书但云书社几十几百，而无云书社地几十里几百里者，《史》文'地'字'里'字当删。"

②令尹：楚官名。春秋战国时期楚国最高执政官，协助楚王治理全国军政事务。子西：楚平王之弟，于平王、昭王、惠王时执掌军政大权。

③将率：即"将帅"。

④官尹：尹亦官也，谓分主某项职事之人。宰予：字子我，又作"宰我"，孔子弟子，善于辞令。事迹详见《仲尼弟子列传》。

⑤楚之祖封于周：据《楚世家》，楚之先祖鬻熊听闻周文王招贤，往投之，曾任文王之师。其五世孙熊绎被周成王封于楚蛮，为楚国始封者。

⑥号为子、男五十里：周初分封诸侯共五等，为公、侯、伯、子、男。子、男同列，封地都为五十里。

⑦述：阐述，阐发。三五：指三皇五帝。三皇，所指不一，一说指遂人氏、伏羲氏、神农氏。五帝，说法不一，一说指黄帝、颛顼、帝喾、唐尧、虞舜。三皇五帝被儒家尊为大圣人，认为他们的治绩至盛至美。

⑧周、召（shào）之业：周公、召公开创的基业。周，周公，名旦，武王之弟，辅佐武王灭商。武王崩，成王年幼，周公摄政。平武庚、管叔、蔡叔之叛。周朝的典章制度大多成于周公之手。召，召公，名奭（shì），一说为武王庶弟，辅佐武王灭商，后与周公一起辅佐成王治理天下，成王亲政后，任太保，与周公分陕而治。周公、召公都是儒家尊奉的圣人。

⑨楚安得世世堂堂方数千里乎：言下之意为，孔子一定会遵照古制而裁削之。

⑩非楚之福也：梁玉绳："《史剡》曰：'子西，楚之贤令尹也，楚国赖之亡而复存，其言岂容鄙浅如是哉！'余合考之，知孔子未尝入楚，但至叶耳，而子西未尝沮孔子，昭王未尝迎孔子欲封之，并未尝聘孔子。夫昭王军于城父，方师旅不遑，何暇修礼贤之事。子西即嫉妒，何不沮于征聘之时，而乃沮于议封之日，益足见此段全虚矣。"崔述曰："蔡，楚境也，'之蔡'即之楚也。……既相传有至楚之事，故疑以为昭王之聘之；既聘矣，而卒于不用，故又疑以为子西之沮之也。"

⑪楚昭王卒于城父：吴伐陈时，楚昭王出兵救陈，驻扎在城父，后病于军中。当时有人说可以把灾祸转移到将相身上，楚昭王不听，于是病死了。孔子称赞他"通大道"，"不失国，宜哉"。

【译文】

楚昭王打算把带有居民户籍的七百里地盘给孔子作封邑，楚国的令尹子西说："大王您派去出使诸侯的使者的才干有比得上子贡的吗？"昭王说："没有。"子西说："您的辅相的德行有比得上颜回的吗？"昭王说："没有。"子西说："您的将帅的勇猛有比得上子路的吗？"昭王说："没有。"子西说："您主管具体事务的官吏有比得上宰予的吗？"昭王说："没有。"子西说："楚国祖先当初在周朝受封，爵位是子、男一级，封地是五十里。现在孔丘祖述三皇五帝的法度，彰明周公、召公的传统，您要是任用他，那我们楚国还能够世世代代地享有这广大的几千里的地盘吗？当初周文王在丰邑，周武王在镐京，都是凭着百里的地盘最后称王天下。今天孔丘如果能拥有七百里的地盘，再有能干的弟子辅佐他，那绝不是楚国的福气。"昭王于是打消了封孔子的念头。同年秋天，楚昭王在城父去世。

楚狂接舆歌而过孔子①，曰："凤兮凤兮，何德之衰②！往者不可谏兮③，来者犹可追也④！已而已而⑤，今之从政者殆而[⑥]!”孔子下,欲与之言。趋而去,弗得与之言。于是孔子自楚反乎卫。是岁也,孔子年六十三,而鲁哀公六年也。其明年[⑦],吴与鲁会缯[⑧],征百牢[⑨]。太宰嚭召季康子[⑩],康子使子贡往,然后得已[⑪]。

【注释】

①楚狂接舆:一般认为是楚国的隐士,名接舆。蒋建侯曰:“‘接舆’非人名,此言楚之狂人高歌迎舆而来耳,与荷蓧、荷蒉同为避世之士,无由知其姓名也。”

②凤兮凤兮,何德之衰:《集解》引孔安国曰:“比孔子于凤鸟,待圣君乃见。非孔子周行求合,故曰‘衰’也。”接舆把孔子比作凤鸟,凤鸟应该等待圣君出现才出世,如今孔子到处奔走,汲汲以求从政,所以被嘲笑为“何德之衰”。何,多么。

③往者:过去的事。谏:谏止,劝止,挽回。

④来者:将来的事。追:补救。

⑤已而:罢了,算了吧。

⑥殆:不可救药。

⑦其明年:鲁哀公七年,前488年。此年孔子六十四岁。

⑧缯:鲁邑名,在今山东苍山西北。本为缯国。姒姓。相传为禹之后。

⑨征百牢:要求鲁国用牛、羊、豕各一百头的规格来招待吴王。《索隐》:“此哀七年时也。百牢,牢具一百也。周礼上公九牢,侯伯七牢,子男五牢。今吴征百牢,夷不识礼故也。子贡对以周礼,而后吴亡是征也。”牢,这里指太牢,牛、羊、豕各一头。据《左传》,鲁大夫子服景伯以礼拒绝,吴国不听,最后鲁国还是用百牢招待了吴王。

⑩太宰嚭(pǐ):即伯嚭,时任吴国太宰。

⑪康子使子贡往,然后得已:季康子让子贡前去交涉,事情遂告了结。《吴太伯世家》《鲁周公世家》《仲尼弟子列传》也有相关记载。

【译文】

楚国一个叫接舆的狂人唱着歌从孔子的车旁走过，他唱道："凤凰呀凤凰，为什么道德会这样衰落呀！过去的事是无法挽回的了，未来的事情还可以补救啊！算啦算啦，今天的执政者们已经无可救药啦！"孔子下车，想跟他交谈。可是他却赶紧走开了，孔子没能和他说上话。不久孔子就从楚国回到了卫国。这一年孔子六十三岁，是鲁哀公六年。第二年，吴王与鲁哀公在缯邑会盟，吴国要求鲁国用百牢之礼相待。吴国的太宰伯嚭叫季康子去面谈，季康子派子贡去交涉，事情才得以了结。

孔子曰："鲁、卫之政，兄弟也①。"是时，卫君辄父不得立②，在外，诸侯数以为让。而孔子弟子多仕于卫，卫君欲得孔子为政。子路曰："卫君待子而为政，子将奚先③？"孔子曰："必也正名乎④！"子路曰："有是哉，子之迂也⑤！何其正也⑥？"孔子曰："野哉由也⑦！夫名不正则言不顺，言不顺则事不成，事不成则礼乐不兴，礼乐不兴则刑罚不中⑧，刑罚不中则民无所错手足矣⑨。夫君子为之必可名⑩，言之必可行⑪。君子于其言，无所苟而已矣⑫。"

【注释】

①鲁、卫之政，兄弟也：有两解：一指鲁、卫两国同根同源，都是周王室的兄弟；其二即苏轼《论语解》曰："卫之政，父不父，子不子；鲁之政，君不君，臣不臣。"意谓这两个国家政治衰败混乱，不相上下。

②卫君辄父：指蒯聩。因谋杀南子事泄逃亡。其子辄继位后，蒯聩又依靠赵鞅、阳虎等进入卫国之戚邑居住。

③奚：何。

④正名：辨正名称、名分，使名实相符。蒋建侯曰："辄为南子所立，

必借口祖母之命以拒其父蒯聩，父子争国，此正所谓‘父不父、子不子’也。孔子之主‘正名’，殆欲以父子之谊调停于父子之间，未能见之实行，致其后有蒯聩反国，辄又出奔之祸耳。”

⑤迂：迂阔，不切实际。

⑥何其：怎么那样，为什么那样。

⑦野：粗野，不达。

⑧不中：不适合，不适当。

⑨无所错手足：手脚无处安放。比喻动辄得咎，不知怎么办好。错，通“措”，措置，放置。

⑩之：则。名：说得出（道理）。

⑪言之必可行：说出的话都能付诸实践。

⑫无所苟：不能马虎。苟，苟且，不严肃。

【译文】

孔子说：“鲁国和卫国的政治，如同兄弟一样差不多。”这时候，卫出公辄的父亲蒯聩不能继位，正流亡在外，各诸侯国常拿这件事情谴责卫国。而孔子的弟子们当时大多正在卫国做事，因此卫出公也很想请孔子来治理国家。子路说：“卫君准备请您去治理国家，您最先准备做的是什么呢？”孔子说：“那一定是端正名分！”子路说：“有这样干的吗，您可真够迂腐的！有什么好正的？”孔子说：“仲由，你也太粗鲁了！名分不正言语就不顺，言语不顺事情就办不成，事情办不成就没法制礼作乐，没法制礼作乐刑罚的运用也就不得当，刑罚的运用不得当黎民百姓就不知道该怎么做了。君子做事一定要符合名分，他说的话一定能够实行。君子对于自己的言论，是绝对不能马虎的。”

其明年①，冉有为季氏将师，与齐战于郎②，克之。季康子曰：“子之于军旅，学之乎？性之乎③？”冉有曰：“学之于孔子。”季康子曰：“孔子何如人哉？”对曰：“用之有名④；播之百姓、质诸鬼神而无憾[⑤]。求之至于此道[⑥]，虽累千社[⑦]，夫子不利也。”康子曰：“我欲召之，可乎？”对曰：“欲召之，则毋以小人固之[⑧]，则可矣。”而卫孔文子将攻太叔[⑨]，问策于仲尼。仲尼辞不知[⑩]，退而命载而行[⑪]，曰：“鸟能择木，木岂能择鸟乎！”文子固止[⑫]。会季康子逐公华、公宾、公林，以币迎孔子[⑬]，孔子归鲁。孔子之去鲁凡十四岁而反乎鲁[⑭]。

【注释】

①其明年：《集解》引徐广曰：“此哀公十一年也，去吴会缯已四年矣。”梁玉绳曰：“‘其明年’三字误，战于郎当作‘后四年’，故徐广曰‘此哀公十一年也，去吴会缯已四年矣’。”按，鲁哀公十一年为前484年，孔子六十八岁。

②战于郎：《左传·哀公十一年》作“战于郊”。郎，鲁邑名，在今山东金乡鱼台东北。

③性之：指与生俱来，生来就会。

④用之有名：指师出有名。

⑤播：通知，告知。质：对质，验证。无憾：没有不满。

⑥求之至于此道：中井曰：“‘此道’句，上下疑有脱文。”

⑦千社：两万五千户人家。古代二十五家为一社。

⑧固：拘束，限制。

⑨孔文子将攻太叔：据《左传·哀公十一年》：“疾娶于宋子朝，其娣嬖。子朝出，孔文子使疾出其妻，而妻之。疾使侍人诱其初妻之娣，置于犁，而为之一宫，如二妻。文子怒，欲攻之。”孔文子，名圉（yǔ），卫国正卿。主管外交，善应对。太叔，名疾，卫国贵族。

⑩仲尼辞不知：《左传》载孔子云：“胡簋之事，则尝学之矣；甲兵之事，未之闻也。”崔述曰：“‘胡簋’四句与《论语》问阵章‘俎豆’

数语相类，其事亦相类，未必两事适相符如此，而又皆适在卫，盖本一事，而传闻者异也。以理度之，问阵之失小，问攻太叔之失大；彼可勿行，而此则当去；彼可因所问而导之以礼……此则但当以不对拒之。窃疑此文为得其实。”

⑪命载：命人驾车。

⑫固止：坚决制止，坚决挽留。

⑬会季康子逐公华、公宾、公林，以币迎孔子：梁玉绳曰：“《左传·哀十一年》疏引《史》‘逐’作‘使’。……江氏永谓《世家》误‘使’为‘逐’，康子岂能遽逐小人哉？”译文从之。公华、公宾、公林，都是鲁哀公的宠臣。币，泛指车马皮帛玉器等礼物。

⑭孔子之去鲁凡十四岁而反乎鲁：《索隐》曰：“前文孔子以定公十四年去鲁，计至此十三年；《鲁世家》云定公十二年孔子去鲁，则首尾计十五年矣。”

【译文】

第二年，冉有为季孙氏率领军队在鲁国的郎邑与齐军作战，打败了齐军。季康子说：“您的军事才能，是学来的呢？还是天生的？”冉有说：“是跟孔子学的。”季康子说：“孔子是什么样的人？”冉有说：“做什么事都要名正言顺；可以讲给百姓们听，可以展示给鬼神们而不会有任何欠缺。像我所做的这些事，您即使拿两万五千家的封地去吸引他，他也不会为了这点利益来做。”季康子说：“我想召请他回鲁国，可以吗？”冉有说：“您如果想请他回来，那就绝对不能把他当成小人物对待。这样也许还可以。”当时卫国的孔文子正准备攻击卫国的另一个贵族太叔，孔文子向孔子讨教。孔子推辞说自己不知道，退出后立即命人收拾行装要离开卫国，他说：“只能够由鸟来选择树木，难道还能叫树木来选择鸟吗！”孔文子坚持请他留下来。这时正好季康子派了公华、公宾、公林几个人，带着礼物来卫国迎接孔子，于是孔子便返回了鲁国。孔子从离开鲁国到各国游历，到此时回来，总共经历了十四个年头。

鲁哀公问政，对曰："政在选臣[1]。"季康子问政，曰："举直错诸枉，则枉者直[2]。"康子患盗，孔子曰："苟子之不欲，虽赏之不窃[3]。"然鲁终不能用孔子，孔子亦不求仕。

【注释】

①政在选臣：泷川曰："《中庸》哀公问政，子曰：'文武之政，布在方策，其人存则其政举，其人亡则其政息，故为政在人。'史公盖以'政在选臣'四字易之。"

②举直错诸枉，则枉者直：任用正人君子去管理不正直的人，不正直的人就可以变好了。错，通"措"，安排，放置。枉，弯曲。这里指不正直的人。按，此句《论语·为政》记载为："哀公问曰：'何为则民服？'孔子对曰：'举直错诸枉，则民服；举枉错诸直，则民不服。"《论语·颜渊》记载为："樊迟问仁，子曰：'爱人。'问知，子曰：'知人。'樊迟未达，子曰：'举直错诸枉，能使枉者直。'"梁玉绳引汪绳祖曰："《史》盖以对哀公之言为告康子，而谬以告樊迟之语为答'问政'。"

③苟子之不欲，虽赏之不窃：《集解》引孔安国曰："欲，情欲也。言民化于上，不从其所令，从其所好也。"

【译文】

鲁哀公向孔子询问如何治理国家，孔子回答说："治理国家关键在于选好大臣。"季康子也向孔子询问如何治理国家，孔子说："任用正人君子去管理不正直的人，这样，那些不正直的人也就会逐渐变正直了。"季康子为盗贼忧心，孔子说："如果你不贪财，那么即使你再鼓励人家也不会去偷。"但鲁国最后也还是没有任用孔子，而孔子也没有要求做官。

孔子之时，周室微而礼乐废，《诗》《书》缺。追迹三代之礼[1]，序《书传》[2]，上纪唐、虞之际[3]，下至秦缪[4]，编次其事[5]。曰："夏礼吾能言之，杞不足征也[6]。殷礼吾能言之，宋不足征也[7]。足，则吾能征之矣[8]。"观殷、夏所损益[9]，曰："后虽百世可知也，以一文一质[10]。周监二代[11]，郁郁乎文哉[12]，吾从周[13]。"故《书传》《礼记》自孔氏[14]。

【注释】

①追迹：追踪，考察。三代：指夏、商、周三代。

②序《书传》：《汉书·艺文志》云："《书》之所起远矣，至孔子撰焉。上断于尧，下讫于秦，凡百篇，而为之序，言其作意。"

③纪：记录，记载。

④秦缪：即秦缪公。春秋时秦国国君，嬴姓，名任好，前659—前621年在位。任用百里奚、蹇叔等为谋臣，国力日强。

⑤编次：按次序编排。

⑥杞：周初封国，姒姓。开国之君为夏禹后裔东楼公。征：证明，证实。

⑦宋：子姓。开国之君为商王纣庶兄微子启。

⑧足，则吾能征之矣：以上孔子谈夏礼、殷礼，对于不足征《论语·八佾》给出了"文献不足故"的原因。朱熹曰："征，证也。文，典籍也。献，贤也。言二代之礼我能言之，而二国不足取以为证，以其文献不足故也。文献若足，则我能取之，以证吾言矣。"

⑨损益：减损和增添。

⑩后虽百世可知也，以一文一质：《集解》引何晏曰："物类相召，势数相生，其变有常，故可预知者也。"泷川曰："'以一文一质'五字，史公以意补。"文，文采。指提倡、讲究礼乐政法等各种典章制度。质，质朴。指不讲究礼乐政法等这些东西。

⑪监：通"鉴"，借鉴。《集解》引孔安国曰："监，视也。言周文章备于二代，当从之也。"

⑫郁郁：浓烈貌，旺盛貌。

⑬从：认可，赞同。

⑭《书传》《礼记》自孔氏：蒋建侯曰："《尚书》为古代所传，故曰'书传'；《礼》为时人所记，故称'礼记'，非指《尚书传》及《礼记》。"

【译文】

在孔子生活的年代，周王室已经衰微，礼崩乐坏，《诗》《书》也都残缺了。于是孔子一方面考查夏、商、周三代的礼乐制度，一方面整理编次《尚书》，他把上起唐尧、虞舜，下至秦缪公的所有篇章，都按顺序编排了起来。他说："夏代的礼仪我是能讲的，但现在杞国所存的文献资料不足以证明我的理论。殷代的礼仪我也是能讲的，但现代宋国所存的文献资料也不足以证明我的理论。如果有足够的文献依据，那我就可以证明我的理论了。"孔子研究了殷、夏两代各种典章制度的修改与变通的情况，说："往后再过一百代的典章制度是什么样，现在我也能够推知，其实就是一文一质，交互使用。而周朝的典章制度借鉴了夏、殷两代的经验，它最隆盛丰富，我赞同周朝。"所以后人诵读的《书传》和《礼记》都是经孔子整理编定的。

孔子语鲁大师[①]："乐其可知也，始作翕如[②]，纵之纯如[③]，皦如[④]，绎如也[⑤]，以成[⑥]。""吾自卫反鲁，然后乐正，《雅》《颂》各得其所[⑦]。"古者《诗》三千余篇，及至孔子，去其重，取可施于礼义[⑧]，上采契、后稷[⑨]，中述殷、周之盛[⑩]，至幽、厉之缺[⑪]，始于衽席[⑫]，故曰"《关雎》之乱以为《风》始[⑬]，《鹿鸣》为《小雅》始[⑭]，《文王》为《大雅》始[⑮]，《清庙》为《颂》始[⑯]"。三百五篇孔子皆弦歌之[⑰]，以求合《韶》《武》《雅》《颂》之音[⑱]。礼乐自此可得而述，以备王道，成"六艺"[⑲]。

【注释】

①鲁大师:鲁国的乐官。

②始作:开始弹奏。翕(xī)如:协同貌,妥帖的样子。

③纵:展开,放开。纯如:和谐的样子。

④皦如:清晰的样子,分明的样子。

⑤绎如:相续不断的样子。

⑥以成:一直到结束。

⑦《雅》《颂》各得其所:按,《颂》既是《诗经》内容的分类,也是乐曲的分类。《汉书·礼乐志》认为,孔子主要是正《雅》篇章,即只调整《诗经》篇章的次序。

⑧去其重,取可施于礼义:按,此即通常所说的"孔子删《诗》",是否实有其事,古今学者莫衷一是。据《左传·襄公二十九年》,吴季札至鲁观乐时,《诗经》已基本定型,当时孔子八岁。礼义,即礼仪,指典礼仪式等。

⑨上采契(xiè)、后稷:《诗经》最早的叙事诗讲述的是契与后稷出生的篇章。见《商颂·玄鸟》和《大雅·生民》。

⑩中述殷、周之盛:《诗经》中的《商颂·长发》《周颂·清庙》以及《大明》这些篇章,叙述了商汤和周文王、武王建立的丰功伟业。

⑪至幽、厉之缺:《正月》《十月之交》等篇章控诉了周厉王、周幽王时代残暴的统治。幽,指周幽王,西周国王。宣王之子。宠褒姒,残酷剥削人民,被戎族所杀。厉,指周厉王,西周后期的暴君。横征暴敛,钳制国人言论,被人民暴动所驱逐,逃死于彘。

⑫始于衽席:意指古代圣君与昏君的政治清明与败坏,都与他们的身边人有关。衽席,即床席,引申指夫妻关系。

⑬《关雎》之乱以为《风》始:《关雎》是《国风》部分的第一篇。泷川引中井曰:"'之乱'二字,当削。"《诗小序》云:"关雎,后妃之德也,风之始也,所以风天下而正夫妇也。"毛苌云:"关关,和声。

雎鸠,王雎也,鸟挚而有别。……后妃悦乐君子之德,无不和谐,又不淫其色,慎固幽深,若雎鸠之有别焉,然后可以风化天下。夫妇有别则父子亲,父子亲则君臣敬,君臣敬则朝廷正,朝廷正则王化成也。"《关雎》,是一首歌咏男女恋爱之诗,全诗共三章,叙述青年男子向在河边采荇菜的姑娘表达爱慕之情。《风》,《诗经》中共有十五国风,包括《周南》《召南》《邶》《鄘》《卫》《王》《郑》《齐》《魏》《唐》《秦》《陈》《桧》《曹》《豳》,都是从全国各地采集来的民歌。

⑭《鹿鸣》为《小雅》始:《鹿鸣》是《小雅》的第一篇。《鹿鸣》,这是周朝国君大宴群臣和宾客时所演奏的一首乐歌。《小雅》,《诗经》中的门类之一。《诗经》分《风》《雅》《颂》,《雅》中又分为《大雅》和《小雅》。

⑮《文王》为《大雅》始:《文王》是《大雅》中的第一篇,是周人歌颂文王功德的诗篇。

⑯《清庙》为《颂》始:《清庙》是《周颂》中的第一篇。是周王朝的子孙祭祀文王时所唱的赞歌。《颂》,《诗经》中的门类之一,有《周颂》《鲁颂》《商颂》。颂就是赞美之意,它们是统治者用于宗庙祭祀、歌颂祖先功德的乐章。

⑰三百五篇:《诗经》作品的总数,其中《国风》一百六十篇,《小雅》《大雅》一百零五篇,《颂》四十篇。皆弦歌之:都配以弦乐歌咏。

⑱《韶》:据传是虞舜时代的乐曲名。《武》:据传是武王所作的乐曲。周代用于祭祀的"六舞"之一。《雅》《颂》:这里应该也是指古代乐曲,《雅》用于朝会宴享,《颂》用于祭祀。

⑲"六艺":儒家六种经典,《诗》《书》《易》《礼》《乐》《春秋》。

【译文】

孔子对鲁国的乐官说:"音乐的演奏规则是可以掌握的,开始时要协同,接着乐曲展开,要和谐悦耳,要层次鲜明,要相续不绝,一直到结束。"

孔子还说:“我从卫国返回鲁国后,就开始对乐曲进行审定,使《雅》乐和《颂》乐都各自有了相应的位置和作用。”古代流传下来的诗歌有三千多篇,到孔子时,他删掉了重复的,选出了那些可以用来对人们进行礼仪教育的,最早的是讲述殷契、后稷出生的诗篇,其次是称述殷、周两代建立的丰功伟业,接着还有批评周幽王、周厉王道德衰败、昏聩暴虐的诗篇,而编排的顺序又首先是从夫妻之间的关系开始的,所以说“《关雎》是《国风》的开篇,《鹿鸣》是《小雅》的开篇,《文王》是《大雅》的开篇,《清庙》是《颂》的开篇”。孔子给选出来的这三百零五篇古诗都一一地配上了乐谱,让它们和《韶》《武》《雅》《颂》的音调相一致。礼乐才得以恢复旧观而被称述,王道完备,孔子也完成了“六艺”的编修。

孔子晚而喜《易》①,序《彖》《系》《象》《说卦》《文言》②。读《易》,韦编三绝③。曰:“假我数年,若是,我于《易》则彬彬矣④。”

【注释】

①《易》:远古流传下来的一种占卜书,经过孔子的提倡,成为儒家的经典之一。

②序《彖》《系》《象》《说卦》《文言》:撰写了《彖辞》《系辞》《象辞》《说卦》《文言》五种注释书。崔述曰:“孟子之于《春秋》也,尝屡言之,而无一言及于孔子传《易》之事。……《易传》必非孔子所作,而亦未必一人所为,盖皆孔子之后通于《易》者为之。”《彖》,也称《彖辞》,着重解释六十四卦的卦名、卦义和卦辞。《系》,也称《系辞》,提纲挈领地总述《易经》之理。《象》,也称《象辞》,专门对爻辞做出解释。《说卦》,对八卦变化的道理解说。《文言》,专门解释《乾》《坤》两卦卦辞和爻辞。

③韦编三绝:极言读书勤奋。古代用皮带连缀竹简,由于读书勤奋,

经常翻动，磨损皮带，以致多次断绝。

④假我数年，若是，我于《易》则彬彬矣：按，孔子谈学《易》事《论语·述而》记载为："加我数年，五十以学《易》，可以无大过矣。"《论语正义》曰："此章孔子言其学《易》年也，'加我数年'方至五十，谓四十七岁时也。"彬彬，有修养、有学问的样子。这里指对《易经》理解得深刻透彻。

【译文】

孔子晚年特别喜欢《易》，他为《易》写了《彖辞》《系辞》《象辞》《说卦》《文言》。他反复翻读《易》，以至于穿竹简的皮条都被弄断了很多次。他说："要是能够再多给我几年时间，我对于《易》的理解也就能更透彻、更深入了。"

孔子以诗书礼乐教，弟子盖三千焉①，身通"六艺"者七十有二人②。如颜浊邹之徒，颇受业者甚众③。孔子以四教：文，行，忠，信④。绝四：毋意，毋必，毋固，毋我⑤。所慎：齐，战，疾⑥。子罕言利与命与仁⑦。不愤不启⑧，举一隅不以三隅反，则弗复也⑨。

【注释】

①弟子盖三千焉：崔述曰："《孟子》但云'七十子'，则是孔子之门人止七十子也。孔子弟子安能三千之多？必后人之奢言之也。"

②身通"六艺"者七十有二人：崔述曰："汉人所称'六艺'即今'六经'，非《周官》'礼、乐、射、御、书、数'之六艺也。孔子晚年始作《春秋》，而《易》道深远，圣人亦不轻以示人，其言未足信。"按，《仲尼弟子列传》谓"受业身通者七十有七人"。

③颇：少数。

④以四教：文，行，忠，信：以文、行、忠、信四种内容教育学生。文，《论

语正义》："'文'谓《诗》《书》、礼、乐，凡博学、审问、慎思、明辨，皆文之教也。"行，道德品行。忠，忠恕之道。信，讲信义，诚信。

⑤绝四：毋意，毋必，毋固，毋我：杜绝"意""必""固""我"四种毛病。毋意，不主观臆断。毋必，不武断，不持绝对的态度，不非此不可。毋固，不固执拘泥。毋我，无私见，不自以为是，能舍己见以从人。

⑥所慎：齐，战，疾：《论语·乡党》："斋必变食，居必迁坐。"《论语·述而》："临事而惧，好谋而成。"都是"慎"的表现。齐，同"斋"，斋戒。

⑦子罕言利与命与仁：朱熹引程子曰："计利则害义，命之理微，仁之道大，皆夫子所罕言也。"泷川曰："《孟荀列传》云：'利诚乱之始也，夫子罕言利者，常防其源也。'《外戚世家》序：'夫子罕称命，盖难言之也。'义与程朱同。"

⑧不愤不启：《论语》作"不愤不启，不悱不发"。《集解》引郑玄曰："孔子与人言，必待其人心愤愤口悱悱，乃后启发为说之，如此，则识思之深也。"愤，心求通而未得貌。

⑨举一隅不以三隅反，则弗复也：《集解》引郑玄曰："说则举一端以语之，其人不思其类，则不重教也。"隅，角。反，类推，推想。

【译文】

孔子教育弟子的主要内容是诗、书、礼、乐，接受过孔子教育的弟子大概有三千人，其中精通"六艺"的有七十二个。像颜浊邹那样，稍稍受过孔子教诲而不算正式弟子的人就更多了。孔子从文、行、忠、信四方面教育学生。他要求弟子杜绝四种弊端：不要主观臆断，不要先入为主武断是非，不要固执己见，不要刚愎自用。他要求弟子要慎重对待齐、战、疾三种情况。孔子很少谈论利益、天命和仁德。他主张学生自己没有苦苦思考，就不要过早给他启发，对于那些不知举一反三的学生，就不再重复评解了。

其于乡党[①]，恂恂似不能言者[②]。其于宗庙朝廷，辩辩言，唯谨尔[③]。朝，与上大夫言，訚訚如也[④]；与下大夫言，侃侃如也[⑤]。入公门[⑥]，鞠躬如也[⑦]；趋进[⑧]，翼如也[⑨]。君召使傧[⑩]，色勃如也[⑪]。君命召，不俟驾行矣[⑫]。鱼馁[⑬]，肉败，割不正[⑭]，不食。席不正，不坐[⑮]。食于有丧者之侧，未尝饱也[⑯]。是日哭，则不歌[⑰]。见齐衰、瞽者，虽童子必变[⑱]。

【注释】

①乡党：泛称家乡。周制，一万二千五百家为乡，五百家为党。

②恂恂：温顺恭谨的样子。朱熹曰："乡党，父兄宗族之所在，故孔子居之，其容貌辞气如此。"

③辩辩言，唯谨尔：朱熹曰："宗庙，礼法之所在；朝廷，政事之所出；言不可以不明辩……但谨而不放尔。"辩，明确而有条理。

④訚訚（yín）如也：说话和悦而又能明辨是非的样子。

⑤侃侃（kǎn）如也：和悦亲切的样子。

⑥公门：古代国君的外门为公门。

⑦鞠躬如也：形容谨慎恭敬的样子。

⑧趋进：小步疾行而前，这是古代的一种礼节，表示敬意。

⑨翼如：形容姿态端好，如鸟类展翅之状。

⑩君召使傧：《集解》引郑玄曰："有宾客，使迎之也。"

⑪色勃如也：突然改变脸色。朱熹曰："敬君命故也。"

⑫不俟（sì）驾行矣：等不及套好车自己就先步行出发了。《集解》引郑玄曰："急趋君命也，行出而车驾随之。"俟，等待。

⑬鱼馁（něi）：《集解》引孔安国曰："鱼败曰馁。"

⑭割不正：指不按规定方法切割。

⑮席不正，不坐：刘宝楠曰："'不正'者谓设席有所移动偏斜也。……夫子于席之不正者，必正之而后坐也。"

⑯食于有丧者之侧，未尝饱也：朱熹曰："临丧哀，不能甘也。"有丧者，有办丧事的人。

⑰是日哭，则不歌：朱熹曰："哭，谓吊哭。日之内，余哀未忘，自不能歌也。"

⑱见齐衰、瞽者，虽童子必变：按，《论语·子罕》作"子见齐衰者、冕衣裳者与瞽者，见之，虽少，必作；过之，必趋"。齐衰，五种丧服中次于斩衰的一种，以熟麻布制成，封边。

【译文】

孔子在乡里，温和恭顺就像不会说话一样。他在国家的宗庙里和朝廷上，发言流利清晰，态度非常谨慎。他上朝跟上大夫说话，和悦又能明辨是非；与下大夫说话，则是和颜悦色又轻松愉快的。孔子进入宫廷大门时，总是十分谨慎恭敬；快步前进时，也总是姿态端好恭恭敬敬的。当听到国君叫他去接待宾客，他的神色就会庄重肃穆。国君召唤他，他等不得套好车马就赶紧徒步快速前行。腐烂的鱼，变味的肉，牲体部位没按规矩切割，他就不吃。席位摆得不正，他就不坐。在穿着丧服的人旁边吃饭，他从来不会吃饱。这一天哭过，他就不会在这一天里唱歌了。他见到穿孝服的人以及双目失明的人，即使是个小孩也一定变得严肃怜悯。

"三人行，必得我师①。""德之不修，学之不讲②，闻义不能徙③，不善不能改，是吾忧也。"使人歌，善，则使复之，然后和之④。子不语：怪、力、乱、神⑤。

【注释】

①三人行，必得我师：《集解》引何晏曰："言我三人行，本无贤愚，择善而从之，不善而改之，无常师。"

②讲：研求，精通。

③徙：改变。

④则使复之，然后和之：《集解》引何晏曰："乐其善，故使重歌而自和也。"复，再唱一遍。

⑤子不语：怪，力，乱，神：《集解》引王肃曰："怪，怪异也。力谓若奡荡舟，乌获举千钧之属也。乱谓臣弑君、子弑父也。神谓鬼神之事。或无益于教化，或所不忍言也。"朱熹引谢氏曰："圣人语常而不语怪，语德而不语力，语治而不语乱，语人而不语神。"梁玉绳曰："此段总书行事，前后皆记者之辞，而'三人行'二章是孔子之言，无端插入。"

【译文】

他说过："只要三个人一起走路，其中必定有人可以做我的老师。"他还说："品德修养不到家，学问不能讲习，听闻正义之事不能照着做，见到不好的不能借鉴改正，这些是我最担心的。"孔子让人唱歌，如果唱得好，就让他再唱一遍，然后与他相和一起唱。孔子从不谈论怪异、暴力、叛乱、鬼神。

子贡曰："夫子之文章[①]，可得闻也；夫子言天道与性命[②]，弗可得闻也已。"颜渊喟然叹曰："仰之弥高，钻之弥坚，瞻之在前，忽焉在后[③]。夫子循循然善诱人[④]，博我以文[⑤]，约我以礼[⑥]，欲罢不能。既竭我才，如有所立，卓尔。虽欲从之，蔑由也已[⑦]。"达巷党人曰[⑧]："大哉孔子，博学而无所成名[⑨]。"子闻之曰："我何执[⑩]？执御乎[⑪]？执射乎？我执御矣。"牢曰[⑫]："子云：'不试故艺[⑬]。'"

【注释】

①文章：指形之于口头或书面的对各种问题或观点的论述，与今天

所指略有不同。

②天道:犹天理,天意。性命:指万物的天赋和禀受。

③"仰之弥高"几句:仰望他更感到他的高大,越钻研越觉得他学问博大精深,看见他在前面,忽然又像在后面。形容孔子学问博大精深、高深莫测,人格形象不可企及。

④循循然善诱人:《集解》引何晏曰:"循循,次序貌也。诱,进也。言夫子正以此道进劝人学有次序也。"

⑤博我以文:以文章开博我。

⑥约我以礼:以礼节约束我。

⑦"既竭我才"几句:《集解》引孔安国曰:"言夫子既以文章开博我,又以礼节节约我,使我欲罢不能。已竭吾才矣,其有所立,则卓然不可及。言己虽蒙夫子之善诱,犹不能及夫子所立也。"

⑧达巷党人:《集解》引郑玄曰:"'达巷'者,党名。五百家为党。"

⑨博学而无所成名:《集解》引郑玄曰:"美孔子博学道艺,不成一名而已。"

⑩何执:即执何,掌握什么,擅长什么。

⑪执御乎:《集解》引郑玄曰:"闻人美之,承以谦也。"御,驾车。

⑫牢:《集解》引郑玄曰:"牢者,弟子子牢也。"

⑬不试故艺:《集解》引郑玄曰:"试,用也。言孔子自云我不见用故多伎艺也。"《论语·子罕》云:"吾少也贱,故多能鄙事。"

【译文】

子贡说:"我听先生讲过对很多问题的看法,但关于天道性命方面的问题,我没有听他说过。"颜渊无限敬佩地说:"我们先生的学问与人格,仰着头看是越看越高,研究起来是越钻研越钻研不透,看上去觉得就在眼前,恍惚间又觉得像在身后。先生循序渐进善于诱导我们,用文化文学极大程度地开阔、提升我们的眼界与境界,用礼仪来约束规范我们,使我们即使想停止学习都不能。我们已经用尽了全部才力,似乎可以有所建树,而那个目标是如此卓越高大。即使我们能够向前靠近它,却没有办法达到它。”达巷有人评论孔子说:“孔子可真是伟大啊!他的知识非常渊博,但他不凭借任何一项才能成就名声。”孔子听说后说:“我做哪一行呢?是驾车呢?还是射箭呢?我还是驾车吧。”他的弟子子牢说:“先生说过:‘我是因为不被任用,才学了这些技艺。’”

鲁哀公十四年春①,狩大野②。叔孙氏车子钼商获兽③,以为不祥④。仲尼视之,曰:“麟也。”取之。曰:“河不出图,雒不出书,吾已矣夫⑤!”颜渊死,孔子曰:“天丧予⑥!”及西狩见麟,曰:“吾道穷矣!”喟然叹曰:“莫知我夫!”子贡曰:“何为莫知子?”子曰:“不怨天,不尤人⑦,下学而上达⑧,知我者其天乎!”

【注释】

①鲁哀公十四年:前481年。此年孔子七十一岁。

②狩:冬季打猎的专用词。大野:古泽薮名。一名巨野泽。故址在今山东巨野北。

③叔孙氏车子钼商:叔孙氏家族名叫钼商的驾车武士。车子,驾车的武士。

④不祥:《集解》引服虔曰:“麟非时所常见,故怪之,以为不祥也。”

⑤河不出图,雒不出书,吾已矣夫:《集解》引孔安国曰:“圣人受命,则河出图,今无此瑞。吾已矣夫者,〔伤〕不得见〔也〕。河图,八卦是也。”图,即《河图》,《尚书·顾命》:“大玉、夷玉、天球、河图,在东序。”孔传:“伏牺王天下,龙马出河,遂则其文以画八卦,谓之‘河图’。”书,指《洛书》,儒家关于《尚书·洪范》“九畴”创作过程的传说。《尚书·洪范》:“天乃锡禹洪范九畴,彝伦攸

叙。”孔传：“天与禹，洛出书。神龟负文而出，列于背，有数至于九。禹遂因而第之，以成九类，常道所以次叙。”

⑥天丧予：《集解》引何休曰：“予，我也。天生颜渊为夫子辅佐，死者是天将亡夫子之证者也。”凌约言曰：“孔子追思颜渊，而子长系之获麟之下，其意至矣。”

⑦尤：怪罪，抱怨。

⑧下学而上达：《集解》引孔安国曰：“下学人事，上达天命。”皇侃《论语义疏》曰：“我既学人事，人事有否有泰，故不尤人；上达天命，天命有穷有通，故不怨天也。”泷川曰：“下学而上达，犹言自卑登高，自迩行远。”

【译文】

鲁哀公十四年春天，哀公在大野泽打猎。叔孙氏的车士鉏商捕获了一只奇怪的野兽，人们都觉得不祥。孔子看后说：“这是麒麟啊。”就把它收管起来。孔子说：“黄河没再出现八卦图，雒水也没再出现龟兽的文书，看来我大概没什么希望了！”颜渊死时，孔子难过地说：“老天可真要了我的命了！”等到他见到这只麒麟，就说：“这回我的确再无路可走了！”他伤感地叹息说：“没人了解我呀！”子贡说：“怎么说没人了解您呢？”孔子说：“我上不怨天，下不尤人，我下学人事，上达天命，了解我的大概只有上天吧！”

“不降其志，不辱其身①，伯夷、叔齐乎！”谓：“柳下惠、少连降志辱身矣②。”谓：“虞仲、夷逸隐居放言③，行中清④，废中权⑤。”“我则异于是，无可无不可⑥。”子曰：“弗乎弗乎⑦，君子病没世而名不称焉⑧。吾道不行矣，吾何以自见于后世哉⑨？”乃因史记作《春秋》⑩，上至隐公⑪，下讫哀公十四年⑫，十二公⑬。据鲁，亲周，故殷，运之三代⑭。约其文辞而指博[15]。故吴、楚之君自称王,而《春秋》贬之曰"子"[16];践土之会实召周天子,而《春秋》讳之曰"天王狩于河阳"[17]:推此类以绳当世[18]。贬损之义,后有王者举而开之。《春秋》之义行,则天下乱臣贼子惧焉。

【注释】

①不降其志,不辱其身:《集解》引郑玄曰:"言其直己之心,不入庸君之朝。"

②柳下惠:即展禽,名获,字禽。春秋时鲁国大夫。食邑在柳下,谥惠,故称"柳下惠"。以善于讲究贵族礼节著称,深受孔子赞赏。少连:春秋时贤士。东夷人。身世未详。

③虞仲:当是一位隐士。夷逸:古代隐士。放言:放肆直言。

④行中清:立身行事合于廉洁的准则。《集解》引马融曰:"清,纯洁也。遭世乱,自废弃以免患,合于权也。"

⑤废中权:隐身不仕合于权变之道。权,权变,通融。

⑥我则异于是,无可无不可:《集解》引马融曰:"亦不必进,亦不必退,唯义所在。"

⑦弗乎弗乎:反问语,以起下句。

⑧病:害怕,担忧。没世:死。

⑨吾何以自见于后世哉:崔述曰:"其言似急于求名者,殊失圣人之意。"中井曰:"冀见于后世而著作焉,是司马迁以下伎俩,非孔子意,此文臆度失当。"

⑩史记:记载历史的书。

⑪上至隐公:按,《春秋》记事起于隐公元年,前722年。

⑫讫:终止,结束。哀公十四年:前481年。

⑬十二公:即指鲁隐公、桓公、庄公、闵公、僖公、文公、宣公、成公、襄公、昭公、定公、哀公。

⑭“据鲁”几句：陈仁锡曰：“据鲁者，以鲁为据也；亲周者，以周为亲也；故殷者，以殷为故也。言《春秋》之作兼鲁、周、殷三代之法而运之也。”而泷川曰：“‘据鲁’，据鲁史也；‘亲’当作‘新’。‘新周’，从今周也；‘故殷’，不法前殷也。”据鲁，《索隐》曰：“以鲁为主。”亲周，《索隐》曰：“盖孔子之时周虽微，而亲周王者，以见天下之有宗主也。”故殷，以商代旧事为借鉴。故，旧典，成例。运，贯通。三代，指夏、商、周。

⑮约其文辞而指博：叶玉麟曰：“约其文辞而旨博，史公称屈子亦然，正其自况作史之旨。”约，简约，简明。指，旨意，意向。

⑯吴、楚之君自称王，而《春秋》贬之曰“子”：西周时，天子称“王”，其他各国诸侯称“公”。楚国和吴国国君自称王，孔子编撰《春秋》时称他们为“子”。中井曰：“吴、楚称‘子’，称其本爵也，非‘贬’。”

⑰践土之会实召周天子，而《春秋》讳之曰“天王狩于河阳”：僖公二十八年（前632），晋、楚交战，晋文公在城濮打败楚军，在践土（今河南原阳西南）召集诸侯会盟，周襄王也前来参会。《左传》记载为：“是会也，晋侯召王……仲尼曰：‘以臣召君，不可以训。’故书曰‘天王狩于河阳’。”河阳，春秋晋邑，在今河南孟州。

⑱推此类以绳当世：大概指《春秋》成为评价、褒贬当时政治的标准。绳，标准，法度。这里用为动词。

【译文】

孔子说过：“能够不降低自己的志向，不玷污自己人格的，大概只有伯夷、叔齐吧！”他又说：“柳下惠和少连，那就降低了自己的意志，玷污自己的人格了。”又说：“虞仲和夷逸能够避世隐居，率性直言，操行可算廉洁，隐身不仕合乎权宜之计。”“而我则与上述两种人都不同，没有什么必须行或者不行的。”孔子说：“不是吗？不是吗？君子最担忧的是死后名声不能流传于后世。我的主张不能推行，我还能靠什么留名后世呢?"于是他就依据鲁国的史书作了《春秋》,这部书上起鲁隐公元年,下至鲁哀公十四年,一共记载了鲁国十二代君主间的天下大事。这部书以鲁国历史为依据,以赞美周朝为宗旨,以殷朝的旧闻为借鉴,贯通夏、商、周三代的历史变化。它的文辞简洁,而旨意广博。吴国、楚国的国君自称"王",而孔子在《春秋》里却把他们贬称为"子";践土会盟,实际上是晋文公召唤周天子去的,而孔子在《春秋》里却为周天子避讳,说是"天子巡狩到河阳":孔子就是运用这样的写法,使《春秋》成为一种批评、褒贬当时政治的准绳,日后有圣王把《春秋》的宗旨发扬光大。《春秋》的思想如果能够得到推行,那么普天下的乱臣贼子就要害怕了。

孔子在位听讼①,文辞有可与人共者,弗独有也②。至于为《春秋》,笔则笔③,削则削④,子夏之徒不能赞一辞⑤。弟子受《春秋》⑥,孔子曰:"后世知丘者以《春秋》,而罪丘者亦以《春秋》⑦。"

【注释】

①在位:指任司寇职。听讼:听理诉讼,审理案件。

②文辞有可与人共者,弗独有也:《春秋繁露·五行相生》云:"为鲁司寇,断狱屯屯,与众共之,不敢自专。"

③笔:书写。

④削:削减,删减。

⑤子夏:姓卜名商,字子夏,孔子弟子。才优而品第高,以文学著称。事迹详见《仲尼弟子列传》。不能赞一辞:不能改动一个字。

⑥受:受教,受业。

⑦后世知丘者以《春秋》,而罪丘者亦以《春秋》:徐孚远曰:"前既总叙删述之事,此专言作《春秋》者,以孔子所自作,故推而尊之,又以自寓也。"

【译文】

孔子任司寇审理案件时，书写判词时凡是应该与人商量的地方，自己并不专断。等到写《春秋》时，他认为该写的就一定要写，认为该删的就一定要删，即使像子夏等这些擅长写文章的学生也不能随便给他改动一个字。弟子们都要学《春秋》，他说："后代理解我的人将是因为这部《春秋》，批评我的人也将是因为这部《春秋》。"

明岁[①]，子路死于卫[②]。孔子病，子贡请见。孔子方负杖逍遥于门[③]，曰："赐，汝来何其晚也？"孔子因叹，歌曰："太山坏乎[④]！梁柱摧乎！哲人萎乎[⑤]！"因以涕下。谓子贡曰："天下无道久矣，莫能宗予[⑥]。夏人殡于东阶[⑦]，周人于西阶，殷人两柱间。昨暮予梦坐奠两柱之间[⑧]，予始，殷人也[⑨]。"后七日卒。

【注释】

①明岁：指鲁哀公十五年，前480年。此年孔子七十二岁。

②子路死于卫：子路死于卫国内乱。蒯聩劫迫卫国大夫孔悝，要驱逐他的儿子出公辄，夺回君位。子路当时是孔悝的邑宰，闻讯前往阻止，被杀。详情见《卫康叔世家》《仲尼弟子列传》。

③逍遥：彷徨，徘徊不进。

④太山：即"泰山"。

⑤哲人：明智的人。指自己。

⑥莫能宗予：没有哪个国君能遵行我的大道。《集解》引王肃曰："伤道之不行也。"王慎中曰："此段见孔子死而不忘用世之志，有无限凄怆悲惋之态。"宗，尊重。亦指推尊而效法之。

⑦殡：人死成殓后，停棺待葬。东阶：古代贵族厅堂有三道台阶，西

阶供客人行走，东阶供主人行走。

⑧梦坐奠两柱之间：《礼记·檀弓》孔颖达疏："盖以夫子梦在两楹而见馈食，知是凶象。"奠，祭祀。这里指进食。

⑨予始，殷人也：孔子的祖先是宋国人，宋国开国之君为商王纣庶兄微子启。

【译文】

第二年，子路死在卫国。孔子当时也正病着，子贡来看他。孔子正拄着拐杖在门口徘徊，他一见子贡就说："赐啊，你来得怎么这么晚啊？"随即长叹一声，唱道："泰山崩塌了！梁柱折断了！哲人萎谢了！"边唱边流下泪来。他又对子贡说："天下无道已经很久了，没有一个人看重推行我的主张。人死之后，夏人的灵柩停在东面的台阶上，周人的灵柩停在西面的台阶上，殷人的灵柩是停在两根柱子的中间。昨天晚上我梦见自己坐在正堂两根柱子的中间进食，我本就是殷人后代啊。"七天以后孔子去世了。

孔子年七十三，以鲁哀公十六年四月己丑卒[①]。哀公诔之曰[②]："旻天不吊[③]，不慭遗一老[④]，俾屏余一人以在位[⑤]，茕茕余在疚[⑥]。呜呼哀哉！尼父[⑦]，毋自律[⑧]！"子贡曰："君其不没于鲁乎[⑨]！夫子之言曰：'礼失则昏，名失则愆[⑩]。失志为昏，失所为愆[⑪]。'生不能用，死而诔之，非礼也。称'余一人'，非名也[⑫]。"

【注释】

①鲁哀公十六年：前479年。四月己丑：司马迁依据的是《春秋》《左传》。而《春秋》用的是周历，"四月"合夏历之二月。则夏历的"二月己丑"是二月初十。

②诔(lěi):陈列死者德行,表示哀悼。

③旻(mín)天不吊:老天爷不好。旻天,泛指天。吊,怜悯,体恤。

④不慭(yìn):不肯,不愿意。一老:指孔子。

⑤俾:让,使。屏(bǐng):抛弃。余一人:天子用以自称,诸侯自称“寡人”。如今哀公自称“余一人”,是僭越行为。

⑥茕茕(qióng)余在疚:王观国曰:“《诗经·节南山》诗曰‘不吊旻天’;《十月之交》诗曰‘不慭遗一老,俾守我王’;《闵予小子》诗曰‘嬛嬛在疚’。然则鲁哀公诔孔子之辞,盖集《诗》辞而为诔辞耳。”茕茕,孤独的样子,孤零零的样子。疚,病痛。

⑦尼父:亦称“尼甫”。对孔子的尊称。孔子字仲尼,故称。

⑧毋自律:《集解》引王肃曰:“律,法也。言毋以自为法也。”

⑨不没:不得善终,非正常死亡。鲁哀公其后与三桓矛盾加剧,三桓进攻公室,哀公被逼出逃,死于有山氏之家。详见《鲁周公世家》。

⑩礼失则昏,名失则愆:意谓一个人如果不懂得礼,那他就要糊涂;如果不懂得名分,那他就要犯罪。失,出差错。愆,罪过。

⑪失志为昏,失所为愆:林尧叟曰:“昏乱者必失其志,愆过者必失其所。”

⑫非名:《集解》引服虔曰:“天子自谓‘一人’,非诸侯所当名也。”名,名称、名分。

【译文】

孔子享年七十三岁,死于鲁哀公十六年四月己丑。鲁哀公为他撰写诔文说:“上天不行善,不给我留下这个老人,把我丢在国君的位子上,孤单的我忧愁痛苦。唉呀太让人伤心啦!仲尼老人,再也没有人用礼法来约束我了!”子贡听到后说:“国君可能不能在鲁国寿终正寝!先生曾经讲过:‘礼仪上有缺失,头脑就要昏乱;名分上有缺失,行动就要出现过错。丧失意志就叫昏乱,做事不合名分就叫过错。’人活着不能任用,死后又作诔悼念,这不合礼。自称‘余一人’,这也不合乎名分。”

孔子葬鲁城北泗上[①]，弟子皆服三年[②]。三年心丧毕，相诀而去，则哭，各复尽哀；或复留。唯子赣庐于冢上[③]，凡六年，然后去。弟子及鲁人往从冢而家者百有余室，因命曰孔里[④]。鲁世世相传以岁时奉祠孔子冢[⑤]，而诸儒亦讲礼乡饮大射于孔子冢[⑥]。孔子冢大一顷[⑦]。故所居堂弟子内[⑧]，后世因庙，藏孔子衣冠琴车书，至于汉二百余年不绝[⑨]。高皇帝过鲁，以太牢祠焉[⑩]。诸侯卿相至[⑪]，常先谒[⑫]，然后从政。

【注释】

①鲁城：指山东曲阜。泗上：泗水边上，在曲阜城北。

②弟子皆服三年：据《礼记·檀弓》云："孔子之丧，门人疑所服，子贡曰：'昔者夫子之丧颜渊，若丧子而无服；丧子路亦然，请丧夫子若丧父而无服。'"朱熹曰："事师者心丧三年，其哀如父母而无服。"服，服丧，守丧。

③庐于冢上：在墓边搭建了小篷子守墓。《索隐》："按：《家语》无'上'字。且《礼》云'适墓不登陇'，岂合庐于冢上乎？盖'上'者，亦是边侧之义。"

④孔里：在今山东曲阜北。

⑤岁时：每年一定的季节或时间。奉祠：祭祀。

⑥乡饮：乡饮酒礼的简称。古代乡学（地方所办学校），三年业成，考其品德经艺，将贤能者推荐于君。时由乡大夫作主人，为之设宴送行，待以宾礼，饮酒酬酢，皆有仪式，称乡饮酒礼。大射：为祭祀而举行的射礼。孔子冢：阎若璩曰："'诸儒讲礼、乡饮、大射于孔子家'，误写作冢，此家字，与赞曰'以时习礼其家'合。"郭嵩焘曰："此'冢'字应作'家'。"

⑦一顷：一百亩为一顷。

⑧故所居堂弟子内：梁玉绳引方苞曰："当作'故弟子所居堂内。'"内，内室，卧室。

⑨至于汉二百余年不绝：按，孔子逝于前479年，至前202年刘邦称帝为二百七十七年。

⑩高皇帝过鲁，以太牢祠焉：《汉书·高帝纪》云："十一月，行自淮南还。过鲁，以太牢祠孔子。"高祖于十二年（前195）过鲁祭祀孔子。祠，祭祀。

⑪诸侯卿相至：曲阜在战国中期以前一直属鲁国；秦统一天下后，曲阜为薛郡的郡治所在地；在汉朝，是鲁国诸侯王的国都。建制为郡时，其主管长官叫"守"；为诸侯国时，其实际管理者为"相"。

⑫谒：指拜谒孔子庙与孔子墓。

【译文】

孔子死后葬于鲁国都城北面的泗水边，弟子们都为他守了三年孝。三年孝守完，就要互相道别离开了，大家又在墓上吊唁哭祭，都哭得非常悲哀；有的弟子又留下来继续守墓。尤其是子贡，他在孔子墓旁搭了一个草棚，在那里住了六年才离去。孔子的弟子和其他鲁国人自愿搬到孔子墓旁去住的有一百多家，于是人们就把这里称作孔里。这个地区的人们世世代代，每逢过年过节都要到孔子墓前去祭扫，儒生们也常到孔子的故居来举办乡饮、大射一类的礼仪。孔子的故居占地一顷。孔子的故居和他的弟子们住过的房子，后代改做了庙，里面收藏着孔子的衣帽、琴书、车仗；到汉朝建立，孔子已经去世两百多年了，人们一直没有停止过祭祀。高皇帝经过鲁国的时候，也用了太牢的祭品去祭祀孔子。受封到这里的诸侯王和受命到这个地区来上任的地方长官们，总是要先行拜谒孔子的祠庙，然后才去处理政务。

孔子生鲤，字伯鱼①。伯鱼年五十②，先孔子死③。伯鱼生伋，字子思，年六十二④。尝困于宋⑤。子思作《中庸》⑥。

子思生白，字子上，年四十七。子上生求，字子家[⑦]，年四十五。子家生箕，字子京[⑧]，年四十六。子京生穿，字子高，年五十一。子高生子慎[⑨]，年五十七，尝为魏相[⑩]。子慎生鲋，年五十七，为陈王涉博士，死于陈下[⑪]。鲋弟子襄，年五十七。尝为孝惠皇帝博士[⑫]，迁为长沙太守[⑬]。长九尺六寸。子襄生忠[⑭]，年五十七。忠生武，武生延年及安国[⑮]。安国为今皇帝博士[⑯]，至临淮太守[⑰]，蚤卒。安国生卬，卬生驩[⑱]。

【注释】

①孔子生鲤，字伯鱼：《索隐》引《孔子家语》曰："孔子年十九娶于宋之亓官氏之女，一岁而生伯鱼。伯鱼之生，鲁昭公使人遗之鲤鱼。夫子荣君之赐，因以名其子也。"

②年五十：意即享年五十。下同。蒋伯潜曰："疑'五十'乃'四十'之误。"

③先孔子死：《集解》引《皇览》曰："伯鱼冢在孔子冢东，与孔子并，大小相望也。"

④年六十二：毛奇龄引王复礼说，以为"六十二"应作"八十二"。

⑤尝困于宋：具体情况不详。

⑥《中庸》：书名。原为儒家经典《礼记》中的一篇。书中保存了子思一派的思想资料，并对孔子中庸思想作了进一步发挥，认为中庸是衡量道德行为的最高准则和世界万物的基本秩序，以诚作为个人修养的至极境界及世界本体，并把诚与天道、社会历史相联系，认为达到至诚，就可以前知兴亡、祸福。

⑦子上生求，字子家：梁玉绳曰："按《孔子家语后序》，子家名'傲'，后名'永'。"

⑧子家生箕，字子京：梁玉绳曰："按《汉书·孔光传》，'子京'作

‘子真’。”

⑨子高生子慎：子慎，《新唐书·宰相世系表》记其名谦，一名斌，又作鮒。梁玉绳曰：“《孔光传》作‘顺’，‘慎’‘顺’古通。”《孔子家语后序》：“子高生武，字子顺。”

⑩尝为魏相：梁玉绳曰：“《唐书·世系表》谓‘斌相魏，封文信君’。”

⑪为陈王涉博士，死于陈下：《儒林列传》云：“陈涉之王也，而鲁诸儒持孔氏之礼器往归陈王。于是孔甲为陈涉博士，卒与陈涉俱死。”《集解》引徐广曰：“孔子八世孙，名鲋字甲也。”陈，当时为陈涉所建“张楚”国的都城，在今河南淮阳。

⑫孝惠皇帝：即刘盈，前194—前188年在位。博士：官名。职掌议论顾问，充当君主参谋，并兼有礼官性质。

⑬长沙太守：钱大昕曰：“惠帝时，长沙为王国，不得有太守，《汉书》云‘太傅’，是也。”

⑭子襄生忠：梁玉绳曰：“按《后序》：‘子襄生季中，名员。’”

⑮忠生武，武生延年及安国：梁玉绳曰：“按《孔光传》：‘忠生武及安国，武生延年。’《唐表》：‘忠二子，武、安国。’……则《史》以安国为武子，误也。”安国，即孔安国，著名的经学家，据传为《尚书》《论语》等古籍做过注，司马迁也曾向他学习“古文”。

⑯今皇帝：指汉武帝刘彻，前140—前87年在位。

⑰临淮：即临淮郡，治徐县（在今江苏泗洪南）。

⑱安国生卬，卬生驩：徐孚远曰：“历叙后世，与王侯同，此所谓‘世家’也。”

【译文】

孔子生了孔鲤，字伯鱼。伯鱼享年五十岁，死在孔子的前面。伯鱼生了孔伋，字子思，享年六十二岁。曾经在宋国受过困。孔伋著有《中庸》。孔伋生了孔白，字子上，享年四十七岁。孔白生了孔求，字子家，享年四十五岁。孔求生了孔箕，字子京，享年四十六岁。孔箕生了孔穿，字子高，享年五十一岁。孔穿生了子慎，享年五十七岁，曾做过魏国的国相。子慎生了孔鲋，享年五十七岁，曾做过陈涉的博士，死在了陈。孔鲋的弟弟叫子襄，享年五十七岁。曾做过孝惠帝的博士，后调任长沙太守。他身高九尺六寸。子襄生了孔忠，享年五十七岁。孔忠生了孔武，孔武生了孔延年及孔安国。孔安国是当今皇帝的博士，后来官职做到临淮太守，去世较早。孔安国生了孔卬，孔卬生了孔驩。

太史公曰：《诗》有之："高山仰止，景行行止①。"虽不能至，然心乡往之②。余读孔氏书，想见其为人。适鲁，观仲尼庙堂车服礼器，诸生以时习礼其家，余祗回留之不能去云③。天下君王至于贤人众矣，当时则荣，没则已焉；孔子布衣④，传十余世，学者宗之。自天子王侯，中国言"六艺"者折中于夫子⑤，可谓至圣矣⑥！

【注释】

①高山仰止，景行（háng）行止：仰望着高山，效法着大德。表示对德高望重者的敬仰。景行，朱熹注："大道也。"亦借指高尚的德行。止，语助词。

②乡往：即"向往"。乡，通"向"。

③"观仲尼庙堂车服礼器"几句：梁启超曰："作史者能多求根据于此等目睹之事物，史之最上乘也。"祗回留之，徘徊流连，不忍离去的样子。祗回，尤"低回"，流连，盘桓。

④布衣：平民，百姓。

⑤六艺：此指《诗》《书》《易》《礼》《乐》《春秋》六种儒家经典。折中于夫子：以孔子的思想观点作为判断事物的标准。折中，取正，用为判断事物的标准。

⑥可谓至圣矣：李景星曰："孟子称为'圣之时'，已是创论。而史公《世家》更称之为'至'，尤为定评。自是以后，遂永远不能易矣。"泷川引斋藤正谦曰："首泛言夫子之德可仰止；次言适鲁观其庙堂，留不能去；次言其布衣传十余世，胜天下君王；终言其道为天子王侯所折中，仰止之意，一节进一节。首曰'孔氏'，其词泛；次曰'仲尼'，其词亲；次曰'孔子'，其言谨；次曰'夫子'，其言更谨。尊敬之言，一节进一节。"

【译文】

太史公说：《诗经》里有："高山啊，让人仰望；大德啊，让人遵循。"尽管我达不到那样的境界，但是心里却向往着。每当我读孔子的书时，可以想见他的为人。我曾经到过鲁国，参观过孔子的庙堂、车子、衣帽、礼器等，那里的儒生定时到孔子的故居去演习礼仪，我也不由得为之流连徘徊久久不愿离去。自古以来有很多出色的君主、贤人，但他们大多是生前非常显赫，死后也就什么都没有了。而孔子活着的时候是一个平民，死去已经十几代了，学者们却至今把他奉为宗师。现在上起天子王侯，所有在中国讲"六艺"的人都把孔子的思想作为衡量一切的标准，真可以算得上是至高无上的圣人了！

【集评】

司马贞曰："教化之主，吾之师也，为帝王之仪表，示人伦之准的。自子思以下代有哲人，继世象贤，诚可仰同列国。前史既定，吾无间然。"又曰："孔子非有诸侯之位而亦称'系家'者，以是圣人为教化之主，又代有贤哲，故称'系家'焉。"（《史记索隐》）

张守节曰："孔子无侯伯之位而称'世家'者，太史公以孔子布衣传十余世，学者宗之，自天子王侯，中国言'六艺'者宗于夫子，可谓至圣，故为'世家'。"（《史记正义》）

郭嵩焘曰："高帝始以太牢祀孔子；太史公适鲁得观孔子庙堂，诸生以时习礼其家；《儒林传》亦称‘陵夷至秦，天下并争于战国，然齐、鲁间学者独不废’，是孔子之道因是以自世其家，不待后世之追崇也。史公列孔子于‘世家’，自纪其实而已，儒者或誉之，或毁之，盖皆未达其旨也。”（《史记札记》）

陈仁锡曰：“史迁可谓知尊圣人之道者矣。班氏谓其‘先黄老而后“六经”’，非也。观其作《史记》，于孔子则立‘世家’，于老氏但立‘传’；至论孔子则曰‘可谓至圣矣’，论老氏但曰‘隐君子’，非知足以知圣人，而能若是乎？或谓迁非知孔子之至者，必述其道德精微，而后谓之至。噫，道德精微，虽夫子亦自难言也，而欲责迁言之欤？愈言而愈远矣。”（《陈评史记》）

凌约言曰：“太史公叙孔子，自少至老，历详其出处，而必各记之曰时孔子年若干岁；其卒也，则又叙其葬地与弟子之哀痛，叙鲁人之从冢而聚居，与高皇帝之过鲁而祠，若曰夫子生而关世道之盛衰，没而为万世之典型，故其反复恻怛如此。及其赞孔子则曰‘高山仰止，景行行止，虽不能至，然心乡往之。天下君王至贤人众矣，当时则荣，没则已焉’。若曰自开辟以来唯孔子一人，故其尊慕称颂如此。孔子虽不待此而尊，然太史公之知尊孔子可概见矣。”（《史记评林》引）

【评论】

司马迁认为孔子是我国古代足以称为“周公第二”的大圣人、大学者，是自己衷心倾慕的生命不息、奋斗不已的“宁知其不可为而为之”的悲剧英雄。司马迁之所以要忍辱发愤地写《史记》，就是以孔子为楷模，要写“第二部《春秋》”，要做“孔子第二”。他从孔子的处逆境而百折不回的奋斗精神中汲取了巨大力量。“文王拘而演《周易》，仲尼厄而作《春秋》”，司马迁在写作《太史公自序》和《报任安书》时，都一直对此念念不忘。

司马迁对孔子的学说是欣赏的，对孔子的人格是非常钦敬的，他像“仰高山、慕景行”一样向往孔子，甚至破天荒地第一个称孔子为“至圣”。但司马迁的崇敬孔子与汉武帝及其御用儒生们的“尊孔”，绝不是一回事。司马迁的社会理论、道德理想中显然有很多内容是来自孔子、来自先秦儒家的，但这与被汉武帝所尊的那种儒学是不能混为一谈的。汉代被尊起来的乃是一种叛变了孔子思想与孔子人格的最能为统治者服务的御用儒学，是一种用先秦儒学词语所装点起来的商鞅、李斯与韩非。司马迁与以董仲舒、公孙弘为代表的汉代儒学格格不入，这一点人们只要读一读《儒林列传》《平津侯主父列传》就可以明白。

本篇记载老子送孔子数言，其中前诫孔子勿“好议人”、勿“发人之恶”乃老氏思想；后曰为人臣子者“毋以有己”则乃儒家之义，即《论语》所谓“事君能致其身”，前后思想矛盾。至于在《老子韩非列传》中“老聃”之所谓“子所言者，其人与骨皆已朽矣，独其言在耳。且君子得其时则驾，不得其时则蓬累而行。吾闻之，良贾深藏若虚，君子盛德容貌若愚。去子之骄气与多欲，态色与淫志，是皆无益于子之身”云云，真老氏之精义也。在此两处，司马迁都充分地写出了“道不同不相与谋”的两家对立之旨。

司马迁在本篇记述的孔子过郑及郑人说孔子像丧家狗事，《左传》《论语》皆不载，亦不为诸多读史者所承认。梁玉绳曰：“《韩诗外传》九说此事颇详，别未知何所本，《白虎通·寿命》《论衡·骨相》皆仍《史》。”钱穆曰：“孔子过匡本在长垣，为卫邑；而误者以为扶沟，为郑邑。因以孔子过匡为过郑，遂误谓孔子适郑都，因有独立郭东门与弟子相失之事。孔子自卫至陈过宋则有据，过郑则无实。”蒋建侯曰：“适郑被嘲云云，全为戏谑之辞，殆所谓齐东野人之语与？然举世滔滔，所如不合，其皇皇然无所归，诚如丧家之狗也。”《集解》引王肃曰：“丧家之狗，主人哀荒，不见饮食，故累然而不得意。孔子生于乱世，道不得行，故累然不处志之貌也。”孔子一生漂零沦落，颠沛困辱至此，史公言似调笑，心正凄凉，是吊孔子，亦自吊也。